ŒUVRES COMPLÈTES

DE

JEAN-BAPTISTE POQUELIN

DE MOLIÈRE

TOME SECOND

PARIS

MADAME VEUVE DESBLEDS, LIBRAIRE

QUAI DES AUGUSTINS, 49

—

1849

OEUVRES COMPLÈTES

DE

JEAN-BAPTISTE–POQUELIN

DE MOLIÈRE

———•◦•———

II

ŒUVRES COMPLÈTES

DE

JEAN-BAPTISTE POQUELIN

DE MOLIÈRE

PARIS

P.-H. KRABBE, LIBRAIRE-ÉDITEUR
12, RUE DE SAVOIE
—
1850

OEUVRES COMPLÈTES

DE

JEAN-BAPTISTE POQUELIN

DE MOLIÈRE

TOME II

OEUVRES COMPLÈTES

DE

JEAN-BAPTISTE POQUELIN

DE MOLIÈRE

Nouvelle Édition

ILLUSTRÉE DE GRAVURES

PARIS

P.-H. KRABBE, LIBRAIRE-ÉDITEUR

12, RUE DE SAVOIE

1851

LE TARTUFFE,

COMÉDIE EN CINQ ACTES ET EN VERS.

PRÉFACE.

Voici une comédie dont on a fait beaucoup de bruit, qui a été longtemps persécutée; et les gens qu'elle joue ont bien fait voir qu'ils étaient plus puissants en France que tous ceux que j'ai joués jusqu'ici. Les marquis, les précieuses, les cocus et les médecins ont souffert tout doucement qu'on les ait représentés: et ils ont fait semblant de se divertir, avec tout le monde, des peintures que l'on a faites d'eux. Mais les hypocrites n'ont point entendu raillerie; ils se sont effarouchés d'abord, et ont trouvé étrange que j'eusse la hardiesse de jouer leurs grimaces et de vouloir décrier un métier dont tant d'honnêtes gens se mêlent. C'est un crime qu'ils ne sauraient me pardonner, et ils se sont tous armés contre ma comédie avec une fureur épouvantable. Ils n'ont eu garde de l'attaquer par le côté qui les a blessés; ils sont trop politiques pour cela, et savent trop bien vivre pour découvrir le fond de leur âme. Suivant leur louable coutume, ils ont couvert leurs intérêts de la cause de Dieu; et le *Tartuffe*, dans leur bouche, est une pièce qui offense la piété. Elle est, d'un bout à l'autre, pleine d'abominations, et l'on n'y trouve rien qui ne mérite le feu; toutes les syllabes en sont impies; les gestes même y sont criminels; et le moindre coup d'œil, le moindre branlement de tête, le moindre pas à droite ou à gauche, y cachent des mystères qu'ils trouvent moyen d'expliquer à mon désavantage. J'ai eu beau la soumettre aux lumières de mes amis et à la censure de tout le monde; les corrections que j'ai pu faire, le jugement du roi et de la reine, qui l'ont vue, l'approbation des grands princes et de MM. les ministres, qui l'ont honorée publiquement de leur présence, le témoignage des gens de bien qui l'ont trouvée profitable, tout cela n'a de rien servi: ils n'en veulent point démordre; et tous les jours encore ils font crier en public de zélés indiscrets, qui me disent des injures pieusement, et me damnent par charité.

Je me soucierais fort peu de tout ce qu'ils peuvent dire, si ce n'est l'artifice qu'ils ont de me faire des ennemis que je respecte, et de jeter dans leur parti de véritables gens de bien, dont ils préviennent la bonne foi, et qui, par la chaleur qu'ils ont pour les intérêts du ciel, sont faciles à recevoir les impressions qu'on veut leur donner. Voilà ce qui m'oblige à me défendre. C'est aux vrais dévots que je veux partout me justifier sur la conduite de ma comédie; et je les conjure de tout mon cœur de ne point condamner les choses avant que de les voir, de se défaire de toute prévention, et de ne point servir la passion de ceux dont les grimaces les déshonorent.

Si l'on prend la peine d'examiner de bonne foi ma comédie, on verra sans doute que mes intentions y sont partout innocentes, et qu'elle ne tend nullement à jouer les choses que l'on doit révérer; que je l'ai traitée avec toutes les précautions que demandait la délicatesse de la matière, et que j'ai mis tout l'art et tous les soins qu'il m'a été possible pour bien distinguer le personnage de l'hypocrite d'avec celui du vrai dévot. J'ai employé pour cela deux actes entiers à préparer la venue de mon scélérat. Il ne tient pas un seul moment l'auditeur en balance; on le reconnaît d'abord aux marques que je lui donne; et, d'un bout à l'autre, il ne dit pas un mot, il ne fait pas une action qui ne peigne aux spectateurs le caractère d'un méchant homme, et ne fasse éclater celui du véritable homme de bien que je lui oppose.

Je sais bien que, pour réponse, ces messieurs tâchent d'insinuer que ce n'est point au théâtre à parler de ces matières; mais je leur demande, avec leur permission, sur quoi ils fondent cette belle maxime. C'est une proposition qu'ils ne font que supposer qu'ils ne prouvent en aucune façon; et, sans doute, il ne serait pas difficile de leur faire voir que la comédie, chez les anciens, a pris son origine de la religion, et faisait partie de leurs mystères; que les Espagnols nos voisins ne célèbrent guère de fête où la comédie ne soit mêlée; et que, même parmi nous, elle doit sa naissance aux soins d'une confrérie à qui appartient e core aujourd'hui l'hôtel de Bourgogne ; que c'est un lieu qui fut donné pour y représenter les plus importants mystères de notre foi ; qu'on en voit encore des comédies imprimées en lettres gothiques, sous le nom d'un docteur de Sorbonne ; et, sans aller chercher si loin, que l'on a joué, de notre temps, des pièces saintes de M. de Corneille, qui ont été l'admiration de toute la France.

Si l'emploi de la comédie est de corriger les vices des hommes, je ne vois pas par quelle raison il y en aurait de privilégiés. Celui-ci est, dans l'état, d'une conséquence bien plus dangereuse que tous les autres, et nous avons vu que le théâtre a une grande vertu pour la correction. Les plus beaux traits d'une sérieuse morale sont moins puissants, le plus souvent, que ceux de la satire ; et rien ne reprend mieux la plupart des hommes que la peinture de leurs défauts.

C'est une grande atteinte aux vices que de les exposer à la risée de tout le monde. On souffre aisément des répréhensions, mais on ne souffre point la raillerie. On veut bien être méchant, mais on ne veut point être ridicule.

On me reproche d'avoir mis des termes de piété dans la bouche de mon imposteur. Hé ! pouvais-je m'en empêcher pour bien représenter le caractère d'un hypocrite ? Il suffit, ce me semble, que je fasse connaître les motifs criminels qui lui font dire les choses, et que j'en aie retranché les termes consacrés dont on aurait eu peine à lui entendre faire un mauvais usage. — Mais il débite au quatrième acte une morale pernicieuse. — Mais cette morale est-elle quelque chose dont tout le monde n'eût les oreilles rebattues ? dit-elle rien de nouveau dans ma comédie ? et peut-on craindre que des choses si généralement détestées fassent quelque impression dans les esprits, que je les rende dangereuses en les faisant monter sur le théâtre, qu'elles reçoivent quelque autorité de la bouche d'un scélérat ? Il n'y a nulle apparence à cela, et l'on doit approuver la comédie du *Tartuffe*, ou condamner généralement toutes les comédies.

C'est à quoi l'on s'attache furieusement depuis un temps ; et jamais on ne s'était si fort déchaîné contre le théâtre. Je ne puis pas nier qu'il n'y ait eu des pères de l'Église qui ont condamné la comédie ; mais on ne peut pas nier aussi qu'il n'y en ait eu quelques uns qui l'ont traitée un peu plus doucement. Ainsi l'autorité dont on prétend appuyer la censure est détruite par ce partage ; et toute la conséquence qu'on peut tirer de cette diversité d'opinions en des esprits éclairés des mêmes lumières, c'est qu'ils ont pris la comédie différemment, et que les uns l'ont considérée dans sa pureté, lorsque les autres l'ont regardée dans sa corruption, et confondue avec tous ces vilains spectacles qu'on a eu raison de nommer des spectacles de turpitude.

En effet, puisqu'on doit discourir des choses et non pas des mots, et que la plupart des contrariétés viennent de ne se pas entendre, et d'envelopper dans un même mot des choses opposées, il ne faut qu'ôter le voile de l'équivoque, et regarder ce qu'est la comédie en soi, pour voir si elle est condamnable. On connaîtra, sans doute, que n'étant autre chose qu'un poème ingénieux, qui, par des leçons agréables, reprend les défauts des hommes, on ne saurait la censurer sans injustice. Et si nous voulions ouïr là-dessus le témoignage de l'antiquité, elle nous dira que ses plus célèbres philosophes ont donné des louanges à la comédie, eux qui faisaient profession d'une sagesse si austère et qui criaient sans cesse après les vices de leur siècle. Elle nous fera voir qu'Aristote a consacré des veilles au théâtre et s'est donné le soin de réduire en préceptes l'art de faire des comédies. Elle nous apprendra que ses plus grands hommes, et des premiers en dignité, ont fait gloire d'en composer eux-mêmes, qu'il y en a eu d'autres qui n'ont pas dédaigné de réciter en public celles qu'ils avaient composées ; que la Grèce a fait pour cet art éclater son estime par les prix glorieux et par les superbes théâtres dont elle a voulu l'honorer ; et que, dans Rome enfin, ce même art a reçu aussi des honneurs extraordinaires ; je ne dis pas dans Rome débauchée, et sous la licence des empereurs, mais dans Rome disciplinée, sous la sagesse des consuls, et dans le temps de la vigueur de la vertu romaine.

J'avoue qu'il y a eu des temps où la comédie s'est corrompue. Et qu'est-ce que dans le monde on ne corrompt point tous les jours ? il n'y a chose si innocente où les hommes ne puissent porter du crime, point d'art si salutaire dont ils ne soient capables de renverser les intentions, rien de si bon en soi qu'ils ne puissent tourner à de mauvais usage. La médecine est un art profitable, et chacun la révère comme une des plus excellentes choses que nous ayons; et cependant il y a eu des temps où elle s'est rendue odieuse, et souvent on en a fait un art d'empoisonner les hommes. La philosophie est un présent du ciel ; elle nous a été donnée pour porter nos esprits à la connaissance d'un Dieu par la contemplation des merveilles de la nature : et pourtant on n'ignore pas que souvent on l'a détournée de son emploi, et qu'on l'a occupée publiquement à soutenir l'impiété. Les choses mêmes les plus saintes ne sont point à couvert de la corruption des hommes ; et nous voyons des scélérats qui, tous les jours, abusent de la piété et la font servir méchamment aux crimes les plus grands. Mais on ne laisse pas pour cela de faire les distinctions qu'il est besoin de faire : on n'enveloppe point dans une fausse conséquence la honte des choses que l'on corrompt avec la malice des corrupteurs : on sépare toujours le mauvais usage d'avec l'intention de l'art ; et, comme on ne s'avise point de défendre la médecine pour avoir été bannie de Rome, ni la philosophie pour avoir été condamnée publiquement dans Athènes, on ne doit point aussi vouloir interdire la comédie pour avoir été censurée en de certains temps. Cette censure a eu ses raisons, qui ne subsistent point ici ; elle s'est enfermée dans ce qu'elle a pu voir, et nous ne devons point la tirer des bornes qu'elle s'est données, l'étendre plus loin qu'il ne faut, et lui faire embrasser l'innocent avec le coupable. La comédie qu'elle a eu dessein d'attaquer n'est point du tout la comédie que nous voulons défendre : il se faut bien garder de confondre celle-là avec celle-ci. Ce sont deux personnes de qui les mœurs sont tout à fait opposées. Elles n'ont aucun rapport l'une avec l'autre que la ressemblance du nom ; et ce serait une injustice épouvantable que de vouloir condamner Olimpe qui est femme de bien, parce qu'il y a une Olimpe qui a été une débauchée. De semblables arrêts, sans doute, feraient un grand désordre dans le monde ; il n'y aurait rien par là qui ne fût condamné ; et, puisque l'on ne garde point cette rigueur à tant de choses dont on abuse tous les jours, on doit bien faire la même grâce à la comédie, et approuver les pièces de théâtre où l'on verra régner l'instruction et l'honnêteté.

Je sais qu'il y a des esprits dont la délicatesse ne peut souffrir aucune comédie ; qui disent que les plus honnêtes sont les plus dangereuses ; que les passions que l'on y dépeint sont d'autant plus touchantes qu'elles sont pleines de vertu, et que les ames sont attendries par ces sortes de représentations. Je ne vois pas quel grand crime c'est que de s'attendrir à la vue d'une passion honnête : et c'est un haut étage de vertu que cette pleine insensibilité où ils veulent faire monter notre ame. Je doute qu'une si grande perfection soit dans les forces de la nature humaine ; et je ne sais s'il n'est pas mieux de travailler à rectifier et adoucir les passions des hommes que de vouloir les retrancher entièrement. J'avoue qu'il y a des lieux qu'il vaut mieux fréquenter que le théâtre ; et, si l'on veut blâmer toutes les choses qui ne regardent pas directement Dieu et notre salut, il est certain que la comédie en doit être ; et je ne trouve point mauvais qu'elle soit condamnée avec le reste : mais, supposé, comme il est vrai, que les exercices de la piété souffrent des intervalles, et que les hommes aient besoin de divertissement, je soutiens qu'on ne leur en peut trouver un qui soit plus innocent que la comédie. Je me suis étendu trop loin : finissons par le mot d'un grand prince sur la comédie du *Tartuffe*.

Huit jours après qu'elle eut été défendue, on représenta, devant la cour, une pièce intitulée *Scaramouche ermite* ; et le roi, en sortant dit au grand prince que je veux dire : « Je voudrais bien savoir pourquoi les gens qui se scandalisent si fort de la comédie de Molière ne disent mot de celle de Scaramouche. » A quoi le prince répondit : « La raison de cela, c'est que la comédie de Scaramouche joue le ciel et la religion, dont ces messieurs-là ne se soucient point : mais celle de Molière les joue eux-mêmes ; c'est ce qu'il ne peuvent souffrir. »

PREMIER PLACET PRÉSENTÉ AU ROI,

Sur la comédie du Tartuffe, qui n'avait pas encore été représentée en public.

Sire, Le devoir de la comédie étant de corriger les hommes en les divertissant, j'ai cru que, dans l'emploi où je me trouve, je n'avais rien de mieux à faire que d'attaquer par des peintures ridicules les vices de mon siècle; et, comme l'hypocrisie, sans doute, en est un des plus en usage, et des plus incommodes et des plus dangereux, j'avais eu, Sire, la pensée que je ne rendrais pas un petit service à tous les honnêtes gens de votre royaume, si je faisais une comédie qui décriât les hypocrites, et mît en vue, comme il faut, toutes les grimaces étudiées de ces gens de bien à outrance, toutes les friponneries couvertes de ces faux monnayeurs en dévotion, qui veulent attrapper les hommes avec un zèle contrefait et une charité sophistique.

Je l'ai faite, Sire, cette comédie, avec tout le soin, comme je crois, et toutes les circonspections que pouvait demander la délicatesse de la matière; et pour mieux conserver l'estime et le respect qu'on doit aux vrais dévôts., j'en ai distingué, le plus que j'ai pu, le caractère que j'avais à toucher. Je n'ai point laissé d'équivoque, j'ai ôté ce qui pouvait confondre le bien avec le mal, et ne me suis servi dans cette peinture que des couleurs expresses et des traits essentiels qui font reconnaître d'abord un véritable et franc hypocrite.

Cependant toutes mes précautions ont été inutiles. On a profité, Sire, de la délicatesse de votre ame sur les matières de religion, et l'on a su vous prendre par l'endroit seul que vous êtes prenable, je veux dire par le respect des choses saintes. Les tartuffes, sous main, ont eu l'adresse de trouver grace auprès de votre majesté; et les originaux enfin ont fait supprimer la copie, quelque innocente qu'elle fût, et quelque ressemblante qu'on la trouvât.

Bien que ce m'ait été un coup sensible, que la suppression de cet ouvrage, mon malheur pourtant était adouci par la manière dont votre majesté s'était expliquée sur ce sujet; et j'ai cru, Sire, qu'elle m'ôtait tout lieu de me plaindre, ayant eu la bonté de déclarer qu'elle ne trouvait rien à dire dans cette comédie qu'elle me défendait de produire en public.

Mais, malgré cette glorieuse déclaration du plus grand roi du monde et du plus éclairé, malgré l'approbation encore de M. le légat et de la plus grande partie de nos prélats, qui tous, dans nos lectures particulières que je leur ai faites de mon ouvrage, se sont trouvés d'accord avec les sentiments de votre majesté; malgré tout cela, dis-je, on voit un livre composé par le curé de... qui donne hautement un démenti à tous ces augustes témoignages. Votre majesté a beau dire, et M. le légat et MM. les prélats ont beau donner leur jugement, ma comédie, sans l'avoir vue, est diabolique, et diabolique mon cerveau; je suis un démon vêtu de chair et habillé en homme, un libertin, un impie digne d'un supplice exemplaire. Ce n'est pas assez que le feu expie en public mon offense, j'en serais quitte à trop bon marché: le zèle charitable de ce galant homme de bien n'a garde de demeurer là; il ne veut point que j'aie de miséricorde auprès de Dieu, il veut absolument que je sois damné, c'est une affaire résolue.

Ce livre, Sire, a été présenté à votre majesté: et, sans doute, elle jugera bien elle-même combien il m'est fâcheux de me voir exposé tous les jours aux insultes de ces messieurs; quel tort me feront dans le monde de telles calomnies, s'il faut qu'elles soient tolérées; et quel intérêt j'ai enfin à me purger de son imposture, et à faire voir au public que ma comédie n'est rien moins que ce qu'on veut qu'elle soit. Je ne dirai point, Sire, ce que j'aurais à demander pour ma réputation, et pour justifier à tout le monde l'innocence de mon ouvrage: les éclairés comme vous, n'ont pas besoin qu'on leur marque ce qu'on souhaite; ils voient, comme Dieu, ce qu'il nous faut, et savent mieux que nous ce qu'ils nous doivent accorder. Il me suffit de mettre mes intérêts entre les mains de votre majesté, et j'attends d'elle, avec respect, tout ce qu'il lui plaira d'ordonner là-dessus.

SECOND PLACET

Présenté au roi, dans son camp, devant la ville de Lille, en Flandre, par les sieurs de la Thorillière et la Grange, comédiens de sa majesté, et compagnons du sieur Molière, sur la défense qui fut faite, le 6 août 1667, de représenter le Tartuffe, jusqu'à nouvel ordre de sa majesté.

SIRE,

C'est une chose bien téméraire à moi que de venir importuner un grand monarque au milieu de ses glorieuses conquêtes; mais, dans l'état où je me vois, où trouver, SIRE, une protection qu'au lieu où je la viens chercher? Et qui puis-je solliciter contre l'autorité de la puissance qui m'accable, que la source de la puissance et de l'autorité, que le juste dispensateur des ordres absolus, que le souverain juge et le maître de toutes choses?

Ma comédie, SIRE, n'a pu jouir ici des bontés de votre majesté. En vain je l'ai produite sous le titre de l'*Imposteur*, et déguisé le personnage sous l'ajustement d'un homme du monde; j'ai eu beau lui donner un petit chapeau, de grands cheveux, un grand collet, une épée, et des dentelles sur tout l'habit, mettre en plusieurs endroits des adoucissements, et retrancher avec soin tout ce que j'ai jugé capable de fournir l'ombre d'un prétexte aux célèbres originaux du portrait que je voulais faire : tout cela n'a de rien servi. La cabale s'est réveillée aux simples conjectures qu'ils ont pu voir de la chose. Ils ont trouvé moyen de surprendre des esprits qui, dans toute autre matière, font une haute profession de ne se point laisser surprendre. Ma comédie n'a pas plutôt paru, qu'elle s'est vu foudroyée par le coup d'un pouvoir qui doit imposer du respect; et tout ce que j'ai pu faire en cette rencontre pour me sauver moi-même de l'éclat de cette tempête, c'est de dire que votre majesté avait eu la bonté de m'en permettre la représentation, et que je n'avais pas cru qu'il fût besoin de demander cette permission à d'autres, puisqu'il n'y avait qu'elle seule qui me l'eût défendue.

Je ne doute point, SIRE, que les gens que je peins dans ma comédie ne remuent bien des ressorts auprès de votre majesté, et ne jettent dans leur parti, comme ils l'ont déjà fait, de véritables gens de bien, qui sont d'autant plus prompts à se laisser tromper, qu'ils jugent d'autrui par eux-mêmes. Ils ont l'art de donner de belles couleurs à toutes leurs intentions. Quelque mine qu'ils fassent, ce n'est point du tout l'intérêt de Dieu qui les peut émouvoir; ils l'ont assez montré dans les comédies qu'ils ont souffert qu'on ait jouées tant de fois en public, sans en dire le moindre mot. Celles-là n'attaquaient que la piété et la religion, dont ils se soucient fort peu; mais celle-ci les attaque et les joue eux-mêmes : c'est ce qu'ils ne peuvent souffrir. Ils ne sauraient me pardonner de dévoiler leurs impostures aux yeux de tout le monde; et, sans doute, on ne manquera pas de dire à votre majesté que chacun s'est scandalisé de ma comédie. Mais la vérité pure, SIRE, c'est que tout Paris ne s'est scandalisé que de la défense qu'on en a faite; que les plus scrupuleux en ont trouvé la représentation profitable, et qu'on s'est étonné que des personnes d'une probité si connue aient eu une si grande déférence pour des gens qui devraient être l'horreur de tout le monde, et sont si opposés à la véritable piété dont elles font profession.

J'attends, avec respect, l'arrêt que votre majesté daignera prononcer sur cette matière : mais il est très assuré, SIRE, qu'il ne faut plus que je songe à faire des comédies, si les tartuffes ont l'avantage; qu'ils prendront droit par-là de me persécuter plus que jamais, et voudront trouver à redire aux choses les plus innocentes qui pourront sortir de ma plume.

Daignent vos bontés, SIRE, me donner une protection contre leur rage envenimée! et puissè-je, au retour d'une campagne si glorieuse, délasser votre majesté des fatigues de ses conquêtes, lui donner d'innocents plaisirs après de si nobles travaux, et faire rire le monarque qui fait trembler toute l'Europe!

TROISIÈME PLACET.
Présenté au roi, le 5 février 1669.

SIRE,

Un fort honnête médecin, dont j'ai l'honneur d'être le malade, me promet et veut s'obliger pardevant notaires à me faire vivre encore trente années, si je puis lui obtenir une grace de votre majesté. Je lui ai dit, sur sa promesse, que je ne lui demandais pas tant, et que je serais satisfait de lui, pourvu qu'il s'obligeât de ne me point tuer. Cette grace, SIRE, est un canonicat de votre chapelle royale de Vincennes, vacant par la mort de...

Oserais-je demander encore cette grace à votre majesté le propre jour de la grande résurrection de Tartuffe, ressuscité par vos bontés? Je suis, par cette première faveur, réconcilié avec les dévots, et je le serais, par cette seconde, avec les médecins. C'est pour moi, sans doute, trop de graces à la fois; mais peut-être n'en est-ce pas trop pour votre majesté : et j'attends avec un peu d'espérance respectueuse la réponse de mon placet.

PERSONNAGES.

Madame PERNELLE, mère d'Orgon.
ORGON, mari d'Elmire.
ELMIRE, femme d'Orgon.
DAMIS, fils d'Orgon.
MARIANE, fille d'Orgon.
VALÈRE, amant de Mariane.
CLÉANTE, beau-frère d'Orgon.
TARTUFFE, faux dévot.

DORINE, suivante de Mariane.
Monsieur LOYAL, sergent.
Un exempt.
FLIPOTE, servante de madame Pernelle.

La scène est à Paris, dans la maison d'Orgon.

ACTE Ier.

SCÈNE PREMIÈRE.

MADAME PERNELLE, ELMIRE, MARIANE, CLÉANTE, DAMIS, DORINE, FLIPOTE.

MADAME PERNELLE. — Allons, Flipote, allons; que d'eux je me délivre.
ELMIRE — Vous marchez d'un tel pas, qu'on a peine à vous suivre.
MADAME PERNELLE. — Laissez, ma bru, laissez; ne venez pas plus loin.
Ce sont toutes façons dont je n'ai pas besoin.
ELMIRE. — De ce que l'on vous doit envers vous l'on s'acquitte.
Mais, ma mère, d'où vient que vous sortez si vite.
MADAME PERNELLE. C'est que je ne puis voir tout ce ménage-ci,
Et que de me complaire on ne prend nul souci.
Oui, je sors de chez vous fort mal édifiée :
Dans toutes mes leçons j'y suis contrariée;
On n'y respecte rien, chacun y parle haut,
Et c'est tout justement la cour du roi Pétaud.
DORINE. — Si...
MADAME PERNELLE. — Vous êtes, ma mie, une fille suivante,
Un peu trop forte en gueule, et fort impertinente;
Vous vous mêlez sur tout de dire votre avis.
DAMIS. — Mais...
MADAME PERNELLE. — Vous êtes un sot, en trois lettres, mon fils;
C'est moi qui vous le dis, qui suis votre grand'mère;
Et j'ai prédit cent fois à mon fils, votre père,
Que vous preniez tout l'air d'un méchant garnement,
Et ne lui donneriez jamais que du tourment.
MARIANE. — Je crois...
MADAME PERNELLE. — Mon dieu! sa sœur, vous faites la discrète,

Et vous n'y touchez pas, tant vous semblez doucette !
Mais il n'est comme on dit, pire eau que l'eau qui dort :
Et vous menez, sous cape, un train que je hais fort.

ELMIRE. — Mais, ma mère...

MADAME PERNELLE. — Ma bru, qu'il ne vous en déplaise,
Votre conduite en tout est tout à fait mauvaise ;
Vous devriez leur mettre un bon exemple aux yeux,
Et leur défunte mère en usait beaucoup mieux
Vous êtes dépensière ; et cet état me blesse,
Que vous alliez vêtue ainsi qu'une princesse :
Quiconque à son mari veut plaire seulement,
Ma bru, n'a pas besoin de tant d'ajustement.

CLÉANTE. — Mais, madame, après tout...

MADAME PERNELLE. — Pour vous, monsieur son frère,
Je vous estime fort, vous aime, et vous révère :
Mais enfin, si j'étais de mon fils, son époux,
Je vous prierais bien fort de n'entrer point chez nous.
Sans cesse vous prêchez des maximes de vivre,
Qui par d'honnêtes gens ne se doivent point suivre.
Je vous parle un peu franc ; mais c'est là mon humeur.
Et je ne mâche point ce que j'ai sur le cœur.

DAMIS. — Votre monsieur Tartuffe est bien heureux, sans doute...

MADAME PERNELLE. — C'est un homme de bien qu'il faut que l'on écoute,
Et je ne puis souffrir, sans me mettre en courroux,
De le voir querellé par un fou comme vous.

DAMIS. — Quoi ! je souffrirai, moi, qu'un cagot de critique
Vienne usurper céans un pouvoir tyrannique ;
Et que nous ne puiissons à rien nous divertir,
Si ce beau monsieur-là n'y daigne consentir ?

DORINE — S'il le faut écouter et croire à ses maximes,
On ne peut faire rien qu'on ne fasse des crimes ;
Car il contrôle tout, ce critique zélé.

MADAME PERNELLE. — Et tout ce qu'il contrôle est fort bien contrôlé.
C'est au chemin du ciel qu'il prétend vous conduire ;
Et mon fils à l'aimer vous devrait tous induire.

DAMIS. — Non, voyez-vous, ma mère, il n'est père ni rien,
Qui me puisse obliger à lui vouloir du bien :
Je trahirais mon cœur de parler d'autre sorte ;
Sur ses façons de faire à tous coups je m'emporte :
J'en prévois une suite, et qu'avec ce pied-plat
Il faudra que j'en vienne à quelque grand éclat.

DORINE. — Certes, c'est une chose aussi qui scandalise,
De voir qu'un inconnu céans s'impatronise ;
Qu'un gueux, qui, quand il vint n'avait pas de souliers,
Et dont l'habit entier valait bien six deniers,
En vienne jusque-là que de ce méconnaître,
De contrarier tout, et de faire le maître.

MADAME PERNELLE. — Hé ! merci de ma vie ! il en irait bien mieux
Si tout se gouvernait par ses ordres pieux.

DORINE. — Il passe pour un saint dans votre fantaisie :
Tout son fait, croyez-moi, n'est rien qu'hypocrisie.

MADAME PERNELLE. — Voyez la langue !

DORINE. — A lui, non plus qu'à son Laurent,
Je ne me fierais moi que sur un bon garant.

MADAME PERNELLE. — J'ignore ce qu'au fond le serviteur peut être
Mais pour homme de bien je garantis le maître.
Vous ne lui voulez mal et ne le rebutez
Qu'à cause qu'il vous dit à tous vos vérités.
C'est contre le péché que son cœur se courrouce,
Et l'intérêt du ciel est tout ce qui le pousse.

DORINE. — Oui ; mais pourquoi, surtout depuis un certain temps,

Ne saurait-il souffrir qu'aucun hante céans?
En quoi blesse le ciel une visite honnête,
Pour en faire un vacarme à nous rompre la tête?
Veut-on que là dessus je m'explique entre nous!...
(*montrant Elmire.*) Je crois que de madame il est, ma foi, jaloux.

MADAME PERNELLE. — Taisez-vous, et songez aux choses que vous dites.
Ce n'est pas lui tout seul qui blâme ces visites :
Tout ce tracas qui suit les gens que vous hantez,
Ces carrosses sans cesse à la porte plantés,
Et de tant de laquais le bruyant assemblage,
Font un éclat fâcheux dans tout le voisinage.
Je veux croire qu'au fond il ne se passe rien :
Mais enfin on en parle ; et cela n'est pas bien.

CLÉANTE. — Hé! voulez-vous, madame, empêcher qu'on ne cause?
Ce serait dans la vie une fâcheuse chose,
Si, pour les sots discours où l'on peut être mis,
Il fallait renoncer à ses meilleures amis.
Et quand même on pourrait se résoudre à le faire,
Coiriez-vous obliger tout le monde à se taire?
Contre la médisance il n'est point de rempart.
A tous les sots caquets n'ayons donc nul égard :
Efforçons-nous de vivre avec toute innocence,
Et laissons aux causeurs une pleine licence.

DORINE. — Daphné, notre voisine, et son petit époux,
Ne seraient-ils point ceux qui parlent mal de nous?
Ceux de qui la conduite offre le plus à rire
Sont toujours sur autrui les premiers à médire ;
Ils ne manquent jamais de saisir promptement
L'apparente lueur du moindre attachement,
D'en semer la nouvelle avec beaucoup de joie,
Et d'y donner le tour qu'ils veulent qu'on y croie:
Des actions d'autrui, teintes de leurs couleurs,
Ils pensent dans le monde autoriser les leurs,
Et, sous le faux espoir de quelque ressemblance,
Aux intrigues qu'ils ont donner de l'innocence,
Ou faire ailleurs tomber quelques traits partagés
De ce blâme public dont ils sont trop chargés.

MADAME PERNELLE. — Tous ces raisonnements ne font rien à l'affaire,
On sait qu'Orante mène une vie exemplaire;
Tous ses soins vont au ciel; et j'ai su par des gens
Qu'elle condamne fort le train qui vient céans.

DORINE. — L'exemple est admirable, et cette dame est bonne !
Il est vrai qu'elle vit en austère personne;
Mais l'âge dans son ame a mis ce zèle ardent,
Et l'on sait qu'elle est prude à son corps défendant.
Tant qu'elle a pu des cœurs attirer les hommages,
Elle a fort bien joui de tous ses avantages :
Mais voyant de ses yeux tous les brillants baisser,
Au monde qui la quitte elle veut renoncer,
Et du voile pompeux d'une haute sagesse
De ses attraits usés déguiser la faiblesse.
Ce sont là les retours des coquettes du temps:
Il leur est dur de voir déserter les galants.
Dans un tel abandon, leur sombre inquiétude
Ne voit d'autre recours que le métier de prude;
Et la sévérité de ces femmes de bien
Censure toute chose, et ne pardonne à rien ;
Hautement d'un chacun elles blâment la vie,
Non point par charité, mais par un trait d'envie
Qui ne saurait souffrir qu'un autre ait les plaisirs
Dont le penchant de l'âge a sevré leurs désirs.

MADAME PERNELLE, *à Elmire.*

Voilà les contes bleus qu'il vous faut pour vous plaire,
Ma bru. L'on est chez vous contrainte de se taire :
Car madame à jaser, tient le dé tout le jour.
Mais enfin je prétends discourir à mon tour :
Je vous dis que mon fils n'a rien fait de plus sage
Qu'en recueillant chez soi ce dévot personnage;
Que le ciel au besoin l'a céans envoyé
Pour redresser à tous votre esprit fourvoyé;
Que, pour votre salut, vous le devez entendre;
Et qu'il ne reprend rien qui ne soit à reprendre.
Ces visites, ces bals, ces conversations,
Sont du malin esprit toutes inventions.
Là, jamais on n'entend de pieuses paroles;
Ce sont propos oisifs, chansons et fariboles :
Bien souvent le prochain en a sa bonne part,
Et l'on y sait médire et du tiers et du quart.
Enfin les gens sensés ont leurs têtes troublées
De la confusion de telles assemblées :
Mille caquets divers s'y font en moins de rien;
Et, comme l'autre jour un docteur dit fort bien,
C'est véritablement la tour de Babylone,
Car chacun y babille, et tout du long de l'aune:
Et pour conter l'histoire où ce point l'engagea...
(*Montrant Cléante.*) Voilà-t-il pas monsieur qui ricane déjà!
Allez chercher vos fous qui vous donnent à rire,
Et sans... (*A Elmire.*) Adieu, ma bru; je ne veux plus rien dire.
Sachez que pour céans j'en rabats de moitié,
Et qu'il fera beau temps quand j'y mettrai le pied.
(*Donnant un soufflet à Flipote.*) Allons, vous, vous rêvez et bayez aux corneilles,
Jour de Dieu, je saurai vous frotter les oreilles.
Marchons, gaupe, marchons.

SCÈNE II. — CLÉANTE, DORINE.

CLÉANTE. — Je n'y veux point aller,
De peur qu'elle ne vînt encor me quereller;
Que cette bonne femme...

DORINE. — Ah! certes, c'est dommage
Qu'elle ne vous ouït tenir un tel langage;
Elle vous dirait bien qu'elle vous trouve bon,
Et qu'elle n'est point d'âge à lui donner ce nom.

CLÉANTE. — Comme elle s'est pour rien contre nous échauffée,
Et que de son Tartuffe elle paraît coiffée!

DORINE. — Oh! vraiment, tout cela n'est rien au prix du fils :
Et, si vous l'aviez vu, vous diriez : c'est bien pis!
Nos troubles l'avaient mis sur le pied d'homme sage,
Et, pour servir son prince, il montra du courage:
Mais il est devenu comme un homme hébété,
Depuis que de Tartuffe on le voit entêté;
Il l'appelle son frère, et l'aime dans son ame
Cent fois plus qu'il ne fait mère, fils, fille et femme.
C'est de tous ses secrets l'unique confident,
Et de ses actions le directeur prudent;
Il le choie, il l'embrasse; et pour une maîtresse
On ne saurait, je pense, avoir plus de tendresse.
A table, au plus haut bout il veut qu'il soit assis:
Avec joie il l'y voit manger autant que six;
Les bons morceaux de tout, il faut qu'on les lui cède;
Et, s'il vient à roter, il lui dit : Dieu vous aide!
Enfin il en est fou; c'est son tout, son héros;
Il l'admire à tous coups, le cite à tous propos;
Ses moindres actions lui semblent des miracles.

Et tous les mots qu'il dit sont pour lui des oracles.
Lui, qui connaît sa dupe, et qui veut en jouir,
Par cent dehors fardés a l'art de l'éblouir;
Son cagotisme en tire, à toute heure, des sommes,
Et prend droit de gloser sur tous tant que nous sommes.
Il n'est pas jusqu'au fat qui lui sert de garçon
Qui ne se mêle aussi de nous faire leçon;
Il vient nous sermonner avec des yeux farouches,
Et jeter nos rubans, notre rouge et nos mouches.
Le traître, l'autre jour, nous rompit de ses mains
Un mouchoir qu'il trouva dans une Fleur des Saints,
Disant que nous mêlions, par un crime effroyable,
Avec la sainteté les parures du diable.

SCÈNE III. — ELMIRE, MARIANE, DAMIS, CLÉANTE, DORINE.

ELMIRE, à Cléante. — Vous êtes bien heureux de n'être point venu
Au discours qu'à la porte elle nous a tenu.
Mais j'ai vu mon mari, comme il ne m'a point vue,
Je veux aller là-haut attendre sa venue.

CLÉANTE. — Moi, je l'attends ici pour moins d'amusement;
Et je vais lui donner le bonjour seulement.

SCÈNE IV. — CLÉANTE, DAMIS, DORINE.

DAMIS. — De l'hymen de ma sœur touchez-lui quelque chose.
J'ai soupçon que Tartuffe à son effet s'oppose,
Qu'il oblige mon père à des détours si grands;
Et vous n'ignorez pas quel intérêt j'y prends.
Si même ardeur enflamme et ma sœur et Valère,
La sœur de cet ami, vous le savez, m'est chère.
Et s'il fallait...

DORINE. — Il entre.

SCÈNE V. — ORGON, CLÉANTE, DORINE.

ORGON. — Ah! mon frère, bon jour.

CLÉANTE. — Je sortais, et j'ai joie à vous voir de retour.
La campagne à présent n'est pas beaucoup fleurie.

ORGON. — Dorine... (A Cléante.) Mon beau-frère, attendez, je vous prie;
Vous voulez bien souffrir, pour m'ôter de souci,
Que je m'informe un peu des nouvelles d'ici.
(A Dorine.) Tout s'est-il, ces deux jours, passé de bonne sorte?
Qu'est-ce qu'on fait céans? comme est-ce qu'on s'y porte?

DORINE. — Madame eut avant-hier la fièvre jusqu'au soir,
Avec un mal de tête étrange à concevoir.

ORGON. — Et Tartuffe?

DORINE. — Tartuffe! il se porte à merveille,
Gros et gras, le teint frais, et la bouche vermeille.

ORGON. — Le pauvre homme!

DORINE. — Le soir, elle eut un grand dégoût,
Et ne put, au souper, toucher à rien du tout,
Tant sa douleur de tête était encor cruelle!

ORGON. — Et Tartuffe?

DORINE. — Il soupa, lui tout seul, devant elle;
Et fort dévotement il mangea deux perdrix,
Avec une moitié de gigot en hachis.

ORGON. — Le pauvre homme!

DORINE. — La nuit se passa toute entière
Sans qu'elle pût fermer un moment sa paupière;
Des chaleurs l'empêchaient de pouvoir sommeiller,
Et jusqu'au jour, près d'elle, il nous fallut veiller.

ORGON. — Et Tartuffe?

DORINE. — Pressé d'un sommeil agréable,
Il passa dans sa chambre au sortir de la table;
Et dans son lit bien chaud il se mit tout soudain,

Où, sans trouble, il dormit jusques au lendemain.
ORGON. — Le pauvre homme !

          DORINE. — A la fin, par nos raisons gagnée,
Elle se résolut à souffrir la saignée ;
Et le soulagement suivit tout aussitôt.
ORGON. — Et Tartuffe ?

          DORINE. — Il reprit courage comme il faut ;
Et, contre tous les maux fortifiant son ame,
Pour réparer le sang qu'avait perdu madame,
But, à son déjeûner, quatre grands coups de vin.
ORGON. — Le pauvre homme !

          DORINE. — Tous deux se portent bien enfin .
Et je vais à madame annoncer, par avance,
La part que vous prenez à sa convalescence.

SCÈNE VI. — ORGON, CLÉANTE.

CLÉANTE. — A votre nez, mon frère, elle se rit de vous :
Et, sans avoir dessein de vous mettre en courroux,
Je vous dirai tout franc que c'est avec justice.
A-t-on jamais parlé d'un semblable caprice ?
Et se peut-il qu'un homme ait un charme aujourd'hui
A vous faire oublier toutes choses pour lui ;
Qu'après avoir chez vous réparé sa misère,
Vous en veniez au point...

          ORGON. — Alte-là, mon beau-frère ;
Vous ne connaissez pas celui dont vous parlez.
CLÉANTE. — Je ne le connais pas, puisque vous le voulez ;
Mais enfin, pour savoir quel homme ce peut être...
ORGON. — Mon frère, vous seriez charmé de le connaître,
Et vos ravissements ne prendraient point de fin.
C'est un homme... qui... ah ! un homme... un homme enfin...
Qui suit bien ses leçons, goûte une paix profonde,
Et comme du fumier regarde tout le monde.
Oui, je deviens tout autre avec son entretien ;
Il m'enseigne à n'avoir affection pour rien,
De toutes amitiés il détache mon ame :
Et je verrais mourir frère, enfants, mère et femme,
Que je m'en soucierais autant que de cela.
CLÉANTE. — Les sentiments humains, mon frère, que voilà !
ORGON. — Ah ! si vous aviez vu comme j'en fis rencontre,
Vous auriez pris pour lui l'amitié que je montre.
Chaque jour à l'église il venait, d'un air doux,
Tout vis-à-vis de moi se mettre à deux genoux.
Il attirait les yeux de l'assemblée entière
Par .'ardeur dont au ciel il poussait sa prière ;
Il faisait des soupirs, de grands élancements,
Et baisait humblement la terre à tous moments :
Et, lorsque je sortais, il me dévançait vite
Pour m'aller, à la porte, offrir de l'eau bénite.
Instruit par son garçon, qui dans tout l'imitait,
Et de son indigence et de ce qu'il était.
Je lui faisais des dons : mais, avec modestie,
Il me voulait toujours en rendre une partie.
C'est trop, me disait-il, *c'est trop de la moitié ;*
Je ne mérite pas de vous faire pitié.
Et quand je refusais de vouloir reprendre,
Aux pauvres, à mes yeux, il allait le répandre.
Enfin le ciel chez moi me le fit retirer,
Et depuis ce temps-là tout semble y prospérer.
Je vois qu'il reprend tout, et qu'à ma femme même
Il prend pour mon honneur un intérêt extrême ;

Il m'avertit des gens qui lui font les yeux doux,
Et plus que moi six fois il s'en montre jaloux.
Mais vous ne croirez point jusqu'où monte son zèle :
Il s'impute à péché la moindre bagatelle ;
Un rien presque suffit pour le scandaliser ;
Jusques-là qu'il se vint, l'autre jour, accuser
D'avoir pris une puce en faisant sa prière,
Et de l'avoir tuée avec trop de colère.

CLÉANTE. — Parbleu ! vous êtes fou, mon frère, que je croi,
Avec de tels discours vous moquez-vous de moi ?
Et que prétendez-vous ? Que tout ce badinage...

ORGON. — Mon frère, ce discours sent le libertinage :
Vous en êtes un peu dans votre ame entiché ;
Et, comme je vous l'ai plus de dix fois prêché,
Vous vous attirerez quelque méchante affaire.

CLÉANTE. — Voilà de vos pareils le discours ordinaire :
Ils veulent que chacun soit aveugle comme eux.
C'est être libertin que d'avoir de bons yeux ;
Et qui n'adore pas de vaines simagrées,
N'a ni respect ni foi pour les choses sacrées.
Allez : tous vos discours ne me font point de peur ;
Je sais comme je parle, et le ciel voit mon cœur.
De tous vos façonniers on n'est point les esclaves.
Il est de faux dévots ainsi que de vos faux braves :
Et comme on ne voit pas qu'où l'honneur les conduit,
Les vrais braves soient ceux qui font beaucoup de bruit,
Les bons et vrais dévots, qu'on doit suivre à la trace,
Ne sont pas ceux aussi qui font tant de grimace.
Hé quoi ! vous ne ferez nulle distinction
Entre l'hypocrisie et la dévotion ?
Vous les voulez traiter d'un semblable langage,
Et rendre même honneur au masque qu'au visage,
Egaler l'artifice à la sincérité,
Confondre l'apparence avec la vérité,
Estimer le fantôme autant que la personne,
Et la fausse monnaie à l'égal de la bonne ?
Les hommes la plupart sont étrangement faits ;
Dans la juste nature on ne les voit jamais :
La raison a pour eux des bornes trop petites,
En chaque caractère il passe ses limites ;
Et la plus noble chose, ils la gâtent souvent
Pour la vouloir outrer et pousser trop avant.
Que cela vous soit dit en passant, mon beau-frère.

ORGON. — Oui, vous êtes sans doute un docteur qu'on révère ;
Tout le savoir du monde est chez vous retiré ;
Vous êtes le seul sage et le seul éclairé,
Un oracle, un Caton dans le siècle où nous sommes ;
Et près de vous ce sont des sots que tous les hommes.

CLÉANTE. — Je ne suis point, mon frère, un docteur révéré ;
Et le savoir chez moi n'est pas tout retiré ;
Mais, en un mot, je sais, pour toute ma science,
Du faux avec le vrai faire la différence.
Et comme je ne vois nul genre de héros
Qui soit plus à priser que les parfaits dévots ;
Aucune chose au monde et plus noble et plus belle
Que la sainte ferveur d'un véritable zèle,
Aussi ne vois-je rien qui soit plus odieux,
Que le dehors plâtré d'un zèle spécieux,
Que ces francs charlatans, que ces dévots de place,
De qui la sacrilège et trompeuse grimace,
Abuse impunément, et se joue, à leur gré,

De ce qu'ont les mortels de plus saint et sacré;
Ces gens qui, par une ame à l'intérêt soumise,
Font de dévotion métier et marchandise,
Et veulent acheter crédit et dignités
A prix de faux clins d'yeux et d'élans affectés;
Ces gens, dis-je, qu'on voit d'une ardeur non commune
Par le chemin du ciel courir à leur fortune;
Qui, brûlant et priant, demandent chaque jour,
Et prêchent la retraite au milieu de la cour:
Qui savent ajuster leur zèle avec leurs vices,
Sont prompts, vindicatifs, sans foi, pleins d'artifices;
Et pour perdre quelqu'un couvrent insolemment
De l'intérêt du ciel leur fier ressentiment;
D'autant plus dangereux dans leur âpre colère,
Qu'ils prennent contre nous des armes qu'on révère,
Et que leur passion, dont on leur sait bon gré,
Vient nous assassiner avec un fer sacré:
De ce faux caractère on en voit trop paraître.
Mais les dévots de cœur sont aisés à connaître.
Notre siècle, mon frère, en expose à nos yeux
Qui peuvent nous servir d'exemples glorieux.
Regardez Ariston, regardez Périandre,
Oronte, Alcidamas, Polydore, Clitandre;
Ce titre par aucun ne leur est débattu;
Ce ne sont point du tout fanfarons de vertu;
On ne voit point en eux ce faste insupportable,
Et leur dévotion est humaine et traitable:
Ils ne censurent point toutes nos actions,
Ils trouvent trop d'orgueil dans ces corrections;
Et, laissant la fierté des paroles aux autres,
C'est par leurs actions qu'ils reprennent les nôtres.
L'apparence du mal a chez eux peu d'appui,
Et leur ame est portée à juger bien d'autrui.
Point de cabale en eux, point d'intrigues à suivre:
On les voit, pour tous soins, se mêler de bien vivre.
Jamais contre un pécheur ils n'ont d'acharnement,
Ils attachent leur haine au péché seulement,
Et ne veulent point prendre, avec un zèle extrême,
Les intérêts du ciel plus qu'il ne veut lui-même.
Voilà mes gens, voilà comme il en faut user,
Voilà l'exemple enfin qu'il se faut proposer.
Votre homme, à dire vrai, n'est pas de ce modèle:
C'est de fort bonne foi que vous vantez son zèle;
Mais par un faux éclat je vous crois ébloui.

ORGON. — Monsieur mon cher beau-frère, avez-vous tout dit?

CLÉANTE. — Oui.

ORGON, *s'en allant.* — Je suis votre valet.

CLÉANTE. — De grâce, un mot, mon frère.
Laissons-là ce discours. Vous savez que Valère
Pour être votre gendre, a parole de vous.

ORGON. — Oui.

CLÉANTE. — Vous avez pris jour pour un lien si doux.

ORGON. — Il est vrai.

CLÉANTE. — Pourquoi donc en différer la fête?

ORGON. — Je ne sais.

CLÉANTE. — Auriez-vous autre pensée en tête?

ORGON. — Peut-être.

CLÉANTE. — Vous voulez manquer à votre foi?

ORGON. — Je ne dis pas cela.

CLÉANTE. — Nul obstacle, je crois,
Ne vous peut empêcher d'accomplir vos promesses.

ORGON. — Selon.

CLÉANTE. — Pour dire un mot faut-il tant de finesse?
Valère, sur ce point, me fait vous visiter.

ORGON. — Le ciel en soit loué?

CLÉANTE. — Mais que lui reporter?

ORGON. — Tout ce qu'il vous plaira.

CLÉANTE. — Mais il est nécessaire
De savoir vos desseins. Quels sont-ils donc?

ORGON. — De faire
Ce que le ciel voudra.

CLÉANTE. — Mais parlons tout de bon.
Valère a votre foi; la tiendrez-vous, ou non?

ORGON. — Adieu.

CLÉANTE. — Pour son amour je crains une disgrace,
Et je dois l'avertir de tout ce qui se passe.

FIN DU PREMIER ACTE.

ACTE II.

SCÈNE PREMIÈRE. — ORGON, MARIANE.

ORGON. — Mariane.

MARIANE. — Mon père.

ORGON. — Approchez, j'ai de quoi
Vous parler en secret.

MARIANE, à Orgon, qui regarde dans un cabinet. — Que cherchez-vous?

ORGON. — Je toi
Si quelqu'un n'est point là qui pourrait nous entendre,
Car ce petit endroit est propre pour surprendre.
Or sus, nous voilà bien. J'ai, Mariane, en vous
Reconnu de tout temps un esprit assez doux,
Et de tous temps aussi vous m'avez été chère.

MARIANE. — Je suis fort redevable à cet amour de père.

ORGON. — C'est fort bien dit, ma fille, et pour le mériter,
Vous devez n'avoir soin que de me contenter.

MARIANE. — C'est où je mets aussi ma gloire la plus haute.

ORGON. — Fort bien. Que dites-vous de Tartuffe notre hôte?

MARIANE. — Qui? moi?

ORGON. — Vous. Voyez bien comme vous répondrez.

MARIANE. — Hélas! j'en dirai, moi, tout ce que vous voudrez.

SCÈNE II. — ORGON, MARIANE, DORINE, entrant doucement, et se tenant
derrière Orgon, sans être vue.

ORGON. — C'est parler sagement... Dites-moi donc, ma fille,
Qu'en toute sa personne un haut mérite brille,
Qu'il touche votre cœur, et qu'il vous serait doux
De le voir, par mon choix, devenir votre époux.
Hé!

MARIANE. — Hé!

ORGON. — Qu'est-ce?

MARIANE. — Plaît-il?

ORGON. — Quoi?

MARIANE. — Me suis-je méprise?

ORGON. — Comment?

MARIANE. — Qui voulez-vous, mon père, que je dise
Qui me touche le cœur, et qu'il me serait doux
De voir, par votre choix, devenir mon époux?

ORGON. — Tartuffe.

MARIANE. — Il n'en est rien, mon père, je vous jure.
Pourquoi me faire dire une telle imposture?

ORGON. — Mais je veux que cela soit une vérité;

Et c'est assez pour vous que je l'aie arrêté.

MARIANE. — Quoi! vous voulez, mon père...?

ORGON. —Oui, je prétends, ma fille,
Unir, par votre hymen, Tartuffe à ma famille.
Il sera votre époux, j'ai résolu cela;
Et comme sur vos vœux je... (*apercevant Dorine.*) Que faites-vous là?
La curiosité qui vous presse est bien forte,
Ma mie, à nous venir écouter de la sorte.

DORINE. — Vraiment, je ne sais pas si c'est un bruit qui part
De quelque conjecture, ou d'un coup de hasard,
Mais de ce mariage on m'a dit la nouvelle,
Et j'ai traité cela de pure bagatelle.

ORGON. — Quoi donc! la chose est-elle incroyable?

DORINE. — A tel point
Que vous-même, monsieur, je ne vous en crois point.

ORGON. — Je sais bien le moyen de vous le faire croire.

DORINE. — Oui! oui! vous nous contez une plaisante histoire!

ORGON. — Je conte justement ce qu'on verra dans peu.

DORINE. — Chanson!

ORGON. — Ce que je dis, ma fille, n'est point jeu.

DORINE. — Allez, ne croyez point à monsieur votre père;
Il raille.

ORGON. — Je vous dis...

DORINE. — Non; vous avez beau faire,
On ne vous croira point.

ORGON. — A la fin mon courroux...

DORINE. — Hé bien! on vous croit donc; et c'est tant pis pour vous;
Quoi! se peut-il monsieur, qu'avec l'air d'homme sage,
Et cette large barbe au milieu du visage,
Vous soyez assez fou pour vouloir...?

ORGON. — Ecoutez :
Vous avez pris céans certaines privautés
Qui ne me plaisent point; je vous le dis, ma mie.

DORINE. — Parlons sans nous fâcher, monsieur, je vous supplie.
Vous moquez-vous des gens d'avoir fait ce complot?
Votre fille n'est point l'affaire d'un bigot :
Il a d'autres emplois auxquels il faut qu'il pense.
Et puis, que vous apporte une telle alliance?
A quel sujet aller, avec tout votre bien,
Choisir un gendre gueux...?

ORGON. — Taisez-vous. S'il n'a rien,
Sachez que c'est par là qu'il faut qu'on le révère:
Sa misère est sans doute une honnête misère;
Au-dessus des grandeurs elle doit l'élever;
Puisqu'enfin de son bien il s'est laissé priver
Par son trop peu de soin des choses temporelles,
Et sa puissante attache aux choses éternelles.
Mais mon secours pourra lui donner les moyens
De sortir d'embarras, et rentrer dans ses biens :
Ce sont fiefs qu'à bon titre au pays on renomme;
Et, tel que l'on le voit, il est bien gentilhomme.

DORINE. — Oui, c'est lui qui le dit; et cette vanité,
Monsieur, ne sied pas bien avec la piété.
Qui d'une sainte vie embrasse l'innocence
Ne doit point tant prôner son nom et sa naissance ;
Et l'humble procédé de la dévotion
Souffre mal les éclats de cette ambition.
A quoi bon cet orgueil?... Mais ce discours vous blesse ;
Parlons de sa personne et laissons sa noblesse.
Ferez-vous possesseur, sans quelque peu d'ennui,
D'une fille comme elle un homme comme lui?

Et ne devez-vous pas songer aux bienséances,
Et de cette union prévoir les conséquences?
Sachez que d'une fille on risque la vertu,
Lorsque dans son hymen son goût est combattu;
Que le dessein d'y vivre en honnête personne
Dépend des qualités du mari qu'on lui donne;
Et que ceux dont partout on montre au doigt le front
Font leur femme souvent ce qu'on voit qu'elles sont.
Il est bien difficile enfin d'être fidèle
A de certains maris faits d'un certain modèle;
Et qui donne à sa fille un homme qu'elle hait
Est responsable au ciel des fautes qu'elle fait.
Songez à quels périls votre dessein vous livre.

ORGON. — Je vous dis qu'il me faut apprendre d'elle à vivre!

DORINE. — Vous n'en feriez que mieux de suivre mes leçons.

ORGON. — Ne nous amusons point, ma fille, à ces chansons;
Je sais ce qu'il vous faut, et je suis votre père.
J'avais donné pour vous ma parole à Valère:
Mais outre qu'à jouer on dit qu'il est enclin,
Je le soupçonne encor d'être un peu libertin;
Je ne remarque point qu'il hante les églises.

DORINE. — Voulez-vous qu'il y coure à vos heures précisse,
Comme ceux qui n'y vont que pour être aperçus,

ORGON. — Je ne demande pas votre avis là-dessus.
Enfin avec le ciel l'autre est le mieux du monde,
Et c'est une richesse à nulle autre seconde.
Cet hymen de tous bien comblera vos désirs,
Il sera tout confit en douceurs et plaisirs.
Ensemble vous vivrez, dans vos ardeurs fidèles,
Comme deux vrais enfants, comme deux tourterelles;
A nul fâcheux débat jamais vous n'en viendrez;
Et vous ferez de lui tout ce que vous voudrez.

DORINE. — Elle! elle n'en fera qu'un sot, je vous assure.

ORGON. — Ouais! quels discours!

DORINE — Je dis qu'il en a l'encolure,
Et que son ascendant, monsieur, l'emportera
Sur toute la vertu que votre fille aura.

ORGON. — Cessez de m'interrompre, et songez à vous taire,
Sans mettre votre nez où vous n'avez que faire.

DORINE. — Je n'en parle, monsieur, que pour votre intérêt.

ORGON. — C'est prendre trop de soin; taisez-vous, s'il vous plaît.

DORINE. — Si l'on ne vous aimait...

ORGON. — Je ne veux pas qu'on m'aime.

DORINE. — Et je veux vous aimer, monsieur, malgré vous-même.

ORGON. — Ah!

DORINE. — Votre honneur m'est cher, et je ne puis souffrir
Qu'aux brocards d'un chacun vous alliez vous offrir.

ORGON. — Vous ne vous tairez point!

DORINE. — C'est une conscience
Que de vous laisser faire une telle alliance.

ORGON. — Te tairas-tu, serpent, dont les traits effrontés..?

DORINE. — Ah! vous êtes dévot, et vous vous emportez!

ORGON. — Oui, ma bile s'échauffe à toutes ces fadaises,
Et tout résolument je veux que tu te taises.

DORINE. — Soit, mais, ne disant mot, je n'en pense pas moins.

ORGON. — Pense, si tu le veux; mais applique tes soins
(à sa fille.) A ne m'en point parler, ou... Suffit... Comme sage,
J'ai pesé mûrement toutes chose.

DORINE, à part. — J'enrage.
De ne pouvoir parler.

ORGON. — Sans être damoiseau.

Tartuffe est fait de sorte...

DORINE, *à part.* — Oui, c'est un beau museau.

ORGON. — Que quand tu n'aurais même aucune sympathie
Pour tous les autres dons...

DORINE, *à part.* — La voilà bien lotie !

(*Orgon se retourne du côté de Dorine, et les bras croisés, l'écoute et la rega de
enface.*)

Si j'étais en sa place, un homme assurément
Ne m'épouserait pas de force impunément;
Et je lui ferais voir, bientôt après la fête,
Qu'une femme a toujours une vengeance prête.

ORGON, *à Dorine.* — Donc de ce que je dis on ne fera nul cas?

DORINE. — De quoi vous plaignez-vous ? Je ne vous parle pas.

ORGON. — Qu'est-ce que tu fais donc ?

DORINE. — Je me parle à moi-même.

ORGON, *à part.* — Fort bien. Pour châtier son insolence extrème,
Il faut que je lui donne un revers de ma main.

(*Il se met en posture de donner un soufflet à Dorine; et, à chaque mot qu'il dit
à sa fille, il se tourne pour regarder Dorine, qui se tient droite sans parler.*)

Ma fille, vous devez approuver mon dessein...
Croire que le mari... que j'ai su vous élire...

(*à Dorine.*) Que ne te parles-tu ?

DORINE. — Je n'ai rien à me dire.

ORGON. — Encore un petit mot.

DORINE. — Il ne me plaît pas, moi.

ORGON. — Certes je t'y guettais.

DORINE — Quelle sotte, ma foi!..

ORGON. — Enfin, ma fille, il faut payer d'obéissance,
Et montrer pour mon choix entière déférence.

DORINE, *en s'enfuyant.* — Je me moquerais fort de prendre

ORGON, *après avoir manqué de donner un soufflet à Dorine,*
Vous avez là, ma fille, une peste avec vous,
Avec qui, sans péché, je ne saurais plus vivre.
Je me sens hors d'état maintenant de poursuivre.
Et je vais prendre l'air pour me rasseoir un peu.

SCÈNE III. — MARIANE, DORINE.

DORINE. — Avez-vous donc perdu, dites-moi, la parole?
Et faut-il qu'en ceci je fasse votre rôle?
Souffrir qu'on vous propose un projet insensé,
Sans que du moindre mot vous l'ayez repoussé ?

MARIANE. — Contre un père absolu que veux-tu que je fasse?

DORINE. — Ce qu'il faut pour parer une telle menace.

MARIANE. — Quoi?

DORINE. — Lui dire qu'un cœur n'aime pas par autrui;
Que vous vous mariez pour vous, non pas pour lui;
Qu'étant celle pour qui se fait toute l'affaire,
C'est à vous, non à lui, que le mari doit plaire,
Et que si son Tartuffe est pour lui si charmant,
Il le peut épouser sans nul empêchement.

MARIANE. — Un père, je l'avoue, a sur nous tant d'empire,
Que je n'ai jamais eu la force de rien dire.

DORINE. — Mais raisonnons. Valère a fait pour vous des pas :
L'aimez-vous, je vous prie, ou ne l'aimez-vous pas?

MARIANE. — Ah! qu'envers mon amour ton injustice est grande,
Dorine! me dois-tu faire cette demande?
Tais-je pas là-dessus ouvert cent fois mon cœur?
Et sais-tu pas pour lui jusqu'où va mon ardeur ?

DORINE. — Que sais-je si le cœur a parlé par la bouche,
Et si c'est tout de bon que cet amour vous touche?

MOLIÈRE. 28

MARIANE. — Tu me fais un grand tort, Dorine, d'en douter,
Et mes vrais sentiments ont su trop éclater.
DORINE. — Enfin, vous l'aimez donc?
                              MARIANE. — Oui, d'une ardeur extrême
DORINE. — Et selon l'apparence il vous aime de même?
MARIANE. — Je le crois.
                    DORINE. — Et tous deux brûlez également
De vous voir mariés ensemble?
                        MARIANE. — Assurément.
DORINE. — Sur cette autre union quelle est donc votre attente?
MARIANE. — De me donner la mort si l'on me violente.
DORINE. — Fort bien. C'est un recours où je ne songeais pas
Vous n'avez qu'à mourir pour sortir d'embarras.
Le remède sans doute est merveilleux. J'enrage
Lorsque j'entends tenir ces sortes de langage.
MARIANE. — Mon Dieu! de quelle humeur, Dorine, tu te rends?
Tu ne compatis point au déplaisir des gens.
DORINE. — Je ne compatis point à qui dit des sornettes,
Et dans l'occasion mollit comme vous faites.
MARIANE. — Mais que veux-tu? si j'ai de la timidité...
DORINE. — Mais l'amour dans un cœur veut de la fermeté.
MARIANE. — Mais n'en gardè-je point pour les feux de Valère?
Et n'est-ce pas à lui de m'obtenir d'un père?
DORINE. — Mais quoi? si votre père est un bourru fieffé,
Qui s'est de son Tartuffe entièrement coiffé,
Et manque à l'union qu'il avait arrêtée,
La faute à votre amant doit-elle être imputée?
MARIANE — Mais, par un haut refus et d'éclatants mépris,
Ferai-je dans mon choix, voir un cœur trop épris?
Sortirai-je pour lui, quelque éclat dont il brille,
De la pudeur du sexe, et du devoir de fille?
Et veux-tu que mes feux par le monde étalés...?
DORINE. — Non, non, je ne veux rien. Je vois que vous voulez
Etre à monsieur Tartuffe: et j'aurais, quand j'y pense,
Tort de vous détourner d'une telle alliance.
Quelle raison aurai-je à combattre vos vœux?
Le parti, de soi-même est fort avantageux.
Monsieur Tartuffe! oh! oh! n'est-ce rien qu'on propose?
Certes, monsieur Tartuffe, à bien prendre la chose,
N'est pas un homme, non, qui se mouche du pied;
Et ce n'est pas peu d'heur que d'être sa moitié.
Tout le monde déjà de gloire le couronne;
Il est noble chez lui, bien fait de sa personne;
Il a l'oreille rouge et le teint bien fleuri:
Vous vivrez trop contente avec un tel mari.
MARIANE. — Mon Dieu!...
                  DORINE. — Quelle allégresse aurez-vous dans votre âm
Quand d'un époux si beau vous vous verrez la femme!
MARIANE. — Ah! cesse, je te prie, un semblable discours;
Et contre cet hymen ouvre moi du secours.
C'en est fait, je me rends, et suis prête à tout faire.
DORINE. — Non, il faut qu'une fille obéisse à son père,
Voulût-il lui donner un singe pour époux.
Votre sort est fort beau: de quoi vous plaignez-vous?
Vous irez par le coche en sa petite ville,
Qu'en oncles et cousins vous trouverez fertile,
Et vous vous plairez fort à les entretenir.
D'abord chez le beau monde on vous fera venir.
Vous irez visiter pour votre bien venue,
Madame la baillive et madame l'élue,
Qui d'un siége pliant vous feront honorer.

Là, dans le carnaval, vous pourrez espérer
Le bal et la grand'bande, à savoir, deux musettes,
Et parfois Fagotin et les marionnettes;
Si pourtant votre époux...

MARIANE. — Ah! tu me fais mourir
De tes conseils plutôt songe à me secourir.

DORINE. — Je suis votre servante.

MARIANE. — Hé! Dorine, de grace...

DORINE. — Il faut, pour vous punir que cette affaire passe.

MARIANE. — Ma pauvre fille!

DORINE. — Non.

MARIANE. — Si mes vœux déclarés...

DORINE. — Point. Tartuffe est votre homme, et vous en tâterez.

MARIANE. — Tu sais qu'à toi toujours je me suis confiée:
Fais-moi...

DORINE. — Non, vous serez, ma foi tartuffiée.

MARIANE. — Hé bien! puisque mon sort ne saurait t'émouvoir,
Laisse-moi désormais tout à mon désespoir:
C'est de lui que mon cœur empruntera de l'aide;
Et je sais de mes maux l'infaillible remède. *(Marianne veut*

DORINE. — Hé! là, là, revenez. Je quitte mon courroux,
Il faut nonobstant tout avoir pitié de vous.

MARIANE. — Vois-tu, si l'on m'expose à ce cruel martyre,
Je te le dis, Dorine, il faudra que j'expire.

DORINE. — Ne vous tourmentez point. On peut adroitement
Empêcher... Mais voici Valère, votre amant.

SCÈNE IV. — VALÈRE, MARIANE, DORINE.

VALÈRE. — On vient de débiter, madame, une nouvelle
Que je ne savais pas et qui sans doute est belle.

MARIANE. — Quoi?

VALÈRE. — Que vous épousez Tartuffe.

MARIANE. — Il est certain
Que mon père s'est mis en tête ce dessein.

VALÈRE. — Votre père, madame!...

MARIANE. — A changé de visée:
La chose vient par lui de m'être proposée.

VALÈRE. — Quoi! sérieusement?

MARIANE. — Oui, sérieusement.
Il s'est pour cet hymen déclaré hautement.

VALÈRE. — Et quel est le dessein où votre ame s'arrête,
Madame?

MARIANE. — Je ne sais.

VALÈRE. — La réponse est honnête.
Vous ne savez?

MARIANE. — Non.

VALÈRE. — Non?

MARIANE. — Que me conseillez-vous?

VALÈRE. — Je vous conseille, moi, de prendre cet époux.

MARIANE. — Vous me le conseillez?

VALÈRE. — Oui.

MARIANE. — Tout de bon?

VALÈRE. — Sans doute.
Le choix est glorieux, et vaut bien qu'on l'écoute.

MARIANE. — Hé bien! c'est un conseil, monsieur, que je reçois.

VALÈRE. — Vous n'aurez pas grand'peine à le suivre, je crois.

MARIANE. — Pas plus qu'à le donner en a souffert votre ame.

VALÈRE. — Moi, je vous l'ai donné pour vous plaire, madame.

MARIANE. — Et moi, je le suivrai pour vous faire plaisir.

DORINE, *se retirant dans le fond du théâtre.*
Voyons ce qui pourra de ceci réussir.

VALÈRE. — C'est donc ainsi qu'on aime? et c'était tromperie

Quand vous...

MARIANE. — Ne parlons point de cela, je vous prie.
Vous m'avez dit tout franc que je dois accepter
Celui que pour époux on me veut présenter :
Et je déclare, moi, que je prétends le faire,
Puisque vous m'en donnez le conseil salutaire.

VALÈRE. — Ne vous excusez point sur mes intentions.
Vous aviez pris déjà vos résolutions ;
Et vous vous saisissiez d'un prétexte frivole
Pour vous autoriser à manquer de parole.

MARIANE. — Il est vrai, c'est bien dit.

VALÈRE. — Sans doute ; et votre cœur
N'a jamais eu pour moi de véritable ardeur.

MARIANE. — Hélas! permis à vous d'avoir cette pensée.

VALÈRE. — Oui, oui, permis à moi : mais mon ame offensée
Vous préviendra peut-être en un pareil dessein ;
Et je sais où porter et mes vœux et ma main.

MARIANE. — Ah! je n'en doute point ; et les ardeurs qu'excite
Le mérite...

VALÈRE. — Mon Dieu! laissons là le mérite ;
J'en ai fort peu, sans doute, et vous en faites foi.
Mais j'espère aux bontés qu'une autre aura pour moi ;
Et j'en sais de qui l'ame, à ma retraite ouverte,
Consentira sans honte à réparer ma perte.

MARIANE. — La perte n'est pas grande ; et de ce changement
Vous vous consolerez assez facilement.

VALÈRE. — J'y ferai mon possible ; et vous le pouvez croire.
Un cœur qui nous oublie engage notre gloire ;
Il faut à l'oublier mettre aussi tous nos soins :
Si l'on n'en vient à bout, on le doit feindre au moins ;
Et cette lâcheté jamais ne se pardonne,
De montrer de l'amour pour qui nous abandonne.

MARIANE. — Ce sentiment, sans doute, est noble et relevé.

VALÈRE. — Fort bien ; et d'un chacun il doit être approuvé.
Hé quoi! vous voudriez qu'à jamais dans mon ame
Je gardasse pour vous les ardeurs de ma flamme,
Et vous visse, à mes yeux, passer en d'autres bras,
Sans mettre ailleurs un cœur dont vous ne voulez pas?

MARIANE. — Au contraire ; pour moi, c'est ce que je souhaite ;
Et je voudrais déjà que la chose fût faite.

VALÈRE. — Vous le voudriez?

MARIANE. — Oui.

VALÈRE. — C'est assez m'insulter,
Madame, et, de ce pas, je vais vous contenter.
(Il fait un pas pour s'en aller.)

MARIANE. — Fort bien.

VALÈRE, revenant. — Souvenez-vous au moins que c'est vous même
Qui contraignez mon cœur à cet effort extrême.

MARIANE. — Oui.

VALÈRE, revenant encore. — Et que le dessein que mon ame conçoit
N'est rien qu'à votre exemple.

MARIANE. — A mon exemple, soit.

VALÈRE, en sortant. — Suffit : vous allez être à point nommé servie.

MARIANE. — Tant mieux.

VALÈRE, revenant encore. — Vous me voyez, c'est pour toute ma vie.

MARIANE. A la bonne heure.

VALÈRE, se retournant lorsqu'il est prêt à sortir. — Hé?

MARIANE. — Quoi?

VALÈRE. — Ne m'appelez-vous pas?

MARIANE. — Moi! Vous rêvez.

VALÈRE — Hé bien! je poursuis donc mes pas.

Adieu, madame. (*Il s'en va lentement.*)

MARIANE. — Adieu, monsieur.

DORINE, *à Mariane.* — Pour moi je pense
Que vous perdez l'esprit par cette extravagance ;
Et je vous ai laissés tout du long quereller,
Pour voir où tout cela pourrait enfin aller.
Holà, seigneur Valère. (*Elle arrête Valère par le bras.*)

VALÈRE, *feignant de résister.* — Hé! que veux-tu, Dorine?

DORINE. — Venez ici.

VALÈRE. — Non, non, le dépit me domine.
Ne me détourne point de ce qu'elle a voulu.

DORINE. — Arrêtez.

VALÈRE — Non, vois-tu, c'est un point résolu.

DORINE. — Ah!

MARIANE, *à par..* — Il souffre à me voir, ma présence le chasse;
Et je ferai bien mieux de lui.quitter la place.

DORINE, *quittant Valère et courant après Mariane.*
A l'autre! Où courez-vous?

MARIANE. — Laiss...

DORINE. — Il faut revenir.

MARIANE. — Non, non, Dorine; en vain tu me veux retenir.

VALÈRE, *à part.* — Je vois bien que ma vue est pour elle un supplice;
Et, sans doute, il vaut mieux que je l'en affranchisse.

DORINE, *quittant Mariane, et courant après Valère.*
Encor! Diantre soit fait de vous! Si... Je le veux.
Cessez ce badinage; et venez çà tous deux.
(*Elle prend Valère et Mariane par la main et les ramène.*)

VALÈRE, *à Dorine.* — Mais, quel est ton dessein?

MARIANE, *à Dorine.* — Qu'est-ce que tu veux faire?

DORINE. — Vous bien remettre ensemble, et vous tirer d'affaire.
(*à Valère*) Êtes-vous fou d'avoir un pareil démêlé?

VALÈRE. — N'as-tu pas entendu comme elle m'a parlé?

DORINE, *à Mariane.* — Êtes-vous folle, vous, de vous être emportée?

MARIANE. — N'as-tu pas vu la chose, et comme il m'a traitée?

DORINE. (*A Valère.*) Sottise des deux parts. Elle n'a d'autre soin
Que de se conserver à vous, j'en suis témoin.
(*à Mariane.*) Il n'aime que vous seule, et n'a point d'autre envie
Que d'être votre époux, j'en réponds sur ma vie.

MARIANE, *à Valère.* — Pourquoi donc me donner un semblable conseil?

VALÈRE, *à Mariane.* — Pourquoi m'en demander sur un sujet pareil?

DORINE. — Vous êtes fous tous deux. Çà, la main l'un et l'autre.
(*à Valère.*) Allons, vous.

VALÈRE, *en donnant sa main à Dorine.* A quoi bon ma main?

DORINE, *à Mariane.* — Ah çà! la vôtre

MARIANE, *en donnant aussi sa main.* — De quoi sert tout cela?

DORINE. — Mon Dieu! vite, avancez
Vous vous aimez tous deux plus que vous ne pensez.
(*Valère et Mariane se tiennent quelque temps par la main sans se regarder.*)

VALÈRE, *se tournant vers Mariane.*
Mais ne faites donc point les choses avec peine ;
Et regardez un peu les gens sans nulle haine.
(*Mariane se tourne du côté de Valère, en lui souriant.*)

DORINE. — A vous dire le vrai, les amants sont bien fous!

VALÈRE, *à Mariane.* — Oh çà! n'ai-je pas lieu de me plaindre de vous?
Et, pour n'en point mentir, n'êtes-vous pas méchante
De vous plaire à me dire une chose affligeante?

MARIANE. — Mais vous, n'êtes-vous pas l'homme le plus ingrat...?

DORINE. — Pour un autre saison laissons tout ce débat,
Et songeons à parer ce fâcheux mariage.

MARIANE. — Dis-nous donc quels ressorts il faut mettre en usage.

DORINE. — Nous en ferons agir de toutes les façons

(*à Mariane,*) Votre père se moque; (*à Valère.*) et ce sont des chansons
(*à Mariane.*) Mais, pour vous, il vaut mieux qu'à son extravagance,
    D'un doux consentement vous prêtiez l'apparence,
    Afin qu'en cas d'alarme il vous soit plus aisé
    De tirer en longeur cet hymen proposé.
    En attrapant du temps, à tout on remédie.
    Tantôt vous payerez de quelque maladie,
    Qui viendra tout-à-coup, et voudra des délais;
    Tantôt vous payerez de présages mauvais;
    Vous aurez fait d'un mort la rencontre fâcheuse,
    Cassé quelque miroir, ou songé d'eau bourbeuse;
    Enfin le bon de tout, c'est qu'à d'autres qu'à lui
    On ne peut, vous lier que vous ne disiez, oui.
    Mais, pour bien réusir, il est bon, ce me semble,
    Qu'on ne vous trouve point tous deux parlant ensemble.
(*a Valère.*) Sortez; et, sans tarder, employez vos amis
    Pour vous faire tenir ce qu'on vous a promis.
    Nous allons réveiller les efforts de son frère,
    Et dans notre parti jeter la belle-mère.
    Adieu.

VALÈRE, *à Mariane,* — Quelques efforts que nous préparions tous,
    Ma plus grande espérance, à vrai dire, est en vous.
MARIANE, *à Valère.* — Je ne vous réponds pas des volontés d'un père;
    Mais je ne serai point à d'autres qu'à Valère.
VALÈRE. — Que vous me comblez d'aise! Et quoi que puisse oser...
DORINE. — Ah! jamais les amants ne sont las de jaser.
    Sortez, vous dis-je.
VALÈRE, *revenant sur ses pas.* — Enfin...
                 DORINE. — Quel caquet est le vôtre!
    Tirez de cette part; et vous, tirez de l'autre.
    (*Dorine les pousse chacun par l'épaule, et les oblige de se séparer.*)

FIN DU SECOND ACTE.

ACTE III.

SCÈNE PREMIÈRE. — DAMIS, DORINE.

DAMIS. — Que la foudre, sur l'heure, achève mes destins;
    Qu'on me traite partout du plus grand des faquins;
    S'il est aucun respect ni pouvoir qui m'arrête,
    Et si je ne fais pas quelque coup de ma tête!
DORINE. — De grâce, modérez un tel emportement,
    Votre père n'a fait qu'en parler simplement.
    On n'exécute pas tout ce qui se propose,
    Et le chemin est long du projet à la chose.
DAMIS. — Il faut que de ce fat j'arrête les complots,
    Et qu'à l'oreille un peu je lui dise deux mots.
DORINE. — Ah! tout doux envers lui, comme envers votre père,
    Laissez agir les soins de votre belle-mère.
    Sur l'esprit de Tartuffe elle a quelque crédit;
    Il se rend complaisant à tout ce qu'elle dit,
    Et pourrait bien avoir douceur de cœur pour elle.
    Plût à Dieu qu'il fût vrai! la chose serait belle.
    Enfin, votre intérêt l'oblige à le mander,
    Sur l'hymen qui vous trouble elle veut le sonder,
    Savoir ses sentiments, et lui faire connaître
    Quels fâcheux démêlés il pourra faire naître,
    S'il faut qu'à ce dessein il prête quelque espoir.
    Son valet dit qu'il prie; et je n'ai pu le voir,

Mais ce valet m'a dit qu'il s'en allait descendre.
Sortez donc, je vous prie, et me laissez l'attendre.
DAMIS. — Je puis être présent à tout cet entretien.
DORINE. — Point. Il faut qu'ils soient seuls.
                    DAMIS. — Je ne lui dirai rien
DORINE. — Vous vous moquez; on sait vos transports ordinaires;
Et c'est le vrai moyen de gâter les affaires.
Sortez.
      DAMIS. — Non, je veux voir, sans me mettre en courroux.
DORINE. — Que vous êtes fâcheux! Il vient. Retirez-vous.
(Damis va se cacher dans un cabinet qui est au fond du théâtre).

SCÈNE II. — TARTUFFE, DORINE.

TARTUFFE, *parlant haut à son valet qui est dans la maison, dès qu'il aperçoit Dorine.*
Laurent, serrez ma haire avec ma discipline,
Et priez que toujours le ciel vous illumine.
Si l'on vient pour me voir, je vais aux prisonniers,
Des aumônes que j'ai partager les deniers.
DORINE, *à part.* — Que d'affectation et de forfanterie!
TARTUFFE. — Que voulez-vous?
                  DORINE. — Vous dire...
    TARTUFFE, *tirant un mouchoir de sa poche.* — Ah! mon Dieu, je vous prie,
Avant que de parler, prenez-moi ce mouchoir.
DORINE. — Comment!
           TARTUFFE. — Couvrez ce sein que je ne saurais voir.
Par de pareils objets les âmes sont blessées,
Et cela fait venir de coupables pensées.
DORINE. — Vous êtes donc bien tendre à la tentation;
Et la chair sur vos sens fait grande impression!
Certes, je ne sais pas quelle chaleur vous monte:
Mais à convoiter, moi, je ne suis pas si prompte;
Et je vous verrais nu, du haut jusques en bas,
Que toute votre peau ne me tenterait pas.
TARTUFFE. — Mettez dans vos discours un peu de modestie,
Ou je vais sur le champ vous quitter la partie.
DORINE. — Non, non, c'est moi qui vais vous laisser en repos,
Et je n'ai seulement qu'à vous dire deux mots.
Madame va venir dans cette salle basse,
Et d'un mot d'entretien vous demande la grâce.
TARTUFFE. — Hélas! très volontiers.
                DORINE, *à part.* — Comme il se radoucit!
Ma foi, j'en suis toujours pour ce que j'en ai dit.
ARTUFFE. — Viendra-t-elle bientôt?
               DORINE. — Je l'entends, ce me semble.
Oui, c'est elle en personne; et je vous laisse ensemble.

SCÈNE III. — ELMIRE, TARTUFFE.

TARTUFFE. — Que le ciel à jamais, par sa toute bonté,
Et de l'âme et du corps vous donne la santé,
Et bénisse vos jours autant que le désire,
Le plus humble de ceux que son amour inspire!
ELMIRE. — Je suis fort obligée à ce souhait précieux.
Mais prenons une chaise, afin d'être un peu mieux.
TARTUFFE, *assis.* — Comment de votre mal vous sentez-vous remise?
ELMIRE, *assise.* — Fort bien; et cette fièvre a bientôt quitté prise.
TARTUFFE. — Mes prières n'ont pas le mérite qu'il faut,
Pour avoir attiré cette grâce d'en haut.
Mais je n'ai fait au ciel nulle dévote instance
Qui n'ait eu pour objet votre convalescence.
ELMIRE. — Votre zèle pour moi s'est trop inquiété.

TARTUFFE. — On ne peut trop chérir votre chère santé;
Et, pour la rétablir, j'aurais donné la mienne.
ELMIRE. — C'est pousser bien avant la charité chrétienne;
Et je vous dois beaucoup pour toutes ces bontés.
TARTUFFE. — Je fais bien moins pour vous que vous ne méritez.
ELMIRE. — J'ai voulu vous parler en secret d'une affaire,
Et suis bien aise ici qu'aucun ne nous éclaire.
TARTUFFE. — J'en suis ravi de même; et sans doute, il m'est doux,
Madame, de me voir seul à seul avec vous.
C'est une occasion qu'au ciel j'ai demandée,
Sans que, jusqu'à cette heure, il me l'ait accordée.
ELMIRE. — Pour moi, ce que je veux, c'est un mot d'entretien,
Où tout votre cœur s'ouvre, et ne me cache rien.
(Damis, sans se montrer, entr'ouvre la porte du cabinet dans lequel il s'était
                retiré, pour entendre la conversation).
TARTUFFE. — Et je ne veux aussi, pour grace singulière,
Que montrer à vos yeux mon ame tout entière,
Et vous faire serment que les bruits que j'ai faits
Des visites qu'ici reçoivent vos attraits
Ne sont pas envers vous l'effet d'aucune haine,
Mais plutôt d'un transport de zèle qui m'entraîne,
Et d'un pur mouvement...
                ELMIRE. — Je le prends bien ainsi,
Et crois que mon salut vous donne ce souci.
TARTUFFE, prenant les mains d'Elmire, et lui serrant les doigts.
— Oui, madame, sans doute, et ma ferveur est telle...
ELMIRE. — Ouf! vous me serrez trop.
                TARTUFFE. — C'est par excès de zèle.
De vous faire aucun mal je n'eus jamais dessein.
Et j'aurais bien plus tôt...
                (Il met la main sur les genoux d'Elmire).
                ELMIRE. — Que fait là votre main?
TARTUFFE. — Je tâte votre habit: l'étoffe en est moelleuse.
ELMIRE. — Ah! de grace, laissez, je suis fort chatouilleuse.
                (Elmire recule son fauteuil, et Tartuffe se rapproche d'elle).
TARTUFFE, maniant le fichu d'Elmire.
— Mon Dieu, que de ce point l'ouvrage est merveilleux!
On travaille aujourd'hui d'un air miraculeux!
Jamais, en toute chose, on n'a vu si bien faire.
ELMIRE. — Il est vrai. Mais parlons un peu de notre affaire.
On tient que mon mari veut dégager sa foi,
Et vous donner sa fille. Est-il vrai? dites-moi.
TARTUFFE. — Il m'en a dit deux mots: mais madame, à vrai dire,
Ce n'est pas le bonheur après quoi je soupire;
Et je vois autre part les merveilleux attraits
De la félicité qui fait tous mes souhaits.
ELMIRE. — C'est que vous n'aimez rien des choses de la terre.
TARTUFFE. — Mon sein n'enferme point un cœur qui soit de pierre.
ELMIRE. — Pour moi, je crois qu'au ciel tendent tous vos soupirs,
Et que rien ici-bas n'arrête vos désirs.
TARTUFFE. — L'amour qui nous attache aux beautés éternelles
N'étouffe pas en nous l'amour des temporelles:
Nos sens facilement peuvent être charmés
Des ouvrages parfaits que le ciel a formés.
Ses attraits réfléchis brillent dans vos pareilles:
Mais il étale en vous ses plus rares merveilles;
Il a sur votre face épanché ses beautés
Dont les yeux sont surpris, et les cœurs transportés;
Et je n'ai pu vous voir, parfaite créature,
Sans admirer en vous l'auteur de la nature,
Et d'un ardent amour sentir mon cœur atteint,

Au plus beau des portraits où lui-même s'est peint.
D'abord j'appréhendai que cette ardeur secrète
Ne fût du noir esprit une surprise adroite ;
Et même à fuir vos yeux mon cœur se résolut,
Vous croyant un obstacle à faire mon salut.
Mais enfin je connus, ô beauté tout aimable,
Que cette passion peut n'être point coupable,
Que je puis l'ajuster avecque la pudeur ;
Et c'est ce qui m'y fait abandonner mon cœur.
Ce m'est, je le confesse, une audace bien grande,
Que d'oser de ce cœur vous adresser l'offrande,
Mais j'attends en mes vœux tout de votre bonté,
Et rien des vains efforts de mon infirmité.
En vous est mon espoir, mon bien, ma quiétude
De vous dépend ma peine ou ma béatitude ;
Et je vais être enfin, par votre seul arrêt,
Heureux, si vous voulez, malheureux, s'il vous plaît.

ELMIRE. — La déclaration est tout-à-fait galante ;
Mais elle est, à vrai dire, un peu bien surprenante ;
Vous deviez, ce me semble, armer mieux votre sein,
Et raisonner un peu sur un pareil dessein.
Un dévot comme vous, et que partout on nomme...

TARTUFFE. — Ah! pour être dévot, je n'en suis pas moins homme.
Et lorsqu'on vient à voir vos célestes appas,
Un cœur se laisse prendre, et ne raisonne pas.
Je sais qu'un tel discours de moi paraît étrange.
Mais madame, après tout, je ne suis pas un ange ;
Et, si vous condamnez l'aveu que je vous fais,
Vous devez vous en prendre à vos charmants attraits.
Dès que j'en vis briller la splendeur plus qu'humaine,
De mon intérieur vous fûtes souveraine ;
De vos regards divins l'ineffable douceur
Força la résistance où s'obstinait mon cœur ;
Elle surmonta tout, jeûnes, prières, larmes ;
Et tourna tous mes vœux du côté de vos charmes.
Mes yeux et mes soupirs vous l'ont dit mille fois ;
Et pour mieux m'expliquer, j'emploie ici la voix.
Que si vous contemplez, d'une ame un peu bénigne,
Les tribulations de votre esclave indigne ;
S'il faut que vos bontés veuillent me consoler,
Et jusqu'à mon néant daignent se ravaler ;
J'aurai toujours pour vous, ô suave merveille,
Une dévotion à nulle autre pareille.
Votre honneur avec moi ne court point de hasard,
Et n'a nulle disgrace à craindre de ma part.
Tous ces galants de cour, dont les femmes sont folles,
Sont bruyants dans leurs faits et vains dans leurs paroles
De leurs progrès sans cesse on les voit se targuer ;
Ils n'ont point de faveurs qu'ils n'aillent divulguer ;
Et leur langue indiscrète, en qui l'on se confie,
Déshonore l'autel où leur cœur sacrifie.
Mais les gens comme nous brûlent d'un feu discret,
Avec qui, pour toujours, on est sûr du secret.
Le soin que nous prenons de notre renommée
Répond de toute chose à la personne aimée ;
Et c'est en nous qu'on trouve, acceptant notre cœur,
De l'amour sans scandale, et du plaisir sans peur.

ELMIRE. — Je vous écoute dire, et votre rhétorique
En termes assez forts à mon ame s'explique.
N'appréhendez-vous point que je ne sois d'humeur
A dire à mon mari cette galante ardeur.

Et que le prompt avis d'un amour de la sorte
Ne pût bien altérer l'amitié qu'il vous porte?
TARTUFFE. — Je sais que vous avez trop de bénignité
Et que vous ferez grace à ma témérité;
Que vous m'excuserez, sur l'humaine faiblesse,
Des violents transports d'un amour qui vous blesse,
Et considérerez, en regardant votre air,
Que l'on n'est pas aveugle, et qu'un homme est de chair.
ELMIRE. — D'autres prendraient cela d'autre façon peut-être,
Mais ma discrétion veut se faire paraître.
Je ne redirai point l'affaire à mon époux;
Mais je veux, en revanche, une chose de vous:
C'est de presser tout franc, et sans nulle chicane,
L'union de Valère avecque Marianne,
De renoncer vous-même à l'injuste pouvoir
Qui veut du bien d'un autre enrichir votre espoir;
Et...

SCÈNE IV. — ELMIRE, DAMIS, TARTUFFE.

DAMIS, *sortant du cabinet où il s'était retiré.*
— Non, madame, non; ceci doit se répandre.
J'étais en cet endroit, d'où j'ai pu tout entendre;
Et la bonté du ciel m'y semble avoir conduit
Pour confondre l'orgueil d'un traître qui me nuit,
Pour m'ouvrir une voie à prendre la vengeance
De son hypocrisie et de son insolence,
A détromper mon père, et lui mettre en plein jour
L'ame d'un scélérat qui vous parle d'amour.
ELMIRE. — Non, Damis: il suffit qu'il se rende plus sage,
Et tâche à mériter la grace où je m'engage.
Puisque je l'ai promis, ne m'en dédites pas.
Ce n'est point mon humeur de faire des éclats;
Une femme se rit de sottises pareilles,
Et jamais d'un mari n'en trouble les oreilles.
DAMIS. — Vous avez vos raisons pour en user ainsi,
Et pour faire autrement j'ai les miennes aussi.
Le vouloir épargner est une raillerie;
Et l'insolent orgueil de sa cagoterie
N'a triomphé que trop de mon juste courroux,
Et que trop excité de désordres chez nous.
Le fourbe trop longtemps a gouverné mon père,
Et desservi mes feux avec ceux de Valère.
Il faut que du perfide il soit désabusé;
Et le ciel pour cela m'offre un moyen aisé.
De cette occasion je lui suis redevable,
Et, pour la négliger, elle est trop favorable:
Ce serait mériter qu'il me la vînt ravir
Que de l'avoir en main et ne m'en pas servir.
ELMIRE. — Damis...
DAMIS. — Non, s'il vous plaît, il faut que je me croie
Mon ame est maintenant au comble de sa joie;
Et vos discours en vain prétendent m'obliger
A quitter le plaisir de me pouvoir venger.
Sans aller plus avant, je vais vider l'affaire;
Et voici justement de quoi me satisfaire.

SCÈNE V. — ORGON, ELMIRE, DAMIS, TARTUFFE.

DAMIS. — Nous allons régaler, mon père, votre abord
D'un incident tout frais qui vous surprendra fort.
Vous êtes bien payé de toutes vos caresses,
Et monsieur d'un beau prix reconnaît vos tendresses.
Son grand zèle pour vous vient de se déclarer:

Il ne va pas à moins qu'à vous déshonorer;
Et je l'ai surpris là qui faisait à madame
L'injurieux aveu d'une coupable flamme.
Elle est d'une humeur douce, et son cœur trop discret
Voulait à toute force en garder le secret.
Mais je ne puis flatter une telle impudence,
Et crois que vous la taire est vous faire une offense.

ELMIRE. — Oui, je tiens que jamais de tous ces vains propos
On ne doit d'un mari traverser le repos;
Que ce n'est point de là que l'honneur peut dépendre;
Et qu'il suffit pour nous de savoir nous défendre.
Ce sont mes sentiments; et vous n'auriez rien dit,
Damis, si j'avais eu sur vous quelque crédit.

SCÈNE VI. — ORGON, DAMIS, TARTUFFE.

ORGON. — Ce que je viens d'entendre, ô ciel! est-il croyable?

TARTUFFE. — Oui, mon frère, je suis un méchant, un coupable,
Un malheureux pécheur, tout plein d'iniquité,
Le plus grand scélérat qui jamais ait été.
Chaque instant de ma vie est chargé de souillures;
Elle n'est qu'un amas de crimes et d'ordures;
Et je vois que le ciel, pour ma punition,
Me veut mortifier en cette occasion.
De quelque grand forfait qu'on me puisse reprendre
Je n'ai garde d'avoir l'orgueil de m'en défendre.
Croyez ce qu'on vous dit, armez votre courroux,
Et comme un criminel chassez-moi de chez-vous;
Je ne saurais avoir tant de honte en partage,
Que je n'en aie encor mérité davantage.

ORGON, à son fils. — Ah! traître, oses-tu bien, par cette fausseté,
Vouloir de sa vertu ternir la pureté?

DAMIS. — Quoi! la feinte douceur de cette ame hypocrite
Vous fera démentir...

ORGON. — Tais-toi, peste maudite.

TARTUFFE. — Ah! laissez-le parler, vous l'accusez à tort,
Et vous ferez bien mieux de croire à son rapport.
Pourquoi sur un tel fait m'être si favorable?
Savez-vous, après tout, de quoi je suis capable?
Vous fiez-vous, mon frère, à mon extérieur?
Et, pour tout ce qu'on voit, me croyez-vous meilleur?
Non, non, vous vous laissez tromper à l'apparence,
Et je ne suis rien moins, hélas! que ce qu'on pense.
Tout le monde me prend pour un homme de bien;
Mais la vérié pure est que je ne vaux rien. (s'adressant à Damis.)
Oui, mon cher fils, parlez; traitez-moi de perfide,
D'infâme, de perdu, de voleur, d'homicide;
Accablez-moi de noms encore plus détestés:
Je n'y contredis point, je les ai mérités,
Et j'en veux à genoux offrir l'ignominie,
Comme une honte due aux crimes de ma vie.

ORGON. (A Tartuffe.)
Mon frère, 'en est trop, (A son fils,) ton cœur ne se rend point.
Traître?

DAMIS. — Quoi! ses discours vous séduiront au point...

ORGON (relevant Tartuffe.) Tais-toi pendard. Mon frère, hé! levez-vous de grâce
(à son fils.) Infâme!

DAMIS. — Il peut...

ORGON. — Tais-toi.

DAMIS. — J'enrage. Quoi! je passe..

ORGON. — Si tu dis un seul mot, je te romprai les bras.

TARTUFFE. — Mon frère, au nom de Dieu, ne vous emportez pas!

J'aimerais mieux souffrir la peine la plus dure,
Qu'il eût reçu pour moi la moindre égratignure.

ORGON, *à son fils.* — Ingrat!

TARTUFFE. — Laissez-le en paix. S'il faut, à deux genoux,
Vous demandez sa grace...

ORGON, *se jetant aussi à genoux, et embrassant Tartuffe.*
Hélas! vous moquez-vous?

(*à son fils.*)   Coquin, vois sa bonté !

DAMIS. — Donc...

ORGON. — Paix.

DAMIS. — Quoi! je...

ORGON. — Paix, dis-je

Je sais bien quel motif à l'attaquer t'oblige.
Vous le haïssez tous; et je vois aujourd'hui
Femme, enfant et valets, déchaînés contre lui.
On met impudemment toute chose en usage,
Pour ôter de chez moi ce dévot personnage :
Mais, plus on fait d'efforts afin de l'en bannir,
Plus j'en veux employer à l'y mieux retenir ;
Et je vais me hâter de lui donner ma fille,
Pour confondre l'orgueil de toute ma famille.

DAMIS. — A recevoir sa main on pense l'obliger.

ORGON. — Oui, traître, et dès ce soir, pour vous faire enrager.
Ah ! je vous brave tous, et vous ferai connaître,
Qu'il faut qu'on m'obéisse, et que je suis le maître.
Allons, qu'on se rétracte, et qu'à l'instant, fripon,
On se jette à ses pieds pour demander pardon.

DAMIS. — Qui? moi! de ce coquin qui, par ses impostures...

ORGON. — Ah! tu résistes, gueux, et lui dis des injures!
Un bâton! un bâton! (*à Tartuffe.*) Ne me retenez pas.
(*à son fils.*) Sus, que de ma maison on sorte de ce pas,
Et que d'y revenir on n'ait jamais l'audace.

DAMIS. — Oui, je sortirai; mais...

ORGON. — Vite, quittons la place.
Je te prive, pendard, de ma succession,
Et te donne, de plus, ma malédiction.

SCÈNE VII. — ORGON, TARTUFFE.

ORGON. — Offenser de la sorte une sainte personne!

TARTUFFE. — O ciel, pardonne-lui, comme je lui pardonne.
)a Orgon.)   Si vous pouviez savoir avec quel déplaisir,
Je vois qu'envers mon frère on tâche à me noircir...

ORGON. — Hélas!

TARTUFFE. — Le seul penser de cette ingratitude
Fait souffrir à mon ame un supplice si rude...
L'horreur que j'en conçois...J'ai le cœur si serré,
Que je ne puis parler, et crois que j'en mourrai.

ORGON, *courant tout en larmes à la porte par où il a chassé son fils,*
Coquin, je me repens que ma main t'ait fait grace,
Et ne t'ait pas d'abord assommé sur la place.
(*à Tartuffe.*)   Remettez-vous, mon frère, et ne vous fâchez pas.

TARTUFFE. — Rompons, rompons le cours de ces fâcheux débats.
Je regarde céans quel grand trouble j'apporte,
Et crois qu'il est besoin, mon frère, que j'en sorte.

ORGON. — Comment! vous moquez-vous?

TARTUFFE. — On m'y hait, et je voi
Qu'on cherche à vous donner des soupçons de ma foi.

ORGON. — Qu'importe? Croyez-vous que mon cœur les écoute?

TARTUFFE. — On ne manquera pas de poursuivre, sans doute;
Et ces mêmes rapports qu'ici vous rejetez
Peut-être une autre fois seront-ils écoutés.

ORGON. — Non, mon frère, jamais.

TARTUFFE. — Ah! mon frère, une femme
Aisément d'un mari peut bien surprendre l'ame,

ORGON. — Non, non.

TARTUFFE. — Laissez-moi vite, en m'éloignant d'ici,
Leur ôter tout sujet de m'attaquer ainsi.

ORGON. — Non, vous demeurerez, il y va de ma vie.

TARTUFFE. — Hé bien! il faudra donc que je me mortifie
Pourtant, si vous vouliez...

ORGON. — Ah

TARTUFFE. — Soit : n'en parlons plus.
Mais je sais comme il faut en user là-dessus.
L'honneur est délicat et l'amitié m'engage
A prévenir les bruits et les sujets d'ombrage.
Je fuirai votre épouse, et vous ne me verrez...

ORGON. — Non, en dépit de tous, vous la fréquenterez.
Faire enrager le monde est ma plus grande joie,
Et je veux qu'à toute heure avec elle on vous voie.
Ce n'est pas tout encor pour, les mieux braver tous,
Je ne veux point avoir d'autre héritier que vous;
Et je vais de ce pas, en fort bonne manière,
Vous faire de mon bien donation entière.
Un bon et franc ami, que pour gendre je prends,
M'est bien plus cher que fils, que femme et que parents.
N'accepterez-vous pas ce que je vous propose?

TARTUFFE. — La volonté du ciel soit faite en toute chose!

ORGON. — Le pauvre homme! Allons vite en dresser un écrit :
Et que puisse l'envie en crever de dépit!

FIN DU TROISIÈME ACTE.

ACTE IV.

SCENE PREMIÈRE. — CLÉANTE, TARTUFFE.

CLÉANTE. — Oui, tout le monde en parle, et vous m'en pouvez croire.
L'éclat que fait ce bruit n'est point à votre gloire ;
Et je vous ai trouvé, monsieur, fort à propos
Pour vous en dire net ma pensée en deux mots.
Je n'examine point à fond ce qu'on expose ;
Je passe là-dessus, et prends au pis la chose.
Supposons que Damis n'en ait pas bien usé,
Et que ce soit à tort qu'on vous ait accusé ;
N'est-il pas d'un chrétien de pardonner l'offense,
Et d'éteindre en son cœur tout désir de vengeance?
Et devez-vous souffrir, pour votre démêlé,
Que du logis d'un père un fils soit exilé?
Je vous le dis encore, et parle avec franchise,
Il n'est petit ni grand qui ne s'en scandalise;
Et, si vous m'en croyez, vous pacifierez tout,
Et ne pousserez point les affaires à bout.
Sacrifiez à Dieu toute votre colère,
Et remettez le fils en grace avec le père.

TARTUFFE. — Hélas! je le voudrais, quant à moi de bon cœur,
Je ne garde pour lui, monsieur, aucune aigreur:
Je lui pardonne tout; de rien je ne le blâme,
Et voudrais le servir du meilleur de mon ame :
Mais l'intérêt du ciel n'y saurait consentir;
Et, s'il rentre céans, c'est à moi d'en sortir.

Après son action, qui n'eut jamais d'égale,
Le commerce entre nous porterait du scandale :
Dieu sait ce que d'abord tout le monde en croirait !
A pure politique on me l'imputerait :
Et l'on dirait partout que, me sentant coupable,
Je feins pour qui m'accuse un zélé charitable ;
Que mon cœur l'appréhende, et veut le ménager
Pour le pouvoir, sous main, au silence engager.
CLÉANTE. — Vous vous payez ici d'excuses colorées ;
Et toutes vos raisons, monsieur, sont trop tirées.
Des intérêts du ciel pourquoi vous chargez-vous ?
Pour punir le coupable a-t-il besoin de nous ?
Laissez-lui, laissez-lui le soin de ses vengeances :
Ne songez qu'au pardon qu'il prescrit des offenses ;
Et ne regardez point aux jugements humains,
Quand vous suivez du ciel les ordres souverains.
Quoi ! le faible intérêt de ce qu'on pourra croire
D'une bonne action empêchera la gloire !
Non, non ; faisons toujours ce que le ciel prescrit,
Et d'aucun autre soin ne nous brouillons l'esprit.
TARTUFFE. — Je vous ai déjà dit que mon cœur lui pardonne :
Et c'est faire, monsieur, ce que le ciel ordonne :
Mais, après le scandale et l'affront d'aujourd'hui,
Le ciel n'ordonne pas que je vive avec lui.
CLÉANTE. — Et vous ordonne-t-il, monsieur, d'ouvrir l'oreille
A ce qu'un pur caprice à son père conseille,
Et d'accepter le don qui vous est fait d'un bien
Où le droit vous oblige à ne prétendre rien ?
TARTUFFE. — Ceux qui me connaîtront n'auront pas la pensée
Que ce soit un effet d'une ame intéressée.
Tous les biens de ce monde ont pour moi peu d'appas :
De leur éclat trompeur je ne m'éblouis pas ;
Et si je me résous à recevoir du père
Cette donation qu'il a voulu me faire,
Ce n'est, à dire vrai, que parce que je crains
Que tout ce bien ne tombe en de méchantes mains·
Qu'il ne trouve des gens qui, l'ayant en partage,
En fasse dans le monde un criminel usage,
Et ne s'en servent pas ainsi que j'ai dessein,
Pour la gloire du ciel et le bien du prochain.
CLÉANTE. — Hé ! monsieur, n'ayez point ces délicates craintes,
Qui d'un juste héritier peuvent causer les plaintes.
Souffrez, sans vous vouloir embarrasser de rien,
Qu'il soit, à ses périls, possesseur de son bien ;
Et songez qu'il vaut mieux encor qu'il en mésuse,
Que si de l'en frustrer il faut qu'on vous accuse.
J'admire seulement que, sans confusion,
Vous en ayez souffert la proposition,
Car enfin le vrai zèle a-t-il quelque maxime,
Qui montre à dépouiller l'héritier légitime ?
Et s'il faut que le ciel dans votre cœur ait mis
Un invincible obstacle à vivre avec Damis,
Ne vaudrait-il pas mieux qu'en personne discrète
Vous fissiez de céans une honnête retraite,
Que de souffrir ainsi, contre toute raison,
Qu'on en chasse pour vous le fils de la maison ?
Croyez-moi, c'est donner de votre prud'homie,
Monsieur...
TARTUFFE. — Il est, monsieur, trois heures et demie
Certain devoir pieux me demande là-haut,
Et vous m'excuserez de vous quitter si tôt,

CLÉANTE *seul.* — Ah!

SCÈNE II. — ELMIRE, MARIANE, CLÉANTE, DORINE.

DORINE, *à Cléante.* — De grace, avec nous, employez-vous pour elle,
Monsieur : son ame souffre une douleur mortelle ;
Et l'accord que son père a conclu pour ce soir
La fait à tous moments entrer en désespoir.
Il va venir. Joignons nos efforts, je vous prie ;
Et tâchons d'ébranler, de force ou d'industrie,
Ce malheureux dessein qui nous a tous troublés.

SCÈNE III. — ORGON, ELMIRE, MARIANE, CLÉANTE, DORINE.

ORGON. — Ah! je me réjouis de vous voir assemblés. (*à Mariane.*)
Je porte en ce contrat de quoi vous faire rire,
Et vous savez déjà ce que cela veut dire.

MARIANE, *aux genoux d'Orgon.*
Mon père, au nom du ciel qui connaît ma douleur,
Et par tout ce qui peut émouvoir votre cœur,
Relâchez-vous un peu des droits de la naissance,
Et dispensez mes vœux de cette obéissance.
Ne me réduisez point par cette dure loi,
Jusqu'à me plaindre au ciel de ce que je vous doi ;
Et cette vie hélas ! que vous m'avez donnée,
Ne me la rendez pas, mon père, infortunée.
Si, contre un doux espoir que j'avais pu former,
Vous me défendez d'être à ce que j'ose aimer :
Au moins, par vos bontés qu'à vos genoux j'implore,
Sauvez-moi du tourment d'être à ce que j'abhorre ;
Et ne me portez point à quelque désespoir,
En vous servant sur moi de tout votre pouvoir.

ORGON, *se sentant attendrir.*
Allons ferme, mon cœur, point de faiblesse humaine!

MARIANE. — Vos tendresses pour lui ne me font point de peine ;
Faites-les éclater, donnez-lui votre bien,
Et, si ce n'est assez, joignez-y tout le mien ;
J'y consens de bon cœur, et je vous l'abandonne :
Mais, au moins n'allez pas jusques à ma personne ;
Et souffrez qu'un couvent, dans les austérités,
Use les tristes jours que le ciel m'a comptés.

ORGON. — Ah ! voilà justement de mes religieuses,
Lorsqu'un père combat leurs flammes amoureuses
Debout. Plus votre cœur répugne à l'accepter,
Plus ce sera pour vous matière à mériter.
Mortifiez vos sens avec ce mariage,
Et ne me rompez pas la tête davantage.

DORINE. — Mais quoi!...

ORGON. — Taisez-vous, vous. Parlez à votre écot.
Je vous défends, tout net, d'oser dire un seul mot.

CLÉANTE. — Si par quelque conseil vous souffrez qu'on réponde.

ORGON. — Mon frère, vos conseils sont les meilleurs du monde.
Ils sont bien raisonnés, et j'en fais un grand cas ;
Mais vous trouverez bon que je n'en use pas.

ELMIRE, *à Orgon.* — A voir ce que je vois, je ne sais plus que dire,
Et votre aveuglement fait que je vous admire.
C'est être bien coiffé, bien prévenu de lui,
Que de nous démentir sur le fait d'aujourd'hui.

ORGON. — Je suis votre valet, et crois les apparences.
Pour mon fripon de fils je sais vos complaisances ;
Et vous avez eu peur de le désavouer
Du trait qu'à ce pauvre homme il a voulu jouer.
Vous étiez trop tranquille, enfin, pour être crue ;

Et vous auriez paru d'autre manière émue.

ELMIRE. — Est-ce qu'au simple aveu d'un amoureux transport
Il faut que notre honneur se gendarme si fort?
Et ne peut-on répondre à tout ce qui le touche
Que le feu dans les yeux, et l'injure à la bouche?
Pour moi, de tels propos je me ris simplement,
Et l'éclat, là-dessus, ne me plaît nullement.
J'aime qu'avec douceur nous nous montrions sages;
Et ne suis point du tout pour ces prudes sauvages
Dont l'honneur est armé de griffes et de dents,
Et veut au moindre mot dévisager les gens.
Me préserve le ciel d'une telle sagesse !
Je veux une vertu qui ne soit point diablesse,
Et crois que d'un refus la discrète froideur
N'en est pas moins puissante à rebuter un cœur.

ORGON. — Enfin je sais l'affaire, et ne prends point le change.

ELMIRE. — J'admire, encore un coup, cette faiblesse étrange :
Mais que me répondrait votre incrédulité
Si je vous faisais voir qu'on vous dit vérité ?

ORGON. — Voir !

ELMIRE — Oui.

ORGON. — Chansons.

ELMIRE. — Mais quoi ! si je trouvais manière
De vous le faire voir avec pleine lumière... ?

ORGON. — Contes en l'air.

ELMIRE. — Quel homme ! Au moins, répondez-moi.
Je ne vous parle pas de nous ajouter foi ;
Mais ici supposons que, d'un lieu qu'on peut prendre,
On vous fît clairement tout voir et tout entendre,
Que diriez-vous alors de votre homme de bien ?

ORGON. — En ce cas, je dirais que... Je ne dirais rien,
Car cela ne se peut.

ELMIRE. — L'erreur trop longtemps dure,
Et c'est trop condamner ma bouche d'imposture.
Il faut que, par plaisir, et sans aller plus loin,
De tout ce qu'on vous dit je vous fasse témoin.

ORGON. — Soit. Je vous prends au mot. Nous verrons votre adresse,
Et comment vous pourrez remplir cette promesse.

ELMIRE, à Dorine. — Faites-le moi venir.

DORINE, à Elmire. — Son esprit est rusé,
Et peut-être à surprendre il sera malaisé,

ELMIRE. — Non ; on est aisément dupé par ce qu'on aime,
Et l'amour propre engage à se tromper soi-même.
(à Cléante et à Mariane.) Faites-le moi descendre. Et vous, retirez-vous.

SCÈNE IV. — ELMIRE, ORGON.

ELMIRE. — Approchons cette table, et vous mettez dessous.

ORGON. — Comment!

ELMIRE. — Vous bien cacher est un point nécessaire.

ORGON. — Pourquoi sous cette table?

ELMIRE. — Ah ! mon Dieu ! laissez faire :
J'ai mon dessein en tête, et vous en jugerez.
Mettez-vous là, vous dis-je ; et quand vous y serez,
Gardez qu'on ne vous voie et qu'on ne vous entende.

ORGON. — Je confesse qu'ici ma complaisance est grande:
Mais de votre entreprise il vous faut voir sortir.

ELMIRE. — Vous n'aurez, que je crois, rien à me repartir.
(A Orgon, qui est sous la table). 'Au moins, je vais toucher une étrange matière,
Ne vous scandalisez en aucune manière.
Quoi que je puisse dire, il doit m'être permis;
Et c'est pour vous convaincre, ainsi que j'ai promis.

Je vais par des douceurs, puisque j'y suis réduite,
Faire poser le masque à cette âme hypocrite,
Flatter de son amour les désirs effrontés,
Et donner un champ libre à ses témérités.
Comme c'est pour vous seul, et pour mieux le confondre,
Que mon âme à ses vœux va feindre de répondre,
J'aurai lieu de cesser dès que vous vous rendrez,
Et les choses n'iront que jusqu'où vous voudrez.
C'est à vous d'arrêter son ardeur insensée,
Quand vous croirez l'affaire assez avant poussée,
D'épargner votre femme, et de ne m'exposer
Qu'à ce qu'il vous faudra pour vous désabuser.
Ce sont vos intérêts, vous en serez le maître,
Et... L'on vient. Tenez-vous, et gardez de paraître.

SCÈNE V. — TARTUFFE, ELMIRE, ORGON, *sous la table.*

TARTUFFE. — On m'a dit qu'en ce lieu vous me vouliez parler.
ELMIRE. — Oui. L'on a des secrets à vous y révéler.
Mais tirez cette porte avant qu'on vous les dise.
Et regardez partout, de crainte de surprise.
          (*Tartuffe va fermer la porte, et revient.*)
Une affaire pareille à celle de tantôt
N'est pas assurément ici ce qu'il nous faut :
Jamais il ne s'est vu de surprise de même...
Damis m'a fait pour vous une frayeur extrême :
Et vous avez bien vu que j'ai fait mes efforts
Pour rompre son dessein et calmer ses transports.
Mon trouble, il est bien vrai, m'a si fort possédée,
Que de le démentir je n'ai point eu l'idée.
Mais par là, grâce au ciel, tout a bien mieux été,
Et les choses en sont en plus de sûreté.
L'estime où l'on vous tient a dissipé l'orage,
Et mon mari de vous ne peut prendre d'ombrage.
Pour mieux braver l'éclat des mauvais jugements,
Il veut que nous soyons ensemble à tous moments :
Et c'est par où je puis, sans peur d'être blâmée,
Me trouver ici seule avec vous enfermée,
Et ce qui m'autorise à vous ouvrir un cœur
Un peu trop prompt peut-être à souffrir votre ardeur.
TARTUFFE. — Ce langage à comprendre est assez difficile,
Madame ; et vous parliez tantôt d'un autre style.
ELMIRE. — Ah ! si d'un tel refus vous êtes en courroux,
Que le cœur d'une femme est mal connu de vous !
Et que vous savez peu ce qu'il veut faire entendre
Lorsque si faiblement on le voit se défendre !
Toujours notre pudeur combat, dans ces moments,
Ce qu'on peut nous donner de tendres sentiments,
Quelque raison qu'on trouve à l'amour qui vous dompte,
On trouve à l'avouer toujours un peu de honte.
On s'en défend d'abord ; mais de l'air qu'on s'y prend
On fait connaître assez que notre cœur se rend.
Qu'à nos yeux, par honneur, notre bouche s'oppose,
Et que de tels refus promettent toute chose.
C'est vous faire, sans doute, un assez libre aveu,
Et sur notre pudeur me ménager bien peu.
Mais, puisque la parole enfin en est lâchée,
A retenir Damis me serai-je attachée,
Aurai-je, je vous prie, avec tant de douceur,
Écouté tout au long l'offre de votre cœur,
Aurai-je pris la chose ainsi qu'on m'a vu faire,
Si l'offre de ce cœur n'eût eu de quoi me

MOLIÈRE.   L   29

Et lorsque j'ai voulu moi-même vous forcer
A refuser l'hymen qu'on venait d'annoncer,
Qu'est-ce que cette instance a dû vous faire entendre,
Que l'intérêt qu'en vous on s'avise de prendre.
Et l'ennui qu'on aurait que ce nœud qu'on résout
Vînt partager du moins un cœur que l'on veut tout?

TARTUFFE. — C'est sans doute, madame, une douceur extrême
Que d'entendre ces mots d'une bouche qu'on aime;
Leur miel dans tous mes sens fait couler à longs traits
Une suavité qu'on ne goûta jamais.
Le bonheur de vous plaire est ma suprême étude,
Et mon cœur de vos vœux fait sa béatitude;
Mais ce cœur vous demande ici la liberté
D'oser douter un peu de sa félicité.
Je puis croire ces mots un artifice honnête
Pour m'obliger à rompre un hymen qui s'apprête;
Et, s'il faut librement m'expliquer avec vous,
Je ne me fierai point à des propos si doux,
Qu'un peu de vos faveurs, après quoi je soupire
Ne vienne m'assurer tout ce qu'ils m'ont pu dire,
Et planter dans mon ame une constante foi
Des charmantes bontés que vous avec pour moi.

ELMIRE, *après avoir toussé pour avertir son mari.*
Quoi! vous voulez aller avec cette vitesse,
Et d'un cœur tout d'abord epuiser la tendresse?
On se tue à vous faire un aveu des plus doux;
Cependant ce n'est pas encore assez pour vous?
Et l'on ne peut aller jusqu'à vous satisfaire,
Qu'aux dernières faveurs on ne pousse l'affaire?

TARTUFFE. — Moins on mérite un bien, moins on l'ose espérer.
Nos vœux sur des discours ont peine à s'assurer.
On soupçonne aisément un sort tout plein de gloire,
Et l'on veut en jouir avant que de le croire.
Pour moi, qui crois si peu mériter vos bontés,
Je doute du bonheur de mes témérités;
Et je ne croirai rien, que vous n'ayez, madame,
Par des réalités, su convaincre ma flamme.

ELMIRE. — Mon Dieu! que votre amour en vrai tyran agit!
Et qu'en un trouble étrange il jette mon esprit!
Que sur les cœurs il prend un furieux empire!
Et qu'avec violence il veut ce qu'il désire!
Quoi! de votre poursuite on ne peut se parer,
Et vous ne donnez pas le temps de respirer?
Sied-il bien de tenir une rigueur si grande,
De vouloir sans quartier les choses qu'on demande,
Et d'abuser ainsi par vos efforts pressants,
Du faible que pour vous vous voyez qu'ont les gens?

TARTUFFE. — Mais si d'un œil benin vous voyez mes hommages,
Pourquoi m'en refuser d'assurés témoignages?

ELMIRE. — Mais comment consentir à ce que vous voulez,
Sans offenser le ciel dont toujours vous parlez?

TARTUFFE. — Si ce n'est que le ciel qu'à mes yeux on oppose,
Lever un tel obstacle est à moi peu de chose;
Et cela ne doit point retenir votre cœur.

ELMIRE. — Mais des arrêts du ciel on nous fait tant de peur!

TARTUFFE. — Je puis vous dissiper ces craintes ridicules,
Madame, et je sais l'art de lever les scrupules.
Le ciel défend, de vrai, certains contentements;
Mais on trouve avec lui des accommodements.
Selon divers besoins, il est une science
D'étendre les liens de notre conscience,

Et de rectifier le mal de l'action
Avec la pureté de notre intention.
De ces secrets, madame, on saura vous instruire :
Vous n'avez seulement qu'à vous laisser conduire.
Contentez mon désir, et n'ayez point d'effroi;
Je vous réponds de tout, et prends le mal sur moi. (*Elmire tousse plus fort.*)
Vous toussez fort, madame.

ELMIRE. — Oui, je suis au supplice.

TARTUFFE. — Vous plaît-il un morceau de ce jus de réglisse?

ELMIRE. — C'est un rhume obstiné, sans doute; et je vois bien
Que tous les jus du monde ici ne feront rien.

TARTUFFE. — Cela, certe, est fâcheux.

ELMIRE. — Oui, plus qu'on ne peut dire.

TARTUFFE. — Enfin, votre scrupule est facile à détruire.
Vous êtes assurée ici d'un plein secret,
Et le mal n'est jamais que dans l'éclat qu'on fait.
Le scandale du monde est ce qui fait l'offense,
Et ce n'est pas pécher que pécher en silence.

ELMIRE, *après avoir encore toussé et frappé sur la table.*
Enfin je vois qu'il faut se résoudre à céder;
Qu'il faut que je consente à vous tout accorder;
Et qu'à moins de cela je ne dois point prétendre
Qu'on puisse être content, et qu'on veuille se rendre.
Sans doute il est fâcheux d'en venir jusque là,
Et c'est bien malgré moi que je franchis cela;
Mais, puisque l'on s'obstine à m'y vouloir réduire,
Puisqu'on ne veut point croire à tout ce qu'on peut dire,
Et qu'on veut des témoins qui soient plus convaincants,
Il faut bien s'y résoudre, et contenter les gens.
Si ce contentement porte en soi quelque offense,
Tant pis pour qui me force à cette violence;
La faute assurément n'en doit point être à moi.

TARTUFFE. — Oui, madame, on s'en charge; et la chose de soi.,.

ELMIRE. — Ouvrez un peu la porte, et voyez, je vous prie,
Si mon mari n'est point dans cette galerie.

TARTUFFE. — Qu'est-il besoin pour lui du soin que vous prenez?
C'est un homme, entre nous, à mener par le nez.
De tous nos entretiens il est pour faire gloire,
Et je l'ai mis au point de voir tout sans rien croire.

ELMIRE. — Il n'importe. Sortez, je vous prie un moment;
Et partout là-dehors, voyez exactement.

SCÈNE VI. — ORGON, ELMIRE.

ORGON, *sortant de dessous la table.*
Voilà, je vous l'avoue, un abominable homme!
Je n'en puis revenir, et tout ceci m'assomme.

ELMIRE. — Quoi! vous sortez si tôt! Vous vous moquez des gens
Rentrez sous le tapis, il n'est pas encor temps;
Attendez jusqu'au bout pour voir les choses sûres,
Et ne vous fiez point aux simples conjectures.

ORGON. — Non, rien de plus méchant n'est sorti de l'enfer.

ELMIRE. — Mon Dieu! l'on ne doit point croire trop de léger.
Laissez-vous bien convaincre avant que de vous rendre;
Et ne vous hâtez pas, de peur de vous méprendre.
(*Elmire fait mettre Orgon derrière elle.*)

SCÈNE VII. — TARTUFFE, ELMIRE, ORGON.

TARTUFFE, *sans voir Orgon.* — Tout conspire, madame, à mon contentement.
J'ai visité de l'œil tout cet appartement ·
Personne ne s'y trouve; et mon âme ravie...
(*Dans le temps que Tartuffe s'avance, les bras ouverts, pour embrasser Elmire,
elle se retire, et Tartuffe aperçoit Orgon.*)

ORGON, *arrêtant Tartuffe.*—Tout doux, vous suivez trop votre amoureuse
Et vous ne devez pas vous tant passionner.
Ah! ah! l'homme de bien, vous m'en vouliez donner!
Comme aux tentations s'abandonne votre ame!
Vous épousiez ma fille et convoitiez ma femme!
J'ai douté fort longtemps que ce fût tout de bon,
Et je croyais toujours qu'on changerait de ton :
Mais c'est assez avant pousser le témoignage;
Je m'y tiens, et n'en veut, pour moi, pas davantage.

ELMIRE, *à Tartuffe.* — C'est contre mon honneur que j'ai fait tout ceci;
Mais on m'a mise au point de vous traiter ainsi.

TARTUFFE, *à Orgon.* — Quoi! vous croyez...?

ORGON.—Allons point de bruit, je vous prie.
Dénichons de céans, et sans cérémonie.

TARTUFFE. — Mon dessein...

ORGON. — Ces discours ne sont plus de saison.
Il faut tout sur-le-champ sortir de la maison.

TARTUFFE. — C'est à vous d'en sortir, vous qui parlez en maître :
La maison m'appartient, je le ferai connaître,
Et vous montrerai bien qu'en vain on a recours,
Pour me chercher querelle, à ces lâches détours;
Qu'on n'est pas où l'on pense en me faisant injure;
Que j'ai de quoi confondre et punir l'imposture,
Venger le ciel qu'on blesse, et faire repentir
Ceux qui parlent ici de me faire sortir.

SCÈNE VIII. — ELMIRE, ORGON.

ELMIRE. — Quel est donc ce langage? et qu'est-ce qu'il veut dire?

ORGON. — Ma foi, je suis confus, et n'ai pas lieu de rire.

ELMIRE. — Comment?

ORGON. — Je vois ma faute, aux choses qu'il me dit;
Et la donation m'embarrasse l'esprit.

ELMIRE. — La donation!

ORGON. — Oui. C'est une affaire faite.
Mais j'ai quelque autre chose encor qui m'inquiète.

ELMIRE. — Et quoi?

ORGON. — Vous saurez tout. Mais voyons au plus tôt.
Si certaine cassette est encore là-haut.

FIN DU QUATRIÈME ACTE.

ACTE V.

SCÈNE PREMIÈRE. — ORGON, CLÉANTE.

CLÉANTE. — Où voulez-vous courir?

ORGON. — Las! que sais-je?

CLÉANTE. — Il me semble
Que l'on doit commencer par consulter ensemble
Les choses qu'on peut faire en cet évènement.

ORGON. — Cette cassette-là me trouble entièrement.
Plus que le reste encore, elle me désespère.

CLÉANTE. — Cette cassette est donc un important mystère?

ORGON. — C'est un dépôt qu'Argas, cet ami que je plains,
Lui-même, en grand secret, m'a mis entre les mains.
Pour cela, dans sa fuite, il me voulut élire;
Et ce sont des papiers, à ce qu'il m'a pu dire,
Où sa vie et ses biens se trouvent attachés.

CLÉANTE. — Pourquoi donc les avoir en d'autres mains lâchés?

ORGON. — Ce fut par un motif de cas de conscience
J'allai droit à mon traître en faire confidence :
Et son raisonnement me vint persuader
De lui donner plutôt la cassette à garder,
Afin que pour nier, en cas de quelque enquête,
J'eusse d'un faux-fuyant la faveur toute prête,
Par où ma conscience eût pleine sûreté
A faire des serments contre la vérité.
CLÉANTE. — Vous voilà mal, au moins si j'en crois l'apparence;
Et la donation, et cette confidence,
Sont, à vous en parler selon mon sentiment,
Des démarches par vous faites légèrement.
On peut vous mener loin avec de pareils gages:
Et cet homme sur vous ayant ses avantages,
Le pousser est encor grande imprudence à vous;
Et vous deviez chercher quelque biais plus doux.
ORGON. — Quoi! sur un beau semblant de ferveur si touchante
Cacher un cœur si double, un ame si méchante?
Et moi, qui l'ai reçu gueusant et n'ayant rien...
C'en est fait, je renonce à tous les gens de bien;
J'en aurai désormais une horreur effroyable,
Et m'en vais devenir, pour eux, pire qu'un diable.
CLÉANTE. — Hé bien! ne voilà pas de vos emportements!
Vous ne gardez en rien les doux tempéraments.
Dans la droite raison jamais n'entre la vôtre;
Et toujours d'un excès vous vous jetez dans l'autre.
Vous voyez votre erreur, et vous avez connu
Que par un zèle feint vous étiez prévenu ;
Mais pour vous corriger, quelle raison demande
Que vous alliez passer dans une erreur plus grande.
Et qu'avecque le cœur d'un perfide vaurien
Vous confondiez les cœurs de tous les gens de bien?
Quoi! parce qu'un fripon vous dupe avec audace
Sous le pompeux éclat d'une austère grimace,
Vous voulez que partout on soit fait comme lui,
Et qu'aucun vrai dévot ne se trouve aujourd'hui?
Laissez aux libertins ces sottes conséquences:
Démêlez la vertu d'avec ses apparences :
Ne hasardez jamais votre estime trop tôt,
Et soyez pour cela dans le milieu qu'il faut.
Gardez-vous, s'il se peut, d'honorer l'imposture;
Mais au vrai zèle aussi n'allez pas faire injure;
Et s'il vous faut tomber dans une extrémité,
Péchez plutôt encor de cet autre côté.

SCÈNE II. — ORGON, CLÉANTE, DAMIS.

DAMIS. — Quoi! mon père, est-il vrai qu'un coquin vous menace;
Qu'il n'est point de bienfait qu'en son ame il n'efface;
Et que son lâche orgueil, trop digne de courroux
Se fait de vos bontés des armes contre vous?
ORGON. — Oui, mon fils; et j'en sens des douleurs nonpareilles.
DAMIS. — Laissez-moi, je lui veux couper les deux oreilles.
Contre son insolence on ne doit point gauchir :
C'est à moi, tout d'un coup de vous en affranchir :
Et pour sortir d'affaire, il faut que je l'assomme.
CLÉANTE. — Voilà tout justement parler en vrai jeune
Modérez, s'il vous plaît, ces transports éclatants.
Nous vivons sous un règne et sommes dans un temps,
Où par la violence on fait mal ses affaires.

SCÈNE III. — MADAME PERNELLE, ORGON, ÉLMIRE, CLÉANTE,
MARIANE, DAMIS, DORINE.

MADAME PERNELLE. — Qu'est-ce? j'apprends ici de terribles mystères!
ORGON. — Ce sont des nouveautés dont mes yeux sont témoins,
Et vous voyez le prix dont sont payés mes soins.
Je recueille avec zèle un homme en sa misère,
Je le loge, et le tiens comme mon propre frère;
De bienfaits, chaque jour, il est par moi chargé;
Je lui donne ma fille et tout le bien que j'ai :
Et, dans le même temps, le perfide, l'infâme,
Tente le noir dessein de suborner ma femme;
Et non content encor de ses lâches essais,
Il m'ose menacer de mes propres bienfaits,
Et veut, à ma ruine, user des avantages
Dont le viennent d'armer mes bontés trop peu sages
Me chasser de mes biens où je l'ai transféré,
Et me réduire au point d'où je l'ai retiré.
DORINE. — Le pauvre homme!
    MADAME PERNELLE. — Mon fils, je ne puis du tout croire
Qu'il ait voulu commettre une action si noire.
ORGON. — Comment!
MADAME PERNELLE — Les gens de bien sont enviés toujours.
ORGON. — Que voulez-vous donc dire, avec votre discours,
  Ma mère?
MADAME PERNELLE. — Que chez vous on vit d'étrange sorte;
Et qu'on ne sait que trop la haine qu'on lui porte;
ORGON. — Qu'a cette haine à faire avec ce qu'on vous dit?
MADAME PERNELLE. — Je vous l'ai dit cent fois quand vous étiez petit:
La vertu dans le monde est toujours poursuivie;
Les envieux mourront, mais non jamais l'envie.
ORGON. — Mais que fait ce discours aux choses d'aujourd'hui?
MADAME PERNELLE. — On vous aura forgé cent sots contes de lui.
ORGON. — Je vous ai dit déjà que j'ai vu tout moi-même.
MADAME PERNELLE. — Des esprits médisants la malice est extrême.
ORGON. — Vous me feriez damner, ma mère. Je vous di
Que j'ai vu de mes yeux un crime si hardi.
MADAME PERNELLE. — Les langues ont toujours du venin à répandre;
Et rien n'est ici-bas qui s'en puisse défendre.
ORGON. — C'est tenir un propos de sens bien dépourvu.
Je l'ai vu, dis-je. vu, de mes propres yeux vu.
Ce qu'on appelle vu. Faut-il vous le rebattre
Aux oreilles cent fois, et crier comme quatre?
MADAME PERNELLE. — Mon dieu! le plus souvent l'apparence déçoit :
Il ne faut pas toujours juger sur ce qu'on voit.
ORGON. — J'enrage!
MADAME PERNELLE. — Aux faux soupçons la nature est sujette,
Et c'est souvent à mal que le bien s'interprète.
ORGON. — Je dois interpréter à charitable soin
Le désir d'embrasser ma femme?
    MADAME PERNELLE. — Il est besoin
Pour accuser les gens d'avoir de justes causes;
Et vous deviez attendre à vous voir sûr des choses.
ORGON. — Hé! diantre? le moyen de m'en assurer mieux?
Je devais donc, ma mère, attendre qu'à mes yeux
Il eût... Vous me feriez dire quelque sottise.
MADAME PERNELLE. — Enfin d'un trop pur zèle on voit son ame éprise;
Et je ne puis du tout me mettre dans l'esprit
Qu'il ait voulu tenter les choses que l'on dit.
ORGON. — Allez, je ne sais pas, si vous n'étiez ma mère,
Ce que je vous dirais, tant je suis en colère.

DORINE, *à Orgon.* — Juste retour, monsieur, des choses d'ici bas :
Vous ne vouliez point croire, et l'on ne vous croit pas.
    CLÉANTE. — Nous perdons des moments en bagatelles pures,
Qu'il faudrait employer à prendre des mesures.
Aux menaces du fourbe on doit ne dormir point.
    DAMIS. — Quoi ! son effronterie irait jusque à ce point ?
    ELMIRE. — Pour moi, je ne crois pas cette instance possible,
Et son ingratitude est ici trop visible.
    CLÉANTE, *à Orgon.* — Ne vous y fiez pas ; il aura des ressorts
Pour donner contre vous raison à ses efforts ;
Et sur moins que cela le poids d'une cabale
Embarrasse les gens dans un fâcheux dédale.
Je vous le dis encore : armé de ce qu'il a,
Vous ne deviez jamais le pousser jusque-là.
    ORGON. — Il est vrai : mais qu'y faire ? À l'orgueil de ce traître,
De mes ressentiments je n'ai pas été maître.
    CLÉANTE. — Je voudrais de bon cœur qu'on pût entre vous deux
De quelque ombre de paix raccommoder les nœuds.
    ELMIRE. — Si j'avais su qu'en main il a de telles armes,
Je n'aurais pas donné matière à tant d'alarmes ;
Et mes...

ORGON, *à Dorine voyant entrer M. Loyal.*
Que veut cet homme ? Allez tôt le savoir.

Je suis bien en état que l'on vienne me voir !

SCÈNE IV.

ORGON, MADAME PERNELLE, ELMIRE, MARIANE, CLÉANTE, DAMIS DORINE,
M. LOYAL.

M. LOYAL, *à Dorine dans le fond du théâtre.*

Bon jour, ma chère sœur ; faites, je vous supplie,
Que je parle à monsieur.

DORINE. — Il est en compagnie ;

Et je doute qu'il puisse à présent voir quelqu'un.
    M. LOYAL. — Je ne suis pas pour être en ces lieux importun.
Mon abord n'aura rien, je crois, qui lui déplaise ;
Et je viens pour un fait dont il sera bien aise.
DORINE. — Votre nom ?

M. LOYAL — Dites-lui seulement que je viens

De la part de monsieur Tartuffe, pour son bien.
    DORINE, *à Orgon.* — C'est un homme qui vient, avec douce manière,
De la part de monsieur Tartuffe, pour affaire
Dont vous serez, dit-il, bien aise.

CLÉANTE. *à Orgon.* — Il vous faut voir

Ce que c'est que cet homme, et ce qu'il peut vouloir.
    ORGON, *à Cléante.* — Pour nous raccommoder il vient ici peut être :
Quel sentiments aurais-je à lui faire paraître ?
    CLÉANTE. — Votre ressentiment ne doit point éclater ;
Et s'il parle d'accord, il le faut écouter.
    M. LOYAL, *à Orgon.* — Salut, monsieur. Le ciel perde qui vous veut nuire,
Et vous soit favorable autant que je désire !
    ORGON, *à Cléante.* — Ce doux début s'accorde avec mon jugement,
Et présage déjà quelque accommodement.
    M. LOYAL. — Toute votre maison m'a toujours été chère,
Et j'étais serviteur de monsieur votre père.
    ORGON. — Monsieur, j'ai grande honte et demande pardon
D'être sans vous connaître ou savoir votre nom.
    M. LOYAL. — Je m'appelle Loyal, natif de Normandie,
Et suis huissier à verge, en dépit de l'envie.
J'ai, depuis quarante ans, grâce au ciel, le bonheur
D'en exercer la charge avec beaucoup d'honneur ;
Et je vous viens, monsieur, avec votre licence,

Signifier l'exploit de certaine ordonnance...
ORGON. — Quoi ! vous êtes ici ?...
     M. LOYAL. — Monsieur, sans passion.
Ce n'est rien seulement qu'une sommation,
Un ordre de vider d'ici vous et les vôtres,
Mettre vos meubles hors, et faire place à d'autres,
Sans délai ni remise, ainsi que besoin est.
ORGON. — Moi ! sortir de céans.
     M. LOYAL. — Oui, monsieur, s'il vous plaît.
La maison à présent, comme savez de reste,
Au bon monsieur Tartuffe appartient sans conteste.
De vos bien désormais il est maître et seigneur
En vertu d'un contrat duquel je suis porteur.
Il est en bonne forme, et l'on y peut rien dire.
DAMIS, à M. Loyal. — Certes, cette impudence est grande, et je l'admire.
M. LOYAL, à Damis. — Monsieur, je ne dois point avoir affaire à vous;
(montrant Orgon) C'est à monsieur; il est raisonnable et doux,
 Et d'un homme de bien il sait trop bien l'office
Pour se vouloir du tout opposer à justice.
ORGON. — Mais...
   M. LOYAL. — Oui, monsieur, je sais que pour un million
Vous ne voudriez pas faire rébellion,
Et que vous souffrirez en honnête personne
Que j'exécute ici les ordres qu'on me donne.
DAMIS. — Vous pourriez bien ici sur votre noir jupon
Monsieur l'huissier à verge, attirer le bâton.
M. LOYAL, à Orgon. — Faites que votre fils se taise ou se retire,
Monsieur. J'aurai regret d'être obligé d'écrire,
Et de vous voir couché dans mon procès-verbal.
DORINE, à part. — Ce monsieur Loyal porte un air bien déloyal.
M. LOYAL. — Pour tous les gens de bien j'ai de grandes tendresses,
Et ne me suis voulu, monsieur, charger des pièces
Que pour vous obliger et vous faire plaisir;
Que pour ôter par-là le moyen d'en choisir
Qui, n'ayant pas pour vous le zèle qui me pousse,
Auraient pu procéder d'une façon moins douce.
ORGON. — Et que peut-on de pis que d'ordonner aux gens
De sortir de chez eux ?
    M. LOYAL. — Or vous donne du temps;
Et jusques à demain je ferai surséance
A l'exécution, monsieur, de l'ordonnance.
Je viendrai seulement passer ici la nuit,
Avec dix de mes gens, sans scandale et sans bruit.
Pour la forme, il faudra s'il vous plaît qu'on m'apporte,
Avant que se coucher, les clefs de votre porte.
J'aurai soin de ne pas troubler votre repos,
Et de ne rien souffrir qui ne soit à propos.
Mais demain, du matin, il vous faut être habile
A vider de céans jusqu'au moindre ustensile;
Mes gens vous aideront, et je les ai pris forts.
Pour vous faire service à tout mettre dehors.
On n'en peut pas user mieux que je fais, je pense;
Et, comme je vous traite avec grande indulgence,
Je vous conjure aussi, monsieur, d'en user bien,
Et qu'au dû de ma charge on ne me trouble en rien,
ORGON, à part. — Du meilleur de mon cœur je donnerais sur l'heure,
Les cent plus beaux louis de ce qui me demeure,
Et pouvoir, à plaisir, sur ce mufle asséner
Le plus grand coup de poing qui se puisse donner.
CLÉANTE, bas à Orgon. — Laissez, ne gâtons rien
      DAMIS. — A cette audace étrange

J'ai peine à me tenir, et la main me démange.

DORINE. — Avec un si bon dos, ma foi, monsieur Loyal,
  Quelques coups de bâton ne vous siéraient pas mal.

M. LOYAL. — On pourrait bien punir ces paroles infames,
  Ma mie; et l'on décrète aussi contre les femmes.

CLÉANTE, à M. Loyal. — Finissons tout cela, monsieur; c'en est assez.
  Donnez tôt ce papier, de grâce, et nous laissez.

M. LOYAL. — Jusqu'au revoir. Le ciel vous tienne tous en joie!

ORGON. — Puisse-t-il te confondre, et celui qui t'envoie!

SCÈNE V.

ORGON, MADAME PERNELLE, ELMIRE, CLÉANTE, MARIANE, DAMIS, DORINE.

ORGON. — Hé bien! vous le voyez, ma mère, si j'ai droit,
  Et vous pouvez juger du reste par l'exploit.
  Ses trahisons enfin vous sont-elles connues?

MADAME PERNELLE. — Je suis tout ébaubie, et je tombe des nues.

DORINE, à Orgon. — Vous vous plaignez à tort; à tort vous le blâmez,
  Et ses pieux desseins par-là sont confirmés.
  Dans l'amour du prochain sa vertu se consomme :
  Il sait que très souvent les biens corrompent l'homme
  Et par charité pure ; il veut vous enlever.
  Tout ce qui vous peut faire obstacle à vous sauver.

ORGON. — Taisez-vous. C'est le mot qu'il vous faut toujours dire.

CLÉANTE, à Orgon. — Allons voir quel conseil on doit vous faire élire.

ELMIRE. — Allez faire éclater l'audace de l'ingrat.
  Ce procédé détruit la vertu du contrat;
  Et sa déloyauté va paraître trop noire
  Pour souffrire qu'il en ait le succès qu'on veut croire.

SCÈNE VI.

VALÈRE, ORGON, MADAME PERNELLE, ELMIRE CLÉANTE, MARIANE, DAMIS. DORINE.

VALÈRE. — Avec regret, monsieur, je viens vous affliger;
  Mais je m'y vois contraint par le pressant danger.
  Un ami, qui, m'est joint d'une amitié fort tendre,
  Et qui sait l'intérêt qu'en vous j'ai lieu de prendre;
  A violé pour moi par un pas délicat
  Le secret que l'on doit aux affaires d'état,
  Et me vient d'envoyer un avis dont la suite
  Vous réduit au parti d'une soudaine fuite.
  Le fourbe qui longtemps a pu vous imposer
  Depuis une heure au prince a su vous accuser,
  Et remettre en ses mains, dans les traits qu'il vous jette,
  D'un criminel d'état l'importante cassette,
  Dont, au mépris, dit-il, du devoir d'un sujet,
  Vous avez conservé le coupable secret.
  J'ignore le détail du crime qu'on vous donne :
  Mais un ordre est donné contre votre personne;
  Et lui-même est chargé, pour mieux l'exécuter,
  D'accompagner celui qui vous doit arrêter.

CLÉANTE. — Voilà ses droits armés : et c'est par où le traître
  De vos bien qu'il prétend cherche à se rendre maître.

ORGON. — L'homme est, je vous l'avoue, un méchant animal!

VALÈRE. — Le moindre amusement vous peut être fatal.
  J'ai, pour vous emmener, mon carrosse à la porte,
  Avec mille louis qu'ici je vous apporte.
  Ne perdons point de temps le trait est foudroyant;
  Et ce sont de ces coups que l'on pare en fuyant.
  A vous mettre en lieu sûr je m'offre pour conduite,
  Et veux accompagner jusqu'au bout votre fuite.

ORGON. — Las! que ne dois-je point à vos soins obligeants!
  Pour vous en rendre grâce, il faut un autre temps;

Et je demande au ciel de m'être assez propice
Pour reconnaître un jour ce généreux service.
Adieu : prenez le soin, vous autres...

CLÉANTE. — Allez tôt;
Nous songerons, mon frère, à faire ce qu'il faut.

SCÈNE VII.

TARTUFFE, UN EXEMPT, MADAME PERNELLE, ORGON, ELMIRE, CLÉANTE, VALÈRE, DAMIS, DORINE.

TARTUFFE, *arrêtant Orgon.*

Tout beau, monsieur, tout beau ne courez point si vite :
Vous n'irez pas fort loin pour trouver votre gîte;
Et de la part du prince on vous fait prisonnier.

ORGON. — Traître, tu me gardais ce trait pour le dernier :
C'est le coup, scélérat, par où tu m'expédies;
Et voilà couronner toutes tes perfidies.

TARTUFFE. — Vos injures n'ont rien à me pouvoir aigrir;
Et je suis, pour le ciel, appris à tout souffrir.

CLÉANTE. — La modération est grande, je l'avoue.

DAMIS. — Comme du ciel l'infame impudemment se joue!

TARTUFFE. — Tous vos emportements ne sauraient m'émouvoir;
Et je ne songe à rien qu'à faire mon devoir.

MARIANE. — Vous avez de ceci grande gloire à prétendre;
Et cet emploi pour vous est fort honnête à prendre.

TARTUFFE. — Un emploi ne saurait être que glorieux
Quand il part du pouvoir qui m'envoie en ces lieux.

ORGON. — Mais t'es-tu souvenu que ma main charitable,
Ingrat, t'a retiré d'un état misérable?

TARTUFFE. — Oui, je sais quels secours j'en ai pu recevoir;
Mais l'intérêt du prince est mon premier devoir.
De ce devoir sacré la juste violence
Etouffe dans mon cœur toute reconnaissance;
Et je sacrifierais à de si puissants nœuds
Ami, femme, parents et moi-même avec eux.

ELMIRE. — L'imposteur!

DORINE. — Comme il sait, de traîtresse manière,
Se faire un beau manteau de tout ce qu'on révère!

CLÉANTE. — Mais s'il est si parfait que vous le déclarez,
Ce zèle qui vous pousse et dont vous vous parez,
D'où vient que pour paraître il s'avise d'attendre
Qu'à poursuivre sa femme il ait su vous surprendre,
Et que vous ne songez à l'aller dénoncer
Que lorsque son honneur l'oblige à vous chasser?
Je ne vous parle point, pour devoir en distraire,
Du don de tout son bien qu'il venait de vous faire;
Mais, le voulant traiter en coupable aujourd'hui,
Pourquoi consentiez-vous à rien prendre de lui,

TARTUFFE, *à l'exempt.* — Délivrez-moi, monsieur, de la criaillerie;
Et daignez accomplir votre ordre, je vous prie.

L'EXEMPT. — Oui, c'est trop demeurer, sans doute, à l'accomplir;
Votre bouche à propos m'invite à la remplir :
Et, pour l'exécuter, suivez-moi tout à l'heure
Dans la prison qu'on doit vous donner pour demeure.

TARTUFFE. — Qui? moi, monsieur?

L'EXEMPT — Oui, vous.

TARTUFFE. — Pourquoi donc la prison?

L'EXEMPT. — Ce n'est pas vous à qui j'en veux rendre raison.
à Orgon. Remettez-vous, monsieur, d'une alarme si chaude.
Nous vivons sous un prince ennemi de la fraude,
Un prince dont les yeux se font jour dans les cœurs,
Et que ne peut tromper tout l'art des imposteurs.

D'un fin discernement sa grande âme pourvue
Sur les choses toujours jette une droite vue ;
Chez elle jamais rien ne surprend trop d'accès,
Et sa ferme raison ne tombe en nul excès.
Il donne aux gens de bien une gloire immortelle ;
Mais sans aveuglement il fait briller ce zèle,
Et l'amour pour les vrais ne ferme point son cœur
A tout ce que les faux doivent donner d'horreur.
Celui-ci n'était pas pour le pouvoir surprendre,
Et de piéges plus fins on le voit se défendre.
D'abord il a percé, par ses vives clartés,
Des replis de son cœur toutes les lâchetés.
Venant vous accuser, il s'est trahi lui-même,
Et, par un juste trait de l'équité suprême,
S'est découvert au prince un fourbe renommé,
Dont sous un autre nom il était informé ;
Et c'est un long détail d'actions toutes noires
Dont on pourrait former des volumes d'histoires.
Ce monarque, en un mot, a vers vous détesté
Sa lâche ingratitude et sa déloyauté ;
A ses autres horreurs il a joint cette suite,
Et ne m'a jusqu-ici soumis à sa conduite
Que pour voir l'impudence aller jusques au bout ,
Et vous faire par lui faire raison de tout.
Oui, de tous vos papiers, dont il se dit le maître,
Il veut qu'entre vos mains je dépouille le traître.
D'un souverain pouvoir, il brise les liens
Du contrat qui lui fait un don de tous vos biens,
Et vous pardonne enfin cette offense secrète
Où vous a d'un ami fait tomber la retraite ;
Et c'est le prix qu'il donne au zèle qu'autrefois
On vous vit témoigner en appuyant ses droits,
Pour montrer que son cœur sait, quand moins on y pense,
D'une bonne action verser la récompense ;
Que jamais le mérite avec lui ne perd rien ;
Et que, mieux que du mal, il se souvient du bien.
DORINE. — Que le ciel soit loué !
  MADAME PERNELLE. — Maintenant je respire.
ELMIRE. — Favorable succès.
    MARIANE. — Qui l'aurait osé dire?
ORGON, *à Tartuffe que l'exempt emmène.* — Hé bien ! te voilà, traître !...

MADAME PERNELLE , ORGON, ELMIRE, MARIANE , CLÉANTE , VALÈRE , DAMIS,
        DORINE.

        CLÉANTE. — Ah ! mon frère, arrêtez,
Et ne descendez point à des indignités.
A son mauvais destin laissez un misérable,
Et ne vous joignez point au remords qui l'accable.
Souhaitez bien plutôt que son cœur, en ce jour,
Au sein de la vertu fasse un heureux retour ;
Qu'il corrige sa vie en détestant son vice,
Et puisse du grand prince adoucir la justice ;
Tandis qu'à sa bonté vous irez, à genoux,
Rendre ce que demande un traitement si doux.
ORGON. — Oui, c'est bien dit. Allons à ses pieds avec joie
Nous louer des bontés que son cœur nous déploie :
Puis acquittés un peu de ce premier devoir,
Aux justes soins d'un autre il nous faudra pourvoir,
Et par un doux hymen couronner en Valère
La flamme d'un amant généreux et sincère.

        FIN DU TARTUFFE.

AMPHITRYON,

COMÉDIE EN TROIS ACTES.

A S. A. S. MONSEIGNEUR LE PRINCE.

MONSEIGNEUR, n'en déplaise à vos beaux esprits, je ne vois rien de plus ennuyeux que les épîtres dédicatoires; et V. A. S. trouvera bon, s'il lui plaît, que je ne suive point ici le style de ces messieurs-là, et refuse de me servir de deux ou trois misérables pensées qui ont été tournées et retournées tant de fois, qu'elles sont usées de tous les côtés. Le nom du grand CONDÉ est un nom trop glorieux pour le traiter comme on fait tous les autres noms. Il ne faut l'appliquer, ce nom illustre, qu'à des emplois qui soient dignes de lui; et, pour dire de belles choses, je voudrais parler de le mettre à la tête d'une armée plutôt qu'à la tête d'un livre; et je conçois bien mieux ce qu'il est capable de faire, en l'opposant aux forces des ennemis de cet état, qu'en l'opposant à la critique des ennemis d'une comédie.

Ce n'est pas, Monseigneur, que la glorieuse approbation de V. A. S. ne fût une puissante protection pour toutes ces sortes d'ouvrages, et qu'on ne soit persuadé des lumières de votre esprit autant que de l'intrépidité de votre cœur et de la grandeur de votre âme. On sait par toute la terre que l'éclat de votre mérite n'est point renfermé dans les bornes de cette valeur indomptable qui se fait des adorateurs chez ceux mêmes qu'il surmonte; qu'il s'étend, ce mérite, jusqu'aux connaissances les plus fines et les plus relevées; et que les décisions de votre jugement sur tous les ouvrages d'esprit ne manquent point d'être suivies par le sentiment des plus délicats. Mais on sait aussi, Monseigneur, que toutes ces glorieuses approbations dont nous nous vantons au public ne nous coûtent rien à faire imprimer, et que ce sont des choses dont nous disposons comme nous voulons. On sait, dis-je, qu'une épître dédicatoire dit tout ce qu'il lui plaît, et qu'un auteur est en pouvoir d'aller saisir les personnes les plus augustes, et de parer de leurs grands noms les premiers feuillets de son livre; qu'il a la liberté de s'y donner, autant qu'il le veut, l'honneur de leur estime, et se faire des protecteurs qui n'ont jamais songé à l'être.

Je n'abuserai jamais, Monseigneur, ni de votre nom ni de vos bontés, pour combattre les censeurs de l'Amphitryon, et m'attribuer une gloire que je n'ai peut-être pas méritée, et je ne prends la liberté de vous offrir ma comédie que pour avoir lieu de vous dire que je regarde incessamment avec une profonde vénération les grandes qualités que vous joignez au sang auguste dont vous tenez le jour   que je suis, Monseigneur, avec tout le respect possible et tout le zèle imagi ie,

DE VOTRE ALTESSE SÉRÉNISSIME,

très humble, très obéissant, et très obligé serviteur,   MOLIÈRE.

PERSONNAGES.

PERSONNAGES DU PROLOGUE.

MERCURE.

LA NUIT.

PERSONNAGES DE LA COMÉDIE.

JUPITER, sous la figure d'Amphitryon.
MERCURE, sous la figure de Sosie.
AMPHITRYON, général des Thébains.
ALCMÈNE, femme d'Amphitryon.

CLÉANTE, suivante d'Alcmène, et femme de Sosie.

Argatiphonidas,
Naucratès,
Polidas,   } capitaines thébains.
Pausiclès,

SOSIE, valet d'Amphitryon.

La scène est à Thèbes, dans la maison d'Amphitryon.

PROLOGUE.

MERCURE, *sur un nuage;* LA NUIT, *dans un char traîné dans l'air par deux chevaux.*

MERCURE. — Tout beau, charmante Nuit, daignez vous arrêter.
Il est certain secours que de vous on désire;
Et j'ai deux mots à vous dire

PROLOGUE.

De la part de Jupiter.

LA NUIT. — Ah! ah! c'est vous, seigneur Mercure!
Qui vous eût deviné là dans cette posture?
MERCURE. — Ma foi, me trouvant las, pour ne pouvoir fournir
Aux différents emplois où Jupiter m'engage,
Je me suis doucement assis sur ce nuage
Pour vous attendre venir.
LA NUIT. — Vous vous moquez, Mercure, et vous n'y songez pas:
Sied-il bien à des dieux de dire qu'ils sont las?
MERCURE. — Les dieux sont-ils de fer?
     LA NUIT. — Non; mais il faut sans cesse
Garder le décorum de la divinité.
Il est de certains mots dont l'usage rabaisse
  Cette sublime qualité,
  Et que, pour leur indignité,
  Il est bon qu'aux hommes on laisse.
MERCURE. — A votre aise vous en parlez;
Et vous avez, la belle, une chaise roulante,
Où par deux bons chevaux, en dame nonchalante,
Vous vous faites traîner partout où vous voulez.
  Mais de moi ce n'est pas de même:
Et je ne puis vouloir, dans mon destin fatal.
  Aux poètes assez de mal
  De leur impertinence extrême,
  D'avoir, par une injuste loi
  Dont on veut maintenir l'usage,
  A chaque dieu, dans son emploi,
  Donné quelque allure en partage,
  Et de me laisser à pied, moi,
  Comme un messager de village;
Moi qui suis, comme on sait, en terre et dans les cieux,
Le fameux messager du souverain des dieux;
  Et qui, sans rien exagérer,
  Pour tous les emplois qu'il me donne,
  Aurais plus besoin que personne
  D'avoir de quoi me voiturer.
LA NUIT. — Que voulez-vous faire à cela?
  Les poètes font à leur guise.
  Ce n'est point la seule sottise
  Qu'on voit faire à ces messieurs-là.
Mais contre eux toutefois votre ame à tort s'irrite,
Et vos ailes aux pieds sont un don de leurs soins.
MERCURE. — Oui; mais, pour aller plus vite,
  Est-ce qu'on s'en lasse moins?
LA NUIT. — Laissons cela, seigneur Mercure,
  Et sachons ce dont il s'agit.
MERCURE. — C'est Jupiter, comme je vous l'ai dit,
Qui de votre manteau veut la faveur obscure
  Pour certaine douce aventure
  Qu'un nouvel amour lui fournit.
Ses pratiques, je crois, ne vous sont pas nouvelles:
Bien souvent pour la terre il néglige les cieux;
Et vous n'ignorez pas que ce maître des dieux
Aime à s'humaniser pour des beautés mortelles,
  Et sait cent tours ingénieux
  Pour mettre à bout les plus cruelles.
  Des yeux d'Alcmène il a senti les coups;
Et tandis qu'au milieu des béotiques plaines
  Amphitryon, son époux,
  Commande aux troupes thébaines,
Il en a pris la forme, et reçoit là-dessous

Un soulagement à ses peines
Dans la possession des plaisirs les plus doux.
L'état des mariés à ses feux est propice;
L'hymen ne les a joints que depuis quelques jours;
Et la jeune chaleur de leurs tendres amours
A fait que Jupiter à ce bel artifice
　　　　S'est avisé d'avoir recours.
Son stratagême ici se trouve salutaire;
　　　　Mais près de maint objet chéri
Pareil déguisement serait pour ne rien faire:
Et ce n'est pas partout un bon moyen de plaire,
　　　　Que la figure d'un mari.

LA NUIT. — J'admire Jupiter, et je ne comprends pas
Tous les déguisements qui lui viennent en tête.

MERCURE. — Il veut goûter par là toutes sortes d'états;
　　　　Et c'est agir en dieu qui n'est pas bête.
Dans quelque rang qu'il soit des mortels regardé,
　　　　Je le tiendrais fort misérable
S'il ne quittait jamais sa mine redoutable,
Et qu'au faîte des cieux il fût toujours guindé.
Il n'est point à mon gré de plus sotte méthode
Que d'être emprisonné toujours dans sa grandeur;
Et surtout aux transports d'une amoureuse ardeur
La haute qualité devient fort incommode.
Jupiter, qui, sans doute, en plaisirs se connaît,
Sait descendre du haut de sa grandeur suprême;
　　　　Et pour entrer dans tout ce qu'il lui plaît
　　　　Il sort tout-à-fait de lui-même,
Et ce n'est plus alors Jupiter qui paraît.

LA NUIT. — Passe encore de le voir de ce sublime étage
　　　　Dans celui des hommes venir,
Prendre les transports que leur cœur peut fournir,
　　　　Et se faire à leur badinage,
Si, dans les changements où son humeur l'engage,
A la nature humaine il s'en voulait tenir:
　　　　Mais de voir Jupiter taureau,
　　　　Serpent, Cygne, ou quelque autre chose,
　　　　Je ne trouve point cela beau,
Et ne m'étonne point si parfois on en cause.

MERCURE. — Laissons dire tous les censeurs:
　　　　Tels changements ont leurs douceurs
　　　　Qui passent leur intelligence.
Ce dieu sait ce qu'il fait aussi bien là qu'ailleurs;
Et dans les mouvements de leurs tendres ardeurs
Les bêtes ne sont pas si bêtes que l'on pense.

LA NUIT. — Revenons à l'objet dont il a les faveurs.
Si par son stratagême il voit sa flamme heureuse,
Que peut-il souhaiter, et qu'est-ce que je puis?

MERCURE. — Que vos chevaux par vous au petit pas réduits,
Pour satisfaire aux vœux de son âme amoureuse,
　　　　D'une nuit si délicieuse
　　　　Fassent la plus longue des nuits;
Qu'à ses transports vous donniez plus d'espace:
Et retardiez la naissance du jour
　　　　Qui doit avancer le retour
　　　　De celui dont il tient la place.

LA NUIT. — Voilà sans doute un bel emploi
　　　　Que le grand Jupiter m'apprête!
　　　　Et l'on donne un nom fort honnête
　　　　Au service qu'il veut de moi!

MERCURE. — Pour une jeune déesse,

ACTE I, SCÈNE I.

Vous êtes bien du bon temps !
Un tel emploi n'est bassesse
Que chez les petites gens.
Lorsque dans un haut rang on a l'heur de paraître,
Tout ce qu'on fait est toujours bel et bon ;
Et suivant ce qu'on peut-être
Les choses changent de nom.

LA NUIT. — Sur de pareilles matières
Vous en savez plus que moi ;
Et pour accepter l'emploi
J'en veux croire vos lumières.

MERCURE. — Hé ! là, là, madame la nuit,
Un peu doucement, je vous prie ;
Vous avez dans le monde un bruit
De n'être pas si renchérie.
On vous fait confidente, en cent climats divers,
De beaucoup de bonnes affaires ;
Et je crois, à parler à sentiments ouverts,
Que nous ne nous en devons guères.

LA NUIT. — Laissons ces contrariétés,
Et demeurons ce que nous sommes.
N'apprêtons point à rire aux hommes
En nous disant nos vérités.

MERCURE. — Adieu. Je vais là-bas, dans ma commission
Dépouiller promptement la forme de Mercure,
Pour y vêtir la figure
Du valet d'Amphitryon.

LA NUIT. — Moi, dans cet hémisphère, avec ma suite obscure,
Je vais faire une station.

MERCURE. — Bonjour, la Nuit.

LA NUIT. — Adieu. Mercure.

(Mercure descend de son nuage, et la Nuit traverse le théâtre).

FIN DU PROLOGUE.

ACTE Ier.

SCÈNE PREMIÈRE.

SOSIE. — Qui va là ? Hé ! ma peur à chaque pas s'accroît !
Messieurs, ami de tout le monde.
Ah ! quelle audace sans seconde
De marcher à l'heure qu'il est !
Que mon maître couvert de gloire,
Me joue ici d'un vilain tour !
Quoi ! si pour son prochain il avait quelque amour,
M'aurait-il fait partir par une nuit si noire ?
Et, pour me renvoyer annoncer son retour
Et le détail de sa victoire,
Ne pouvait-il pas bien attendre qu'il fût jour ?
Sosie, à quelle servitude
Tes jours sont-ils assujettis !
Notre sort est beaucoup plus rude
Chez les grands que chez les petits.
Ils veulent que pour eux tout soit, dans la nature,
Obligé de s'immoler.
Jour et nuit, grêle, vent, péril, chaleur, froidure,
Dès qu'ils parlent, il faut voler.
Vingt ans d'assidu service
N'en obtiennent rien pour nous :
e moindre petit caprice
ous attire leur courroux.

Cependant notre ame insensée
S'acharne au vain honneur de demeurer près d'eux,
Et s'y veut contenter de la fausse pensée
Qu'ont tous les autres gens que nous sommes heureux.
Vers la retraite enfin la raison nous appelle,
En vain notre dépit quelquefois y consent;
    Leur vue a sur notre zèle
    Un ascendant trop puissant,
Et la moindre faveur d'un coup d'œil caressant
    Nous rengage de plus belle.
    Mais enfin, dans l'obscurité,
Je vois notre maison, et ma frayeur s'évade.
    Il me faudrait pour l'ambassade
    Quelque discours prémédité.
Je dois aux yeux d'Alcmène un portrait militaire
Du grand combat qui met nos ennemis à bas;
    Mais comment diantre le faire,
    Si je ne m'y trouvai pas?
N'importe, parlons-en et d'estoc et de taille,
    Comme oculaire témoin.
Combien de gens font-ils des récits de bataille
    Dont ils se sont tenus loin !
Pour jouer mon rôle sans peine,
Je le veux un peu repasser.
Voici la chambre où j'entre en courrier que l'on mène.
    Et cette lanterne est Alcmène,
    A qui je dois m'adresser.   (*Sosie pose sa lantern*
Madame Amphitryon, mon maître et votre époux...
(Bon! beau début!) l'esprit toujours plein de vos charmes
    M'a voulu choisir entre tous
Pour vous donner avis du succès de ses armes,
Et du désir qu'il a de se voir près de vous.
    « Ah! vraiment, mon pauvre Sosie,
    « A te revoir j'ai de la joie au cœur. »
    Madame, ce m'est trop d'honneur,
    Et mon destin doit faire envie.
(Bien répondu!) « Comment se porte Amphitryon? »
    Madame, en homme de courage,
Dans les occasions où la gloire l'engage.
    (Fort bien ! belle conception!)
    « Quand viendra-t-il, par son retour charmant,
    « Rendre mon ame satisfaite ? »
Le plus tôt qu'il pourra, madame, assurément,
Mais bien plus tard que son cœur ne souhaite.
(Ah!) « Mais quel est l'état où la guerre l'a mis?
« Que dit-il? que fait-il? Contente un peu mon ame. »
    Il dit moins qu'il ne fait, madame,
    Et fait trembler les ennemis.
(Peste! où prend mon esprit toutes ces gentillesses?)
« Que font les révoltés? dis-moi quel est leur sort? »
Il n'ont pu résister, madame, à notre effort;
    Nous les avons taillés en pièces,
    Mis Ptérélas leur chef à mort,
Pris Télèbe d'assaut; et déjà dans le port
    Tout retentit de nos prouesses.
    « Ah! quel succès! ô dieux! Qui l'eût pu jamais croire?
    « Racontez-moi, Sosie, un tel évènement. »
Je le veux bien, madame ; et, sans m'enfler de gloire,
    Du détail de cette victoire
    Je puis parler très savamment.
    Figurez-vous donc que Télèbe;

Madame, est de ce côté ; (*Sosic marque les lieux sur sa main.*)
C'est une ville, en vérité,
Aussi grande quasi que Thèbe.
　　La rivière est comme là.
　　Ici nos gens se campèrent ;
　　Et l'espace que voilà,
　　Nos ennemis l'occupèrent.
　　Sur un haut, vers cet endroit,
　　　Etait leur infanterie ;
　　Et plus bas, du côté droit,
　　　Etait leur cavalerie.
Après avoir aux dieux adressé les prières,
Tous les ordres donnés, on donne le signal :
Les ennemis, pensant nous tailler des croupières,
Firent trois pelotons de leurs gens à cheval;
Mais leur chaleur par nous fut bientôt réprimée,
　　Et vous allez voir comme quoi.
Voilà notre avant-garde à bien faire animée ;
　　Là, les archers de Créon, notre roi;
　　Et voici le corps d'armée,　　　(*On fait un peu de bruit.*)
Qui d'abord... Attendez, le corps d'armée a peur ;
　　J'attends quelque bruit, ce me semble.

SCÈNE II. — MERCURE, SOSIE.

MERCURE, *sous la figure de Sosie, sortant de la maison d'Amphitryon.*
　　Sous ce minois qui lui ressemble,
　　Chassons de ces lieux ce causeur,
Dont l'abord importun troublerait la douceur
　　Que nos amants goûtent ensemble.
　　　SOSIE, *sans voir Mercure.*
　　Mon cœur tant soit peu se rassure
　　Et je pense que ce n'est rien.
　　Crainte pourtant de sinistre aventure,
　　Allons chez nous achever l'entretien.
MERCURE, *à part.* — Tu seras plus fort que Mercure,
　　Ou je t'en empêcherai bien.
SOSIE — Cette nuit en longueur me semble sans pareille.
　Il faut, depuis le temps que je suis en chemin,
　Ou que mon maître ait pris le soir pour le matin,
　Ou que trop tard au lit le blond Phébus sommeille ,
　　Pour avoir trop pris de son vin
MERCURE, *à part.*— Comme avec irrévérence
　　Parle des dieux ce maraud !
　　　Mon bras saura bientôt
　　　Châtier cette insolence;
　Et je vais m'égayer avec lui comme il faut,
　En lui volant son nom avec sa ressemblance,
SOSIE, *apercevant Mercure d'un peu loin.* —Ah! par ma foi, j'avais raison :
　　C'est fait de moi, chétive créature !
　　　Je vois devant notre maison
　　　Certain homme dont l'encolure
　　　Ne me présage rien de bon.
　　　Pour faire semblant d'assurance,
　　Je veux chanter un peu d'ici.　　　(*Il chante*).
MERCURE. — Qui donc est ce coquin qui prend tant de licence,
　　Que de chanter et m'étourdir ainsi?
　(*A mesure que Mercure parle, la voix de Sosie s'affaiblit peu à peu.*)
　Veut-il qu'à l'étriller ma main un peu s'applique?
SOSIE, *à part.* — Cet homme assurément n'aime pas la musique.
MERCURE. — Depuis plus d'une semaine
　Je n'ai trouvé personne à qui rompre les os;
　La vigueur de mon bras se perd dans le repos;

Et je cherche quelque dos
Pour me remettre en haleine.

SOSIE, *à part.* — Quel diable d'homme est-ce ceci?
De mortelles frayeurs je sens mon ame atteinte.
    Mais pourquoi trembler tant aussi?
Peut-être a-t-il dans l'âme autant que moi de crainte,
    Et que le drôle parle ainsi
Pour me cacher sa peur sous une audace feinte.
Oui, oui, ne souffrons point qu'on nous croie un oison;
Si je ne suis hardi, tâchons de le paraître.
    Faisons-nous du cœur par raison:
Il est seul comme moi: je suis fort, j'ai bon maître:
    Et voilà notre maison.

MERCURE. — Qui va là?

SOSIE. — Moi.

MERCURE. — Qui moi?

SOSIE. — Moi. (*à part*). Courage, Sosie

MERCURE. — Quel est ton sort? dis-moi.

SOSIE. — D'être homme et de parler.

MERCURE. — Es-tu maître, ou valet?

SOSIE. — Comme il me prend envie

MERCURE. — Où s'adressent tes pas?

SOSIE. — Où j'ai dessein d'aller

MERCURE. — Ah! ceci me déplaît.

SOSIE. — J'en ai l'ame ravie.

MERCURE. — Résolument, par force ou par amour,
Je veux savoir de toi, traître,
Ce que tu fais, d'où tu viens avant jour,
    Où tu vas, à qui tu peux être.

SOSIE. — Je fais le bien et le mal tour-à-tour;
Je viens de là, vais là, j'appartiens à mon maître.

MERCURE. — Tu montres de l'esprit, et je te vois en train
De trancher avec moi de l'homme d'importance.
Il me prend un désir, pour faire connaissance,
    De te donner un soufflet de ma main.

SOSIE. — A moi-même?

MERCURE. — A toi-même, et t'en voilà certain.
(*Mercure donne un soufflet à Sosie.*)

SOSIE. — Ah! ah! c'est tout de bon.

MERCURE. — Non, ce n'est que pour rire,
    Et répondre à tes quolibets.

SOSIE. — Tudieu! l'ami, sans vous rien dire,
    Comme vous baillez des soufflets!

MERCURE. — Ce sont là de mes moindres coups,
    De petits soufflets ordinaires.

SOSIE. — Si j'étais aussi prompt que vous,
    Nous ferions de belles affaires.

MERCURE. — Tout cela n'est encore rien.
    Nous verrons bien autre chose;
    Pour y faire quelque pause,
    Poursuivons notre entretien.

SOSIE. — Je quitte la partie. (*Sosie veut s'en aller*).

MERCURE, *arrêtant Sosie.* — Où vas-tu?

SOSIE. — Que t'importe!

MERCURE. — Je veux savoir où tu vas.

SOSIE. — Me faire ouvrir cette porte.
    Pourquoi retiens-tu mes pas?

MERCURE. — Si jusqu'à l'approcher tu pousses ton audace
Je fais sur toi pleuvoir un orage de coups.

SOSIE. — Quoi! tu veux, par ta menace,
    M'empêcher d'entrer chez nous!

RCURE. — Comment! chez nous?

SOSIE. — Oui chez nous.

MERCURE. — O le traître!

Tu te dis de cette maison?

SOSIE. — Fort bien. Amphytrion n'en est-il pas le maître?

MERCURE. — Hé bien! que fait cette raison?

SOSIE. — Je suis son valet.

MERCURE. — Toi?

SOSIE. — Moi.

MERCURE. — Son valet?

SOSIE. — Sans doute.

MERCURE. — Valet d'Amphitryon?

SOSIE. — D'Amphitryon, de lui.

MERCURE. — Ton nom est?...

SOSIE. — Sosie.

MERCURE. — Hé! comment?

SOSIE. — Sosie.

MERCURE. — Écoute.

Sais-tu que de ma main je t'assomme aujourd'hui?

SOSIE. — Pourquoi? de quelle rage est ton âme saisie?

MERCURE. — Qui te donne, dis-moi, cette témérité
De prendre le nom de Sosie?

SOSIE. — Moi, je ne le prends pas, je l'ai toujours porté.

MERCURE. — O le mensonge horrible, et l'impudence extrême!
Tu m'oses soutenir que Sosie est ton nom?

SOSIE. — Fort bien; je le soutiens, par la grande raison
Qu'ainsi l'a fait des dieux la puissance suprême;
Et qu'il n'est pas en moi de pouvoir dire non,
Et d'être un autre que moi-même.

MERCURE. — Mille coups de bâton doivent être le prix
D'une pareille effronterie.

SOSIE, *battu par Mercure.* — Justice, citoyens! au secours, je vous prie!

MERCURE. — Comment! bourreau, tu fais des cris!

SOSIE. — De mille coups tu me meurtris,
Et tu ne veux pas que je crie?

MERCURE. — C'est ainsi que mon bras...

SOSIE. — L'action ne vaut rien.

Tu triomphes de l'avantage
Que te donne sur moi mon manque de courage;
Et ce n'est pas en user bien.
C'est pure fanfaronnerie
De vouloir profiter de la poltronnerie
De ceux qu'attaque notre bras.
Battre un homme à jeu sûr n'est pas d'une belle âme;
Et le cœur est digne de blâme
Contre les gens qui n'en ont pas.

MERCURE. — Hé bien! es-tu Sosie à présent? qu'en dis-tu?

SOSIE. — Tes coups n'ont point en moi fait de métamorphose;
Et tout le changement que je trouve à la chose,
C'est d'être Sosie battu.

MERCURE, *menaçant Sosie.*

Encor! cent autres coups pour cette autre impudence.

SOSIE. — De grâce, fais trêve à tes coups.

MERCURE. — Fais donc trêve à ton insolence.

SOSIE. — Tout ce qu'il te plaira : je garde le silence,
La dispute est par trop inégale entre nous.

MERCURE. — Es-tu Sosie encor? dis, traître!

SOSIE. — Hélas! je suis ce que tu veux;
Dispose de mon sort tout au gré de tes vœux;
Ton bras t'en a fait le maître.

MERCURE. — Ton nom était Sosie, à ce que tu disais?

SOSIE. — Il est vrai, jusqu'ici j'ai cru la chose claire;

Mais ton bâton sur cette affaire
M'a fait voir que je m'abusais.

MERCURE. — C'est moi qui suis Sosie, et tout Thèbes l'avoue:
Amphitryon n'en eut jamais d'autre que moi.

SOSIE. — Toi, Sosie?

MERCURE. — Oui, Sosie. Et si quelqu'un s'y joue.
Il peut bien prendre garde à soi.

SOSIE, *à part*. — Ciel! me faut-il ainsi renoncer à moi-même,
Et par un imposteur me voir voler mon nom?
Que son bonheur est extrême
De ce que je suis poltron!
Sans cela, par la mort...

MERCURE. — Entre tes dents, je pense,
Tu murmures je ne sais quoi.

SOSIE. — Non. Mais, au nom des dieux, donne-moi la licence
De parler un moment à toi.

MERCURE. — Parle.

SOSIE. — Mais promets-moi, de grace,
Que les coups n'en seront point.
Signons une trève.

MERCURE. — Passe:
Va, je t'accorde ce point.

SOSIE. — Qui te jette, dis-moi, dans cette fantaisie?
Que te reviendra-t-il de m'enlever mon nom?
Et peux-tu faire enfin, quand tu serais démon,
Que je ne sois pas moi, que je ne sois Sosie.

MERCURE, *levant le bâton sur Sosie*. — Comment! tu peux...

SOSIE. — Ah! tout doux;
Nous avons fait trève aux coups.

MERCURE. — Quoi! pendard, imposteur, coquin...

SOSIE. — Pour des injures,
Dis-m'en tant que tu voudras;
Ce sont légères blessures,
Et 'e ne m'en fâche pas.

MERCURE. — Tu te dis Sosie?

SOSIE. — Oui. Quelque conte frivole...

MERCURE. — Sus, je romps notre trève, et reprends ma parole.

SOSIE. — N'importe. Je ne puis m'anéantir pour toi,
Et souffrir un discours si loin de l'apparence.
Être ce que je suis est-il en ta puissance?
Et puis-je cesser d'être moi?
S'avisa-ton jamais d'une chose pareille?
Et peut-on démentir cent indices pressants?
Rêvè-je? Est-ce que je sommeille?
Ai-je l'esprit troublé par des transports puissants?
Ne sens-je pas bien que je veille?
Ne suis-je pas dans mon bon sens?
Mon maître Amphitryon ne m'a-t-il pas commis,
A venir en ces lieux vers Alcmène sa femme?
Ne lui dois-je pas faire, en lui vantant sa flamme,
Un récit de ses faits contre nos ennemis?
Ne suis-je pas du port arrivé tout-à-l'heure?
Ne tiens-je pas une lanterne en main!
Ne te trouvè-je pas devant notre demeure?
Ne t'y parlè-je pas d'un esprit tout humain?
Ne te tiens-tu pas fort de ma poltronnerie?
Pour m'empêcher d'entrer chez nous
N'as-tu pas sur mon dos exercé ta furie?
Ne m'as-tu pas roué de coups?
Ah! tout cela n'est que trop véritable;
Et, plût au ciel, le fût-il moins!

Cesse donc d'insulter au sort d'un misérable ;
Et laisse à mon devoir s'acquitter de ses soins.

MERCURE. — Arrête, ou sur ton dos le moindre pas attire
Un assommant éclat de mon juste courroux.
   Tout ce que tu viens de dire
   Est à moi, hormis les coups.

SOSIE. — Ce matin, du vaisseau, plein de frayeur en l'ame.
Cette lanterne sait comme je suis parti.
Amphitryon, du camp, vers Alcmene sa femme
M'a-t-il pas envoyé ?

   MERCURE. — Vous en avez menti.
C'est moi qu'Amphytrion députe vers Alcmène,
Et qui du port persique arrive de ce pas ;
Moi, qui viens annoncer la valeur de son bras
Qui nous fait remporter une victoire pleine,
Et de nos ennemis a mis le chef à bas.
C'est moi qui suis Sosie, enfin, de certitude,
   Fils de Dave, honnête berger ;
Frère d'Arpage, mort en pays étranger,
   Mari de Cléanthis la prude
   Dont l'humeur me fait enrager,
Qui dans Thèbe ai reçu mille coups d'étrivière
   Sans en avoir jamais dit rien,
Et jadis en public fus marqué par derrière
   Pour être trop homme de bien.

SOSIE, bas, à part. — Il a raison. A moins d'être Sosie,
   On ne peut pas savoir tout ce qu'il dit,
Et, dans l'étonnememt dont mon âme est saisie,
Je commence, à mon tour, à le croire un petit.
En effet, maintenant que je le considère,
Je vois qu'il a de moi taille, mine, action.
   Faisons-lui quelque question,
   Afin d'éclaircir ce mystère.

(Haut) Parmi tout le butin fait sur nos ennemis,
   Qu'est-ce qu'Amphitryon obtint pour son partage ?

MERCURE. — Cinq fort gros diamants en nœuds proprement mis,
   Dont leur chef se parait comme d'un rare ouvrage.

SOSIE. — A qui destine-t-il un si riche présent ?

MERCURE. — A sa femme ; et sur elle il le veut voir paraître.

SOSIE. — Mais où, pour l'apporter, est-il mis à présent ?

MERCURE. — Dans un coffret scellé des armes de mon maître.

SOSIE, à part. — Il ne ment pas d'un mot à chaque répartie ;
Et de moi je commence à douter tout de bon.
Près de moi, par la force, il est déjà Sosie ;
Il pourrait bien encor l'être par la raison.
Pourtant, quand je me tâte, et que je me rappelle,
   Il me semble que je suis moi.
Où puis-je rencontrer quelque clarté fidèle
   Pour démêler ce que je vois ?
Ce que j'ai fait tout seul, et que n'a vu personne,
A moins d'être moi-même, on ne le peut savoir.
Par cette question, il faut que je l'étonne ;
C'est de quoi le confondre ; et nous allons le voir.

(Haut.) Lorsqu'on était aux mains, que fis-tu dans nos tentes ?
   Où tu courus seul te fourrer ?

MERCURE. — D'un jambon...

   SOSIE, bas, à part. — L'y voilà !

      MERCURE. — Que j'allai déterrer.
Je coupai bravement deux tranches succulentes,
   Dont je sus fort bien me bourrer.
Et joignant à cela d'un vin que l'on ménage,

Et dont, avant le goût, les yeux se contentaient,
　　Je pris un peu de courage
　　Pour nos gens qui se battaient.
SOSIE, *bas, à part.* — Cette preuve sans pareille,
　　En sa faveur conclut bien ;
　　Et l'on n'y peut dire rien,
　　S'il n'était dans la bouteille.
(*Haut.*) Je ne saurais nier, aux preuves qu'on m'expose,
　　Que tu ne sois Sosie, et j'y donne ma voix.
Mais si tu l'es, dis-moi qui tu veux que je sois ;
　　Car encor faut-il bien que je sois quelque chose.
MERCURE. — Quand je ne serai plus Sosie,
　　Sois-le, j'en demeure d'accord ;
　　Mais tant que je le suis, je te garantis mort,
　　Si tu prends cette fantaisie.
SOSIE. — Tout cet embarras met mon esprit sur les dents,
　　Et la raison à ce qu'on voit s'oppose.
Mais il faut terminer enfin par quelque chose :
　　Et le plus court pour moi, c'est d'entrer là-dedans.
MERCURE. — Ah ! tu prends donc, pendard, goût à la bastonnade ?
　　　　　　SOSIE, *battu par Mercure.*
Ah ! qu'est ceci ? grands dieux ! il frappe un ton plus fort,
　　Et mon dos, pour un mois, en doit être malade.
Laissons ce diable d'homme, et retournons au port,
　　O juste ciel ! j'ai fait une belle ambassade !
MERCURE, *seul.* — Enfin je l'ai fait fuir ; et, sous ce traitement,
　　De beaucoup d'actions il a reçu la peine.
Mais je vois Jupiter, que fort civilement
　　Reconduit l'amoureuse Alcmène.

SCÈNE III.

JUPITER, *sous la figure d'Amphitryon,* ALCMÈNE, CLÉANTHIS, MERCURE,

JUPITER. — Défendez, chère Alcmène, aux flambeaux d'approcher.
　　Ils m'offrent des plaisirs en m'offrant votre vue ;
　　Mais ils pourraient ici découvrir ma venue
　　　　Qu'il est à propos de cacher.
Mon amour, que gênaient tous ces soins éclatants,
　　Où me tenait lié la gloire de nos armes,
Aux devoirs de ma charge a volé les instants
　　Qu'il vient de donner à vos charmes.
Ce vol qu'à vos beautés mon cœur a consacré
　　Pourrait être blâmé dans la bouche publique,
　　　　Et j'en veux pour témoin unique
　　　　Celle qui peut m'en savoir gré.
ALCMÈNE. — Je prends, Amphitryon, grande part à la gloire
　　Que répandent sur vous vos illustres exploits ;
　　　　Et l'éclat de votre victoire
Sait toucher de mon cœur les sensibles endroits ;
　　　　Mais quand je vois que cet honneur fatal
　　　　Éloigne de moi ce que j'aime,
Je ne puis m'empêcher, dans ma tendresse extrême,
　　　　De lui vouloir un peu de mal,
Et d'opposer mes vœux à cet ordre suprême
　　　　Qui des Thébains vous fait le général.
C'est une douce chose, après une victoire,
　　Que la gloire où l'on voit ce qu'on aime élevé ;
Mais, parmi les périls mêlés à cette gloire,
　　Un triste coup, hélas ! est bientôt arrivé.
De combien de frayeurs a-t-on l'âme blessée
　　　　Au moindre choc dont on entend parler !
Voit-on, dans les horreurs d'une telle pensée,

Par où jamais se consoler
Du coup dont elle est menacée?
Et de quelque laurier qu'on couronne un vainqueur,
Quelque part que l'on ait à cet honneur suprême,
Vaut-il ce qu'il en coûte aux tendresses d'un cœur
Qui peut, à tout moment, trembler pour ce qu'il aime?

JUPITER. — Je ne vois rien en vous dont mon feu ne s'augmente;
Tout y marque à mes yeux un cœur bien enflammé;
Et c'est, je vous l'avoue, une chose charmante
De trouver tant d'amour dans un objet aimé.
Mais, si je l'ose dire, un scrupule me gêne
Aux tendres sentiments que vous me faites voir;
Et, pour les bien goûter, mon amour, chère Alcmène,
Voudrait n'y voir entrer rien de votre devoir;
Qu'à votre seule ardeur, qu'à ma seule personne,
Je dusse les faveurs que je reçois de vous;
Et que la qualité que j'ai de votre époux
Ne fût point ce qui me les donne.

ALCMÈNE. — C'est de ce nom pourtant que l'ardeur qui me brûle
Tient le droit de paraître au jour;
Et je ne comprends rien à ce nouveau scrupule
Dont s'embarrasse votre amour.

JUPITER. — Ah! ce que j'ai pour vous d'ardeur et de tendresse
Passe aussi celle d'un époux:
Et vous ne savez pas, dans des moments si doux,
Quelle en est la délicatesse!
Vous ne concevez point qu'un cœur bien amoureux
Sur cent petits égards s'attache avec étude,
Et se fait une inquiétude
De la manière d'être heureux.
En moi, belle et charmante Alcmène,
Vous voyez un mari, vous voyez un amant;
Mais l'amant seul me touche, à parler franchement,
Et je sens, près de vous, que le mari le gêne.
Cet amant, de vos vœux jaloux au dernier point
Souhaite qu'à lui seul votre cœur s'abandonne;
Et sa passion ne veut point
De ce que le mari lui donne.
Il veut de pure source obtenir vos ardeurs,
Et ne veut rien tenir des nœuds de l'hyménée,
Rien d'un fâcheux devoir qui fait agir les cœurs
Et par qui tous les jours des plus chères faveurs
La douceur est empoisonnée.
Dans le scrupule, enfin, dont il est combattu,
Il veut, pour satisfaire à sa délicatesse,
Que vous le sépariez d'avec ce qui le blesse,
Que le mari ne soit que pour votre vertu,
Et que de votre cœur de bonté revêtu
L'amant ait tout l'amour et toute la tendresse.

ALCMÈNE. — Amphitryon, en vérité,
Vous vous moquez de tenir ce langage;
Et j'aurais peur qu'on ne vous crût pas sage
Si de quelqu'un vous étiez écouté.

JUPITER. — Ce discours est plus raisonnable,
Alcmène, que vous ne pensez.
Mais un plus long séjour me rendrait trop cou
Et du retour au port les moments sont pressés
Adieu. De mon devoir l'étrange barbarie
Pour un temps m'arrache de vous;
Mais, belle Alcmène, au moins, quand vous verrez l'époux
Songez à l'amant, je vous prie,

ALCMÈNE. — Je ne sépare point ce qu'unissent les dieux,
Et l'époux et l'amant me sont fort précieux.

SCÈNE IV. — CLÉANTHIS, MERCURE.

CLÉANTHIS, *à part.* — O ciel! que d'aimables caresses
D'un époux ardemment chéri!
Et que mon traître de mari
Est loin de toutes ces tendresses!
MERCURE, *à part.* — La Nuit, qu'il me faut avertir,
N'a plus qu'à plier tous ses voiles;
Et, pour effacer les étoiles,
..e Soleil de son lit peut maintenant sortir.
CLÉANTHIS, *arrêtant Mercure.* — Quoi! c'est ainsi que l'on me quitte!
MERCURE. — Et comment donc? ne veux-tu pas
Que de mon devoir je m'acquitte,
Et que d'Amphitryon j'aille suivre les pas?
CLÉANTHIS — Mais avec cette brusquerie
Traître, de moi te séparer!
MERCURE. — Le beau sujet de fâcherie!
Nous avons tant de temps ensemble à demeurer!
CLÉANTHIS. — Mais quoi! partir ainsi d'une façon brutale,
Sans me dire un seul mot de douceur pour régale!
MERCURE. — Diantre! où veux-tu que mon esprit
T'aille chercher des fariboles?
Quinze ans de mariage épuisent les paroles;
Et depuis un long temps nous nous sommes tout dit.
CLÉANTHIS. — Regarde, traître, Amphitryon;
Vois combien pour Alcmène il étale de flamme;
Et rougis là-dessus du peu de passion
Que tu témoignes pour ta femme.
MERCURE. — Hé! mon Dieu! Cléanthis, ils sont encore amants.
Il est certain âge où tout passe;
Et ce qui leur sied bien dans ces commencements,
En nous, vieux mariés, aurait mauvaise grace.
Il nous ferait beau voir, attachés face à face,
A pousser les beaux sentiments!
CLÉANTHIS. — Quoi! suis-je hors d'état, perfide d'espérer
Qu'un cœur auprès de moi soupire!
MERCURE. — Non, je n'ai garde de le dire;
Mais je suis trop barbon pour oser soupirer,
Et je ferais crever de rire.
CLÉANTHIS. — Mérites-tu, pendard, cet insigne bonheur
De te voir pour épouse une femme d'honneur?
MERCURE. — Mon Dieu! tu n'es que trop honnête;
Ce grand honneur ne me vaut rien.
Ne sois point si femme de bien,
Et me romps un peu moins la tête.
CLÉANTHIS — Comment! de trop bien vivre on te voit me blâmer!
MERCURE. — La douceur d'une femme est tout ce qui me charme;
Et ta vertu fait un vacarme
Qui ne cesse de m'assommer.
CLÉANTHIS. — Il te faudrait des cœurs pleins de fausses tendresses,
De ces femmes aux beaux et louables talents,
Qui savent accabler leurs maris de caresses
Pour leur faire avaler l'usage des galants!
MERCURE. — Ma foi, veux-tu que je te dise?
Un mal d'opinion ne touche que les sots;
Et je prendrais pour ma devise:
Moins d'honneur et plus de repos.
CLÉANTHIS. — Comment! tu souffrirais, sans nulle répugnance,
Que j'aimasse un galant avec toute licence?

MERCURE. — Oui, si je n'étais plus de tes cris rebattu,
Et qu'on te vît changer d'humeur et de méthode.
 J'aime mieux un vice commode
 Qu'une fatigante vertu.
 Adieu, Cléanthis, ma chère âme,
 Il me faut suivre Amphitryon.
CLÉANTHIS. — Pourquoi, pour punir cet infâme,
Mon cœur n'a-t-il assez de résolution?
 Ah! que, dans cette occasion,
 J'enrage d'être honnête femme!

FIN DU PREMIER ACTE.

ACTE II.

SCÈNE PREMIÈRE. — AMPHITRYON, SOSIE.

AMPHITRYON. — Viens çà, bourreau, viens çà. Sais-tu, maître fripon,
Qu'à te faire assommer ton discours peut suffire,
Et que, pour te traiter comme je le désire,
 Mon courroux n'attend qu'un bâton?
SOSIE. — Si vous le prenez sur ce ton,
 Monsieur, je n'ai plus rien à dire,
 Et vous aurez toujours raison.
AMPHITRYON. — Quoi! tu veux me donner pour des vérités, traître,
Des contes que je vois d'extragavance outrés?
SOSIE. — Non : je suis le valet, et vous êtes le maître;
Il n'en sera, monsieur, que ce que vous voudrez.
AMPHITRYON. — Çà, je veux étouffer le courroux qui m'enflamme,
Et, tout du long, t'ouïr sur ta commission.
 Il faut, avant que voir ma femme,
 Que je débrouille ici cette confusion.
Rappelle tous tes sens, rentre bien dans ton ame,
Et réponds mot pour mot à chaque question.
SOSIE. — Mais de peur d'incongruité,
 Dites-moi, de grâce, à l'avance,
De quel air il vous plaît que ceci soit traité :
Parlerai-je, monsieur, selon ma conscience,
Ou comme auprès des grands on le voit usité?
 Faut-il dire la vérité,
 Ou bien user de complaisance?
AMPHITRYON. — Non; je ne te veux obliger
Qu'à me rendre de tout un compte fort sincère.
SOSIE. — Bon. C'est assez, laissez-moi faire;
 Vous n'avez qu'à m'interroger.
AMPHITRYON. — Sur l'ordre que tantôt je t'avais su prescrire...
SOSIE. — Je suis parti, les yeux d'un noir crêpe voilés,
Pestant fort contre vous dans ce fâcheux martyre,
Et maudissant vingt fois l'ordre dont vous parlez.
AMPHITRYON. — Comment, coquin!
 SOSIE. — Monsieur, vous n'avez rien qu'à dire;
Je mentirai, si vous voulez.
AMPHITRYON. — Voilà comme un valet montre pour nous de zèle!
Passons. Sur les chemins que t'est-il arrivé?
SOSIE. — D'avoir une frayeur mortelle
 Au moindre objet que j'ai trouvé.
AMPHITRYON. — Poltron!
 SOSIE. — En nous formant, nature a ses caprices;
Divers penchants en nous elle fait observer :
Les uns à s'exposer trouvent mille délices;
 Moi, j'en trouve à me conserver.
AMPHITRYON. — Arrivant au logis...?

SOSIE. — J'ai, devant notre porte.
En moi-même voulu répéter un petit
     Sur quel ton et de quelle sorte
Je ferais du combat le glorieux récit.
AMPHITRYON. — Ensuite?
       SOSIE. — On m'est venu troubler et mettre en peine
AMPHITRYON. — Et qui?
       SOSIE. — Sosie; un moi, de vos ordres jaloux,
Que vous avez du port envoyé vers Alcmène,
Et qui de nos secrets a connaissance pleine,
     Comme le moi qui parle à vous.
AMPHITRYON. — Quels contes!
       SOSIE. — Non, monsieur, c'est la vérité pure:
Ce moi plus tôt que moi s'est au logis trouvé;
     Et j'étais venu, je vous jure,
     Avant que je fusse arrivé.
AMPHITRYON. — D'où peut procéder, je te prie,
     Ce galimatias maudit?
     Est-ce songe? est-ce ivrognerie,
     Aliénation d'esprit,
     Ou méchante plaisanterie?
SOSIE. — Non, c'est la chose comme elle est,
     Et point du tout conte frivole.
Je suis homme d'honneur, j'en donne ma parole;
     Et vous m'en croirez s'il vous plaît.
Je vous dis que, croyant n'être qu'un seul Sosie,
     Je me suis trouvé deux chez nous;
     Et que, de ces deux moi piqués de jalousie,
L'un est à la maison et l'autre est avec vous;
Que le moi que voici, chargé de lassitude,
À trouvé l'autre moi frais, gaillard et dispos,
     Et n'ayant d'autre inquiétude
     Que de battre et casser des os.
AMPHITRYON. — Il faut être, je le confesse,
D'un esprit bien posé, bien tranquille, bien doux,
Pour souffrir qu'un valet de chansons me repaisse!
SOSIE. — Si vous vous mettez en courroux,
     Plus de conférence entre nous;
     Vous savez que d'abord tout cesse.
AMPHITRYON. — Non, sans emportement je te veux écoute,
Je l'ai promis. Mais dit; en bonne conscience,
Au mystère nouveau que tu me viens conter
     Est-il quelque ombre d'apparence?
SOSIE. — Non, vous avez raison, et la chose à chacun
     Hors de créance doit paraître.
     C'est un fait à n'y rien connaître,
Un conte extravagant, ridicule, importun:
     Cela choque le sens commun;
     Mais cela ne laisse pas d'être.
AMPHITRYON. — Le moyen d'en rien croire, à moins qu'être insensé?
SOSIE. — Je ne l'ai pas cru, moi, sans une peine extrême.
Je me suis d'être deux senti l'esprit blessé;
Et longtemps d'imposteur j'ai traité ce moi-même.
Mais à me reconnaître enfin il m'a forcé;
J'ai vu que c'était moi, sans aucun stratagème;
Des pieds jusqu'à la tête, il est comme moi fait,
Beau, l'air noble, bien pris, les manières charmantes,
     Enfin deux gouttes de lait
     Ne sont pas plus ressemblantes,
Et n'était que ses mains sont un peu trop pesantes,
     J'en serais fort satisfait.

AMPHITRYON. — A quelle patience il faut que je m'exhorte!
Mais enfin n'es-tu pas entré dans la maison?
SOSIE. — Bon, entré! Hé! de quelle sorte?
Ai-je voulu jamais entendre de raison?
Et ne me suis-je pas interdit notre porte?
AMPHITRYON. — Comment donc!

SOSIE. — Avec un bâton,
Dont mon dos sent encore une douleur très forte.
ANPHITRYON. — On t'a battu.

SOSIE. — Vraiment.

AMPHITRYON. — Et qui?

SOSIE. — Moi. —

AMPHITRYON. — Toi, te battre?

SOSIE. — Oui, moi; non pas le moi d'ici,
Mais le moi du logis, qui frappe comme quatre.
AMPHITRYON. — Te confonde le ciel de me parler ainsi'
SOSIE. — Ce ne sont point des badinages.
Le moi que j'ai trouvé tantôt
Sur le moi qui vous parle a de grands avantages;
Il a le bras fo!., le cœur haut:
J'en ai reçu des témoignages;
Et ce diable de moi m'a rossé comme il faut;
C'est un drôle qui fait des rages.
AMPHITRYON. — Achevons. As-tu vu ma femme?

SOSIE. — Non.

AMPHITRYON. — Pourquoi

SOSIE. — Par une raison assez forte.
AMPHITRYON — Qui t'a fait y manquer, maraud? Explique-toi.
SOSIE. — Faut-il le répéter vingt fois de même sorte?
Moi, vous dis-je; ce moi plus robuste que moi;
Ce moi qui s'est de force emparé de la porte;
Ce moi qui m'a fait filer doux;
Ce moi qui le seul moi veut être;
Ce moi de moi même jaloux;
Ce moi vaillant dont le courroux
Au moins poltron s'est fait connaître;
Enfin ce moi qui suis chez nous;
Ce moi qui s'est montré mon maître;
Ce moi qui m'a roué de coups.
AMPHITRYON. — Il faut que ce matin, à force de trop boire,
Il se soit troublé le cerveau.
SOSIE. — Je veux être pendu si j'ai bu que de l'eau?
A mon serment on m'en peut croire.
AMPHITRYON. — Il faut donc qu'an sommeil tes sens soient portés,
Et qu'un songe fâcheux, dans ses confus mystères,
T'ait fait voir toutes les chimères
Dont tu me fais des vérités.
SOSIE. — Tout aussi peu. Je n'ai point sommeillé,
Et n'en ai même aucune envie.
Je vous parle bien éveillé:
J'étais bien éveillé ce matin, sur ma vie;
Et bien éveillé même était l'autre Sosie
Quand il m'a si bien étrillé.
AMPHITRYON. — Suis-moi, je t'impose silence.
C'est trop me fatiguer l'esprit;
Et je suis un vrai fou d'avoir la patience
D'écouter d'un valet les sottises qu'il dit.
SOSIE, à part. — Tous les discours sont des sottises,
Partant d'un homme sans éclat;
Ce seraient paroles exquises
Si c'était un grand qui parlât.

AMPHITRYON. — Entrons sans davantage attendre.
Mais Alcmène paraît avec tous ses appas ;
En ce moment, sans doute, elle ne m'attend pas,
    Et mon abord la va surprendre.

SCÈNE II.

ALCMÈNE, AMPHITRYON, CLÉANTHIS, SOSIE.

ALCMÈNE, *sans voir Amphitryon.*

Allons pour mon époux, Cléanthis, vers les dieux
    Nous acquitter de nos hommages,
Et les remercier des succès glorieux
Dont Thèbes par son bras goûte les avantages.
   (*apercevant Amphitryon.*)   O Dieux.

AMPHITRYON. — Fasse le ciel qu'Amphitryon vainqueur
    Avec plaisir soit revu de sa femme ;
    Et que ce jour, favorable à ma flamme,
Vous redonne à mes yeux avec le même cœur,
    Que j'y retrouve autant d'ardeur
    Que vous en rapporte mon ame!

ALCMÈNE. — Quoi! de retour sitôt!

AMPHITRYON. — Certes, c'est en ce jour
Me donner de vos feux un mauvais témoignage ·
    Et ce *Quoi! sitôt de retour!*
En ces occasions n'est guère le langage
    D'un cœur bien enflammé d'amour.
    J'osais me flatter en moi-même
Que loin de vous j'aurais trop demeuré.
L'attente d'un retour ardemment désiré
Donne à tous les instants une longueur extrême ;
    Et l'absence de ce qu'on aime,
Quelque peu qu'elle dure, à toujours trop duré.

ALCMÈNE. — Je ne vois...

AMPHITRYON, — Non, Alcmène, a son impatience
On mesure le temps en de pareils états ;
    Et vous comptez les moments de l'absence
    En personne qui n'aime pas.
    Lorsque l'on aime comme il faut,
    Le moindre éloignement nous tue;
    Et ce dont on chérit la vue
    Ne revient jamais assez tôt.
    De votre accueil, je le confesse,
Se plaint ici mon amoureuse ardeur ;
    Et j'attendais de votre cœur
D'autres transports de joie et de tendresse.

ALCMÈNE. — J'ai peine à comprendre sur quoi
Vous fondez les discours que je vous entends faire;
    Et, si vous vous plaignez de moi,
    Je ne sais pas, de bonne foi,
    Ce qu'il faut pour vous satisfaire.
Hier au soir, ce me semble, à votre heureux retour,
On me vit témoigner une joie assez tendre,
    Et rendre aux soins de votre amour
Tout ce que de mon cœur vous aviez lieu d'attendre,

AMPHITRYON. — Comment?

ALCMÈNE. — Ne fis-je pas éclater à vos yeux
Les soudains mouvements d'une entière allégresse ?
Et le transport d'un cœur peut-il s'expliquer mieux
Au retour d'un époux qu'on aime avec tendresse?

AMPHITRYON. — Que me dites-vous là ?

ALCMÈNE. — Que même votre amour
Montra de mon accueil une joie incroyable,

Et que, m'ayant quitté à la pointe du jour,
        Je ne vois pas qu'à ce soudain retour
                Ma surprise soit si coupable.
AMPHITRYON. —Est-ce que du retour que j'ai précipité
Un songe, cette nuit, Alcmène, dans votre ame
        A prévenu la vérité ;
Et que, m'ayant peut-être, en dormant bien traité,
        Votre cœur se croit vers ma flamme
                Assez amplement acquité ?
ALCMÈNE. —Est-ce qu'une vapeur par sa malignité,
        Amphitryon, a dans votre ame
Du retour d'hier au soir brouillé la vérité ;
Et que du doux accueil duquel je m'acquittai
        Votre cœur prétend à ma flamme
                Ravir toute l'honnêteté
AMPHITRYON. — Cette vapeur dont vous me régalez,
        Est un peu, ce me semble, étrange.
ALCMÈNE. — C'est ce qu'on peut donner pour change
        Au songe dont vous me parlez
AMPHITRYON. —A moins d'un songe, on ne peut pas, sans doute,
Excuser ce qu'ici votre bouche me dit.
ALCMÈNE. — A moins d'une vapeur qui vous trouble l'esprit,
On ne peut pas sauver ce que de vous j'écoute.
AMPHITRYON. — Laissons un peu cette vapeur, Alcmène.
ALCMÈNE. —Laissons un peu ce songe, Amphitryon.
AMPHITRYON.— Sur le sujet dont il est question,
Il n'est guère de jeu que trop loin on ne mène.
ALCMÈNE. — Sans doute ; et pour marque certaine,
Je commence à sentir un peu d'émotion.
AMPHITRYON. —Est-ce donc que par-là vous voulez essayer
A réparer l'accueil dont je vous ai fait plainte ?
ALCMÈNE. —Est-ce donc que par cette feinte
        Vous désirez vous égayer ?
AMPHITRYON. — Ah ! de grace, cessons, Alcmène, je vous prie,
        Et parlons sérieusement.
ALCMÈNE. —Amphitryon, c'est trop pousser l'amusement,
        Finissons cette raillerie.
AMPHITRYON. — Quoi ! vous osez me soutenir en face
Que plus tôt qu'à cette heure on m'ait ici pu voir ?
ALCMÈNE. — Quoi ! vous voulez nier avec audace
Que dès hier en ces lieux vous vîntes sur le soir ?
AMPHITRYON. — Moi, je vins hier ?
                        ALCMÈNE. — Sans doute : et, dès devant l'aurore,
        Vous vous en êtes retourné.
AMPHITRYON, à part. — Ciel ! un pareil débat s'est-il pu voir encore ?
Et qui de tout ceci ne serait étonné ?
Sosie.
SOSIE. — Elle a besoin de six grains d'ellébore,
        Monsieur ; son esprit est tourné.
AMPHITRYON. — Alcmène, au nom de tous les dieux,
        Ce discours a d'étranges suites !
        Reprenez vos sens un peu mieux,
        Et pensez à ce que vous dites.
ALCMÈNE. — J'y pense mûrement aussi ;
Et tous ceux du logis ont vu votre arrivée.
J'ignore quel motif vous fait agir ainsi ;
Mais si la chose avait besoin d'être prouvée,
S'il était vrai qu'on pût ne s'en souvenir pas,
De qui puis-je tenir, que de vous, la nouvelle
        Du dernier de tous vos combats,
Et les cinq diamants que portait Ptérélas

Qu'a fait dans la nuit éternelle
Tomber l'effort de votre bras?
En pourrait-on vouloir un plus sûr témoignage?
AMPHITRYON. — Quoi! je vous ai déjà donné
Le nœud de diamants que j'eus pour mon partage,
Et que je vous ai destiné?
ALCMÈNE. — Assurément. Il n'est pas difficile
De vous en bien convaincre.
            AMPHITRYON. — Et comment?
ALCMÈNE, *montrant le nœud de diamants à sa ceinture.* — Le voici.
AMPHITRYON. — Sosie!
SOSIE, *tirant de sa poche un coffret.* — Elle se moque, et je le tiens ici,
Monsieur, la feinte est inutile.
AMPHITRYON, *regardant le coffret.* — Le cachet est entier.
ALCMÈNE, *présentant à Amphitryon le nœud de diamants.* — Est-ce une vision,
Tenez. Trouverez-vous cette preuve assez forte?
AMPHITRYON. — Ah! ciel! ô juste ciel!
            ALCMÈNE. — Allez, Amphitryon,
Vous vous moquez d'en user de la sorte,
Et vous en devriez avoir confusion.
AMPHITRYON. — Romps vite ce cachet.
    SOSIE, *ayant ouvert le coffret.* — Ma foi, la place est vide,
Il faut que, par magie, on ait su le tirer,
Ou bien que de lui-même il soit venu sans guide
Vers celle qu'il a su qu'on en voulait parer.
AMPHITRYON, *à part.* — O dieux, dont le pouvoir sur les choses préside,
Quelle est cette aventure, et qu'en puis-je augurer
Dont mon amour ne s'intimide?
SOSIE, *à Amphitryon.* — Si sa bouche dit vrai, nous avons même sort,
Et de même que moi, monsieur, vous êtes double.
AMPHITRYON. — Tais-toi.
        ALCMÈNE. — Sur quoi vous étonner si fort?
Et d'où peut naître ce grand trouble?
AMPHITRYON, *à part.* — O ciel! quel étrange embarras!
Je vois des incidents qui passent la nature;
Et mon bonheur redoute une aventure
Que mon esprit ne comprend pas.
ALCMÈNE. — Songez-vous, en tenant cette preuve sensible,
A me nier encor votre retour pressé?
AMPHITRYON. — Non : mais, à ce retour, daignez, s'il est possible,
Me conter ce qui s'est passé.
ALCMÈNE. — Puisque vous demandez un récit de la chose
Vous voulez dire donc que ce n'était pas vous?
AMPHITRYON. — Pardonnez-moi; mais j'ai certaine cause
Qui me fait demander ce récit entre nous.
ALCMÈNE. — Les soucis importants qui vous peuvent saisir
Vous ont-ils fait si vite en perdre la mémoire?
AMPHITRYON. — Peut-être : mais enfin vous me ferez plaisir
De m'en dire toute l'histoire.
ALCMÈNE. — L'histoire n'est pas longue. A vous je m'avançai
            Pleine d'une aimable surprise;
            Tendrement je vous embrassai,
Et témoignai ma joie à plus d'une reprise.
AMPHITRYON, *à part.* — Ah! d'un si doux accueil je me serais passé.
ALCMÈNE. — Vous me fîtes d'abord ce présent d'importance,
Que du butin conquis vous m'aviez destiné.
            Votre cœur avec véhémence
M'étala de ses feux toute la violence,
Et les soins importuns qui l'avaient enchaîné,
L'aise de me revoir, les tourments de l'absence,
            Tout le souci que son impatience

Pour le retour s'était donné,
Et jamais votre amour, en pareille occurrence,
Ne me parut si tendre et si passionné.

AMPHITRYON, *à part.* — Peut-on plus vivement se voir assassiné?

ALCMÈNE. — Tous ces transports, toute cette tendresse,
Comme vous voyez bien, ne me déplaisent pas,
Et, s'il faut que je le confesse,
Mon cœur, Amphitryon, y trouvait mille appas.

AMPHITRYON. — Ensuite, s'il vous plaît?

ALCMÈNE. — Nous nous entrecoupâmes
De mille questions qui pouvaient nous toucher.
On servit, tête à tête, ensemble nous soupâmes;
Et, le souper fini, nous nous fûmes coucher.

AMPHITRYON. — Ensemble?

ALCMÈNE. — Assurément. Quelle est cette demande?

AMPHITRYON, *à part.* — Ah! c'est ici le coup le plus cruel de tous,
Et dont à s'assurer tremblait mon feu jaloux.

ALCMÈNE. — D'où vous vient, à ce mot, une rougeur si grande?
Ai-je fait quelque mal de coucher avec vous?

AMPHITRYON. — Non, ce n'était pas moi, pour ma douleur sensible;
Et qui dit qu'hier ici mes pas se sont portés,
Dit de toutes les faussetés
Là fausseté la plus horrible.

ALCMÈNE. — Amphitryon!

AMPHITRYON. — Perfide!

ALCMÈNE. — Ah! quel emportement!

AMPHITRYON. — Non, non, plus de douceur et plus de déférence.
Ce revers vient à bout de toute ma constance;
Et mon cœur ne respire, en ce fatal moment,
Et que fureur et que vengeance.

ALCMÈNE. — De qui donc vous venger? et quel manque de foi
Vous fait ici me traiter de coupable?

AMPHITRYON. — Je ne sais pas, mais ce n'était pas moi :
Et c'est un désespoir qui de tout rend capable.

ALCMÈNE. — Allez, indigne époux, le fait parle de soi,
Et l'imposture est effroyable.
C'est trop me pousser là-dessus,
Et d'infidélité me voir trop condamnée.
Si vous cherchez, dans ces transports confus,
Un prétexte à briser les nœuds d'un hyménée
Qui me tient à vous enchaînée,
Tous ces détours sont superflus;
Et me voilà déterminée
A souffrir qu'en ce jour nos liens soient rompus.

AMPHITRYON. — Après l'indigne affront que l'on me fait connaître,
C'est bien à quoi, sans doute, il faut vous préparer :
C'est le moins qu'on doit voir : et les choses peut-être
Pourront n'en pas là demeurer.
Le déshonneur est sûr, mon malheur est visible,
Et mon amour en vain voudrait me l'obscurcir;
Mais le détail encor ne m'en est pas sensible,
Et mon juste courroux prétend s'en éclaircir.
Votre frère déjà peut hautement répondre
Que, jusqu'à ce matin, je ne l'ai point quitté;
Je m'en vais le chercher, afin de vous confondre
Sur ce retour qui m'est faussement imputé.
Après, nous percerons jusqu'au fond d'un mystère
Jusqu'à présent inouï :
Et, dans les mouvements d'une juste colère,
Malheur à qui m'aura trahi!

SOSIE. — Monsieur...

AMPHITRYON. — Ne m'accompagne pas,
Et demeure ici pour m'attendre.
CLÉANTHIS, *à Alcmène.* — Faut-il...?
ALCMÈNE. — Je ne puis rien entendre ·
Laisse-moi seule, et ne suis point mes pas.

SCÈNE III. — CLÉANTHIS, SOSIE.

CLÉANTHIS, *à part.* — Il faut que quelque chose ait brouillé sa cervelle,
Mais le frère sur-le-champ
Finira cette querelle.
SOSIE, *à part.* — C'est ici pour mon maître un coup assez touchant;
Et son aventure est cruelle.
Je crains fort pour mon fait quelque chose approchant;
Et je m'en veux tout doux éclaircir avec elle.
CLÉANTHIS, *à part.* — Voyez s'il me viendra seulement aborder.
Mais je veux m'empêcher de rien faire paraître.
SOSIE, *à part.* — La chose quelquefois est fâcheuse à connaître,
Et je tremble à la demander.
Ne vaudrait-il pas mieux, pour ne rien hasarder,
Ignorer ce qu'il en peut être?
Allons, tout coup vaille, il faut voir,
Et je ne m'en saurais défendre.
La faiblesse humaine est d'avoir
Des curiosités d'apprendre
Ce qu'on ne voudrait pas savoir.
Dieu te gard', Cléanthis!
CLÉANTHIS. — Ah! ah! tu t'en avises,
Traître, de t'approcher de nous.
SOSIE. — Mon Dieu! qu'as-tu? toujours on te voit en courroux,
Et sur rien tu te formalises!
CLÉANTHIS. — Qu'appelles-tu sur rien? dis.
SOSIE. — J'appelle sur rien
Ce qui sur rien s'appelle en vers ainsi qu'en prose;
Et rien, comme tu le sais bien,
Veut dire rien ou peu de chose.
CLÉANTHIS. — Je ne sais qui me tient, infame,
Que je ne t'arrache les yeux,
Et ne t'apprenne où va le courroux d'une femme.
SOSIE. — Holà! D'où te vient donc ce transport furieux?
CLÉANTHIS. — Tu n'appelles donc rien le procédé peut-être
Qu'avec moi ton cœur a tenu?
SOSIE. — Et quel?
CLÉANTHIS. — Quoi! tu fais l'ingénu!
Est-ce qu'à l'exemple du maître
Tu veux dire qu'ici tu n'es pas revenu?
SOSIE. — Non, je sais fort bien le contraire;
Mais je ne t'en fais pas le fin,
Nous avions bu de je ne sais quel vin
Qui m'a fait oublier tout ce que j'ai pu faire.
CLÉANTHIS. — Tu crois peut-être excuser par ce trait...
SOSIE. — Non, tout de bon, tu peux m'en croire.
J'étais dans un état où je puis avoir fait
Des choses dont j'aurais regret,
Et dont je n'ai nulle mémoire.
CLÉANTHIS. — Tu ne te souviens point du tout de la manière
Dont tu m'as su traiter étant venu du port?
SOSIE. — Non plus que rien : tu peux m'en faire le rapport·
Je suis équitable et sincère,
Et me condamnerai moi-même si j'ai tort.
CLÉANTHIS. — Comment! Amphitryon m'ayant su disposer
Jusqu'à ce que tu vins j'avais poussé ma veille

Mais je ne vis jamais une froideur pareille :
De ta femme il fallut moi-même t'aviser ;
    Et, lorsque je fus te baiser,
Tu détournas le nez, et me donnas l'oreille.

SOSIE. — Bon !

CLÉANTHIS. — Comment, bon ?

SOSIE. — Mon Dieu ! tu ne sais pas pourquoi ?
Cléanthis, je tiens ce langage :
J'avais mangé de l'ail, et fis en homme sage
De détourner un peu mon haleine de toi.

CLÉANTHIS. — Je te sus exprimer des tendresses de cœur :
Mais à tous mes discours tu fus comme une souche :
    Et jamais un mot de douceur
    Ne te put sortir de la bouche.

SOSIE, à part. — Courage !

CLÉANTHIS. — Enfin, ma flamme eut beau s'émanciper,
Sa chaste ardeur en toi ne trouva rien que glace ;
Et, dans un tel retour, je te vis la tromper
Jusqu'à faire refus de prendre au lit la place
Que les lois de l'hymen t'obligent d'occuper.

SOSIE. — Quoi ! je ne couchai point ?

CLÉANTHIS. — Non, lâche.

SOSIE. — Est-il possible ?

CLÉANTHIS. — Traître ! il n'est que trop assuré :
C'est de tous les affronts l'affront le plus sensible ;
Er, loin que ce matin ton cœur l'ait réparé,
    Tu t'es d'avec moi séparé
Par des discours chargés d'un mépris tout visible.

SOSIE, à part. — Vivat Sosie !

CLÉANTHIS. — Hé quoi ! ma plainte a cet effet !
Tu ris après ce bel ouvrage !

SOSIE. — Que je suis de moi satisfait !

CLÉANTHIS. — Exprime-t-on ainsi le regret d'un outrage ?

SOSIE. — Je n'aurais jamais cru que j'eusse été si sage.

CLÉANTHIS. — Loin de te condamner d'un si perfide trait,
Tu m'en fais éclater la joie en ton visage.

SOSIE. — Mon Dieu ! tout doucement ! Si je parais joyeux,
Crois que j'en ai dans l'ame une raison très forte,
Et que, sans y penser, je ne fis jamais mieux
Que d'en user tantôt avec toi de la sorte.

CLÉANTHIS. — Traître, te moques-tu de moi ?

SOSIE. — Non, je te parle avec franchise.
En l'état où j'étais, j'avais certain effroi
Dont, avec ton discours, mon ame s'est remise.
Je m'appréhendais fort, et craignais qu'avec toi
    Je n'eusse fait quelque sottise.

CLÉANTHIS. — Quelle est cette frayeur ? et sachons donc pourquoi,

SOSIE. — Les médecins disent quand on est ivre,
    Que de sa femme on se doit abstenir ;
Et que, dans cet état, il ne peut provenir
Que des enfants pesants et qui ne sauraient vivre.
Vois, si mon cœur n'eût su de froideur se munir,
Quels inconvénients auraient pu s'en ensuivre.

CLÉANTHIS. — Je me moque des médecins
    Avec leurs raisonnements fades :
    Qu'ils règlent ceux qui sont malades,
Sans vouloir gouverner les gens qui sont bien sains.
    Ils se mêlent de trop d'affaires,
De prétendre tenir nos chastes feux gênés :
    Et sur les jours caniculaires
Ils nous donnent encore, avec leurs lois sévère

MOLIÈRE.

31

De cent sots contes par le nez.

SOSIE. — Tout doux.

CLÉANTHIS. — Non, je soutiens que cela conclut mal ;
Ces raisons sont raisons d'extravagantes têtes.
Il n'est ni vin, ni temps, qui puisse être fatal
A remplir le devoir de l'amour conjugal ;
    Et les médecins sont des bêtes.

SOSIE. — Contre eux, je t'en supplie, apaise ton courroux ;
Ce sont d'honnêtes gens, quoi que le monde en dise.

CLÉANTHIS. — Tu n'es pas où tu crois ; en vain tu files doux :
Ton excuse n'est point une excuse de mise ;
Et je me veux venger tôt ou tard, entre nous,
De l'air dont chaque jour je vois qu'on me méprise.
Des discours de tantôt je garde tous les coups,
Et tâcherai d'user, lâche et perfide époux,
De cette liberté que ton cœur m'a permise.

SOSIE. — Quoi ?

CLÉANTHIS. — Tu m'as dit tantôt que tu consentais fort,
    Lâche, que j'en aimasse un autre.

SOSIE. — Ah ! pour cet article j'ai tort.
Je m'en dédis, il y va trop du nôtre.
Garde-toi bien de suivre ce transport.

CLÉANTHIS. — Si je puis une fois pourtant
    Sur mon esprit gagner la chose...

SOSIE. — Fais à ce discours quelque pause.
Amphitryon revient, qui me paraît content.

SCÈNE IV. — JUPITER, CLÉANTHIS, SOSIE.

JUPITER, à part. — Je viens prendre le temps de rapaiser Alcmène,
De bannir les chagrins que son cœur veut garder,
Et donner à mes feux, dans ce soin qui m'amène,
    Le doux plaisir de se raccommoder.
(A Cléanthis.) Alcmène est là-haut, n'est-ce pas ?

CLÉANTHIS. — Oui, pleine d'une inquiétude
    Qui cherche de la solitude,
Et qui m'a défendu d'accompagner ses pas.

JUPITER. — Quelque défense qu'elle ait faite,
    Elle ne sera pas pour moi.

SCÈNE V. — CLÉANTHIS, SOSIE.

CLÉANTHIS. — Son chagrin, à ce que je vois,
    A fait une prompte retraite.

SOSIE. — Que dis-tu, Cléanthis, de ce joyeux maintien,
    Après son fracas effroyable ?

CLÉANTHIS. — Que, si toutes nous faisions bien,
Nous donnerions tous les hommes au diable,
    Et que le meilleur n'en vaut rien.

SOSIE. — Cela se dit dans le courroux :
Mais aux hommes par trop vous êtes accrochées
Et vous seriez, ma foi, toutes bien empêchées,
    Si le diable les prenait tous.

CLÉANTHIS. — Vraiment...

SOSIE. — Les voici. Taisons-nous.

SCÈNE VI. — JUPITER, ALCMÈNE, CLÉANTHIS, SOSIE.

JUPITER. — Voulez-vous me désespérer ?
    Hélas ! arrêtez, belle Alcmène.

ALCMÈNE. — Non, avec l'auteur de ma peine
    Je ne puis du tout demeurer.

JUPITER. — De grace...

ALCMÈNE. — Laissez-moi.

JUPITER. — Quoi ?...

ALCMÈNE. — Laissez-moi, vous dis-je.

JUPITER, *bas, à part.* — Ses pleurs touchent mon ame, et sa douleur m'afflige
(*Haut.*) Souffrez que mon cœur...

ALCMÈNE. — Non, ne suivez point mes pas.

JUPITER. — Où voulez-vous aller?

ALCMÈNE. — Où vous ne serez pas.

JUPITER. — Ce vous est une attente vaine.
Je tiens à vos beautés par un nœud trop serré
Pour pouvoir un moment en être séparé.
Je vous suivrai partout, Alcmène.

ALCMÈNE. — Et moi, partout je vous fuirai.

JUPITER. — Je suis donc bien épouvantable!

ALCMÈNE. — Plus qu'on ne peut dire, à mes yeux.
Oui, je vous vois comme un monstre effroyable,
    Un monstre cruel, furieux,
    Et dont l'approche est redoutable;
    Comme un monstre à fuir en tous lieux.
Mon cœur souffre, à vous voir, une peine incroyable:
    C'est un supplice qui m'accable;
    Et je ne vois rien sous les cieux
    D'affreux, d'horrible, d'odieux,
    Qui ne me fût plus que vous supportable.

JUPITER. — En voilà bien, hélas! que votre bouche dit.

ALCMÈNE. — J'en ai dans le cœur davantage;
Et, pour l'exprimer tout, ce cœur a du dépit
    De ne point trouver de langage.

JUPITER. — Hé! que vous a donc fait ma flamme,
Pour me pouvoir, Alcmène, en monstre regarder?

ALCMÈNE. — Ah! juste ciel! cela se peut-il demander?
Et n'est-ce pas pour mettre à bout une ame?

JUPITER. — Ah! d'un esprit plus adouci...

ALCMÈNE. — Non, je ne veux du tout vous voir ni vous entendre.

JUPITER. — Avez-vous bien le cœur de me traiter ainsi?
    Est-ce là cet amour si tendre
Qui devait tant durer quand je vins hier ici?

ALCMÈNE. — Non, non, ce ne l'est pas, et vos lâches injures
    En ont autrement ordonné.
Il n'est plus, cet amour tendre et passionné;
Vous l'avez dans mon cœur par cent vives blessures
    Cruellement assassiné:
    C'est en sa place un courroux inflexible,
Un vif ressentiment, un dépit invincible,
Un désespoir d'un cœur justement animé,
Qui prétend vous haïr, pour cet affront sensible,
Autant qu'il est d'accord de vous avoir aimé;
    Et c'est haïr autant qu'il est possible.

JUPITER. — Hélas! que votre amour n'avait guère de force,
Si de si peu de chose on le peut voir mourir!
Ce qui n'était que jeu doit-il faire un divorce?
Et d'une raillerie a-t-on lieu de s'aigrir?

ALCMÈNE. — Ah! c'est cela dont je suis offensée,
    Et que ne peut pardonner mon courroux:
Des véritables traits d'un mouvement jaloux
    Je me trouverais moins blessée.
    La jalousie a des impressions
    Dont bien souvent la force nous entraîne:
Et l'ame la plus sage, en ces occasions,
    Sans doute avec assez de peine
    Répond de ses émotions.
L'emportement d'un cœur qui peut s'être abusé
A de quoi ramener une ame qu'il offense,

Et, dans l'amour qui lui donne naissance,
Il trouve au moins, malgré toute sa violence,
    Des raisons pour être excusé.
De semblables transports contre un ressentiment
Pour défense toujours ont ce qui les fait naître;
    Et l'on donne grace aisément
    A ce dont on n'est pas le maître.
    Mais que, de gaîté de cœur,
On passe aux mouvements d'une fureur extrême;
Que, sans cause, l'on vienne avec tant de rigueur,
    Blesser la tendresse et l'honneur
    D'un cœur qui chèrement nous aime;
    Ah! c'est un coup trop cruel en lui-même,
    Et que jamais n'oubliera ma douleur.

JUPITER. — Oui, vous avez raison, Alcmène; il se faut rendre.
    Cette action, sans doute, est un crime odieux;
    Je ne prétends plus la défendre :
Mais souffrez que mon cœur s'en défende à vos yeux.
    Et donne au vôtre à qui se prendre
    De ce transport injurieux.
    A vous en faire un aveu véritable,
L'époux, Alcmène, a commis tout le mal ;
C'est l'époux qu'il vous faut regarder en coupable:
L'amant n'a point de part à ce transport brutal,
Et de vous offenser son cœur n'est point capable.
Il a pour vous, ce cœur, pour jamais y penser,
    Trop de respect et de tendresse;
    Et, si de faire rien à vous pouvoir blesser
    Il avait eu la coupable faiblesse,
De cent coups, à vos yeux, il voudrait le percer.
Mais l'époux est sorti de ce respect soumis
    Où pour vous l'on doit toujours être ;
A son dur procédé l'époux s'est fait connaître,
Et par le droit d'hymen, il s'est cru tout permis.
Oui, c'est lui qui, sans doute, est criminel vers vous
Lui seul a maltraité votre aimable personne ;
    Haïssez, détestez l'époux,
    J'y consens, et vous l'abandonne :
Mais, Alcmène, sauvez l'amant de ce courroux
    Qu'une telle offense vous donne;
    N'en jetez pas sur lui l'effet,
    Démêlez-le un peu du coupable;
    Et, pour être enfin équitable,
Ne le punissez point de ce qu'il n'a pas fait.

ALCMÈNE. — Ah! toutes ces subtilités
    N'ont que des excuses frivoles;
    Et, pour les esprits irrités,
Ce sont des contre-temps que de telles paroles
Ce détour ridicule est en vain pris par vous.
Je ne distingue rien en celui qui m'offense :
    Tout y devient l'objet de mon courroux,
    Et, dans sa juste violence,
    Sont confondus et l'amant et l'époux.
Tous deux de même sorte occupent ma pensée;
Et des mêmes couleurs, par mon ame blessée,
    Tous deux ils sont peints à mes yeux :
Tous deux sont criminels, tous deux m'ont offensée
    Et tous deux me sont odieux.

JUPITER. — Hé bien! puisque vous le voulez,
    Il faut donc me charger du crime.
Oui, vous avez raison lorsque vous m'immolez

A vos ressentiments en coupable victime.
Un trop juste dépit contre moi vous anime;
Et tout ce grand courroux qu'ici vous étalez
Ne me fait endurer qu'un tourment légitime.
        C'est avec droit que mon abord vous chasse,
            Et que de me fuir en tous lieux
                Votre colère me menace.
        Je dois vous être un objet odieux;
    Vous devez me vouloir un mal prodigieux.
    Il n'est aucune horreur que mon forfait ne passe,
            D'avoir offensé vos beaux yeux:
    C'est un crime à blesser les hommes et les dieux;
    Et je mérite enfin, pour punir cette audace,
            Que contre moi votre haine ramasse
                Tous ses traits les plus furieux.
            Mais mon cœur vous demande grace:
    Pour vous la demander je me jette à genoux,
    Et la demande au nom de la plus vive flamme,
            Du plus tendre amour dont une ame
                Puisse jamais brûler pour vous.
            Si votre cœur, charmante Alcmène,
    Me refuse la grace où j'ose recourir,
            Il faut qu'une atteinte soudaine
                M'arrache, en me faisant mourir,
            Aux dures rigueurs d'une peine
                Que je ne saurais plus souffrir.
            Oui, cet état me désespère.
            Alcmène, ne présumez pas
    Qu'aimant, comme je fais, vos célestes appas,
    Je puisse vivre un jour avec votre colère.
    Déjà de ces moments la barbare longueur
            Fait sous des atteintes mortelles
                Succomber tout mon triste cœur;
    Et de mille vautours les blessures cruelles
    N'ont rien de comparable à ma vive douleur.
    Alcmène, vous n'avez qu'à me le déclarer:
    S'il n'est point de pardon que je doive espérer,
    Cette épée aussitôt, par un coup favorable,
    Va percer à vos yeux le cœur d'un misérable;
    Ce cœur, ce traître cœur, trop digne d'expirer,
    Puisqu'il a pu fâcher un objet adorable;
    Heureux, en descendant au ténébreux séjour,
    Si de votre courroux mon trépas vous ramène,
    Et ne laisse en votre ame, après ce triste jour,
            Aucune impression de haine
                Au souvenir de mon amour!
    C'est tout ce que j'attends pour faveur souveraine.
ALCMÈNE. — Ah! trop cruel époux!
                        JUPITER. — Dites, parlez, Alcmène.
ALCMÈNE. — Faut-il encor pour vous conserver des bontés,
    Et vous voir m'outrager par tant d'indignités?
JUPITER. — Quelque ressentiment qu'un outrage nous cause,
    Tient-il contre un remords d'un cœur bien enflammé?
ALCMÈNE. — Un cœur bien plein de flamme à mille morts s'expose,
    Plutôt que de vouloir fâcher l'objet aimé.
JUPITER. — Plus on aime quelqu'un, moins on trouve de peine...
ALCMÈNE. — Non, ne m'en parlez point; vous méritez ma haine.
JUPITER. — Vous me haïssez donc?
                    ALCMÈNE. — J'y fais tout mon effort.
    Et j'ai dépit de voir que toute votre offense
    Ne puisse de mon cœur, jusqu'à cette vengeance,

Faire encore aller le transport.

UPITER. — Mais pourquoi cette violence,
Puisque, pour vous venger, je vous offre ma mort?
Prononcez-en l'arrêt, et j'obéis sur l'heure.

ALCMÈNE. — Qui ne saurait haïr peut-il vouloir qu'on meure?

JUPITER. — Et moi, je ne puis vivre à moins que vous quittiez
Cette colère qui m'accable,
Et que vous m'accordiez le pardon favorable
Que je vous demande à vos pieds.
(Sosie et Cléanthis se mettent aussi à genoux).
Résolvez ici l'un des deux,
Ou de punir, ou bien d'absoudre.

ALCMÈNE. — Hélas! ce que je puis résoudre
Paraît bien plus que je ne veux.
Pour vouloir soutenir le courroux qu'on me donne,
Mon cœur a trop su me trahir.
Dire qu'on ne saurait haïr,
N'est-ce pas dire qu'on pardonne?

JUPITER. — Ah! belle Alcmène, il faut que, comblé d'allégresse...

ALCMÈNE. — Laissez, je me veux mal de mon trop de faiblesse.

JUPITER. — Va, Sosie, et dépêche-toi,
Voir, dans les doux transports dont mon âme est charmée,
Ce que tu trouveras d'officiers de l'armée.
Et les invite à dîner avec moi.
(bas, à part). Tandis que d'ici je le chasse,
Mercure y remplira sa place.

SCÈNE VII. — CLÉANTHIS, SOSIE.

SOSIE. — Hé bien! tu vois, Cléanthis, ce ménage.
Veux-tu qu'à leur exemple ici
Nous fassions entre nous un peu de paix aussi,
Quelque petit rapatriage?

CLÉANTHIS. — C'est pour ton nez, vraiment! cela se fait ainsi!

SOSIE. — Quoi! tu ne veux pas?

CLÉANTHIS. — Non.

SOSIE. — Il ne m'importe guère.
Tant pis pour toi.

CLÉANTHIS. — Là, là, reviens.

SOSIE. — Non, morbleu, je n'en ferai rien,
Et je veux être à mon tour en colère.

CLÉANTHIS. — Va, va, traître, laisse-moi faire;
On se lasse parfois d'être femme de bien.

FIN DU SECOND ACTE.

ACTE III.

SCÈNE I. — AMPHITRYON.

Oui, sans doute, le sort tout exprès me le cache;
Et des tours que je fais, à la fin, je suis las.
Il n'est point de destin plus cruel, que je sache.
Je ne saurais trouver, portant partout mes pas,
Celui qu'à chercher je m'attache,
Et je trouve tous ceux que je ne cherche pas.
Mille fâcheux cruels, qui ne pensent pas l'être,
De nos faits avec moi, sans beaucoup me connaître
Viennent se réjouir pour me faire enrager.
Dans l'embarras cruel du souci qui me blesse,
De leurs embrassements et de leur allégresse
Sur mon inquiétude ils viennent tous charger.
En vain à passer je m'apprête
Pour fuir leurs persécutions;

Leur tuante amitié de tous côtés m'arrête ;
Et, tandis qu'à l'ardeur de leurs expressions
    Je réponds d'un geste de tête,
Je leur donne tout bas cent malédictions.
Ah ! qu'on est peu flatté de louange, d'honneur,
Et de tout ce que donne une grande victoire,
Lorsque dans l'ame on souffre une vive douleur !
Et que l'on donnerait volontiers cette gloire
    Pour avoir le repos du cœur !
    Ma jalousie, à tout propos,
    Me promène sur ma disgrace ;
    Et plus mon esprit y repasse,
Moins j'en puis débrouiller le funeste chaos.
Le vol des diamants n'est pas ce qui m'étonne :
On lève les cachets, qu'on ne l'aperçoit pas ;
Mais le don qu'on veut qu'hier j'en vins faire en personne
Est ce qui fait ici mon cruel embarras.
La nature parfois produit des ressemblances
Dont quelques imposteurs ont pris droit d'abuser :
Mais il est hors de sens que, sous ces apparences,
Un homme pour époux se puisse supposer ;
Et dans tous ces rapports sont mille différences
Dont se peut une femme aisément aviser.
    Des charmes de la Thessalie
On vante de tous temps les merveilleux effets :
Mais les contes fameux qui partout en sont faits
Dans mon esprit toujours ont passé pour folie ;
Et ce serait du sort une étrange rigueur
    Qu'au sortir d'une ample victoire,
    Je fusse contraint de les croire
    Aux dépens de mon propre honneur.
Je veux la retâter sur ce fâcheux mystère,
Et voir si ce n'est point une vaine chimère
Qui, sur ses sens troublés, ait su prendre crédit.
    Ah ! fasse le ciel équitable
    Que ce penser soit véritable,
Et que, pour mon bonheur, elle ait perdu l'esprit !

SCÈNE II. — MERCURE, AMPHITRYON.

MERCURE, *sur le balcon de la maison d'Amphitryon, sans être vu ni entendu par Amphitryon.*

Comme l'amour ici ne m'offre aucun plaisir,
Je m'en veux faire au moins qui soient d'autre nature,
Et je veux égayer mon sérieux loisir
A mettre Amphitryon hors de toute mesure.
Cela n'est pas d'un dieu bien plein de charité :
Mais aussi n'est-ce pas ce dont je m'inquiète ;
    Et je me sens par ma planète
    A la malice un peu porté.

AMPHITRYON. — D'où vient donc qu'à cette heure on ferme cette porte ?
MERCURE. — Holà ! tout doucement. Qui frappe ?
    AMPHITRYON, *sans voir Mercure.* — Moi.
        MERCURE. — Qui, moi ?
    AMPHITRYON, *apercevant Mercure qu'il prena pour Sosie.*
Ah ! ouvre !
MERCURE. — Comment, ouvre ! Et qui donc es-tu, toi,
    Qui fais tant de vacarme et parles de la sorte ?
AMPHITRYON. — Quoi ! tu ne me connais pas ?
        MERCURE. — Non,
    Et n'en ai pas la moindre envie.
AMPHITRYON *à part* — Tout le monde perd-il aujourd'hui a raison ?

Est-ce un mal répandu? Sosie! holà, Sosie!
MERCURE. — Hé bien, Sosie! oui, c'est mon nom;
    As-tu peur que je ne l'oublie?
AMPHITRYON. — Me vois-tu bien?
             MERCURE. — Fort bien. Qui peut pousser ton bras
    A faire une rumeur si grande?
    Et que demandes-tu là-bas?
AMPHITRYON. — Moi, pendard! ce que je demande?
MERCURE. — Que ne demandes-tu donc pas?
    Parle, si tu veux qu'on t'entende.
AMPHITRYON. — Attends, traître : avec un bâton
    Je vais là-haut me faire entendre,
    Et de bonne façon t'apprendre
    A m'oser parler sur ce ton.
MERCURE. — Tout beau. Si pour heurter tu fais la moindre instance,
    Je t'enverrai d'ici des messagers fâcheux.
AMPHITRYON. — O ciel! vit-on jamais une telle insolence?
    La peut-on concevoir d'un serviteur, d'un gueux?
MERCURE. — Hé bien! qu'est-ce? M'as-tu tout parcouru par ordre?
    M'as-tu de tes gros yeux assez considéré?
    Comme il les écarquille, et paraît effaré!
    Si des regards on pouvait mordre,
    Il m'aurait déjà déchiré.
AMPHITRYON. — Moi-même je frémis de ce que tu t'apprêtes
      Avec ces impudents propos,
    Que tu grossis pour toi d'effroyables tempêtes!
    Quels orages de coups vont fondre sur ton dos!
MERCURE. — L'ami, si de ces lieux tu ne veux disparaître,
    Tu pourras y gagner quelque contusion.
AMPHITRYON. — Ah! tu sauras, maraud, à ta confusion,
    Ce que c'est qu'un valet qui s'attaque à son maître.
MERCURE. — Toi, mon maître?
          AMPHITRYON. — Oui, coquin. M'oses-tu méconnaître?
MERCURE. — Je n'en reconnais point d'autre qu'Amphitryon.
AMPHITRYON. — Et cet Amphitryon, qui, hors moi, le peut être?
MERCURE. — Amphitryon?
       AMPHITRYON. — Sans doute.
             MERCURE. — Ah! quelle vision!
    Dis-nous un peu, quel est le cabaret honnête
      Où tu t'es coiffé le cerveau?
AMPHITRYON. — Comment? encore?
         MERCURE. — Etait-ce un vin à faire fête?
AMPHITRYON. — Ciel!
    MERCURE. — Etait-il vieux ou nouveau?
AMPHITRYON. — Que de coups!
        MERCURE. — Le nouveau donne fort dans la tête,
    Quand on le veut boire sans eau.
AMPHITRYON. — Ah! je t'arracherai cette langue, sans doute.
MERCURE. — Passe, mon pauvre ami, crois-moi,
    Que quelqu'un ici ne t'écoute.
Je respecte le vin. Va-t'en, retire-toi,
    Et laisse Amphitryon dans les plaisirs qu'il goûte.
AMPHITRYON. — Comment! Amphitryon est là-dedans?
              MERCURE. — Fort bien;
Qui, couvert des lauriers d'une victoire pleine,
    Est auprès de la belle Alcmène
A jouir des douceurs d'un aimable entretien.
Après le démêlé d'un amoureux caprice,
Ils goûtent le plaisir de s'être rajustés.
Garde-toi de troubler leurs douces privautés,

Si tu ne veux qu'il ne punisse
L'excès de tes témérités.

SCÈNE III. — AMPHITRYON, *seul.*

Ah! quel étrange coup m'a-t-il porté dans l'ame!
En quel trouble cruel jette-t-il mon esprit!
Et si les choses sont comme le traître dit,
Où vois-je ici réduits mon honneur et ma flamme?
A quel parti me doit résoudre ma raison?
　　Ai-je l'éclat ou le secret à prendre?
Et dois-je, en mon courroux, renfermer ou répandre
　　Le déshonneur de ma maison?
Ah! faut-il consulter dans un affront si rude?
Je n'ai rien à prétendre, et rien à ménager;
　　Et toute mon inquiétude
　　Ne doit aller qu'à me venger.

SCÈNE IV.

AMPHITRYON, SOSIE, NAUCRATÈS et POLIDAS, *dans le fond du théâtre.*
SOSIE, *à Amphitryon.* —Monsieur, avec mes soins tout ce que j'ai pu faire,
C'est de vous amener ces messieurs que voici.
AMPHITRYON. — Ah! vous voilà!
　　　　SOSIE. — Monsieur.
　　　　AMPHITRYON. —Insolent! téméraire
SOSIE. — Quoi?
AMPHITRYON. — Je vous apprendrai de me traiter ainsi.
SOSIE. — Qu'est-ce donc? qu'avez-vous?
AMPHITRYON, *mettant l'épée à la main.* — Ce que j'ai, misérable!
SOSIE, *à Naucratès et à Polidas.* — Holà, messieurs, venez donc tôt
NAUCRATÈS, *à Amphitryon.* — Ah! de grâce, arrêtez.
　　　　SOSIE. — De quoi suis-je coupable?
AMPHITRYON. — Tu me le demandes, maraud!
(*A Naucratès.*) Laissez-moi satisfaire un courroux légitime.
SOSIE. — Lorsque l'on pend quelqu'un, on lui dit pourquoi c'est
　　　NAUCRATÈS, *à Amphitryon.*
Daignez nous dire au moins quel peut être son crime.
SOSIE. — Messieurs, tenez bon, s'il vous plaît.
AMPHITRYON. — Comment! il vient d'avoir l'audace
　　　De me fermer ma porte au nez,
　　　Et de joindre encor la menace
　　　A mille propos effrénés!
(*Voulant le frapper.*) Ah! coquin!
　　SOSIE, *tombant à genoux.* — Je suis mort.
　　　　NAUCRATÈS, *à Amphitryon.* — Calmez cette colère.
SOSIE. — Messieurs.
POLIDAS, *à Sosie.* — Qu'est-ce?
　　　　SOSIE. — M'a-t-il frappé?
AMPHITRYON. — Non, il faut qu'il ait le salaire
Des mots où tout-à-l'heure il s'est émancipé.
SOSIE. — Comment cela se peut-il faire,
Si j'étais par votre ordre autre part occupé?
Ces messieurs sont ici pour rendre témoignage
Qu'à dîner avec vous je les viens d'inviter.
NAUCRATÈS. — Il est vrai qu'il nous vient de faire ce message,
　　　Et n'a point voulu nous quitter.
AMPHITRYON. — Qui t'a donné cet ordre?
　　　　SOSIE. — Vous.
AMPHITRYON. — Et quand?
　　　　SOSIE. — Après votre paix faite.
Au milieu des transports d'une ame satisfaite
　　D'avoir d'Alcmène apaisé le courroux. (*Sosie se relève.*)
AMPHITRYON. — O ciel! chaque instant, chaque pas

Ajoute quelque chose à mon cruel martyre;
        Et, dans ce fatal embarras,
    Je ne sais plus que croire ni que dire.
NAUCRATÈS. — Tout ce que de chez vous il vient de nous conter
        Surpasse si fort la nature,
    Qu'avant que de rien faire et de vous emporter
    Vous devez éclaircir toute cette aventure.
AMPHITRYON. — Allons; vous y pourrez seconder mon effort;
    Et le ciel à propos ici vous a fait rendre.
    Voyons quelle fortune en ce jour peut m'attendre;
    Débrouillons ce mystère, et sachons notre sort.,
        Hélas! je brûle de l'apprendre,
        Et je le crains plus que la mort.

    (Amphitryon frappe à la porte de sa maison.),

SCÈNE V. — JUPITER, AMPHITRYON, NAUCRATÈS, POLIDAS, SOSIE.

JUPITER. — Quel bruit à descendre m'oblige?
        Et qui frappe en maître où je suis?
AMPHITRYON. — Que vois-je? justes dieux!
                NAUCRATÈS. — Ciel! quel est ce prodige?
    Quoi! deux Amphitryons ici nous sont produits!
AMPHITRYON, *à part.* — Mon ame demeure transie.
    Hélas! je n'en puis plus, l'aventure est à bout;
        Ma destinée est éclaircie,
        Et ce que je vois me dit tout.
NAUCRATÈS. — Plus mes regards sur eux s'attachent fortement,
    Plus je trouve qu'en tout l'un à l'autre est semblable.
SOSIE, *passant du côté de Jupiter.* — Messieurs, voici le véritable;
    L'autre est un imposteur digne de châtiment.
POLIDAS. — Certes, ce rapport admirable
        Suspend ici mon jugement.
AMPHITRYON. — C'est trop être éludé par un fourbe exécrable;
    Il faut avec ce fer rompre l'enchantement.
        NAUCRATÈS, *à Amphitryon qui a mis l'épée à la main.*
    Arrêtez.
AMPHITRYON. — Laissez-moi.
            NAUCRATÈS. — Dieux! que voulez-vous faire?
AMPHITRYON. — Punir d'un imposteur les lâches trahisons.
JUPITER. — Tout beau! l'emportement est fort peu nécessaire;
    Et lorsque de la sorte on se met en colère,
    On fait croire qu'on a de mauvaises raisons.
SOSIE. — Oui, c'est un enchanteur qui porte un caractère
        Pour ressembler aux maîtres des maisons
AMPHITRYON, *à Sosie.* — Je te ferai, pour ton partage,
    Sentir par mille coups ces propos outrageants.
SOSIE. — Mon maître est homme de courage,
    Et ne souffrira point que l'on batte ses gens.
AMPHITRYON. — Laissez-moi m'assouvir dans mon courroux extrême,
    Et laver mon affront au sang d'un scélérat.
            NAUCRATÈS, *arrêtant Amphitryon.*
    Nous ne souffrirons point cet étrange combat
        D'Amphitryon contre lui-même.
AMPHITRYON. — Quoi! mon honneur de vous reçoit ce traitement,
    Et mes amis d'un fourbe embrassent la défense!
    Loin d'être des premiers à prendre ma vengeance,
    Eux-mêmes font obstacle à mon ressentiment!
NAUCRATÈS. — Que voulez-vous qu'à cette vue
        Fassent nos résolutions,
    Lorsque par deux Amphitryons
    Toute notre chaleur demeure suspendue?
    À vous faire éclater notre zèle aujourd'hui,

Nous craignons de faillir et de vous méconnaître.
Nous voyons bien en vous Amphitryon paraître,
Du salut des Thébains le glorieux appui;
Mais nous le voyons tous aussi paraître en lui,
Et ne saurions juger dans lequel il peut être.
    Notre parti n'est point douteux,
Et l'imposteur par nous doit mordre la poussière :
Mais ce parfait rapport le cache entre vous deux;
    Et c'est un coup trop hasardeux
    Pour l'entreprendre sans lumière.
    Avec douceur laissez-nous voir
    De quel côté peut être l'imposture;
Et, dès que nous aurons démêlé l'aventure,
Il ne nous faudra point dire notre devoir.
JUPITER. — Oui, vous avez raison et cette ressemblance
A douter de tous deux vous peut autoriser.
Je ne m'offense point de vous voir en balance;
Je suis plus raisonnable, et sais vous excuser.
L'œil ne peut entre nous faire de différence,
Et je vois qu'aisément on s'y peut abuser.
Vous ne me voyez point témoigner de colère,
    Point mettre l'épée à la main;
C'est un mauvais moyen d'éclaircir ce mystère,
Et j'en puis trouver un plus doux et plus certain.
    L'un de nous est Amphitryon;
Et tous deux à vos yeux nous le pouvons paraître.
C'est à moi de finir cette confusion;
Et je prétends me faire à tous si bien connaître,
Qu'aux pressantes clartés de ce que je puis être
Lui-même soit d'accord du sang qui m'a fait naître,
Et n'ait plus de rien dire aucune occasion.
C'est aux yeux des Thébains que je veux avec vous
De la vérité pure ouvrir la connaissance;
Et la chose sans doute est assez d'importance
    Pour affecter la circonstance
    De l'éclaircir aux yeux de tous.
Alcmène attend de moi ce public témoignage;
Sa vertu que l'éclat de ce désordre outrage,
Veut qu'on la justifie, et j'en vais prendre soin.
C'est à quoi mon amour envers elle m'engage;
Et des plus nobles chefs je fais un assemblage
Pour l'éclaircissement dont sa gloire a besoin.
Attendant avec vous ces témoins souhaités,
    Ayez, je vous prie, agréable
    De venir honorer la table
    Où vous a Sosie invités.
SOSIE. — Je ne me trompais pas, messieurs; ce mot termine
    Toute l'irrésolution;
    Le véritable Amphitryon
    Est l'Amphitryon où l'on dîne.
AMPHITRYON. — O ciel! puis-je plus bas me voir humilié!
Quoi! faut-il que j'entende ici pour mon martyre
Tout ce que l'imposteur à mes yeux vient de dire,
Et que, dans la fureur que ce discours m'inspire,
    On me tienne le bras lié!
    NAUCRATÈS, à Amphitryon.
Vous vous plaignez à tort. Permettez-nous d'attendre
    L'éclaircissement qui doit rendre
    Les ressentiments de saison.
    Je ne sais pas s'il impose,
    Mais il parle sur la chose

Comme s'il avait raison.

AMPHITRYON. — Allez, faibles amis, et flattez l'imposture :
Thèbes en a pour moi de tout autres que vous ;
Et je vais en trouver qui, partageant l'injure,
Sauront prêter la main à mon juste courroux.

JUPITER. — Hé bien ! je les attends, et saurait décider
Le différend en leur présence.

AMPHITRYON. — Fourbe, tu crois par-là peut-être t'évader ;
Mais rien ne te saurait priver de ma vengeance.

JUPITER. — A ces injurieux propos
Je ne daigne à présent répondre,
Et tantôt je saurai confondre
Cette fureur avec deux mots.

AMPHITRYON. — Le ciel même, le ciel ne t'y saurait soustraire ;
Et jusques aux enfers j'irai suivre tes pas.

JUPITER. — Il ne sera pas nécessaire ;
Et l'on verra tantôt que je ne fuirai pas.

AMPHITRYON, à part. — Allons, courons, avant que d'avec eux il sorte,
Assembler des amis qui suivent mon courroux ;
Et chez moi venons à main forte
Pour le percer de mille coups.

SCÈNE VI. — JUPITER, NAUCRATÈS, POLIDAS, SOSIE.

JUPITER. — Point de façon, je vous conjure ;
Entrons vite dans la maison.

NAUCRATÈS. — Certes, toute cette aventure
Confond le sens et la raison.

SOSIE. — Faites trève, messieurs, à toutes vos surprises ;
Et pleins de joie allez tabler jusqu'à demain.
(seul.) Que je vais m'en donner, et me mettre en beau train
De raconter nos vaillantises !
Je brûle d'en venir aux prises ;
Et jamais je n'eus tant de faim.

SCÈNE VII. — MERCURE, SOSIE.

MERCURE. — Arrête. Quoi ! tu viens ici mettre ton nez.
Impudent flaireur de cuisine !

SOSIE. — Ah ! de grâce, tout doux !

MERCURE. — Ah ! vous y retournez !
Je vous ajusterai l'échine.

SOSIE. — Hélas ! brave et généreux moi,
Modère-toi je t'en supplie.
Sosie, épargne un peu Sosie,
Et ne te plais pas tant à frapper dessus toi.

MERCURE. — Qui de t'appeler de ce nom
A pu te donner la licence ?
Ne t'en ai-je pas fait une expresse défense,
Sous peine d'essuyer mille coups de bâton !

SOSIE. — C'est un nom que tous deux nous pouvons à la fois
Posséder sous un même maître.
Pour Sosie en tous lieux on sait me reconnaître ;
Je souffre bien que tu le sois,
Souffre aussi que je le puisse être.
Laissons aux deux Amphitryons
Faire éclater des jalousies ;
Et, parmi leurs contentions,
Faisons en bonne paix vivre les deux Sosies.

MERCURE. — Non, c'est assez d'un seul, et je suis obstiné
A ne point souffrir de partage.

SOSIE. — Du pas devant sur moi tu prendras l'avantage ;
Je serai le cadet, et tu seras l'aîné.

MERCURE. — Non, un frère incommode et n'est pas de mon goût.
Et je veux être fils unique.

SOSIE. — O cœur barbare et tyrannique!
Souffre qu'au moins je sois ton ombre.
                    MERCURE. — Point du tout.
SOSIE. — Que d'un peu de pitié ton ame s'humanise !
En cette qualité souffre-moi près de toi :
Je te serai partout une ombre si soumise,
          Que tu seras content de moi.
MERCURE. — Point de quartier ; immuable est la loi.
Si d'entrer là-dedans tu prends encor l'audace,
          Mille coups en seront le fruit.
SOSIE. — Las ! à quelle étrange disgrace,
          Pauvre Sosie , es-tu réduit!
MERCURE. — Quoi ! ta bouche se licencie
A te donner encore un nom que je défends!
SOSIE. — Non, ce n'est pas moi que j'entends,
          Et je parle d'un vieux Sosie
          Qui fut jadis de mes parents,
          Qu'avec très grande barbarie
A l'heure du dîner l'on chassa de céans.
MERCURE. — Prends garde de tomber dans cette frénésie,
Si tu veux demeurer au nombre des vivants.
SOSIE, à part. — Que je te rosserais, si j'avais du courage,
Double fils de putain, de trop d'orgueil enflé !
MERCURE. — Que dis-tu?
                    SOSIE . — Rien.
MERCURE. —Tu tiens, je crois, quelque langage.
SOSIE. — Demandez, je n'ai pas soufflé.
MERCURE. — Certain mot de fils de putain
          A pourtant frappé mon oreille ,
          Il n'est rien de plus certain.
SOSIE. — C'est donc un perroquet que le beau temps réveille.
MERCURE. — Adieu. Lorsque le dos pourra te démanger,
          Voilà l'endroit où je demeure.
SOSIE, seul. — O ciel! que l'heure de manger
Pour être mis dehors est une maudite heure?
Allons, cédons au sort dans notre affliction ,
Suivons-en aujourd'hui l'aveugle fantaisie ;
          Et par une juste union ,
          Joignons le malheureux Sosie
          Au malheureux Amphitryon.
Je l'aperçois venir en bonne compagnie.

SCÈNE VIII. — AMPHITRYON, ARGATIPHONTIDAS , POSICLÈS,

     SOSIE *dans un coin du théâtre , sans être aperçu.*

AMPHITRYON, *à plusieurs autres officiers qui l'accompagnent.*
Arrêtez-là, messieurs ; suivez-nous d'un peu loin,
          Et n'avancez tous, je vous prie,
          Que quand il en sera besoin.
POLICLÈS. — Je comprends que ce coup doit fort toucher votre ame.
AMPHITRYON. — Ah! de tous les côtés mortelle est ma douleur,
          Et je souffre pour ma flamme
          Autant que pour mon honneur.
POSICLÈS. — Si cette ressemblance est telle que l'on dit,
          Alcmène, sans être coupable...
AMPHITRYON. — Ah! sur le fait dont il s'agit,
L'erreur simple devient un crime véritable,
Et sans consentement l'innocence y périt.
De semblables erreurs, quelque jour qu'on leur donne,
          Touchent des endroits délicats;
          Et la raison bien souvent les pardonne,
Que l'honneur et l'amour ne les pardonnent pas.

ARGATIPHONTIDAS. — Je n'embarrasse point là-dedans ma pensée ;
  Mais je hais vos messieurs de leurs honteux délais ;
Et c'est un procédé dont j'ai l'ame blessée,
Et que les gens de cœur n'approuveront jamais.
Quand quelqu'un nous emploie, on doit, tête baissée,
     Se jeter dans ses intérêts.
Argatiphontidas ne va point aux accords.
Écouter d'un ami raisonner l'adversaire,
Pour des hommes d'honneur n'est point un coup à faire ;
Il ne faut écouter que la vengeance alors.
     Le procès ne me saurait plaire,
Et l'on doit commencer toujours, dans ses transports,
     Par bailler, sans autre mystère,
     De l'épée au travers du corps.
     Oui, vous verrez, quoiqu'il avienne,
Qu'Argatiphontidas marche droit sur ce point.
     Et de vous il faut que j'obtienne
     Que le pendard ne meure point
     D'une autre main que de la mienne.

AMPHITRYON. — Allons.

SOSIE, à Amphitryon. — Je viens, monsieur, subir, à deux genoux,
  Le juste châtiment d'une audace maudite.
Frappez, battez, chargez, accablez-moi de coups ;
     Tuez-moi dans votre courroux,
     Vous ferez bien, je le mérite ;
Et je n'en dirai pas un seul mot contre vous.

AMPHITRYON. — Lève-toi. Que fait-on ?

                SOSIE. — L'on m'a chassé tout net,
Et, croyant à manger m'aller comme eux ébattre,
     Je ne songeais pas qu'en effet
     Je m'attendais là pour me battre.
Oui, l'autre moi, valet de l'autre vous, a fait
     Tout de nouveau le diable à quatre.
     La rigueur d'un pareil destin,
     Monsieur, aujourd'hui nous talonne ;
     Et l'on me dé-Sosie enfin
     Comme on vous dés-Amphitryonne.

AMPHITRYON. — Suis-moi.

     SOSIE. — N'est-il pas mieux de voir s'il vient personne ?

    SCÈNE IX. — CLÉANTHIS, AMPHITRYON, ARGATIPHONTIDAS,
        POLIDAS, NAUCRATÈS, POSICLÈS, SOSIE.

CLÉANTHIS. — O ciel !

    AMPHITRYON. — Qui t'épouvante ainsi ?
  Quelle est la peur que je t'inspire ?

CLÉANTHIS. — Las ! vous êtes là-haut, et je vous vois ici !

NAUCRATÈS, à Amphitryon. — Ne vous pressez point, le voici
  Pour donner devant tous les clartés qu'on désire,
Et qui, si l'on peut croire à ce qu'il vient de dire,
Sauront vous affranchir de trouble et de souci.

    SCÈNE X. — MERCURE, AMPHITRYON, ARGATIPHONTIDAS,
      POLIDAS, NAUCRATÈS, POSICLÈS, CLÉANTHIS,
              SOSIE.

MERCURE. — Oui, vous l'allez voir tous ; et sachez par avance
    Que c'est le grand maître des dieux,
Que sous les traits chéris de cette ressemblance
Alcmène a fait du ciel descendre dans ces lieux.
     Et quant à moi, je suis Mercure,
Qui, ne sachant que faire, ai rossé tant soit peu
     Celui dont j'ai pris la figure :
Mais de s'en consoler il a maintenant lieu ;

Et les coups de bâton d'un dieu
Font honneur à qui les endure.
SOSIE. — Ma foi, monsieur le dieu, je suis votre valet :
Je me serais passé de votre courtoisie.
MERCURE. — Je lui donne à présent congé d'être Sosie,
Je suis las de porter un visage si laid ;
Et je m'en vais au ciel avec de l'ambroisie
M'en débarbouiller tout à fait.
(Mercure s'envole dans le ciel.)
SOSIE. — Le ciel de m'approcher t'ôte à jamais l'envie !
Ta fureur s'est par trop acharnée après moi ;
Et je ne vis de ma vie
Un dieu plus diablé que toi.

SCÈNE XI. — JUPITER, AMPHITRYON, NAUCRATÈS, ARGATIPHONTIDAS,
POLIDAS, POSICLÈS, CLÉANTHIS, SOSIE.

JUPITER, annoncé par le bruit du tonnerre, armé de son foudre, dans un
nuage sur son aigle.
Regarde, Amphitryon, quel est ton imposteur ;
Et, sous tes propres traits, vois Jupiter paraître.
A ces marques tu peux aisément le connaître,
Et c'est assez, je crois, pour remettre ton cœur
Dans l'état auquel il doit être,
Et rétablir chez toi la paix et la douceur.
Mon nom, qu'incessamment toute la terre adore,
Étouffe ici les bruits qui pouvaient éclater.
Un partage avec Jupiter
N'a rien du tout qui déshonore ;
Et, sans doute, il ne peut être que glorieux
De se voir le rival du souverain des dieux.
Je n'y vois pour ta flamme aucun lieu de murmure ;
Et c'est moi, dans cette aventure,
Qui, tout dieu que je suis, dois être le jaloux.
Alcmène est toute à toi, quelque soin qu'on emploie ;
Et ce doit à tes feux être un objet bien doux
De voir que, pour lui plaire, il n'est point d'autre voie
Que de paraître son époux ;
Que Jupiter, orné de sa gloire immortelle,
Par lui-même n'a pu triompher de sa foi ;
Et que ce qu'il a reçu d'elle
N'a, par son cœur ardent, été donné qu'à toi.
SOSIE. — Le seigneur Jupiter sait dorer la pilule.
JUPITER. — Sors donc des noirs chagrins que ton cœur a soufferts,
Et rends le calme entier à l'ardeur qui te brûle ;
Chez toi doit naître un fils qui, sous le nom d'Hercule,
Remplira de ses faits tout le vaste univers.
L'éclat d'une fortune en mille biens féconde
Fera connaître à tous que je suis ton support ;
Et je mettrai tout le monde
Au point d'envier ton sort.
Tu peux hardiment te flatter
De ces espérances données ;
C'est un crime que d'en douter :
Les paroles de Jupiter
Sont des arrêts des destinés (Il se perd dans les nues.)
NAUCRATÈS. — Certes, je suis ravi de ces marques brillantes...
SOSIE. — Messieurs, voulez-vous bien suivre mon sentiment.
Ne vous embarquez nullement
Dans ces douceurs congratulantes,
C'est un mauvais embarquement ;
d'une et d'autre part, pour un tel compliment,

Les phrases sont embarrassantes.
Le grand dieu Jupiter nous fait beaucoup d'honneur,
Et sa bonté, sans doute, est pour nous sans secondé;
Il nous promet l'infaillible bonheur
D'une fortune en mille biens féconde,
Et chez nous il doit naître un fils d'un très grand cœur
Tout cela va le mieux du monde.
Mais enfin coupons aux discours,
Et que chacun chez soi doucement se retire:
Sur telles affaires toujours
Le meilleur est de ne rien dire.

FIN D'AMPHITRYON.

Georges Dandin, p. 497.

GEORGE DANDIN,

OU LE MARI CONFONDU,

COMÉDIE EN TROIS ACTES.

PERSONNAGES.

GEORGE DANDIN, riche paysan, mari d'Angélique.

ANGÉLIQUE, femme de George Dandin, fille de M. de Sotenville.

M. DE SOTENVILLE, gentilhomme campagnard, père d'Angélique.

MADAME DE SOTENVILLE.

CLITANDRE, amant d'Angélique.
CLAUDINE, suivante d'Angélique.
LUBIN, paysan servant Clitandre.
COLIN, valet de George Dandin.

La scène est devant la maison de George Dandin, à la campagne.

ACTE Iᵉʳ.

SCÈNE I. — GEORGE DANDIN.

Ah! qu'une femme demoiselle est une étrange affaire! et que mon mariage est une leçon bien parlante à tous les paysans qui veulent s'élever au-dessus de leur condition, et s'allier, comme j'ai fait, à la maison d'un gentilhomme! La noblesse de soi est bonne, c'est une chose considérable assurément: mais elle est accompagnée de tant de mauvaises circonstances, qu'il est très bon de ne s'y point frotter. Je suis devenu là-dessus savant à mes dépens, et connais le style des nobles lorsqu'il nous font, nous autres, entrer dans leur famille. L'alliance qu'ils font est petite avec nos personnes, c'est notre bien seul qu'ils épousent; et j'aurais bien mieux fait, tout riche que je suis, de m'allier en bonne et franche paysannerie, que de prendre une femme qui se tient au-dessus de moi, s'offense de porter mon nom, et pense qu'avec tout mon bien je n'ai pas assez acheté la qualité de son mari. George Dandin! George Dandin! vous avez fait une sottise la plus grande du monde. Ma maison m'est effroyable maintenant et je n'y rentre point sans y trouver quelque chagrin.

SCÈNE II. — GEORGE DANDIN, LUBIN.

GEORGE DANDIN, *à part, voyant sortir Lubin de chez lui.* — Que diantre ce drôle-là vient-il faire chez moi?

LUBIN, *à part, apercevant George Dandin.* — Voilà un homme qui me regarde!

GEORGE DANDIN, *à part.* — Il ne me connaît pas.

LUBIN, *à part.* — Il se doute de quelque chose.

GEORGE DANDIN, *à part.* — Ouais! il a grand'peine à saluer.

LUBIN, *à part.* — J'ai peur qu'il n'aille dire qu'il m'a vu sortir de là-dedans.

GEORGE DANDIN. — Bon jour.

LUBIN. — Serviteur.

GEORGE DANDIN. — Vous n'êtes pas d'ici, que je crois!

LUBIN. — Non; je n'y suis venu que pour voir la fête de demain.

GEORGE DANDIN. — Hé! dites-moi un peu, s'il vous plaît, vous venez de là-dedans?

LUBIN. — Chut!

GEORGE DANDIN. — Comment?

LUBIN. — Paix

GEORGE DANDIN. — Quoi donc?

LUBIN. — Motus! il ne faut pas dire que vous m'ayez vu sortir de là.

GEORGE DANDIN. — Pourquoi?

LUBIN. — Mon Dieu! parce...

GEORGE DANDIN. — Mais encore?

LUBIN. — Doucement! j'ai peur qu'on ne nous écoute.

GEORGE DANDIN. — Point, point.

LUBIN. — C'est que je viens de parler à la maîtresse du logis, de la part d'un

certain monsieur qui lui fait les doux yeux; et ne faut pas qu'on sache cela, entendez-vous?

GEORGE DANDIN. — Oui.

LUBIN. — Voilà la raison. On m'a chargé de prendre garde que personne ne
me vît; et je vous prie au moins de ne pas dire que vous m'ayez vu.

GEORGE DANDIN. — Je n'ai garde.

LUBIN. — Je suis bien aise de faire les choses secrètement comme on m'a recommandé.

GEORGE DANDIN. — C'est bien fait.

LUBIN. — Le mari, à ce qu'ils disent, est un jaloux qui ne veut pas qu'on
fasse l'amour à sa femme, et il ferait le diable à quatre si cela venait à ses oreilles. Vous comprenez bien?

GEORGE DANDIN. — Fort bien.

LUBIN. — Il ne faut pas qu'il sache rien de tout ceci.

GEORGE DANDIN. — Sans doute.

LUBIN. — On le veut tromper tout doucement. Vous entendez bien?

GEORGE DANDIN. — Le mieux du monde.

LUBIN. — Si vous alliez dire que vous m'avez vu sortir de chez lui, vous gâ-
teriez toute l'affaire. Vous comprenez bien?

GEORGE DANDIN. — Assurément. Hé! comment nommez-vous celui qui vous
a envoyé là-dedans?

LUBIN. — C'est le seigneur de notre pays, monsieur le vicomte de... chose...
Foin! je ne me souviens jamais comment diantre ils baragouinent ce nom-là;
monsieur Cli... Clitandre.

GEORGE DANDIN. — Est-ce ce jeune courtisan qui demeure...?

LUBIN. — Oui, auprès de ces arbres.

GEORGE DANDIN, *à part.* — C'est pour cela que depuis peu ce damoiseau poli
s'est venu loger contre moi; j'avais bon nez, sans doute, et son voisinage déjà
m'avait donné quelque soupçon.

LUBIN. — Tétigué! c'est le plus honnête homme que vous ayez jamais vu. Il
m'a donné trois pièces d'or pour aller dire seulement à la femme qu'il est amoureux d'elle, et qu'il souhaite fort l'honneur de pouvoir lui parler. Voyez s'il y
a là une grande fatigue pour me payer si bien; et ce qu'est, au prix de cela,
une journée de travail où je ne gagne que dix sous.

GEORGE DANDIN. — Hé bien! avez-vous fait votre message?

LUBIN. — Oui: j'ai trouvé là-dedans une certaine Claudine qui, tout du premier coup, a compris ce que je voulais, et qui m'a fait parler à sa maîtresse.

GEORGE DANDIN, *à part.* — Ah! coquine de servante!

LUBIN. — Morguienne! cette Claudine-là est tout-à-fait jolie; elle a gagné
mon amitié, et il ne tiendra qu'à elle que nous soyons mariés ensemble.

GEORGE DANDIN. — Mais quelle réponse a faite la maîtresse à ce monsieur le
courtisan?

LUBIN. — Elle m'a dit de lui dire... attendez, je ne sais si je me souviendrai
bien de tout cela: qu'elle lui est tout-à-fait obligée de l'affection qu'il a pour
elle; et qu'à cause de son mari, qui est fantasque, il garde d'en rien faire paraître; et qu'il faudra songer à chercher quelque invention pour se pouvoir
entretenir tous deux.

GEORGE DANDIN, *à part.* — Ah! pendarde de femme!

LUBIN. — Tétiguienne! cela sera drôle, car le mari ne se doutera point de la
manigance, voilà ce qui est de bon; et il aura un pied de nez avec sa jalousie,
est-ce pas?

GEORGE DANDIN. — Cela est vrai.

LUBIN. — Adieu. Bouche cousue, au moins. Gardez bien le secret, afin que
le mari ne le sache pas.

GEORGE DANDIN. — Oui, oui.

LUBIN. — Pour moi, je vais faire semblant de rien. Je suis un fin matois, et
l'on ne dirait pas que j'y touche.

SCÈNE III. — GEORGE DANDIN, *seul.*

Hé bien! George Dandin, vous voyez de quel air votre femme vous traite!
Voilà ce que c'est d'avoir voulu épouser une demoiselle! L'on vous accom-

mode de toutes pièces, sans que vous puissiez vous venger, et la gentilhommerie vous tient les bras liés. L'égalité de condition laisse du moins à l'honneur d'un
mari la liberté du ressentiment; et, si c'était une paysanne, vous auriez maintenant toutes vos coudées franches à vous en faire la justice à bon coups de
bâton. Mais vous avez voulu tâter de la noblesse, et il vous ennuyait d'être
maître chez vous. Ah! j'enrage de tout mon cœur, et je me donnerais volontiers des soufflets. Quoi! écouter impudemment l'amour d'un damoiseau, et y
promettre en même temps de la correspondance! Morbleu! je ne veux point
laisser passer une occasion de la sorte. Il me faut de ce pas aller faire mes plaintes au père et à la mère, et les rendre témoins, à telle fin que de raison, des
sujets de chagrin et de ressentiment que leur fille me donne. Mais les voici l'un
et l'autre fort à propos.

SCÈNE IV. — MONSIEUR DE SOTENVILLE, MADAME DE SOTENVILLE,
GEORGE DANDIN.

M. DE SOTENVILLE. — Qu'est-ce, mon gendre? vous me paraissez tout
troublé.

GEORGE DANDIN. — Aussi en ai-je du sujet, et...

MADAME DE SOTENVILLE. — Mon Dieu! notre gendre, que vous avez peu de
civilité de ne pas saluer les gens quand vous les approchez!

GEORGE DANDIN. — Ma foi, ma belle-mère, c'est que j'ai d'autres choses en
tête, et....

MADAME DE SOTENVILLE. — Encore! Est-il possible, notre gendre, que vous
sachiez si peu votre monde, et qu'il n'y ait pas moyen de vous instruire de la
manière qu'il faut vivre parmi les personnes de qualité?

GEORGE DANDIN. — Comment?

MADAME DE SOTENVILLE. — Ne vous déferez-vous jamais avec moi de la fami-
liarité de ce mot de ma belle-mère? et ne sauriez-vous vous accoutumer à me
dire madame?

GEORGE DANDIN. — Parbleu! si vous m'appelez votre gendre, il me semble
que je puis vous appeler ma belle-mère.

MADAME DE SOTENVILLE. — Il y a fort à dire, et les choses ne sont pas égales.
Apprenez, s'il vous plaît, que ce n'est pas à vous à vous servir de
ce mot-là avec une personne de ma condition; que tout notre gendre
que vous soyez, il y a grande différence de vous à nous; et que vous
devez vous connaître.

M. DE SOTENVILLE. — C'en est assez, m'amour; laissons cela.

MADAME DE SOTENVILLE. — Mon Dieu! monsieur de Sotenville, vous avez
des indulgences qui n'appartiennent qu'à vous, et vous ne savez pas vous faire
rendre par les gens ce qui vous est dû.

MONSIEUR DE SOTENVILLE. — Corbleu! pardonnez-moi: on ne peut point me
faire de leçons là-dessus; et j'ai su montrer en ma vie par vingt actions de vigueur, que je ne suis point homme à démordre jamais d'un pouce de mes prétentions: mais il suffit de lui avoir donné un petit avertissement. Sachons un peu,
mon gendre, ce que vous avez dans l'esprit.

GEORGE DANDIN. — Puisqu'il faut donc parler catégoriquement, je vous dirai, monsieur de Sotenville, que j'ai lieu de...

M. DE SOTENVILLE. — Doucement, mon gendre; apprenez qu'il n'est pas respectueux d'appeler les gens par leur nom, et qu'à ceux qui sont au-dessus de
nous il faut dire monsieur tout court.

GEORGE DANDIN. — Hé bien! monsieur tout court et non plus monsieur de
Sotenville, j'ai à vous dire que ma femme me donne...

M. DE SOTENVILLE. — Tout beau! apprenez aussi que vous ne devez pas dire
ma femme quand vous parlez de notre fille.

GEORGE DANDIN. — J'enrage! Comment! ma femme n'est pas ma femme?

MADAME DE SOTENVILLE. — Oui, notre gendre, elle est votre femme; mais il
ne vous est pas permis de l'appeler ainsi, et c'est tout ce que vous pourriez
faire si vous aviez épousé une de vos pareilles.

GEORGE DANDIN, à part. — Ah! George Dandin, où t'es-tu fourré! (haut)
Hé! de grâce, mettez pour un moment votre gentilhommerie à côté, et souffrez
que je vous parle maintenant comme je pourrai. (à part). Au diantre soit la ty-

rannie de toutes ces histoires-là! (*à Monsieur de Sotenville*). Je vous dis donc que je suis mal satisfait de mon mariage.

M. DE SOTENVILLE. — Et la raison, mon gendre?

MADAME DE SOTENVILLE. — Quoi! parler ainsi d'une chose dont vous avez tiré de si grands avantages!

GEORGE DANDIN. — Et quels avantages, madame? puisque madame y a. L'aventure n'a pas été mauvaise pour vous; car sans moi vos affaires, avec votre permission, étaient fort délabrées, et mon argent a servi à reboucher d'assez bons trous: mais moi, de quoi y ai-je profité, je vous prie, que d'un allongement de nom, et, au lieu de George Dandin, d'avoir reçu par vous le titre de M. de la Dandinière?

M. DE SOTENVILLE. — Ne comptez-vous pour rien, mon gendre, l'avantage d'être allié à la maison de Sotenville?

MADAME DE SOTENVILLE. — Et à celle de la Prudoterie, dont j'ai l'honneur d'être issue; maison où le ventre anoblit, et qui par ce beau privilège rendra vos enfants gentilshommes?

GEORGE DANDIN. — Oui, voilà qui est bien, mes enfants seront gentilshommes; mais je serai cocu, moi, si l'on n'y met ordre.

M. DE SOTENVILLE. — Que veut dire cela, mon gendre?

GEORGE DANDIN. — Cela veut dire que votre fille ne vit pas comme il faut qu'une femme vive, et qu'elle fait des choses qui sont contre l'honneur.

MADAME DE SOTENVILLE. — Tout beau: prenez garde à ce que vous dites. Ma fille est d'une race trop pleine de vertu pour se porter jamais à faire aucune chose dont l'honnêteté soit blessée; et, de la maison de la Prudoterie, il y plus de trois cents ans qu'on n'a point remarqué qu'il y ait une femme, dieu merci, qui ait fait parler d'elle.

M. DE SOTENVILLE. — Corbleu! dans la maison de Sotenville on n'a jamais vu de coquette; et la bravoure n'y est pas plus héréditaire aux mâles que la chasteté aux femelles.

MADAME DE SOTENVILLE. — Nous avons eu une Jacqueline de la Prudoterie qui ne voulut jamais être la maîtresse d'un duc et pair, gouverneur de notre province.

M. DE SOTENVILLE. — Il y a eu une Mathurine de Sotenville qui refusa vingt mille écus d'un favori du roi, qui ne demandait seulement que la faveur de lui parler!

GEORGE DANDIN. — Oh bien! votre fille n'est pas si difficile que cela, et elle s'est apprivoisée depuis qu'elle est chez moi.

M. DE SOTENVILLE. — Expliquez-vous, mon gendre. Nous ne sommes point gens à la supporter dans de mauvaises actions; et nous serons les premiers, sa mère et moi, à vous en faire la justice.

MADAME DE SOTENVILLE. — Nous n'entendons point raillerie sur les matières de l'honneur, et nous l'avons élevée dans toute la sévérité possible.

GEORGE DANDIN. — Tout ce que je vous puis dire, c'est qu'il y a ici un certain courtisan que vous avez vu, qui est amoureux d'elle à ma barbe, et qui lui a fait faire des protestations d'amour, qu'elle a très humainement écoutées.

MADAME DE SOTENVILLE. — Jour de Dieu! je l'étranglerais de mes propres mains, s'il fallait qu'elle forlignât de l'honnêteté de sa mère.

M. DE SOTENVILLE. — Corbleu! je lui passerais mon épée au travers du corps, à elle et au galant, si elle avait forfait à son honneur.

GEORGE DANDIN. — Je vous ai dit ce qui se passe, pour vous faire mes plaintes; et je vous demande raison de cette affaire-là.

M. DE SOTENVILLE. — Ne vous tourmentez point, je vous la ferai de tous deux, et je suis homme pour serrer le bouton à qui que ce puisse être. Mais êtes-vous bien sûr aussi de ce que vous nous dites?

GEORGE DANDIN. — Très sûr.

M. DE SOTENVILLE. — Prenez bien garde, au moins; car, entre gentilshommes, ce sont des choses chatouilleuses, et il n'est pas question d'aller faire ici un pas de clerc.

GEORGE DANDIN. — Je ne vous ai rien dit, vous dis-je, qui ne soit véritable.

M. DE SOTENVILLE. — M'amour, allez-vous en parler à votre fille, tandis qu'avec mon gendre j'irai parler à l'homme.

MADAME DE SOTENVILLE. — Se pourrait-il, mon fils, qu'elle s'oubliât de la sorte, après le sage exemple que vous savez vous-même que je lui ai donné!

M. DE SOTENVILLE. — Nous allons éclaircir l'affaire. Suivez-moi, mon gendre, et ne vous mettez pas en peine. Vous verrez de quel bois nous nous chauffons, lorsqu'on s'attaque à ceux qui nous peuvent appartenir.

GEORGE DANDIN. — Le voici qui vient vers nous.

SCÈNE V. — MONSIEUR DE SOTENVILLE, CLITANDRE, GEORGE DANDIN.

M. DE SOTENVILLE. — Monsieur, suis-je connu de vous?

CLITANDRE. — Non pas, que je sache, monsieur.

M. DE SOTENVILLE. — Je m'appelle le baron de Sotenville.

CLITANDRE. — Je m'en réjouis fort.

M. DE SOTENVILLE. — Mon nom est connu à la cour; et j'eus l'honneur, dans ma jeunesse, de me signaler des premiers à l'arrière-ban de Nancy.

CLITANDRE. — A la bonne heure.

M. DE SOTENVILLE. — Monsieur mon père, Jean-Gille de Sotenville, eut la gloire d'assister en personne au grand siège de Montauban.

CLITANDRE. — J'en suis ravi.

M. DE SOTENVILLE. — Et j'ai eu un aïeul, Bertrand de Sotenville, qui fut si considéré en son temps, que d'avoir permission de vendre tout son bien pour le voyage d'outre-mer.

CLITANDRE. — Je veux le croire.

M. DE SOTENVILLE. — Il m'a été rapporté, monsieur, que vous aimez et poursuivez une jeune personne qui est ma fille, pour laquelle je m'intéresse, (montrant George Dandin) et pour l'homme que vous voyez, qui a l'honneur d'être mon gendre?

CLITANDRE. — Qui? moi?

M. DE SOTENVILLE. — Oui; et je suis bien aise de vous parler, pour tirer de vous, s'il vous plaît, un éclaircissement de cette affaire.

CLITANDRE. — Voilà une étrange médisance! Qui vous a dit cela, monsieur?

M. DE SOTENVILLE. — Quelqu'un qui croit le bien savoir.

CLITANDRE. — Ce quelqu'un-là en a menti. Je suis honnête homme. Me croyez-vous capable, monsieur, d'une action aussi lâche que celle-là? Moi, aimer une jeune et belle personne qui a l'honneur d'être la fille de monsieur le baron de Sotenville! je vous révère trop pour cela, et suis trop votre serviteur! Quiconque vous l'a dit est un sot.

M. DE SOTENVILLE. — Allons, mon gendre.

GEORGE DANDIN. — Quoi?

CLITANDRE. — C'est un coquin et un maraud.

M. DE SOTENVILLE, à George Dandin. — Répondez.

GEORGE DANDIN. — Répondez vous-même.

CLITANDRE. — Si je savais qui ce peut être, je lui donnerais, en votre présence, de l'épée dans le ventre.

M. DE SOTENVILLE, à George Dandin. — Soutenez donc la chose.

GEORGE DANDIN. — Elle est toute soutenue. Cela est vrai.

CLITANDRE. — Est-ce votre gendre, monsieur, qui...?

M. DE SOTENVILLE. — Oui, c'est lui-même qui s'en est plaint à moi.

CLITANDRE. — Certes, il peut remercier l'avantage qu'il a de vous appartenir; et sans cela je lui apprendrais bien à tenir de pareils discours d'une personne comme moi.

SCÈNE VI. — MONSIEUR et MADAME DE SOTENVILLE, ANGÉLIQUE, CLITANDRE, GEORGE DANDIN, CLAUDINE.

MADAME DE SOTENVILLE. — Pour ce qui est de cela, la jalousie est une étrange chose! J'amène ici ma fille pour éclaircir l'affaire en présence de tout le monde.

CLITANDRE, à Angélique. — Est-ce donc vous, madame, qui avez dit à votre mari que je suis amoureux de vous?

ANGÉLIQUE. — Moi? Hé! comment lui aurais-je dit? Est-ce que cela est? Je voudrais bien le voir, vraiment, que vous fussiez amoureux de moi. Jouez-vous y, je vous en prie : vous trouverez à qui parler : c'est une chose que je vous conseille de faire. Ayez recours, pour voir, à tous les détours des amants; essayez un peu, par plaisir, à m'envoyer des ambassades, à m'écrire secrètement de petits billets doux, à épier les moments que mon mari n'y sera pas, ou le temps que je sortirai, pour me parler de votre amour; vous n'avez qu'à y venir, je vous promets que vous serez reçu comme il faut.

CLITANDRE. — Hé! là, là, madame, tout doucement. Il n'est pas nécessaire de me faire tant de leçons, et de vous tant scandaliser. Qui vous dit que je songe à vous aimer?

ANGÉLIQUE. — Que sais-je, moi, ce qu'on me vient conter ici?

CLITANDRE. — On dira ce que l'on voudra; mais vous savez si je vous ai parlé d'amour lorsque je vous ai rencontrée.

ANGÉLIQUE. — Vous n'aviez qu'à le faire, vous auriez été bien venu.

CLITANDRE. — Je vous assure qu'avec moi vous n'avez rien à craindre; que je ne suis point homme à donner du chagrin aux belles; et que je vous respecte trop, et vous, et messieurs vos parents, pour avoir la pensée d'être amoureux de vous.

MADAME DE SOTENVILLE, à George Dandin. — Hé bien! vous le voyez.

M. DE SOTENVILLE. — Vous voilà satisfait, mon gendre. Que dites-vous à cela?

GEORGE DANDIN. — Je dis que ce sont là des contes à dormir debout; que je sais bien ce que je sais; et que tantôt, puisqu'il faut parler net, elle a reçu une ambassade de sa part.

ANGÉLIQUE. — Moi, j'ai reçu une ambassade?

CLITANDRE. — J'ai envoyé une ambassade?

ANGÉLIQUE. — Claudine?

CLITANDRE, à Claudine. — Est-il vrai?

CLAUDINE. — Par ma foi, voilà une étrange fausseté.

GEORGE DANDIN. — Taisez-vous, carogne que vous êtes. Je sais de vos nouvelles, et c'est vous qui tantôt avez introduit le courrier.

CLAUDINE. — Qui? moi?

GEORGE DANDIN. — Oui, vous. Ne faites point tant la sucrée.

CLAUDINE. — Hélas! que le monde aujourd'hui est rempli de méchanceté, de m'aller soupçonner ainsi, moi qui suis l'innocence même!

GEORGE DANDIN. — Taisez-vous, bonne pièce. Vous faites la sournoise, mais je vous connais il y a longtemps; et vous êtes une dessalée.

CLAUDINE, à Angélique. — Madame, est-ce que...?

GEORGE DANDIN. — Taisez-vous, vous dis-je; vous pourriez bien porter la folle enchère de tous les autres, et vous n'avez point de père gentilhomme.

ANGÉLIQUE. — C'est une imposture si grande, qui me touche si fort au cœur, que je ne puis pas même avoir la force d'y répondre. Cela est bien horrible d'être accusée par un mari, lorsqu'on ne lui fait rien qui ne soit à faire. Hélas! si je suis blâmable de quelque chose, c'est d'en user trop bien avec lui.

CLAUDINE. — Assurément.

ANGÉLIQUE. — Tout mon malheur est de le trop considérer, et plût au ciel que je fusse capable de souffrir, comme il dit, les galanteries de quelqu'un! je ne serais point tant à plaindre. Adieu, je me retire; je ne puis plus endurer qu'on m'outrage de cette sorte.

SCÈNE VII.

MONSIEUR et MADAME DE SOTENVILLE, CLITANDRE, GEORGE DANDIN, CLAUDINE.

MADAME DE SOTENVILLE, à George Dandin. — Allez, vous ne méritez pas l'honnête femme qu'on vous a donnée.

CLAUDINE. — Par ma foi, il mériterait qu'elle lui fît dire vrai : et, si j'étais en sa place, je n'y marchanderais pas. (A Clitandre.) Oui, monsieur, vous devez, pour le punir, faire l'amour à ma maîtresse. Poussez, c'est moi qui vous le dis, ce sera fort bien employé; et je m'offre à vous y servir, puisqu'il m'en a déjà taxée. (Claudine sort.)

M. DE SOTENVILLE. — Vous méritez, mon gendre, qu'on vous dise ces choses-là; et votre procédé met tout le monde contre vous.

MADAME DE SOTENVILLE. — Allez, songez à mieux traiter une demoiselle bien née, et prenez bien garde désormais à ne plus faire de pareilles bévues.

GEORGE DANDIN, *à part.* — J'enrage de bon cœur d'avoir tort lorsque j'ai raison.

SCÈNE VIII. — MONSIEUR DE SOTENVILLE, CLITANDRE, GEORGE DANDIN.

CLITANDRE, *à monsieur de Sotenville.* — Monsieur, vous voyez comme j'ai été faussement accusé : vous êtes homme qui savez les maximes du point d'honneur ; et je vous demande raison de l'affront qui m'a été fait.

M. DE SOTENVILLE. — Cela est juste, et c'est l'ordre des procédés. Allons, mon gendre, faites satisfaction à monsieur.

GEORGE DANDIN. — Comment ! satisfaction ?

M. DE SOTENVILLE. — Oui, cela se doit dans les règles, pour l'avoir à tort accusé.

GEORGE DANDIN. — C'est une chose, moi, dont je ne demeure pas d'accord, de l'avoir à tort accusé ; et je sais bien ce que j'en pense.

M. DE SOTENVILLE. — Il n'importe. Quelque pensée qui vous puisse rester, il a nié, c'est satisfaire les personnes ; et l'on n'a nul droit de se plaindre de tout homme qui se dédit.

GEORGE DANDIN. — Si bien donc que, si je le trouvais couché avec ma femme, il en serait quitte pour se dédire ?

M. DE SOTENVILLE. — Point de raisonnement. Faites-lui les excuses que je vous dis.

GEORGE DANDIN. — Moi, je lui ferai encore des excuses après !...

M. DE SOTENVILLE. — Allons, vous dis-je, il n'y a rien à balancer ; et vous n'avez que faire d'avoir peur d'en trop faire, puisque c'est moi qui vous conduis.

GEORGE DANDIN. — Je ne saurais.

M. DE SOTENVILLE. — Corbleu ! mon gendre, ne m'échauffez point la bile. Je me mettrais avec lui contre vous. Allons, laissez-vous gouverner par moi.

GEORGE DANDIN, *à part.* — Ah ! George Dandin !

M. DE SOTENVILLE. — Votre bonnet à la main le premier ; monsieur est gentilhomme, et vous ne l'êtes pas.

GEORGE DANDIN, *à part, le bonnet à la main.* — J'enrage.

M. DE SOTENVILLE. — Répétez après moi... monsieur...

GEORGE DANDIN. — Monsieur...

M. DE SOTENVILLE. — Je vous demande pardon. (*Voyant que George Dandin fait difficulté de lui obéir.*) Ah !

GEORGE DANDIN. — Je vous demande pardon...

M. DE SOTENVILLE. — Des mauvaises pensées que j'ai eues de vous.

GEORGE DANDIN. — Des mauvaises pensées que j'ai eues de vous.

M. DE SOTENVILLE. — C'est que je n'avais pas l'honneur de vous connaître.

GEORGE DANDIN. — C'est que je n'avais pas l'honneur de vous connaître.

M. DE SOTENVILLE. — Et je vous prie de croire...

GEORGE DANDIN. — Et je vous prie de croire...

M. DE SOTENVILLE. — Que je suis votre serviteur.

GEORGE DANDIN. — Voulez-vous que je sois le serviteur d'un homme qui me veut faire cocu.

M. DE SOTENVILLE, *le menaçant encore.* — Ah !

CLITANDRE. — Il suffit, monsieur.

M. DE SOTENVILLE. — Non, je veux qu'il achève, et que tout aille dans les formes... Que je suis votre serviteur.

GEORGE DANDIN. — Que je suis votre serviteur.

CLITANDRE, *à George Dandin.* — Monsieur, je suis le vôtre de tout mon cœur, et je ne songe plus à ce qui s'est passé. (*A M. de Sotenville.*) Pour vous, monsieur, je vous donne le bon jour, et suis fâché du petit chagrin que vous avez eu.

M. DE SOTENVILLE. — Je vous baise les mains ; et, quand il vous plaira, je vous donnerai le divertissement de courre un lièvre.

CLITANDRE. — C'est trop de grace que vous me faites. (*Clitandre sort.*)

M. DE SOTENVILLE. — Voilà, mon gendre, comme il faut pousser les choses.

Adieu. Sachez que vous êtes entré dans une famille qui vous donnera de l'appui, et ne souffrira point que l'on vous fasse aucun affront.

SCÈNE IX. — GEORGE DANDIN, seul.

Ah! que je... Vous l'avez voulu, vous l'avez voulu, George Dandin, vous l'avez voulu; cela vous sied fort bien, et vous voilà ajusté comme il faut : vous avez justement ce que vous méritez. Allons, il s'agit seulement de désabuser le père et la mère; et je pourrai trouver peut-être quelque moyen d'y réussir.

FIN DU PREMIER ACTE.

ACTE II.

SCÈNE PREMIÈRE. — CLAUDINE, LUBIN.

CLAUDINE. — Oui, j'ai bien deviné qu'il fallait que cela vînt de toi, et que tu l'eusses dit à quelqu'un qui l'ait rapporté à notre maître.

LUBIN. — Par ma foi, je n'en ai touché qu'un petit mot en passant à un homme, afin qu'il ne dît point qu'il m'avait vu sortir; et il faut que les gens, en ce pays-ci, soient de grands babillards.

CLAUDINE. — Vraiment ce monsieur le vicomte a bien choisi son monde, que de te prendre pour son ambassadeur; et il s'est allé servir là d'un homme bien chanceux.

LUBIN. — Va, une autre fois je serai plus fin, et je prendrai mieux garde à moi.

CLAUDINE. — Oui, oui, il sera temps.

LUBIN. — Ne parlons plus de cela. Ecoute.

CLAUDINE. — Que veux-tu que j'écoute?

LUBIN. — Tourne un peu ton visage devers moi.

CLAUDINE. — Hé bien! qu'est-ce?

LUBIN. — Claudine.

CLAUDINE. — Quoi?

LUBIN. — Hé! là! ne sais-tu pas bien ce que je veux dire?

CLAUDINE. — Non.

LUBIN. — Morgué! je t'aime.

CLAUDINE. — Tout de bon?

LUBIN. — Oui; le diable m'emporte! tu me peux croire, puisque j'en jure.

CLAUDINE. — A la bonne heure.

LUBIN. — Je me sens tout tribouiller quand je te regarde.

CLAUDINE. — Je m'en réjouis.

LUBIN. — Comment est-ce que tu fais pour être si jolie?

CLAUDINE. — Je fais comme font les autres.

LUBIN. — Vois-tu, il ne faut pas tant de beurre pour faire un quarteron; si tu veux, tu seras ma femme, je serai ton mari; et nous serons tous deux mari et femme.

CLAUDINE. — Tu serais peut-être jaloux comme notre maître.

LUBIN. — Point.

CLAUDINE. — Pour moi, je hais les maris soupçonneux, et j'en veux un qui ne s'épouvante de rien, un si plein de confiance et si sûr de ma chasteté, qu'il me vît sans inquiétude au milieu de trente hommes.

LUBIN. — Hé bien! je serai tout comme cela.

CLAUDINE. — C'est la plus sotte chose du monde que de se défier d'une femme et de la tourmenter. La vérité de l'affaire est qu'on n'y gagne rien de bon : cela nous fait songer à mal; ce sont souvent les maris qui, avec leurs vacarmes, se font eux-mêmes ce qu'ils sont.

LUBIN. — Hé bien! je te donnerai la liberté de faire tout ce qu'il te plaira.

CLAUDINE. — Voilà comme il faut faire pour n'être point trompé. Lorsqu'un mari se met à notre discrétion, nous ne prenons de liberté que ce qu'il nous en faut; et il en est comme avec ceux qui nous ouvrent leur bourse, et nous disent : Prenez : nous en usons honnêtement, et nous nous contentons de la raison. Mais ceux qui nous chicanent, nous nous efforçons de les tondre, et nous ne les épargnons point.

LUBIN. — Va, je serai de ceux qui ouvrent leur bourse, et tu n'as qu'à te marier avec moi.

CLAUDINE. — Hé bien! bien, nous verrons.

LUBIN. — Viens donc ici, Claudine.

CLAUDINE. — Que veux-tu?

LUBIN. — Viens, te dis-je.

CLAUDINE. — Ah! doucement. Je n'aime pas les patineurs.

LUBIN. — Hé! un petit brin d'amitié.

CLAUDINE. — Laisse-moi là, te dis-je, je n'entends pas raillerie.

LUBIN. — Claudine.

CLAUDINE, *repoussant Lubin*. — Hai!

LUBIN. — Ah! que tu es rude à pauvres gens! Fi! que cela est malhonnête de refuser les personnes! N'as-tu point de honte d'être belle, et de ne vouloir pas qu'on te caresse? Hé! là!

CLAUDINE. — Je te donnerai sur le nez.

LUBIN. — Oh! la farouche! la sauvage! Fi! pouah! la vilaine, qui est cruelle!

CLAUDINE. — Tu t'émancipes trop.

LUBIN. — Qu'est-ce que cela te coûterait de me laisser un peu faire?

CLAUDINE. — Il faut que tu te donnes patience.

LUBIN. — Un petit baiser seulement, en rabattant sur notre mariage.

CLAUDINE. — Je suis votre servante.

LUBIN. — Claudine, je t'en prie, sur l'et tant moins.

CLAUDINE. — Hé! que nenni. J'y ai déjà été attrapée. Adieu. Va-t'en et dis à monsieur le vicomte que j'aurai soin de rendre son billet.

LUBIN. — Adieu, beauté, rudânière.

CLAUDINE. — Le mot est amoureux.

LUBIN. — Adieu, rocher, caillou, pierre de taille, et tout ce qu'il y a de plus dur au monde.

CLAUDINE, *seule*. — Je vais remettre aux mains de ma maîtresse... Mais la voici avec son mari : éloignons-nous, et attendons qu'elle soit seule.

SCÈNE II. — GEORGE DANDIN, ANGÉLIQUE.

GEORGE DANDIN. — Non, non, on ne m'abuse pas avec tant de facilité; et je ne suis que trop certain que le rapport que l'on m'a fait est véritable. J'ai de meilleurs yeux qu'on ne pense, et votre galimatias ne m'a point tantôt ébloui.

SCÈNE III. — CLITANDRE, ANGÉLIQUE, GEORGE DANDIN.

CLITANDRE, *à part, dans le fond du théâtre*. — Ah! la voilà; mais le mari est avec elle.

GEORGE DANDIN, *sans voir Clitandre*. — Au travers de toutes vos grimaces, j'ai vu la vérité de ce que l'on m'a dit, et le peu de respect que vous avez pour le nœud qui nous joint. (*Clitandre et Angélique se saluent.*) Mon Dieu! laissez-là votre révérence; ce n'est pas de ces sortes de respects dont je vous parle, et vous n'avez que faire de vous moquer.

ANGÉLIQUE. — Moi, me moquer? en aucune façon.

GEORGE DANDIN. — Je sais votre pensée, et connais... (*Clitandre et Angélique se saluent encore.*) Encore! Ah! ne raillons point davantage. Je n'ignore pas qu'à cause de votre noblesse vous me tenez fort au-dessous de vous : et le respect que je veux dire ne regarde point ma personne; j'entends parler de celui que vous devez à des nœuds aussi vénérables que le sont ceux du mariage. (*Angélique fait signe à Clitandre.*) Il ne faut point lever les épaules, et je ne dis point de sottises.

ANGÉLIQUE. — Qui songe à lever les épaules?

GEORGE DANDIN. — Mon Dieu! nous voyons clair. Je vous dis encore une fois que le mariage est une chaîne à laquelle on doit porter toutes sortes de respect, et que c'est fort mal fait à vous d'en user comme vous le faites. (*Angélique fait signe à Clitandre.*) Oui, oui, mal fait à vous; et vous n'avez que faire de hocher la tête et de me faire la grimace.

ANGÉLIQUE. — Moi? je ne sais ce que vous voulez dire.

GEORGE DANDIN. — Je le sais fort bien, moi; et vos mépris me sont connus. Si je ne suis pas né noble, au moins suis-je d'une race où il n'y a point de reproche; et la famille des Dandins...

CLITANDRE, *derrière Angélique, sans être aperçu de George Dandin.* — Un moment d'entretien.

GEORGE DANDIN. *sans voir Clitandre.* — Hé!

ANGÉLIQUE. — Quoi? je ne dis mot.

(George Dandin tourne autour de sa femme, et Clitandre se retire en faisant une grande révérence à George Dandin.)

SCÈNE IV. — GEORGE DANDIN, ANGÉLIQUE.

GEORGE DANDIN. — Le voilà qui vient rôder autour de vous.

ANGÉLIQUE. — Hé bien! est-ce ma faute? que voulez-vous que j'y fasse?

GEORGE DANDIN. — Je veux que vous y fassiez ce que fait une femme qui ne veut plaire qu'à son mari. Quoi qu'on en puisse dire, les galants n'obsèdent jamais que quand on le veut bien : il y a un certain air doucereux qui les attire, ainsi que le miel fait les mouches; et les honnêtes femmes ont des manières qui les savent chasser d'abord.

ANGÉLIQUE. — Moi, les chasser? et par quelle raison? Je ne me scandalise point qu'on me trouve bien faite; et cela me fait du plaisir.

GEORGE DANDIN. — Oui. Mais quel personnage voulez-vous que joue un mari pendant cette galanterie?

ANGÉLIQUE. — Le personnage d'un honnête homme, qui est bien aise de voir sa femme considérée.

GEORGE DANDIN. — Je suis votre valet. Ce n'est pas là mon compte, et les Dandins ne sont point accoutumés à cette mode-là.

ANGÉLIQUE. — Oh! les Dandins s'y accoutumeront s'ils veulent; car pour moi, je vous déclare que mon dessein n'est pas de renoncer au monde et de m'enterrer toute vive dans un mari. Comment! parce qu'un homme s'avise de nous épouser, il faut d'abord que toutes choses soient finies pour nous, et que nous rompions tout commerce avec les vivants. C'est une chose merveilleuse que cette tyrannie de messieurs les maris; et je les trouve bons de vouloir qu'on soit morte à tous les divertissements, et qu'on ne vive que pour eux. Je me moque de cela, et ne veux point mourir si jeune.

GEORGE DANDIN. — C'est ainsi que vous satisfaites aux engagements de la foi que vous m'avez donnée publiquement?

ANGÉLIQUE. — Moi? je ne vous l'ai point donnée de bon cœur, et vous me l'avez arrachée. M'avez-vous avant le mariage demandé mon consentement, et si je voulais bien de vous? Vous n'avez consulté pour cela que mon père et ma mère : ce sont eux proprement qui vous ont épousé; et c'est pourquoi vous ferez bien de vous plaindre toujours à eux des torts que l'on pourra vous faire. Pour moi, qui ne vous ai point dit de vous marier avec moi, et que vous avez prise sans consulter mes sentiments, je prétends n'être point obligée à me soumettre en esclave à vos volontés; et je veux jouir, s'il vous plaît, de quelque nombre de beaux jours que m'offre la jeunesse, prendre les douces libertés que l'âge me permet, voir un peu le beau monde, et goûter le plaisir de m'ouïr dire des douceurs. Préparez-vous-y pour votre punition, et rendez graces au ciel de ce que je ne suis pas capable de quelque chose de pis.

GEORGE DANDIN. — Oui! c'est ainsi que vous le prenez! Je suis votre mari, et je vous dis que je n'entends pas cela.

ANGÉLIQUE — Moi, je suis votre femme, et je vous dis que je l'entends.

GEORGE DANDIN, *à part.* — Il me prend des tentations d'accommoder tout son visage à la compote, et le mettre en état de ne plaire de sa vie aux diseurs de fleurettes. Ah! allons, Georges Dandin; je ne pourrais me retenir, et il vaut mieux quitter la place.

SCÈNE V. — ANGÉLIQUE, CLAUDINE.

CLAUDINE. — J'avais, madame, impatience qu'il s'en allât, pour vous rendre ce mot de la part que vous savez.

ANGÉLIQUE. — Voyons.

CLAUDINE, *à part.* — A ce que je puis remarquer, ce qu'on lui écrit ne lui déplait pas trop.

ANGÉLIQUE. — Ah! Claudine, que ce billet s'explique d'une façon galante! Que dans tous leurs discours et dans toutes leurs actions les gens de cour on un air agréable! et qu'est-ce que c'est auprès d'eux que nos gens de province?

CLAUDINE. — Je crois qu'après les avoir vus, les Dandins ne vous plaisent guère.

ANGÉLIQUE. — Demeure ici, je m'en vais faire la réponse.

CLAUDINE, seule. — Je n'ai pas besoin, que je pense, de lui recommander de la faire agréable. Mais voici...

SCÈNE VI. — CLITANDRE, LUBIN, CLAUDINE.

CLAUDINE — Vraiment, monsieur, vous avez pris là un habile messager!

CLITANDRE. — Je n'ai pas osé envoyer de mes gens. Mais, ma pauvre Claudine, il ut que je te récompense des bons offices que je sais que tu m'as rendus. (Il fouille dans sa poche.)

CLAUDINE. — Hé! monsieur, il n'est pas nécessaire. Non, monsieur, vous n'avez que faire de vous donner cette peine-là, et je vous rends service parce que vous le méritez; et je me sens au cœur de l'inclination pour vous.

CLITANDRE, donnant de l'argent à Claudine. — Je te suis obligé.

LUBIN, à Claudine. — Puisque nous serons mariés, donne-moi cela que je le mette avec le mien.

CLAUDINE. — Je te le garde aussi bien que le baiser.

CLITANDRE, à Claudine. — Dis-moi, as-tu rendu mon billet à ta belle maîtresse?

CLAUDINE. — Oui; elle est allée y répondre.

CLITANDRE. — Mais, Claudine, n'y a-t-il pas moyen que je la puisse entretenir?

CLAUDINE. — Oui; venez avec moi, je vous ferai parler à elle.

CLITANDRE. — Mais le trouvera-t-elle bon? et n'y a-t-il rien à risquer?

CLAUDINE. — Non, non. Son mari n'est pas au logis; et puis, ce n'est pas lui qu'elle a le plus à ménager, c'est son père et sa mère; et pourvu qu'ils soient prévenus, tout le reste n'est point à craindre.

CLITANDRE. — Je m'abandonne à ta conduite.

LUBIN, seul. — Tétiguénne! que j'aurai là une habile femme! Elle a de l'esprit comme quatre

SCÈNE VII. — GEORGE DANDIN, LUBIN.

GEORGE DANDIN, bas, à part. — Voici mon homme de tantôt. Plût au ciel qu'il pût se résoudre à vouloir rendre témoignage au père et à la mère de ce qu'ils ne veulent point croire!

LUBIN. — Ah! vous voilà, monsieur le babillard, à qui j'avais tant recommandé de ne point parler, et qui me l'aviez tant promis! Vous êtes donc un causeur, et vous allez redire ce que l'on vous dit en secret?

GEORGE DANDIN. — Moi?

LUBIN. — Oui; vous avez été tout rapporter au mari, et vous êtes cause qu'il a fait du vacarme. Je suis bien aise de savoir que vous avez de la langue, et cela m'apprendra à ne vous plus rien dire.

GEORGE DANDIN. — Écoute, mon ami.

LUBIN. — Si vous n'aviez point babillé, je vous aurais conté ce qui se passe à cette heure; mais, pour votre punition, vous ne saurez rien du tout.

GEORGE DANDIN. — Comment? qu'est-ce qui se passe?

LUBIN. — Rien, rien. Voilà ce que c'est d'avoir causé; vous n'en tâterez plus; et je vous laisse sur la bonne bouche.

GEORGE DANDIN. — Arrête un peu.

LUBIN. — Point.

GEORGE DANDIN — Je ne te veux dire qu'un mot.

LUBIN. — Nennin, nennin. Vous avez envie de me tirer les vers du nez.

GEORGE DANDIN. — Non, ce n'est pas cela.

LUBIN. — Hé! quelque sot... Je vous vois venir.

GEORGE DANDIN. — C'est autre chose. Écoute.

LUBIN. — Point d'affaire. Vous voudriez que je vous dise que monsieur le vicomte vient de donner de l'argent à Claudine, et qu'elle l'a mené chez sa maîtresse. Mais je ne suis pas si bête.

GEORGE DANDIN. — De grâce.

LUBIN. — Non.
GEORGE DANDIN. — Je te donnerai...
LUBIN. — Tarare.

SCÈNE VIII. — GEORGE DANDIN, *seul.*

Je n'ai pu me servir, avec cet innocent, de la pensée que j'avais. Mais le
nouvel avis qui lui est échappé ferait la même chose ; et, si le galant est chez
moi, ce serait pour avoir raison aux yeux du père et de la mère, et les convaincre pleinement de l'effronterie de leur fille. Le mal de tout ceci, c'est que je
ne sais comment faire pour profiter d'un tel avis. Si je rentre chez moi, je ferai
évader le drôle ; et quelque chose que je puisse voir moi-même de mon déshonneur, je n'en serai point cru à mon serment, et l'on me dira que je rêve. Si,
d'autre part, je vais quérir beau-père et belle-mère sans être sûr de trouver chez
moi le galant, ce sera la même chose, et je retomberai dans l'inconvénient de
tantôt. Pourrais-je point m'éclaircir doucement s'il y est encore ? (*Après avoir
été regarder par le trou de la serrure.*) Ah ! ciel ! il n'en faut plus douter, et je
viens de l'apercevoir par le trou de la porte. Le sort me donne ici de quoi confondre ma partie ; et, pour achever l'aventure, il fait venir à point nommé les
juges dont j'avais besoin.

SCÈNE IX. — MONSIEUR et MADAME DE SOTENVILLE, GEORGE DANDIN.

GEORGE DANDIN. — Enfin, vous ne m'avez pas voulu croire tantôt, et votre
fille l'a emporté sur moi : mais j'ai en main de quoi vous faire voir comme elle
m'accommode ; et, Dieu merci, mon déshonneur est si clair maintenant, que
vous n'en pourrez plus douter.

M. DE SOTENVILLE. — Comment ! mon gendre, vous êtes encore là-dessus ?

GEORGE DANDIN. — Oui, j'y suis, et jamais je n'eus tant de sujet d'y être.

MADAME DE SOTENVILLE. — Vous nous venez encore étourdir la tête ?

GEORGE DANDIN. — Oui, madame, et l'on fait bien pis à la mienne.

M. DE SOTENVILLE. — Ne vous lassez-vous point de vous rendre importun ?

GEORGE DANDIN. — Non ; mais je me lasse fort d'être pris pour dupe.

MADAME DE SOTENVILLE. — Ne voulez-vous point vous défaire de vos pensées
extravagantes ?

GEORGE DANDIN. — Non, madame ; mais je voudrais bien me défaire d'une
femme qui me déshonore.

MADAME DE SOTENVILLE. — Jour de Dieu ! notre gendre, apprenez à parler.

M. DE SOTENVILLE. — Corbleu ! cherchez des termes moins offensants que
ceux-là.

GEORGE DANDIN. — Marchand qui perd ne peut rire.

MADAME DE SOTENVILLE. — Souvenez-vous que vous avez épousé une demoiselle.

GEORGE DANDIN. — Je m'en souviens assez, et ne m'en souviendrai que trop.

M. DE SOTENVILLE. — Si vous vous en souvenez, songez donc à parler d'elle
avec plus de respect.

GEORGE DANDIN. — Mais que ne songe-t-elle plutôt à me traiter plus honnêtement ? Quoi ! parce qu'elle est demoiselle, il faut qu'elle ait la liberté de me faire
ce qu'il lui plaît, sans que j'ose souffler ?

M. DE SOTENVILLE. — Qu'avez-vous donc, et que pouvez-vous dire ? N'avez-
vous pas vu ce matin qu'elle s'est défendue de connaître celui dont vous m'étiez
venu parler ?

GEORGE DANDIN. — Oui ; mais vous, que pourrez-vous dire, si je vous fais
voir maintenant que le galant est avec elle ?

MADAME DE SOTENVILLE. — Avec elle ?

GEORGE DANDIN. — Oui, avec elle, et dans ma maison.

M. DE SOTENVILLE. — Dans votre maison ?

GEORGE DANDIN. — Oui, dans ma propre maison.

MADAME DE SOTENVILLE. — Si cela est, nous serons pour vous contre elle.

M. DE SOTENVILLE. — Oui ; l'honneur de notre famille nous est plus cher que
toute chose ; et, si vous dites vrai, nous la renoncerons pour notre sang et
l'abandonnerons à votre colère.

GEORGE DANDIN. — Vous n'avez qu'à me suivre.

MADAME DE SOTENVILLE. — Gardez de vous tromper.

M. DE SOTENVILLE. — N'allez pas faire comme tantôt.

GEORGE DANDIN. — Mon Dieu! vous allez voir. (*Montrant Clitandre qui sort avec Angélique.*) Tenez, ai-je menti?

SCÈNE X. — ANGÉLIQUE, CLITANDRE, CLAUDINE, MONSIEUR et MADAME DE SOTENVILLE avec GEORGE DANDIN, *dans le fond du théâtre.*

ANGÉLIQUE, *à Clitandre.* — Adieu; j'ai peur qu'on vous surprenne ici, et ai quelques mesures à garder.

CLITANDRE. — Promettez-moi donc, madame, que je pourrai vous parler cette nuit.

ANGÉLIQUE. — J'y ferai mes efforts.

GEORGE DANDIN, *à monsieur et à madame de Sotenville.* — Approchons doucement par derrière, et tâchons de n'être point vus.

CLAUDINE. — Ah! madame, tout est perdu! voilà votre père et votre mère accompagnés de votre mari.

CLITANDRE. — Ah! ciel!

ANGÉLIQUE, *bas, à Clitandre et à Claudine.* — Ne faites pas semblant de rien, et me laissez faire tous deux. (*Haut, à Clitandre.*) Quoi! vous osez en user de la sorte après l'affaire de tantôt, et c'est ainsi que vous dissimulez vos sentiments? On me vient rapporter que vous avez de l'amour pour moi, et que vous faites des desseins de me solliciter; j'en témoigne mon dépit, et m'explique à vous clairement en présence de tout le monde; vous niez hautement la chose, et me donnez parole de n'avoir aucune pensée de m'offenser; et cependant le même jour vous prenez la hardiesse de venir chez moi me rendre visite, de me dire que vous m'aimez et de me faire cent sots contes pour me persuader de répondre à vos extravagances, comme si j'étais femme à violer la foi que j'ai donnée à un mari, et m'éloigner jamais de la vertu que mes parents m'ont enseignée? Si mon père savait cela, il vous apprendrait bien à tenter de ces entreprises. Mais une honnête femme n'aime point les éclats; je n'ai garde de lui en rien dire; (*après avoir fait signe à Claudine d'apporter un bâton.*) Et je veux vous montrer que, toute femme que je suis, j'ai assez de courage pour me venger moi-même des offenses que l'on me fait. L'action que vous avez faite n'est pas d'un gentilhomme, et ce n'est pas en gentilhomme aussi que je veux vous traiter. (*Angélique prend le bâton et le lève sur Clitandre, qui se range de façon que les coups tombent sur George Dandin.*)

CLITANDRE, *criant comme s'il avait été frappé.* — Ah! ah! ah! ah! doucement!

SCÈNE XI.

MONSIEUR et MADAME DE SOTENVILLE, ANGÉLIQUE, GEORGE DANDIN, CLAUDINE.

CLAUDINE. — Fort, madame, frappez comme il faut.

ANGÉLIQUE, *faisant semblant de parler à Clitandre.* — S'il vous demeure quelque chose sur le cœur, je suis pour vous répondre.

CLAUDINE. — Apprenez à qui vous vous jouez.

ANGÉLIQUE, *faisant l'étonnée.* — Ah! mon père, vous êtes là?

M. DE SOTENVILLE. — Oui, ma fille; et je vois qu'en sagesse et en courage tu te montres un digne rejeton de la maison de Sotenville. Viens çà, approche-toi que je t'embrasse.

MADAME DE SOTENVILLE. — Embrasse-moi aussi, ma fille. Las! je pleure de joie, et reconnais mon sang aux choses que tu viens de faire.

M. DE SOTENVILLE. — Mon gendre, que vous devez être ravi, et que cette aventure est pour vous pleine de douceurs! Vous aviez un juste sujet de vous alarmer; mais vos soupçons se trouvent dissipés le plus avantageusement du monde.

MADAME DE SOTENVILLE. — Sans doute, notre gendre, et vous devez maintenant être le plus content des hommes.

CLAUDINE. — Assurément. Voilà une femme, celle-là; vous êtes trop heureux de l'avoir, et vous devriez baiser les pas où elle passe.

GEORGE DANDIN, *à part.* — Hé! traîtresse!

M. DE SOTENVILLE. — Qu'est-ce, mon gendre? Que ne remerciez-vous un peu votre femme de l'amitié que vous voyez qu'elle montre pour vous?

ANGÉLIQUE. — Non, non, mon père, il n'est pas nécessaire : il ne m'a aucune obligation de ce qu'il vient de voir, et tout ce que j'en fais n'est que pour l'amour de moi-même.

M. DE SOTENVILLE. — Où allez-vous, ma fille?

ANGÉLIQUE. — Je me retire, mon père, pour ne me voir point obligée à recevoir ses compliments.

CLAUDINE, à George Dandin. — Elle a raison d'être en colere. C'est une femme qui mérite d'être adorée; et vous ne la traitez pas comme vous devriez.

GEORGE DANDIN, à part. — Scélérate!

SCÈNE XII. — MONSIEUR et MADAME DE SOTENVILLE, GEORGE DANDIN.

M. DE SOTENVILLE. — C'est un petit ressentiment de l'affaire de tantôt, et cela se passera avec un peu de caresses que vous lui ferez. Adieu, mon gendre; vous voilà en état de ne vous plus inquiéter. Allez-vous en faire la paix ensemble, et tâchez de l'apaiser par des excuses de votre emportement.

MADAME DE SOTENVILLE. — Vous devez considérer que c'est une jeune fille élevée à la vertu, et qui n'est point accoutumée à se voir soupçonnée d'aucune vilaine action. Adieu. Je suis ravie de voir vos désordres finis, et des transports de joie que vous doit donner sa conduite.

SCÈNE XIII. — GEORGE DANDIN, seul.

Je ne dis mot, car je ne gagnerais rien à parler : et jamais il ne s'est rien vu d'égal à ma disgrace. Oui, j'admire mon malheur, et la subtile adresse de ma carogne de femme pour se donner toujours raison et me faire avoir tort. Est-il possible que toujours j'aurai du dessous avec elle, que les apparences toujours tourneront contre moi, et que je ne parviendrai point à convaincre mon effrontée? O ciel! seconde mes desseins et m'accorde la grace de faire voir aux gens que l'on me déshonore.

FIN DU DEUXIÈME ACTE.

ACTE III.

SCÈNE PREMIÈRE. — CLITANDRE, LUBIN.

CLITANDRE. — La nuit est avancée, et j'ai peur qu'il ne soit trop tard. Je ne vois point à me conduire. Lubin?

LUBIN. — Monsieur?

CLITANDRE. — Est-ce par ici?

LUBIN. — Je pense que oui. Morgué! voilà une sotte nuit, d'être si noire que cela.

CLITANDRE. — Elle a tort, assurément; mais, si d'un côté elle nous empêche de voir, elle empêche de l'autre que nous ne soyons vus.

LUBIN. — Vous avez raison, elle n'a pas tant de tort. Je voudrais bien savoir, monsieur, vous qui êtes savant, pourquoi il ne fait point jour la nuit?

CLITANDRE. — C'est une grande question, et qui est difficile. Tu es curieux, Lubin.

LUBIN. — Oui. Si j'avais étudié, j'aurais été songer à des choses où on n'a jamais songé.

CLITANDRE. — Je le crois. Tu as la mine d'avoir l'esprit subtil et pénétrant.

LUBIN. — Cela est vrai. Tenez, j'explique du latin, quoique jamais je ne l'aie appris; et, voyant l'autre jour écrit sur une grande porte *collegium*, je devinai que cela voulait dire collége.

CLITANDRE. — Cela est admirable. Tu sais donc lire, Lubin?

LUBIN. — Oui, je sais lire la lettre moulée; mais je n'ai jamais su apprendre à lire l'écriture.

CLITANDRE. — Nous voici contre la maison. (*Après avoir frappé dans ses mains.*) C'est le signal que m'a donné Claudine.

LUBIN. — Par ma foi, c'est une fille qui vaut de l'argent, et je l'aime de tout mon cœur.

CLITANDRE. — Aussi t'ai-je amené avec moi pour l'entretenir.

LUBIN. — Monsieur, je vous suis...

CLITANDRE. — Chut! J'entends quelque bruit.

SCÈNE II. — ANGÉLIQUE, CLAUDINE, CLITANDRE, LUBIN.

ANGÉLIQUE. — Claudine.

CLAUDINE. — Hé bien?

ANGÉLIQUE. — Laisse la porte entr'ouverte.

CLAUDINE. — Voilà qui est fait.

(Scène de nuit. Les acteurs se cherchent les uns les autres dans l'obscurité.)

CLITANDRE, à Lubin. — Ce sont elles. St.

ANGÉLIQUE. — St.

LUBIN. — St.

CLAUDINE. — St.

CLITANDRE, à Claudine qu'il prend pour Angélique. — Madame.

ANGÉLIQUE, à Lubin qu'elle prend pour Clitandre. — Quoi?

LUBIN, à Angélique qu'il prend pour Claudine. — Claudine.

CLAUDINE, à Clitandre qu'elle prend pour Lubin. — Qu'est-ce?

CLITANDRE, à Claudine, croyant parler à Angélique. — Ah! madame, que j'ai de joie!

LUBIN, à Angélique, croyant parler à Claudine. — Claudine! ma pauvre Claudine!

CLAUDINE, à Clitandre. — Doucement, monsieur.

ANGÉLIQUE, à Lubin. — Tout beau, Lubin.

CLITANDRE. — Est-ce toi, Claudine?

CLAUDINE. — Oui.

LUBIN. — Est-ce vous, madame?

ANGÉLIQUE. — Oui.

CLAUDINE, à Clitandre. — Vous avez pris l'une pour l'autre.

LUBIN, à Angélique. — Ma foi, la nuit, on n'y voit goutte.

ANGÉLIQUE. — Est-ce pas vous, Clitandre?

CLITANDRE. — Oui, madame.

ANGÉLIQUE. — Mon mari ronfle, comme il faut, et j'ai pris ce temps pour nous entretenir ici.

CLITANDRE. — Cherchons quelque lieu pour nous asseoir.

CLAUDINE. — C'est fort bien avisé.

(Angélique, Clitandre et Claudine vont s'asseoir au fond du théâtre.)

LUBIN, cherchant Claudine. — Claudine, où est-ce que tu es?

SCÈNE III. — ANGÉLIQUE, CLITANDRE, CLAUDINE, assis au fond du théâtre; GEORGE DANDIN, à moitié déshabillé, LUBIN.

GEORGE DANDIN, à part. — J'ai entendu descendre ma femme, et je me suis vite habillé pour descendre après elle. Où peut-elle être allée? Serait-elle sortie.

LUBIN, cherchant Claudine. — Où es-tu donc, Claudine? (prenant George Dandin pour Claudine.) Ah! te voilà. Par ma foi, ton maître est plaisamment attrapé, et je trouve ceci aussi drôle que les coups de bâton de tantôt, dont on m'a fait récit. Ta maîtresse dit qu'il ronfle à cette heure comme tous les diantres, et il ne sait pas que monsieur le vicomte et elle sont ensemble pendant qu'il dort. Je voudrais bien savoir quel songe il fait maintenant. Cela est tout-à-fait risible. De quoi s'avise-t-il aussi d'être jaloux de sa femme, et de vouloir qu'elle soit à lui tout seul? C'est un impertinent, et monsieur le vicomte lui fait trop d'honneur. Tu ne dis mot, Claudine? Allons, suivons-les, et me donne ta petite menotte que je la baise. Ah! que cela est doux! il me semble que je mange des confitures. (A George Dandin qu'il prend toujours pour Claudine, et qui le repousse rudement). Tubleu! comme vous y allez! voilà une petite menotte qui est un peu bien rude.

GEORGE DANDIN. — Qui va là?

LUBIN. — Personne.

GEORGE DANDIN. — Il fuit, et me laisse informé de la nouvelle perfidie de ma coquine. Allons, il faut que, sans tarder, j'envoie appeler son père et sa mère, et que cette aventure me serve à me faire séparer d'elle. Holà! Colin! Colin!

SCÈNE IV. — ANGÉLIQUE, CLITANDRE, CLAUDINE, LUBIN, assis au fond du théâtre, GEORGE DANDIN, COLIN.

COLIN, à la fenêtre. — Monsieur!

GEORGE DANDIN. — Allons, vite; ici bas.

COLIN, *sautant par la fenêtre.* — M'y voilà on ne peut pas plus **vite.**

GEORGE DANDIN. — Tu es là?

COLIN. — Oui, monsieur.

(*Pendant que George Dandin va chercher Colin du côté où il a entendu sa **voix**, Colin passe de l'autre, et s'endort.*)

GEORGE DANDIN, *se tournant du côté où il croit qu'est Colin.* — Doucement, parle bas. Ecoute. Va-t'en chez mon beau-père et ma belle-mère, et dis que je les prie très instamment de venir tout à l'heure ici. Entends-tu? Hé! Colin! Colin!

COLIN, *de l'autre côté se réveillant.* — Monsieur!

GEORGE DANDIN. — Où diable es-tu?

COLIN. — Ici.

GEORGE DANDIN. — Peste soit du maroufle qui s'éloigne de moi! (*Pendant que George Dandin retourne au côté où il croit que Colin est resté, Colin, à moitié endormi, passe de l'autre côté et se rendort.*) Je te dis que tu ailles de ce pas trouver mon beau-père et ma belle-mère, et leur dire que je les conjure de se rendre ici tout à l'heure. M'entends-tu bien? Réponds. Colin! Colin!

COLIN, *de l'autre côté, se réveillant.* — Monsieur!

GEORGE DANDIN. — Voilà un pendard qui me fera enrager. Viens-t'en à moi. (*Ils se rencontrent, et tombent tous deux.*) Ah! le traître! il m'a estropié. Où est-ce que tu es? Approche, que je te donne mille coups. Je pense qu'il me fuit.

COLIN. — Assurément.

GEORGE DANDIN. — Veux-tu venir?

COLIN. — Nenni, ma foi.

GEORGE DANDIN. — Viens, te dis-je.

COLIN. — Point. Vous me voulez battre.

GEORGE DANDIN. — Hé bien! non, je ne te ferai rien.

COLIN. — Assurément?

GEORGE DANDIN. — Oui. Approche. Bon. (*à Colin, qu'il tient par le bras.* Tu es bien heureux de ce que j'ai besoin de toi. Va-t'en vite, de ma part prier mon beau-père et ma belle-mère de se rendre ici le plus tôt qu'ils pourront, et leur dis que c'est pour une affaire de la dernière conséquence; et, s'ils faisaient quelque difficulté à cause de l'heure, ne manque pas de les presser et de leur bien faire entendre qu'il est très important qu'ils viennent, en quelque état qu'ils soient. Tu m'entends bien maintenant?

COLIN. — Oui, monsieur.

GEORGE DANDIN. — Va vite, et reviens de même. (*se croyant seul.*) Et moi, je vais rentrer dans ma maison, attendant que... Mais j'entends quelqu'un. Ne serait-ce point ma femme? Il faut que j'écoute, et me serve de l'obscurité qu'il fait. (*George Dandin se range près la porte de sa maison.*)

SCENE V. — ANGÉLIQUE, CLITANDRE, CLAUDINE, LUBIN, GEORGE DANDIN.

ANGÉLIQUE, *à Clitandre.* — Adieu, il est temps de se retirer.

CLITANDRE. — Quoi! si tôt?

ANGÉLIQUE. — Nous nous sommes assez entretenus.

CLITANDRE. — Ah! madame, puis-je assez vous entretenir, et trouver, en si peu de temps, toutes les paroles dont j'ai besoin? Il me faudrait des journées entières pour me bien expliquer à vous de tout ce que je sens, et je ne vous ai pas dit encore la moindre partie de ce que j'ai à vous dire.

ANGÉLIQUE. — Nous en écouterons une autre fois davantage.

CLITANDRE. — Hélas! de quel coup me percez-vous l'âme, lorsque vous parlez de vous retirer; et avec combien de chagrin m'allez-vous laisser maintenant!

ANGÉLIQUE. — Nous trouverons moyen de nous revoir!

CLITANDRE. — Oui. Mais je songe qu'en me quittant vous allez trouver un mari. Cette pensée m'assassine, et les privilèges qu'ont les maris sont des choses cruelles pour un amant qui aime bien.

ANGÉLIQUE. — Serez-vous assez faible pour avoir cette inquiétude, et pensez-vous qu'on soit capable d'aimer de certains maris qu'il y a? On les prend parce qu'on ne s'en peut défendre, et que l'on dépend de parents qui n'ont des yeux que pour le bien; mais on sait leur rendre justice, et l'on se moque fort de les considérer au-delà de ce qu'ils méritent.

GEORGE DANDIN, *à part*. — Voilà nos carognes de femmes!

CLITANDRE. — Ah! qu'il faut avouer que celui qu'on vous a donné était peu digne de l'honneur qu'il a reçu, et que c'est une étrange chose que l'assemblage qu'on a fait d'une personne comme vous avec un homme comme lui.

GEORGE DANDIN, *à part*. — Pauvres maris! voilà comme on vous traite.

CLITANDRE. — Vous méritez, sans doute, une toute autre destinée; et le ciel ne vous a point faite pour être la femme d'un paysan.

GEORGE DANDIN. — Plût au ciel! fût-elle la tienne! tu changerais bien de langage! Rentrons, c'en est assez.

(Georges Dandin étant rentré, ferme la porte en dedans.)

SCÈNE VI. — ANGÉLIQUE, CLITANDRE, CLAUDINE, LUBIN.

CLAUDINE. — Madame, si vous avez à dire du mal de votre mari, dépêchez-vous, car il est tard.

CLITANDRE. — Ah! Claudine, que tu es cruelle!

ANGÉLIQUE, *à Clitandre*. — Elle a raison, séparons-nous.

CLITANDRE. — Il faut donc s'y résoudre, puisque vous le voulez; mais au moins je vous conjure de me plaindre un peu des méchants moments que je vais passer.

ANGÉLIQUE. — Adieu.

LUBIN. — Où es-tu? Claudine, que je te donne le bon soir!

CLAUDINE. Va, va, je le reçois de loin, et je t'en renvoie autant.

SCÈNE VII. — ANGÉLIQUE, CLAUDINE.

ANGÉLIQUE. — Rentrons sans faire de bruit.

CLAUDINE. — La porte s'est fermée.

ANGÉLIQUE. — J'ai le passe-partout.

CLAUDINE. — Ouvrez donc doucement.

ANGÉLIQUE. — On a fermé en dedans; et je ne sais comment nous ferons.

CLAUDINE. — Appelez le garçon qui couche là.

ANGÉLIQUE. — Colin! Colin! Colin!

SCÈNE VIII. — GEORGE DANDIN, ANGÉLIQUE, CLAUDINE.

GEORGE DANDIN, *à la fenêtre*. — Colin! Colin! Ah! je vous y prends donc, madame ma femme; et vous faites des *escampativos* pendant que je dors? Je suis bien aise de cela, et de vous voir dehors à l'heure qu'il est.

ANGÉLIQUE. — Hé bien! quel grand mal est-ce qu'il y a à prendre le frais de la nuit?

GEORGES DANDIN. — Oui, oui, l'heure est bonne à prendre le frais! C'est bien plutôt le chaud, madame la coquine; et nous savons toute l'intrigue du rendez-vous et du damoiseau. Nous avons entendu votre galant entretien, et les beaux vers à ma louange que vous avez dits l'un et l'autre. Mais ma consolation, c'est que je vais être vengé, et que votre père et votre mère seront convaincus maintenant de la justice de mes plaintes et du dérèglement de votre conduite. Je les ai envoyé quérir, et ils vont être ici dans un moment.

ANGÉLIQUE, *à part*. — Ah! ciel!

CLAUDINE. — Madame!

GEORGE DANDIN. — Voilà un coup, sans doute, où vous ne vous attendiez pas. C'est maintenant que je triomphe, et j'ai de quoi mettre à bas votre orgueil et détruire vos artifices. Jusqu'ici vous avez joué mes accusations, ébloui vos parents et plâtré vos malversations. J'ai eu beau voir et beau dire, et votre adresse toujours l'a emporté sur mon bon droit, et toujours vous avez trouvé moyen d'avoir raison; mais, à cette fois, dieu merci, les choses vont être éclaircies, et votre effronterie sera pleinement confondue.

ANGÉLIQUE. — Hé! je vous en prie, faites-moi ouvrir la porte.

GEORGE DANDIN. — Non, non; il faut attendre la venue de ceux que j'ai mandés, et je veux qu'ils vous trouvent dehors à la belle heure qu'il est. En attendant qu'ils viennent, songez, si vous voulez, à chercher dans votre tête quelque nouveau détour pour vous tirer de cette affaire; à inventer quelque moyen de rhabiller votre escapade; à trouver quelque belle ruse pour éluder ici les gens et paraître innocente, quelque prétexte spécieux de pèlerinage nocturne, ou d'amie en travail d'enfant que vous veniez de secourir.

ANGÉLIQUE. — Non, mon intention n'est pas de vous rien déguiser. Je ne prétends point me défendre, ni vous nier les choses, puisque vous les savez.

GEORGE DANDIN. — C'est que vous voyez bien que tous les moyens vous en sont fermés, et, que, dans cette affaire, vous ne sauriez inventer d'excuses qu'il ne me soit facile de convaincre de fausseté.

ANGÉLIQUE. — Oui, je confesse que j'ai tort, et que vous avez sujet de vous plaindre ; mais je vous demande, par grace, de ne m'exposer point maintenant à la mauvaise humeur de mes parents, ou de me faire promptement ouvrir.

GEORGE DANDIN. — Je vous baise les mains.

ANGÉLIQUE. — Hé! mon pauvre petit mari, je vous en conjure!

GEORGE DANDIN. — Hé! mon pauvre petit mari! Je suis votre petit mari, maintenant, parce que vous vous sentez prise. Je suis bien aise de cela ; et vous ne vous étiez jamais avisée de me dire de ces douceurs.

ANGÉLIQUE. — Tenez, je vous promets de ne plus vous donner aucun déplaisir, et de me...

GEORGE DANDIN. — Tout cela n'est rien. Je ne veux point perdre cette aventure, et il m'importe qu'on soit une fois éclairci à fond de vos déportements.

ANGÉLIQUE. — De grace, laissez-moi vous dire. Je vous demande un moment d'audience.

GEORGE DANDIN. — Eh bien! quoi?

ANGÉLIQUE. — Il est vrai que j'ai failli, je vous avoue encore une fois que votre ressentiment est juste ; que j'ai pris le temps de sortir pendant que vous dormiez, et que cette sortie est un rendez-vous que j'avais donné à la personne que vous dites : mais enfin ce sont des actions que vous devez pardonner à mon âge, des emportements de jeune personne qui n'a encore rien vu, et ne fait que d'entrer dans le monde; des libertés où l'on s'abandonne sans y penser de mal, et qui, sans doute, dans le fond n'ont rien de...

GEORGE DANDIN. — Oui, vous le dites, et ce sont de ces choses qui ont besoin qu'on les croie pieusement.

ANGÉLIQUE. — Je ne veux point m'excuser par là d'être coupable envers vous, et je vous prie seulement d'oublier une offense dont je vous demande pardon de tout mon cœur; et de m'épargner, en cette rencontre, le déplaisir que me pourraient causer les reproches fâcheux de mon père et de ma mère. Si vous m'accordez généreusement la grace que je vous demande, ce procédé obligeant, cette bonté que vous me ferez voir, me gagnera entièrement ; elle touchera tout-à-fait mon cœur, et y fera naître ce que tout le pouvoir de mes parents et les liens du mariage n'avaient pu y jeter; en un mot, elle sera cause que je renoncerai à toutes les galanteries, et n'aurai de l'attachement que pour vous. Oui, je vous en donne ma parole que vous m'allez voir désormais la meilleure femme du monde, et que je vous témoignerai tant d'amitié, que vous en serez satisfait.

GEORGE DANDIN. — Ah! crocodile qui flatte les gens pour les étrangler!

ANGÉLIQUE. — Accordez-moi cette faveur.

GEORGE DANDIN. — Point d'affaire, je suis inexorable.

ANGÉLIQUE. — Montrez-vous généreux.

GEORGE DANDIN. — Non.

ANGÉLIQUE. — De grace!

GEORGE DANDIN. — Point.

ANGÉLIQUE. — Je vous en conjure de tout mon cœur.

GEORGE DANDIN. — Non, non, non. Je veux qu'on soit détrompé de vous, et que votre confusion éclate.

ANGÉLIQUE. — Hé bien! si vous me réduisez au désespoir, je vous avertis qu'une femme, en cet état, est capable de tout, et que je ferai quelque chose ici dont vous vous repentirez.

GEORGE DANDIN. — Et que ferez-vous, s'il vous plaît?

ANGÉLIQUE. — Mon cœur se portera jusqu'aux extrêmes résolutions; et, de ce couteau que voici, je me tuerai sur la place.

GEORGE DANDIN. — Ah! ah! à la bonne heure.

ANGÉLIQUE. — Pas tant à la bonne heure pour vous que vous vous imaginez. On sait de tous côtés nos différends et les chagrins perpétuels que vous concevez contre moi. Lorsqu'on me trouvera morte, il n'y aura personne qui mette en doute que ce ne soit vous qui m'aurez tuée; et mes parents ne sont pas gens assurément à laisser cette mort impunie; et ils en feront sur votre personne toute la punition que leur pourront offrir et les poursuites de la justice, et la chaleur de leur ressentiment. C'est par là que je trouverai moyen de me venger de vous; et je ne suis pas la première qui ait su recourir à de pareilles vengeances, qui n'ait pas fait difficulté de se donner la mort, pour perdre ceux qui ont la cruauté de nous pousser à la dernière extrémité.

GEORGE DANDIN. — Je suis votre valet. On ne s'avise plus de se tuer soi-même; et la mode en est passée il y a longtemps.

ANGÉLIQUE. — C'est une chose dont vous pouvez vous tenir sûr; et, si vous persistez dans votre refus, si vous ne me faites ouvrir, je vous jure que, tout-à-l'heure, je vais vous faire voir jusqu'où peut aller la résolution d'une personne qu'on met au désespoir.

GEORGE DANDIN. — Bagatelles, bagatelles, c'est pour me faire peur.

ANGÉLIQUE. — Hé bien! puisqu'il le faut, voici qui nous contentera tous deux, et montrera si je me moque (*après avoir fait semblant de se tuer*). Ah! c'en est fait. Fasse le ciel que ma mort soit vengée comme je le souhaite, et que celui qui en est cause reçoive un juste châtiment de la dureté qu'il a eue pour moi!

GEORGE DANDIN. — Ouais, serait-elle bien si malicieuse, que de s'être tuée pour me faire pendre? Prenons un bout de chandelle pour aller voir.

SCÈNE IX. — ANGÉLIQUE, CLAUDINE.

ANGÉLIQUE, *à Claudine.*— St. Paix! Rangeons-nous chacune immédiatement contre un des côtés de la porte.

SCÈNE X.— ANGÉLIQUE et CLAUDINE *entrent dans la maison au moment que George Dandin en sort, et ferment la porte en dedans;* GEORGE DANDIN, *une chandelle à la main.*

GEORGE DANDIN. — La méchanceté d'une femme irait-elle bien jusque-là? (*seul, après avoir regardé partout.*) Il n'y a personne. Hé! je m'en étais bien douté; et la pendarde s'est retirée, voyant qu'elle ne gagnait rien après moi, ni par prières, ni par menaces. Tant mieux! cela rendra ses affaires encore plus mauvaises; et le père et la mère, qui vont venir, en verront mieux son crime. (*après avoir été à la porte de la maison pour entrer*) Ah! ah! la porte s'est fermée! Holà! hé! quelqu'un! qu'on m'ouvre promptement.

SCÈNE XI. — ANGÉLIQUE et CLAUDINE, *à la fenêtre;* GEORGE DANDIN.

ANGÉLIQUE. — Comment c'est toi? D'où viens-tu, bon pendard? Est-il l'heure de revenir chez soi, quand le jour est près de paraître? et cette manière de vie est-elle celle que doit suivre un honnête mari?

CLAUDINE. — Cela est-il beau d'aller ivrogner toute la nuit, et de laisser ainsi toute seule une pauvre femme dans la maison?

GEORGE DANDIN. — Comment! vous avez...

ANGÉLIQUE. — Va, va, traître, je suis lasse de tes déportements, et je m'en veux plaindre sans plus tarder à mon père et à ma mère.

GEORGE DANDIN. — Quoi! c'est ainsi que vous osez...

SCÈNE XII. — MONSIEUR et MADAME DE SOTENVILLE, *en déshabillé de nuit,* COLIN, *portant une lanterne;* ANGÉLIQUE et CLAUDINE, *à la fenêtre;* GEORGE DANDIN.

ANGÉLIQUE, *à monsieur et à madame de Sotenville.* — Approchez, de grâce; et venez me faire raison de l'insolence la plus grande du monde, d'un mari à qui le vin et la jalousie ont troublé de telle sorte la cervelle, qu'il ne sait plus ce qu'il dit, ni ce qu'il fait, et vous a lui-même envoyé quérir pour vous faire témoins de l'extravagance la plus étrange dont on ait jamais ouï parler. Le voilà qui revient, comme vous voyez, après s'être fait attendre toute la nuit: et si vous voulez l'écouter, il vous dira qu'il a les plus grandes plaintes du monde à vous faire de moi; que, durant qu'il dormait, je me suis dérobée d'auprès de lui pour m'en aller courir, et cent autres contes de même nature qu'il rêver.

GEORGE DANDIN, *à part.* — Voilà une méchante carogne!

CLAUDINE. — Oui, il a voulu nous faire accroire qu'il était dans la maison, et que nous en étions dehors; et c'est une folie qu'il n'y a pas moyen de lui ôter de la tête.

M. DE SOTENVILLE. — Comment! qu'est-ce à dire cela?

MADAME DE SOTENVILLE. — Voilà une furieuse impudence que de nous envoyer quérir.

GEORGE DANDIN. — Jamais...

ANGÉLIQUE. — Non, mon père, je ne puis plus souffrir un mari de la sorte; ma patience est poussée à bout: et il vient de me dire cent paroles injurieuses.

M. DE SOTENVILLE, à George Dandin. — Corbleu! vous êtes un malhonnête homme!

CLAUDINE. — C'est une conscience de voir une pauvre jeune femme traitée de la façon; et cela crie vengeance au ciel.

GEORGE DANDIN. — Peut-on?...

M. DE SOTENVILLE. — Allez, vous devriez mourir de honte.

GEORGE DANDIN. — Laissez-moi vous dire deux mots.

ANGÉLIQUE. — Vous n'avez qu'à l'écouter, il va vous en conter de belles!

GEORGE DANDIN, à part. — Je désespère.

CLAUDINE. — Il a tant bu que je ne pense pas qu'on puisse durer contre lui; et l'odeur du vin qu'il souffle est montée jusqu'à nous.

GEORGE DANDIN. — Monsieur mon beau père, je vous conjure...

M. DE SOTENVILLE. — Retirez-vous : vous püez le vin à pleine bouche.

GEORGE DANDIN. — Madame, je vous prie...

MADAME DE SOTENVILLE. — Fi! ne m'approchez pas, votre haleine est empestée.

GEORGE DANDIN, à monsieur de Sotenville. — Souffrez que je vous...

M. DE SOTENVILLE. — Retirez-vous, vous dis-je: on ne peut vous souffrir.

GEORGE DANDIN, à madame de Sotenville. — Permettez, de grace que...

MADAME DE SOTENVILLE. — Pouah! vous m'engloutissez le cœur. Parlez de loin si vous voulez.

GEORGE DANDIN. — Hé bien! oui, je parle de loin. Je vous jure que je n'ai bougé de chez moi, et que c'est elle qui est sortie.

ANGÉLIQUE. — Ne voilà pas ce que je vous ai dit?

CLAUDINE. — Vous voyez quelle apparence il y a.

M. DE SOTENVILLE, à George Dandin. — Allez, vous vous moquez des gens. Descendez, ma fille, et venez ici.

SCÈNE XIII. — MONSIEUR et MADAME DE SOTENVILLE, GEORGE DANDIN, COLIN.

GEORGE DANDIN. — J'atteste le ciel que j'étais dans la maison et que...

M. DE SOTENVILLE. — Taisez-vous, c'est une extravagance qui n'est pas supportable.

GEORGE DANDIN. — Que la foudre m'écrase tout-à-l'heure, si...

M. DE SOTENVILLE. — Ne nous rompez pas la tête davantage, et songez à demander pardon à votre femme.

GEORGE DANDIN. — Moi! demander pardon?

M. DE SOTENVILLE. — Oui, pardon, et sur-le-champ.

GEORGE DANDIN. — Quoi! je...

M. DE SOTENVILLE. — Corbleu! si vous répliquez, je vous apprendrai ce que c'est que de vous jouer à nous.

GEORGE DANDIN. — Ah! George Dandin!

SCÈNE XIV. — MONSIEUR et MADAME DE SOTENVILLE, ANGÉLIQUE, GEORGE DANDIN, CLAUDINE, COLIN.

M. DE SOTENVILLE. — Allons, venez, ma fille, que votre mari vous demande pardon.

ANGÉLIQUE. — Moi, lui pardonner tout ce qu'il m'a dit? Non, non, mon père, il m'est impossible de m'y résoudre; et je vous prie de me séparer d'un mari avec lequel je ne saurais plus vivre.

CLAUDINE. — Le moyen d'y résister!

M. DE SOTENVILLE. — Ma fille, de semblables séparations ne se font point sans un grand scandale, et vous devez vous montrer plus sage que lui, et patienter encore cette fois.

ANGÉLIQUE.—Comment! patienter après de telles indignités? Non; mon père, c'est une chose où je ne puis consentir.

M. DE SOTENVILLE. — Il le faut, ma fille; et c'est moi qui vous le commande.

ANGÉLIQUE. —Ce mot me ferme la bouche, et vous avez sur moi une puissance absolue.

CLAUDINE. — Quelle douceur!

ANGÉLIQUE. — Il est fâcheux d'être contrainte d'oublier de telles injures; mais quelque violence que je me fasse, c'est à moi de vous obéir.

CLAUDINE. — Pauvre mouton!

M. DE SOTENVILLE, *à Angélique*. — Approchez.

ANGÉLIQUE. — Tout ce que vous me faites faire ne servira de rien; et vous verrez que ce sera dès demain à recommencer.

M. DE SOTENVILLE. — Nous y donnerons ordre. (*à George Dandin.*) Allons, mettez-vous à genoux.

GEORGE DANDIN. — A genoux?

M. DE SOTENVILLE. — Oui, à genoux, et sans tarder.

GEORGE DANDIN, *à genoux, une chandelle à la main.* (*à part.*) O ciel! (*à M de Sottenville.*) Que faut-il dire?

M. DE SOTENVILLE. — Madame, je vous prie de me pardonner...

GEORGE DANDIN. —Madame, je vous prie de me pardonner...

M. DE SOTENVILLE. — L'extravagance que j'ai faite...

GEORGE DANDIN.— L'extravagance que j'ai faite... (*à part.*) de vous épouser.

M. DE SOTENVILLE. — Et je vous promets de mieux vivre à l'avenir.

GEORGE DANDIN. — Et je vous promets de mieux vivre à l'avenir.

M. DE SOTENVILLE, *à George Dandin.* — Prenez-y garde, et sachez que c'est ici la dernière de vos impertinences que nous souffrirons.

MADAME DE SOTENVILLE. — Jour de dieu! si vous y retournez, on vous apprendra le respect que vous devez à votre femme et à ceux de qui elle sort.

M. DE SOTENVILLE. — Voilà le jour qui va paraître. Adieu. (*à George Dandin.*) Rentrez chez vous, et songez bien à être sage.) *à madame de Sotenville.*) Et nous, m'amour, allons nous mettre au lit.

SCÈNE XV. — GEORGE DANDIN, *seul.*

Ah! je le quitte maintenant, et je n'y vois plus de remède. Lorsqu'on a comme moi, épousé une méchante femme, le meilleur parti qu'on puisse prendre, c'est de s'aller jeter dans l'eau la tête la première.

FIN DE GEORGE DANDIN.

INTERMÈDES DE GEORGE DANDIN.
PERSONNAGES DES INTERMÈDES.

George Dandin.
Bergers dansants, déguisés en valets de fête.
Bergers jouant de la flûte.
Climène, bergère chantante.
Chloris, bergère chantante.
Tircis, berger chantant, amant de Climène.
Philène, berger chantant, amant de Chloris.
Une bergère.
Bateliers dansants.
Un paysan, ami de George Dandin.

Chœurs de bergère chantants.
Bergers et bergères dansants.
Un satyre chantant.
Un suivant de Bacchus, chantant.
Chœurs de suivants de Bacchus, chantants.
Chœurs de suivants de l'Amour, chantants.
Un berger chantant.
Suivants de Bacchus et bacchantes, dansants.
Suivants de l'Amour, dansants.

PREMIER INTERMÈDE.
SCÈNE PREMIÈRE.

GEORGE DANDIN, BERGERS *déguisés en valets de fête*, BERGERS *jouant de la flûte.*
PREMIÈRE ENTRÉE.

Quatre bergers déguisés en valets de fête, accompagnés de quatre bergers jouant de la flûte, entrent en dansant, et obligent George Dandin de danser avec eux.

George Dandin, mal satisfait de son mariage, et n'ayant l'esprit rempli que de fâcheuses pensées, quitte bientôt les bergers avec lesquels il n'a demeuré que par contrainte.

SCÈNE II. — CLIMÈNE, CHLORIS.

CLIMÈNE. — L'autre jour, d'Anette
    J'entendis la voix,
    Qui sur sa musette
    Chantait dans nos bois :
    Amour, que sous ton empire
    On souffre de maux cuisants!
    Je le puis bien dire,
    Puisque je le sens.

CHLORIS. — La jeune Lisette,
    Au même moment,
    Sur le ton d'Anette
    Reprit tendrement :
    Amour, si sous ton empire
    Je souffre des maux cuisants,
    C'est de n'oser dire
    Tout ce que je sens.

SCÈNE III. — TIRCIS, PHILÈNE, CLIMÈNE, CHLORIS.

CHLORIS. — Laisse-nous en repos, Philène.

CLIMÈNE. — Tircis, ne viens point m'arrêter.

TIRCIS ET PHILÈNE ENSEMBLE. — Ah! belle inhumaine,
    Daigne un moment m'écouter.

CLIMÈNE ET CHLORIS ENSEMBLE. — Mais que me veux-tu conter?

TIRCIS ET PHILÈNE ENSEMBLE. — Que d'une flamme immortelle
    Mon cœur brûle sous tes lois

CLIMÈNE ET CHLORIS ENSEMBLE. — Ce n'est pas une nouvelle,
    Tu me l'as dis mille fois.

PHILÈNE, *à Chloris.* — Quoi! veux-tu, toute ma vie,
    Que j'aime, et n'obtienne rien?

CHLORIS. — Non, ce n'est pas mon envie :
    N'aime plus, je le veux bien.

TIRCIS, *à Climène.* — Le ciel me force à l'hommage
    Dont tous ces bois sont témoins.

CLIMÈNE. — C'est au ciel, puisqu'il t'engage,
    A te payer de tes soins.

PHILÈNE, *à Chloris.* — C'est par ton mérite extrême
    Que tu captives mes vœux.

CHLORIS. — Si je mérite qu'on m'aime,
    Je ne dois rien à tes feux.

TIRCIS ET PHILÈNE ENSEMBLE. — L'éclat de tes yeux me tue.

CLIMÈNE ET CHLORIS ENSEMBLE. — Détourne de moi tes pas.

TIRCIS ET PHILÈNE ENSEMBLE. — Je me plais dans cette vie.

CLIMÈNE ET CHLORIS ENSEMBLE. — Berger, ne t'en plains donc pas.

PHILÈNE. — Ah! belle Climène!

TIRCIS. — Ah! belle Chloris!

PHILÈNE, *à Climène.* — Rends-la pour moi plus humaine.

TIRCIS, *à Chloris.* — Dompte pour moi ses mépris.

CLIMÈNE, *à Chloris.* — Sois sensible à l'amour que te porte Philène.

CHLORIS, *à Climène.* — Sois sensible à l'ardeur dont Tircis est épris.

CLIMÈNE, *à Chloris.* — Si tu veux me donner ton exemple, bergère,
    Peut-être je le recevrai.

CHLORIS, *à Climène.* — Si tu veux te résoudre à marcher la première,
    Possible que je te suivrai.

CLIMÈNE ET CHLORIS ENSEMBLE. — Adieu, berger.

    CLIMÈNE, *à Philène.* — Attends un favorable sort.

CHLORIS, *à Tircis.* — Attends un doux succès du mal qui te possède.

TIRCIS. — Je n'attends aucun remède.

PHILÈNE. — Et je n'attends que la mort.

TIRCIS ET PHILÈNE ENSEMBLE. — Puisqu'il nous faut languir en de tels déplaisirs,
Mettons fin, en mourant, à nos tristes soupirs.

FIN DU PREMIER INTERMÈDE.

DEUXIÈME INTERMÈDE.

SCÈNE PREMIÈRE. — GEORGE DANDIN, UNE BERGÈRE.

*La bergère vient apprendre à George Dandin le désespoir de Tircis et de Philène,
qui se sont précipités dans les eaux. George Dandin, agité d'autres inquiétudes, la quitte en colère.*

SCÈNE II. — CHLORIS.

Ah! mortelles douleurs!
Qu'ai-je plus à prétendre?
Coulez, coulez, mes pleurs :
Je n'en puis trop répandre.
Pourquoi faut-il qu'un tyrannique honneu
Tienne notre ame en esclave asservie?
Hélas! pour contenter sa barbare rigueur,
J'ai réduit mon amant à sortir de la vie.
Ah! mortelles douleurs!
Qu'ai-je plus à prétendre?
Coulez, coulez, mes pleurs :
Je n'en puis trop répandre.
Me puis-je pardonner dans ce funeste sort
Les sévères froideurs dont je m'étais armée?
Quoi donc? mon cher amant, je t'ai donné la mort,
Est-ce le prix, hélas! de m'avoir tant aimée?
Ah! mortelles douleurs!
Qu'ai-je plus à prétendre?
Coulez, coulez, mes pleurs :
Je n'en puis trop répandre.

FIN DU SECOND INTERMÈDE.

TROISIÈME INTERMÈDE.

SCÈNE PREMIÈRE. — GEORGE DANDIN, UNE BERGÈRE, BATELIERS.

*La bergère qui avait annoncé à George Dandin le malheur de Tircis et de Philène,
lui vient dire que ces bergers ne sont point morts, et lui montre les bateliers
qui les ont sauvés. George Dandin n'écoute pas plus tranquillement ce second
récit de la bergère qu'il n'avait fait le premier, et se retire.*

SCÈNE II. — ENTRÉE DE BALLET.

*Les bateliers qui ont sauvé Tircis et Philène, ravis de la récompense qu'ils ont
reçue, expriment leur joie en dansant, et font une manière de jeu avec leurs
crocs.*

FIN DU TROISIÈME INTERMÈDE.

QUATRIÈME INTERMÈDE.

SCÈNE PREMIÈRE. — GEORGE DANDIN, UN PAYSAN.

*Ce paysan, ami de George Dandin, lui conseille de noyer dans le vin toutes ses
inquiétudes, et l'emmène pour joindre sa troupe, voyant venir toute la foule
des bergers amoureux, qui commencent à célébrer par des chants et des
danses le pouvoir de l'Amour.*

SCÈNE II.

Le théâtre change et représente de grandes roches entremêlées d'arbres où l'on voit plusieurs bergers qui jouent des instruments.

CHLORIS, CLIMÈNE, TIRCIS, PHILÈNE, CHOEUR DE BERGERS CHANTANTS.
BERGERS ET BERGÈRES DANSANTS.

CHLORIS. — Ici l'ombre des ormeaux
    Donne un teint frais aux herbettes,
    Et les bords de ces ruisseaux
    Brillent de mille fleurettes
    Qui se mirent dans les eaux.
    Prenez, bergers, vos musettes,
    Ajustez vos chalumeaux,
    Et mêlons nos chansonnettes
    Aux chants des petits oiseaux.
    Le zéphyre entre ces eaux
    Fait mille courses secrètes;
    Et les rossignols nouveaux
    De leurs douces amourettes
    Parlent aux tendres rameaux.
    Prenez, bergers, vos musettes,
    Ajustez vos chalumeaux,
    Et mêlons nos chansonnettes
    Aux chants des petits oiseaux.

PREMIÈRE ENTRÉE DE BALLET.
Bergers et bergères dansants.

CLIMÈNE. — Ah! qu'il est doux, belle Sylvie,
    Ah! qu'il est doux de s'enflammer!
    Il faut retrancher de la vie
    Ce qu'on en passe sans aimer.
CHLORIS. — Ah! les beaux jours qu'Amour nous donne,
    Lorsque sa flamme unit les cœurs!
    Est-il ni gloire ni couronne
    Qui vaille ses moindres douceurs?
TIRCIS. — Qu'avec peu de raison on se plaint d'un martyre
    Que suivent de si doux plaisirs!
PHILÈNE. — Un moment de bonheur dans l'amoureux empire
    Répare dix ans de soupirs.
TOUS ENSEMBLE. — Chantons tous de l'amour le pouvoir adorable;
    Chantons tous dans ces lieux
    Ses attraits glorieux :
    Il est le plus aimable
    Et le plus grand des dieux.

SCÈNE III.

Un grand rocher couvert d'arbres, sur lequel est assise toute la troupe de Bacchus, s'avance sur le bord du théâtre.

UN SATYRE, UN SUIVANT DE BACCHUS, CHOEUR DE SATYRES CHANTANTS, SUIVANTS
DE BACCHUS ET BACCHANTES DANSANTS, CHLORIS, CLIMÈNE, TIRCIS, PHILÈNE,
CHOEUR DE BERGERS CHANTANTS, BERGERS ET BERGÈRES DANSANTS.

LE SATYRE. — Arrêtez, c'est trop entreprendre,
    Un autre dieu, dont nous suivons les lois,
    S'oppose à cet honneur qu'à l'Amour osent rendre
        Vos musettes et vos voix :
    A des titres si beaux Bacchus seul peut prétendre,
    Et nous sommes ici pour défendre ses droits.
CHOEUR DE SATYRES. — Nous suivons de Bacchus le pouvoir adorable:
    Nous suivons en tous lieux
    Ses attraits glorieux :
    Il est le plus aimable
    Et le plus grand des dieux.

DEUXIÈME ENTRÉE DE BALLET.

Suivants de Bacchus et bacchantes dansants.

CHLORIS. — C'est le printemps qui rend l'ame
A nos champs semés de fleurs ;
Mais c'est l'Amour et sa flamme
Qui font revivre nos cœurs.

UN SUIVANT DE BACCHUS. — Le soleil chasse les ombres
Dont le ciel est obscurci ;
Et des ames les plus sombres
Bacchus chasse le souci.

CHOEUR DES SUIVANTS DE BACCHUS.
Bacchus est révéré sur la terre et sur l'onde.

CHOEUR DES SUIVANTS DE L'AMOUR.
Et l'Amour est un dieu qu'on adore en tous lieux.

CHOEUR DES SUIVANTS DE BACCHUS.
Bacchus à son pouvoir a soumis tout le monde.

CHOEUR DES SUIVANTS DE L'AMOUR.
Et l'Amour a dompté les hommes et les dieux.

CHOEUR DES SUIVANTS DE BACCHUS.—Rien peut-il égaler sa force sans seconde?
CHOEUR DES SUIVANTS DE L'AMOUR. — Rien peut-il égaler ses charmes précieux?
CHOEUR DES SUIVANTS DE BACCHUS. — Fi de l'amour et de ses feux !
CHOEUR DES SUIVANTS DE L'AMOUR. — Ah! quel plaisir d'aimer !
CHOEUR DES SUIVANTS DE BACCHUS. — Ah! quel plaisir de boire !
CHOEUR DES SUIVANTS DE L'AMOUR. — A qui vit sans amour la vie est sans appas.
CHOEUR DES SUIVANTS DE BACCHUS.—C'est mourir que de vivre et de ne boire pas.
CHOEUR DES SUIVANTS DE L'AMOUR. — Aimables fers !
CHOEUR DES SUIVANTS DE BACCHUS. — Douce victoire !
CHOEUR DES SUIVANTS DE L'AMOUR. — Ah! quel plaisir d'aimer !
CHOEUR DES SUIVANTS DE BACCHUS. — Ah! quel plaisir de boire !
TOUS ENSEMBLE. — Non, non, c'est un abus :
Le plus grand dieu de tous...
CHOEUR DES SUIVANTS DE L'AMOUR. — C'est l'Amour.
CHOEUR DES SUIVANTS DE BACCHUS. — C'est Bacchus.

SCÈNE IV. — UN BERGER, ET LES MÊMES ACTEURS.

LE BERGER. — C'est trop, c'est trop, bergers. Hé! pourquoi ces débats?
Souffrons qu'en un parti la raison nous assemble.
L'Amour a des douceurs, Bacchus a des appas :
Ce sont deux déités qui sont fort bien ensemble;
Ne les séparons pas.

LES DEUX CHOEURS. — Mêlons donc leurs douceurs aimables.
Mêlons nos voix dans ces lieux agréables,
Et faisons répéter aux échos d'alentour
Qu'il n'est rien de plus doux que Bacchus et l'Amour.

TROISIÈME ENTRÉE DE BALLET.

*Les bergers et bergères se mêlent avec les suivants de Bacchus et les bacchantes.
Les suivants de Bacchus frappent avec leurs thyrses les espèces de tambours
de basques que portent les bacchantes pour représenter ces cribles qu'elles
portaient anciennement aux fêtes de Bacchus; les unes et les autres font différentes postures, pendant que les bergers et les bergères dansent plus sérieusement.*

FIN DE GEORGE DANDIN.

L'AVARE,

COMÉDIE EN CINQ ACTES.

PERSONNAGES.

HARPAGON, père de Cléante et d'Élise, et amoureux de Mariane.
ANSELME, père de Valère et de Mariane.
CLÉANTE, fils d'Harpagon, amant de Mariane.
ÉLISE, fille d'Harpagon, amante de Valère.
VALÈRE, fils d'Anselme, amant d'Élise.
MARIANE, fille d'Anselme, amante de Cléante, et aimée d'Harpagon.
FROSINE, femme d'intrigue.
MAITRE SIMON, courtier.

MAITRE JACQUES, cuisinier et cocher d'Harpagon.
LA FLÈCHE, valet de Cléante.
DAME CLAUDE, servante d'Harpagon.
BRINDAVOINE, } laquais d'Harpagon.
LAMERLUCHE, }
UN COMMISSAIRE.

La scène est à Paris, dans la maison d'Harpagon.

ACTE Iᵉʳ.

SCÈNE PREMIÈRE. — VALÈRE ÉLISE.

VALÈRE. — Hé quoi! charmante Élise, vous devenez mélancolique, après les obligeantes assurances que vous avez eu la bonté de me donner de votre foi! Je vous vois soupirer, hélas! au milieu de ma joie! Est-ce du regret, dites-moi, de m'avoir fait heureux? et vous repentez-vous de cet engagement où mes feux ont pu vous contraindre?

ÉLISE. — Non, Valère, je ne puis pas me repentir de tout ce que je fais pour vous. Je m'y sens entraîner par une trop douce puissance, et je n'ai pas même la force de souhaiter que les choses ne fussent pas. Mais, à vous dire vrai, le succès me donne de l'inquiétude; et je crains fort de vous aimer un peu plus que je ne devrais.

VALÈRE. — Hé! que pouvez-vous craindre, Élise, dans les bontés que vous avez pour moi?

ÉLISE. — Hélas! cent choses à la fois: l'emportement d'un père, les reproches d'une famille, les censures du monde, mais plus que tout, Valère, le changement de votre cœur, et cette froideur criminelle dont ceux de votre sexe paient le plus souvent les témoignages trop ardents d'un innocent amour.

VALÈRE. — Ah! ne me faites pas ce tort de juger de moi par les autres! Soupçonnez-moi de tout, Élise, plutôt que de manquer à ce que je vous dois: Je vous aime trop pour cela, et mon amour pour vous durera autant que ma vie.

ÉLISE. — Ah! Valère, chacun tient les mêmes discours! Tous les hommes sont semblables par les paroles, et ce n'est que les actions qui les découvrent différents.

VALÈRE. — Puisque les seules actions font connaître ce que nous sommes, attendez donc, au moins, à juger de mon cœur par elles, et ne me cherchez point de crimes dans les injustes craintes d'une fâcheuse prévoyance. Ne m'assassinez point, je vous prie, par les sensibles coups d'un soupçon outrageux; et donnez-moi le temps de vous convaincre, par mille et mille preuves, de l'honnêteté de mes feux.

ÉLISE. — Hélas! qu'avec facilité on se laisse persuader par les personnes que l'on aime! Oui, Valère, je tiens votre cœur incapable de m'abuser. Je crois que vous m'aimez d'un véritable amour, et que vous me serez fidèle; je n'en veux point du tout douter, et je retranche mon chagrin aux appréhensions du blâme qu'on pourra me donner.

VALÈRE. — Mais pourquoi cette inquiétude?

ÉLISE. — Je n'aurais rien à craindre, si tout le monde vous voyait des yeux dont je vous vois; et je trouve en votre personne de quoi avoir raison aux choses que je fais pour vous. Mon cœur, pour sa défense, a tout votre mérite, appuyé du secours d'une reconnaissance où le ciel m'engage envers vous. Je

L'Avare, p. 322.

me représente, à toute heure, ce péril étonnant qui commença de nous offrir aux regards l'un de l'autre, cette générosité surprenante, qui vous fit risquer votre vie, pour dérober la mienne à la fureur des ondes, ces soins pleins de tendresse que vous me fîtes éclater après m'avoir tirée de l'eau, et les hommages assidus de cet ardent amour que ni le temps ni les difficultés n'ont rebuté, et qui, vous faisant négliger et parents et patrie, arrête vos pas en ces lieux, y tient en ma faveur votre fortune déguisée, et vous a réduit, pour me voir, à vous revêtir de l'emploi de domestique de mon père. Tout cela fait chez moi, sans doute, un merveilleux effet; et c'en est assez, à mes yeux, pour me justifier l'engagement où j'ai pu consentir : mais ce n'est pas assez, peut-être, pour le justifier aux autres, et je ne suis pas sûre qu'on entre dans mes sentiments.

VALÈRE. — De tout ce que vous avez dit, ce n'est que par mon seul amour que je prétends, auprès de vous, mériter quelque chose : et, quant aux scrupules que vous avez, votre père lui-même ne prend que trop de soin de vous justifier à tout le monde ; et l'excès de son avarice, et la manière austère dont il vit avec ses enfants, pourraient autoriser des choses plus étranges. Pardonnez-moi, charmante Élise, si j'en parle ainsi devant vous. Vous savez que, sur ce chapitre, on n'en peut pas dire de bien. Mais enfin si je puis, comme je l'espère, retrouver mes parents, nous n'aurons pas beaucoup de peine à nous le rendre favorable. J'en attends des nouvelles avec impatience ; et j'en irai chercher moi-même si elles tardent à venir.

ÉLISE. — Ah! Valère, ne bougez pas d'ici, je vous prie, et songez seulement à vous bien mettre dans l'esprit de mon père.

VALÈRE. — Vous voyez comme je m'y prends, et les adroites complaisances qu'il m'a fallu mettre en usage pour m'introduire à son service; sous quel masque de sympathie et de rapports de sentiments je me déguise pour lui plaire, et quel personnage je joue tous les jours avec lui afin d'acquérir sa tendresse. J'y fais des progrès admirables; et j'éprouve que, pour gagner les hommes, il n'est point de meilleure voie que de se parer, à leurs yeux, de leurs inclinations, que de donner dans leurs maximes, encenser leurs défauts, et applaudir à ce qu'ils font. On n'a que faire d'avoir peur de trop charger la complaisance, et la manière dont on les joue a beau être visible, les plus fins sont toujours de grandes dupes du côté de la flatterie; et il n'y a rien de si impertinent et de si ridicule, qu'on ne fasse avaler, lorsqu'on l'assaisonne en louanges. La sincérité souffre un peu au métier que je fais : mais, quand on a besoin des hommes, il faut bien s'ajuster à eux : et puisqu'on ne saurait les gagner que par-là, ce n'est pas la faute de ceux qui flattent, mais de ceux qui veulent être flattés.

ÉLISE. — Mais que ne tâchez-vous aussi à gagner l'appui de mon frère, en cas que la servante s'avisât de révéler notre secret?

VALÈRE. — On ne peut pas ménager l'un et l'autre ; et l'esprit du père et celui du fils sont des choses si opposées, qu'il est difficile d'accommoder [ces deux confidences ensemble. Mais vous, de votre part, agissez auprès de votre frère, et servez-vous de l'amitié qui est entre vous deux, pour le jeter dans nos intérêts. Il vient. Je me retire. Prenez ce temps pour lui parler, et ne lui découvrez de notre affaire que ce que vous jugerez à propos.

ÉLISE. — Je ne sais si j'aurai la force de lui faire cette confidence.

SCÈNE II. — CLÉANTE, ÉLISE.

CLÉANTE. — Je suis bien aise de vous trouver seule, ma sœur; et je brûlais de vous parler, pour m'ouvrir à vous d'un secret.

ÉLISE. — Me voilà prête à vous ouïr, mon frère. Qu'avez-vous à me dire?

CLÉANTE. — Bien des choses, ma sœur, enveloppées dans un mot. J'aime.

ÉLISE. — Vous aimez?

CLÉANTE. — Oui, j'aime. Mais, avant que d'aller plus loin, je sais que je dépends d'un père, et que le nom de fils me soumet à ses volontés; que nous ne devons point engager notre foi sans le consentement de ceux dont nous tenons le jour; que le ciel les a faits les maîtres de nos vœux, et qu'il nous est enjoint de n'en disposer que par leur conduite; que, n'étant prévenus d'aucune folle ardeur, ils sont en état de se tromper bien moins que nous, et de voir beaucoup mieux ce qui nous est propre ; qu'il en faut plutôt croire les lumières de leur prudence que l'aveuglement de notre passion ; et que l'emportement de la jeunesse nous entraîne le plus souvent dans des principes fâcheux. Je vous dis tout cela, ma sœur, afin que vous ne vous donniez pas la peine de me le dire ; car enfin mon amour ne veut rien écouter, et je vous prie de ne me point faire de remontrances.

ÉLISE. — Vous êtes-vous engagé, mon frère, avec celle que vous aimez ?

CLÉANTE. — Non ; mais j'y suis résolu, et je vous conjure, encore une fois, de ne me point apporter de raisons pour m'en dissuader.

ÉLISE. — Suis-je, mon frère, une si étrange personne ?

CLÉANTE. — Non, ma sœur ; mais vous n'aimez pas. Vous ignorez la douce violence qu'un tendre amour fait sur nos cœurs, et j'appréhende votre sagesse.

ÉLISE. — Hélas ! mon frère, ne parlons point de ma sagesse. Il n'est personne qui n'en manque, du moins une fois en sa vie ; et, si je vous ouvre mon cœur, peut-être serai-je à vos yeux bien moins sage que vous.

CLÉANTE. — Ah ! plût au ciel que votre ame, comme la mienne...

ÉLISE. — Finissons auparavant votre affaire, et me dites qui est celle que vous aimez.

CLÉANTE. — Une jeune personne qui loge depuis peu en ces quartiers, et qui semble être faite pour donner de l'amour à tous ceux qui la voient. La nature, ma sœur, n'a rien formé de plus aimable, et je me sentis transporté dès le moment où je la vis. Elle se nomme Mariane, et vit sous la conduite d'une bonne femme de mère qui est presque toujours malade, et pour qui cette aimable fille a des sentiments d'amitié qui ne sont pas imaginables. Elle la sert, la plaint et la console, avec une tendresse qui vous toucherait l'ame. Elle se prend d'un air le plus charmant du monde aux choses qu'elle fait ; et l'on voit briller mille graces en toutes ses actions, une douceur pleine d'attraits, une bonté toute engageante, une honnêteté adorable, une... Ah ! ma sœur, je voudrais que vous l'eussiez vue !

ÉLISE. — J'en vois beaucoup, mon frère, dans les choses que vous me dites ; et, pour comprendre ce qu'elle est, il me suffit que vous l'aimez.

CLÉANTE. — J'ai découvert, sous main, qu'elles ne sont pas fort accommodées, et que leur discrète conduite a de la peine à étendre à tous leurs besoins le bien qu'elles peuvent avoir. Figurez-vous, ma sœur, quelle joie ce peut être que de relever la fortune d'une personne que l'on aime, que de donner adroitement quelques petits secours aux modestes nécessités d'une vertueuse famille ; et concevez quel déplaisir ce m'est de voir que, par l'avarice d'un père, je sois dans l'impuisssance de goûter cette joie, et de faire éclater à cette belle aucun témoignage de mon amour.

ÉLISE. — Oui, je conçois assez, mon frère, quel doit être votre chagrin.

CLÉANTE. Ah ! ma sœur, il est plus grand qu'on ne peut croire. Car enfin, peut-on rien voir de plus cruel que cette rigoureuse épargne qu'on exerce sur nous, que cette sécheresse étrange où l'on nous fait languir ? Hé ! que nous servira d'avoir du bien, s'il ne nous vient que dans le temps que nous ne serons plus dans le bel âge d'en jouir, et si, pour m'entretenir même, il faut que maintenant je m'engage de tous côtés ; si je suis réduit avec vous à chercher tous les jours le secours des marchands pour avoir moyen de porter des habits raisonnables ? Enfin, j'ai voulu vous parler pour m'aider à sonder mon père sur les sentiments où je suis ; et si je l'y trouve contraire, j'ai résolu d'aller en d'autres lieux, avec cette aimable personne, jouir de la fortune que le ciel voudra nous offrir. Je fais chercher partout, pour ce dessein, de l'argent à emprunter ; et si vos affaires, ma sœur, sont semblables aux miennes, et qu'il faille que notre père s'oppose à nos désirs, nous le quitterons là tous deux, et nous affranchirons de cette tyrannie où nous tient, depuis si longtemps, son avarice insupportable.

ÉLISE. — Il est bien vrai que tous les jours il nous donne de plus en plus sujet de regretter la mort de notre mère, et que...

CLÉANTE. — J'entends sa voix ; éloignons-nous un peu pour achever notre confidence ; et nous joindrons après nos forces pour venir attaquer la dureté de son humeur.

SCÈNE III. — HARPAGON, LA FLÈCHE.

HARPAGON. — Hors d'ici tout-à-l'heure, et qu'on ne réplique pas. Allons, que l'on détale de chez moi, maître juré filou, vrai gibier de potence.

LA FLÈCHE, *à part.* — Je n'ai jamais rien vu de si méchant que ce maudit vieillard; et je pense, sauf correction, qu'il a le diable au corps

HARPAGON. — Tu murmures entre tes dents?

LA FLÈCHE. — Pourquoi me chassez-vous?

HARPAGON. — C'est bien à toi, pendard, à me demander des raisons! Sors vite que je ne t'assomme.

LA FLÈCHE. — Qu'est-ce que je vous ai fait?

HARPAGON. —Tu m'as fait que je veux que tu sortes.

LA FLÈCHE. — Mon maître, votre fils, m'a donné ordre de l'attendre.

HARPAGON. — Va-t'en dans la rue, et ne sois point dans ma maison, planté tout droit comme un piquet, à observer ce qui se passe, et à faire ton profit de tout. Je ne veux point voir sans cesse devant moi un espion de mes affaires, un traître, dont les yeux maudits assiègent toutes mes actions, dévorent ce que je possède, et furètent de tous côtés pour voir s'il n'y a rien à voler.

LA FLÈCHE. — Comment diantre voulez-vous qu'on fasse pour vous voler? Êtes-vous un homme volable, quand vous renfermez toutes choses, et faites sentinelle jour et nuit?

HARPAGON. — Je veux renfermer ce que bon me semble, et faire sentinelle comme il me plaît. Ne voilà pas de mes mouchards qui prennent garde à ce qu'on fait! (*bas, à part.*) Je tremble qu'il n'ait soupçonné quelque chose de mon argent (*haut*). Ne serais-tu point homme à faire courir le bruit que j'ai chez moi de l'argent caché?

LA FLÈCHE. — Vous avez de l'argent caché?

HARPAGON. — Non, coquin, je ne dis pas cela. (*bas.*) J'enrage! (*haut.*) Je demande si malicieusement tu n'irais point faire courir le bruit que j'en ai.

LA FLÈCHE. — Hé! que nous importe que vous en ayez ou que vous n'en ayez pas, si c'est pour nous la même chose?

HARPAGON, *levant la main pour donner un soufflet à la Flèche.* — Tu fais le raisonneur! Je te baillerai de ce raisonnement-ci par les oreilles. Sors d'ici, encore une fois.

LA FLÈCHE. — Hé bien! je sors.

HARPAGON. — Attends: ne m'emportes-tu rien?

LA FLÈCHE. — Que vous emporterais-je?

HARPAGON. — Tiens, viens çà, que je voie. Montre-moi tes mains.

LA FLÈCHE. — Les voilà.

HARPAGON. — Les autres.

LA FLÈCHE. — Les autres?

HARPAGON. — Oui.

LA FLÈCHE. — Les voilà.

HARPAGON, *montrant les hauts-de-chausses de la Flèche.* — N'as-tu rien mis ici de-dans?

LA FLÈCHE. — Voyez-vous même.

HARPAGON, *tâtant le bas des chausses de la Flèche.* — Ces grands hauts-de-chausses sont propres à devenir les recéleurs de choses qu'on dérobe, et je voudrais qu'on en eût fait pendre quelqu'un.

LA FLÈCHE, *à part.* — Ah! qu'un homme comme cela mériterait bien ce qu'il craint, et que j'aurais de joie à le voler!

HARPAGON. — Hé?

LA FLÈCHE. — Quoi?

HARPAGON. — Qu'est-ce que tu parles de voler?

LA FLÈCHE. — Je vous dis que vous fouillez bien partout, pour voir si je vous ai volé.

HARPAGON. — C'est ce que je veux faire. (*Harpagon fouille dans les poches la Flèche*).

LA FLÈCHE, *à part.* — La peste soit de l'avarice et des avaricieux!

HARPAGON. — Comment? Que dis-tu?

LA FLÈCHE. — Ce que je dis?

HARPAGON. — Oui. Qu'est-ce que tu dis d'avarice et d'avaricieux ?

LA FLÈCHE. — Je dis que la peste soit de l'avarice et des avaricieux !

HARPAGON. — De qui veux-tu parler?

LA FLÈCHE. — Des avaricieux.

HARPAGON. — Et qui sont-ils, ces avaricieux ?

LA FLÈCHE. — Des vilains et des ladres.

HARPAGON. — Mais qui est-ce que tu entends par là?

LA FLÈCHE. — De quoi vous mettez-vous en peine?

HARPAGON. — Je me mets en peine de ce qu'il faut.

LA FLÈCHE. — Est-ce que vous croyez que je veux parler de vous?

HARPAGON. — Je crois ce que je crois; mais je veux que tu me dises à qui tu parles quand tu dis cela.

LA FLÈCHE. — Je parle... je parle à mon bonnet.

HARPAGON. — Et moi, je pourrais bien parler à ta barrette.

LA FLÈCHE. — M'empêcherez-vous de maudire les avaricieux?

HARPAGON. — Non; mais je t'empêcherai de jaser et d'être insolent. Tais-toi.

LA FLÈCHE. — Je ne nomme personne.

HARPAGON. — Je te rosserai si tu parles.

LA FLÈCHE. — Qui se sent morveux, qu'il se mouche.

HARPAGON. — Te tairas-tu?

LA FLÈCHE. — Oui, malgré moi.

HARPAGON. — Ah! ah!

LA FLÈCHE, *montrant à Harpagon une poche de son justaucorps.* — Tenez, voilà encore une poche : êtes-vous satisfait?

HARPAGON. — Allons, rends-le moi sans te fouiller.

LA FLÈCHE. — Quoi?

HARPAGON. — Ce que tu m'as pris.

LA FLÈCHE. — Je ne vous ai rien pris du tout.

HARPAGON. — Assurément?

LA FLÈCHE. — Assurément.

HARPAGON. — Adieu. Va-t'en à tous les diables.

LA FLÈCHE, *à part.* — Me voilà fort bien congédié.

HARPAGON. — Je te le mets sur ta conscience au moins.

SCÈNE IV. — HARPAGON, *seul.*

Voilà un pendard de valet qui m'incommode fort; et je ne me plais point à voir ce chien de boiteux-là. Certes, ce n'est pas une petite peine que de garder chez soi une grande somme d'argent; et bien heureux qui a tout son fait bien placé, et ne conserve seulement que ce qu'il faut pour sa dépense. On n'est pas peu embarrassé à inventer dans toute une maison une cache fidèle; car, pour moi, les coffres-forts me sont suspects, et je ne veux jamais m'y fier. Je les tiens justement une franche amorce à voleurs; et c'est toujours la première chose que l'on va attaquer.

SCÈNE V. — HARPAGON, ÉLISE ET CLÉANTE, *parlant ensemble, et restant dans le fond du théâtre.*

HARPAGON, *se croyant seul.* — Cependant je ne sais si j'aurai bien fait d'avoir enterré dans mon jardin dix mille écus qu'on me rendit hier. Dix mille écus en or chez soi est une somme assez... (*A part, apercevant Élise et Cléante.*) O ciel! je me serai trahi moi-même, la chaleur m'aura emporté, et je crois que j'ai parlé haut, en raisonnant tout seul. (*A Cléante et à Élise.*) Qu'est-ce?

CLÉANTE. — Rien, mon père.

HARPAGON. — Y a-t-il longtemps que vous êtes là?

ÉLISE. — Nous ne venons que d'arriver.

HARPAGON. — Vous avez entendu...

CLÉANTE. — Quoi? mon père.

HARPAGON. — Là...

ÉLISE. — Quoi?

HARPAGON. — Ce que je viens de dire.

CLÉANTE. — Non.

HARPAGON. — Si fait, si fait,

ÉLISE. — Pardonnez-moi.

HARPAGON. — Je vois bien que vous en avez ouï quelques mots. C'est que je m'entretenais moi-même de la peine qu'il y a aujourd'hui à trouver de l'argent, et je disais qu'il est bien heureux qui peut avoir dix mille écus chez soi.

CLÉANTE. — Nous feignions à vous aborder, de peur de vous interrompre.

HARPAGON. — Je suis bien aise de vous dire cela, afin que vous n'alliez pas prendre les choses de travers, et vous imaginer que je dise que c'est moi qui ai dix mille écus.

CLÉANTE. — Nous n'entrons point dans vos affaires.

HARPAGON. — Plût à Dieu que je les eusse, les dix mille écus!

CLÉANTE. — Je ne crois pas...

HARPAGON. — Ce serait une bonne affaire pour moi.

ÉLISE. — Ce sont des choses...

HARPAGON. — J'en aurais bon besoin.

CLÉANTE. — Je pense que...

HARPAGON. — Cela m'accommoderait fort.

ÉLISE. — Vous êtes...

HARPAGON. — Et je ne me plaindrais pas, comme je fais, que le temps est misérable.

CLÉANTE. — Mon Dieu! mon père, vous n'avez pas lieu de vous plaindre, et l'on sait que vous avez assez de bien.

HARPAGON. — Comment? j'ai assez de bien? Ceux qui le disent en ont menti. Il n'y a rien de plus faux; ce sont des coquins qui font courir tous ces bruits-là.

ÉLISE. — Ne vous mettez point en colère.

HARPAGON. — Cela est étrange que mes propres enfants me trahissent et deviennent mes ennemis.

CLÉANTE. — Est-ce être votre ennemi que de dire que vous avez du bien.

HARPAGON. — Oui. De pareils discours et les dépenses que vous faites seront cause qu'un de ces jours on me viendra chez moi couper la gorge, dans la pensée que je suis tout couvert de pistoles.

CLÉANTE. — Quelle grande dépense est-ce que je fais?

HARPAGON. — Quelle? est-il rien de plus scandaleux que ce somptueux équipage que vous promenez par la ville? Je querellais hier votre sœur; mais c'est encore pis. Voilà qui crie vengeance au ciel; et, à vous prendre depuis les pieds jusqu'à la tête, il y aurait là de quoi faire une bonne constitution. Je vous l'ai dit vingt fois, mon fils: toutes vos manières me déplaisent fort; vous donnez furieusement dans le marquis; et, pour aller ainsi vêtu, il faut bien que vous me dérobiez.

CLÉANTE. — Hé! comment vous dérober?

HARPAGON. — Que sais-je, moi? Où pouvez-vous donc prendre de quoi entretenir l'état que vous portez?

CLÉANTE. — Moi, mon père? c'est que je joue, et, comme je suis fort heureux, je mets sur moi tout l'argent que je gagne.

HARPAGON. — C'est fort mal fait. Si vous êtes heureux au jeu, vous en devriez profiter, et mettre à honnête intérêt l'argent que vous gagnez, afin de le trouver un jour. Je voudrais bien savoir, sans parler du reste, à quoi servent tous ces rubans dont vous voilà lardé depuis les pieds jusqu'à la tête, et si une demi-douzaine d'aiguillettes ne suffit pas pour attacher un haut-de-chausses. Il est bien nécessaire d'employer de l'argent à des perruques, lorsque l'on peut porter des cheveux de son cru qui ne coûtent rien. Je vais gager qu'en perruques et rubans il y a du moins vingt pistoles; et vingt pistoles rapportent par année dix-huit livres six sous huit deniers, à ne les placer qu'au denier douze.

CLÉANTE. — Vous avez raison.

HARPAGON. — Laissons cela, et parlons d'autres affaires. (*Apercevant Cléante et Elise qui se font des signes.*) Hé! (*Bas, à part.*) Je crois qu'ils se font signe l'un à l'autre de me voler ma bourse. (*Haut.*) Que veulent dire ces gestes-là?

ÉLISE. — Nous marchandons, mon frère et moi, à qui parlera le premier: et nous avons tous deux quelque chose à vous dire.

HARPAGON. — Et moi, j'ai quelque chose aussi à vous dire à tous deux.

CLÉANTE. — C'est de mariage, mon père, que nous désirons vous parler.

HARPAGON. — Et c'est de mariage aussi que je veux vous entretenir.

ÉLISE. — Ah! mon pere!

HARPAGON. — Pourquoi ce cri? Est-ce le mot, ma fille, ou la chose qui vous fait peur?

CLÉANTE. — Le mariage peut nous faire peur à tous deux de la façon que vous pouvez l'entendre, et nous craignons que nos sentiments ne soient pas d'accord avec votre choix.

HARPAGON. — Un peu de patience, ne vous alarmez point. Je sais ce qu'il faut à tous deux, et vous n'aurez, ni l'un ni l'autre, aucun lieu de vous plaindre de tout ce que je prétends faire, et pour commencer par un bout, (à Cléante) avez-vous vu, dites-moi, une jeune personne appelée Mariane, qui ne loge pas loin d'ici?

CLÉANTE. — Oui, mon père.

HARPAGON. — Et vous?

ÉLISE. — J'en ai ouï parler.

HARPAGON. — Comment, mon fils, trouvez-vous cette fille?

CLÉANTE. — Une fort charmante personne.

HARPAGON. — Sa physionomie?

CLÉANTE. — Tout honnête et pleine d'esprit.

HARPAGON. — Son air et sa manière?

CLÉANTE. — Admirables, sans doute.

HARPAGON. — Ne croyez-vous pas qu'une fille comme cela mériterait assez que l'on songeât à elle?

CLÉANTE. — Oui, mon père.

HARPAGON. — Que ce serait un parti souhaitable?

CLÉANTE. — Très souhaitable.

HARPAGON. — Qu'elle a toute la mine de faire un bon ménage?

CLÉANTE. — Sans doute.

HARPAGON. — Et qu'un mari aurait satisfaction avec elle?

CLÉANTE. — Assurément.

HARPAGON. — Il y a une petite difficulté; c'est que j'ai peur qu'il n'y ait pas avec elle tout le bien qu'on pourrait prétendre.

CLÉANTE. — Ah! mon père, le bien n'est pas considérable, lorsqu'il est question d'épouser une honnête personne.

HARPAGON. — Pardonnez-moi, pardonnez-moi. Mais ce qu'il y a à dire, c'est que, si l'on n'y trouve pas tout le bien qu'on souhaite, on peut tâcher de regagner sur autre chose.

CLÉANTE. — Cela s'entend.

HARPAGON. — Enfin, je suis bien aise de vous voir dans mes sentiments, car son maintien honnête et sa douceur m'ont gagné l'ame; et je suis résolu de l'épouser, pourvu que j'y trouve quelque bien.

CLÉANTE. — Euh?

HARPAGON. — Comment?

CLÉANTE. — Vous êtes résolu, dites-vous...

HARPAGON. — D'épouser Mariane.

CLÉANTE. — Qui? vous, vous?

HARPAGON. — Oui, moi, moi, moi. Que veut dire cela?

CLÉANTE. — Il m'a pris tout-à-coup un éblouissement, et je me retire d'ici.

HARPAGON. — Cela ne sera rien. Allez vite boire dans la cuisine un grand verre d'eau claire.

SCÈNE VI. — HARPAGON, ÉLISE.

HARPAGON. — Voilà de mes damoiseaux fluets qui n'ont non plus de vigueur que des poules. C'est là, ma fille, ce que j'ai résolu pour moi. Quant à ton frère, je lui destine une certaine veuve dont ce matin on m'est venu parler; et pour toi, je te donne au seigneur Anselme.

ÉLISE. — Au seigneur Anselme?

HARPAGON. — Oui, un homme mûr, prudent et sage, qui n'a pas plus de cinquante ans et dont on vante les grands biens.

ÉLISE, faisant la révérence. — Je ne veux point me marier, mon père, s'il vous plaît.

HARPAGON, contrefaisant Elise. — Et moi, ma petite fille, ma mie, je veux que vous vous mariez. s'il vous plaît.

ÉLISE, *faisant encore la révérence.* — Je vous demande pardon, mon père.

HARPAGON, *contrefaisant Elise.* — Je vous demande pardon, ma fille.

ÉLISE. — Je suis très humble servante au seigneur Anselme ; mais (*faisant encore la révérence*) avec votre permission, je ne l'épouserai point.

HARPAGON. — Je suis votre très humble valet ; mais (*contrefaisant encore Elise*) avec votre permission, vous l'épouserez dès ce soir.

ÉLISE. — Dès ce soir ?

HARPAGON. — Dès ce soir.

ÉLISE, *faisant encore la révérence.* — Cela ne sera pas, mon père.

HARPAGON, *contrefaisant encore Elise.* — Cela sera, ma fille.

ÉLISE. — Non.

HARPAGON. — Si.

ÉLISE. — Non, vous dis-je.

HARPAGON. — Si, vous dis-je.

ÉLISE. — C'est une chose où vous ne me réduirez point.

HARPAGON. — C'est une chose où je te réduirai.

ÉLISE. — Je me tuerai plutôt que d'épouser un tel mari.

HARPAGON. — Tu ne te tueras point, et tu l'épouseras. Mais voyez quelle audace ! A-t-on jamais vu une fille parler de la sorte à son père ?

ÉLISE. — Mais a-t-on jamais vu père marier sa fille de la sorte ?

HARPAGON. — C'est un parti où il n'y a rien à redire, et je gage que tout le monde approuvera mon choix.

ÉLISE. — Et moi, je gage qu'il ne saurait être approuvé d'aucune personne raisonnable.

HARPAGON, *apercevant Valère de loin.* — Voilà Valère. Veux-tu qu'entre nous deux nous le fassions juge de cette affaire ?

ÉLISE. — J'y consens.

HARPAGON. — Te rendras-tu à son jugement ?

ÉLISE. — Oui ; j'en passerai par ce qu'il dira.

HARPAGON. — Voilà qui est fait.

SCÈNE VII. — VALÈRE, HARPAGON, ÉLISE.

HARPAGON. — Ici, Valère. Nous t'avons élu pour nous dire qui a raison, de moi ou de ma fille.

VALÈRE. — C'est vous, monsieur, sans contredit.

HARPAGON. — Sais-tu bien de quoi nous parlons ?

VALÈRE. — Non. Mais vous ne sauriez avoir tort, et vous êtes toute raison.

HARPAGON. — Je veux ce soir lui donner pour époux un homme aussi riche que sage ; et la coquine me dit au nez qu'elle se moque de le prendre. Que dis-tu de cela ?

VALÈRE. — Ce que j'en dis ?

HARPAGON. — Oui.

VALÈRE. — Hé ! hé !

HARPAGON. — Quoi ?

VALÈRE. — Je dis que dans le fond je suis de votre sentiment ; et vous ne pouvez pas que vous n'ayez raison : mais aussi n'a-t-elle pas tort tout-à-fait ; et...

HARPAGON. — Comment ! le seigneur Anselme est un parti considérable ; c'est un gentilhomme qui est noble, doux, posé, sage, et fort accommodé, et auquel il ne reste aucun enfant de son premier mariage. Saurait-elle mieux rencontrer ?

VALÈRE. — Cela est vrai ; mais elle pourrait vous dire que c'est un peu précipiter les choses, et qu'il faudrait au moins quelque temps pour voir si son inclination pourrait s'accorder avec...

HARPAGON. — C'est une occasion qu'il faut prendre vite aux cheveux. Je trouve ici un avantage qu'ailleurs je ne trouverais pas, et il s'engage à la prendre sans dot.

VALÈRE. — Sans dot ?

HARPAGON. — Oui.

VALÈRE. — Ah ! je ne dis plus rien. Voyez-vous, voilà une raison tout-à-fait convaincante ; il faut se rendre à cela.

HARPAGON. — C'est pour moi une épargne considérable.

VALÈRE. — Assurément, cela ne reçoit point de contradiction. Il est vrai que

MOLIÈRE.   34

votre fille peut vous représenter que le mariage est une plus grande affaire qu'on ne peut croire; qu'il y va d'être heureux ou malheureux toute sa vie; et qu'un engagement qui doit durer jusqu'à la mort ne se doit jamais faire qu'avec de grandes précautions.

HARPAGON. — Sans dot.

VALÈRE. — Vous avez raison. Voilà qui décide tout, cela s'entend. Il y a des gens qui pourraient vous dire qu'en de telles occasions l'inclination d'une fille est une chose, sans doute, où l'on doit avoir de l'égard, et que cette grande inégalité d'âge, d'humeur et de sentiments, rend un mariage sujet à des accidents très fâcheux.

HARPAGON. — Sans dot.

VALÈRE. — Ah! il n'y a pas de réplique à cela, on le sait bien. Qui diantre peut aller là contre? Ce n'est pas qu'il n'y ait quantité de pères qui aimeraient mieux ménager la satisfaction de leurs filles que l'argent qu'ils pourraient donner; et qui ne les voudraient point sacrifier à l'intérêt, et chercheraient plus que toute autre chose à mettre dans un mariage cette douce conformité qui sans cesse y maintient l'honneur, la tranquillité et la joie, et que...

HARPAGON. — Sans dot.

VALÈRE. — Il est vrai, cela ferme la bouche à tout. Sans dot! Le moyen de résister à une raison comme celle-là?

HARPAGON, *à part, regardant du côté du jardin.* — Ouais! il me semble que j'entends un chien qui aboie. N'est-ce point qu'on en voudrait à mon argent? (*à Valère.*) Ne bougez, je reviens tout-à-l'heure.

SCÈNE VIII. — ÉLISE, VALÈRE.

ÉLISE. — Vous moquez-vous, Valère, de lui parler comme vous faites?

VALÈRE. — C'est pour ne point l'aigrir, et pour en venir mieux à bout. Heurter de front ses sentiments est le moyen de tout gâter; et il y a de certains esprits qu'il ne faut prendre qu'en biaisant, des tempéraments ennemis de toute résistance, des naturels rétifs que la vérité fait cabrer, qui toujours se raidissent contre le droit chemin de la raison, et qu'on ne mène qu'en tournant vers l'endroit où l'on veut les conduire. Faites semblant de consentir à ce qu'il veut, vous en viendrez mieux à vos fins, et...

ÉLISE. — Mais ce mariage, Valère?

VALÈRE. — On cherchera des biais pour le rompre.

ÉLISE. — Mais quelle invention trouver, s'il se doit conclure ce soir?

VALÈRE — Il faut demander un délai, et feindre quelque maladie.

ÉLISE. — Mais on découvrira la feinte, si on appelle des médecins.

VALÈRE. — Vous moquez-vous? Y connaissent-ils quelque chose? Allez, allez, vous pourriez avec eux avoir quel mal il vous plaira; ils vous trouveront des raisons pour vous dire d'où cela vient.

SCÈNE IX. — HARPAGON, ÉLISE, VALÈRE.

HARPAGON, *à part, dans le fond du théâtre.* — Ce n'est rien, dieu merci.

VALÈRE, *sans voir Harpagon.* — Enfin notre dernier recours, c'est que la fuite nous peut mettre à couvert de tout; et si votre amour, belle Élise, est capable d'une fermeté... (*apercevant Harpagon.*) Oui, il faut qu'une fille obéisse à son père. Il ne faut point qu'elle regarde comme un mari est fait; et lorsque la grande raison de sans dot s'y rencontre, elle doit être prête à prendre tout ce qu'on lui donne.

HARPAGON. — Bon, voilà bien parler cela.

VALÈRE. — Monsieur, je vous demande pardon si je m'emporte un peu, et prends la hardiesse de lui parler comme je fais.

HARPAGON. — Comment! j'en suis ravi, et je veux que tu prennes sur elle un pouvoir absolu. (*à Élise.*) Oui, tu as beau fuir, je lui donne l'autorité que le ciel me donne sur toi, et j'entends que tu fasses tout ce qu'il te dira.

VALÈRE, *à Élise,* — Après cela. résistez à mes remontrances.

SCÈNE X. — HARPAGON, VALÈRE.

VALÈRE. — Monsieur, je vais la suivre, pour lui continuer les leçons que je lui faisais.

HARPAGON. — Oui; tu m'obligeras, certes...

VALÈRE. — Il est bon de lui tenir un peu la bride haute.

HARPAGON. — Cela est vrai. Il faut...

VALÈRE. — Ne vous mettez pas en peine. Je crois que j'en viendrai à bout.

HARPAGON. — Fais, fais. Je m'en vais faire un petit tour en ville, et reviens tout-à-l'heure.

VALÈRE, *adressant la parole à Élise, en s'en allant du côté par où elle est sortie.* — Oui, l'argent est plus précieux que toutes les choses du monde, et vous devez rendre grace au ciel de l'honnête homme de père qu'il vous a donné. Il sait ce que c'est que de vivre. Lorsqu'on s'offre de prendre une fille sans dot, on ne doit point regarder plus avant. Tout est renfermé là-dedans; et sans dot, tient lieu de beauté, de jeunesse, de naissance, d'honneur, de sagesse et de probité.

HARPAGON, *seul.* — Ah! le brave garçon! voilà parler comme un oracle. Heureux qui peut avoir un domestique de la sorte!

FIN DU PREMIER ACTE.

ACTE II.

SCÈNE PREMIÈRE. — CLÉANTE, LA FLÈCHE.

CLÉANTE. — Ah! traître que tu es, où t'es-tu donc allé fourrer? Ne t'avais-je pas donné ordre...

LA FLÈCHE. — Oui, monsieur, je m'étais rendu ici pour vous attendre de pied ferme; mais monsieur votre père, le plus mal gracieux des hommes, m'a chassé dehors malgré moi, et j'ai couru risque d'être battu.

CLÉANTE. — Comment va notre affaire? Les choses pressent plus que jamais; et depuis que je t'ai vu, j'ai découvert que mon père est mon rival.

LA FLÈCHE. — Votre père amoureux?

CLÉANTE. — Oui, et j'ai eu toutes les peines du monde à lui cacher le trouble où cette nouvelle m'a mis.

LA FLÈCHE. — Lui, se mêler d'aimer? De quoi diable s'avise-t-il? Se moque-t-il du monde? et l'amour a-t-il été fait pour des gens bâtis comme lui?

CLÉANTE. — Il a fallu, pour mes péchés, que cette passion lui soit venue en tête.

LA FLÈCHE. — Mais par quelle raison lui faire un mystère de votre amour?

CLÉANTE. — Pour lui donner moins de soupçon, et me conserver, au besoin, des ouvertures plus aisées pour rompre ce mariage. Quelle réponse t'a-t-on faite?

LA FLÈCHE. — Ma foi, monsieur, ceux qui empruntent sont bien malheureux; et il faut essuyer d'étranges choses, lorsqu'on est réduit à passer, comme vous, par les mains des fesse-Mathieu.

CLÉANTE. — L'affaire ne se fera point?

LA FLÈCHE. — Pardonnez-moi. Notre maître Simon, le courtier qu'on nous a donné, homme agissant et plein de zèle, dit qu'il a fait rage pour vous, et il assure que votre seule physionomie lui a gagné le cœur.

CLÉANTE. — J'aurai les quinze mille francs que je demande?

LA FLÈCHE. — Oui, mais à quelques petites conditions qu'il faudra que vous acceptiez, si vous avez dessein que les choses se fassent.

CLÉANTE. — T'a-il fait parler à celui qui doit prêter l'argent?

LA FLÈCHE. — Ah! vraiment, cela ne va pas de la sorte. Il apporte encore plus de soin à se cacher que vous, et ce sont des mystères bien plus grands que vous ne pensez. On ne veut point du tout dire son nom, et l'on doit aujourd'hui l'aboucher avec vous dans une maison empruntée, pour être instruit par votre bouche de votre bien et de votre famille, et je ne doute point que le seul nom de votre père ne rende les choses faciles.

CLÉANTE. — Et principalement ma mère étant morte, dont on ne peut m'ôter le bien.

LA FLÈCHE. — Voici quelques articles qu'il a dictés lui-même à notre entremetteur, pour vous être montrés avant que de rien faire:

« Supposé que le prêteur voie toutes ses sûretés, et que l'emprunteur soit

« majeur, et d'une famille où le bien soit ample, solide, assuré, clair, et net de
« tout embarras, on fera une bonne et exacte obligation pardevant un notaire,
« plus honnête homme qu'il se pourra, et qui, pour cet effet, sera choisi par le
« prêteur, auquel il importe le plus que l'acte soit dûment dressé. »

CLÉANTE. — Il n'y a rien à dire à cela.

LA FLÈCHE. — « Le prêteur, pour ne charger sa conscience d'aucun scru-
« pule, prétend ne donner son argent qu'au denier dix-huit. »

CLÉANTE. — Au denier dix-huit? Parbleu! voilà qui est honnête. Il n'y a pas
lieu de se plaindre.

LA FLÈCHE. — Cela est vrai.

« Mais comme ledit prêteur n'a pas chez lui la somme dont il est question,
« et que, pour faire plaisir à l'emprunteur, il est contraint lui-même de l'em-
« prunter d'un autre, sur le pied du denier cinq, il conviendra que ledit pre-
« mier emprunteur paie cet intérêt, sans préjudice du reste, attendu que ce
« n'est que pour l'obliger que ledit prêteur s'engage à cet emprunt. »

CLÉANTE. — Comment diable! Quel juif, quel arabe est-ce là? C'est plus qu'au
denier quatre.

LA FLÈCHE. — Il est vrai; c'est ce que j'ai dit. Vous avez à voir là-dessus.

CLÉANTE. — Que veux-tu que je voie? J'ai besoin d'argent, et il faut bien que
je consente à tout.

LA FLÈCHE. — C'est la réponse que j'ai faite.

CLÉANTE. — Il y a encore quelque chose?

LA FLÈCHE. — Ce n'est plus qu'un petit article.

« Des quinze mille francs qu'on demande, le prêteur ne pourra compter en
« argent que douze mille livres; et, pour les mille écus restants, il faudra
« que l'emprunteur prenne les hardes, nippes, bijoux dont s'ensuit le mémoire,
« et que ledit prêteur a mis, de bonne foi, au plus modique prix qu'il lui a été
« possible. »

CLÉANTE. — Que veut dire cela?

LA FLÈCHE. — Écoutez le mémoire.

« Premièrement, un lit de quatre pieds, à bandes de point de Hongrie, ap-
« pliquées fort proprement sur un drap de couleur d'olive, avec six chaises et
« la courte-pointe de même; le tout bien conditionné, et doublé d'un petit
« taffetas changeant rouge et bleu.

« Plus, un pavillon à queue, d'une bonne serge d'Aumale rose sèche, avec
« le mollet et les franges de soie. »

CLÉANTE. — Que veut-il que je fasse de cela?

LA FLÈCHE. — Attendez.

« Plus, une tenture de tapisserie des amours de Gombaud et de Macée.

« Plus, une grande table de bois de noyer à douze colonnes ou piliers
« tournés, qui se tire par les deux bouts, et garnie, par le dessous, de ses six
« escabelles.

CLÉANTE. — Qu'ai-je affaire, morbleu?

LA FLÈCHE. — Donnez-vous patience.

« Plus, trois gros mousquets tout garnis de nacre de perle, avec les trois
« fourchettes assortissantes.

« Plus, un fourneau de brique avec deux cornues et deux récipients, fort
« utiles à ceux qui sont curieux de distiller. »

CLÉANTE. — J'enrage.

LA FLÈCHE. — Doucement.

« Plus, un luth de Bologne, garni de toutes ses cordes, ou peu s'en faut.

« Plus, un trou-madame et un damier, avec un jeu de l'oie, renouvelé des
« Grecs, fort propre à passer le temps lorsque l'on n'a que faire.

« Plus, une peau de lézard de trois pieds et demi, remplie de foin; curiosité
« agréable pour pendre au plancher d'une chambre.

« Le tout, ci-dessus mentionné, valant loyalement plus de quatre mille cinq
« cents livres, et rabaissé à la valeur de mille écus, par la discrétion du prê-
« teur.

CLÉANTE. — Que la peste l'étouffe avec sa discrétion, le traître, le bourreau
qu'il est! A-t-on jamais parlé d'une usure semblable? et n'est-il pas content du
furieux intérêt qu'il exige, sans vouloir encore m'obliger à prendre pour trois

mille livres les vieux rogatons qu'il ramasse? Je n'aurai pas deux cents écus de tout cela ; et cependant, il faut bien me résoudre à consentir à ce qu'il veut ; car il est en état de me faire tout accepter, et il me tient, le scélérat, le poignard sur la gorge.

LA FLÈCHE. — Je vous vois, monsieur, ne vous en déplaise, dans le grand chemin justement que tenait Panurge pour se ruiner, prenant argent d'avance, achetant cher, vendant à bon marché, et mangeant son blé en herbe.

CLÉANTE. — Que veux-tu que j'y fasse? Voilà où les jeunes gens sont réduits par la maudite avarice des pères : et on s'étonne après cela que les fils souhaitent qu'ils meurent!

LA FLÈCHE. — Il faut avouer que le vôtre animerait contre sa vilenie le plus posé homme du monde. Je n'ai pas, dieu merci, les inclinations fort patibulaires : et, parmi mes confrères que je vois se mêler de beaucoup de petits commerces, je sais tirer adroitement mon épingle du jeu, et me démêler prudemment de toutes les galanteries qui sentent tant soit peu l'échelle : mais à vous dire vrai, il me donnerait, par ses procédés, des tentations de le voler ; et je croirais, en le volant, faire une action méritoire.

CLÉANTE. — Donne-moi un peu ce mémoire, que je le vois encore.

SCÈNE II.

HARPAGON, MAITRE SIMON, CLÉANTE, ET LA FLÈCHE, *dans le fond du théâtre.*

MAITRE SIMON. — Oui, monsieur, c'est un jeune homme qui a besoin d'argent : ses affaires le pressent d'en trouver, et il en passera par tout ce que vous prescrirez.

HARPAGON. — Mais, croyez-vous, maître Simon, qu'il n'y ait rien à péricliter? et savez-vous le nom, les biens et la famille de celui pour qui vous parlez?

MAITRE SIMON — Non. Je ne puis pas bien vous en instruire à fond ; et ce n'est que par aventure que l'on m'a adressé à lui : mais vous serez de toutes choses éclairci par lui-même, et son homme m'a assuré que vous serez content quand vous le connaîtrez. Tout ce que je saurais vous dire, c'est que sa famille est fort riche, qu'il n'a plus de mère déjà et qu'il s'obligera, si vous voulez, que son père mourra avant qu'il soit huit mois.

HARPAGON. — C'est quelque chose que cela. La charité, maître Simon, nous oblige à faire plaisir aux personnes lorsque nous le pouvons.

MAITRE SIMON. — Cela s'entend.

LA FLÈCHE, *bas, à Cléante, reconnaissant maître Simon.* — Que veut dire ceci? Notre maître Simon qui parle à votre père!

CLÉANTE, *bas à La Flèche.* — Lui aurait-on appris qui je suis? et serais-tu pour me trahir?

MAITRE SIMON, *à Cléante et à la Flèche.* — Ah! ah! vous êtes bien pressés! Qui vous a dit que c'était céans? (*à Harpagon*) Ce n'est pas moi, monsieur, au moins, qui leur ait découvert votre nom et votre logis : mais, à mon avis, il n'y a pas grand mal à cela ; ce sont des personnes discrètes, et vous pouvez ici vous expliquer ensemble.

HARPAGON. — Comment?

MAITRE SIMON, *montrant Cléante.* — Monsieur est la personne qui veut vous emprunter les quinze mille livres dont je vous ai parlé.

HARPAGON. — Comment, pendard! c'est toi qui t'abandonnes à ces coupables extrémités!

CLÉANTE. — Comment, mon père! c'est vous qui vous portez à ces honteuses actions!

(*Maître Simon s'enfuit, et la Flèche va se cacher.*)

SCÈNE III. — HARPAGON, CLÉANTE.

HARPAGON. — C'est toi qui te veux ruiner par des emprunts si condamnables!

CLÉANTE. — C'est vous qui cherchez à vous enrichir par des usures si criminelles!

ARPAGON. — Oses-tu bien, après cela, paraître devant moi?

CLÉANTE — Osez-vous bien, après cela, vous présenter aux yeux du monde?

HARPAGON. — N'as-tu point de honte, dis-moi, d'en venir à ces débauches-là, de te précipiter dans des dépenses effroyables, et de faire une honteuse dissipation du bien que tes parents t'ont amassé avec tant de sueurs?

CLÉANTE. — Ne rougissez-vous point de déshonorer votre condition par les commerces que vous faites, de sacrifier gloire et réputation au désir insatiable d'entasser écu sur écu, et de renchérir, en fait d'intérêt, sur les plus infames subtilités qu'aient jamais inventées les plus célèbres usuriers?

HARPAGON. — Ôte-toi de mes yeux, coquin, ôte-toi de mes yeux.

CLÉANTE. — Qui est le plus criminel, à votre avis, ou celui qui achète un argent dont il a besoin, ou bien celui qui vole un argent dont il n'a que faire?

HARPAGON. — Retire-toi, te dis-je, et ne m'échauffe pas les oreilles. (Seul.) Je ne suis pas fâché de cette aventure; et ce m'est un avis de tenir l'œil plus que jamais sur toutes ses actions.

SCÈNE IV. — FROSINE, HARPAGON.

FROSINE. — Monsieur.

HARPAGON. — Attendez un moment, je vais revenir vous parler. (A part.) Il est à propos que je fasse un petit tour à mon argent.

SCÈNE V. — LA FLÈCHE, FROSINE.

LA FLÈCHE, sans voir Frosine. — L'aventure est tout-à-fait drôle. Il faut bien qu'il ait quelque part un ample magasin de hardes; car nous n'avons rien reconnu au mémoire que nous avons.

FROSINE. — Hé! c'est toi, mon pauvre La Flèche!... D'où vient cette rencontre?

LA FLÈCHE. — Ah! ah! c'est toi, Frosine! Que viens-tu faire ici?

FROSINE. — Ce que je fais partout ailleurs; m'entremettre d'affaires, me rendre serviable aux gens, et profiter du mieux qu'il m'est possible des petits talents que je puis avoir. Tu sais que, dans ce monde, il faut vivre d'adresse, et qu'aux personnes comme moi le ciel n'a donné d'autres rentes que l'intrigue et que l'industrie.

LA FLÈCHE. — As-tu quelque négoce avec le patron du logis?

FROSINE. — Oui; je traite pour lui quelque petite affaire dont j'espère une récompense.

LA FLÈCHE. — De lui? Ah! ma foi, tu seras bien fine si tu en tires quelque chose; et je te donne avis que l'argent céans est fort cher.

FROSINE. — Il y a de certains services qui touchent merveilleusement.

LA FLÈCHE. — Je suis votre valet, et tu ne connais pas encore le seigneur Harpagon. Le seigneur Harpagon est de tous les humains l'humain le moins humain, le mortel de tous les mortels le plus dur et le plus serré. Il n'est point de service qui pousse sa reconnaissance jusqu'à lui faire ouvrir les mains. De la louange, de l'estime, de la bienveillance en paroles, et de l'amitié tant qu'il vous plaira; mais de l'argent, point d'affaires. Il n'est rien de plus sec, de plus aride, que ses bonnes graces et ses caresses; et donner est un mot pour qui il a tant d'aversion, qu'il ne dit jamais, je vous donne, mais, je vous prête le bon jour.

FROSINE. — Mon Dieu! je sais l'art de traire les hommes; j'ai le secret de m'ouvrir leur tendresse, de chatouiller leurs cœurs, de trouver les endroits par où ils sont sensibles.

LA FLÈCHE. — Bagatelles ici. Je te défie d'attendrir, du côté de l'argent, l'homme dont il est question. Il est Turc là-dessus, mais d'une turquerie à désespérer tout le monde; et l'on pourrait crever, qu'il n'en branlerait pas. En un mot, il aime l'argent plus que réputation, qu'honneur et que vertu; et la vue d'un demandeur lui donne des convulsions : c'est le frapper par son endroit mortel, c'est lui percer le cœur, c'est lui arracher les entrailles; et si... Mais il revient, je me retire.

SCÈNE VI. — HARPAGON, FROSINE.

HARPAGON, bas. — Tout va comme il faut. (Haut.) Hé bien! qu'est-ce, Frosine?

FROSINE. — Ah! mon Dieu! que vous vous portez bien, et que vous avez là un vrai visage de santé!

HARPAGON. — Qui? moi?

FROSINE. — Jamais je ne vous vis un teint si frais et si gaillard.

HARPAGON. — Tout de bon?

FROSINE. — Comment! vous n'avez de votre vie été si jeune que vous êtes, et je vois des gens de vingt-cinq ans qui sont plus vieux que vous.

HARPAGON. — Cependant, Frosine, j'en ai soixante bien comptés.

FROSINE. — Hé bien! qu'est-ce que cela, soixante ans? Voilà bien de quoi! C'est la fleur de l'âge, cela; et vous entrez maintenant dans la belle saison de l'homme.

HARPAGON. — Il est vrai; mais vingt années de moins pourtant ne me feraient point de mal, je crois.

FROSINE. — Vous moquez-vous? Vous n'avez pas besoin de cela, et vous êtes d'une pâte à vivre jusqu'à cent ans.

HARPAGON. — Tu le crois?

FROSINE. — Assurément. Vous en avez toutes les marques. Tenez-vous un peu. Oh! que voilà bien entre vos deux yeux un signe de longue vie.

HARPAGON. — Tu te connais à cela?

FROSINE. — Sans doute, montrez-moi votre main. Ah! mon Dieu! quelle ligne de vie!

HARPAGON. — Comment?

FROSINE. — Ne voyez-vous pas jusqu'où va cette ligne-là?

HARPAGON. — Hé bien! qu'est que cela veut dire?

FROSINE. — Par ma foi, je disais cent ans; mais vous passerez les six vingts.

HARPAGON. — Est-il possible?

FROSINE. — Il faudra vous assommer, vous dis-je; et vous mettrez en terre et vos enfants et les enfants de vos enfants.

HARPAGON. — Tant mieux. Comment va notre affaire?

FROSINE. — Faut-il le demander? et me voit-on mêler de rien dont je ne vienne à bout? J'ai surtout pour les mariages un talent merveilleux. Il n'est point de partis au monde que je ne trouve en peu de temps le moyen d'accoupler; et je crois, si je me l'étais mis en tête, que je marierais le grand Turc avec la république de Venise. Il n'y avait pas, sans doute, de si grandes difficultés à cette affaire-ci. Comme j'ai commerce chez elles, je les ai à fond l'une et l'autre entretenues de vous; et j'ai dit à la mère le dessein que vous aviez conçu pour Mariane, à la voir passer dans la rue et prendre l'air à sa fenêtre.

HARPAGON. — Qui a fait réponse...?

FROSINE. — Elle a reçu la proposition avec joie; et quand je lui ai témoigné que vous souhaitiez fort que sa fille assistât ce soir au contrat de mariage qui doit se faire de la vôtre, elle y a consenti sans peine, et me l'a confiée pour cela.

HARPAGON. — C'est que je suis obligé, Frosine, de donner à souper au seigneur Anselme, et je serais bien aise qu'elle soit du régal.

FROSINE. — Vous avez raison. Elle doit après dîner rendre visite à votre fille, d'où elle fait son compte d'aller faire un tour à la foire, pour venir ensuite au souper.

HARPAGON. — Hé bien! elles iront ensemble dans mon carrosse que je leur prêterai.

FROSINE. — Voilà justement son affaire.

HARPAGON. — Mais, Frosine, as-tu entretenu la mère touchant le bien qu'elle peut donner à sa fille? Lui as-tu dit qu'il fallait qu'elle s'aidât un peu, qu'elle fît quelque effort, qu'elle se saignât pour une occasion comme celle-ci? Car encore n'épouse-t-on point une fille sans qu'elle apporte quelque chose?

FROSINE. — Comment! c'est une fille qui vous apportera douze mille livres de rente?

HARPAGON. — Douze mille livres de rente!

FROSINE. — Oui. Premièrement elle est nourrie et élevée dans une grande épargne de bouche: c'est une fille accoutumée à vivre de salade, de lait, de fromage et de pommes, à laquelle, par conséquent, il ne faudra ni table bien servie, ni consommés exquis, ni orges mondés perpétuels, ni les autres délicatesses qu'il faudrait pour une autre femme, et cela ne va pas à si peu de chose, qu'il ne monte bien tous les ans à trois mille francs pour le moins. Outre cela, elle n'est curieuse que d'une propreté fort simple, et n'aime point les superbes habits, ni les riches bijoux, ni les meubles somptueux, où donnent ses pareilles avec tant de chaleur; et cet article-là vaut plus de quatre mille livres par an. De plus, elle a une aversion horrible pour le jeu; ce qui n'est pas commun aux femmes d'aujourd'hui; et j'en sais une de nos quartiers qui a perdu, à trente et quarante, vingt mille francs cette année. Mais n'en prenons rien que le quart. Cinq mille francs au jeu par an, quatre mille francs en habits et bijoux, cela fait neuf mille livres; et mille écus que nous mettons pour la nourriture : ne voilà-t-il pas par année vos douze mille francs bien comptés?

HARPAGON. — Oui, cela n'est pas mal; mais ce compte-là n'est rien de réel.

FROSINE. — Pardonnez-moi. N'est-ce pas quelque chose de réel que de vous apporter en mariage une grande sobriété, l'héritage d'un grand amour de simplicité de parure, et l'acquisition d'un grand fonds de haine pour le jeu?

HARPAGON. — C'est une raillerie que de vouloir me constituer sa dot de toutes les dépenses qu'elle ne fera point. Je n'irai pas donner quittance de ce que je ne reçois pas; et il faut bien que je touche quelque chose.

FROSINE. — Mon Dieu! vous toucherez assez; et elles m'ont parlé d'un certain pays où elles ont du bien dont vous serez le maître.

HARPAGON. — Il faut voir cela. Mais, Frosine, il y a encore une chose qui m'inquiète. La fille est jeune, comme tu vois; et les jeunes gens d'ordinaire n'aiment que leurs semblables, ne cherchent que leur compagnie. J'ai peur qu'un homme de mon âge ne soit pas de son goût, et que cela ne vienne à produire chez moi certains petits désordres qui ne m'accommoderaient pas.

FROSINE. — Ah! que vous la connaissez mal! C'est encore une particularité que j'avais à vous dire. Elle a une aversion épouvantable pour tous les jeunes gens, et n'a de l'amour que pour les vieillards.

HARPAGON. — Elle?

FROSINE. — Oui, elle. Je voudrais que vous l'eussiez entendue parler là-dessus. Elle ne peut souffrir du tout la vue d'un jeune homme; mais elle n'est point plus ravie, dit-elle, que lorsqu'elle peut voir un beau vieillard avec une barbe majestueuse. Les plus vieux sont pour elle les plus charmants; et je vous avertis de n'aller pas vous faire plus jeune que vous êtes. Elle veut tout au moins qu'on soit sexagénaire; et il n'y a pas quatre mois encore qu'étant prête d'être mariée, elle rompit tout net le mariage, sur ce que son amant fit voir qu'il n'avait que cinquante-six ans, et qu'il ne prit point de lunettes pour signer le contrat.

HARPAGON. — Sur cela seulement?

FROSINE. — Oui. Elle dit que ce n'est pas contentement pour elle que cinquante-six ans; et surtout elle est pour le nez qui porte des lunettes.

HARPAGON. — Certes, tu me dis là une chose toute nouvelle.

FROSINE. — Cela va plus loin qu'on ne vous peut dire. On lui voit dans sa chambre quelques tableaux et quelques estampes. Mais que pensez-vous que ce soit? des Adonis, des Céphales, des Pâris et des Apollons? Non : de beaux portraits de Saturne, du roi Priam, du vieux Nestor et du bon père Anchise sur les épaules de son fils.

HARPAGON. — Cela est admirable! voilà ce que je n'aurais jamais pensé, et je suis bien aise d'apprendre qu'elle est de cette humeur. En effet, si j'avais été femme, je n'aurais point aimé les jeunes hommes.

FROSINE. — Je le crois bien. Voilà de belles drogues que des jeunes gens, pour les aimer! ce sont de beaux morveux, de beaux godelureaux, pour donner envie de leur peau, et je voudrais bien savoir quel ragoût il y a à eux.

HARPAGON. — Pour moi, je n'y en comprends point, et je ne sais pas comment il y a des femmes qui les aiment tant.

FROSINE. — Il faut être folle fieffée. Trouver la jeunesse aimable, est-ce avoir le sens commun? Sont-ce des hommes que de jeunes blondins? et peut-on s'attacher à ces animaux-là?

HARPAGON. — C'est ce que je dis tous les jours. Avec leur ton de poule laitée, leurs trois petits brins de barbe relevés en barbe de chat, leurs perruques d'étoupes, leurs hauts-de-chausses tombants et leurs estomacs débraillés...

FROSINE. — Hé! cela est bien bâti auprès d'une personne comme vous. Voilà un homme, cela. Il y a de quoi satisfaire à la vue; et c'est ainsi qu'il faut être fait et vêtu pour donner de l'amour.

HARPAGON. — Tu me trouves bien?

FROSINE. — Comment! vous êtes à ravir, et votre figure est à peindre. Tournez-vous un peu, s'il vous plaît. Il ne se peut pas mieux. Que je vous voie marcher. Voilà un corps taillé, libre et dégagé comme il faut, et qui ne marque aucune incommodité.

HARPAGON. — Je n'en ai pas de grandes, dieu merci; il n'y a que ma fluxion qui me prend de temps en temps.

FROSINE. — Cela n'est rien : votre fluxion ne vous sied point mal, et vous avez grace à tousser.

HARPAGON. — Dis-moi un peu : Mariane ne m'a-t-elle point encore vu? N'a-t-elle point pris garde à moi en passant?

FROSINE. — Non; mais nous nous sommes fort entretenues de vous, je lui ai fait un portrait de votre personne, et je n'ai pas manqué de lui vanter votre mérite et l'avantage que ce lui serait d'avoir un mari comme vous.

HARPAGON. — Tu as bien fait, et je t'en remercie.

FROSINE. — J'aurais, monsieur, une petite prière à vous faire. J'ai un procès que je suis sur le point de perdre, faute d'un peu d'argent : (*Harpagon prend un air sérieux*) et vous pourriez facilement me procurer le gain de ce procès, si vous aviez quelques bontés pour moi... Vous ne sauriez croire le plaisir qu'elle aura de vous voir. (*Harpagon reprend un air gai.*) Ah! que vous lui plairez, et que votre fraise à l'antique fera sur son esprit un effet admirable! Mais surtout elle sera charmée de votre haut-de-chausses attaché au pourpoint avec des aiguillettes : c'est pour la rendre folle de vous, et un amant aiguilleté sera pour elle un ragoût merveilleux.

HARPAGON. — Certes, tu me ravis de me dire cela.

FROSINE. — En vérité, monsieur, ce procès m'est d'une conséquence tout-à-fait grande. (*Harpagon reprend son air sérieux.*) Je suis ruinée si je le perds; et quelque petite assistance me rétablirait mes affaires.. Je voudrais que vous eussiez vu le ravissement où elle était à m'entendre parler de vous. (*Harpagon reprend son air gai.*) La joie éclatait dans ses yeux au récit de vos qualités; et je l'ai mise enfin dans une impatience extrême de voir ce mariage entièrement conclu.

HARPAGON. — Tu m'as fait grand plaisir, Frosine; et je t'en ai, je te l'avoue, toutes les obligations du monde.

FROSINE. — Je vous prie, monsieur, de me donner le petit secours que je vous demande. (*Harpagon reprend son air sérieux.*) Cela me remettra sur pied, et je vous en serai éternellement obligée.

HARPAGON. — Adieu. Je vais achever mes dépêches.

FROSINE. — Je vous assure, monsieur, que vous ne sauriez jamais me soulager dans un plus grand besoin.

HARPAGON. — Je mettrai ordre que mon carrosse soit tout prêt pour vous mener à la foire.

FROSINE. — Je ne vous importunerais pas si je ne m'y voyais forcée par la nécessité.

HARPAGON. — Et j'aurai soin qu'on soupe de bonne heure, pour ne vous point faire malade.

FROSINE. — Ne me refusez point la grace dont je vous sollicite. Vous ne sauriez croire, monsieur, le plaisir que..:

HARPAGON. — Je m'en vais. Voilà qu'on m'appelle. Jusqu'à tantôt.

FROSINE, *seule.* — Que la fièvre te serre, chien de vilain, à tous les diables! Le ladre a été ferme à toutes mes attaques. Mais il ne me faut pas pourtant quitter la négociation ; et j'ai l'autre côté, en tout cas, d'où je suis assurée de tirer bonne récompense.

FIN DU DEUXIÈME ACTE.

ACTE III.

SCÈNE PREMIÈRE. — HARPAGON, CLÉANTE, ÉLISE, VALÈRE, DAME CLAUDE, *tenant un balai*, MAITRE JACQUES, LA MERLUCHE, BRINDAVOINE.

HARPAGON. — Allons, venez çà tous, que je vous distribue mes ordres pour tantôt, et règle à chacun son emploi. Approchez, dame Claude; commençons par vous. Bon, vous voilà les armes à la main. Je vous commets au soin de nettoyer partout, et surtout prenez garde de frotter les meubles trop fort, de peur de les user. Outre cela, je vous constitue pendant le souper au gouvernement des bouteilles; et, s'il s'en écarte quelqu'une, et qu'il se casse quelque chose, je m'en prendrai à vous, et le rabattrai sur vos gages.

MAITRE JACQUES, *à part.* — Châtiment politique.

HARPAGON, *à dame Claude.* — Allez.

SCÈNE II. — HARPAGON, CLÉANTE, ÉLISE, VALÈRE, MAITRE JACQUES, BRINDAVOINE, LA MERLUCHE.

HARPAGON. — Vous, Brindavoine, et vous, La Merluche, je vous établis dans la charge de rincer les verres et de donner à boire, mais seulement lorsqu'on aura soif, et non pas selon la coutume de certains impertinents de laquais qui viennent provoquer les gens, et les faire aviser de boire lorsqu'on n'y songe pas. Attendez qu'on vous en demande plus d'une fois, et vous ressouvenez de porter toujours beaucoup d'eau.

MAITRE JACQUES, *à part.* — Oui. Le vin pur monte à la tête.

LA MERLUCHE. — Quitterons-nous nos souquenilles, monsieur?

HARPAGON. — Oui, quand vous verrez venir les personnes; et gardez bien de gâter vos habits.

BRINDAVOINE. — Vous savez bien, monsieur, qu'un des devants de mon pourpoint est couvert d'une grande tache de l'huile de la lampe.

LA MERLUCHE. — Et moi, monsieur, que j'ai mon haut-de-chausses tout troué par derrière, et qu'on me voit, révérence parler...

HARPAGON, *à la Merluche.* — Paix: rangez cela adroitement du côté de la muraille, et présentez toujours le devant au monde. (*A Brindavoine en lui montrant comme il doit mettre son chapeau au devant de son pourpoint pour cacher la tache d'huile.*) Et vous, tenez toujours votre chapeau ainsi, lorsque vous servirez.

SCÈNE III. — HARPAGON, CLÉANTE, ÉLISE, VALÈRE, MAITRE JACQUES.

HARPAGON. — Pour vous, ma fille, vous aurez l'œil sur ce que l'on desservira, et prenez garde qu'il ne s'en fasse aucun dégât. Cela sied bien aux filles. Mais cependant préparez-vous à bien recevoir ma maîtresse qui vous doit venir visiter, et vous mener avec elle à la foire. Entendez-vous ce que je vous dis?

ÉLISE. — Oui, mon père.

SCÈNE IV. — HARPAGON, CLÉANTE, VALÈRE, MAITRE JACQUES.

HARPAGON. — Et vous, mon fils le damoiseau, à qui j'ai la bonté de pardonner l'histoire de tantôt, ne vous allez pas vous aviser non plus de lui faire mauvais visage.

CLÉANTE. — Moi, mon père? mauvais visage? et par quelle raison?

HARPAGON. — Mon Dieu! nous savons le train des enfants dont les pères se remarient, et de quel œil ils ont coutume de regarder ce qu'on appelle belle-mère. Mais si vous souhaitez que je perde le souvenir de votre dernière fredaine, je vous recommande surtout de régaler d'un bon visage cette personne-là, et de lui faire enfin tout le meilleur accueil qu'il vous sera possible.

CLÉANTE. — A vous dire vrai, mon père, je ne puis pas vous promettre d'être bien aise qu'elle devienne ma belle-mère; je mentirais si je vous le disais: mais pour ce qui est de la bien recevoir et de lui faire bon visage, je vous promets de vous obéir ponctuellement sur ce chapitre.

HARPAGON. — Prenez-y garde, au moins.

CLÉANTE. — Vous verrez que vous n'aurez pas sujet de vous en plaindre.

HARPAGON. — Vous ferez sagement.

SCÈNE V. — HARPAGON, VALÈRE, MAITRE JACQUES.

HARPAGON. — Valère, aide-moi à ceci. Or çà! maître Jacques, je vous ai gardé pour le dernier.

MAITRE JACQUES. — Est-ce à votre cocher, monsieur, ou bien à votre cuisinier, que vous voulez parler? car je suis l'un et l'autre.

HARPAGON. — C'est à tous les deux.

MAITRE JACQUES. — Mais à qui des deux le premier?

HARPAGON. — Au cuisinier.

MAITRE JACQUES. — Attendez donc, s'il vous plaît.

(*Maître Jacques ôte sa casaque de cocher, et paraît vêtu en cuisinier.*)

HARPAGON. — Quelle diantre de cérémonie est-ce là?

MAITRE JACQUES. — Vous n'avez qu'à parler.

HARPAGON. — Je me suis engagé, maître Jacques, à donner ce soir à souper.

MAITRE JACQUES, *à part.* — Grande merveille!

HARPAGON. — Dis-moi un peu, nous feras-tu bonne chère?

MAITRE JACQUES. — Oui, si vous me donnez bien de l'argent.

HARPAGON. — Que diable, toujours de l'argent! Il semble qu'ils n'aient rien autre chose à dire; de l'argent, de l'argent, de l'argent. Ah! ils n'ont que ce mot à la bouche, de l'argent! toujours parler d'argent! Voilà leur épée de chevet, de l'argent.

VALÈRE. — Je n'ai jamais vu de réponse plus impertinente que celle-là. Voilà une belle merveille que de faire bonne chère avec bien de l'argent! C'est une chose la plus aisée du monde, et il n'y a si pauvre esprit qui n'en fît bien autant; mais, pour agir en habile homme, il faut parler de faire bonne chère avec peu d'argent.

MAITRE JACQUES. — Bonne chère avec peu d'argent!

VALÈRE. — Oui.

MAITRE JACQUES, *à Valère.* — Par ma foi, monsieur l'intendant, vous nous obligerez de nous faire voir ce secret, et de prendre mon office de cuisinier : aussi bien vous mêlez-vous céans d'être le factotum.

HARPAGON. — Taisez-vous. Qu'est-ce qu'il nous faudra?

MAITRE JACQUES. — Voilà monsieur votre intendant qui vous fera bonne chère pour peu d'argent.

HARPAGON. — Haye! je veux que tu me répondes.

MAITRE JACQUES. — Combien serez-vous de gens à table?

HARPAGON. — Nous serons huit ou dix; mais il ne faut prendre que huit. Quand il y a à manger pour huit, il y en a bien pour dix.

VALÈRE. — Cela s'entend.

MAITRE JACQUES. — Hé bien! il faudra quatre grands potages et cinq assiettes... Potages... Entrées...

HARPAGON. — Que diable! voilà pour traiter une ville toute entière.

MAITRE JACQUES. — Rôt...

HARPAGON, *mettant la main sur la bouche de maître Jacques.* — Ah! traître, tu manges tout mon bien.

MAITRE JACQUES. — Entremets...

HARPAGON, *mettant encore la main sur la bouche de maître Jacques.* — Encore!

VALÈRE, *à maître Jacques.* — Est-ce que vous avez envie de faire crever le monde? et monsieur a-t-il invité des gens pour les assassiner à force de mangeaille? Allez-vous-en lire un peu les préceptes de la santé, et demander aux médecins s'il y a rien de plus préjudiciable à l'homme que de manger avec excès.

HARPAGON. — Il a raison.

VALÈRE. — Apprenez, maître Jacques, vous et vos pareils, que c'est un coupe-gorge qu'une table remplie de trop de viandes; que, pour se bien montrer ami de ceux que l'on invite, il faut que la frugalité règne dans les repas qu'on donne; et que, suivant le dire d'un ancien, *il faut manger pour vivre, et non pas vivre pour manger.*

HARPAGON. — Ah! que cela est bien dit! Approche, que je t'embrasse pour ce mot. Voilà la plus belle sentence que j'aie entendue de ma vie : *il faut vivre pour manger et non pas manger pour vi...* Non, ce n'est pas cela, comment est-ce que tu dis?

VALÈRE. — Qu'*il faut manger pour vivre et non pas vivre pour manger.*

HARPAGON, *à maître Jacques.* — Oui. Entends-tu? (*à Valère.*) Qui est le grand homme qui a dit cela?

VALÈRE. — Je ne me souviens pas maintenant de son nom.

HARPAGON. — Souviens-toi de m'écrire ces mots : je les veux faire graver en lettres d'or sur la cheminée de ma salle.

VALÈRE. — Je n'y manquerai pas. Et, pour votre souper, vous n'avez qu'à me laisser faire, je réglerai tout cela comme il faut.

HARPAGON. — Fais donc.

MAITRE JACQUES. — Tant mieux! j'en aurai moins de peine

HARPAGON, *à Valère.* — Il faudra de ces choses dont on ne mange guère, et qui rassasient d'abord ; quelque bon haricot bien gras, avec quelque pâté en pot bien garni de marrons.

VALÈRE. — Reposez-vous sur moi.

HARPAGON. — Maintenant, maître Jacques, il faut nettoyer mon carrosse.

MAITRE JACQUES. — Attendez: ceci s'adresse au cocher. (*Maître Jacques remet sa casaque.*) Vous dites...

HARPAGON. — Qu'il faut nettoyer mon carrosse, et tenir mes chevaux tout prêts pour conduire à la foire...

MAITRE JACQUES. — Vos chevaux, monsieur? Ma foi, ils ne sont point du tout en état de marcher. Je ne vous dirai point qu'ils sont sur la litière : les pauvres bêtes n'en ont point, et ce serait mal parler : mais vous leur faites observer des jeûnes si austères, que ce ne sont plus rien que des idées ou des fantômes, des façons de chevaux.

HARPAGON. — Les voilà bien malades! Ils ne font rien.

MAITRE JACQUES. — Et pour ne faire rien, monsieur, est-ce qu'il ne faut rien manger ? Il leur vaudrait bien mieux, les pauvres animaux, de travailler beaucoup, de manger de même. Cela me fend le cœur de les voir ainsi exténués; car enfin j'ai une tendresse pour mes chevaux, qu'il me semble que c'est moi-même, quand je les vois pâtir. Je m'ôte tous les jours pour eux les choses de la bouche; et c'est être, monsieur, d'un naturel trop dur, que de n'avoir nulle pitié de son prochain.

HARPAGON. — Le travail ne sera pas grand, d'aller jusqu'à la foire.

MAITRE JACQUES. — Non, je n'ai point le courage de les mener, et je me ferais conscience de leur donner des coups de fouet en l'état où ils sont. Comment voudriez-vous qu'ils traînassent un carrosse? ils ne peuvent pas se traîner eux-mêmes.

VALÈRE. — Monsieur, j'obligerai le voisin Picard à se charger de les conduire ; aussi bien nous fera-t-il ici besoin pour apprêter le souper.

MAITRE JACQUES. — Soit. J'aime mieux encore qu'ils meurent sous la main d'un autre que sous la mienne.

VALÈRE. — Maître Jacques fait bien le raisonnable !

MAITRE JACQUES. — Monsieur l'intendant fait bien le nécessaire !

HARPAGON. — Paix.

MAITRE JACQUES. — Monsieur, je ne saurais souffrir les flatteurs; et je vois que ce qu'il en fait, que ses contrôles perpétuels sur le pain et le vin, le bois, le sel et la chandelle ne sont rien que pour vous gratter et vous faire sa cour. J'enrage de cela, et je suis fâché tous les jours d'entendre ce qu'on dit de vous : car, enfin, je me sens pour vous de la tendresse, en dépit que j'en aie ; et, après mes chevaux, vous êtes la personne que j'aime le plus.

HARPAGON. — Pourrais-je savoir de vous, maître Jacques, ce que l'on dit de moi.

MAITRE JACQUES. — Oui, monsieur, si j'étais assuré que cela ne vous fâchât point.

HARPAGON. — Non, en aucune façon.

MAITRE JACQUES. — Pardonnez-moi? je sais fort bien que je vous mettrais en colère.

HARPAGON. — Point du tout. Au contraire, c'est me faire plaisir, et je suis bien aise d'apprendre comme on parle de moi.

MAITRE JACQUES. — Monsieur, puisque vous le voulez, je vous dirai franchement qu'on se moque partout de vous, qu'on nous jette de tous côtés cent brocards à votre sujet, et que l'on n'est point plus ravi que de vous tenir au cul et aux chausses, et de faire sans cesse des contes de votre lésine. L'un dit que vous faites imprimer des almanachs particuliers, où vous faites doubler les quatre temps et les vigiles, afin de profiter des jeûnes où vous obligez votre monde ; l'autre, que vous avez toujours une querelle toute prête à faire à vos valets dans le temps des étrennes, ou de leur sortie d'avec vous, pour vous trouver une raison de ne leur donner rien. Celui-là conte qu'une fois vous fîtes assigner le chat d'un de vos voisins, pour vous avoir mangé un reste de gigot de mouton ; celui-ci, que l'on vous surprit une nuit, en venant dérober vous-même l'avoine de vos chevaux; et que votre cocher, qui était celui d'avant moi, vous donna dans l'obscurité je ne sais combien de coups de bâton dont vous ne voulûtes rien dire. Enfin, voulez-vous que je vous dise? on ne saurait aller nulle part où l'on ne vous entende accommoder de toutes pièces. Vous êtes la fable et la risée de tout le monde; et jamais on ne parle de vous que sous les noms d'avare, de ladre, de vilain et de fesse-Mathieu.

HARPAGON, *en battant maître Jacques.* — Vous êtes un sot, un maraud, un coquin et un impudent.

MAITRE JACQUES. — Hé bien! ne l'avais-je pas deviné? Vous ne m'avez pas voulu croire. Je vous avais bien dit que je vous fâcherais de vous dire la vérité.

HARPAGON. — Apprenez à parler.

SCÈNE VI. — VALÈRE, MAITRE JACQUES.

VALÈRE, *riant.* — A ce que je puis voir, maître Jacques, on paie mal votre franchise.

MAITRE JACQUES. — Morbleu! monsieur le nouveau venu, qui faites l'homme d'importance, ce n'est pas votre affaire. Riez de vos coups de bâton quand on vous en donnera, et ne venez point rire des miens.

VALÈRE. — Ah! monsieur maître Jacques, ne vous fâchez pas, je vous prie.

MAITRE JACQUES, *à part.* — Il file doux. Je veux faire le brave, et, s'il est assez sot pour me craindre, le frotter quelque peu. (*haut*) Savez-vous bien, monsieur le rieur, que je ne ris pas, moi, et que, si vous m'échauffez la tête, je vous ferai rire d'une autre sorte? (*Maître Jacques pousse Valère jusqu'au bout du théâtre, en le menaçant*)

VALÈRE. — Hé! doucement.

MAITRE JACQUES. — Comment, doucement! il ne me plaît pas, moi.

VALÈRE. — De grace!

MAITRE JACQUES. — Vous êtes un impertinent.

VALÈRE. — Monsieur maître Jacques...

MAITRE JACQUES. — Il n'y a point de monsieur maître Jacques pour un double. Si je prends un bâton, je vous rosserai d'importance.

VALÈRE. — Comment! un bâton! (*Valère fait reculer maître Jacques à son tour.*)

MAITRE JACQUES. — Hé! je ne parle pas de cela.

VALÈRE. — Savez-vous bien, monsieur le fat, que je suis homme à vous rosser vous-même?

MAITRE JACQUES. — Je n'en doute pas.

VALÈRE. — Que vous n'êtes, pour tout potage, qu'un faquin de cuisinier?

MAITRE JACQUES. — Je le sais bien.

VALÈRE. — Et que vous ne me connaissez pas encore?

MAITRE JACQUES. — Pardonnez-moi.

VALÈRE. — Vous me rosserez, dites-vous?

MAITRE JACQUES. — Je le disais en raillant.

VALÈRE. — Et moi, je ne prends point de goût à votre raillerie. (*donnant des coups de baton à maître Jacques.*) Apprenez que vous êtes un mauvais railleur.

MAITRE JACQUES, *seul.* — Peste soit la sincérité! c'est un mauvais métier; désormais j'y renonce, et je ne veux plus dire vrai. Passe encore pour mon maître; il a quelque droit de me battre; mais, pour ce monsieur l'intendant, je m'en vengerai, si je puis.

SCÈNE VII. — MARIANE, FROSINE, MAITRE JACQUES.

FROSINE. — Savez-vous, maître Jacques, si votre maître est au logis?

MAITRE JACQUES. — Oui, vraiment, il y est; je ne le sais que trop.

FROSINE. Dites-lui, je vous prie, que nous sommes ici.

SCÈNE VIII. — MARIANE, FROSINE.

MARIANE. Ah! que je suis, Frosine, dans un étrange état, et, s'il faut dire ce que je sens, que j'appréhende cette vue?

FROSINE. — Mais pourquoi, et quelle est votre inquiétude?

MARIANE. — Hélas! me le demandez-vous? et ne vous figurez vous point les alarmes d'une personne toute prête à voir le supplice où l'on veut l'attacher ?

FROSINE. — Je vois bien que, pour mourir agréablement, Harpagon n'est pas le supplice que vous voudriez embrasser ; et je connais, à votre mine, que le jeune blondin dont vous m'avez parlé vous revient un peu dans l'esprit.

MARIANE. — Oui : c'est une chose, Frosine, dont je ne veux pas me défendre ; et les visites respectueuses qu'il a rendues chez nous ont fait, je vous l'avoue, quelque effet dans mon ame.

FROSINE. — Mais avez-vous su quel il est ?

MARIANE. — Non, je ne sais point quel il est : mais je sais qu'il est fait d'un air à se faire aimer ; que, si l'on pouvait mettre les choses à mon choix, je le prendrais plutôt qu'un autre ; et qu'il ne contribue pas peu à me faire trouver un tourment effroyable dans l'époux qu'on veut me donner.

FROSINE. — Mon dieu ! tous ces blondins sont agréables, et débitent fort bien leur fait ; mais la plupart sont gueux comme des rats ; et il vaut mieux pour vous de prendre un vieux mari qui vous donne beaucoup de bien. Je vous avoue que les sens ne trouvent pas si bien leur compte du côté que je dis, et qu'il y a quelques petits dégoûts à essuyer avec un tel époux : mais cela n'est pas pour durer ; et sa mort, croyez-moi, vous mettra bientôt en état d'en prendre un plus aimable, qui réparera toutes choses.

MARIANE. — Mon dieu ! Frosine, c'est une étrange affaire, lorsque, pour être heureuse, il faut souhaiter ou attendre le trépas de quelqu'un ; et la mort ne suit pas tous les projets que nous faisons.

FROSINE. — Vous moquez-vous ? Vous ne l'épousez qu'aux conditions de vous laisser veuve bientôt ; et ce doit être là un des articles du contrat. Il serait bien impertinent de ne pas mourir dans trois mois. Le voici en propre personne.

MARIANE. — Ah ! Frosine, quelle figure !

SCÈNE IX. — HARPAGON, MARIANE, FROSINE.

HARPAGON, à Mariane. — Ne vous offensez pas, ma belle, si je viens à vous avec des lunettes. Je sais que vos appas frappent assez les yeux, sont assez visible d'eux-mêmes, et qu'il n'est pas besoin de lunettes pour les apercevoir : mais enfin c'est avec des lunettes qu'on observe les astres, et je maintiens et garantis que vous êtes un astre, mais un astre, le plus belle astre, qui soit dans le pays des astres. Frosine, elle ne répond mot, et ne témoigne, ce me semble, aucune joie de me voir.

FROSINE. — C'est qu'elle est encore toute surprise : et puis, les filles ont toujours honte à témoigner d'abord ce qu'elles ont dans l'ame.

HARPAGON, à Frosine. — Tu as raison. (A Mariane.) Voilà, belle mignonne, ma fille qui vient vous saluer.

SCÈNE X. — HARPAGON, ÉLISE, MARIANE, FROSINE

MARIANE. — Je m'acquitte bien tard, madame, d'une telle visite.

ÉLISE. — Vous avez fait, madame, ce que je devais faire, et c'était à moi de vous prévenir.

HARPAGON — Vous voyez qu'elle est grande ; mais mauvaise herbe croît toujours.

MARIANE, bas à Frosine. — Oh ! l'homme déplaisant !

HARPAGON, à Frosine. — Que dit la belle ?

FROSINE. — Qu'elle vous trouve admirable.

HARPAGON. — C'est trop d'honneur que vous me faites, adorable mignonne.

MARIANE, à part. — Quel animal !

HARPAGON. — je vous suis trop obligé de ces sentiments.

MARIANE, à part. — Je n'y puis plus tenir.

SCÈNE XI.

HARPAGON, MARIANE, ÉLISE, CLÉANTE, VALÈRE, FROSINE, BRINDAVOINE.

HARPAGON. — Voici mon fils aussi qui vous vient faire la révérence.

MARIANE, bas à Frosine. — Ah ! Frosine, quelle rencontre ! C'est justement celui dont je t'ai parlé.

FROSINE, à Mariane. — L'aventure est merveilleuse.

HARPAGON. — Je vois que vous vous étonnez de me voir de si grands enfants ; mais je serai bientôt défait et de l'un et de l'autre.

CLÉANTE, *à Mariane.* — Madame, à vous dire le vrai, c'est ici une aventure où, sans doute, je ne m'attendais pas ; et mon père ne m'a pas peu surpris, lorsqu'il m'a dit tantôt le dessein qu'il avait formé.

MARIANE. — Je puis dire la même chose. C'est une rencontre imprévue, qui m'a surprise autant que vous, et je n'étais point préparée à une telle aventure.

CLÉANTE. — Il est vrai que mon père, madame, ne peut pas faire un plus beau choix, et que ce m'est une sensible joie que l'honneur de vous voir ; mais, avec tout cela, je ne vous assurerai point que je me réjouis du dessein où vous pourriez être de devenir ma belle-mère. Le compliment, je vous l'avoue, est trop difficile pour moi ; et c'est un titre, s'il vous plaît, que je ne vous souhaite point. Ce discours paraîtra brutal aux yeux de quelques uns : mais je suis assuré que vous serez personne à le prendre comme il faudra ; que c'est un mariage, madame, où vous imaginez bien que je dois avoir de la répugnance ; que vous n'ignorez pas, sachant ce que je suis, comme il choque mes intérêts ; et que vous voulez bien enfin que je vous dise, avec la permission de mon père, que, si les choses dépendaient de moi, cet hymen ne se ferait point.

HARPAGON. — Voilà un compliment bien impertinent ! Quelle belle confession à lui faire !

MARIANE. — Et moi, pour vous répondre, j'ai à vous dire que les choses sont fort égales ; et que, si vous auriez de la répugnance à me voir votre belle-mère, je n'en aurais pas moins, sans doute, à vous voir mon beau-fils. Ne croyez pas, je vous prie, que ce soit moi qui cherche à vous donner cette inquiétude. Je serais fort fâchée de vous causer du déplaisir ; et, si je ne m'y vois forcée par une puissance absolue, je vous donne ma parole que je ne consentirai point au mariage qui vous chagrine.

HARPAGON. — Elle a raison : à sot compliment il faut une réponse de même. Je vous demande pardon, ma belle, de l'impertinence de mon fils ; c'est un jeune sot qui ne sait pas encore la conséquence des paroles qu'il dit.

MARIANE. — Je vous promets que ce qu'il m'a dit ne m'a point du tout offensée ; au contraire, il m'a fait plaisir de m'expliquer ainsi ses véritables sentiments. J'aime de lui un aveu de la sorte ; et, s'il avait parlé d'autre façon, je l'en estimerais bien moins.

HARPAGON. — C'est beaucoup de bonté à vous de vouloir ainsi excuser ses fautes. Le temps le rendra plus sage, et vous verrez qu'il changera de sentiments.

CLÉANTE. — Non, mon père, je ne suis point capable d'en changer, et je prie instamment madame de le croire.

HARPAGON. — Mais voyez quelle extravagance ! il continue encore plus fort.

CLÉANTE. — Voulez-vous que je trahisse mon cœur ?

HARPAGON. — Encore ! Avez-vous envie de changer de discours ?

CLÉANTE. — Hé bien ! puisque vous voulez que je parle d'autre façon, souffrez, madame, que je me mette ici à la place de mon père, et que je vous avoue que je n'ai rien vu dans le monde de si charmant que vous ; que je ne conçois rien d'égal au bonheur de vous plaire, et que le titre de votre époux est une gloire, une félicité que je préférerais aux destinées des plus grands princes de la terre. Oui, madame, le bonheur de vous posséder est, à mes regards, la plus belle de toutes les fortunes ; c'est où j'attache toute mon ambition. Il n'y a rien que je ne sois capable de faire pour une conquête si précieuse ; et les obstacles les plus puissants...

HARPAGON. — Doucement, mon fils, s'il vous plaît.

CLÉANTE. — C'est un compliment que je fais pour vous à madame.

HARPAGON. — Mon Dieu ! j'ai une langue pour m'expliquer moi-même, et je n'ai pas besoin d'un interprète comme vous. Allons, donnez des sièges.

FROSINE. — Non. Il vaut mieux que, de ce pas, nous allions à la foire, afin d'en revenir plus tôt et d'avoir tout le temps ensuite de nous entretenir.

HARPAGON, *à Brindavoine.* — Qu'on mette donc les chevaux au carrosse.

SCÈNE XII. — HARPAGON, MARIANE, ÉLISE, CLÉANTE, VALÈRE, FROSINE.

HARPAGON, *à Mariane.* — Je vous prie de m'excuser, ma belle, si je n'ai pas songé à vous donner un peu de collation avant de partir.

CLÉANTE. — J'y ai pourvu, mon père, et j'ai fait apporter ici quelques bassins d'oranges de la Chine, de citrons doux et de confitures, que j'ai envoyé quérir de votre part.

HARPAGON, *bas, à Valère.* — Valère!

VALÈRE, *à Harpagon.* — Il a perdu le sens.

CLÉANTE. — Est-ce que vous trouvez, mon père, que ce ne soit pas assez? Madame aura la bonté d'excuser cela, s'il lui plaît.

MARIANE. — C'est une chose qui n'était pas nécessaire.

CLÉANTE. — Avez-vous jamais vu, madame, un diamant plus vif que celui que vous voyez que mon père a au doigt?

MARIANE. — Il est vrai qu'il brille beaucoup.

CLÉANTE, *ôtant du doigt de son père le diamant, et le donnant à Mariane.* — Il faut que vous le voyiez de près.

MARIANE. — Il est fort beau, sans doute, et jette quantité de feux.

CLÉANTE, *se mettant au-devant de Mariane, qui veut rendre le diamant..* — Non, madame, il est en de trop belles mains; c'est un présent que mon père vous fait.

HARPAGON. — Moi?

CLÉANTE. — N'est-il pas vrai, mon père, que vous voulez que madame le garde pour l'amour de vous?

HARPAGON, *bas, à son fils.* — Comment?

CLÉANTE, *à Mariane.* — Belle demande! il me fait signe de vous le faire accepter?

MARIANE. — Je ne veux point...

CLÉANTE, *à Mariane.* — Vous moquez-vous? Il n'a garde de le reprendre.

HARPAGON, *à part.* — J'enrage.

MARIANE. — Ce serait...

CLÉANTE, *empêchant toujours Mariane de rendre le diamant.* — Non, vous dis-je, c'est l'offenser.

MARIANE. — De grace...

CLÉANTE. — Point du tout.

HARPAGON, *à part.* — Peste soit...

CLÉANTE. — Le voilà qui se scandalise de votre refus.

HARPAGON, *bas, à son fils.* — Ah! traître!

CLÉANTE, *à Mariane.* — Vous voyez qu'il se désespère.

HARPAGON, *bas, à son fils, en le menaçant.* — Bourreau que tu es!

CLÉANTE. — Mon père, ce n'est pas ma faute; je fais ce que je puis pour l'obliger à le garder; mais elle est obstinée.

HARPAGON, *bas, à son fils, en le menaçant.* — Pendard!

CLÉANTE. — Vous êtes cause, madame, que mon père me querelle.

HARPAGON, *bas, à son fils, avec les mêmes gestes.* — Le coquin!

CLÉANTE, *à Mariane.* — Vous le ferez tomber malade. De grace, madame, ne résistez pas davantage.

FROSINE, *à Mariane.* — Mon Dieu! que de façons! Gardez la bague, puisque monsieur le veut.

MARIANE, *à Harpagon.* — Pour ne vous point mettre en colère, je la garde maintenant, et je prendrai un autre temps pour vous la rendre.

SCÈNE XIII. — HARPAGON, MARIANE, ÉLISE, CLÉANTE, VALÈRE, FROSINE, BRINDAVOINE.

BRINDAVOINE. — Monsieur, il y a là un homme qui veut vous parler.

HARPAGON. — Dis-lui que je suis empêché, et qu'il revienne une autre fois.

BRINDAVOINE. — Il dit qu'il vous apporte de l'argent.

HARPAGON, *à Mariane.* — Je vous demande pardon, je reviens tout-à-l'heure.

SCÈNE XIV. — HARPAGON, MARIANE, ÉLISE, CLÉANTE, VALÈRE, FROSINE, LA MERLUCHE.

LA MERLUCHE, *courant et faisant tomber Harpagon.* — Monsieur...

HARPAGON. — Ah! je suis mort.

CLÉANTE. — Qu'est-ce, mon père, vous vous êtes fait mal?

HARPAGON. — Le traître, assurément, a reçu de l'argent de mes débiteurs pour me faire rompre le cou.

VALÈRE, *à Harpagon.* — Cela ne sera rien.

LA MERLUCHE, *à Harpagon.* — Monsieur, je vous demande pardon; je croyais bien faire d'accourir vite.

HARPAGON. — Que viens-tu faire ici, bourreau?

LA MERLUCHE. — Vous dire que vos deux chevaux sont déferrés.

HARPAGON. — Qu'on les mène promptement chez le maréchal.

CLÉANTE. — En attendant qu'ils soient ferrés, je vais faire pour vous, mon père, les honneurs de votre logis, et conduire madame dans le jardin, où je ferai porter la collation.

SCÈNE XV. — HARPAGON, VALÈRE.

HARPAGON. — Valère, aie un peu l'œil à tout cela, et prends soin, je te prie, de m'en sauver le plus que tu pourras pour le renvoyer au marchand.

VALÈRE. — C'est assez.

HARPAGON, *seul.* — O fils impertinent! As-tu envie de me ruiner?

FIN DU TROISIÈME ACTE.

ACTE IV.

SCENE PREMIERE. — CLÉANTE, MARIANE, ÉLISE, FROSINE.

CLÉANTE. — Rentrons ici, nous serons beaucoup mieux; il n'y a plus autour de nous personne de suspect, et nous pouvons parler librement.

ÉLISE. — Oui, madame, mon frère m'a fait confidence de la passion qu'il a pour vous. Je sais les chagrins et les déplaisirs que sont capables de causer de pareilles traverses; et c'est, je vous assure, avec une tendresse extrême que je m'intéresse à votre aventure.

MARIANE. — C'est une douce consolation que de voir dans ses intérêts une personne comme vous; et je vous conjure, madame, de me garder toujours cette généreuse amitié, si capable de m'adoucir les cruautés de la fortune.

FROSINE. — Vous êtes, par ma foi, de malheureuses gens, l'un et l'autre, de ne m'avoir point, avant tout ceci, avertie de votre affaire. Je vous aurais sans doute détourné cette inquiétude, et n'aurais point amené les choses où l'on voit qu'elles sont.

CLÉANTE. — Que veux-tu? c'est ma mauvaise destinée qui l'a voulu ainsi. Mais, belle Mariane, quelles résolutions sont les vôtres?

MARIANE. — Hélas! suis-je en pouvoir de faire des résolutions? Et, dans la dépendance où je me vois, ne puis-je former que des souhaits?

CLÉANTE. — Point d'autre appui pour moi dans votre cœur que de simples souhaits? Point de pitié officieuse? Point de secourable bonté? Point d'affection agissante?

MARIANE. — Que saurais-je vous dire? mettez-vous en ma place, et voyez ce que je puis faire. Avisez, ordonnez vous-même, je m'en remets à vous; et je vous crois trop raisonnable pour vouloir exiger de moi que ce qui peut m'être permis par l'honneur et la bienséance.

CLÉANTE. — Hélas! Où me réduisez-vous, que de renvoyer à ce que voudront permettre les fâcheux sentiments d'un rigoureux honneur et d'une scrupuleuse bienséance.

MARIANE. — Mais que voulez-vous que je fasse? Quand je pourrais passer sur quantité d'égards où notre sexe est obligé, j'ai de la considération pour ma mère : elle m'a toujours élevée avec une tendresse extrême; et je ne saurais me résoudre à lui donner du déplaisir. Faites, agissez auprès d'elle; employez tous vos soins à gagner son esprit; vous pouvez faire et dire tout ce que vous voudrez, je vous en donne la licence; et, s'il ne tient qu'à me déclarer en votre faveur, je veux bien consentir à lui faire un aveu moi-même de tout ce que je sens pour vous.

CLÉANTE. — Frosine, ma pauvre Frosine, voudrais-tu nous servir ?

FROSINE. — Par ma foi, faut-il le demander? je le voudrais de tout mon cœur. Vous savez que de mon naturel je suis assez humaine. Le ciel ne m'a point fait l'âme de bronze ; et je n'ai que trop de tendresse à rendre de petits services, quand je vois des gens qui s'entr'aiment en tout bien et en tout honneur. Que pourrions-nous faire à ceci ?

CLÉANTE. — Songe un peu, je te prie.

MARIANE. — Ouvre-nous des lumières.

ÉLISE. — Trouve quelque invention pour rompre ce que tu as fait.

FROSINE. — Ceci est assez difficile. (à *Mariane*.) Pour votre mère, elle n'est pas tout-à-fait déraisonnable, et peut-être pourrait-on la gagner et la résoudre à transporter au fils le don qu'elle veut faire au père. (à *Cléante*.) Mais le mal que j'y trouve, c'est que votre père est votre père.

CLÉANTE. — Cela s'entend.

FROSINE. — Je veux dire qu'il conservera du dépit si l'on montre qu'on le refuse, et qu'il ne sera point d'humeur ensuite à donner son consentement à votre mariage. Il faudrait, pour bien faire, que le refus vînt de lui-même, et tâcher, par quelque moyen, de le dégoûter de votre personne.

CLÉANTE. — Tu as raison.

FROSINE. — Oui, j'ai raison, je le sais bien. C'est là ce qu'il faudrait ; mais le diantre est d'en pouvoir trouver les moyens. Attendez : si nous avions quelque femme un peu sur l'âge, qui fût de mon talent, et jouât assez bien pour contrefaire une dame de qualité, par le moyen d'un train fait à la hâte, et d'un bizarre nom de marquise ou de vicomtesse, que nous supposerions de la Basse-Bretagne, j'aurais assez d'adresse pour faire accroire à votre père que ce serait une personne riche, outre ses maisons, de cent mille écus en argent comptant; qu'elle serait éperdument amoureuse de lui, et souhaiterait de se voir sa femme jusqu'à lui donner tout son bien par contrat de mariage : et je ne doute point qu'il ne prêtât l'oreille à la proposition. Car enfin il vous aime fort, je le sais ; mais il aime un peu plus l'argent : et quand, ébloui de ce leurre, il aurait une fois consenti à ce qui vous touche, il importerait peu ensuite qu'il se désabusât, en venant à vouloir voir clair aux affaires de notre marquise.

CLÉANTE. — Tout cela est fort bien pensé.

FROSINE. — Laissez-moi faire. Je viens de me ressouvenir d'une de mes amies qui sera notre fait.

CLÉANTE. — Sois assurée, Frosine, de ma reconnaissance, si tu viens à bout de la chose. Mais, charmante Mariane, commençons, je vous prie, par gagner votre mère ; c'est toujours beaucoup faire que de rompre ce mariage. Faites-y de votre part, je vous conjure, tous les efforts qu'il vous sera possible. Servez-vous de tout le pouvoir que vous donne sur elle cette amitié qu'elle a pour vous : déployez sans réserve les graces éloquentes, les charmes tout puissants que le ciel a placés dans vos yeux et dans votre bouche ; et n'oubliez rien, s'il vous plaît, de ces tendres paroles, de ces douces prières, et de ces caresses touchantes à qui je suis persuadé qu'on ne saurait rien refuser.

MARIANE. — J'y ferai tout ce que je puis, et n'oublierai aucune chose.

SCÈNE II. — HARPAGON, CLÉANTE, MARIANE ÉLISE, FROSINE.

HARPAGON, *à part, sans être aperçu.* — Ouais ! mon fils baise la main de sa prétendue belle-mère, et sa prétendue belle-mère ne s'en défend pas fort. Y aurait-il quelque mystère là-dessous?

ÉLISE. — Voilà mon père.

HARPAGON. — Le carrosse est tout prêt, vous pouvez partir quand il vous plaira.

CLÉANTE. — Puisque vous n'y allez pas, mon père, je m'en vais les conduire.

HARPAGON. — Non, demeurez ; elles iront bien toutes seules, et j'ai besoin de vous.

SCÈNE III. — HARPAGON, CLÉANTE.

HARPAGON. — Oh çà, intérêt de belle-mère à part, que te semble, à toi, de cette personne?

CLÉANTE. — Ce qu'il m'en semble?

HARPAGON. — Oui, de son air, de sa taille, de sa beauté, de son esprit?

CLÉANTE. — Là, là.

HARPAGON. — Mais encore?

LÉANTE. — A vous en parler franchement, je ne l'ai pas trouvée ici ce que je l'avais crue. Son air est de franche coquette, sa taille est assez gauche, sa beauté très médiocre, et son esprit des plus communs. Ne croyez pas que ce soit, mon père, pour vous en dégoûter; car, belle-mère pour belle-mère, j'aime autant celle-là qu'une autre.

HARPAGON. — Tu lui disais tantôt pourtant...

CLÉANTE. — Je lui ai dit quelques douceurs en votre nom; mais c'était pour vous plaire.

HARPAGON. — Si bien donc que tu n'aurais pas d'inclination pour elle?

CLÉANTE. — Moi? point du tout.

HARPAGON. — J'en suis fâché, car cela rompt une pensée qui m'était venue dans l'esprit. J'ai fait en la voyant ici réflexion sur mon âge; et j'ai songé qu'on pourra trouver à redire de me voir marier à une si jeune personne. Cette considération m'en faisait quitter le dessein; et comme je l'ai fait demander, et que je suis pour elle engagé de parole, je te l'aurais donnée, sans l'aversion que tu témoignes.

CLÉANTE. — A moi?

HARPAGON. — A toi.

CLÉANTE. — En mariage?

HARPAGON. — En mariage.

CLÉANTE. — Écoutez. Il est vrai qu'elle n'est pas fort à mon goût: mais pour vous faire plaisir, mon père, je me résoudrai à l'épouser, si vous voulez.

HARPAGON. — Moi, je suis plus raisonnable que tu ne penses, je ne veux point forcer ton inclination.

CLÉANTE. — Pardonnez-moi, je me ferai cet effort pour l'amour de vous.

HARPAGON. — Non, non; un mariage ne saurait être heureux où l'inclination n'est pas.

CLÉANTE. — C'est une chose, mon père, qui peut-être viendra ensuite; et l'on dit que l'amour est souvent un fruit du mariage.

HARPAGON. — Non; du côté de l'homme on ne doit point risquer l'affaire; et ce sont des suites fâcheuses où je n'ai garde de me commettre. Si tu avais senti quelque inclination pour elle, à la bonne heure; je te l'aurais fait épouser, au lieu de moi; mais cela n'étant pas, je suivrai mon premier dessein, et je l'épouserai moi-même.

CLÉANTE. — Hé bien, mon père, puisque les choses sont ainsi, il vous faut découvrir mon cœur, il vous faut révéler notre secret. La vérité est que je l'aime, depuis un jour que je la vis dans une promenade; que mon dessein était tantôt de vous la demander pour femme, et que rien ne m'a retenu que la déclaration de vos sentiments, et la crainte de vous déplaire.

HARPAGON. — Lui avez-vous rendu visite?

CLÉANTE. — Oui, mon père.

HARPAGON. — Beaucoup de fois?

CLÉANTE. — Assez, pour le temps qu'il y a.

HARPAGON. — Vous a-t-on bien reçu?

CLÉANTE. — Fort bien, mais sans savoir qui j'étais; et c'est ce qui a fait tantôt la surprise de Mariane.

HARPAGON. — Lui avez-vous déclaré votre passion, et le dessein où vous étiez de l'épouser?

CLÉANTE. — Sans doute; et même j'en avais fait à sa mère quelque peu d'ouverture.

HARPAGON. — A-t-elle écouté pour sa fille votre proposition?

CLÉANTE. — Oui, fort civilement.

HARPAGON. — Et la fille correspond-elle à votre amour?

CLÉANTE. — Si j'en puis croire les apparences, je me persuade, mon père, qu'elle a quelque bonté pour moi.

HARPAGON, *bas, à part.* — Je suis bien aise d'avoir appris un tel secret, et voilà justement ce que je demandais. (*haut.*) Or sus, mon fils, savez-vous ce qu'il y a? C'est qu'il faut songer, s'il vous plaît, à vous défaire de votre amour, à cesser toutes vos poursuites auprès d'une personne que je prétends pour moi, et à vous marier dans peu avec celle qu'on vous destine.

CLÉANTE. — Oui, mon père, c'est ainsi que vous me jouez! Hé bien! puisque les choses en sont venues là, je vous déclare, moi, que je ne quitterai point la passion que j'ai pour Mariane; qu'il n'y a point d'extrémité où je ne m'abandonne pour vous disputer sa conquête; et que, si vous avez pour vous le consentement d'une mère, j'aurai d'autres secours peut-être qui combattront pour moi.

HARPAGON. — Comment! pendard, tu as l'audace d'aller sur mes brisées?

CLÉANTE. — C'est vous qui allez sur les miennes, et je suis le premier en date.

HARPAGON. — Ne suis-je pas ton père, et ne me dois-tu pas respect?

CLÉANTE. — Ce ne sont point ici des choses où les enfants soient obligés de déférer aux pères, et l'amour ne connaît personne.

HARPAGON. — Je te ferai bien me connaître avec de bons coups de bâton.

CLÉANTE. — Toutes vos menaces ne feront rien.

HARPAGON. — Tu renonceras à Mariane.

CLÉANTE. — Point du tout.

HARPAGON. — Donnez-moi un bâton tout-à-l'heure.

SCÈNE IV. — HARPAGON, CLÉANTE, MAITRE JACQUES.

MAITRE JACQUES. — Hé! hé! hé! messieurs, qu'est-ce ci? A quoi songez-vous?

CLÉANTE. — Je me moque de cela.

MAITRE JACQUES, à Cléante. — Ah! monsieur, doucement.

HARPAGON. — Me parler avec cette impudence!

MAITRE JACQUES, à Harpagon. — Ah! monsieur, de grace.

CLÉANTE. — Je n'en démordrai point.

MAITRE JACQUES, à Cléante. — Hé quoi! à votre père?

HARPAGON. — Laisse-moi faire.

MAITRE JACQUES, à Harpagon. — Hé quoi! à votre fils? Encore passe pour moi.

HARPAGON. — Je te veux faire toi-même, maître Jacques, juge de cette affaire, pour montrer comme j'ai raison.

MAITRE JACQUES. — J'y consens. (A Cléante.) Eloignez-vous un peu.

HARPAGON. — J'aime une fille que je veux épouser; et le pendard a l'insolence de l'aimer avec moi, et d'y prétendre malgré mes ordres.

MAITRE JACQUES. — Il a tort.

HARPAGON. — N'est-ce pas une chose épouvantable, qu'un fils qui veut entrer en concurrence avec son père? et ne doit-il pas, par respect, s'abstenir de toucher à mes inclinations?

MAITRE JACQUES. — Vous avez raison. Laissez-moi lui parler, et demeurez là.

CLÉANTE, à maître Jacques qui s'approche de lui. — Hé bien! oui, puisqu'il veut te choisir pour juge, je n'y recule point; il ne m'importe qui que ce soit; et je veux bien aussi m'en rapporter à toi, maître Jacques, de notre différend.

MAITRE JACQUES. — C'est beaucoup d'honneur que vous me faites.

CLÉANTE. — Je suis épris d'une jeune personne qui répond à mes vœux et reçoit tendrement les offres de ma foi; et mon père s'avise de venir troubler notre amour par la demande qu'il en fait faire.

MAITRE JACQUES. — Il a tort assurément.

CLÉANTE. — N'a-t-il point de honte à son âge de songer à se marier? Lui sied-il bien d'être encore amoureux! et ne devrait-il pas laisser cette occupation aux jeunes gens?

MAITRE JACQUES. — Vous avez raison. Il se moque; laissez-moi lui dire deux mots. (A Harpagon) Hé bien! votre fils n'est pas si étrange que vous le dites, et il se met à la raison: il dit qu'il sait le respect qu'il vous doit, qu'il ne s'est emporté que dans la première chaleur, et qu'il ne fera point refus de se soumettre à ce qu'il vous plaira, pourvu que vous vouliez le traiter mieux que vous ne faites, et lui donner quelque personne en mariage dont il ait lieu d'être content.

HARPAGON. — Ah! dis-lui, maître Jacques, que, moyennant cela, il pourra espérer toutes choses de moi, et que, hors Mariane, je lui laisse la liberté de choisir celle qu'il voudra.

MAITRE JACQUES. — Laissez-moi faire. (A Cléante.) Hé bien! votre père n'est pas si déraisonnable que vous le faites; et il m'a témoigné que ce sont vos emportements qui l'ont mis en colère, et qu'il n'en veut seulement qu'à votre manière d'agir, et qu'il sera fort disposé à vous accorder ce que vous souhaitez, pourvu que vous vouliez vous y prendre par la douceur, et lui rendre les déférences, les respects et les soumissions qu'un fils doit à son père.

CLÉANTE. — Ah! maître Jacques, tu peux lui assurer que, s'il m'accorde Mariane, il me verra toujours le plus soumis de tous les hommes, et que jamais je ne ferai aucune chose que par ses volontés.

MAITRE JACQUES, à Harpagon. — Cela est fait; il consent à ce que vous dites.

HARPAGON. — Voilà qui va le mieux du monde.

MAITRE JACQUES, à Cléante. — Tout est conclu; il est content de vos promesses.

CLÉANTE. — Le ciel en soit loué!

MAITRE JACQUES. — Messieurs, vous n'avez qu'à parler ensemble, vous voilà d'accord maintenant, et vous alliez vous quereller, faute de vous entendre.

CLÉANTE. — Mon pauvre maître Jacques, je te serai obligé toute ma vie.

MAITRE JACQUES. — Il n'y a pas de quoi, monsieur.

HARPAGON. — Tu m'as fait plaisir, maître Jacques, et cela mérite une récompense. (Harpagon fouille dans sa poche, Maître Jacques tend la main; mais Harpagon ne tire que son mouchoir en disant:) Va, je m'en souviendrai, je t'assure.

MAITRE JACQUES. — Je vous baise les mains.

SCÈNE V. — HARPAGON, CLÉANTE.

CLÉANTE. — Je vous demande pardon, mon père, de l'emportement que j'ai fait paraître.

HARPAGON. — Cela n'est rien.

CLÉANTE. — Je vous assure que j'en ai tous les regrets du monde.

HARPAGON. — Et moi, toutes les joies du monde de te voir raisonnable.

CLÉANTE. — Quelle bonté à vous d'oublier si vite ma faute!

HARPAGON. — On oublie aisément les fautes des enfants lorsqu'ils rentrent dans leur devoir.

CLÉANTE. — Quoi! ne garder aucun ressentiment de toutes mes extravagances!

HARPAGON. — C'est une chose où tu m'obliges par la soumission et le respect où tu te ranges.

CLÉANTE. — Je vous promets, mon père, que, jusqu'au tombeau, je conserverai dans mon cœur le souvenir de vos bontés.

HARPAGON. — Et moi, je te promets qu'il n'y aura aucune chose que de moi tu n'obtiennes.

CLÉANTE. — Ah! mon père, je ne vous demande plus rien; et c'est m'avoir assez donné que de me donner Mariane.

HARPAGON. — Comment?

CLÉANTE. — Je dis, mon père, que je suis trop content de vous, et que je trouve toutes choses dans la bonté que vous avez de m'accorder Mariane,

HARPAGON. — Qui est-ce qui parle de t'accorder Mariane!

CLÉANTE. — Vous, mon père.

HARPAGON. — Moi?

CLÉANTE. — Sans doute.

HARPAGON. — Comment! c'est toi qui a promis d'y renoncer.

CLÉANTE. — Moi, y renoncer?

HARPAGON. — Oui.

CLÉANTE. — Point du tout.

HARPAGON. — Tu ne t'es pas départi d'y prétendre?

CLÉANTE. — Au contraire, j'y suis porté plus que jamais.

HARPAGON. — Quoi, pendard! derechef?

CLÉANTE. — Rien ne peut me changer.

HARPAGON. — Laisse-moi faire, traître.

CLÉANTE. — Faites tout ce qu'il vous plaira.

HARPAGON. — Je te défends de me jamais voir.

CLÉANTE. — A la bonne heure.

HARPAGON. — Je t'abandonne.

CLÉANTE. — Abandonnez.

HARPAGON. — Je te renonce pour mon fils.

CLÉANTE. — Soit.

HARPAGON. — Je te déshérite.

CLÉANTE. — Tout ce que vous voudrez.

HARPAGON. — Et je te donne ma malédiction.

CLÉANTE. — Je n'ai que faire de vos dons.

SCÈNE VI. — CLÉANTE, LA FLÈCHE.

LA FLÈCHE, *sortant du jardin avec une casette.* — Ah! monsieur, que je vous trouve à propos! Suivez-moi vite.

CLÉANTE. — Qu'y a-t-il?

LA FLÈCHE. — Suivez-moi, vous dis-je; nous sommes bien.

CLÉANTE. — Comment!

LA FLÈCHE. — Voici votre affaire.

CLÉANTE. — Quoi?

LA FLÈCHE. — J'ai guigné ceci tout le jour.

CLÉANTE. — Qu'est-ce que c'est?

LA FLÈCHE. — Le trésor de votre père, que j'ai attrapé.

CLÉANTE. — Comment as-tu fait?

LA FLÈCHE. — Vous saurez tout. Sauvons-nous, je l'entends crier.

SCÈNE VII.

HARPAGON, *criant au voleur dès le jardin.* — Au voleur! au voleur! à l'assassin! au meurtrier! Justice, juste ciel! je suis perdu, je suis assassiné, on m'a coupé la gorge, on m'a dérobé mon argent. Qui peut-ce être? Qu'est-il devenu? Où est-il? Où se cache-t-il? Que ferai-je pour le trouver? Où courir? Où ne pas courir? N'est-il point là? N'est-il point ici? Qui est-ce? Arrête. (*à lui même se prenant par le bras.*) Rends-moi mon argent, coquin... Ah! c'est moi... Mon esprit est troublé, et j'ignore où je suis, qui je suis, et ce que je fais. Hélas! mon pauvre argent, mon pauvre argent, mon cher ami, on m'a privé de toi! et puisque tu m'es enlevé, j'ai perdu mon support, ma consolation, ma joie, tout est fini pour moi, et je n'ai plus que faire au monde! Sans toi il m'est impossible de vivre. C'en est fait; je n'en puis plus, je me meurs, je suis mort, je suis enterré. N'y a-t-il personne qui veut me ressusciter, en me rendant mon cher argent, ou en m'apprenant qui l'a pris? Euh? que dites-vous? Ce n'est personne. Il faut, qui que ce soit qui ait fait le coup, qu'avec beaucoup de soin on ait épié l'heure; et l'on a choisi justement le temps que je parlais à mon traître de fils. Sortons. Je veux aller quérir la justice, et faire donner la question à toute ma maison, à servantes, à valets, à fils, à fille, et à moi aussi. Que de gens assemblés! Je ne jette mes regards sur personne qui ne me donne des soupçons, et tout me semble mon voleur. Hé! de quoi est-ce qu'on parle là? de celui qui m'a dérobé? Quel bruit fait-on là-haut? est-ce mon voleur qui y est? De grace, si l'on sait des nouvelles de mon voleur, je supplie que l'on m'en dise. N'est-il point caché là parmi vous. Ils me regardent tous, et se mettent à rire. Vous verrez qu'ils ont part, sans doute, au vol que l'on m'a fait. Allons vite, des commissaires, des archers, des prévôts, des juges, des gênes, des potences et des bourreaux. Je veux faire pendre tout le monde; et, si je ne retrouve mon argent, je me pendrai moi-même après.

FIN DU QUATRIÈME ACTE.

ACTE V.

SCÈNE PREMIÈRE. — HARPAGON, UN COMMISSAIRE.

LE COMMISSAIRE. — Laissez-moi faire, je sais mon métier, dieu merci. Ce n'est pas d'aujourd'hui que je me mêle de découvrir des vols; et je voudrais avoir autant de sacs de mille francs que j'ai fait pendre de personnes.

HARPAGON. — Tous les magistrats sont intéressés à prendre cette affaire en main ; et, si l'on ne me fait retrouver mon argent, je demanderai justice de la justice.

LE COMMISSAIRE. — Il faut faire toutes les poursuites requises. Vous dites qu'il y avait dans cette cassette...?

HARPAGON. — Dix mille écus bien comptés

LE COMMISSAIRE. — Dix mille écus.

HARPAGON. — Dix mille écus.

LE COMMISSAIRE. — Le vol est considérable.

HARPAGON. — Il n'y a point de supplice assez grand pour l'énormité de ce crime ; et s'il demeure impuni, les choses les plus sacrées ne sont plus en sûreté.

LE COMMISSAIRE. — En quelles espèces était cette somme?

HARPAGON. — En bon louis d'or et pistoles bien trébuchantes.

LE COMMISSAIRE. — Qui soupçonnez-vous de ce vol?

HARPAGON. — Tout le monde ; et je veux que vous arrêtiez prisonniers la ville et les faubourgs.

LE COMMISSAIRE. — Il faut, si vous m'en croyez, n'effaroucher personne, et tâcher doucement d'attraper quelques preuves, afin de procéder après, par la rigueur, au recouvrement des deniers qui vous ont été pris.

SCÈNE II. — HARPAGON, LE COMMISSAIRE, MAITRE JACQUES.

MAITRE JACQUES, *dans le fond du théâtre, en se retournant du côté par lequel il est entré.* — Je m'en vais revenir : qu'on me l'égorge tout-à-l'heure ; qu'on me lui fasse griller les pieds ; qu'on me le mette dans l'eau bouillante, et qu'on me le pende au plancher.

HARPAGON, *à maître Jacques.* — Qui? celui qui m'a dérobé?

MAITRE JACQUES. — Je parle d'un cochon de lait que votre intendant me vient d'envoyer, et je veux vous l'accommoder à ma fantaisie.

HARPAGON. — Il n'est pas question de cela, et voilà monsieur à qui il faut parler d'autre chose.

LE COMMISSAIRE, *à maître Jacques.* — Ne vous épouvantez point : je suis homme à ne vous point scandaliser, et les choses iront dans la douceur.

MAITRE JACQUES. — Monsieur est de votre souper?

LE COMMISSAIRE. — Il faut ici, mon cher ami, ne rien cacher à votre maître.

MAITRE JACQUES. — Ma foi, monsieur, je montrerai tout ce que je sais faire, et je vous traiterai du mieux qu'il me sera possible.

HARPAGON. — Ce n'est pas là l'affaire.

MAITRE JACQUES. — Si je ne vous fais pas aussi bonne chère que je voudrais, c'est la faute de monsieur votre intendant, qui m'a rogné les ailes avec les ciseaux de son économie.

HARPAGON. — Traître! il s'agit d'autre chose que de souper ; et je veux que tu me dises des nouvelles de l'argent qu'on m'a pris.

MAITRE JACQUES. — On vous a pris de l'argent?

HARPAGON. — Oui, coquin ; et je m'en vais te faire pendre si tu ne me le rends.

LE COMMISSAIRE, *à Harpagon.* — Mon Dieu! ne le maltraitez point. Je vois à sa mine qu'il est honnête homme, et que, sans se faire mettre en prison, il vous découvrira ce que vous voulez savoir. Oui, mon ami, si vous nous confessez la chose, il ne vous sera fait aucun mal, et vous serez récompensé comme il faut par votre maître. On lui a pris aujourd'hui son argent, et il n'est pas que vous ne sachiez quelque nouvelle de cette affaire.

MAITRE JACQUES, *bas, à part.* — Voici justement ce qu'il me faut pour me venger de notre intendant. Depuis qu'il est entré céans, il est le favori ; on n'écoute que ses conseils, et j'ai aussi sur le cœur les coups de bâton de tantôt.

HARPAGON. — Qu'as-tu à ruminer?

LE COMMISSAIRE, *à Harpagon.* — Laissez-le faire. Il se prépare à vous contenter ; et je vous ai bien dit qu'il était honnête homme.

MAITRE JACQUES. — Monsieur, si vous voulez que je vous dise les choses, je crois que c'est monsieur votre cher intendant qui a fait le coup.

HARPAGON. — Valère?

MAITRE JACQUES. — Oui.

HARPAGON. — Lui, qui me paraît si fidèle?

MAITRE JACQUES. — Lui-même. Je crois que c'est lui qui vous a dérobé.

HARPAGON. — Et sur quoi le crois-tu:

MAITRE JACQUES. — Sur quoi?

HARPAGON. — Oui.

MAITRE JACQUES. — Je le crois... sur ce que je le crois.

LE COMMISSAIRE. — Mais il est nécessaire de dire les indices que vous avez.

HARPAGON. — L'as-tu vu rôder autour du lieu où j'avais mis mon argent?

MAITRE JACQUES. — Oui, vraiment. Où était-il, votre argent?

HARPAGON. — Dans le jardin.

MAITRE JACQUES. — Justement; je l'ai vu rôder dans le jardin. Et dans quoi est-ce que cet argent était?

HARPAGON. — Dans une cassette.

MAITRE JACQUES. — Voilà l'affaire. Je lui ai vu une cassette.

HARPAGON. — Et cette cassette, comment est-elle faite? Je verrai bien si c'est là mienne.

MAITRE JACQUES. — Comment elle est faite?

HARPAGON. — Oui.

MAITRE JACQUES. — Elle est faite... Elle est faite comme une cassette.

LE COMMISSAIRE. — Cela s'entend. Mais dépeignez-la un peu pour voir.

MAITRE JACQUES. — C'est une grande cassette...

HARPAGON. — Celle qu'on m'a volée est petite.

MAITRE JACQUES. — Hé! oui, elle est petite, si l'on le veut prendre par là; mais je l'appelle grande pour ce qu'elle contient.

LE COMMISSAIRE. — Et de quelle couleur est-elle?

MAITRE JACQUES. — De quelle couleur?

LE COMMISSAIRE. — Oui.

MAITRE JACQUES. — Elle est de couleur... là, d'une certaine couleur... Ne sauriez-vous m'aider à dire?

HARPAGON. — Euh?

MAITRE JACQUES. — N'est-elle pas rouge?

HARPAGON. — Non, grise.

MAITRE JACQUES. — Hé! oui, gris-rouge, c'est ce que je voulais dire.

HARPAGON. — Il n'y a point de doute, c'est elle assurément. Ecrivez, monsieur, écrivez sa déposition. Ciel! à qui désormais se fier? il ne faut plus jurer de rien; et je crois, après cela, que je suis homme à me voler moi-même.

MAITRE JACQUES, à Harpagon. — Monsieur, le voici qui revient. Ne lui allez pas dire au moins que c'est moi qui ai découvert cela.

SCÈNE III. — HARPAGON, LE COMMISSAIRE, VALÈRE, MAITRE JACQUES.

HARPAGON. — Approche, viens confesser l'action la plus noire, l'attentat le plus horrible qui jamais ait été commis.

VALÈRE. — Que voulez-vous, monsieur?

HARPAGON. — Comment, traître! tu ne rougis pas de ton crime?

VALÈRE. — De quel crime voulez-vous donc parler?

HARPAGON. — De quel crime je veux parler, infame? comme si tu ne savais pas ce que je veux dire! C'est en vain que tu prétendrais de le déguiser; l'affaire est découverte, et l'on vient de m'apprendre tout. Comment abuser ainsi de ma bonté, et s'introduire exprès chez moi pour me trahir, pour me jouer un tour de cette nature?

VALÈRE. — Monsieur, puisqu'on vous a découvert tout, je ne veux point chercher de détours, et vous nier la chose.

MAITRE JACQUES, à part. — Oh! oh! aurais-je deviné sans y penser?

VALÈRE. — C'était mon dessein de vous en parler, et je voulais attendre pour cela des conjonctures favorables; mais puisqu'il est ainsi, je vous conjure de ne vous point fâcher, et de vouloir entendre mes raisons.

HARPAGON. — Et quelles belles raisons peux-tu me donner, voleur, infame?

VALÈRE. — Ah! monsieur, je n'ai pas mérité ces noms. Il est vrai que j'ai commis une offense envers vous; mais, après tout, ma faute est pardonnable.

HARPAGON. — Comment! pardonnable? un guet-apens, un assassinat de la sorte!

VALÈRE. — De grace, ne vous mettez point en colère. Quand vous m'aurez ouï, vous verrez que le mal n'est pas si grand que vous le faites.

HARPAGON. — Le mal n'est pas si grand que je le fais! Quoi! mon sang, mes entrailles, pendard!

VALÈRE. — Votre sang, monsieur, n'est pas tombé dans de mauvaises mains. Je suis d'une condition à ne lui point faire de tort; il n'y a rien en tout ceci que je ne puisse bien réparer.

HARPAGON. — C'est bien mon intention, et que tu me restitues ce que tu m'as ravi.

VALÈRE. — Votre honneur, monsieur, sera pleinement satisfait.

HARPAGON. — Il n'est pas question d'honneur là-dedans. Mais dis-moi, qui t'a porté à cette action?

VALÈRE. — Hélas! me le demandez-vous?

HARPAGON. — Oui, vraiment, je te le demande.

VALÈRE. — Un dieu qui porte les excuses de tout ce qu'il fait faire : l'Amour.

HARPAGON. — L'Amour!

VALÈRE. — Oui.

HARPAGON. — Bel amour! bel amour, ma foi! l'amour de mes louis d'or!

VALÈRE. — Non, monsieur, ce ne sont point vos richesses qui m'ont tenté, ce n'est pas cela qui m'a ébloui; et je proteste de ne rien prétendre à tous vos biens, pourvu que vous me laissiez celui que j'ai.

HARPAGON. — Non ferai, de par tous les diables; je ne te laisserai pas. Mais voyez quelle insolence, de vouloir retenir le vol qu'il m'a fait!

VALÈRE. — Appelez-vous cela un vol?

HARPAGON. — Si je l'appelle un vol? un trésor comme celui-là!

VALÈRE. — C'est un trésor, il est vrai, et le plus précieux que vous ayez, sans doute; mais ce ne sera pas le perdre que de me le laisser. Je vous le demande à genoux, ce trésor plein de charmes; et, pour bien faire, il faut que vous me l'accordiez.

HARPAGON. — Je n'en ferai rien. Qu'est-ce à dire, cela?

VALÈRE. — Nous nous sommes promis une foi mutuelle, et avons fait serment de ne nous point abandonner.

HARPAGON. — Le serment est admirable, et la promesse plaisante.

VALÈRE. — Oui, nous nous sommes engagés d'être l'un à l'autre à jamais.

HARPAGON. — Je vous en empêcherai bien, je vous assure.

VALÈRE. — Rien que la mort ne nous peut séparer.

HARPAGON. — C'est être bien endiablé après mon argent.

VALÈRE. — Je vous ai déjà dit, monsieur, que ce n'était point l'intérêt qui m'avait poussé à faire ce que j'ai fait. Mon cœur n'a point agi par les ressorts que vous pensez, et un motif plus noble m'a inspiré cette résolution.

HARPAGON. — Vous verrez que c'est par charité chrétienne qu'il veut avoir mon bien. Mais j'y donnerai bon ordre; et la justice, pendard effronté, me va faire raison de tout.

VALÈRE. — Vous en userez comme vous voudrez, et me voilà prêt à souffrir toutes les violences qu'il vous plaira : mais je vous prie de croire au moins que, s'il y a du mal, ce n'est que moi qu'il en faut accuser, et que votre fille, en tout ceci, n'est aucunement coupable.

HARPAGON. — Je le crois bien, vraiment : il serait fort étrange que ma fille eût trempé dans ce crime. Mais je veux ravoir mon affaire, et que tu me confesses en quel endroit tu me l'as enlevée.

VALÈRE. — Moi? je ne l'ai point enlevée, et elle est encore chez vous.

HARPAGON, à part. — O ma chère cassette! (Haut.) Elle n'est point sortie de ma maison.

VALÈRE. — Non, monsieur.

HARPAGON. — Hé! dis-moi un peu; tu n'y as point touché?

VALÈRE. — Moi, y toucher! ah! vous lui faites tort, aussi bien qu'à moi; et c'est d'une ardeur toute pure et respectueuse que j'ai brûlé pour elle.

HARPAGON, à part. — Brûlé pour ma cassette!

VALÈRE. — J'aimerais mieux mourir que de lui avoir fait paraître aucune pensée offensante; elle est trop sage et trop honnête pour cela.

HARPAGON, à part. — Ma cassette trop honnête!

VALÈRE. — Tous mes désirs se sont bornés à jouir de sa vue, et rien de criminel n'a profané la passion que ses beaux yeux m'ont inspiré.

HARPAGON, *à part.* — Les beaux yeux de ma cassette! Il parle d'elle comme un amant d'une maîtresse.

VALÈRE. — Dame Claude, monsieur, sait la vérité de cette aventure, et elle vous peut rendre témoignage...

HARPAGON. — Quoi! ma servante est complice de l'affaire?

VALÈRE. — Oui, monsieur, elle a été témoin de notre engagement; et c'est après avoir connu l'honnêteté de ma flamme, qu'elle m'a aidé à persuader votre fille de me donner sa foi et de recevoir la mienne...

HARPAGON. — Hé! (*A part.*) Est-ce que la peur de la justice le fait extravaguer? (*A Valère.*) Que nous brouilles-tu ici de ma fille?

VALÈRE. — Je dis, monsieur, que j'ai eu toutes les peines du monde à faire consentir sa pudeur à ce que voulait mon amour.

HARPAGON. — La pudeur de qui?

VALÈRE. — De votre fille; et c'est seulement depuis hier qu'elle a pu se résoudre à nous signer mutuellement une promesse de mariage.

HARPAGON. — Ma fille t'a signé une promesse de mariage?

MAITRE JACQUES, *au commissaire.* — Oui, monsieur, comme de ma part je lui en ai signé une.

HARPAGON. — O ciel! autre disgrace!

MAITRE JACQUES, *au commissaire.* — Ecrivez, monsieur, écrivez.

HARPAGON. — Rengrégement de mal! surcroît de désespoir! (*Au commissaire.*) Allons, monsieur, faites le dû de votre charge, et dressez-lui-moi son procès comme larron et comme suborneur.

MAITRE JACQUES. — Comme larron et comme suborneur.

HARPAGON. — Ce sont des noms qui ne me sont point dus; et quand on saura qui je suis...

SCÈNE IV. — HARPAGON, ÉLISE, MARIANE, VALÈRE, FROSINE, MAITRE JACQUES, LE COMMISSAIRE.

HARPAGON. — Ah! fille scélérate! fille indigne d'un père comme moi! c'est ainsi que tu pratiques les leçons que je t'ai données? Tu te laisses prendre d'amour pour un voleur infâme, et tu lui engages ta foi sans mon consentement! Mais vous serez trompés l'un et l'autre. (*A Élise.*) Quatre bonnes murailles me répondront de ta conduite; (*à Valère.*) et une bonne potence, pendard effronté, me fera raison de ton audace.

VALÈRE. — Ce ne sera point votre passion qui jugera l'affaire, et l'on m'écoutera au moins avant que de me condamner.

HARPAGON. — Je me suis abusé de dire une potence, et tu seras roué tout vif.

ÉLISE, *aux genoux d'Harpagon.* — Ah! mon père, prenez des sentiments un peu plus humains, je vous prie, et n'allez point pousser les choses dans les dernières violences du pouvoir paternel. Ne vous laissez point entraîner aux premiers mouvements de votre passion, et donnez-vous le temps de considérer ce que vous voulez faire. Prenez la peine de mieux voir celui dont vous vous offensez. Il est tout autre que vos yeux ne le jugent; et vous trouverez moins étrange que je me sois donnée à lui, lorsque vous saurez que sans lui vous ne m'auriez plus il y a longtemps. Oui, mon père, c'est lui qui me sauva de ce grand péril que vous savez que je courus dans l'eau, et à qui vous devez la vie de cette même fille dont...

HARPAGON. — Tout cela n'est rien; et il valait bien mieux pour moi qu'il te laissât noyer que de faire ce qu'il a fait.

ÉLISE. — Mon père, je vous conjure par l'amour paternel de me...

HARPAGON. — Non, non, je ne veux rien entendre; et il faut que la justice fasse son devoir.

MAITRE JACQUES, *à part.* — Tu me paieras mes coups de bâton!

FROSINE, *à part.* — Voici un étrange embarras!

SCÈNE V. — ANSELME, HARPAGON, ÉLISE, MARIANE, FROSINE, VALÈRE, LE COMMISSAIRE, MAITRE JACQUES.

ANSELME. — Qu'est-ce, seigneur Harpagon? je vous vois tout ému.

HARPAGON. — Ah! seigneur Anselme, vous me voyez le plus infortuné de tous les hommes; et voici bien du trouble et du désordre au contrat que vous venez faire. On m'assassine dans le bien, on m'assassine dans l'honneur; et voilà un traître, un scélérat, qui a violé tous les droits les plus saints, qui s'est coulé chez moi sous le titre de domestique pour me dérober mon argent et pour me suborner ma fille.

VALÈRE. — Qui songe à votre argent dont vous me faites un galimatias?

HARPAGON. — Oui, ils se sont donné l'un à l'autre une promesse de mariage. Cet affront vous regarde, seigneur Anselme; et c'est vous qui devez vous rendre partie contre lui, et faire à vos dépens toutes les poursuites de la justice, pour vous venger de son insolence.

ANSELME. — Ce n'est pas mon dessein de me faire épouser par force et de rien prétendre à un cœur qui se serait donné; mais, pour vos intérêts, je suis prêt à les embrasser ainsi que les miens propres.

HARPAGON. — Voilà monsieur qui est un honnête commissaire, qui n'oubliera rien, à ce qu'il m'a dit, de la fonction de son office. (Au commissaire, montrant Valère.) Chargez-le comme il faut, monsieur, et rendez les choses bien criminelles.

VALÈRE. — Je ne vois pas quel crime on me peut faire de la passion que j'ai pour votre fille, et le supplice où vous croyez que je puisse être condamné pour notre engagement, lorsqu'on saura ce que je suis...

HARPAGON. — Je me moque de tous ces contes; et le monde aujourd'hui n'est plein que de ces larrons de noblesse, que de ces imposteurs qui tirent avantage de leur obscurité, et s'habillent insolemment du premier nom illustre qu'ils s'avisent de prendre.

VALÈRE. — Sachez que j'ai le cœur trop bon pour me parer de quelque chose qui ne soit point à moi, et que tout Naples peut rendre témoignage de ma naissance.

ANSELME. — Tout beau! prenez garde à ce que vous allez dire. Vous risquez ici plus que vous ne pensez; et vous parlez devant un homme à qui tout Naples est connu, et qui peut aisément voir clair dans l'histoire que vous ferez.

VALÈRE, en mettant fièrement son chapeau. — Je ne suis point homme à rien craindre; et, si Naples vous est connu, vous savez qui était don Thomas d'Alburci.

ANSELME. — Sans doute, je le sais; et peu de gens l'ont connu mieux que moi.

HARPAGON. — Je ne me soucie ni de don Thomas, ni de don Martin.

(Harpagon voyant deux chandelles allumées en soufle une.)

ANSELME. — De grâce, laissez-le parler; nous verrons ce qu'il en veut dire.

VALÈRE. — Je veux dire que c'est lui qui m'a donné le jour.

ANSELME. — Lui!

VALÈRE. — Oui.

ANSELME. — Allez, vous vous moquez. Cherchez quelque autre histoire qui vous puisse mieux réussir, et ne prétendez pas vous sauver sous cette imposture.

VALÈRE. — Songez à mieux parler. Ce n'est point une imposture, et je n'avance rien qu'il ne me soit aisé de justifier.

ANSELME. — Quoi! vous osez vous dire fils de don Thomas d'Alburci?

VALÈRE. — Oui, je l'ose, et suis prêt de soutenir cette vérité contre qui que ce soit.

ANSELME. — L'audace est merveilleuse! Apprenez, pour vous confondre, qu'il y a seize ans, pour le moins, que l'homme dont vous nous parlez périt sur mer avec ses enfants et sa femme en voulant dérober leur vie aux cruelles persécutions qui ont accompagné les désordres de Naples, et qui en firent exiler plusieurs nobles familles.

VALÈRE. — Oui. Mais apprenez, pour vous confondre, vous, que son fils, âgé de sept ans, avec un domestique, fut sauvé de ce naufrage par un vaisseau espagnol, et que ce fils sauvé est celui qui vous parle. Apprenez que le capitaine de ce vaisseau, touché de mon infortune, prit amitié pour moi, qu'il me fit élever comme son propre fils, et que les armes furent mon emploi dès que je m'en trouvai capable; que j'ai su depuis peu que mon père n'était point mort, comme je l'avais toujours cru, que, passant ici pour l'aller chercher, une aventure par le ciel concertée me fit voir la charmante Élise; que cette vue me rendit esclave de ses beautés, et que la violence de mon amour et les sévérités de son père me firent prendre la résolution de m'introduire dans son logis, et d'envoyer un autre à la quête de mes parents.

ANSELME. — Mais quels témoignages encore, autres que vos paroles, nous peuvent assurer que ce ne soit point une fable que vous ayez bâtie sur une vérité?

VALÈRE. — Le capitaine espagnol, un cachet de rubis qui était à mon père, un bracelet d'agate que ma mère m'avait mis au bras, le vieux Pédro, ce domestique qui se sauva avec moi du naufrage.

MARIANE.—Hélas! à vos paroles je puis ici répondre, moi, que vous n'imposez point; et tout ce que vous dites me fait connaître clairement que vous êtes mon frère.

VALÈRE. — Vous ma sœur!

MARIANE. — Oui. Mon cœur s'est ému dès le moment que vous avez ouvert la bouche; et notre mère, que vous allez ravir, m'a mille fois entretenu des disgraces de notre famille. Le ciel ne nous fit point aussi périr dans ce triste naufrage : mais il ne nous sauva la vie que par la perte de notre liberté; et ce furent des corsaires qui nous recueillirent, ma mère et moi, sur un débris de notre vaisseau. Après dix ans d'esclavage, une heureuse fortune nous rendit notre liberté; et nous retournâmes dans Naples, où nous trouvâmes tout notre bien vendu, sans y pouvoir trouver des nouvelles de notre père. Nous passâmes à Gênes, où ma mère alla ramasser quelques malheureux restes d'une succession qu'on avait déchirée; et de là, fuyant la barbare injustice de ses parents, elle vint en ces lieux, où elle n'a presque vécu que d'une vie languissante.

ANSELME. — O ciel! quels sont les traits de ta puissance! et que tu fais bien voir qu'il n'appartient qu'à toi de faire des miracles! Embrassez-moi, mes enfants, et mêlez tous deux vos transports à ceux de votre père.

VALÈRE. — Vous êtes notre père?

MARIANE. — C'est vous que ma mère a tant pleuré?

ANSELME. — Oui, ma fille, oui, mon fils, je suis don Thomas d'Alburci, que le ciel garantit des ondes avec tout l'argent qu'il portait, et qui, vous ayant tous crus mort durant plus de seize ans, se préparait, après de longs voyages, à chercher dans l'hymen d'une douce et sage personne la consolation de quelque nouvelle famille. Le peu de sûreté que j'ai vu pour ma vie à retourner à Naples m'a fait y renoncer pour toujours; et ayant su trouver moyen d'y faire vendre ce que j'avais, je me suis habitué ici, où, sous le nom d'Anselme, j'ai voulu m'éloigner les chagrins de cet autre nom qui m'a causé tant de traverses.

HARPAGON, à *Anselme*. — C'est là votre fils?

ANSELME. — Oui.

HARPAGON. — Je vous prends à partie pour me payer dix mille écus qu'il m'a volés.

ANSELME. — Lui, vous avoir volé?

HARPAGON. — Lui-même.

VALÈRE. — Qui vous dit cela?

HARPAGON. — Maître Jacques.

VALÈRE, à *maître Jacques*. — C'est toi qui le dis?

MAITRE JACQUES. — Vous voyez que je ne dis rien.

HARPAGON. — Oui, voilà monsieur le commissaire qui a reçu sa déposition.

VALÈRE. — Pouvez-vous me croire capable d'une action si lâche?

HARPAGON. — Capable ou non capable, je veux ravoir mon argent.

SCÈNE VI.

HARPAGON, ANSELME, ELISE, MARIANE, CLÉANTE, VALÈRE, FROSINE, LE COMMISSAIRE, MAITRE JACQUES, LA FLÈCHE.

CLÉANTE. — Ne vous tourmentez point, mon père, et n'accusez personne. J'ai découvert des nouvelles de votre affaire; et je viens ici pour vous dire que, si vous voulez vous résoudre à me laisser épouser Mariane, votre argent vous sera rendu.

HARPAGON. — Où est il?

CLÉANTE. — Ne vous en mettez point en peine. Il est en lieu dont je réponds, et tout ne dépend que de moi. C'est à vous de me dire à quoi vous vous déterminez ; et vous pouvez choisir, ou de me donner Mariane ou de perdre votre cassette.

HARPAGON. — N'en a-t-on rien ôté ?

CLÉANTE. — Rien du tout. Voyez si c'est votre dessein de souscrire à ce mariage, et de joindre votre consentement à celui de sà mère, qui lui laisse la liberté de faire un choix entre nous deux.

MARIANE, *à Cléante.* — Mais vous ne savez pas que ce n'est pas assez que ce consentement, et que le ciel, (*Montrant Valère*) avec un frère que vous voyez, vient de me rendre un père (*montrant Anselme*) dont vous avez à m'obtenir.

ANSELME. — Le ciel, mes enfants ne me redonne point à vous pour être contraire à vos vœux. Seigneur Harpagon, vous jugez bien que le choix d'une jeune personne tombera sur le fils plutôt que sur le père. Allons, ne vous faites point dire ce qu'il n'est point nécessaire d'entendre; et consentez ainsi que moi à ce double hyménée.

HARPAGON. — Il faut pour me donner conseil que je voie ma cassette.

CLÉANTE. — Vous la verrez saine et entière.

HARPAGON. — Je n'ai point d'argent à donner en mariage à mes enfants.

ANSELME. — Hé bien! j'en ai pour eux ; que cela ne vous inquiète point.

HARPAGON. — Vous obligerez-vous à faire tous les frais de ces deux mariages ?

ANSELME. — Oui, je m'y oblige. Êtes-vous satisfait?

HARPAGON. — Oui, pourvu que pour les noces vous me fassiez faire unhabit.

ANSELME. — D'accord. Allons jouir de l'allégresse que cet heureux jour nous présente.

LE COMMISSAIRE. — Holà! messieurs, holà! Tout doucement, s'il vous plaît. Qui me paiera mes écritures?

HARPAGON — Nous n'avons que faire de vos écritures.

LE COMMISSAIRE. — Oui! mais je ne prétends pas, moi, les avoir faites pour rien.

HARPAGON, *montrant maître Jacques.* — Pour votre paiement, voilà un homme que je vous donne à pendre.

MAITRE JACQUES. — Hélas! comment faut-il donc faire? On me donne des coups de bâton pour dire vrai, et on me veut pendre pour mentir.

ANSELME. — Seigneur Harpagon, il faut lui pardonner cette imposture.

HARPAGON. — Vous paierez donc le commissaire ?

ANSELME. — Soit. Allons vite faire part de notre joie à votre mère.

HARPAGON. — Et moi, voir ma chère casette.

FIN DE L'AVARE.

MONSIEUR DE POURCEAUGNAC,

COMÉDIE-BALLET EN TROIS ACTES.

PERSONNAGES DE LA COMÉDIE.

MONSIEUR DE POURCEAUGNAC.
ORONTE, père de Julie.
JULIE, fille d'Oronte.
ERASTE, amant de Julie.
NÉRINE, femme d'intrigue, feinte Picarde.
LUCETTE, feinte Languedocienne.
SBRIGANI, Napolitain, homme d'intrigue.
PREMIER MÉDECIN.
SECOND MÉDECIN.
UN APOTHICAIRE.
UN PAYSAN.
UNE PAYSANNE.
PREMIER SUISSE.
SECOND SUISSE.
UN EXEMPT.
DEUX ARCHERS.

PERSONNAGES DU BALLET.

Une musicienne.
Deux musiciens.
Troupe de danseurs.
Deux maîtres à danser.
Deux pages dansants.
Quatre curieux de spectacles, dansants.
Deux Suisses dansants.
Deux médecins grotesques.
Matassins dansants.
Deux avocats chantants.
Deux procureurs dansants.
Deux sergents dansants.
Troupe de masques.
Une Egyptienne chantante.
Un Egyptien chantant.
Un Pantalon chantant.
Chœurs de masques chantants.
Sauvages dansants.
Biscayens dansants.

La scène est à Paris.

ACTE Ier.

SCÈNE PREMIÈRE. — ÉRASTE, UNE MUSICIENNE, DEUX MUSICIENS CHANTANTS,
PLUSIEURS AUTRES JOUANT DES INSTRUMENTS, TROUPE DE DANSEURS.

ÉRASTE, *aux musiciens et aux danseurs.* — Suivez les ordres que je vous ai
donnés pour la sérénade. Pour moi, je me retire, et ne veux point paraître ici.

SCÈNE II. — UNE MUSICIENNE, DEUX MUSICIENS CHANTANTS, PLUSIEURS AUTRES
JOUANT DES INSTRUMENTS, TROUPE DE DANSEURS.

Cette sérénade est composée de chants, d'instruments et de danses. Les pa
roles qui s'y chantent ont rapport à la situation où Eraste se trouve avec Julie,
et expriment les sentiments de deux amants qui sont traversés dans leur amour
par le caprice de leurs parents.

UNE MUSICIENNE. — Répands, charmante nuit, répands sur tous les yeux
 De tes pavots la douce violence;
Et ne laisse veiller en ces aimables lieux
Que les cœurs que l'amour soumet à sa puissance.
 Tes ombres et ton silence,
 Plus beaux que le plus beau jour,
Offrent de doux moments à soupirer d'amour.

PREMIER MUSICIEN. — Que soupirer d'amour
 Est une douce chose,
 Quand rien à nos vœux ne s'oppose!
A d'aimables penchants notre cœur nous dispose;
Mais on a des tyrans à qui l'on doit le jour.
 Que soupirer d'amour
 Est une douce chose,
 Quand rien à nos vœux ne s'oppose!

SECOND MUSICIEN. — Tout ce qu'à nos vœux on oppose,
Contre **un** parfait amour ne gagne jamais rien;
 Et, pour vaincre toute chose,
 Il ne faut que s'aimer bien.

TOUS TROIS ENSEMBLE. — Aimons-nous donc d'une ardeur éternelle
Les rigueurs des parents, la contrainte cruelle,
L'absence, les travaux, la fortune rebelle,
Ne font que redoubler une amitié fidèle.

Aimons-nous donc d'une ardeur éternelle ;
Quand deux cœurs s'aiment bien,
Tout le reste n'est rien.

PREMIÈRE ENTRÉE DE BALLET.

Danse de deux maîtres à danser.

DEUXIÈME ENTRÉE DE BALLET.

Danse de deux pages.

TROISIEME ENTRÉE DE BALLET.

Quatre curieux de spectacle, qui ont pris querelle pendant la danse des deux pages, dansent en se battant, l'épée à la main.

QUATRIÈME ENTRÉE DE BALLET.

Deux Suisses séparent les quatre combattants, et, après les avoir mis d'accord, dansent avec eux.

SCÈNE III. — JULIE, ÉRASTE, NÉRINE,

JULIE. — Mon Dieu! Eraste, gardons d'être surpris. Je tremble qu'on ne nous voie ensemble ; et tout serait perdu, après la défense que l'on m'a faite

ÉRASTE. — Je regarde de tous côtés, et je n'aperçois rien.

JULIE, à Nérine. — Aie aussi l'œil au guet, Nérine, et prends bien garde qu'il ne vienne personne.

NÉRINE, se retirant dans le fond du théâtre. — Reposez-vous sur moi, et dites hardiment ce que vous avez à vous dire.

JULIE. — Avez-vous imaginé pour notre affaire quelque chose de favorable ? et croyez-vous, Eraste, pouvoir venir à bout de détourner ce fâcheux mariage que mon père s'est mis en tête ?

ÉRASTE. — Au moins y travaillons-nous fortement ; et déjà nous avons préparé un bon nombre de batteries pour renverser ce dessein ridicule.

NÉRINE, accourant à Julie. — Par ma foi, voilà votre père.

JULIE. — Ah! séparons-nous vite.

NÉRINE. — Non, non, non, ne bougez ; je m'étais trompé.

JULIE. — Mon Dieu! Nérine, que tu es sotte de nous donner de ces frayeurs.

ÉRASTE. — Oui, belle Julie, nous avons dressé pour cela quantité de machines ; et nous ne feignons point de mettre tout en usage, sur la permission que vous m'avez donnée. Ne nous demandez point tous les ressorts que nous ferons jouer, vous en aurez le divertissement ; et, comme aux comédies, il est bon de vous laisser le plaisir de la surprise, et de ne vous avertir point de tout ce qu'on vous fera voir : c'est assez de vous dire que nous avons en main divers stratagèmes tout prêts à produire dans l'occasion, et que l'ingénieuse Nérine et l'adroit Sbrigani entreprennent l'affaire.

NÉRINE. — Assurément. Votre père se moque-t-il de vouloir vous anger de son avocat de Limoges, monsieur de Pourceaugnac, qu'il n'a vu de sa vie et qui vient par le coche vous enlever à notre barbe ? Faut-il que trois ou quatre mille écus de plus, sur la parole de votre oncle, vous fassent rejeter un amant qui vous agrée? et une personne comme vous est-elle faite pour un Limosin ? S'il a envie de se marier, que ne prend-il une Limosine, et ne laisse-t-il en repos les chrétiens? Le seul nom de monsieur de Pourceaugnac m'a mis dans une colère effroyable. J'enrage de monsieur de Pourceaugnac. Quand il n'y aurait que ce nom-là, monsieur de Pourceaugnac, j'y brûlerais mes livres, ou je romprai ce mariage ; et vous ne serez point madame de Pourceaugnac. Pourceaugnac! cela se peut-il souffrir? Non, Pourceaugnac est une chose que je ne saurais supporter ; et nous lui jouerons tant de pièces, nous lui ferons tant de niches sur niches, que nous renverrons à Limoges monsieur de Pourceaugnac.

ÉRASTE. — Voici notre subtil Napolitain qui nous dira des nouvelles.

SCÈNE IV. — JULIE, ÉRASTE, SBRIGANI, NÉRINE.

SBRIGANI. — Monsieur, votre homme arrive. Je l'ai vu à trois lieues d'ici, où a couché le coche ; et, dans la cuisine, où il est descendu pour déjeûner, je l'ai étudié une bonne grosse demi-heure, et je le sais déjà par cœur. Pour sa figure, je ne veux point vous en parler ; vous verrez de quel air la nature l'a dessiné, et si l'ajustement qui l'accompagne y répond comme il faut: mais pour son esprit, je vous avertis par avance qu'il est des plus épais qui se fassent; que nous trouvons en lui une matière tout-à-fait disposée pour ce que nous voulons, et qu'il est homme enfin à donner dans tous les panneaux qu'on lui présentera.

ÉRASTE. — Nous dis-tu vrai?

SBRIGANI. — Oui, si je me connais en gens.

NÉRINE. — Madame, voilà un illustre. Votre affaire ne pouvait être mise en de meilleures mains, et c'est le héros de notre siècle pour les exploits dont il s'agit; un homme qui, vingt fois dans sa vie, pour servir ses amis, a généreusement affronté les galères; qui, au péril de ses bras et de ses épaules, sait mettre noblement à fin les aventures les plus difficiles, et qui, tel que vous le voyez, est exilé de son pays pour je ne sais combien d'actions honorables qu'il a généreusement entreprises.

SBRIGANI. — Je suis confus des louanges dont vous m'honorez: et je pourrais vous en donner avec plus de justice sur les merveilles de votre vie, et principalement sur la gloire que vous acquîtes, lorsqu'avec tant d'honnêteté vous pipâtes au jeu, pour douze mille écus, ce jeune seigneur étranger que l'on mena chez vous; lorsque vous fîtes galamment ce faux contrat qui ruina toute une famille; lorsqu'avec tant de grandeur d'ame vous sûtes nier le dépôt qu'on vous avait confié, et que si généreusement on vous vit prêter votre témoignage à faire pendre ces deux personnes qui ne l'avaient pas mérité.

NÉRINE. — Ce sont petites bagatelles qui ne valent pas qu'on en parle; et vos éloges me font rougir.

SBRIGANI. — Je veux bien épargner votre modestie; laissons cela: et, pour commencer notre affaire, allons vite joindre notre provincial, tandis que de votre côté vous nous tiendrez prêts au besoin les autres acteurs de la comédie.

ÉRASTE. — Au moins, madame, souvenez-vous de votre rôle, et, pour mieux couvrir notre jeu, feignez, comme on vous a dit, d'être la plus contente du monde des résolutions de votre père.

JULIE. — S'il ne tient qu'à cela, les choses iront à merveille.

ÉRASTE. — Mais, belle Julie, si toutes nos machines venaient à ne pas réussir?

JULIE. — Je déclarerai à mon père mes véritables sentiments.

ÉRASTE. — Et si, contre vos sentiments, il s'obstinait à son dessein?

JULIE. — Je le menacerais de me jeter dans un couvent.

ÉRASTE. — Mais si, malgré tout cela, il voulait vous forcer à ce mariage?

JULIE. — Que voulez-vous que je vous dise?

ÉRASTE. — Ce que je veux que vous me disiez?

JULIE. — Oui.

ÉRASTE. — Ce qu'on dit quand on aime bien.

JULIE. — Mais quoi?

ÉRASTE. — Que rien ne pourra vous contraindre, et que, malgré tous les efforts d'un père, vous me promettez d'être à moi.

JULIE. — Mon Dieu! Eraste, contentez-vous de ce que je fais maintenant, et n'allez point tenter sur l'avenir les résolutions de mon cœur; ne fatiguez point mon devoir par les propositions d'une fâcheuse extrémité dont peut-être n'aurons-nous pas besoin; et, s'il y faut venir, souffrez au moins que j'y sois entraînée par la suite des choses.

ÉRASTE. — Hé bien!...

SBRIGANI. — Ma foi! voici notre homme; songeons à nous.

NÉRINE. — Ah! comme il est bâti!

SCÈNE V. — M. DE POURCEAUGNAC, SBRIGANI.

M. DE POURCEAUGNAC, *se retournant du côté d'où il est venu, et parlant à des gens qui le suivent.* — Hé bien! quoi? qu'est-ce? qu'y a-t-il? Au diantre soient la sotte ville et les sottes gens qui y sont! Ne pouvoir faire un pas, sans trouver des nigauds qui vous regardent et se mettent à rire! Hé! messieurs les badauds, faites vos affaires, et laissez passer les personnes sans leur rire au nez. Je me donne au diable, si je ne baille un coup de poing au premier que je verrai rire.

SBRIGANI, *parlant aux mêmes personnes.* — Qu'est-ce que c'est, messieurs?

Que veut dire cela? A qui en avez-vous? Faut-il se moquer ainsi des honnêtes étrangers qui arrivent ici?

M. DE POURCEAUGNAC. — Voilà un homme raisonnable, celui-là.

SBRIGANI. — Quel procédé est le vôtre? Et qu'avez-vous à rire?

M. DE POURCEAUGNAC. — Fort bien.

SBRIGANI. — Monsieur a-t-il quelque chose de ridicule en soi?

M. DE POURCEAUGNAC. — Oui.

SBRIGANI. — Est-il autrement que les autres?

M. DE POURCEAUGNAC. — Suis-je tortu ou bossu?

SBRIGANI. — Apprenez à connaître les gens.

M DE POURCEAUGNAC. — C'est bien dit.

SBRIGANI. — Monsieur est d'une mine à respecter.

M. DE POURCEAUGNAC. — Cela est vrai.

SBRIGANI. — Personne de condition.

M DE POURCEAUGNAC. — Oui, gentilhomme Limosin.

SBRIGANI. — Homme d'esprit.

M. DE POURCEAUGNAC. — Qui a étudié en droit.

SBRIGANI. — Il vous fait trop d'honneur de venir dans votre ville.

M. DE POURCEAUGNAC. — Sans doute.

SBRIGANI. — Monsieur n'est point une personne à faire rire.

M. DE POURCEAUGNAC. — Assurément.

SBRIGANI. — Et quiconque rira de lui aura affaire à moi.

M. DE POURCEAUGNAC, à *Sbrigani*. — Monsieur, je vous suis infiniment obligé.

SBRIGANI. — Je suis fâché, monsieur, de voir recevoir de la sorte une personne comme vous, et je vous demande pardon pour la ville.

M. DE POURCEAUGNAC. — Je suis votre serviteur.

SBRIGANI. — Je vous ai vu ce matin, monsieur, avec le coche, lorsque vous avez déjeûné; et la grace avec laquelle vous mangiez votre pain m'a fait naître d'abord de l'amitié pour vous; et, comme je sais que vous n'êtes jamais venu en ce pays, et que vous y êtes tout neuf, je suis bien aise de vous avoir trouvé pour vous offrir mon service à cette arrivée, et vous aider à vous conduire parmi ce peuple, qui n'a pas parfois, pour les honnêtes gens, toute la considération qu'il faudrait.

M. DE POURCEAUGNAC. — C'est trop de grace que vous me faites.

SBRIGANI. — Je vous l'ai déjà dit; du moment que je vous ai vu, je me suis senti pour vous de l'inclination.

M. DE POURCEAUGNAC. — Je vous suis obligé.

SBRIGANI. — Votre physionomie m'a plu.

M. DE POURCEAUGNAC. — Ce m'est beaucoup d'honneur.

SBRIGANI. — J'y ai vu quelque chose d'honnête.

M. DE POURCEAUGNAC. — Je suis votre serviteur.

SBRIGANI. — Quelque chose d'aimable.

M. DE POURCEAUGNAC. — Ah! ah!

SBRIGANI. — De gracieux.

M. DE POURCEAUGNAC. — Ah! ah!

SBRIGANI. — De doux.

M. DE POURCEAUGNAC. — Ah! ah!

SBRIGANI. — De majestueux...

M. DE POURCEAUGNAC. — Ah! ah!

SBRIGANI. — De franc.

M. DE POURCEAUGNAC. — Ah! ah!

SBRIGANI. — Et de cordial.

M. DE POURCEAUGNAC. — Ah! ah!

SBRIGANI. — Je vous assure que je suis tout à vous.

M. DE POURCEAUGNAC. — Je vous ai beaucoup d'obligation.

SBRIGANI. — C'est du fond du cœur que je parle.

M. DE POURCEAUGNAC. — Je le crois.

SBRIGANI. — Si j'avais l'honneur d'être connu de vous, vous sauriez que je suis un homme tout-à-fait sincère.

M. DE POURCEAUGNAC. — Je n'en doute point.

SBRIGANI. — Ennemi de la fourberie.

M. DE POURCEAUGNAC. —J'en suis persuadé.

SBRIGANI. — Et qui n'est pas capable de déguiser ses sentiments.

M. DE POURCEAUGNAC. — C'est ma pensée.

SBRIGANI. — Vous regardez mon habit, qui n'est pas fait comme les autres ; mais je suis originaire de Naples, à votre service, et j'ai voulu conserver un peu la manière de s'habiller, et la sincérité de mon pays.

M. DE POURCEAUGNAC. — C'est fort bien fait. Pour moi, j'ai voulu me mettre à la mode de la cour pour la campagne.

SBRIGANI. — Ma foi, cela vous va mieux qu'à tous nos courtisans.

M. DE POURCEAUGNAC. — C'est ce que m'a dit mon tailleur. L'habit est propre et riche, et il fera du bruit ici.

SBRIGANI. — Sans doute. N'irez-vous pas au Louvre?

M. DE POURCEAUGNAC. — Il faudra bien aller faire ma cour.

SBRIGANI. — Le roi sera ravi de vous voir.

M. DE POURCEAUGNAC. — Je le crois.

SBRIGANI. — Avez-vous arrêté un logis?

M. DE POURCEAUGNAC. — Non ; j'allais en chercher un.

SCÈNE VI. — ÉRASTE, M. DE POURCEAUGNAC, SBRIGANI.

SBRIGANI. — Je serai bien aise d'être avec vous pour cela, et je connais tout ce pays-ci.

ÉRASTE. — Ah! Qu'est-ce ci? Que vois-je? Quelle heureuse rencontre! Monsieur de Pourceaugnac! Que je suis ravi de vous voir! Comment! il semble que vous ayez peine à me reconnaître!

M. DE POURCEAUGNAC. — Monsieur, je suis votre serviteur.

ÉRASTE. — Est-il possible que cinq ou six années m'aient ôté de votre mémoire, et que vous ne reconnaissez pas le meilleur ami de toute la famille des Pourceaugnacs?

M. DE POURCEAUGNAC. — Pardonnez-moi. (bas à Sbrigani.) Ma foi, je ne sais qui il est.

ÉRASTE. — Il n'y a pas un Pourceaugnac à Limoges que je ne connaisse; depuis le plus grand jusque au plus petit; je ne fréquentais qu'eux dans le temps que j'y étais et j'avais l'honneur de vous voir presque tous les jours.

M. DE POURCEAUGNAC. — C'est moi qui l'ai reçu, monsieur.

ÉRASTE. — Vous ne vous remettez point mon visage?

M. DE POURCEAUGNAC. — Si fait. (A Sbrigani.) Je ne le connais point.

ÉRASTE. — Vous ne vous ressouvenez pas que j'ai eu le bonheur de boire avec vous, je ne sais combien de fois?

M. DE POURCEAUGNAC. — Excusez-moi. (A Sbrigani.) Je ne sais ce que c'est.

ÉRASTE. — Comment appelez-vous ce traiteur de Limoges qui fait si bonne chère ?

M. DE POURCEAUGNAC. — Petit-Jean?

ÉRASTE. — Le voilà. Nous allions le plus souvent ensemble chez lui nous réjouir. Comment est-ce que vous nommez à Limoges ce lieu où l'on se promène?

M. DE POURCEAUGNAC. — Le cimetière des Arènes.

ÉRASTE. — Justement. C'est où je passais de si douces heures à jouir de votre agréable conversation. Vous ne vous remettez pas tout cela?

M. DE POURCEAUGNAC. — Excusez-moi; je me le remets. (A Sbrigani.) Diable emporte si je m'en souviens.

SBRIGANI, bas, à M. de Pourceaugnac. — Il y a cent choses comme cela qui passent de la tête.

ÉRASTE. — Embrassez-moi donc, je vous prie, et resserrons les nœuds de notre ancienne amitié.

SBRIGANI, à M. de Pourceaugnac. — Voilà un homme qui vous aime fort.

ÉRASTE. — Dites-moi un peu des nouvelles de la parenté. Comment se porte monsieur votre... là... qui est si honnête homme?

M. DE POURCEAUGNAC. — Mon frère le consul?

ÉRASTE. — Oui.

M. DE POURCEAUGNAC. — Il se porte le mieux du monde.

ÉRASTE. — Certes, j'en suis ravi. Et celui qui est de si bonne humeur? Là.., monsieur votre...

M. DE POURCEAUGNAC. — Mon cousin l'assesseur?

ÉRASTE. — Justement.

M. DE POURCEAUGNAC. — Toujours gai et gaillard.

ÉRASTE. — Ma foi, j'en ai beaucoup de joie. Et monsieur votre oncle? Le..

M. DE POURCEAUGNAC. — Je n'ai point d'oncle.

ÉRASTE. — Vous aviez pourtant en ce temps-là...

M. DE POURCEAUGNAC. — Non : rien qu'une tante.

ÉRASTE. — C'est ce que je voulais dire, madame votre tante, comment se porte-t-elle?

M. POURCEAUGNAC. — Elle est morte depuis six mois.

ÉRASTE. — Hélas! la pauvre femme! Elle était si bonne personne!

M. DE POURCEAUGNAC. — Nous avons aussi mon neveu le chanoine, qui a pensé mourir de la petite vérole.

ÉRASTE. — Quel dommage c'aurait été!

M. DE POURCEAUGNAC. — Le connaissez-vous aussi?

ÉRASTE. — Vraiment, si je le connais! Un grand garçon bien fait.

M. DE POURCEAUGNAC. — Pas des plus grands.

ÉRASTE. — Non ; mais de taille bien prise.

M. DE POURCEAUGNAC. — Hé! oui.

ÉRASTE. — Qui est votre neveu?

M. DE POURCEAUGNAC. — Oui.

ÉRASTE. — Fils de votre frère ou de votre sœur

M. DE POURCEAUGNAC. — Justement.

ÉRASTE. — Chanoine de l'église de ... Comment l'appelez-vous?

M. DE POURCEAUGNAC. — De Saint-Étienne.

ÉRASTE. — Le voilà; je ne connais autre.

M. DE POURCEAUGNAC, *à Sbrigani.* — Il dit toute la parenté.

SBRIGANI. — Il vous connaît plus que vous ne croyez.

M. DE POURCEAUGNAC. — A ce que je vois, vous avez demeuré longtemps dans notre ville??

ÉRASTE. — Deux ans entiers.

M. DE POURCEAUGNAC. — Vous étiez donc là quand mon cousin l'élu fit tenir son enfant à monsieur notre gouverneur?

ÉRASTE. — Vraiment oui, j'y fus convié des premiers.

M. DE POURCEAUGNAC. — Cela fut galant.

ÉRASTE. — Très galant.

M. DE POURCEAUGNAC. — C'était un repas bien troussé.

ÉRASTE. — Sans doute.

M. DE POURCEAUGNAC. — Vous vîtes donc aussi la querelle que j'eus avec ce gentilhomme Périgordin?

ÉRASTE. — Oui.

M. DE POURCEAUGNAC. — Parbleu! il trouva à qui parler.

ÉRASTE. — Ah! ah!

M. DE POURCEAUGNAC. — Il me donna un soufflet; mais je lui dis bien son fait.

ÉRASTE. — Assurément. Au reste, je ne prétends pas que vous preniez d'autre logis que le mien.

M. DE POURCEAUGNAC. — Je n'ai garde de...

ÉRASTE. — Vous moquez-vous! Je ne souffrirai point du tout que mon meilleur ami soit autre part que dans ma maison.

M. DE POURCEAUGNAC. — Ce serait vous...

ÉRASTE. — Non. Le diable m'emporte vous logerez chez moi.

SBRIGANI, *à M. de Pourceaugnac.* — Puisqu'il le veut obstinément, je vous conseille d'accepter l'offre.

ÉRASTE. — Où sont vos hardes?

M. DE POURCEAUGNAC. — Je les ai laissées avec mon valet où je suis descendu.

ÉRASTE. — Envoyez-les quérir par quelqu'un.

M. DE POURCEAUGNAC. — Non. Je lui ai défendu de bouger, à moins que j'y fusse moi-même, de peur de quelque fourberie.

SBRIGANI. — C'est prudemment avisé.

M. DE POURCEAUGNAC. — Ce pays-ci est un peu sujet à caution.

ÉRASTE. — On voit les gens d'esprit en tout.

SBRIGANI. — Je vais accompagner monsieur, et le ramènerai où vous voudrez.

ÉRASTE. — Oui. Je serai bien aise de donner quelques ordres, et vous n'avez qu'à revenir à cette maison-là.

SBRIGANI. — Nous sommes à vous tout-à-l'heure.

ÉRASTE, à M de Pourceaugnac. — Je vous attends avec impatience.

M. DE POURCEAUGNAC, à Sbrigani. — Voilà une connaissance où je ne m'attendais point.

SBRIGANI. — Il a la mine d'être honnête homme.

ÉRASTE, seul. — Ma foi, monsieur de Pourceaugnac, nous vous en donnerons de toutes les façons : les choses sont préparées, et je n'ai qu'à frapper. Holà !

SCÈNE VII. — ÉRASTE, UN APOTHICAIRE.

ÉRASTE. — Je crois, monsieur, que vous êtes le médecin à qui l'on est venu parler de ma part.

L'APOTHICAIRE. — Non, monsieur; ce n'est pas moi qui suis le médecin ; à moi n'appartient pas cet honneur : et je ne suis qu'apothicaire, apothicaire indigne pour vous servir.

ÉRASTE. — Et monsieur le médecin est-il à la maison?

L'APOTHICAIRE. — Oui. Il est là embarrassé à expédier quelques malades; et je vais lui dire que vous êtes ici.

ÉRASTE. — Non, ne bougez; j'attendrai qu'il ait fait. C'est pour lui remettre entre les mains certain parent que nous avons, dont on lui a parlé, et qui se trouve attaqué de quelque folie, que nous serions bien aises qu'il pût guérir avant que de le marier.

L'APOTHICAIRE. — Je sais ce que c'est, je sais ce que c'est; et j'étais avec lui quand on lui a parlé de cette affaire. Ma foi, ma foi! vous ne pouviez pas vous adresser à un médecin plus habile. C'est un homme qui sait la médecine à fond, comme je sais ma croix de par Dieu; et qui, quand on devrait crever, ne démordrait pas d'un *iota* des règles des anciens. Oui, il suit toujours le grand chemin, le grand chemin, et ne va pas chercher midi à quatorze heures; pour tout l'or du monde, il ne voudrait pas avoir guéri une personne avec d'autres remèdes que ceux que la faculté permet.

ÉRASTE. — Il fait fort bien. Un malade ne doit point vouloir guérir, que la faculté n'y consente.

L'APOTHICAIRE. — Ce n'est pas parce que nous sommes grands amis que j'en parle; mais il y a plaisir d'être son malade : et j'aimerais mieux mourir de ses remèdes, que de guérir de ceux d'un autre; car, quoi qu'il puisse arriver, on est assuré que les choses sont toujours dans l'ordre; et quand on meurt sous sa conduite, vos héritiers n'ont rien à vous reprocher.

ÉRASTE. — C'est une grande consolation pour un défunt !

L'APOTHICAIRE. — Assurément. On est bien aise au moins d'être mort méthodiquement. Au reste, il n'est pas de ces médecins qui marchandent les maladies : c'est un homme expéditif, qui aime à dépêcher ses malades; et expéditif, quand on a à mourir, cela se fait avec lui le plus vite du monde.

ÉRASTE. — En effet, il n'est rien tel que de sortir promptement d'affaire.

L'APOTHICAIRE. — Cela est vrai. A quoi bon tant barguigner, et tant tourner autour du pot? Il faut savoir vitement le court ou le long d'une maladie.

ÉRASTE. — Vous avez raison.

L'APOTHICAIRE. — Voilà déjà trois de mes enfants dont il m'a fait l'honneur de conduire la maladie, qui sont morts en moins de quatre jours, et qui, entre les mains d'un autre, auraient langui plus de trois mois.

ÉRASTE. — Il est bon d'avoir des amis comme cela.

L'APOTHICAIRE. — Sans doute. Il ne me reste plus que deux enfants dont il prend soin comme des siens; il les traite et gouverne à sa fantaisie sans que je me mêle de rien, et le plus souvent quand je reviens de la ville, je suis tout étonné que je les trouve saignés ou purgés par son ordre.

ÉRASTE. — Voilà des soins fort obligeants.

L'APOTHICAIRE. — Le voici, le voici, le voici qui vient.

SCÈNE VIII.

ÉRASTE, PREMIER MÉDECIN, UN APOTHICAICAIRE, UN PAYSAN, UNE PAYSANNE.

LE PAYSAN, *au médecin.* — Monsieur, il n'en peut plus; et il dit qu'il sent dans la tête les plus grandes douleurs du monde.

PREMIER MÉDECIN. — Le malade est un sot; d'autant plus que, dans la maladie dont il est attaqué, ce n'est pas la tête selon Galien, mais la rate, qui lui doit faire mal.

LE PAYSAN. — Quoi que c'en soit, monsieur, il a toujours avec cela son cours de ventre depuis six mois.

PREMIER MÉDECIN. — Bon! c'est signe que le dedans se dégage. Je l'irai visiter dans deux ou trois jours : mais s'il mourait avant ce temps-là, ne manquez pas de m'en donner avis; car il n'est pas de la civilité qu'un médecin visite un mort.

LA PAYSANNE, *au médecin.* — Mon père, monsieur, est toujours malade de plus en plus.

PREMIER MÉDECIN. — Ce n'est pas ma faute je lui donne des remèdes; que ne guérit-il? Combien a-t-il été saigné de fois?

LA PAYSANNE. — Quinze, monsieur, depuis vingt jours.

PREMIER MÉDECIN. — Quinze fois saigné?

LA PAYSANNE. — Oui.

PREMIER MÉDECIN. — Et il ne guérit point?

LA PAYSANNE. — Non, monsieur.

PREMIER MÉDECIN. — C'est signe que la maladie n'est pas dans le sang. Nous le ferons purger autant de fois, pour voir si elle n'est pas dans les humeurs; et si rien ne nous réussit, nous l'enverrons aux bains

L'APOTHICAIRE. — Voilà le fin, cela; voilà le fin de la médecine.

SCÈNE IX. — ÉRASTE. PREMIER MÉDECIN, L'APOTHICAIRE.

ÉRASTE, *au médecin.* — C'est moi, monsieur, qui vous ai envoyé parler ces jours passés pour un parent un peu troublé d'esprit que je veux vous donner chez vous, afin de le guérir avec plus de commodité, et qu'il soit vu de moins de monde.

PREMIER MÉDECIN. — Oui, monsieur; j'ai déjà disposé tout, et promets d'en avoir tous les soins imaginables.

ÉRASTE. — Le voici.

PREMIER MÉDECIN. — La conjecture est tout-à-fait heureuse, et j'ai ici un ancien de mes amis avec lequel je serai bien aise de consulter sa maladie.

SCÈNE X.

M. DE POURCEAUGNAC, ÉRASTE, PREMIER MÉDECIN, L'APOTHICAIRE.

ÉRASTE, *à M. de Pourceaugnac.* — Une petite affaire m'est survenue qui m'oblige à vous quitter; (*montrant le médecin.*) mais voilà une personne entre les mains de qui je vous laisse, qui aura soin pour moi de vous traiter du mieux qu'il sera possible.

PREMIER MÉDECIN. — Le devoir de ma profession m'y oblige; et c'est assez que vous me chargiez de ce soin.

M. DE POURCEAUGNAC, *à part.* — C'est son maître-d'hôtel, et il faut que ce soit un homme de qualité.

PREMIER MÉDECIN, *à Éraste.* — Oui, je vous assure que je traiterai monsieur méthodiquement, et dans toute les régularités de notre art.

M. DE POURCEAUGNAC. — Mon dieu! il ne faut point tant de cérémonies, et je ne viens pas ici pour vous incommoder.

PREMIER MÉDECIN. — Un tel emploi ne me donne que de la joie.

ÉRASTE, *au médecin.* — Voilà toujours six pistoles d'avance, en attendant ce que j'ai promis.

M. DE POURCEAUGNAC. — Non, s'il vous plaît, je n'entends pas que vous fassiez de dépense, et que vous envoyiez rien acheter pour moi.

ÉRASTE. — Mon dieu! laissez faire; ce n'est pas pour ce que vous pensez.

M. DE POURCEAUGNAC. — Je vous demande de ne me traiter qu'en ami.

ÉRASTE. — C'est ce que je veux faire. (*bas au médecin.*) Je vous recommande surtout de ne le point laisser sortir de vos mains ; car parfois il veut s'échapper.

PREMIER MÉDECIN. — Ne vous mettez pas en peine.

ÉRASTE, *à M. de Pourceaugnac.* — Je vous prie de m'excuser de l'incivilité que je commets.

M. DE POURCEAUGNAC. — Vous vous moquez, et c'est trop de grace que vous me faites.

SCÈNE XI.

M. DE POURCEAUGNAC, PREMIER MÉDECIN, SECOND MÉDECIN, L'APOTHICAIRE.

PREMIER MÉDECIN. — Ce m'est beaucoup d'honneur, monsieur, d'être choisi pour vous rendre service.

M. DE POURCEAUGNAC. — Je suis votre serviteur.

PREMIER MÉDECIN. — Voici un habile homme, mon confrère, avec lequel je vais consulter la manière dont nous vous traiterons.

M. DE POURCEAUGNAC. — Il ne faut point tant de façons, vous dis-je ; je suis homme à me contenter de l'ordinaire.

PREMIER MÉDECIN. — Allons des sièges. (*Des laquais entrent et donnent des sièges.*)

M. DE POURCEAUGNAC, *à part.* — Voilà, pour un jeune homme, des domestiques bien lugubres.

PREMIER MÉDECIN. — Allons, monsieur, prenez votre place, monsieur. (*Les deux médecins font asseoir M. de Pourceaugnac entre eux deux.*)

M. DE POURCEAUGNAC, *s'asseyant.* — Votre très humble valet. (*Les deux médecins lui prennent chacun une main pour lui tâter le pouls.*) Que veut dire cela?

PREMIER MÉDECIN. — Mangez-vous bien, monsieur?

M. DE POURCEAUGNAC. — Oui, et bois encore mieux?

PREMIER MÉDECIN. — Tant pis. Cette grande appétition du froid et de l'humide est une indication de la chaleur et sécheresse qui est au dedans. Dormez-vous fort?

M. DE POURCEAUGNAC. — Oui, quand j'ai bien soupé.

PREMIER MÉDECIN. — Faites-vous des songes?

M. DE POURCEAUGNAC. — Quelquefois.

PREMIER MÉDECIN. — De quelle nature sont-ils?

M. DE POURCEAUGNAC. — De la nature des songes. Quelle diable de conversation est-ce là?

PREMIER MÉDECIN. — Vos déjections, comment sont-elles?

M. DE POURCEAUGNAC. — Ma foi, je ne comprends rien à toutes ces questions ; et je veux plutôt boire un coup.

PREMIER MÉDECIN. — Un peu de patience : nous allons raisonner sur votre affaire devant vous ; et nous le ferons en français pour être plus intelligibles.

M. DE POURCEAUGNAC. — Quel grand raisonnement faut-il pour manger un morceau?

PREMIER MÉDECIN. — Comme ainsi soit, qu'on ne puisse guérir une maladie qu'on ne la connaisse parfaitement, et qu'on ne la puisse parfaitement connaître sans en bien établir l'idée particulière et la véritable espèce par ses signes diagnostiques et prognostiques, vous me permettrez, monsieur notre ancien, d'entrer en considération de la maladie dont il s'agit, avant que de toucher à la thérapeutique, et aux remèdes qu'il nous conviendra faire pour la parfaite curation d'icelle. Je dis donc, monsieur, avec votre permission, que notre malade ici présent est malheureusement attaqué, affecté, possédé, travaillé de cette sorte de folie que nous nommons fort bien mélancolie hypocondriaque ; espèce de folie très fâcheuse, et qui ne demande pas moins qu'un Esculape comme vous, consommé dans notre art ; vous, dis-je, qui avez blanchi sous le harnais, et auquel il en a tant passé par les mains de toutes les façons, Je l'appel mélancolie hypocondriaque, pour la distinguer des deux autres ; car le célèbre Galien établit doctement, à son ordinaire, trois espèces de cette maladie que nous nommons mélancolie, ainsi appelée non seulement par les Latins.

mais encore par les Grecs ; ce qui est bien à remarquer pour notre affaire : la première, qui vient du propre vice du cerveau ; la seconde, qui vient de tout le sang fait et rendu atrabilaire ; la troisième, appelée hypocondriaque, qui est la nôtre, laquelle procède du vice de quelque partie du bas-ventre, et de la région inférieure, mais particulièrement de la rate, dont la chaleur et l'inflammation portent au cerveau de notre malade beaucoup de fulignes épaisses et crasses dont la vapeur noire et maligne cause dépravation aux fonctions de la faculté princesse, et fait la maladie dont, par notre raisonnement, il est manifestement atteint et convaincu. Qu'ainsi ne soit : pour diagnostic incontestable de ce que je dis, vous n'avez qu'à considérer ce grand sérieux que vous voyez, cette tristesse accompagnée de crainte et de défiance, signes pathognomoniques et individuels de cette maladie, si bien marqués chez le divin vieillard Hippocrate ; cette physionomie, ces yeux rouges et hagards, cette grande barbe, cette habitude du corps menue, grêle, noire, et velue ; lesquels signes le dénotent très affecté de cette maladie procédante du vice des hypocondres ; laquelle maladie, par laps de temps naturalisée, envieillie, habituée, et ayant pris droit de bourgeoisie chez lui, pourrait bien dégénérer ou en manie, ou en phthisie, ou en apoplexie, ou même en fine frénésie et fureur. Tout ceci supposé, puisqu'une maladie bien connue est à demi-guérie, car *ignoti nulla est curatio morbi*, il ne vous sera pas difficile de convenir des remèdes que nous devons faire à monsieur. Premièrement, pour remédier à cette pléthore obturante, et à cette cacochymie luxuriante par tout le corps, je suis d'avis qu'il soit phlébotomisé libéralement, c'est à dire que les saignées soient fréquentes et plantureuse, en premier lieu de la basilique, puis de la céphalique, et même, si le mal est opiniâtre, de lui ouvrir la veine du front, et que l'ouverture soit large, afin que le gros sang puisse sortir ; et en même temps de le purger, désopiler, et évacuer par purgatif propres et convenables, c'est à dire par chalagogules, mélanogogues, *et cætera* ; et comme la véritable source de tout le mal est, ou une humeur crasse et féculente, ou une vapeur noire et grossière qui obscurcit, infecte et salit les esprits animaux, il est à propos ensuite qu'il prenne un bain d'eau pure et nette, avec force petit-lait clair, pour purifier par l'eau la féculence de l'humeur crasse, et éclaircir par le lait clair la noirceur de cette vapeur. Mais, avant toute chose, je trouve qu'il est bon de le réjouir par agréables conversations, chants et instruments de musique ; à quoi il n'y a pas d'inconvénient de joindre des danseurs, afin que leurs mouvements, disposition et agilité, puissent exciter et réveiller la paresse de ses esprits engourdis, qui occasione l'épaisseur de son sang, d'où procède la maladie. Voilà les remèdes que j'imagine, auxquels pourront être ajoutés beaucoup d'autres meilleurs par monsieur notre maître et ancien, suivant l'expérience, jugement, lumière et suffisance, qu'il s'est acquis dans notre art. *Dixi*.

SECOND MÉDECIN. — A Dieu ne plaise, monsieur, qu'il me tombe en pensée d'ajouter rien à ce que vous venez de dire ! Vous avez si bien discouru sur tous les signes, les symptômes et les causes de la maladie de monsieur ; le raisonnement que vous en avez fait est si docte et si beau, qu'il est impossible qu'il ne soit pas fou et mélancolique hypocondriaque ; et, quand il ne le serait pas, il faudrait qu'il le devînt pour la beauté des choses que vous avez dites et la justesse du raisonnement que vous avez fait. Oui, monsieur, vous avez dépeint fort graphiquement, *graphice depinxisti*, tout ce qui appartient à cette maladie : il ne se peut rien de plus doctement, sagement, ingénieusement conçu, pensé, imaginé, que ce que vous avez prononcé au sujet de ce mal, soit pour la diagnose, ou la prognose, ou la thérapie ; et il ne me reste rien ici que de féliciter monsieur d'être tombé entre vos mains, et de lui dire qu'il est trop heureux d'être fou, pour éprouver l'efficace et la douceur des remèdes que vous avez si judicieusement proposés. Je les approuve tous, *manibus et pedibus descendo in tuam sententiam*. Tout ce que j'y voudrais, c'est de faire les saignées et les purgations en nombre impair, *numero deus impare gaudet* ; de prendre le lait clair avant le bain ; de lui composer un fronteau où il entre du sel. le sel est symbole de la sagesse ; de faire blanchir les murailles de sa chambre, pour dissiper les ténèbres de ses esprits, *album est disgregativum visus* ; et de lui donner tout-à-l'heure un petit lavement, pour servir de prélude et d'introduction à ces judicieux remèdes, dont, s'il a à guérir, il doit recevoir du soulagement. Fasse le ciel que ces remèdes, monsieur, qui sont les vôtres, réussissent au malade selon notre intention !

M. DE POURCEAUGNAC. — Messieurs, il y a une heure que je vous écoute. Est-ce que nous jouons ici une comédie?

PREMIER MÉDECIN. — Non, monsieur, nous ne jouons point.

M. DE POURCEAUGNAC. — Qu'est-ce que tout ceci? et que voulez-vous dire avec votre galimatias et vos sottises?

PREMIER MÉDECIN. — Bon. Dire des injures, voilà un diagnostic qui nous manquait pour la confirmation de son mal, et ceci pourrait bien tourner en manie.

M. DE POURCEAUGNAC, à part. — Avec qui m'a-t-on mis ici? (Il crache deux ou trois fois.)

PREMIER MÉDECIN. — Autre diagnostic : la sputation fréquente.

M. DE POURCEAUGNAC. — Laissons cela, et sortons d'ici.

PREMIER MÉDECIN. — Autre encore, l'inquiétude de changer de place.

M. DE POURCEAUGNAC. — Qu'est-ce donc que toute cette affaire? et que me voulez-vous?

PREMIER MÉDECIN. — Vous guérir, selon l'ordre qui nous a été donné.

M. DE POURCEAUGNAC. — Me guérir !

PREMIER MÉDECIN. — Oui.

M. DE POURCEAUGNAC. — Parbleu ! je ne suis pas malade.

PREMIER MÉDECIN. — Mauvais signe, lorsqu'un malade ne sent pas son mal.

M. DE POURCEAUGNAC. — Je vous dis que je me porte bien.

PREMIER MÉDECIN. — Nous savons mieux que vous comment vous vous portez, et nous sommes médecins qui voyons clair dans votre constitution.

M. DE POURCEAUGNAC. — Si vous êtes médecins, je n'ai que faire de vous, et je me moque de la médecine.

PREMIER MÉDECIN. — Hon ! hon ! voici un homme plus fou que nous ne pensons.

M. DE POURCEAUGNAC. — Mon père et ma mère n'ont jamais voulu de remèdes, et ils sont morts tous deux sans l'assistance des médecins.

PREMIER MÉDECIN. — Je ne m'étonne pas s'ils ont engendré un fils qui est insensé. (Au second médecin.) Allons, procédons à la curation ; et par la douceur exhilarante de l'harmonie, adoucissons, lénifions et accoisons l'aigreur de ses esprits, que je vois prêts à s'enflammer.

SCÈNE XII. — M. DE POURCEAUGNAC, seul.

Que diable est-ce là? Les gens de ce pays-ci sont-ils insensés? Je n'ai jamais rien vu de tel, et je n'y comprends rien du tout.

SCÈNE XIII. — M. DE POURCEAUGNAC, DEUX MÉDECINS GROTESQUES.

Ils s'asseyent d'abord tous trois ; les médecins se lèvent à différentes reprises pour saluer M. de Pourceaugnac qui se lève autant de fois pour les saluer.

LES DEUX MÉDECINS. — Buon dì, buon dì, buon dì.
　　Non vi lasciate uccidere
　　Dal dolor malinconico :
　　Noi vi faremo ridere
　　Col nostro cando armonico;
　　　Sol' per guarirvi
　　　Siamo venuti qui.
　　Buon dì, buon dì, buon dì.

PREMIER MÉDECIN. — Altro non è la pazzia
　　　Che malinconia.
　　　Il malato,
　　　Non è disperato,
　　Se vol pigliar un poco d'allegria,
　　Altro non è la pazzia
　　　Che malinconia.

SECOND MÉDECIN. — Sù, cantate, ballate, oidete;
　　　E, se far meglio volete,
　　Quando santite il deliro vicino,

Pigliate del vino,
E qualche volta un poco di tabac..
Allegramente, monsu Pourceaugnac.

SCÈNE XIV.

M. DE POURCEAUGNAC, DEUX MÉDECINS GROTESQUES, MATASSINS.

ENTRÉE DE BALLET.

Danse des matassins autour de M. de Pourceaugnac.

SCÈNE XV. — M. DE POURCEAUGNAC, UN APOTHICAIRE, *tenant une seringue.*

L'APOTHICAIRE. — Monsieur, voici un petit remède, un petit remède qu'il vous faut prendre, s'il vous plaît, s'il vous plaît.

M. DE POURCEAUGNAC. — Comment! je n'ai que faire de cela!

L'APOTHICAIRE. — Il a été ordonné, monsieur, il a été ordonné.

M. DE POURCEAUGNAC. — Ah! que de bruit!

L'APOTHICAIRE. — Prenez-le, monsieur, prenez-le; il ne vous fera point de mal, il ne vous fera point de mal.

M. DE POURCEAUGNAC. — Ah!

L'APOTHICAIRE. — C'est un petit clystère, un petit clystère, benin, benin; il est benin, benin; là   prenez, prenez, monsieur; c'est pour déterger, pour déterger, déterger.

SCÈNE XVI. — M. DE POURCEAUGNAC, UN APOTHICAIRE, LES DEUX MÉDECINS

GROTESQUES, ET LES MATASSINS, *avec des seringues.*

LES DEUX MÉDECINS. — Piglialo sù,
Signor monsu;
Piglialo, piglialo, piglialo sù,
Che non ti fara male.
Piglialo sù questo serviziale;
Piglialo sù,
Signor monsu,
Piglialo, piglialo, piglialo sù.

M. DE POURCEAUGNAC. — Allez-vous-en au diable.

(M. de Pourceaugnac, mettant son chapeau pour se garantir des seringues, est suivi par les deux médecins et par les matassins; il passe par derrière le théâtre, et revient se mettre sur sa chaise, auprès de laquelle il trouve l'apothicaire qui l'attendait; les deux médecins et les matassins rentrent aussi.)

LES DEUX MÉDECINS — Piglialo sù,
Signor monsu;
Piglialo, piglialo, piglialo sù,
Che non ti fara male.
Piglialo sù questo serviziale;
Piglialo sù,
Signor monsu;
Piglialo, piglialo, piglialo sù.

(M. de Pourceaugnac s'enfuit avec la chaise. L'apothicaire appuie sa seringue contre, et les médecins et les matassins le suivent.)

FIN DU PREMIER ACTE.

ACTE II.

SCÈNE PREMIÈRE. — PREMIER MÉDECIN, SBRIGANI.

PREMIER MÉDECIN. — Il a forcé tous les obstacles que j'avais mis, et s'est dérobé aux remèdes que je commençais de lui faire.

SBRIGANI. — C'est être bien ennemi de soi-même que de fuir des remèdes aussi salutaires que les vôtres.

PREMIER MÉDECIN. — Marque d'un cerveau démonté, d'une raison dépravée, que de ne vouloir pas guérir.

SBRIGANI. — Vous l'auriez guéri haut la main.

PREMIER MÉDECIN. — Sans doute, quand il y aurait eu complication de douze maladies.

SBRIGANI. — Cependant voilà cinquante pistoles bien acquises qu'il vous fait perdre.

PREMIER MÉDECIN. — Moi, je n'entends point les perdre, et je prétends le guérir en dépit qu'il en ait. Il est lié et engagé à mes remèdes; et je veux le faire saisir où je le trouverai, comme déserteur de la médecine et infracteur de mes ordonnances.

SBRIGANI. — Vous avez raison. Vos remèdes étaient un coup sûr, et c'est de l'argent qu'il vous vole.

PREMIER MÉDECIN. — Où puis-je en avoir des nouvelles?

SBRIGANI. — Chez le bon homme Oronte, assurément, dont il vient épouser la fille, et qui, ne sachant rien de l'infirmité de son gendre futur, voudra peut-être se hâter de conclure le mariage.

PREMIER MÉDECIN. — Je vais lui parler tout-à-l'heure.

SBRIGANI. — Vous ne ferez point mal.

PREMIER MÉDECIN. — Il est hypothéqué à mes consultations; et un malade ne se moquera pas d'un médecin.

SBRIGANI. — C'est fort bien dit à vous: et, si vous m'en croyez, vous ne souffrirez point qu'il se marie, que vous ne l'ayez pansé tout votre saoul.

PREMIER MÉDECIN. — Laissez-moi faire.

SBRIGANI, à part, en s'en allant. — Je vais, de mon côté, dresser une autre batterie; et le beau-père est aussi dupe que le gendre.

SCÈNE II. — ORONTE, PREMIER MÉDECIN.

PREMIER MÉDECIN. — Vous avez, monsieur, un certain monsieur de Pourceaugnac qui doit épouser votre fille.

ORONTE. — Oui; je l'attends de Limoges, et il devrait être arrivé.

PREMIER MÉDECIN. — Aussi l'est-il, et il s'en est fui de chez moi après y avoir été mis; mais je vous défends, de la part de la médecine, de procéder au mariage que vous avez conclu, que je ne l'aie dûment préparé pour cela et mis en état de procréer des enfants bien conditionnés et de corps et d'esprit.

ORONTE. — Comment donc?

PREMIER MÉDECIN. — Votre prétendu gendre a été constitué mon malade : sa maladie, qu'on m'a donnée à guérir, est un meuble qui m'appartient, et que je compte entre mes effets; et je vous déclare que je ne prétends point qu'il se marie, qu'au préalable il n'ait satisfait à la médecine et subi les remèdes que je lui ai ordonnés.

ORONTE. — Il a quelque mal?

PREMIER MÉDECIN. — Oui.

ORONTE. — Et quel mal, s'il vous plaît?

PREMIER MÉDECIN. — Ne vous en mettez pas en peine.

ORONTE. — Est-ce quelque mal…?

PREMIER MÉDECIN. — Les médecins sont obligés au secret. Il suffit que je vous ordonne, à vous et à votre fille, de ne point célébrer, sans mon consentement, vos noces avec lui, sur peine d'encourir la disgrace de la faculté et d'être accablés de toutes les maladies qu'il nous plaira.

ORONTE. — Je n'ai garde, si cela est, de faire le mariage.

PREMIER MÉDECIN. — On me l'a mis entre les mains, et il est obligé d'être mon malade.

ORONTE. — A la bonne heure.

PREMIER MÉDECIN. — Il a beau fuir, je le ferai condamner par arrêt à se faire guérir par moi.

ORONTE. — J'y consens.

PREMIER MÉDECIN. — Oui, il faut qu'il crève ou que je le guérisse.

ORONTE. — Je le veux bien.

PREMIER MÉDECIN. — Et si je ne le trouve, je m'en prendrai à vous, et je vous guérirai au lieu de lui.

ORONTE. — Je me porte bien.

PREMIER MÉDECIN. — Il n'importe, il me faut un malade, et je prendrai qui je pourrai.

ORONTE. — Prenez qui vous voudrez; mais ce ne sera pas moi. (*Seul.*) Voyez un peu la belle raison.

SCÈNE III. — ORONTE, SBRIGANI, *en marchand flamand.*

SBRIGANI. — Montsir, afec le fôtre permission, je suisse un trancher marchand Flamane qui foudrait bienne fous temandair un petit nouvel.

ORONTE. — Quoi, monsieur?

SBRIGANI. — Mettez le fôtre chapeau sur le tête, montsir, si ve plaît.

ORONTE. — Dites-moi, monsieur, ce que vous voulez.

SBRIGANI. — Môi le dire rien, montsir, si fous le mettre pas le chapeau sur le tête.

ORONTE. — Soit. Qu'y a-t-il, monsieur?

SBRIGANI. — Fous connaître point en sti file un certe montsir Oronte?

ORONTE. — Oui, je le connais.

SBRIGANI. — Et quel homme est-il, montsir, si ve plaît?

ORONTE. — C'est un homme comme les autres.

SBRIGANI. — Je fous temande, montsir, s'il est un homme qui a du bienne?

ORONTE. — Oui.

SBRIGANI. — Mais riche beaucoup grandement, montsir?

ORONTE. — Oui.

SBRIGANI. — J'en suis aise beaucoup, montsir.

ORONTE. — Mais pourquoi cela?

SBRIGANI. — L'est, montsir, pour un petit raisonne de conséquence pour nous.

ORONTE. — Mais encore, pourquoi?

SBRIGANI. — L'est, montsir, que sti montsir Oronte donne sa fille en mariage à un certe montsir de Pourcegnac.

ORONTE. — Hé bien?

SBRIGANI. — Et sti montsir de Pourcegnac, montsir, l'est un homme que doivre beaucoup grandement à dix ou douze marchanes flamanes qui être venus ici.

ORONTE. — Ce monsieur de Pourceaugnac doit beaucoup à dix ou douze marchands?

SBRIGANI. — Oui, montsir; et, depuis huite mois, nous afoir obtenir un petit sentence contre lui; et lui à remettre à payer tou ce créanciers de sti mariage que sti montsir Oronte donne pour son fille.

ORONTE. — Hon, hon! il a remis là à payer ses créanciers?

SBRIGANI. — Oui, montsir; et avec un grand défotion nous tous attendre sti mariage.

ORONTE, *à part.* — L'avis n'est pas mauvais. (*Haut.*) Je vous donne le bon jour.

SBRIGANI. — Je remercie, montsir, de la faveur grande.

ORONTE. — Votre très humble valet.

SBRIGANI. — Je le suis, montsir, obliger plus que beaucoup du bon nouvel que montsir m'afoir donné. (*Seul, après avoir ôté sa barbe et dépouillé l'habit de Flamand qu'il a par-dessus le sien.*) Cela ne va pas mal. Quittons notre ajustement de Flamand, pour songer à d'autres machines, et tâchons de semer tant de soupçons et de divisions entre le beau-père et le gendre, que cela rompe lo mariage prétendu. Tous deux également sont propres à gober les hameçons qu'on leur veut tendre; et, entre nous autres fourbes de la première classe, nous ne faisons que nous jouer, lorsque nous trouvons un gibier aussi facile que celui-là.

SCÈNE IV. — M. DE POURCEAUGNAC, SBRIGANI.

M. DE POURCEAUGNAC, *se croyant seul.* — Piglialo sù, piglialo sù,
Signor monsu...
Que diable est-ce là! (*Apercevant Sbrigani.*) Ah!

SBRIGANI. — Qu'est-ce, monsieur? Qu'avez-vous?

M. DE POURCEAUGNAC. — Tout ce que je vois me semble lavement.

SBRIGANI. — Comment?

M. DE POURCEAUGNAC. — Vous ne savez pas ce qui m'est arrivé dans ce logis à la porte duquel vous m'avez conduit?

SBRIGANI. — Non, vraiment. Qu'est-ce que c'est?

M. DE POURCEAUGNAC. — Je pensais y être régalé comme il faut.

SBRIGANI. — Hé bien?

M. DE POURCEAUGNAC. — Je vous laisse entre les mains de monsieur. Des médecins habillés de noir. Dans une chaise. Tâter le pouls. Comme ainsi soit. Il est fou. Deux gros joufflus. Grands chapeaux. *Buon dì, buon dì*. Six Pantalons. Ta, ra, ta, ta; ta, ra, ta, ta. *Allegramente monsu Pourceaugnac*. Apothicaire. Lavement. Prenez, monsieur; prenez, prenez. Il est benin, benin, benin. C'est pour déterger, pour déterger, déterger. *Piglialo sù, signor monsu; piglialo, piglialo, piglialo sù*. Jamais je n'ai été si saoul de sottises.

SBRIGANI. — Qu'est-ce que tout cela veut dire?

M. DE POURCEAUGNAC. — Cela veut dire que cet homme-là, avec ses grandes embrassades, est un fourbe qui m'a mis dans une maison pour se moquer de moi et me faire une pièce.

SBRIGANI. — Cela est-il possible?

M. DE POURCEAUGNAC. — Sans doute. Ils étaient une douzaine de possédés après mes chausses, et j'ai eu toutes les peines du monde à m'échapper de leurs pattes.

SBRIGANI. — Voyez un peu; les mines sont bien trompeuses. Je l'aurais cru le plus affectionné de vos amis. Voilà un de mes étonnements, comme il est possible qu'il y ait des fourbes comme cela dans le monde.

M. DE POURCEAUGNAC. — Ne sens-je point le lavement? Voyez, je vous prie.

SBRIGANI. — Hé! il y a quelque petite chose qui approche de cela.

M. DE POURCEAUGNAC. — J'ai l'odorat et l'imagination tout remplis de cela; et il me semble toujours que je vois une douzaine de lavements qui me couchent en joue.

SBRIGANI. — Voilà une méchanceté bien grande; et les hommes sont bien traîtres et scélérats!

M. DE POURCEAUGNAC. — Enseignez-moi, de grace, le logis de monsieur Oronte; je suis bien aise d'y aller tout-à-l'heure.

SBRIGANI. — Ah! ah! vous êtes donc de complexion amoureuse, et vous avez ouï parler que monsieur Oronte a une fille?

M. DE POURCEAUGNAC. — Oui. Je viens l'épouser.

SBRIGANI. — L'é... l'épouser?

M. DE POURCEAUGNAC. — Oui.

SBRIGANI. — En mariage?

M. DE POURCEAUGNAC. — De quelle façon donc?

SBRIGANI. — Ah! c'est une autre chose; je vous demande pardon.

M. DE POURCEAUGNAC. — Qu'est-ce que cela veut dire?

SBRIGANI. — Rien.

M. DE POURCEAUGNAC. — Mais encore?

SBRIGANI. — Rien, vous dis-je. J'ai un peu parlé trop vite.

M. DE POURCEAUGNAC. — Je vous prie de me dire ce qu'il y a là dessous.

SBRIGANI. — Non : ce n'est pas nécessaire.

M. DE POURCEAUGNAC. — De grace.

SBRIGANI. — Point. Je vous prie de m'en dispenser.

M. DE POURCEAUGNAC. — Est-ce que vous n'êtes point de mes amis?

SBRIGANI. — Si fait. On ne peut pas l'être davantage.

M. DE POURCEAUGNAC. — Vous devez donc ne me rien cacher.

SBRIGANI. — C'est une chose où il y va de l'intérêt du prochain.

M. DE POURCEAUGNAC. — Afin de vous obliger à m'ouvrir votre cœur, voilà une petite bague que je vous prie de garder pour l'amour de moi.

SBRIGANI. — Laissez-moi consulter un peu si je puis le faire en conscience. (*Après s'être un peu éloigné de monsieur de Pourceaugnac*.) C'est un homme qui cherche son bien; qui tâche de pourvoir sa fille le plus avantageusement qu'il est possible et il ne faut nuire à personne. Ce sont des choses qui sont connues, à la vérité; mais j'irai les découvrir à un homme qui les ignore, et il est défendu de scandaliser son prochain. Cela est vrai; mais d'autre part voilà un étranger qu'on veut surprendre, et qui, de bonne foi, vient se marier avec une fille qu'il ne connaît pas et qu'il n'a jamais vue; un gentilhomme plein de franchise, pour qui je me sens de l'inclination, qui me fait l'honneur de me tenir pour son ami, prend confiance en moi, et me donne une bague à garder pour l'amour de lui. (*A M. de Pourceaugnac.*) Oui; je trouve que je puis vous dire les choses sans blesser ma conscience; mais tâchons de vous les dire le plus doucement qu'il nous sera possible, et d'épargner les gens le plus que nous pourrons. De vous dire que cette fille-là mène une vie déshonnête, cela serait un peu trop fort. Cherchons, pour nous expliquer, quelques termes plus doux. Le mot de galante aussi n'est pas assez; celui de coquette achevée me semble propre à ce que nous voulons, et je m'en puis servir pour vous dire honnêtement ce qu'elle est.

M. DE POURCEAUGNAC. — L'on me veut donc prendre pour dupe?

SBRIGANI. — Peut-être dans le fond n'y a-t-il pas tant de mal que tout le monde croit; et puis il y a des gens, après tout, qui se mettent au-dessus de ces sortes de choses et qui ne croient pas que leur honneur dépende...

M DE POURCEAUGNAC. — Je suis votre serviteur; je ne me veux point mettre sur la tête un chapeau comme celui-là; et l'on aime à aller le front levé dans la famille des Pourceaugnacs.

SBRIGANI. — Voilà le père.

M. DE POURCEAUGNAC. — Ce vieillard-là?

SBRIGANI. — Oui. Je me retire.

SCÈNE V. — ORONTE, M. DE POURCEAUGNAC.

M. DE POURCEAUGNAC. — Bon jour, monsieur, bon jour.

ORONTE. — Serviteur, monsieur, serviteur.

M. DE POURCEAUGNAC. — Vous êtes monsieur Oronte, n'est-ce pas?

ORONTE. — Oui.

M. DE POURCEAUGNAC. — Et moi, monsieur de Pourceaugnac.

ORONTE. — A la bonne heure.

M. DE POURCEAUGNAC. — Croyez-vous, monsieur Oronte, que les Limosins soient des sots?

ORONTE. — Croyez-vous, monsieur de Pourceaugnac, que les Parisiens soient des bêtes?

M. DE POURCEAUGNAC. — Vous imaginez-vous, monsieur Oronte, qu'un homme comme moi soit si affamé de femme?

ORONTE. — Vous imaginez-vous, monsieur de Pourceaugnac, qu'une fille comme la mienne soit si affamée de mari?

SCÈNE VI. — M. DE POURCEAUGNAC, JULIE, ORONTE.

JULIE. — On vient de me dire, mon père, que monsieur de Pourceaugnac est arrivé. Ah! le voilà sans doute, et mon cœur me le dit. Qu'il est bien fait; qu'il a bon air! et que je suis contente d'avoir un tel époux! Souffrez que je l'embrasse, et que je lui témoigne...

ORONTE. — Doucement, ma fille, doucement.

M. DE POURCEAUGNAC, *à part.* — Tudieu! quelle galante! comme elle prend feu d'abord!

ORONTE. — Je voudrais bien savoir, monsieur de Pourceaugnac, par quelle raison vous venez...

JULIE *s'approche de M. de Pourceaugnac, le regarde d'un air languissant et lui veut prendre la main.* — Que je suis aise de vous voir, et que je brûle d'impatience!

ORONTE. — Ah! ma fille! ôtez-vous de là, vous dis-je.

M. DE POURCEAUGNAC, *à part.* — Oh! oh! quelle égrillarde!

ORONTE. — Je voudrais bien, dis-je, savoir par quelle raison, s'il vous plaît, vous avez la hardiesse de... (*Julie continue le même jeu.*)

M. DE POURCEAUGNAC, *à part.* — Vertu de ma vie!

ORONTE, *à Julie.* — Encore? qu'est-ce à dire, cela?

JULIE. — Ne voulez-vous pas que je caresse l'époux que vous m'avez choisi?

ORONTE. — Non. Rentrez là dedans.

JULIE. — Laissez-moi le regarder.

ORONTE. — Rentrez, vous dis-je.

JULIE. — Je veux demeurer là, s'il vous plaît.

ORONTE. — Je ne veux pas, moi; et, si tu ne rentres tout-à-l'heure, je...

JULIE. — Hé bien! je rentre.

ORONTE. — Ma fille est une sotte qui ne sait pas les choses.

M. DE POURCEAUGNAC, *à part.* — Comme nous lui plaisons!

ORONTE, *à Julie qui est restée après avoir fait quelques pas pour s'en aller.* — Tu ne veux pas te retirer?

JULIE. — Quand est-ce donc que vous me marierez avec monsieur?

ORONTE. — Jamais; et tu n'es pas pour lui.

JULIE. — Je le veux avoir, moi, puisque vous me l'avez promis.

ORONTE. — Si je te l'ai promis, je te le dépromets.

M. DE POURCEAUGNAC, *à part.* — Elle voudrait bien me tenir.

JULIE. — Vous avez beau faire, nous serons mariés ensemble en dépit de tout le monde.

ORONTE. — Je vous en empêcherai bien tous deux, je vous assure. Voyez un peu quel vertige lui prend.

SCÈNE VII. — ORONTE, M. DE POURCEAUGNAC.

M. DE POURCEAUGNAC. — Mon Dieu! notre beau-père prétendu, ne vous fatiguez point tant; on n'a pas envie de vous enlever votre fille, et vos grimaces n'attraperont rien.

ORONTE. — Toutes les vôtres n'auront pas grand effet.

M. DE POURCEAUGNAC. — Vous êtes-vous mis dans la tête que Léonard de Pourceaugnac soit un homme à acheter chat en poche, et qu'il n'ait pas là-dedans quelque morceau de judiciaire pour se conduire, pour se faire informer de l'histoire du monde, et voir, en se mariant, si son honneur a bien toutes ses sûretés?

ORONTE. — Je ne sais pas ce que cela veut dire: mais vous êtes-vous mis dans la tête qu'un homme de soixante-et-trois ans ait si peu de cervelle, et considère si peu sa fille, que de la marier avec un homme qui a ce que vous savez, et qui a été mis chez un médecin pour être pansé?

M. DE POURCEAUGNAC. — C'est une pièce que l'on m'a faite; et je n'ai aucun mal.

ORONTE. — Le médecin me l'a dit lui-même.

M. DE POURCEAUGNAC. — Le médecin en a menti. Je suis gentilhomme, et je le veux voir l'épée à la main.

ORONTE. — Je sais ce que j'en dois croire, et vous ne m'abuserez pas là-dessus, non plus que sur les dettes que vous avez assignées sur le mariage de ma fille.

M. DE POURCEAUGNAC. — Quelles dettes?

ORONTE. — La feinte est ici inutile; j'ai vu le marchand flamand, qui, avec les autres créanciers, a obtenu depuis huit mois sentence contre vous.

M. DE POURCEAUGNAC. — Quel marchand flamand? quels créanciers? quelle sentence obtenue contre moi?

ORONTE. — Vous savez bien ce que je veux dire.

SCÈNE VIII. — M. DE POURCEAUGNAC, ORONTE, LUCETTE.

LUCETTE, *contrefaisant une Languedocienne.* — Ah! tu es aqui, et à la fi yeu te trobi après abé fait tant de passés! Podes-tu, scélérat, podes-tu sousteni ma bisto?

M. DE POURCEAUGNAC. — Qu'est-ce que veut cette femme-là?

LUCETTE. — Que te boli, infâme! Tu fas semblan de nou me pas connouisse, et nou rougisses pas, impudint que tu sios, tu ne rougisses pas de me beyre? (*A Oronte.*) Non sabi pas, moussur, saquos bous dont m'an dit que bouillo espousa la fillo; may yeu bous déclari que yeu soun sa fenno, et que y a set ans, moussur, qu'en passant à Pézénas, el auguet l'adresse, dambé sa mignardisos, commo sap tabla fayre, de me gagna lou cor, et m'oubligel pra quel mouyen à ly douna la main per l'espousa.

ORONTE. — Oh! oh!

M. DE POURCEAUGNAC. — Que diable est-ce ceci?

LUCETTE. — Lou traité me quittel trés ans après, sul préteste de qualques affayres que l'apelabon dins soun pays, et despey noun l'y resçau put quaso de noubelo; may dins lou tens qu'y soungeabi lou mens, m'an dounat abist que begnio dins aquesto bilo per se remarida dambé un autro jouena fillo, que sous parens ly an proucourado sensse saupré res de son prumié mariatge. Yeu ai tout quittat en diligensso, et me souy rendudo dins aqueste loc lou pu leu qu'ay pouscut, per m'oupousa en aquel criminel mariatge, et confondre as elys de tout le mounde lou plus méchant day hommes.

M. DE POURCEAUGNAC — Voilà une étrange effrontée!

LUCETTE. — Impudint! n'as pas honte de m'injuria, alloc d'être confus day reproches secrets que ta consciensso te deu fayre?

M. DE POURCEAUGNAC. — Moi, je suis votre mari?

LUCETTE. — Infame gausos-tu dire lou contrari? Hé? tu sabes bé, per ma penno, que n'es que trop bertat; et plaguesso al cel qu'aco nou fougesso pas, et que m'auquesso layssado dins l'état d'innoussenço, et dins la tranquilitat oun moun amo bibio daban que tous charmes et ta trounpariés nou m'en benguesson malhurousomen fayre sourty; yèu nou serio pas réduito à fayre lou tristé personnage que yeu favé présentomen; à beyre un marit cruel mespresa touto l'ardou que yeu ay per el, et me laissa sensse cap de piétat abandounado à las mourtéles doulous que yeu ressenti de sas perfidos accius.

ORONTE. — Je ne saurais m'empêcher de pleurer. (A M. de Pourceaugnac.) Allez, vous êtes un méchant homme.

M. DE POURCEAUGNAC. — Je ne connais rien à tout ceci.

SCÈNE IX. — M. DE POURCEAUGNAC, ORONTE, NÉRINE, LUCETTE.

NÉRINE, *contrefaisant une Picarde.* — Ah! je n'en pis plus, je sis tout essoflée! Ah! finfaron, tu m'as bien fait courir: tu ne m'ecapras mie, Jusliche; justiche; je boute empêchement au mariage. (*A Oronte.*) Chés mon méri, monsieur, et je veux faire pindre che bon pindart-là.

M. DE POURCEAUGNAC. — Encore!

ORONTE, *à part.* — Quel diable d'homme est-ce ci?

LUCETTE. — Et que boulez-bous dirè, ambé bostre empachoment, et bostro pendari? Quaquel homo es bostre marit?

NÉRINE. — Oui, medéme, et je sis sa femme.

LUCETTE. — Aquo es faus, aquos yeu que soun sa fenne, et se deu estre pendut, aquos sera yeu que lou farai penjat.

NÉRINE. — Je n'entains mie che baragoin-là.

LUCETTE. — Yeu bous disi que yeu soun sa fenno.

NÉRINE. — Sa femme?

LUCETTE. — Oy.

NÉRINE. — Je vous dis que chest mi, encore in coup, qui le sis.

LUCETTE. — Et yeu bous sousteni, yeu, qu'aquos yeu.

NÉRINE. — Il y a quatre ans qu'il m'a éposée.

LUCETTE. — Et yeu set ans z a que m'a preso per fenno.

NÉRINE. — J'ai des gairants de tout cho que je di.

LUCETTE. — Tout mon pay lo sap.

NÉRINE. — No ville en est témoin.

LUCETTE. — Tout Pézénas a bist nostre mariatge.

NÉRINE. — Tout Chin-Quentin a assisté à no noche.

LUCETTE. — Non y a res de tant béritable.

NÉRINE. — Il gny a rien de plus chertain.

LUCETTE, *à M. de Pourceaugnac.* — Gausos-tu dire lou contrari, valisquos?

NÉRINE, *à M. de Pourceaugnac.* — Est-che que tu démaintiras, méchaint homme?

M. DE POURCEAUGNAC. — Il est aussi vrai l'un que l'autre.

LUCETTE. — Quaingn impudensso! Et coussy, misérable, nou te soubennes plus de la pauró Françon, et del pauré Jeannet, que soun lous fruits de nostre mariatge?

NÉRINE. — Bayez un peu l'insolence! Quoi! tu ne te souviens mie de chette pauvre ainfain, no petite Madelaine, que tu m'as laichée pour gaigo de ta foi?

M. DE POURCEAUGNAC. — Voilà deux impudentes carognes!

LUCETTE. — Beni, Françon, beni, Jeannet: beni toustou, beni toustonne, beni fayre beyre à un payro dénaturat la duretat qu'el a per nautres.

NÉRINE. — Venez, Madelaine, men ainfain, venez-ves-en ichi faire honte à vo père de l'impudainche qu'il a.

SCÈNE X.

ORONTE, M. DE PORCEAUGNAC, LUCETTE, NÉRINE, PLUSIEURS ENFANTS.

LES ENFANTS. — Ah! mon papa! mon papa! mon papa!

M. DE POURCEAUGNAC. — Diantre soit des petits fils de putain!

LUCETTE. — Coussy, trayte, tu nou sios pas dins la dernière confusion de ressaupre à tal tous enfants, et de ferma l'aureillo à la tendresso paternello? Tu nou m'escaperas pas, infame: yeu te boli segui pertout, et boli seguy pertout, et te reproucha ton crime, juscos à tant que me sio beniado, et que t'ayo fayt penjat, couquy, te boly fayre pejat.

NÉRINE. — Ne rougis-tu mie de dire ches mots là, et d'être ainsainsible aux cairesse de chette pauvre ainfaint? Tu ne te sauveras mie de mes pattes, et en dépit de tes dains, je ferai bien voir que je sis ta femme, et je te ferai pindre.

LES ENFANTS. — Mon papa! mon papa! mon papa!

M. DE POURCEAUGNAC. — Au secours! au secours! Où fuirai-je? je n'en puis plus.

ORONTE, à Lucette et à Nérine. — Allez, vous ferez bien de le faire punir; et il mérite d'être pendu.

SCÈNE XI.

SBRIGANI, seul. — Je conduis de l'œil toutes choses, et tout ceci ne va pas mal. Nous fatiguerons tant notre provincial, qu'il faudra, ma foi, qu'il déguerpisse.

SCÈNE XII. — M. DE POURCEAUGNAC, SBRIGANI.

M. DE POURCEAUGNAC. — Ah! je suis assommé. Quelle peine! quelle maudite ville! Assassiné de tous côtés!

SBRIGANI. — Qu'est-ce, monsieur? Est-il encore arrivé quelque chose?

M. DE POURCEAUGNAC. — Oui; il pleut en ce pays des femmes et des lavements.

SBRIGANI. — Comment donc?

M. DE POURCEAUGNAC. — Deux carognes de baragouineuses me sont venues accuser de les avoir épousées toutes deux, et me menacent de la justice.

SBRIGANI. — Voilà une méchante affaire; et la justice en ce pays-ci est rigoureuse en diable contre cette sorte de crime.

M. DE POURCEAUGNAC. — Oui; mais quand il y aurait information, ajournement, décret et jugement obtenu par surprise, défaut et contumace, j'ai la voie du conflit de juridiction pour temporiser et venir aux moyens de nullité qui seront dans les procédures.

SBRIGANI. — Voilà en parler dans tous les termes; et l'on voit bien, monsieur, que vous êtes du métier.

M. DE POURCEAUGNAC. — Moi! point du tout, je suis gentilhomme.

SBRIGANI. — Il faut bien, pour parler ainsi, que vous ayez étudié la pratique.

M. DE POURCEAUGNAC. — Point; ce n'est que le sens commun qui me fait juger que je serai toujours reçu à mes frais justificatifs, et qu'on ne me saurait condamner sur une simple accusation, sans un récolement et confrontation avec mes parties.

SBRIGANI. — En voilà de plus fin encore.

M. DE POURCEAUGNAC. — Ces mots-là me viennent sans que je les sache.

SBRIGANI. — Il me semble que le sens commun d'un gentilhomme peut bien aller à concevoir ce qui est du droit et de l'ordre de la justice, mais non pas à savoir les vrais termes de la chicane.

M. DE POURCEAUGNAC — Ce sont quelques mots que j'ai retenus en lisant les romans.

SBRIGANI. — Ah ! fort bien.

M. DE POURCEAUGNAC. — Pour vous montrer que je n'entends rien du tout à la chicane, je vous prie de me mener chez quelque avocat pour consulter mon affaire.

SBRIGANI. — Je le veux, et vais vous conduire chez deux hommes fort habiles : mais j'ai auparavant à vous avertir de n'être point surpris de leur manière de parler ; ils ont contracté du barreau certaine habitude de déclamation, qui fait que l'on dirait qu'ils chantent, et vous prendrez pour musique tout ce qu'ils vous diront.

M. DE POURCEAUGNAC. — Qu'importe comme ils parlent, pourvu qu'ils me disent ce que je veux savoir.

SCÈNE XIII. — M. DE POURCEAUGNAC, SBRIGANI, DEUX AVOCATS, DEUX PROCUREURS, DEUX SERGENTS.

PREMIER AVOCAT, *traînant ses paroles en chantant.*
La polygamie est un cas,
Est un cas pendable.

SECOND AVOCAT, *chantant fort vite et bredouillant*
Votre fait
Est clair et net ;
Et tout le droit,
Sur cet endroit,
Conclut tout droit.
Si vous consultez nos auteurs,
Législateurs et glossateurs,
Justinian, Papinian,
Ulpian et Tribonian,
Fernand, Rebuffe, Jean Imole,
Paul Castre, Julian, Barthole,
Jason, Alciat et Cujas,
Ce grand homme si capable,
La polygamie est un cas,
Est un cas pendable.

ENTRÉE DE BALLET.

Danse de deux procureurs et de deux sergents, pendant que le SECOND AVOCAT chante les paroles qui suivent :

Tous les peuples policés
Et bien sensés,
Les Français, Anglais, Hollandais,
Danois, Suédois, Polonais,
Portugais, Espagnols, Flamands,
Italiens, Allemands,
Sur ce fait tiennent loi semblable ;
Et l'affaire est sans embarras.
La polygamie est un cas,
Est un cas pendable.

LE PREMIER AVOCAT *chante celles-ci :*
La polygamie est un cas,
Est un cas pendable.

(M. de Pourceaugnac, *impatienté, les chasse.*

FIN DU SECOND ACTE.

ACTE III.

SCÈNE PREMIÈRE. — ÉRASTE, SBRIGANI.

SBRIGANI. — Oui, les choses s'acheminent où nous voulons ; et comme ses lumières sont fort petites, et son sens le plus borné du monde, je lui ai fait

MOLIÈRE. 37

prendre une frayeur si grande de la sévérité de la justice de ce pays, et des apprêts qu'on fait déjà pour sa mort, qu'il veut prendre la fuite; et, pour se dérober avec plus de facilité aux gens que je lui ai dit qu'on avait mis pour l'arrêter aux portes de la ville, il s'est résolu à se déguiser, et le déguisement qu'il a pris est l'habit d'une femme.

ÉRASTE. — Je voudrais bien le voir en cet équipage.

SBRIGANI. — Songez de votre part à achever la comédie; et, tandis que je jouerai mes scènes avec lui, allez-vous-en. (*Il lui parle à l'oreille.*) Vous entendez bien!

ÉRASTE. — Oui.

SBRIGANI. — Et lorsque je l'aurai mis où je veux... (*Il lui parle à l'oreille.*)

ÉRASTE. — Fort bien.

SBRIGANI. — Et quand le père aura été averti par moi. (*Il lui parle encore à l'oreille.*)

ÉRASTE. — Cela va le mieux du monde.

SBRIGANI. — Voici notre demoiselle. Allez vite qu'on ne nous voie ensemble.

SCÈNE II. — M. DE POURCEAUGNAC, *en femme*, SBRIGANI.

SBRIGANI. — Pour moi, je ne crois pas qu'en cet état on puisse jamais vous connaître, et vous avez la mine comme cela d'une femme de condition.

M. DE POURCEAUGNAC. — Voilà qui m'étonne, qu'en ce pays-ci les formes de la justice ne soient point observées.

SBRIGANI. — Oui, je vous l'ai déjà dit, ils commencent ici par faire pendre un homme, et puis ils lui font son procès.

M. DE POURCEAUGNAC. — Voilà une justice bien injuste.

SBRIGANI. — Elle est sévère comme tous les diables, particulièrement sur ces sortes de crimes.

M. DE POURCEAUGNAC. — Mais quand on est innocent?

SBRIGANI. — N'importe, ils ne s'enquêtent point de cela; et puis ils ont en cette ville une haine effroyable pour les gens de votre pays; et ils ne sont pas plus ravis que de voir pendre un Limosin.

M. DE POURCEAUGNAC. — Qu'est-ce que les Limosins leur ont donc fait?

SBRIGANI. — Ce sont des brutaux, ennemis de la gentillesse et du mérite des autres villes. Pour moi, je vous avoue que je suis pour vous dans une peur épouvantable; et je ne me consolerais de ma vie si vous veniez à être pendu.

M. DE POURCEAUGNAC. — Ce n'est pas tant la peur de la mort qui me fait fuir, que de ce qu'il est fâcheux à un gentilhomme d'être pendu, et qu'une preuve comme celle-là ferait tort à nos titres de noblesse.

SBRIGANI. — Vous avez raison; on vous contesterait après cela le titre d'écuyer. Au reste, étudiez-vous, quand je vous mènerai par la main, à bien marcher comme une femme et à prendre le langage et toutes les manières d'une personne de qualité.

M. DE POURCEAUGNAC. — Laissez-moi faire; j'ai vu les personnes du bel air. Tout ce qu'il y a, c'est que j'ai un peu de barbe.

SBRIGANI. — Votre barbe n'est rien; il y a des femmes qui en ont autant que vous. Çà, voyons un peu comme vous ferez. (*Après que M. de Pourceaugnac a contrefait la femme de condition.*) Bon.

M. DE POURCEAUGNAC. — Allons donc, mon carrosse, où est-ce qu'est mon carrosse? Mon Dieu! qu'on est misérable d'avoir des gens comme cela! Est-ce qu'on me fera attendre toute la journée sur le pavé, et qu'on ne me fera point venir mon carrosse?

SBRIGANI. — Fort bien.

M. DE POURCEAUGNAC. — Holà! ho! cocher, petit laquais. Ah! petit fripon, que de coups de fouet je vous ferai donner tantôt! petit laquais, petit laquais. Où est-ce donc qu'est ce petit laquais? ce petit laquais ne se trouvera-t-il point? ne me fera-t-on point venir ce petit laquais? est-ce que je n'ai point un petit laquais dans le monde?

SBRIGANI. — Voilà qui va à merveille. Mais je remarque une chose: cette coiffe est un peu trop déliée: j'en vais quérir une plus épaisse, pour vous mieux cacher le visage en cas de quelque rencontre.

M. DE POURCEAUGNAC. — Que deviendrai-je cependant?

SBRIGANI. — Attendez-moi là, je suis à vous dans un moment; vous n'avez qu'à vous promener.

(M. de Pourceaugnac fait plusieurs tours sur le théâtre, en continuant à contrefaire la femme de qualité.)

SCÈNE III. — M. DE POURCEAUGNAC, DEUX SUISSES.

PREMIER SUISSE, *sans voir M. de Pourceaugnac.* — Allons, dépêchons, camerade; li faut allair tous deux à la Crève, pour regarter un peu chousticier sti montsir de Pourcegnac, qui l'a été contané par ortonnance à l'être pendu par son cou.

SECOND SUISSE, *sans voir M. de Pourceaugnac.* — Li faut nous loër un fenêtre pour foir sti choustice.

PREMIER SUISSE. — Li disent que l'on fait téjà planter un grand potence tout neuve, pour l'y accrocher sti Pourcegnac.

SECOND SUISSE. — Li sira, mon foi, un grand plaisir d'y regarter pendre sti Limossin.

PREMIER SUISSE. — Oui, te li foir gambiller les pieds en haut tefant tout le monde.

SECOND SUISSE. — Li est un plaiçant trôle, oui : li disent que s'être marié troy foie.

PREMIER SUISSE. — Sti diable li fouloir trois femmes à ly tout seul; li être bien assez t'une.

SECOND SUISSE, *en apercevant M. de Pourceaugnac.* — A! pon chour, mameselle.

PREMIER SUISSE. — Que faire fous là tout seul?

M. DE POURCEAUGNAC. — J'attends mes gens, messieurs.

SECOND SUISSE. — Li être belle, par mon foi.

M. DE POURCEAUGNAC. — Doucement, messieurs.

PREMIER SUISSE. — Fous, mameselle, fouloir finir rechouir fous à la Crève? Nous faire foir à fous un petit pendement pien choli.

M. DE POURCEAUGNAC. — Je vous rends grace.

SECOND SUISSE. — L'être un gentilhomme limossin, qui sera pendu chentiment à un grand potence.

M. DE POURCEAUGNAC. — Je n'ai pas de curiosité.

PREMIER SUISSE. — Li être un petit teton qui l'est trôle.

M. DE POURCEAUGNAC. — Tout beau.

PREMIER SUISSE. — Mon foi, moi couchair pien afec fous.

M. DE POURCEAUGNAC. — Ah! c'en est trop; et ces sortes d'ordures-là ne se disent point à une femme de ma condition.

SECOND SUISSE. — Laisse, toi; l'être moi qui veux couchair afec elle.

PREMIER SUISSE. — Moi, ne fouloir pas laisser.

SECOND SUISSE. — Moi, li fouloir moi.

(Les deux Suisses tirent M. de Pourceaugnac avec violence.)

PREMIER SUISSE. — Moi, ne faire rien.

SECOND SUISSE. — Toi, l'afoir pien menti.

PREMIER SUISSE. — Parti, toi, l'afoir menti toi-même.

M. DE POURCEAUGNAC. — Au secours! à la force.

SCÈNE IV.

M. DE POURCEAUGNAC, UN EXEMPT, DEUX ARCHERS, DEUX SUISSES.

L'EXEMPT. — Qu'est-ce? Quelle violence est-ce là? Et que voulez-vous faire à madame? Allons, que l'on sorte de là, si vous ne voulez que je vous mette en prison.

PREMIER SUISSE. — Parti, pon, toi ne l'afoir point.

SECOND SUISSE. — Parti, pon aussi, toi ne l'afoir point encore.

SCÈNE V. — M. DE POURCEAUGNAC, UN EXEMPT.

M. DE POURCEAUGNAC. — Je vous suis obligée, monsieur, de m'avoir délivrée de ces insolents.

L'EXEMPT. — Ouais! voilà un visage qui ressemble bien à celui que l'on m'a dépeint.

M. DE POURCEAUGNAC. — Ce n'est pas moi, je vous assure.

L'EXEMPT. — Ah! ah! qu'est-ce que veut dire..?

M. DE POURCEAUGNAC. — Je ne sais pas.

L'EXEMPT. — Pourquoi donc dites-vous cela?

M. DE POURCEAUGNAC. — Pour rien.

L'EXEMPT. — Voilà un discours qui marque quelque chose, et je vous arrête prisonnier.

M. DE POURCEAUGNAC. — Hé! monsieur, de grace.

L'EXEMPT. — Non, non; à votre mine et à vos discours il faut que vous soyez ce monsieur de Pourceaugnac que nous cherchons, qui se soit déguisé de la sorte, et vous viendrez en prison tout-à-l'heure.

M. DE POURCEAUGNAC. — Hélas!

SCÈNE VI. — M. DE POURCEAUGNAC, SBRIGANI, UN EXEMPT, DEUX ARCHERS.

SBRIGANI, à M. de Pourceaugnac. — Ah! ciel! que veut dire cela?

M. DE POURCEAUGNAC. — Ils m'ont reconnu.

L'EXEMPT. — Oui, oui; c'est de quoi je suis ravi.

SBRIGANI, à l'exempt. — Hé! monsieur, pour l'amour de moi, vous savez que nous sommes amis depuis longtemps; je vous conjure de ne point le mener en prison.

L'EXEMPT. — Non : il m'est impossible.

SBRIGANI. — Vous êtes homme d'accommodement. N'y a-t-il pas moyen d'ajuster cela avec quelques pistoles?

L'EXEMPT, à ses archers. — Retirez-vous un peu.

SCÈNE VII. — M. DE POURCEAUGNAC, SBRIGANI, UN EXEMPT.

SBRIGANI, à M. de Pourceaugnac. — Il faut lui donner de l'argent pour vous laisser aller. Faites vite.

M. DE POURCEAUGNAC, donnant de l'argent à Sbrigani. — Ah! maudite ville!

SBRIGANI. — Tenez, monsieur.

L'EXEMPT. — Combien y a-t-il?

SBRIGANI. — Un, deux, trois, quatre, cinq, six, sept, huit, neuf, dix.

L'EXEMPT. — Mon ordre est trop exprès.

SBRIGANI, à l'exempt qui veut s'en aller. — Mon Dieu! attendez. (A M. de Pourceaugnac.) Dépêchez, donnez-lui-en encore autant.

M. DE POURCEAUGNAC. — Mais...

SBRIGANI. — Dépêchez-vous, vous dis-je, et ne perdez point de temps. Vous auriez un grand plaisir quand vous seriez pendu.

M. DE POURCEAUGNAC. — Ah! (Il donne encore de l'argent à Sbrigani.)

SBRIGANI, à l'exempt. — Tenez, monsieur.

L'EXEMPT, à Sbrigani. — Il faut donc que je m'enfuie avec lui; car il n'y aurait point ici de sûreté pour moi. Laissez-le-moi conduire, et ne bougez d'ici.

SBRIGANI. — Je vous prie donc d'en avoir un grand soin.

L'EXEMPT. — Je vous promets de ne point le quitter que je ne l'aie mis en lieu de sûreté.

M. DE POURCEAUGNAC, à Sbrigani. — Adieu. Voilà le seul honnête homme que j'aie trouvé en cette ville.

SBRIGANI. — Ne perdez point de temps. Je vous aime tant, que je voudrais que vous fussiez déjà bien loin. (Seul.) Que le ciel te conduise! Par ma foi, voilà une grande dupe! Mais voici...

SCÈNE VIII. — ORONTE, SBRIGANI.

SBRIGANI, feignant de ne point voir Oronte. — Ah! quelle étrange aventure! quelle fâcheuse nouvelle pour un père! pauvre Oronte, que je te plains! que diras-tu? et de quelle façon pourras-tu supporter cette douleur mortelle?

ORONTE. — Qu'est-ce? quel malheur me présages-tu?

SBRIGANI. — Ah! monsieur, ce perfide Limosin, ce traître de monsieur de Pourceaugnac vous enlève votre fille!

ORONTE. — Il m'enlève ma fille?

SBRIGANI. — Oui. Elle en est devenue si folle, qu'elle vous quitte pour le suivre; et l'on dit qu'il a un caractère pour se faire aimer de toutes les femmes.

ORONTE· — Allons, vite à la justice. Des archers après eux.

SCÈNE IX. — ORONTE, ÉRASTE, JULIE, SBRIGANI.

ÉRASTE, *à Julie.* — Allons, vous viendrez malgré vous, et je veux vous remettre entre les mains de votre père. Tenez, monsieur, voilà votre fille que j'ai tirée de force d'entre les mains de l'homme avec qui elle s'enfuyait: non pas pour l'amour d'elle, mais pour votre seule considération. Car, après l'action qu'elle a faite, je dois la mépriser et me guérir absolument de l'amour que j'avais pour elle.

ORONTE. — Ah! infâme que tu es!

ÉRASTE, *à Julie.* — Comment? me traiter de la sorte après toutes les marques d'amitié que je vous ai données! Je ne vous blâme point de vous être soumise aux volontés de monsieur votre père; il est sage et judicieux dans les choses qu'il fait, et je ne me plains point de lui de m'avoir rejeté pour un autre. S'il a manqué à la parole qu'il m'avait donnée, il a ses raisons pour cela. On lui a fait croire que cet autre est plus riche que moi de quatre à cinq mille écus; et quatre ou cinq mille écus est un denier considérable, et qui vaut bien la peine qu'un homme manque à sa parole; mais oublier en un moment toute l'ardeur que je vous ai montrée, vous laisser d'abord enflammer d'amour pour un nouveau venu, et le suivre honteusement, sans le consentement de monsieur votre père, après les crimes qu'on lui impute, c'est une chose condamnée de tout le monde, et dont mon cœur ne peut vous faire d'assez sanglants reproches.

JULIE. — Hé bien! oui. J'ai conçu de l'amour pour lui, et je l'ai voulu suivre, puisque mon père me l'avait choisi pour époux. Quoi que vous me disiez, c'est un fort honnête homme; et tous les crimes dont on l'accuse, sont faussetés épouvantables.

ORONTE. — Taisez-vous; vous êtes une impertinente, et je sais mieux que vous ce qui en est.

JULIE. — Ce sont, sans doute, des pièces qu'on lui fait, et c'est peut-être lui (*montrant Éraste*) qui a trouvé cet artifice pour vous en dégoûter.

ÉRASTE. — Moi! je serais capable de cela!

JULIE. — Oui, vous.

ORONTE. — Taisez-vous, vous dis-je. Vous êtes une sotte.

ÉRASTE. — Non, non; ne vous imaginez pas que j'aie aucune envie de détourner ce mariage, et que ce soit ma passion qui m'ait forcé à courir après vous. Je vous l'ai déjà dit, ce n'est que la seule considération que j'ai pour monsieur votre père; et je n'ai pu souffrir qu'un honnête homme comme lui fût exposé à la honte de tous les bruits qui pourraient suivre une action comme la vôtre.

ORONTE. — Je vous suis, seigneur Éraste, infiniment obligé.

ÉRASTE. — Adieu, monsieur. J'avais toutes les ardeurs du monde d'entrer dans votre alliance, j'ai fait tout ce que j'ai pu pour obtenir un tel honneur: mais j'ai été malheureux, et vous ne m'avez pas jugé digne de cette grace. Cela n'empêchera pas que je ne conserve pour vous les sentiments d'estime et de vénération où votre personne m'oblige; et si je n'ai pu être votre gendre, au moins serai-je éternellement votre serviteur.

ORONTE. — Arrêtez, seigneur Éraste; votre procédé me touche l'âme, et je vous donne ma fille en mariage.

JULIE. — Je ne veux point d'autre mari que monsieur de Pourceaugnac.

ORONTE. — Et je veux, moi, tout-à-l'heure, que tu prennes le seigneur Éraste. Çà, la main.

JULIE. — Non, je n'en ferai rien.

ORONTE. — Je te donnerai sur les oreilles.

ÉRASTE. — Non, non, monsieur; ne lui faites point de violence, je vous en prie.

ORONTE. — C'est à elle à m'obéir, et je sais me montrer le maître.

ÉRASTE. — Ne voyez-vous pas l'amour qu'elle a pour cet homme-là? et voulez-vous que je possède un corps dont un autre possèdera le cœur?

ORONTE. — C'est un sortilège qu'il lui a donné; et vous verrez qu'elle changera de sentiment avant qu'il soit peu. Donnez-moi votre main. Allons.

JULIE. — Je ne...

ORONTE. — Ah! que de bruit! Çà, votre main, vous dis-je. Ah! ah! ah!

ÉRASTE, à Julie. — Ne croyez point que ce soit pour l'amour de vous que je vous donne la main : ce n'est que monsieur votre père dont je suis amoureux, et c'est lui que j'épouse.

ORONTE. — Je vous suis beaucoup obligé; et j'augmente de dix mille écus le mariage de ma fille. Allons, qu'on fasse venir le notaire pour dresser le contrat.

ÉRASTE. — En attendant qu'il vienne, nous pouvons jouir du divertissement de la saison, et faire entrer les masques que le bruit des noces de monsieur de Pourceaugnac a attirés ici de tous les endroits de la ville.

SCÈNE X. — TROUPE DE MASQUES DANSANTS ET CHANTANTS.

UN MASQUE, *en Egyptienne.*

Sortez, sortez de ces lieux,
Soucis, Chagrins, et Tristesse;
Venez, venez, Ris et Jeux,
Plaisirs, Amours et Tendresse.
Ne songeons qu'à nous réjouir,
La grande affaire est le plaisir.

CHOEUR DE MASQUES *chantant.*

Ne songeons qu'à nous réjouir,
La grande affaire est le plaisir.

L'ÉGYPTIENNE.

A me suivre tous ici
Votre ardeur est commune;
Et vous êtes en souci
De votre bonne fortune :
Soyez toujours amoureux,
C'est le moyen d'être heureux.

UN MASQUE, *en Egyptien.*

Aimons jusques au trépas,
La raison nous y convie.
Hélas! si l'on n'aimait pas,
Que serait-ce de la vie?
Ah! perdons plutôt le jour
Que de perdre notre amour.

L'ÉGYPTIEN. — Les biens,

L'ÉGYPTIENNE. — La gloire,

L'ÉGYPTIEN. — Les grandeurs,

L'ÉGYPTIENNE. — Les sceptres qui font tant d'envie,

L'ÉGYPTIEN. — Tout n'est rien, si l'amour n'y mêle ses ardeurs.

L'ÉGYPTIENNE. — Il n'est point, sans l'amour, de plaisirs dans la vie.

TOUS DEUX ENSEMBLE.

Soyons toujours amoureux,
C'est le moyen d'être heureux.

CHOEUR.

Sus, sus, chantons tous ensemble,
Dansons, sautons, jouons-nous.

UN MASQUE, *en Pantalon.*

Lorsque pour rire on s'assemble,
Les plus sages, ce me semble,
Sont ceux qui sont les plus fous.

TOUS ENSEMBLE.

Ne songeons qu'à nous réjouir,
La grande affaire est le plaisir.

PREMIÈRE ENTRÉE DE BALLET — Danse de Sauvages.

SECONDE ENTRÉE DE BALLET. — Danse de Biscayens.

FIN DE M. DE POURCEAUGNAC.

LES AMANTS MAGNIFIQUES,

COMÉDIE-BALLET EN CINQ ACTES.

AVANT-PROPOS.

Le roi, qui ne voit que des choses extraordinaires dans tout ce qu'il entreprend, s'est proposé de donner à sa cour un divertissement qui fût composé de tous ceux que le théâtre peut fournir; et, pour embrasser cette idée, et enchaîner ensemble tant de choses déréglées, Sa Majesté a choisi pour sujet deux princes rivaux, qui, dans le champêtre séjour de la vallée de Tempé où l'on doit célébrer la fête des jeux Pythiens, régalent à l'envi une jeune princesse et sa mère, de toutes les galanteries dont ils se peuvent aviser.

PERSONNAGES.

PERSONNAGES DE LA COMÉDIE.

ARISTIONE, princesse, mère d'Ériphile.
ÉRIPHILE, fille de la princesse.
IPHICRATE, prince, amant d'Ériphile.
TIMOCLES, prince, amant d'Ériphile.
SOSTRATE, général d'armée, amant d'Ériphile.
CLÉONICE, confidente d'Ériphile.
ANAXARQUE, astrologue.
CLÉON, fils d'Anaxarque,
CHORÉBE, de la suite d'Aristione.
CLITIDAS, plaisant de cour, de la suite d'Ériphile.
UNE FAUSSE VÉNUS, d'intelligence avec Anaxarque.

PERSONNAGES DES INTERMÈDES.

Premier intermède.

Éole.
Tritons, chantants.
Fleuves, chantants.
Amours, chantants.
Pêcheurs de corail, dansants.
Neptune.
Six Dieux marins, dansants.

Deuxième intermède.

Trois Pantomimes, dansants.

Troisième intermède.

La Nymphe de la vallée de Tempé.

PERSONNAGES DE LA PASTORALE EN MUSIQUE.

Tircis, berger, amant de Caliste.
Caliste, bergère.

Licaste, berger, ami de Tircis.
Ménandre, berger, ami de Tircis.
Premier Satyre, amant de Caliste.
Second Satyre, amant de Caliste.
Six Dryades, dansantes.
Six Faunes, dansants.
Climène, bergère.
Philinte, berger.
Trois petites Dryades, dansantes.
Trois petits Faunes, dansants.

Quatrième intermède.

Huit statues qui dansent.

Cinquième intermède.

Quatre pantomimes, dansants.

Sixième intermède.

FÊTE DES JEUX PYTHIENS.

La Prêtresse.
Deux Sacrificateurs, chantants.
Six Ministres du sacrifice, portant des haches, dansants.
Chœurs de peuples.
Six Voltigeurs, sautant sur des chevaux de bois.
Quatre Conducteurs d'esclaves, dansants.
Huit Esclaves, dansants.
Quatre Hommes armés à la grecque.
Quatre Femmes armées à la grecque
Un Hérault.
Six Trompettes.
Un Timbalier.
Apollon.
Suivants d'Apollon, dansants.

La scène est en Thessalie, dans la vallée de Tempé.

PREMIÈRE INTERMÈDE.

Le théâtre représente une vaste mer, bordée de chaque côté de quatre grands rochers dont le sommet de chacun porte un fleuve appuyé sur une urne. Au pied de ces rochers sont douze tritons, et, dans le milieu de la mer, quatre Amours sur des dauphins: Éole est élevé au-dessus des ondes sur un nuage.

SCÈNE PREMIÈRE. — ÉOLE, FLEUVES, TRITONS, AMOURS.

ÉOLE. —   Vents, qui troublez les plus beaux jours,
        Rentrez dans vos grottes profondes;
        Et laissez régner sur les ondes
        Les zéphirs et les amours.

SCÈNE II.

La mer se calme et du milieu des ondes, on voit s'élever une ville. Huit pêcheurs sortent du fond de la mer avec des nacres des perles et des branches de corail.

ÉOLE, FLEUVES, TRITONS, AMOURS, PÊCHEURS DE CORAIL.

UN TRITON. — Quels beaux yeux ont percé nos demeures humides?
   Venez, venez, Tritons; cachez-vous, Néréides.

CHŒUR DE TRITONS.

Allons tous au devant de ces divinités;
Et rendons par nos chants hommage à leurs beautés.

UN AMOUR. — Ah! que ces princesses sont belles!
UN AUTRE AMOUR. — Quels sont les cœurs qui ne s'y rendraient pas.
UN AUTRE AMOUR. — La plus belle des immortelles,
   Notre mère a bien moins d'appas.

CHŒUR.

Allons tous au-devant de ces divinités;
Et rendons, par nos chants, hommage à leurs beautés.

PREMIÈRE ENTRÉE DU BALLET.

Les pêcheurs forment une danse, après laquelle ils vont se placer chacun
     sur un rocher au-dessous d'un fleuve.
UN TRITON. — Quel noble spectacle s'avance?
Neptune le grand dieu, Neptune, avec sa cour,
   Vient honorer ce beau séjour
   De son auguste présence.

CHŒUR.

   Redoublons nos concerts;
Et faisons retentir dans le vague des airs
   Notre réjouissance.

SCÈNE III.

NEPTUNE, DIEUX MARINS, ÉOLE, TRITONS, FLEUVES, AMOURS, PÊCHEURS.

DEUXIÈME ENTRÉE DE BALLET.

Neptune danse avec sa suite. Les tritons, les fleuves et les pêcheurs
compagnent ses pas de gestes différents, et de bruits de conques de perles

FIN DU PREMIER INTERMÈDE.

Vers pour LE ROI représentant Neptune.

Le ciel, entre les dieux les plus considérés,
Me donne pour partage un rang considérable.
Et me faisant régner sur les flots azurés,
Rend à tout l'univers mon pouvoir redoutable.

Il n'est aucune terre, à me bien regarder,
Qui ne doive trembler que je ne m'y répande;
Points d'états qu'à l'instant je ne puisse inonder
Des flots impétueux que mon pouvoir commande.

Rien n'en peut arrêter le fier débordement;
Et d'une triple digue à leur force opposée
On les verrait forcer le ferme empêchement,
Et se faire en tous lieux une ouverture aisée.

Mais je sais retenir la fureur de ces flots
Par la sage équité du pouvoir que j'exerce,
Et laisser en tous lieux, au gré des matelots,
La douce liberté d'un paisible commerce.

On trouve des écueils parfois dans mes états ;
On voit quelques vaisseaux y périr par l'orage ;
Mais contre ma puissance on n'en murmure pas,
Et chez moi la vertu ne fait jamais naufrage.

    Pour M. LE GRAND, représentant un dieu marin.

L'empire où nous vivons est fertile en trésors,
Tous les mortels en foule accourent sur ses bords ;
Et, pour faire bientôt une haute fortune,
Il ne faut rien qu'avoir la faveur de Neptune.

    Pour le marquis DE VILLEROI, représentant un dieu marin.

Sur la foi de ce dieu de l'empire flottant,
On peut bien s'embarquer avec toute assurance :
    Les flots ont de l'inconstance,
    Mais le Neptune est constant.

    Pour le marquis DE RASSENT, représentant un dieu marin.

Voguez sur cette mer d'un zèle inébranlable ;
C'est le moyen d'avoir Neptune favorable.

ACTE Ier.

SCÈNE PREMIÈRE. — SOSTRATE, CLITIDAS.

CLITIDAS, *à part.* — Il est attaché à ses pensées.

SOSTRATE, *se croyant seul.* — Non, Sostrate, je ne vois rien où tu puisses avoir recours, et tes maux sont d'une nature à ne te laisser nulle espérance d'en sortir.

CLITIDAS, *à part.* — Il raisonne tout seul.

SOSTRATE, *se croyant seul.* — Hélas !

CLITIDAS, *à part.* — Voilà des soupirs qui veulent dire quelque chose, et ma conjecture se trouvera véritable.

SOSTRATE, *se croyant seul.* — Sur quelles chimères, dis-moi, pourrais-tu bâtir quelque espoir ? et que peux-tu envisager, que l'affreuse longueur d'une vie malheureuse, et des ennuis à ne finir que par la mort ?

CLITIDAS, *à part.* — Cette tête-là est plus embarrassée que la mienne.

SOSTRATE. — Ah ! mon cœur ! ah ! mon cœur ! où m'avez-vous jeté ?

CLITIDAS. — Serviteur, seigneur Sostrate.

SOSTRATE. — Où vas-tu, Clitidas ?

CLITIDAS. — Mais, vous, plutôt, que faites-vous ici ? et quelle secrète mélancolie, quelle humeur sombre, s'il vous plaît, vous peut retenir dans ce bois, tandis que tout le monde a couru en foule à la magnificence de la fête dont l'amour du prince Éphicrate vient de régaler sur la mer la promenade des princesses, tandis qu'elles y ont reçu des cadeaux merveilleux de musique et de danse, et qu'on a vu les rochers et les ondes se parer de divinités pour faire honneur à leurs attraits ?

SOSTRATE. — Je me figure assez, sans la voir, cette magnificence ; et tant de gens d'ordinaire s'empressent à porter de la confusion dans ces sortes de fêtes, que j'ai cru à propos de ne pas augmenter le nombre des importuns.

CLITIDAS. — Vous savez que votre présence ne gâte jamais rien, et que vous n'êtes point de trop en quelque lieu que vous soyez. Votre visage est bien venu partout, et il n'a garde d'être de ces visages disgraciés qui ne sont jamais bien reçus des regards souverains. Vous êtes également bien auprès des deux princesses ; et la mère et la fille vous font assez connaître l'estime qu'elles font de vous, pour n'appréhender pas de fatiguer leurs yeux ; et ce n'est pas cette crainte enfin qui vous a retenu.

SOSTRATE. — J'avoue que je n'ai pas naturellement grande curiosité pour ces sortes de choses.

CLITIDAS. — Mon dieu, quand on n'aurait nulle curiosité pour les choses, on en a toujours pour aller où l'on trouve tout le monde; et, quoique vous puissiez dire, on ne demeure point tout seul, pendant une fête à rêver parmi des arbres comme vous faites, à moins d'avoir en tête quelque chose qui embarrasse.

SOSTRATE. — Que voudrais-tu que j'y pusse avoir?

CLITIDAS. — Ouais! je sais d'où cela vient; mais il sent ici l'amour. Ce n'est pas moi. Ah! par ma foi, c'est vous.

SOSTRATE. — Que tu es fou, Clitidas!

CLITIDAS. — Je ne suis point fou. Vous êtes amoureux; j'ai le nez délicat, et j'ai senti cela d'abord.

SOSTRATE. — Sur quoi prends-tu cette pensée?

CLITIDAS. — Sur quoi? vous seriez bien étonné si je vous disais encore de qui vous êtes amoureux.

SOSTRATE. — Moi?

CLITIDAS. — Oui. Je gage que je vais deviner tout-à-l'heure celle que vous aimez. J'ai mes secrets aussi bien que notre astrologue dont la princesse Aristione est entêtée; et s'il a la science de lire dans les astres la fortune des hommes, j'ai celle de lire dans les yeux le nom des personnes qu'on aime. Tenez-vous un peu et ouvrez les yeux. E, par soi, é, r, i, ri, éri; p, h, i, phi; ériphi, l, e, le; Ériphile. Vous êtes amoureux de la princesse Ériphile.

SOSTRATE. — Ah! Clitidas, j'avoue que je ne puis cacher mon trouble, et tu me frappes d'un coup de foudre.

CLITIDAS. Vous voyez si je suis savant!

SOSTRATE. — Hélas! si par quelque aventure tu as pu découvrir le secret de mon cœur, je te conjure au moins de ne le révéler à qui que ce soit, et surtout de le tenir caché à la belle princesse dont tu viens de me dire le nom.

CLITIDAS. — Et, sérieusement parlant, si dans vos actions j'ai bien pu connaître depuis un temps la passion que vous voulez tenir secrète, pensez-vous que la princesse Ériphile puisse avoir manqué de lumières pour s'en apercevoir? Les belles, croyez-moi, sont toujours les plus clairvoyantes à découvrir les ardeurs qu'elles causent; et le langage des yeux et des soupirs se fait entendre, mieux qu'à tout autre, à celles à qui il s'adresse.

SOSTRATE. — Laissons-la, Clitidas, laissons-la voir, si elle peut, dans mes soupirs et mes regards, l'amour que ses charmes m'inspirent; mais gardons bien que par nulle autre voie elle en apprenne jamais rien.

CLITIDAS. — Et qu'appréhendez-vous? Est-il possible que ce même Sostrate qui n'a pas craint ni Brennus ni tous les Gaulois, et dont le bras a si glorieusement contribué à nous défaire de ce déluge de barbares qui ravageaient la Grèce, est-il possible, dis-je, qu'un homme si assuré dans la guerre, soit si timide en amour et que je le voie trembler à dire seulement qu'il aime?

SOSTRATE. — Ah! Clitidas, je tremble avec raison; et tous les Gaulois du monde ensemble sont bien moins redoutables que deux beaux yeux pleins de charmes.

CLITIDAS. — Je ne suis pas de cet avis; et je sais bien, pour moi, qu'un seul Gaulois, l'épée à la main, me ferait beaucoup plus trembler que cinquante beaux yeux ensemble les plus charmants du monde. Mais, dites-moi un peu, qu'espérez-vous faire?

SOSTRATE. — Mourir, sans déclarer ma passion.

CLITIDAS. — L'espérance est belle! Allez, allez, vous vous moquez; un peu de hardiesse réussit toujours aux amants : il n'y a en amour que les honteux qui perdent; et je dirais ma passion à une déesse, moi, si j'en devenais amoureux.

SOSTRATE. — Trop de choses, hélas! condamnent mes feux à un éternel silence.

CLITIDAS. — Et quoi?

SOSTRATE. — La bassesse de ma fortune, dont il plaît au ciel de rabattre l'ambition de mon amour; le rang de la princesse, qui met entre elle et mes désirs une distance si fâcheuse; la concurrence de deux princes appuyés de tous les grands titres qui peuvent soutenir les prétentions de leurs flammes; de deux princes qui, par mille et mille magnificences, se disputent à tous moments la gloire de sa conquête, et sur l'amour de qui l'on attend tous les jours de voir son choix se déclarer ; mais plus que tout, Clitidas, le respect inviolable où ses beaux yeux assujettissent toute la violence de mon ardeur.

CLITIDAS. — Le respect bien souvent n'oblige pas tant que l'amour, et je me trompe fort, ou la jeune princesse a connu votre flamme et n'y est pas insensible.

SOSTRATE. — Ah! ne t'avise point de vouloir flatter par pitié le cœur d'un misérable.

CLITIDAS. — Ma conjecture est bien fondée. Je lui vois reculer beaucoup le choix de son époux, et je veux éclaircir un peu cette petite affaire-là. Vous savez que je suis auprès d'elle en quelque espèce de faveur, que j'y ai les accès ouverts, et qu'à force de me tourmenter je me suis acquis le privilège de me mêler à la conversation et de parler à tort et à travers de toutes choses. Quelquefois cela ne me réussit pas, mais quelquefois aussi cela me réussit. Laissez-moi faire, je suis de vos amis ; les gens de mérite me touchent, et je veux prendre mon temps pour entretenir la princesse de...

SOSTRATE. — Ah! de grace, quelque bonté que mon malheur t'inspire, garde-toi bien de lui rien dire de ma flamme. J'aimerais mieux mourir, que de pouvoir être accusé par elle de la moindre témérité ; et ce profond respect où ses charmes divins...

CLITIDAS. — Taisons-nous, voici tout le monde.

SCÈNE II.

ARISTIONE, IPHICRATE, TIMOCLÈS, SOSTRATE, ANAXARQUE, CLÉON, CLITIDAS.

ARISTIONE, à Iphicrate. — Prince, je ne puis me lasser de le dire, il n'est point de spectacle au monde qui puisse le disputer en magnificence à celui que vous venez de nous donner. Cette fête a eu des ornements qui l'emportent sans doute sur tout ce que l'on saurait voir ; et elle vient de produire à nos yeux quelque chose de si noble, de si grand et de si majestueux, que le ciel même ne saurait aller au-delà ; et je puis dire assurément qu'il n'y a rien dans l'univers qui s'y puisse égaler.

TIMOCLÈS. — Ce sont des ornements dont on ne peut pas espérer que toutes les fêtes soient embellies ; et je dois fort trembler, madame, pour la simplicité du petit divertissement que je m'apprête à vous donner dans le bois de Diane.

ARISTIONE. — Je crois que nous n'y verrons rien que de fort agréable ; et, certes, il faut avouer que la campagne a lieu de nous paraître belle, et que nous n'avons pas le temps de nous ennuyer dans cet agréable séjour qu'ont célébré tous les poètes sous le nom de Tempé. Car enfin, sans parler des plaisirs de la chasse que nous y prenons à toute heure, et de la solennité des jeux Pythiens que l'on y célèbre tantôt, vous prenez soin l'un et l'autre de nous y combler de tous les divertissements qui peuvent charmer les chagrins les plus mélancoliques. D'où vient, Sostrate, qu'on ne vous a point vu dans notre promenade ?

SOSTRATE. — Une petite indisposition, madame, m'a empêché de m'y trouver.

IPHICRATE. — Sostrate est de ces gens, madame, qui croient qu'il ne sied pas bien d'être curieux comme les autres, et qu'il est beau d'affecter de ne pas courir où tout le monde court.

SOSTRATE. — Seigneur, l'affectation n'a guère de part à tout ce que je fais ; et, sans vous faire compliment, il y avait des choses à voir dans cette fête qui pouvaient m'attirer, si quelque autre motif ne m'avait retenu.

ARISTIONE. — Et Clitidas a-t-il vu cela ?

CLITIDAS. — Oui, madame, mais du rivage ?

ARISTIONE. — Et pourquoi du rivage ?

CLITIDAS. — Ma foi, madame, j'ai craint quelqu'un des accidents qui arrivent d'ordinaire dans ces confusions. Cette nuit j'ai songé de poisson mort et d'œufs cassés, et j'ai appris du seigneur Anaxarque que les œufs cassés et le poisson mort signifient malencontre.

ANAXARQUE. — Je remarque une chose, que Clitidas n'aurait rien à dire, s'il ne parlait de moi.

CLITIDAS. — C'est qu'il y a tant de choses à dire de vous, qu'on n'en saurait parler assez.

ANAXARQUE. — Vous pourriez prendre d'autres matières, puisque je vous en ai prié.

CLITIDAS. — Le moyen? Ne dites-vous pas que l'ascendant est plus fort que tout? et s'il est écrit dans les astres que je sois enclin à parler de vous, comment voulez-vous que je résiste à ma destinée?

ANAXARQUE. — Avec tout le respect, madame, que je vous dois, il y a une chose qui est fâcheuse dans votre cour, que tout le monde y prenne la liberté de parler, et que le plus honnête homme y soit exposé aux railleries du premier méchant plaisant.

CLITIDAS. — Je vous rends grace de l'honneur...

ARISTIONE, à Anaxarque. — Que vous êtes fou de vous chagriner de ce qu'il dit.

CLITIDAS. — Avec tout le respect que je dois à madame, il y a une chose qui m'étonne dans l'astrologie, que des gens qui savent tous les secrets des dieux et qui possèdent des connaissances à se mettre au-dessus de tous les hommes aient besoin de faire leur cour et de demander quelque chose.

ANAXARQUE. — Vous devriez gagner un peu mieux votre argent et donner à madame de meilleures plaisanteries.

CLITIDAS. — Ma foi, on les donne telles qu'on peut. Vous en parlez fort à votre aise, et le métier de plaisant n'est pas comme celui d'astrologue. Bien mentir et bien plaisanter sont deux choses fort différentes; et il est bien plus facile de tromper les gens que de les faire rire.

ARISTIONE. — Hé! qu'est-ce donc que cela veut dire?

CLITIDAS, se parlant à lui-même. — Paix, impertinent que vous êtes; ne savez-vous pas bien que l'astrologie est une affaire d'état, et qu'il ne faut point toucher à cette corde-là? Je vous l'ai dit plusieurs fois, vous vous émancipez trop, et vous prenez de certaines libertés qui vous joueront un mauvais tour, je vous en avertis. Vous verrez qu'un de ces jours on vous donnera du pied au cul, et qu'on vous chassera comme un faquin. Taisez-vous, si vous êtes sage.

ARISTIONE. — Où est ma fille?

TIMOCLÈS. — Madame, elle s'est écartée, et je lui ai présenté une main qu'elle a refusé d'accepter.

ARISTIONE. — Princes, puisque l'amour que vous avez pour Eriphile a bien voulu se soumettre aux lois que j'ai voulu vous imposer, puisque j'ai su obtenir de vous que vous fussiez rivaux sans devenir ennemis, et qu'avec pleine soumission aux sentiments de ma fille vous attendiez un choix dont je l'ai fait seule maîtresse, ouvrez-moi tous deux le fond de votre ame, et me dites sincèrement quel progrès vous croyez l'un et l'autre avoir fait sur son cœur.

TIMOCLÈS. — Madame, je ne suis point pour me flatter; j'ai fait tout ce que j'ai pu pour toucher le cœur de la princesse Eriphile, et je m'y suis pris, que je crois, de toutes les tendres manières dont un amant se peut servir; je lui ai fait des hommages soumis de tous mes vœux; j'ai montré des assiduités; j'ai rendu des soins chaque jour; j'ai fait chanter ma passion aux voix les plus touchantes, et l'ai fait exprimer en vers aux plumes les plus délicates; je me suis plaint de mon martyre en des termes passionnés; j'ai fait dire à mes yeux, aussi bien qu'à ma bouche, le désespoir de mon amour; j'ai poussé à ses pieds des soupirs languissants; j'ai même répandu des larmes: mais tout cela inutilement; et je n'ai point connu qu'elle ait dans l'ame aucun sentiment de mon ardeur.

ARISTIONE. — Et vous, prince?

IPHICRATE. — Pour moi, madame, connaissant son indifférence et le peu de cas qu'elle fait des devoirs qu'on lui rend, je n'ai voulu perdre auprès d'elle ni plaintes, ni soupirs, ni larmes. Je sais qu'elle est toute soumise à vos volontés, et que ce n'est que de votre main seule qu'elle voudra prendre un époux; aussi n'est-ce qu'à vous que je m'adresse pour l'obtenir, à vous plutôt qu'à elle que je rends tous mes soins et mes hommages. Et plût au ciel, madame, que vous eussiez pu vous résoudre à tenir sa place; que vous eussiez voulu jouir des conquêtes que vous lui faites, et recevoir pour vous les vœux que vous lui renvoyez!

ARISTIONE. — Prince, le compliment est d'un amant adroit, et vous avez entendu dire qu'il fallait cajoler les mères pour obtenir les filles; mais ici, par

malheur, tout cela devient inutile, et je me suis engagée à laisser le choix tout
entier à l'inclination de ma fille.

IPHICRATE. — Quelque pouvoir que vous lui donniez pour ce choix, ce n'est
point compliment, madame, que ce que je vous dis. Je ne recherche la princesse Eriphile que parce qu'elle est votre sang; je la trouve charmante par tout
ce qu'elle tient de vous, et c'est vous que j'adore en elle.

ARISTIONE. — Voilà qui est fort bien.

IPHICRATE. — Oui, madame; toute la terre voit en vous des attraits et des
charmes que je...

ARISTIONE. — De grace, prince, ôtons ces charmes et ces attraits : vous savez
que ce sont des mots que je retranche des compliments qu'on me veut faire. Je
souffre qu'on me loue de ma sincérité; qu'on dise que je suis une bonne princesse; que j'ai de la parole pour tout le monde, de la chaleur pour mes amis et
de l'estime pour le mérite et la vertu ; je puis tâter de tout cela : mais pour les
douceurs de charmes et d'attraits, je suis bien aise qu'on ne m'en serve point et,
quelque vérité qui s'y pût rencontrer, on doit faire quelque scrupule d'en goûter
la louange, quand on est mère d'une fille comme la mienne.

IPHICRATE. — Ah! c'est vous qui voulez être mère malgré tout le
monde; il n'est point d'yeux qui ne s'y opposent; et, si vous le vouliez, la princesse Eriphile ne serait que votre sœur.

ARISTIONE. — Mon Dieu! prince, je ne donne point dans tous ces galimatias
où donnent la plupart des femmes ; je veux être mère, parce que je le suis; et
ce serait en vain que je ne le voudrais pas être. Ce titre n'a rien qui me choque,
puisque de mon consentement je me suis exposée à le recevoir. C'est un faible
de notre sexe, dont, grace au ciel, je suis exempte; et je ne m'embarrasse point
de ces grandes disputes d'âge, sur quoi nous voyons tant de folles. Revenons à
notre discours. Est-il possible que jusqu'ici vous n'ayez pu connaître où penche
l'inclination d'Eriphile.

IPHICRATE. — Ce sont obscurités pour moi.

TIMOCLÈS. — C'est pour moi un mystère impénétrable.

ARISTIONE. — La pudeur peut-être l'empêche de s'expliquer à vous et à moi.
Servons-nous de quelque autre pour découvrir le secret de son cœur. Sostrate,
prenez de ma part cette commission, et rendez cet office à ces princes, de savoir adroitement de ma fille vers qui des deux ses sentiments peuvent tourner.

SOSTRATE. — Madame, vous avez cent personnes dans votre cour sur qui
vous pourriez mieux verser l'honneur d'un tel emploi; et je me sens mal propre
à bien exécuter ce que vous souhaitez de moi.

ARISTIONE. — Votre mérite, Sostrate, n'est point borné aux seuls emplois de
la guerre : vous avez de l'esprit, de la conduite, de l'adresse, et ma fille fait cas
de vous.

SOSTRATE. — Quelque autre mieux que moi, madame...

ARISTIONE. — Non, non ; en vain vous vous en défendez.

SOSTRATE. — Puisque vous le voulez, madame, il vous faut obéir; mais je
vous jure que, dans toute votre cour, vous ne pouviez choisir personne qui ne
fût en état de s'acquitter beaucoup mieux que moi d'une telle commission.

ARISTIONE. — C'est trop de modestie, et vous vous acquitterez toujours bien
de toutes les choses dont on vous chargera. Découvrez doucement les sentiments d'Eriphile, et faites-la ressouvenir qu'il se faut rendre de bonne heure
dans le bois de Diane.

SCÈNE III. — IPHICRATE, TIMOCLÈS, SOSTRATE, CLITIDAS.

IPHICRATE, à Sostrate. — Vous pouvez croire que je prends part à l'estime
que la princesse vous témoigne.

TIMOCLÈS, à Sostrate. — Vous pouvez croire que je suis ravi du choix que
l'on a fait de vous.

IPHICRATE. — Vous voilà en état de servir vos amis.

TIMOCLÈS. — Vous avez de quoi rendre de bons offices aux gens qu'il vous
plaira.

IPHICRATE. — Je ne vous recommande point mes intérêts.

TIMOCLÈS. — Je ne vous dis point de parler pour moi.

SOSTRATE. — Seigneurs, il serait inutile. J'aurais tort de passer les ordres de ma commission, et vous trouverez bon que je ne parle ni pour l'un ni pour l'autre.

IPHICRATE. — Je vous laisse agir comme il vous plaira.

TIMOCLÈS. — Vous en userez comme vous voudrez.

SCÈNE IV. — IPHICRATE, TIMOCLÈS, CLITIDAS.

IPHICRATE, *bas, à Clitidas.* — Clitidas se ressouvient bien qu'il est de mes amis; je lui recommande toujours de prendre mes intérêts auprès de sa maîtresse contre ceux de mon rival.

CLITIDAS, *bas, à Iphicrate.* — Laissez-moi faire. Il y a bien de la comparaison de lui à vous, et c'est un prince bien bâti pour vous le disputer.

IPHICRATE, *bas, à Clitidas.* — Je reconnaîtrai ce service.

SCÈNE V. — TIMOCLÈS, CLITIDAS.

TIMOCLÈS. — Mon rival fait sa cour à Clitidas: mais Clitidas sait bien qu'il m'a promis d'appuyer contre lui les prétentions de mon amour.

CLITIDAS. — Assurément, et il se moque de croire l'emporter sur vous. Voilà auprès de vous un beau petit morveux de prince!

TIMOCLÈS. — Il n'y a rien que je ne fasse pour Clitidas.

CLITIDAS, *seul.* — Belles paroles de tous côtés! Voici la princesse; prenons mon temps pour l'aborder.

SCÈNE VI. — ÉRIPHILE, CLÉONICE.

CLÉONICE. — On trouvera étrange, madame, que vous vous soyez écartée de tout le monde.

ÉRIPHILE. — Ah! qu'aux personnes comme nous, qui sommes toujours accablées de tant de gens, un peu de solitude est parfois agréable, et qu'après mille impertinents entretiens il est doux de s'entretenir avec ses pensées! Qu'on me laisse ici promener toute seule.

CLÉONICE. — Ne voudriez-vous pas, madame, voir un petit essai de la disposition de ces gens admirables qui veulent se donner à vous? Ce sont des personnes qui, par leurs pas, leurs gestes et leurs mouvements, expriment aux yeux toutes choses; et on appelle cela pantomimes. J'ai tremblé à vous dire ce mot, et il y a des gens dans votre cour qui ne me le pardonneraient pas.

ÉRIPHILE. — Vous avez bien la mine, Cléonice, de me venir ici régaler d'un mauvais divertissement: car, grace au ciel, vous ne manquez pas de vouloir produire indifféremment tout ce qui se présente à vous, et vous avez une affabilité qui ne rejette rien. Aussi est-ce à vous seule qu'on voit avoir recours toutes les muses nécessitantes; vous êtes la grande protectrice du mérite incommodé; et tout ce qu'il y a de vertueux indigents au monde va débarquer chez vous.

CLÉONICE. — Si vous n'avez pas envie de les voir, madame, il ne faut que les laisser là.

ÉRIPHILE. — Non, non, voyons-les; faites-les venir.

CLÉONICE. — Mais peut-être, madame, que leur danse sera méchante.

ÉRIPHILE. — Méchante ou non, il faut la voir. Ce ne serait avec vous que reculer la chose, et il vaut mieux en être quitte.

CLÉONICE. — Ce ne sera ici, madame, qu'une danse ordinaire; une autre fois...

ÉRIPHILE. — Point de préambule, Cléonice; qu'ils dansent.

FIN DU PREMIER ACTE.

ACTE II.

ENTRÉE DE BALLET.

Trois pantomimes dansent devant Eriphile.

FIN DU SECOND INTERMÈDE.

SCÈNE PREMIÈRE. — ÉRIPHILE, CLÉONICE.

ÉRIPHILE. — Voilà qui est admirable. Je ne crois pas qu'on puisse mieux danser qu'ils dansent, et je suis bien aise de les avoir à moi.

CLÉONICE. — Et moi, madame, je suis bien aise que vous ayez vu que je n'ai pas si méchant goût que vous avez pensé.

ÉRIPHILE. — Ne triomphez point tant; vous ne tarderez guère à me faire avoir ma revanche. Qu'on me laisse ici.

SCÈNE II. — ÉRIPHILE, CLÉONICE, CLITIDAS.

CLÉONICE, *allant au-devant de Clitidas.* — Je vous avertis, Clitidas, que la princesse veut être seule.

CLITIDAS. — Laissez-moi faire : je suis homme qui sais ma cour.

SCÈNE III. — ÉRIPHILE, CLITIDAS.

CLITIDAS, *en chantant.* — La, la, la, la. (*Faisant l'étonné en voyant Eriphile*) Ah!

ÉRIPHILE, *à Clitidas qui feint de vouloir s'éloigner.* — Clitidas.

CLITIDAS. — Je ne vous avais pas vue là, madame.

ÉRIPHILE. — Approche. D'où viens-tu?

CLITIDAS. — De laisser la princesse votre mère, qui s'en allait vers le temple d'Apollon, accompagnée de beaucoup de gens.

ÉRIPHILE. — Ne trouves-tu pas ces lieux les plus charmants du monde?

CLITIDAS. — Assurément. Les princes, vos amants, y étaient.

ÉRIPHILE. — Le fleuve Pénée fait ici d'agréables détours.

CLITIDAS. — Fort agréables. Sostrate y était aussi.

ÉRIPHILE. — D'où vient qu'il n'est pas venu à la promenade?

CLITIDAS. — Il a quelque chose dans la tête qui l'empêche de prendre plaisir à tous ces beaux régals. Il a voulu m'entretenir; mais vous m'avez défendu si expressément de me charger d'aucune affaire auprès de vous, que je n'ai point voulu lui prêter l'oreille, et que je lui ai dit nettement que je n'avais pas le loisir de l'entendre.

ÉRIPHILE. — Tu as eu tort de lui dire cela, et tu devais l'écouter.

CLITIDAS. — Je lui ai dit d'abord que je n'avais pas le loisir de l'entendre; mais après je lui ai donné audience.

ÉRIPHILE. — Tu as bien fait.

CLITIDAS. — En vérité, c'est un homme qui me revient, un homme comme je veux que les hommes soient faits, ne prenant point de manières bruyantes et des tons de voix assommants, sage et posé en toutes choses, ne parlant jamais que bien à propos, point prompt à décider, point du tout exagérateur incommode; et, quelques beaux vers que nos poètes lui aient récités, je ne lui ai jamais ouï dire : Voilà qui est plus beau que tout ce qu'a jamais fait Homère. Enfin, c'est un homme pour qui je me sens de l'inclination; et, si j'étais princesse, il ne serait point malheureux.

ÉRIPHILE. — C'est un homme d'un grand mérite, assurément. Mais de quoi a-t-il parlé?

CLITIDAS. — Il m'a demandé si vous aviez témoigné grande joie au magnifique régal que l'on vous a donné, m'a parlé de votre personne avec des transports les plus grands du monde, vous a mise au-dessus du ciel, et vous a donné toutes les louanges qu'on peut donner à la princesse la plus accomplie de la terre, entremêlant tout cela de plusieurs soupirs qui disaient plus qu'il ne voulait. Enfin, à force de le tourner de tous côtés et de le presser sur la cause de cette profonde mélancolie, dont toute la cour s'aperçoit, il a été contraint de m'avouer qu'il était amoureux.

ÉRIPHILE. — Comment amoureux! Quelle témérité est la sienne! C'est un extravagant que je ne verrai de ma vie.

CLITIDAS. — De quoi vous plaignez-vous, madame?

ÉRIPHILE. — Avoir l'audace de m'aimer, et, de plus, avoir l'audace de le dire!

CLITIDAS. — Ce n'est pas de vous, madame, dont il est amoureux.

ÉRIPHILE. — Ce n'est pas de moi?

CLITIDAS. — Non, madame, il vous respecte trop pour cela, et est trop sage pour y penser.

ÉRIPHILE. — Et de qui donc, Clitidas?

CLITIDAS. — D'une de vos filles, la jeune Arsinoé.

ÉRIPHILE. — A-t-elle tant d'appas, qu'il n'ait trouvé qu'elle digne de son amour?

CLITIDAS. — Il l'aime éperdument; et vous conjure d'honorer sa flamme de votre protection.

ÉRIPHILE. — Moi?

CLITIDAS. — Non, non, madame. Je vois que la chose ne vous plaît pas. Votre colère m'a obligé à prendre ce détour; et, pour vous dire la vérité, c'est vous qu'il aime éperdument.

ÉRIPHILE. — Vous êtes un insolent de venir ici surprendre mes sentiments. Allons, sortez d'ici; vous vous mêlez de vouloir lire dans les âmes, de vouloir pénétrer dans les secrets du cœur d'une princesse! Otez-vous de mes yeux, et que je ne vous voie jamais. Clitidas...

CLITIDAS. — Madame?

ÉRIPHILE. — Venez ici. Je vous pardonne cette affaire-là.

CLITIDAS. — Trop de bonté, madame!

ÉRIPHILE. — Mais à condition, prenez bien garde à ce que je vous dis, que vous n'en ouvrirez la bouche à personne du monde, sur peine de la vie.

CLITIDAS. — Il suffit.

ÉRIPHILE. — Sostrate t'a donc dit qu'il m'aimait?

CLITIDAS. — Non, madame. Il faut vous dire la vérité. J'ai tiré de son cœur, par surprise, un secret qu'il veut cacher à tout le monde, et avec lequel il est, dit-il, résolu de mourir. Il a été au désespoir du vol subtil que je lui en ai fait; et, bien loin de me charger de vous le découvrir, il m'a conjuré, avec toutes les instantes prières qu'on ne saurait faire, de ne vous en rien révéler; et c'est trahison contre lui que ce que je viens de vous dire.

ÉRIPHILE. — Tant mieux! c'est par son seul respect qu'il peut me plaire; et, s'il était si hardi que de me déclarer son amour, il perdrait pour jamais et ma présence et mon estime.

CLITIDAS. — Ne craignez point, madame....

ÉRIPHILE. — Le voici. Souvenez-vous au moins, si vous êtes sage, de la défense que je vous ai faite.

CLITIDAS. — Cela est fait, madame. Il ne faut pas être courtisan indiscret.

SCÈNE IV. — ÉRIPHILE, SOSTRATE.

SOSTRATE. — J'ai une excuse, madame, pour oser interrompre votre solitude, et j'ai reçu de la princesse votre mère une commission qui autorise la hardiesse que je prends maintenant.

ÉRIPHILE. — Quelle commission, Sostrate?

SOSTRATE. — Celle, madame, de tâcher d'apprendre de vous vers lequel des deux princes peut incliner votre cœur.

ÉRIPHILE. — La princesse ma mère montre un esprit judicieux dans le choix qu'elle a fait de vous pour un pareil emploi. Cette commission, Sostrate, vous a été agréable, sans doute; et vous l'avez acceptée avec beaucoup de joie?

SOSTRATE. — Je l'ai acceptée, madame, par la nécessité que mon devoir m'impose d'obéir; et, si la princesse avait voulu recevoir mes excuses, elle aurait honoré quelque autre de cet emploi.

ÉRIPHILE. — Quelle cause, Sostrate vous obligeait à le refuser?

SOSTRATE. — La crainte, madame, de m'en acquitter mal.

ÉRIPHILE. — Croyez-vous que je ne vous estime pas assez pour vous ouvrir mon cœur, et vous donner toutes les lumières que vous pourrez désirer de moi sur le sujet de ces deux princes?

SOSTRATE. — Je ne désire rien pour moi là dessus, madame, et je ne vous demande que ce que vous croirez devoir donner aux ordres qui m'amènent.

ÉRIPHILE. — Jusqu'ici je me suis défendu de m'expliquer, et la princesse ma mère a eu la bonté de souffrir que j'aie reculé toujours ce choix qui me doit engager: je serai bien aise de témoigner à tout le monde que je veux faire quelque chose pour l'amour de vous; et, si vous m'en pressez, je rendrai cet arrêt qu'on attend depuis si longtemps.

SOSTRATE. — C'est une chose, madame, dont vous ne serez point importunée par moi; et je ne saurais me résoudre à presser une princesse qui sait trop ce qu'elle a à faire.

ÉRIPHILE. — Mais c'est ce que la princesse ma mère attend de vous.

SOSTRATE. — Ne lui ai-je pas dit aussi que je m'acquitterais mal de cette commission?

ÉRIPHILE. — Or çà, Sostrate, les gens comme vous ont toujours les yeux pénétrants; et je pense qu'il ne doit y avoir guère de choses qui échappent aux vôtres. N'ont-ils pu découvrir, vos yeux, ce dont tout le monde est en peine? et ne vous ont-ils point donné quelques petites lumières du penchant de mon cœur? Vous voyez les soins qu'on me rend, l'empressement qu'on me témoigne. Quel est celui de ces deux princes que vous croyez que je regarde d'un œil plus doux?

SOSTRATE. — Les doutes que l'on forme sur ces sortes de choses ne sont réglés, d'ordinaire, que par les intérêts qu'on prend.

ÉRIPHILE. — Pour qui, Sostrate, pencheriez-vous des deux? Quel est celui, dites-moi, que vous souhaiteriez que j'épousasse?

SOSTRATE. — Ah! madame, ce ne seront pas mes souhaits; mais votre inclination qui décidera de la chose.

ÉRIPHILE. — Mais si je me conseillais à vous pour ce choix?

SOSTRATE. — Si vous vous conseilliez à moi, je serais fort embarrassé.

ÉRIPHILE. — Vous ne pourriez pas dire qui des deux vous semble plus digne de cette préférence?

SOSTRATE. — Si l'on s'en rapporte à mes yeux, il n'y aura personne qui soit digne de cet honneur. Tous les princes du monde seront trop peu de chose pour aspirer à vous; les dieux seuls y pourront prétendre; et vous ne souffrirez des hommes que l'encens et les sacrifices.

ÉRIPHILE. — Cela est obligeant, et vous êtes de mes amis. Mais je veux que vous me disiez pour qui des deux vous vous sentez plus d'inclination, quel est celui que vous mettez le plus au rang de vos amis.

SCÈNE V. — ÉRIPHILE, SOSTRATE, CHORÈBE.

CHORÈBE. — Madame, voilà la princesse qui vient vous prendre ici pour aller au bois de Diane.

SOSTRATE, à part. — Hélas! petit garçon, que tu es venu à propos!

SCÈNE VI.

ARISTIONE, ÉRIPHILE, IPHICRATE, TIMOCLÈS, SOSTRATE, ANAXARQUE, CLITIDAS.

ARISTIONE. — On vous a demandée, ma fille, et il y a des gens que votre absence chagrine fort.

ÉRIPHILE. — Je pense, madame, qu'on m'a demandée par compliment; et on ne s'inquiète pas tant qu'on vous dit.

ARISTIONE. — On enchaîne pour nous ici tant de divertissements les uns aux autres, que toutes nos heures sont retenues; et nous n'avons aucun moment à perdre, si nous voulons les goûter tous. Entrons vite dans le bois, et voyons ce qui nous y attend. Ce lieu est le plus beau du monde, prenons vite nos places.

FIN DU SECOND ACTE.

TROISIÈME INTERMÈDE.

Le théâtre représente un bois consacré à Diane.

LA NYMPHE DE TEMPÉ. — Venez, grande princesse, avec tous vos appas,
Venez prêtez vos yeux aux innocents ébats
    Que notre désert vous présente:
N'y cherchez point l'éclat des fêtes de la cour;
    On ne sent ici que l'amour,
    Ce n'est que l'amour qu'on y chante.

PASTORALE.

SCÈNE PREMIÈRE.

TIRCIS. — Vous chantez sous ces feuillages,
    Doux rossignols pleins d'amour;

MOLIÈRE.   38

Et de vos tendres ramages
Vous réveillez tour à tour
Les échos de ces bocages :
Hélas! petits oiseaux , hélas!
Si vous aviez mes mau x, vous ne chanteriez pas.

SCÈNE II. — LICASTE , MÉNANDRE , TIRCIS.

LICASTE. — Hé quoi! toujours languissant, sombre et triste r
MÉNANDRE. — Hé quoi! toujours aux pleurs abandonné ?
TIRCIS. — Toujours adorant Caliste,
Et toujours infortuné.
LICASTE. — Dompte, dompte, berger, l'ennui qui te possède.
TIRCIS. — Hé? le moyen , hélas!
MÉNANDRE. — Fais, fais-toi quelque effort.
TIRCIS. — Hé! le moyen , hélas! quand le mal est trop fort ?
MÉNANDRE. — Ce mal trouvera son remède.
TIRCIS. — Je ne guérirai qu'à la mort.
LICASTE ET MÉNANDRE. — Ah! Tircis!
TIRCIS. — Ah! bergers!
LICASTE ET MÉNANDRE. — Prends sur toi plus d'empire.
TIRCIS. — Rien ne me peut secourir.
LICASTE ET MÉNANDRE. — C'est trop, c'est trop céder.
TIRCIS. — C'est trop, c'est trop souffrir.
LICASTE ET MÉNANDRE. — Quelle faiblesse !
TIRCIS. — Quel martyre.
LICASTE ET MÉNANDRE. — Il faut prendre courage.
TIRCIS. — Il faut plutôt mourir.

LICASTE. — Il n'est point de bergère,
Si froide et si sévère
Dont la pressante ardeur
D'un cœur qui persévère
Ne vainque la froideur.
MÉNANDRE. — Il est dans les affaires
Des amoureux mystères
Certains petits moments
Qui changent les plus fières
Et font d'heureux amants.
TIRCIS. — Je la vois, la cruelle,
Qui porte ici ses pas :
Gardons d'être vus d'elle ;
L'ingrate , hélas!
N'y viendrait pas.

SCÈNE III.

ALISTE , seule. — Ah! que sur notre cœur
La sévère loi de l'honneur
Prend un cruel empire!
Je ne fais voir que rigueurs pour Tircis,
Et cependant , sensible à ses cuisants soucis,
De sa langueur en secret je soupire,
Et voudrais bien soulager son martyre.
C'est à vous seuls que je le dis,
Arbres , n'allez pas le redire,
Puisque le ciel a voulu nous former
Avec un cœur qu'amour peut enflammer,
Quelle rigueur impitoyable
Contre des traits si doux nous force à nous armer ?
Et pourquoi, sans être blâmable,
Ne peut-on pas aimer
Ce que l'on trouve aimable ?
Hélas! que vous êtes heureux,

Innocents animaux, de vivre sans contrainte
           Et de pouvoir suivre sans crainte
Les doux emportements de vos cœurs amoureux{
Hélas! petits oiseaux, que vous êtes heureux
           De ne sentir nulle contrainte ,
           Et de pouvoir suivre sans crainte
Les doux emportements de vos cœurs amoureux {
           Mais le sommeil sur ma paupière
Verse de ses pavots l'agréable fraîcheur :
           Donnons-nous à lui tout entière;
           Nous n'avons point de loi sévère
Qui défende à nos cœurs d'en goûter la douceur.

           (*Elle s'endort sur un lit de gazon.*)

  SCÈNE IV. — CALISTE, *endormie* ; TIRCIS, LICASTE, MÉNANDRE.

    TIRCIS. — Vers ma belle ennemie
             Portons sans bruit nos pas
             Et ne réveillons pas
             Sa rigueur endormie.

             TOUS TROIS.
Dormez, dormez, beaux yeux, adorables vainqueurs,
Et goûtez le repos que vous ôtez aux cœurs.
           Dormez, dormez, beaux yeux.
    TIRCIS. — Silence, petits oiseaux;
             Vents, n'agitez nulle chose ;
             Coulez doucement, ruisseaux:
             C'est Caliste qui repose.
  TOUS TROIS. — Dormez, dormez, beaux yeux, adorables vainqueurs ,
Et goûtez le repos que vous ôtez aux cœurs.
           Dormez, dormez, beaux yeux.
         CALISTE, *en se réveillant, à Tircis.*
             Ah! quelle peine extrême!
             Suivre partout mes pas!
    TIRCIS. — Que voulez-vous qu'on suive, hélas!
             Que ce qu'on aime?
    CALISTE. — Berger, que voulez-vous?
    TIRCIS — Mourir, belle bergère,
             Mourir à vos genoux,
             Et finir ma misère.
Puisqu'en vain à vos pieds on me voit soupirer,
           Il faut y expirer.
  CALISTE. — Ah! Tircis, ôtez-vous; j'ai peur que dans ce jour
La pitié dans mon cœur n'introduise l'amour.

         LICASTE ET MÉNANDRE, *l'un après l'autre.*
             Soit amour, soit pitié ,
             Il sied bien d'être tendre.
             C'est par trop vous défendre,
             Bergère, il faut se rendre
             A sa longue amitié.
             Soit amour, soit pitié,
             Il sied bien d'être tendre.
  CALISTE, *à Tircis.* — C'est trop, c'est trop de rigueur.
             J'ai maltraité votre ardeur,
             Chérissant votre personne;
             Vengez-vous de mon cœur,
             Tircis, je vous le donne.
  TIRCIS. — O ciel! bergers! Caliste! ah! je suis hors de moi
Si l'on meurt de plaisir, je dois perdre la vie.
      LICASTRE. — Digne prix de ta foi !
      MÉNANDRE. — O sort digne d'envie!

SCÈNE VI.

DEUX SATYRES, CALISTE, TIRCIS, LICASTE, MÉNANDRE.

PREMIER SATYRE, *à Caliste.* — Quoi! tu me fuis, ingrate; et je te vois ici
De ce berger à moi faire une préférence!

SECOND SATYRE. — Quoi! mes soins n'ont rien pu sur ton indifférence?
Et pour ce langoureux ton cœur s'est adouci?

CALISTE. — Le destin le veut ainsi;
Prenez tous deux patience.

PREMIER SATYRE. — Aux amants qu'on pousse à bout
L'amour fait verser des larmes;
Mais ce n'est pas notre goût
Et la bouteille a des charmes
Qui nous consolent de tout.

SECOND SATYRE. — Notre amour n'a pas toujours
Tout le bonheur qu'il désire;
Mais nous avons un secours,
Et le bon vin nous fait rire,
Quand on rit de nos amours.

TOUS. — Champêtres divinités,
Faunes, Dryades, sortez
De vos paisibles retraites,
Mêlez vos pas à nos sons,
Et tracez sur les herbettes
L'image de nos chansons.

SCÈNE VI.

CALISTE, TIRCIS, LICASTE, MÉNANDRE, FAUNES, DRYADES.

PREMIÈRE ENTRÉE DE BALLET. (Danse des faunes et des dryades.)

SCÈNE VII.

CLIMÈNE, PHILINTE, CALISTE, TIRCIS, LICASTE, MÉNANDRE, FAUNES, DRYADES.

PHILINTE. — Quand je plaisais à tes yeux,
J'étais content de ma vie,
Et ne voyais rois ni dieux
Dont le sort me fît envie.

CLIMENE. — Lorsqu'à toute autre personne
Me préférait ton ardeur,
J'aurais quitté la couronne
Pour régner dessus ton cœur.

PHILINTE. — Une autre a guéri mon ame
Des feux que j'avais pour toi.

CLIMÈNE. — Une autre a vengé ma flamme
Des faiblesses de ta foi.

PHILINTE. — Chloris, qu'on vante si fort,
M'aime d'une ardeur fidèle;
Si ses yeux voulaient ma mort,
Je mourrais content pour elle.

CLIMÈNE. — Myrtil, si digne d'envie,
Me chérit plus que le jour,
Et moi je perdrais la vie
Pour lui montrer mon amour.

PHILINTE. — Mais si d'une douce ardeur
Quelque renaissante trace
Chassait Chloris de mon cœur
Pour te remettre en sa place?

CLIMÈNE. — Bien qu'avec pleine tendresse
Myrtil me puisse chérir,
Avec toi, je le confesse,
Je voudrais vivre et mourir.

TOUS DEUX ENSEMBLE.

Ah! plus que jamais aimons-nous,
Et vivons et mourons en des liens si doux,

TOUS LES PERSONNAGES DE LA PASTORALE.

Amants, que vos querelles
Sont aimables et belles
Qu'on y voit succéder
De plaisir, de tendresse!
Querellez-vous sans cesse
Pour vous raccommoder.
Amants, que vos querelles
Sont aimables et belles! etc.

DEUXIÈME ENTRÉE DE BALLET.

Les faunes et les dryades recommencent leur danse, tandis que trois petites dryades et trois petits faunes font paraître dans l'enfoncement du théâtre tout ce qui se passe sur le devant. Ces danses sont entremêlées des chansons des bergers.

CHŒUR DE BERGERS ET DE BERGÈRES.

Jouissons, jouissons des plaisirs innocents
Dont les feux de l'amour savent charmer nos sens.
Des grandeurs qui voudra se soucie :
Tous ces honneurs dont on a tant d'envie
Ont des chagrins qui sont trop cuisants.
Jouissons, jouissons des plaisirs innocents
Dont les feux de l'amour savent charmer nos sens.
En aimant tout nous plaît dans la vie;
Deux cœurs unis de leur sort sont contents :
Cette ardeur, de plaisirs suivie,
De tous nos jours fait d'éternels printemps.
Jouissons, jouissons des plaisirs innocents
Dont les feux de l'amour savent charmer nos sens.

FIN DU TROISIÈME INTERMÈDE.

ACTE III.

SCÈNE PREMIÈRE.

ARISTIONE, IPHICHRATE, TIMOCLÈS, ANAXARQUE, ÉRIPHILE, SOSTRATE, CLITIDAS,

ARISTIONE. — Les mêmes paroles toujours se présentent à dire; il faut toujours s'écrier : Voilà qui est admirable! il ne se peut rien de plus beau! cela passe tout ce qu'on a jamais vu!

TIMOCLÈS. — C'est donner de trop grandes paroles, madame, à de petites bagatelles.

ARISTIONE. — Des bagatelles comme celles-là peuvent occuper agréablement les plus sérieuses personnes. En vérité, ma fille, vous êtes bien obligée à ces princes[, et vous ne sauriez assez reconnaître tous les soins qu'ils prennent pour vous.

ÉRIPHILE. — J'en ai, madame, tout le ressentiment qu'il est possible

ARISTIONE. — Cependant vous les faites longtemps languir sur ce qu'ils attendent de vous. J'ai promis de ne vous point contraindre ; mais leur amour vous presse de vous déclarer, et de ne plus traîner en longueur la récompense de leurs services. J'ai chargé Sostrate d'apprendre doucement de vous les sentiments de votre cœur ; et je ne sais pas s'il a commencé à s'acquitter de cette commission.

ÉRIPHILE. — Oui madame; mais il me semble que je ne puis assez reculer ce choix dont on me presse, et que je ne saurais le faire sans mériter quelque blâme. Je me sens également obligée à l'amour, aux empressements, aux services de ces deux princes, et je trouve une espece d'injustice bien grande à me montrer ingrate, ou vers l'un, ou vers l'autre, par le refus qu'il m'en faudra faire dans la préférence de son rival.

IPHICRATE. — Cela s'appelle, madame, un fort honnête compliment pour nous refuser tous deux.

ARISTIONE. — Ce scrupule, ma fille, ne doit point vous inquiéter, et ces princes, tous deux, se sont soumis il y a longtemps à la préférence que pourra faire votre inclination.

ÉRIPHILE. — L'inclination, madame, est fort sujette à se tromper; et des yeux désintéressés sont beaucoup plus capables de faire un juste choix.

ARISTIONE. — Vous savez que je suis engagée de parole à ne rien prononcer là dessus; et, parmi ces deux princes, votre inclination ne peut point se tromper et faire un choix qui soit mauvais.

ÉRIPHILE. — Pour ne point violenter votre parole ni mon scrupule, agréez, madame, un moyen que j'ose proposer.

ARISTIONE. — Quoi, ma fille?

ÉRIPHILE. — Que Sostrate décide de cette préférence. Vous l'avez pris pour découvrir le secret de mon cœur, souffrez que je le prenne pour me tirer de l'embarras où je me trouve.

ARISTIONE. — J'estime tant Sostrate, que, soit que vous vouliez vous servir de lui pour expliquer vos sentiments, ou soit que vous vous en remettiez absolument à sa conduite, je fais, dis-je, tant d'estime de sa vertu et de son jugement, que je consens de tout mon cœur à la proposition que vous me faites.

IPHICRATE. — C'est à dire, madame, qu'il nous faut faire notre cour à Sostrate!

SOSTRATE. — Non, seigneur, vous n'aurez point de cour à me faire; et, avec tout le respect que je dois aux princesses, Je renonce à la gloire où elles veulent m'élever.

ARISTIONE. — D'où vient cela, Sostrate?

SOSTRATE. — J'ai des raisons, madame, qui ne me permettent pas que je reçoive l'honneur que vous me présentez.

IPHICRATE. — Craignez-vous, Sostrate, de vous faire un ennemi?

SOSTRATE. — Je craindrais peu, seigneur, les ennemis que je pourrais me faire en obéissant à mes souveraines.

TIMOCLÈS. — Par quelle raison donc refusez-vous d'accepter le pouvoir qu'on vous donne, et vous acquérir l'amitié d'un prince qui vous devrait tout son bonheur?

SOSTRATE. — Par la raison que je ne suis pas en état d'accorder à ce prince ce qu'il souhaiterait de moi.

IPHICRATE. — Quelle pourrait être cette raison?

SOSTRATE. — Pourquoi me tant presser là-dessus? Peut-être ai-je, seigneur, quelque intérêt secret qui s'oppose aux prétentions de votre amour. Peut-être ai-je un ami qui brûle, sans oser le dire, d'une flamme respectueuse pour les charmes divins dont vous êtes épris. Peut-être cet ami me fait-il tous les jours confidence de son martyre, qu'il se plaint à moi tous les jours des rigueurs de sa destinée, et regarde l'hymen de la princesse ainsi que l'arrêt redoutable qui le doit pousser au tombeau; et, si cela était, seigneur, serait-il raisonnable que ce fût de ma main qu'il reçût le coup de sa mort?

IPHICRATE. — Vous auriez bien la mine, Sostrate, d'être vous-même cet ami dont vous prenez les intérêts.

SOSTRATE. — Ne cherchez point, de grace, à me rendre odieux aux personnes qui vous écoutent. Je sais me connaître, seigneur; et les malheureux comme moi n'ignorent pas jusques où leur fortune leur permet d'aspirer.

ARISTIONE. — Laissons cela; nous trouverons moyen de terminer l'irrésolution de ma fille.

ANAXARQUE. — En est-il un meilleur, madame, pour terminer les choses au contentement de tout le monde, que les lumières que le ciel peut donner sur ce mariage? J'ai commencé comme je vous ai dit, à jeter pour cela les figures mystérieuses que notre art nous enseigne; et j'espère vous faire voir tantôt ce que l'avenir garde à cette union souhaitée. Après cela, pourra-t-on balancer encore? La gloire et les prospérités que le ciel promettra ou à l'un ou à l'autre choix, ne seront-elles pas suffisantes pour le déterminer; et celui qui sera exclus pourra-t-il s'offenser, quand ce sera le ciel qui décidera cette préférence?

IPHICRATE. — Pour moi, je m'y soumets entièrement, et je déclare que cette voie me semble la plus raisonnable.

TIMOCLÈS. — Je suis de même avis; et le ciel ne saurait rien faire où je ne souscrive sans répugnance.

ÉRIPHILE. — Mais, seigneur Anaxarque, voyez-vous si clair dans les destinées, que vous ne vous, trompiez jamais? et ces prospérités et cette gloire que vous dites que le ciel nous promet, qui en sera caution, je vous prie?

ARISTIONNE. — Ma fille, vous avez une petite incrédulité qui ne vous quitte point.

ANAXARQUE. — Les épreuves, madame, que tout le monde a vues de l'infaillibilité de mes prédictions sont les cautions suffisantes des promesses que je puis faire. Mais enfin quand je vous aurai fait voir ce que le ciel vous marque, vous vous réglerez là-dessus à votre fantaisie, et ce sera à vous à prendre la fortune de l'un ou de l'autre choix.

ÉRIPHILE. — Le ciel, Anaxarque, me marquera les deux fortunes qui m'attendent?

ANAXARQUE. — Oui, madame, les félicités qui vous suivront, si vous épousez l'un; et les disgraces qui vous accompagneront si vous épousez l'autre.

ÉRIPHILE. — Mais, comme il est impossible que je les épouse tous deux, il faut donc qu'on trouve écrit dans le ciel, non seulement ce qui doit arriver, mais aussi ce qui ne doit pas arriver.

CLITIDAS, à part. — Voilà mon astrologue embarrassé.

ANAXARQUE. — Il faudrait vous faire, madame, une longue discussion des principes de l'astrologie, pour vous faire comprendre cela.

CLITIDAS. — Bien répondu. Madame, je ne dis point de mal de l'astrologie : l'astrologie est une belle chose, et le seigneur Anaxarque est un grand homme.

IPHICRATE. — La vérité de l'astrologie est une chose incontestable; et il n'y a personne qui puisse disputer contre les certitudes de ses prédictions.

CLITIDAS. — Assurément.

TIMOCLÈS. — Je suis assez incrédule pour quantité de choses ; mais pour ce qui est de l'astrologie, il n'y a rien de plus sûr et de plus constant que le succès des horoscopes qu'elle tire.

CLITIDAS. — Ce sont des choses les plus claires du monde.

IPHICRATE. — Cent aventures prédites arrivent tous les jours, qui convainquent les plus opiniâtres.

CLITIDAS. — Il est vrai.

TIMOCLÈS. — Peut-on contester sur cette matière les incidents célèbres dont les historiens nous font foi?

CLITIDAS. — Il faut n'avoir pas le sens commun. Le moyen de contester ce qui est moulé!

ARISTIONE. — Sostrate n'en dit mot. Quel est son sentiment là-dessus?

SOSTRATE. — Madame, tous les esprits ne sont pas nés avec les qualités qu'il faut pour la délicatesse de ces belles sciences qu'on nomme curieuses; et il y en a de si matériels, qu'ils ne peuvent aucunement comprendre ce que d'autres conçoivent le plus facilement du monde. Il n'est rien de plus agréable, madame, que toutes les grandes promesses de ces connaissances sublimes. Transformer tout en or, faire vivre éternellement, guérir par des paroles, se faire aimer de qui l'on veut, savoir tous les secrets de l'avenir, faire descendre comme on veut du ciel sur des métaux des impressions de bonheur, commander aux démons, se faire des armées invisibles et des soldats invulnérables : tout cela est charmant sans doute; et il y a des gens qui n'ont aucune peine à en comprendre la possibilité, cela leur est le plus aisé de monde à concevoir; mais, pour moi, je vous avoue que mon esprit grossier a quelque peine à le comprendre et à le croire; et j'ai trouvé cela trop beau pour être véritable. Toutes ces belles raisons de sympathie, de force magnétique, et de vertu occulte, sont si subtiles et délicates, qu'elles échappent à mon sens matériel; et, sans parler du reste, jamais il n'a été en ma puissance de concevoir comme on trouve écrit dans le ciel jusqu'aux plus petites particularités de la fortune du moindre homme. Quel rapport, quel commerce, quelle corespondance peut-il y avoir entre nous et des globes éloignés de notre terre d'une distance si effroyable? et d'où cette belle science, enfin, peut-elle être venue aux hommes? Quel dieu l'a révélé? quelle expérience l'a pu former de l'observation de ce grand nombre d'astres qu'on n'a pu voir encore deux fois dans la même disposition?

ANAXARQUE. — Il ne sera pas difficile de vous le faire concevoir.

SOSTRATE. — Vous serez plus habile que tous les autres.

CLITIDAS, à Sostrate. — Il vous fera une discussion de tout cela, quand vous voudrez.

IPHICRATE, à Sostrate. — Si vous ne comprenez pas les choses, au moins les pouvez-vous croire sur ce que l'on voit tous les jours.

SOSTRATE. — Comme mon sens est si grossier, qu'il n'a pu rien comprendre mes yeux aussi sont si malheureux qu'ils n'ont jamais rien vu.

IPHICRATE. — Pour moi, j'ai vu, et des choses tout à fait convaincantes.

TIMOCLÈS. — Et moi aussi.

SOSTRATE. — Comme vous avez vu, vous faites bien de croire : et il faut que vos yeux soient faits autrement que les miens.

IPHICRATE. — Mais enfin la princesse croit à l'astrologie; et il me semble qu'on y peut bien croire après elle. Est-ce que madame, Sostrate, n'a pas de l'esprit et du sens?

SOSTRATE. — Seigneur, la question est un peu violente. L'esprit de la princesse n'est pas une règle pour le mien; et son intelligence peut l'élever à des lumières où mon sens ne peut atteindre.

ARISTIONE. — Non, Sostrate, je ne vous dirai rien sur quantité de choses auxquelles je ne donne guère plus de créance que vous; mais, pour l'astrologie, on m'a dit et fait voir des choses si positives, que je ne la puis mettre en doute

SOSTRATE. — Madame, je n'ai rien à répondre à cela.

ARISTIONE. — Quittons ce discours, et qu'on nous laisse un moment. Dressons notre promenade, ma fille, vers cette belle grotte où j'ai promis d'aller. Des galanteries à chaque pas!

FIN DU TROISIÈME ACTE.

QUATRIÈME INTERMÈDE.

Le théâtre représente une grotte.

ENTRÉE DE BALLET.

Huit statues, portant chacun deux flambeaux, font une danse variée de plusieurs figures et de plusieurs attitudes, où elles demeurent par intervalles.

FIN DU QUATRIÈME INTERMÈDE.

ACTE IV.

SCÈNE PREMIÈRE. — ARISTIONE, ÉRIPHILE.

ARISTIONE. — De qui que cela soit, on ne peut rien de plus galant et de mieux entendu. Ma fille, j'ai voulu me séparer de tout le monde pour vous entretenir; et je veux que vous ne me cachiez rien de la vérité. N'auriez-vous point dans l'ame quelque inclination secrète que vous ne voulez pas me dire?

ÉRIPHILE. — Moi, madame!

ARISTIONE. — Parlez à cœur ouvert, ma fille. Ce que j'ai fait pour vous, mérite bien que vous usiez avec moi de franchise. Tourner vers vous toutes mes pensées, vous préférer à toutes choses, et fermer l'oreille, en l'état où je suis, à toutes les propositions que cent princesses, en ma place, écouteraient avec bienséance; tout cela vous doit assez persuader que je suis une bonne mère, et que je ne suis pas pour recevoir avec sévérité les ouvertures que vous pourriez me faire de votre cœur.

ÉRIPHILE. — Si j'avais si mal suivi votre exemple, que de m'être laissé aller à quelques sentiments d'inclination que j'eusse raison de cacher j'aurais, madame, assez de pouvoir sur moi-même pour imposer silence à cette passion et me mettre en état de ne rien faire voir qui fût indigne de votre sang.

ARISTIONE. — Non, non, ma fille; vous pouvez sans scrupule m'ouvrir vos sentiments. Je n'ai point renfermé votre inclination dans le choix de deux princes, vous pouvez l'étendre où vous voudrez : et le mérite, auprès de moi, tient un rang si considérable, que je l'égale à tout; et, si vous m'avouez franchement les choses, vous me verrez souscrire sans répugnance au choix qu'aura fait votre cœur.

ÉRIPHILE. — Vous avez des bontés pour moi, madame, dont je ne puis assez me louer : mais je ne les mettrai point à l'épreuve sur le sujet dont vous me parlez; et tout ce que je leur demande, c'est de ne point presser un mariage où je ne me sens pas encore bien résolue.

ARISTIONE. — Jusqu'ici je vous ai laissée assez maîtresse de tout; et l'impatience des princes, vos amants... Mais quel bruit est-ce que j'entends? Ah! ma fille, quel spectacle s'offre à nos yeux! Quelque divinité descend ici, et c'est la déesse Vénus qui semble nous vouloir parler.

SCÈNE II. — VÉNUS, *accompagnée de quatre petits Amours dans une machine.* ARISTIONE, ÉRIPHILE.

VÉNUS, *à Aristione.* — Princesse, dans tes soins brille un zèle exemplaire
   Qui par les Immortels doit être couronné,
   Et, pour te voir un gendre illustre et fortuné,
   Leur main te veut marquer le choix que tu dois faire.
      Ils t'annoncent tous, par ma voix,
   La gloire et les grandeurs que, par ce digne choix,
   Ils feront pour jamais entrer dans ta famille.
   De tes difficultés termine donc le cours,
      Et pense à donner ta fille
      A qui sauvera tes jours.

SCÈNE III. — ARISTIONE, ÉRIPHILE.

ARISTIONE. — Ma fille, les dieux imposent silence à tous nos raisonnements. Après cela nous n'avons plus rien à faire qu'à recevoir ce qu'ils s'apprêtent à nous donner; et vous venez d'entendre distinctement leur volonté. Allons dans le premier temple les assurer de notre obéissance, et leur rendre graces de leurs bontés.

SCÈNE IV. — ANAXARQUE, CLÉON.

CLÉON. — Voilà la princesse qui s'en va: ne voulez-vous pas lui parler?

ANAXARQUE. — Attendons que sa fille soit séparée d'elle. C'est un esprit que je redoute, il n'est pas de trempe à se laisser mener ainsi que celui de sa mère. Enfin, mon fils, comme nous venons de voir par cette ouverture, le stratagème a réussi. Notre Vénus a fait des merveilles; et l'admirable ingénieur qui s'est employé à cet artifice a si bien disposé tout, a coupé avec tant d'adresse le plancher de cette grotte, si bien caché ses fils de fer et tous ses ressorts, si bien ajusté ses lumières et habillé ses personnages, qu'il y a peu de gens qui n'y eussent été trompés; et, comme la princesse Aristione est fort superstitieuse, il ne faut point douter qu'elle ne donne à pleine tête dans cette tromperie. Il y a longtemps, mon fils, que je prépare cette machine, et me voilà tantôt au but de mes prétentions.

CLÉON. — Mais pour lequel des deux princes, au moins, traitez-vous tout cet artifice?

ANAXARQUE. — Tous deux ont recherché mon assistance, et je leur promets à tous deux la faveur de mon art. Mais les présents du prince Iphicrate et les promesses qu'il m'a faites l'emportent de beaucoup sur ce qu'a pu faire l'autre. Ainsi ce sera lui qui recevra les effets favorables de tous les ressorts que je fais jouer; et, comme son ambition me devra toute chose, voilà, mon fils, notre fortune faite. Je vais prendre mon temps pour affermir dans son erreur l'esprit de la princesse, pour la mieux prévenir encore par le rapport que je lui ferai adroitement des paroles de Vénus avec les prédictions des figures célestes que je lui dis que j'ai jetées. Va-t'en tenir la main au reste de l'ouvrage, préparer nos six hommes à se bien cacher dans leur barque derrière le rocher, à posément attendre le temps que la princesse Aristione vient tous les soirs se promener seule sur le rivage, à se jeter bien à propos sur elle, ainsi que des corsaires, et donner lieu au prince Iphicrate de lui apporter ce secours, qui, sur les paroles du ciel, doit mettre entre ses mains la princesse Ériphile. Ce prince est averti par moi; et, sur la foi de ma prédiction, il doit se tenir dans ce petit bois qui borde le rivage. Mais sortons de cette grotte, je te dirai en marchant toutes les choses qu'il faut bien observer. Voilà la princesse Ériphile, évitons sa rencontre.

SCÈNE V. — ÉRIPHILE, *seule.*

Hélas! quelle est ma destinée! et qu'ai-je fait aux dieux pour mériter les soins qu'ils veulent prendre de moi?

SCÈNE VI. — ÉRIPHILE, CLÉONICE.

CLÉONICE. — Le voici, madame, que j'ai trouvé; et, à vos premiers ordres, il n'a pas manqué de me suivre.

ÉRIPHILE. — Qu'il approche, Cléonice, et qu'on nous laisse seuls un moment.

SCÈNE VII. — ÉRIPHILE, SOSTRATE.

ÉRIPHILE. — Sostrate, vous m'aimez?

SOSTRATE. — Moi, madame?

ÉRIPHILE. — Laissons cela, Sostrate; je le sais, je l'approuve et vous permets de me le dire. Votre passion a paru à mes yeux accompagnée de tout le mérite qui me la pouvait rendre agréable. Si ce n'était le rang où le ciel m'a fait naître, je puis vous dire que cette passion n'aurait pas été malheureuse, et que cent fois je lui ai souhaité l'appui d'une fortune qui pût mettre pour elle en pleine liberté les secrets sentiments de mon ame. Ce n'est pas, Sostrate, que le mérite seul n'ait à mes yeux tout le prix qu'il doit avoir, et que, dans mon cœur, je ne préfère les vertus qui sont en vous à tous les titres magnifiques dont les autres sont revêtus. Ce n'est pas même que la princesse, ma mère, ne m'ait assez laissé la disposition de mes vœux; je ne doute point, je vous l'avoue, que mes prières n'eussent pu tourner son consentement du côté que j'aurais voulu: mais il est des états, Sostrate, où il n'est pas honnête de vouloir tout ce qu'on peut faire. Il y a des chagrins à se mettre au-dessus de toutes choses; et les bruits fâcheux que vous font naître vous feraient trop acheter le plaisir qu'on trouve à contenter son inclination. C'est à quoi, Sostrate, je ne me serais jamais résolue; et j'ai cru faire assez de fuir l'engagement dont j'étais sollicitée. Mais enfin, les dieux veulent prendre eux-mêmes le soin de me donner un époux; et tous ces longs délais avec lesquels j'ai reculé mon mariage, et que les bontés de la princesse, ma mère, ont accordés à mes désirs, ces délais, dis-je, ne me sont plus permis, et il me faut résoudre à subir cet arrêt du ciel. Soyez sûr, Sostrate, que c'est avec toutes les répugnances du monde que je m'abandonne à cet hyménée, et que, si j'avais pu être maîtresse de moi, ou j'aurais été à vous, ou je n'aurais été à personne. Voilà, Sostrate, ce que j'avais à vous dire; voilà ce que j'ai cru devoir à votre mérite, et la consolation que toute ma tendresse peut donner à votre flamme.

SOSTRATE. — Ah! madame, c'en est trop pour un malheureux! Je ne m'étais pas préparé à mourir avec tant de gloire; et je cesse dans ce moment de me plaindre des destinées. Si elles m'ont fait naître dans un rang beaucoup moins élevé que mes désirs, elles m'ont fait naître assez heureux pour attirer quelque pitié du cœur d'une grande princesse; et cette pitié glorieuse vaut des sceptres et des couronnes, vaut la fortune des plus grands princes de la terre. Oui, madame, dès que j'ai osé vous aimer (c'est vous, madame, qui voulez bien que je me serve de ce mot téméraire), dès que j'ai, dis-je, osé vous aimer, j'ai condamné d'abord l'orgueil de mes désirs; je me suis fait moi-même la destinée que je devais attendre. Le coup de mon trépas, madame, n'aura rien qui me surprenne, puisque je m'y étais préparé: mais vos bontés le comblent d'un honneur que mon amour jamais n'eût osé espérer, et je m'en vais mourir après cela le plus content et le plus glorieux de tous les hommes. Si je puis encore souhaiter quelque chose, ce sont deux graces, madame, que je prends la hardiesse de vous demander à genoux; de vouloir souffrir ma présence jusqu'à cet heureux hyménée qui doit mettre fin à ma vie, et, parmi cette grande gloire et ces longues prospérités que le ciel promet à votre union, de vous souvenir quelquefois de l'amoureux Sostrate. Puis-je, divine princesse, me promettre de vous cette précieuse faveur?

ÉRIPHILE. — Allez, Sostrate, sortez d'ici. Ce n'est pas aimer mon repos que de me demander que je me souvienne de vous.

SOSTRATE. — Ah! madame, si votre repos...

ÉRIPHILE. — Otez-vous, vous dis-je, Sostrate; épargnez ma faiblesse, et ne m'exposez point à plus que je n'ai résolu.

SCÈNE VIII. — ÉRIPHILE, CLÉONICE.

CLÉONICE. — Madame, je vous vois l'esprit tout chagrin; vous plaît-il que vos danseurs qui expriment si bien toutes les passions vous donnent maintenant quelque preuve de leur adresse?

ÉRIPHILE. — Oui, Cléonice. Qu'ils fassent tout ce qu'ils voudront, pourvu qu'ils me laissent à mes pensées.

FIN DU QUATRIÈME ACTE.

CINQUIÈME INTERMÈDE.

Quatre pantomimes, pour preuve de leur adresse, ajustent leurs gestes et leurs pas aux inquiétudes de la jeune princesse Eriphile.

FIN DU CINQUIÈME INTERMÈDE.

ACTE V.

SCÈNE PREMIÈRE. — ÉRIPHILE, CLITIDAS.

CLITIDAS, *faisant semblant de ne point voir Eriphile.* — De quel côté porter mes pas? où m'aviserai-je d'aller? en quel lieu puis-je croire que je trouverai maintenant la princesse Eriphile? Ce n'est pas un petit avantage que d'être le premier à porter une nouvelle. Ah! la voilà! madame, je vous annonce que le ciel vient de vous donner l'époux qu'il vous destinait.

ÉRIPHILE. — Hé! laisse-moi, Clitidas, dans ma sombre mélancolie.

CLITIDAS. — Madame, je vous demande pardon; je pensais faire bien de vous venir dire que le ciel vient de vous donner Sostrate pour époux; mais puisque cela vous incommode, je rengaîne ma nouvelle et m'en retourne droit comme je suis venu.

ÉRIPHILE. — Clitidas! holà, Clitidas!

CLITIDAS. — Je vous laisse, madame, dans votre sombre mélancolie.

ÉRIPHILE. — Arrête, te dis-je; approche. Que viens-tu me dire?

CLITIDAS. — Rien, madame. On a parfois des empressements de venir dire aux grands de certaines choses dont ils ne se soucient pas; et je vous prie de m'excuser.

ÉRIPHILE. — Que tu es cruel!

CLITIDAS. — Une autre fois j'aurai la discrétion de ne vous pas venir interrompre.

ÉRIPHILE. — Ne me tiens point dans l'inquiétude. Qu'est-ce que tu viens m'annoncer?

CLITIDAS. — C'est une bagatelle de Sostrate, madame, que je vous dirai une autre fois, quand vous ne serez point embarrassée.

ÉRIPHILE. — Ne me fais pas languir davantage, te dis-je, et m'apprends cette nouvelle.

CLITIDAS. — Vous la voulez savoir, madame?

ÉRIPHILE. — Oui, dépêche. Qu'as-tu à me dire de Sostrate?

CLITIDAS. — Une aventure merveilleuse où personne ne s'attendait.

ÉRIPHILE. — Dis-moi vite ce que c'est.

CLITIDAS. — Cela ne troublera-t-il point, madame, votre sombre mélancolie?

ÉRIPHILE. — Ah! parle promptement.

CLITIDAS. — J'ai donc à vous dire, madame, que la princesse votre mère passait presque seule dans la forêt par ces petites routes qui sont si agréables, lorsqu'un sanglier hideux (ces vilains sangliers-là font toujours du désordre, et l'on devrait les bannir des forêts bien policées); lors, dis-je, qu'un sanglier hideux, poussé, je crois, par des chasseurs, est venu traverser la route où nous étions. Je devrais vous faire peut-être, pour orner mon récit, une description étendue du sanglier dont je parle; mais vous vous en passerez, s'il vous plaît, et je me contenterai de vous dire que c'était un fort vilain animal. Il passait son chemin, et il était bon de ne lui rien dire, de ne point chercher de noise avec lui; mais la princesse a voulu essayer sa dextérité, et de son dard, qu'elle lui a lancé un peu mal à propos, ne lui en déplaise, lui a fait au-dessus de l'oreille une assez petite blessure. Le sanglier, mal morigéné, s'est impertinemment détourné contre nous : nous étions là deux ou trois misérables, qui avons pâli de frayeur; chacun gagnait son arbre, et la princesse sans défense demeurait exposée à la furie de la bête, lorsque Sostrate parut, comme si les dieux l'eussent envoyé.

ÉRIPHILE. — Hé bien, Clitidas?

CLITIDAS. — Si mon récit vous ennuie, madame, je remettrai le reste à une autre fois.

ÉRIPHILE. — Achève promptement.

CLITIDAS. — Ma foi, c'est promptement de vrai que j'achèverai, car un peu de poltronnerie m'a empêché de voir tout le détail de ce combat; et tout ce que je puis vous dire, c'est que, retournant sur la place, nous avons vu le sanglier mort, tout vautré dans son sang, et la princesse, pleine de joie, nommant Sostrate son libérateur et l'époux digne et fortuné que les dieux lui marquaient pour vous. A ces paroles, j'ai cru que j'en avais assez entendu; et je me suis hâté de vous en apporter avant tous la nouvelle.

ÉRIPHILE. — Ah! Clitidas, pouvais-tu m'en donner une qui me pût être plus agréable?

CLITIDAS. — Voilà qu'on vient vous trouver.

SCÈNE II. — ARISTIONE, SOSTRATE, ÉRIPHILE, CLITIDAS.

ARISTIONE. — Je vois, ma fille, que vous savez déjà tout ce que nous pourrions vous dire. Vous voyez que les dieux se sont expliqués bien plus tôt que nous n'eussions pensé : mon péril n'a guère tardé à nous marquer leurs volontés, et l'on connaît assez que ce sont eux qui se sont mêlés de ce choix, puisque le mérite tout seul brille dans cette préférence. Aurez-vous quelque répugnance à récompenser de votre cœur celui à qui je dois la vie? et refuserez-vous Sostrate pour époux?

ÉRIPHILE. — Et de la main des dieux et de la vôtre, madame, je ne puis rien recevoir qui ne me soit fort agréable.

SOSTRATE. — Ciel! n'est-ce point ici quelque songe tout plein de gloire dont les dieux me veulent flatter? et quelque réveil malheureux ne me replongera-t-il point dans la bassesse de ma fortune?

SCÈNE III. — ARISTIONE, ÉRIPHILE, SOSTRATE, CLÉONICE, CLITIDAS.

CLÉONICE. — Madame, je viens vous dire qu'Anaxarque a jusqu'ici abusé l'un et l'autre prince par l'espérance de ce choix qu'ils poursuivent depuis longtemps, et qu'au bruit qui s'est répandu de votre aventure, ils ont fait éclater tous deux leur ressentiment contre lui, jusque là que, de paroles en paroles, les choses se sont échauffées, et il en a reçu quelques blessures dont on ne sait pas bien ce qui arrivera. Mais les voici.

SCÈNE V,

ARISTIONE, ÉRIPHILE, IPHICRATE, TIMOCLÈS, SOSTRATE, CLÉONICE, CLITIDAS.

ARISTIONE. — Princes, vous agissez tous deux avec une violence bien grande, et si Anaxarque a pu vous offenser, j'étais pour vous en faire justice moi-même.

IPHICRATE. — Et quelle justice, madame, auriez-vous pu nous faire de lui, si vous la faites si peu à notre rang dans le choix que vous embrassez?

ARISTIONE. — Ne vous êtes-vous pas soumis l'un et l'autre à ce que pourraient décider, ou les ordres du ciel, ou l'inclination de ma fille?

TIMOCLÈS. — Oui, madame, nous nous sommes soumis à ce qu'ils pourraient décider entre le prince Iphicrate et moi, mais non pas à nous voir rebuter tous deux.

ARISTIONE. — Et si chacun de vous a bien pu se résoudre à souffrir une préférence, que vous arrive-t-il à tous deux où vous ne soyez préparés? Et que peuvent importer à l'un et à l'autre les intérêts de son rival?

IPHICRATE — Oui, madame, il importe. C'est quelque consolation de se voir préférer un homme qui vous est égal; et votre aveuglement est une chose épouvantable.

ARISTIONE. — Prince, je ne veux pas me brouiller avec une personne qui m'a fait tant de grace que de me dire des douceurs: et je vous prie, avec toute l'honnêteté qu'il m'est possible, de donner à votre chagrin un fondement plus raisonnable, de vous souvenir, s'il vous plaît, que Sostrate est revêtu d'un mérite qui s'est fait connaître à toute la Grèce, et que le rang où le ciel l'élève aujourd'hui va remplir toute la distance qui était entre lui et vous.

IPHICRATE. — Oui, oui, madame, nous nous en souviendrons. Mais peut-être aussi vous souviendrez-vous que deux princes outragés ne sont pas deux ennemis peu redoutables.

TIMOCLÈS. — Peut-être, madame, qu'on ne goûtera pas longtemps la joie du mépris qu'on fait de nous.

ARISTIONE. — Je pardonne toutes ces menaces aux chagrins d'un amour qui se croit offensé; et nous n'en verrons pas avec moins de tranquillité la fête des jeux pythiens. Allons-y de ce pas, et couronnons par ce pompeux spectacle cette merveilleuse journée.

FIN DU CINQUIÈME ACTE.

SIXIÈME INTERMÈDE.

FÊTE DES JEUX PYTHIENS.

Le théâtre représente une grande salle, en manière d'amphithéâtre, avec une grande arcade dans le fond, au-dessus de laquelle est une tribune fermée d'un rideau. Dans l'éloignement paraît un autel pour le sacrifice. Six ministres du sacrifice, habillés comme s'ils étaient presque nus, portant chacun une hache sur l'épaule, entrent par le portique, au son des violons; ils sont suivis de deux sacrificateurs et de la prêtresse.

SCÈNE PREMIÈRE.

LA PRÊTRESSE, SACRIFICATEURS, MINISTRES DU SACRIFICE, CHŒUR DE PEUPLES.

LA PRÊTRESSE. — Chantez, peuples, chantez, en mille et mille lieux,
   Du dieu que nous servons les brillantes merveilles;
     Parcourez la terre et les cieux;
   Vous ne sauriez chanter rien de plus précieux,
     Rien de plus doux pour les oreilles.

PREMIER SACRIFICATEUR. — À ce dieu plein de force, à ce dieu plein d'appas,
     Il n'est rien qui ne résiste.

SECOND SACRIFICATEUR. — Il n'est rien ici-bas
     Qui par ces bienfaits ne subsiste.

LA PRÊTRESSE. — Toute la terre est triste
     Quand on ne le voit pas.

CHŒUR. — Poussons à sa mémoire
    Des concerts si touchants
    Que, du haut de sa gloire,
    Il écoute nos chants.

PREMIÈRE ENTRÉE DE BALLET.

Les six ministres du sacrifice, portant des haches, font entre eux une danse ornée de toutes les attitudes que peuvent exprimer des gens qui étudient leurs forces; après quoi ils se retirent aux deux côtés du théâtre pour faire place à six voltigeurs.

SCENE II. — LA PRÊTRESSE, SACRIFICATEURS, MINISTRES DU SACRIFICE, VOLTIGEURS, CHOEUR DE PEUPLES.

DEUXIÈME ENTRÉE DE BALLET.

Six voltigeurs font paraître en cadence leur adresse sur des chevaux de bois qui sont apportés par des esclaves.

SCENE III. — LA PRÊTRESSE, SACRIFICATEURS, MINISTRES DU SACRIFICE, ESCLAVES, CONDUCTEURS D'ESCLAVES, CHOEUR DE PEUPLES

TROISIEME ENTRÉE DE BALLET.

Quatre conducteurs d'esclaves amènent en cadence huit esclaves qui dansent pour marquer la joie qu'ils ont d'avoir recouvré la liberté.

SCENE IV. — LA PRÊTRESSE, SACRIFICATEURS, MINISTRES DU SACRIFICE, HOMMES ET FEMMES *armés à la grecque*, CHOEUR DE PEUPLES.

QUATRIÈME ENTRÉE DE BALLET.

Quatre hommes armés à la grecque avec des tambours, et quatre femmes armées à la grecque avec des timbres, font ensemble une manière de jeu pour les armes.

SCENE V. — LA PRÊTRESSE, SACRIFICATEURS, MINISTRES DU SACRIFICE, HOMMES ET FEMMES *armés à la grecque*, UN HÉRAUT, TROMPETTES, UN TIMBALIER, CHOEUR DE PEUPLES.

La tribune s'ouvre. Un héraut, six trompettes et un timbalier, se mêlant à tous les instruments, annoncent la venue d'Apollon.

CHOEUR. — Ouvrons tous nos yeux
  A l'éclat suprême
  Qui brille en ces lieux.

SCENE VI. — APOLLON, SUIVANTS D'APOLLON, LA PRÊTRESSE, SACRIFICATEURS, MINISTRES DU SACRIFICE, HOMMES ET FEMMES *armés à la grecque*, UN HÉRAUT, TROMPETTES, UN TIMBALIER, CHOEUR DE PEUPLES.

Apollon, au bruit des trompettes et des violons, entre par le portique, précédé de six jeunes gens portant des lauriers entrelacés autour d'un bâton, et un soleil d'or au-dessus, avec la devise royale en signe de trophée.

CHOEUR. — Quelle grace extrême!
  Quel port glorieux!
  Où voit-on des dieux
  Qui soient faits de même?

CINQUIEME ENTRÉE DE BALLET.

Les suivants d'Apollon donnent leur trophée à tenir aux ministres du sacrifice qui portent les haches, et commencent avec Apollon une danse héroïque.

SIXIEME ENTRÉE DE BALLET.

Les six ministres du sacrifice portant les haches et les trophées, les quatre hommes et les quatre femmes armés à la grecque se joignent en diverses manières à la danse d'Apollon et de ses suivants, tandis que la prêtresse, le sacrificateur et le chœur des peuples y mêlent leurs chants à diverses reprises, au son des timbales et des trompettes.

Vers pour LE ROI, représentant Apollon.

Je suis la source des clartés;
  Et les astres les plus vantés,
  Dont le beau cercle m'environne,

Ne sont brillants et respectés
Que par l'éclat que je leur donne.

Du char où je me puis asseoir,
Je vois le désir de me voir
Posséder la nature entière ;
Et le monde n'a son espoir
Qu'aux seuls bienfaits de ma lumière.

Bienheureuses de toutes parts,
Et pleines d'exquises richesses,
Les terres où de mes regards
J'arrête les douces caresses !

Vers pour M. LE GRAND, suivant d'Apollon.

Bien qu'auprès du soleil tout autre éclat s'efface,
S'en éloigner pourtant n'est pas ce que l'on veut ;
    Et vous voyez bien, quoi qu'il fasse,
Que l'on s'en tient toujours le plus près que l'on peut.

Pour le marquis DE VILLEROI, suivant d'Apollon.

De notre maître incomparable
Vous me voyez inséparable :
Et le zèle puissant qui m'attache à ses vœux
Le suit parmi les eaux, le suit parmi les feux.

Pour le marquis DE RASSENT, suivant d'Apollon.

Je ne serai pas vain quand je ne croirai pas
Qu'un autre, mieux que moi, suive partout ses pas.

FIN DES AMANTS MAGNIFIQUES.

LE BOURGEOIS GENTILHOMME,

COMÉDIE-BALLET EN TROIS ACTES.

PERSONNAGES.

PERSONNAGES DE LA COMÉDIE.

MONSIEUR JOURDAIN, bourgeois.
MADAME JOURDAIN, sa femme.
LUCILE, fille de M. Jourdain.
CLÉONTE, amant de Lucile.
DORIMÈNE, marquise.
DORANTE, comte, amant de Dorimène.
NICOLE, servante de monsieur Jourdain.
COVIELLE, valet de Cléonte.
UN MAITRE DE MUSIQUE.
UN ÉLÈVE DU MAITRE DE MUSIQUE.
UN MAITRE A DANSER.
UN MAITRE D'ARMES.
UN MAITRE DE PHILOSOPHIE.
UN MAITRE TAILLEUR.
UN GARÇON TAILLEUR.
DEUX LAQUAIS.

PERSONNAGES DU BALLET.

Dans le premier acte.

Une musicienne.
Deux musiciens.
Danseurs.

Dans le second acte.

Garçons tailleurs, dansants.

Dans le troisième acte.

Cuisiniers, dansants.

Dans le quatrième acte.

CÉRÉMONIE TURQUE.

Le Mufti.
Turcs assistants du mufti, chantants.
Dervis, chantants.
Turcs, dansants.

Dans le cinquième acte.

BALLET DES NATIONS.

Un donneur de livres, dansant.
Importuns, dansants.
Troupe de spectateurs, chantants.
Premier homme du bel air.
Second homme du bel air.
Première femme du bel air.
Seconde femme du bel air.
Premier garçon.
Deuxième garçon.
Un Suisse.
Un vieux bourgeois babillard.
Une vieille bourgeoise babillarde.
Espagnols, chantants.
Espagnols, dansants.
Une Italienne.
Un Italien.
Deux scaramouches.
Deux trivelins.
Arlequin.
Deux Poitevins, chantants et dansants.
Poitevins et Poitevines, dansants.

La scène est à Paris, dans la maison de M. Jourdain.

ACTE Ier.

L'ouverture se fait par un grand assemblage d'instruments, et, dans le milieu du théâtre, on voit un élève du maitre de musique, qui compose sur une table un air que le bourgeois a demandé pour une sérénade.

SCÈNE PREMIÈRE.

UN MAITRE DE MUSIQUE, TROIS MUSICIENS, DEUX VIOLONS, UN MAITRE A DANSER, QUATRE DANSEURS.

LE MAITRE DE MUSIQUE, *aux musiciens.* — Venez, entrez dans cette salle, et vous reposez là, en attendant qu'il vienne.

LE MAITRE A DANSER, *aux danseurs.* — Et vous aussi, de ce côté.

LE MAITRE DE MUSIQUE, *à son élève.* — Est-ce fait ?

L'ÉLÈVE. — Oui.

LE MAITRE DE MUSIQUE. — Voyons... Voilà qui est bien.

LE MAITRE A DANSER. — Est-ce quelque chose de nouveau?

LE MAITRE DE MUSIQUE. — Oui. C'est un air pour une sérénade que je lui ai fait composer ici, en attendant que notre homme fût éveillé.

LE MAITRE A DANSER. — Peut-on voir ce que c'est?

LE MAITRE DE MUSIQUE. — Vous l'allez entendre avec le dialogue, quand il viendra. Il ne tardera guère.

LE MAITRE A DANSER. — Vos occupations, à vous et à moi, ne sont pas petites maintenant.

LE MAITRE DE MUSIQUE. — Il est vrai. Nous avons trouvé ici un homme comme il nous le faut à tous deux. Ce nous est une douce rente que ce monsieur

Le Bourgeois gentilhomme, p. 608.

Jourdain, avec les visions de noblesse et de galanterie qu'il est allé se mettre en tête; et votre danse et ma musique auraient à souhaiter que tout le monde lui ressemblât.

LE MAITRE A DANSER. — Non pas entièrement; et je voudrais, pour lui, qu'il se connût mieux qu'il ne fait aux choses que nous lui donnons.

LE MAITRE DE MUSIQUE. — Il est vrai qu'il les connaît mal, mais il les paie bien; et c'est de quoi maintenant nos arts ont plus besoin que de toute autre chose.

LE MAITRE A DANSER. — Pour moi, je vous l'avoue, je me repais un peu de gloire. Les applaudissements me touchent; et je tiens que, dans tous les beaux arts, c'est un supplice assez fâcheux que de se produire à des sots, que d'essuyer sur des compositions la barbarie d'un stupide. Il y a plaisir, ne m'en parlez point, à travailler pour des personnes qui soient capables de sentir les délicatesses d'un art, qui sachent faire doux accueil aux beautés d'un ouvrage, et, par de chatouillantes approbations, vous régaler de votre travail. Oui, la récompense la plus agréable qu'on puisse recevoir des choses que l'on fait, c'est de les voir connues, de les voir caressées d'un applaudissement qui vous honore. Il n'y a rien, à mon avis, qui nous paie mieux que cela de toutes nos fatigues; et ce sont des douceurs exquises que des louanges éclairées.

LE MAITRE DE MUSIQUE. — J'en demeure d'accord; et je les goûte comme vous. Il n'y a rien assurément qui chatouille davantage que les applaudissements que vous dites; mais cet encens ne fait pas vivre. Des louanges toutes pures ne mettent point un homme à son aise, il y faut mêler du solide; et la meilleure façon de louer, c'est de louer avec les mains. C'est un homme, à la vérité, dont les lumières sont petites, qui parle à tort et à travers de toutes choses, et n'applaudit qu'à contre-sens; mais son argent redresse les jugements de son esprit: il a du discernement dans sa bourse; ses louanges sont monnayés; et ce bourgeois ignorant nous vaut mieux, comme vous voyez, que le grand seigneur éclairé qui nous a introduits ici.

LE MAITRE A DANSER. — Il y a quelque chose de vrai dans ce que vous dites; mais je trouve que vous appuyez un peu trop sur l'argent; et l'intérêt est quelque chose de si bas, qu'il ne faut jamais qu'un honnête homme montre pour lui de l'attachement.

LE MAITRE DE MUSIQUE. — Vous recevez fort bien l'argent que notre homme vous donne.

LE MAITRE A DANSER. — Assurément; mais je n'en fais pas tout mon bonheur; et je voudrais qu'avec son bien, il eût encore quelque bon goût des choses.

LE MAITRE DE MUSIQUE. — Je le voudrais aussi, et c'est à quoi nous travaillons tous deux autant que nous pouvons. Mais, en tout cas, il nous donne moyen de nous faire connaître dans le monde.

LE MAITRE A DANSER. — Le voilà qui vient.

SCÈNE II.

M. JOURDAIN, *en robe de chambre et en bonnet du nuit*, LE MAITRE DE MUSIQUE, LE MAITRE A DANSER, L'ÉLÈVE *du maître de musique*, UNE MUSICIENNE, DEUX MUSICIENS, DANSEURS, DEUX LAQUAIS.

M. JOURDAIN. — Hé bien, messieurs! Qu'est-ce? Me ferez-vous voir votre petite drôlerie?

LE MAITRE A DANSER. — Comment! Quelle petite drôlerie?

M. JOURDAIN. — Hé! là... Comment appelez-vous cela? Votre prologue ou dialogue de chansons et de danse.

LE MAITRE A DANSER. — Ah! ah!

LE MAITRE DE MUSIQUE. — Vous nous y voyez préparés.

M. JOURDAIN. Je vous ai fait un peu attendre; mais c'est que je me fais habiller aujourd'hui comme les gens de qualité, et mon tailleur m'a envoyé des bas de soie que j'ai pensé ne mettre jamais.

LE MAITRE DE MUSIQUE. — Nous ne sommes ici que pour attendre votre loisir.

M. JOURDAIN. — Je vous prie tous deux de ne vous point en aller qu'on ne m'ait apporté mon habit, afin que vous me puissiez voir.

LE MAÎTRE A DANSER. — Tout ce qu'il vous plaira.

M. JOURDAIN. — Vous me verrez équipé comme il faut, depuis les pieds jusqu'à la tête.

LE MAÎTRE DE MUSIQUE. — Nous n'en doutons point.

M. JOURDAIN. — Je me suis fait faire cette indienne-ci.

LE MAÎTRE A DANSER. — Elle est fort belle.

M. JOURDAIN. — Mon tailleur m'a dit que les gens de qualité étaient comme cela le matin.

LE MAÎTRE DE MUSIQUE. — Cela vous sied à merveille.

M. JOURDAIN. — Laquais! holà, mes deux laquais!

PREMIER LAQUAIS. — Que voulez-vous, monsieur?

M. JOURDAIN. — Rien. C'est pour voir si vous m'entendez bien. (Au maître de musique et au maître à danser.) Que dites-vous de mes livrées?

LE MAÎTRE A DANSER. — Elles sont magnifiques.

M. JOURDAIN, entr'ouvrant sa robe et faisant voir son haut-de-chausse de velours rouge, et sa camisole de velours vert. — Voici encore un petit déshabillé pour faire le matin mes exercices.

LE MAÎTRE DE MUSIQUE. — Il est galant.

M. JOURDAIN. — Laquais!

PREMIER LAQUAIS. — Monsieur.

M. JOURDAIN. — L'autre laquais.

SECOND LAQUAIS. — Monsieur.

M. JOURDAIN, ôtant sa robe de chambre. — Tenez ma robe. (Au maître de musique et au maître à danser.) Me trouvez-vous bien comme cela?

LE MAÎTRE A DANSER. — Fort bien on ne peut pas mieux.

M. JOURDAIN. — Voyons un peu votre affaire.

LE MAÎTRE DE MUSIQUE. — Je voudrais bien auparavant vous faire entendre un air (montrant son élève) qu'il vient de composer pour la sérénade que vous m'avez demandée. C'est un de mes écoliers, qui a pour ces sortes de choses un talent admirable.

M. JOURDAIN. — Oui, mais il ne fallait pas faire faire cela par un écolier, et vous n'étiez pas trop bon vous-même pour cette besogne-là.

LE MAÎTRE DE MUSIQUE. — Il ne faut pas, monsieur, que le nom d'écolier vous abuse. Ces sortes d'écoliers en savent autant que les plus grands maîtres; et l'air est aussi beau qu'il s'en puisse faire. Écoutez seulement.

M. JOURDAIN, à ses laquais. — Donnez-moi ma robe pour mieux entendre... Attendez, je crois que je serai mieux sans robe. Non, redonnez-la moi; cela ira mieux.

LA MUSICIENNE. — Je languis nuit et jour, et mon mal est extrême
        Depuis qu'à vos rigueurs vos beaux yeux m'ont soumis.
        Si vous traitez ainsi, belle Iris, qui vous aime,
        Hélas! que pourriez-vous faire à vos ennemis?

M. JOURDAIN. — Cette chanson me semble un peu lugubre; elle endort et je voudrais que vous la puissiez un peu ragaillardir par-ci, par-là.

LE MAÎTRE DE MUSIQUE. — Il faut, monsieur, que l'air soit accommodé aux paroles.

M. JOURDAIN. — On m'en apprit un tout-à-fait joli, il y a quelque temps. Attendez... là.. Comment est-ce qu'il dit.

LE MAÎTRE A DANSER. — Par ma foi, je ne sais.

M. JOURDAIN. — Il y a du mouton dedans.

LE MAÎTRE A DANSER. — Du mouton?

M. JOURDAIN. — Oui Ah! (Il chante.)

          Je croyais Jeanneton
          Aussi douce que belle;
          Je croyais Jeanneton
          Plus douce qu'un mouton.
          Hélas! hélas! elle est cent fois,
          Mille fois plus cruelle

Que n'est le tigre aux bois.

N'est-il pas joli?

LE MAITRE DE MUSIQUE. — Le plus joli du monde.

LE MAITRE A DANSER. — Et vous le chantez bien.

M. JOURDAIN. — C'est sans avoir appris la musique.

LE MAITRE DE MUSIQUE. — Vous devriez l'apprendre, monsieur, comme vous faites la danse. Ce sont deux arts qui ont une étroite liaison ensemble.

LE MAITRE A DANSER. — Et qui ouvrent l'esprit d'un homme aux belles choses.

M. JOURDAIN. — Est-ce que les gens de qualité apprennent aussi la musique?

LE MAITRE DE MUSIQUE. — Oui, monsieur.

M. JOURDAIN. — Je l'apprendrai donc. Mais je ne sais quel temps je pourrai prendre; car, outre le maître d'armes qui me montre, j'ai arrêté encore un maître de philosophie, qui doit commencer ce matin.

LE MAITRE DE MUSIQUE. — La philosophie est quelque chose; mais la musique, monsieur, la musique...

LE MAITRE A DANSER. — La musique et la danse... La musique et la danse, c'est là tout ce qu'il faut.

LE MAITRE DE MUSIQUE. — Il n'y a rien qui soit si utile dans un état que la musique.

LE MAITRE A DANSER. — Il n'y a rien qui soit nécessaire aux hommes que la danse.

LE MAITRE DE MUSIQUE. — Sans la musique un état ne peut subsister.

LE MAITRE A DANSER. — Sans la danse, un homme ne saurait rien faire.

LE MAITRE DE MUSIQUE. — Tous les désordres, toutes les guerres qu'on voit dans le monde, n'arrivent que pour n'apprendre pas la musique.

LE MAITRE A DANSER. — Tous les malheurs des hommes, tous les revers funestes dont les histoires sont remplies, les bévues des politiques, les manquements des grands capitaines, tout cela n'est venu que faute de savoir danser.

M. JOURDAIN. — Comment cela?

LE MAITRE DE MUSIQUE. — La guerre ne vient-elle pas d'un manque d'union entre les hommes?

M. JOURDAIN. — Cela est vrai.

LE MAITRE DE MUSIQUE. — Et si tous les hommes apprenaient la musique, ne serait-ce pas le moyen de s'accorder ensemble, et de voir dans le monde la paix universelle?

M. JOURDAIN. — Vous avez raison.

LE MAITRE A DANSER. — Lorsqu'un homme a commis un manquement dans sa conduite, soit aux affaires de sa famille, ou au gouvernement d'un état, ou au commandement d'une armée, ne dit-on pas toujours : un tel a fait un mauvais pas dans une affaire?

M. JOURDAIN. — Oui, on dit cela.

LE MAITRE A DANSER. — Et faire un mauvais pas, peut-il procéder d'autre chose que de ne savoir pas danser?

M. JOURDAIN. — Cela est vrai, et vous avez raison tous deux.

LE MAITRE A DANSER. — C'est pour faire voir l'excellence et l'utilité de la danse et de la musique.

M. JOURDAIN. — Je comprends cela à cette heure.

LE MAITRE DE MUSIQUE. — Voulez-vous voir nos deux affaires?

M. JOURDAIN. — Oui.

LE MAITRE DE MUSIQUE. — Je vous l'ai dit, c'est un petit essai que j'ai fait autrefois des diverses passions que peut exprimer la musique.

M. JOURDAIN. — Fort bien.

LE MAITRE DE MUSIQUE, *aux musiciens*. — Allons, avancez. (*à M. Jourdain*.) Il faut vous figurer qu'ils sont habillés en bergers.

M. JOURDAIN. — Pourquoi toujours ces bergers? On ne voit que cela partout.

LE MAITRE A DANSER. — Lorsqu'on a des personnes à faire parler en musique, il faut bien que, pour la vraisemblance, on donne dans la bergerie. Le chant a été de tout temps affecté aux bergers; et il n'est guère naturel en dialogue, que des princes ou des bourgeois chantent leurs passions.

M. JOURDAIN. — Passe, passe. Voyons.

DIALOGUE EN MUSIQUE.

UNE MUSICIENNE, DEUX MUSICIENS.

LA MUSICIENNE. — Un cœur, dans l'amoureux empire,
De mille soins est toujours agité.
On dit qu'avec plaisir on languit, on soupire;
Mais, quoi qu'on puisse dire,
Il n'est rien de si doux que notre liberté.

PREMIER MUSICIEN. — Il n'est rien de si doux que les tendres ardeurs,
Qui font vivre deux cœurs
Dans une même envie:
On ne peut être heureux sans amoureux désirs.
Otez l'amour de la vie,
Vous en ôtez les plaisirs.

SECOND MUSICIEN. — Il serait doux d'entrer sous l'amoureuse loi,
Si l'on trouvait en amour de la foi:
Mais, hélas! ô rigueurs cruelles!
On ne voit point de bergères fidèles.
Et ce sexe inconstant, trop indigne du jour,
Doit faire pour jamais renoncer à l'amour.

PREMIER MUSICIEN. — Aimable ardeur!

LA MUSICIENNE. — Franchise heureuse!...

SECOND MUSICIEN. — Sexe trompeur!

PREMIER MUSICIEN. — Que tu m'es précieuse!

LA MUSICIENNE. — Que tu plais à mon cœur!

SECOND MUSICIEN. — Que tu me fais d'horreur!

PREMIER MUSICIEN. — Ah! quitte, pour aimer, cette haine mortelle,

LA MUSICIENNE. — On peut, on peut te montrer
Une bergère fidèle.

SECOND MUSICIEN. — Hélas! où la rencontrer?

LA MUSICIENNE. — Pour défendre notre gloire,
Je te veux offrir mon cœur.

SECOND MUSICIEN. — Mais, bergère, puis-je croire
Qu'il ne sera point trompeur?

LA MUSICIENNE. — Voyons, par expérience,
Qui des deux aimera mieux.

SECOND MUSICIEN. — Qui manquera de constance,
Le puissent perdre les dieux!

TOUS TROIS ENSEMBLE.

A des ardeurs si belles
Laissons-nous enflammer:
Ah! qu'il est doux d'aimer
Quand deux cœurs sont fidèles!

M. JOURDAIN. — Est-ce tout?

LE MAITRE DE MUSIQUE. — Oui.

M. JOURDAIN. — Je trouve cela bien troussé; et il y a là-dedans de petits dictons assez jolis.

LE MAITRE A DANSER. — Voici, pour mon affaire, un petit essai des plus beaux mouvements et des plus belles attitudes dont une danse puisse être variée.

M. JOURDAIN. — Sont-ce encore des bergers?

LE MAITRE A DANSER. — C'est ce qu'il vous plaira. (*Aux danseurs.*) Allons.

ENTRÉE DE BALLET.

Quatre danseurs exécutent tous les mouvements différents et toutes les sortes de pas que le maître à danser leur commande.

FIN DU PREMIER ACTE.

ACTE II.

SCÈNE PREMIÈRE.

M. JOURDAIN, LE MAITRE DE MUSIQUE, LE MAITRE A DANSER.

M. JOURDAIN. — Voilà qui n'est point sot, et ces gens-là se trémoussent bien.

LE MAITRE DE MUSIQUE. — Lorsque la danse sera mêlée avec la musique, cela fera plus d'effet encore ; et vous verrez quelque chose de galant dans le petit ballet que nous avons ajusté pour vous.

M. JOURDAIN. — C'est pour tantôt, au moins ; et la personne pour qui j'ai fait faire tout cela me doit faire l'honneur de venir dîner céans.

LE MAITRE A DANSER. — Tout est prêt.

LE MAITRE DE MUSIQUE. Au reste, monsieur, ce n'est pas assez ; il faut qu'une personne comme vous, qui êtes magnifique, et qui avez de l'inclination pour les belles choses, ait un concert de musique chez soi tous les mercredis, ou tous les jeudis.

M. JOURDAIN. — Est-ce que les gens de qualité en ont ?

LE MAITRE DE MUSIQUE. — Oui, monsieur.

M. JOURDAIN. — J'en aurai donc. Cela sera-t-il beau ?

LE MAITRE DE MUSIQUE. — Sans doute. Il vous faudra trois voix, un dessus, une haute-contre, et une basse, qui seront accompagnées d'une basse de viole, d'un théorbe, et d'un clavecin pour les basses continues, avec deux dessus de violon pour jouer les ritournelles.

M. JOURDAIN. — Il y faudra mettre aussi une trompette marine. La trompette marine est un instrument qui me plaît, et qui est harmonieux.

LE MAITRE DE MUSIQUE. — Laissez-nous gouverner les choses.

M. JOURDAIN. — Au moins, n'oubliez pas tantôt de m'envoyer des musiciens pour chanter à table.

LE MAITRE DE MUSIQUE. — Vous aurez tout ce qu'il vous faut.

M. JOURDAIN. — Mais, surtout, que le ballet soit beau.

LE MAITRE DE MUSIQUE. — Vous en serez content, et entre autres choses, de certains menuets que vous y verrez.

M. JOURDAIN. — Ah ! les menuets sont ma danse, et je veux que vous me le voyez danser. Allons, mon maître.

LE MAITRE A DANSER. — Un chapeau, monsieur, s'il vous plaît. (*M. Jourdain va prendre le chapeau de son laquais, et le met par-dessus son bonnet de nuit. Son maître lui prend les mains, et le fait danser sur un air de menuet qu'il chante.*) La, la, la, la, la, la, la, la, la, la, la, la, la, la, la, la, la, la, la, la, la, la, la, la, la, la, la, la. En cadence, s'il vous plaît. La, la, la, la, la. La jambe droite. La, la, la. Ne remuez point tant les épaules. La, la, la, la, la, la, la, la, la, la. Vos deux bras sont estropiés. La, la, la, la, la. Haussez la tête. Tournez la pointe du pied en dehors. La, la, la. Dressez votre corps.

M. JOURDAIN. — Hé !

LE MAITRE DE MUSIQUE. — Voilà qui est le mieux du monde.

M. JOURDAIN. — A propos, apprenez-moi comme il faut faire une révérence pour saluer une marquise, j'en aurai besoin tantôt.

LE MAITRE A DANSER. — Une révérence pour saluer une marquise ?

M. JOURDAIN. — Oui. Une marquise qui s'appelle Dorimène.

LE MAITRE A DANSER. — Donnez-moi la main.

M. JOURDAIN. — Non. Vous n'avez qu'à faire, je le retiendrai bien.

LE MAITRE A DANSER. — Si vous voulez la saluer avec beaucoup de respect, il faut faire d'abord une révérence en arrière, puis marcher vers elle avec trois révérences en avant, et à la dernière, vous baisser jusqu'à ses genoux.

M. JOURDAIN. Faites un peu. (*Après que le maître à danser a fait trois révérences.*) Bon.

SCÈNE II.

M. JOURDAIN. LE MAITRE DE MUSIQUE, LE MAITRE A DANSER, UN LAQUAIS.

LE LAQUAIS. — Monsieur, voilà votre maître d'armes qui est là.

M. JOURDAIN. — Dis-lui qu'il entre ici pour me donner leçon. (*Au maître de musique et au maître à danser.*) Je veux que vous me voyiez faire.

SCÈNE III. — M. JOURDAIN, UN MAITRE D'ARMES, LE MAITRE DE MUSIQUE, UN MAITRE A DANSER, UN LAQUAIS, *tenant deux fleurets.*

LE MAITRE D'ARMES, *après avoir pris les deux fleurets de la main du laquais et en avoir présenté un à M. Jourdain.*—Allons, monsieur, la révérence. Votre corps droit. Un peu penché sur la cuisse gauche. Les jambes point tant écartées. Vos pieds sur une même ligne. Votre poignet à l'opposite de votre hanche. La pointe de votre épée vis-à-vis de votre épaule. Le bras pas tout-à-fait aussi étendu. La main gauche à la hauteur de l'œil. L'épaule gauche plus carrée. La tête droite. Le regard assuré. Avancez. Le corps ferme. Touchez-moi l'épée de quarte, et achevez de même. Une, deux. Remettez-vous. Redoublez de pied ferme. Une, deux. Un saut en arrière. Quand vous portez la botte, monsieur, il faut que l'épée parte la première, et que le corps soit bien effacé. Une, deux. Allons, touchez-moi l'épée de tierce, et achevez de même. Avancez. Le corps ferme. Avancez. Partez de là. Une, deux. Remettez-vous. Redoublez. Une, deux. Un saut en arrière. En garde, monsieur, en garde. (*Le maître d'armes lui pousse deux ou trois bottes, en lui criant : en garde.*)

M. JOURDAIN. — Hé!

LE MAITRE DE MUSIQUE. — Vous faites des merveilles.

LE MAITRE D'ARMES. — Je vous l'ai déjà dit, tout le secret des armes ne consiste qu'en deux choses, à donner et à ne point recevoir : et, comme je vous fis voir l'autre jour par raison démonstrative, il est impossible que vous receviez, si vous savez détourner l'épée de votre ennemi de la ligne de votre corps; ce qui ne dépend seulement que d'un petit mouvement du poignet, ou en dedans, ou en dehors.

M. JOURDAIN.—De cette façon donc un homme, sans avoir du cœur, est sûr de tuer son homme, et de n'être point tué?

LE MAITRE D'ARMES. — Sans doute. N'en vîtes-vous pas la démonstration?

M. JOURDAIN. — Oui.

LE MAITRE D'ARMES. — Et c'est en quoi l'on voit de quelle considération nous autres nous devons être dans un état; et combien la science des armes l'emporte hautement sur toutes les autres sciences inutiles, comme la danse, la musique, la...

LE MAITRE A DANSER. — Tout beau, monsieur le tireur d'armes, ne parlez de la danse qu'avec respect.

LE MAITRE DE MUSIQUE. — Apprenez, je vous prie, à mieux traiter l'excellence de la musique.

LE MAITRE D'ARMES.—Vous êtes de plaisantes gens, de vouloir comparer vos sciences à la mienne!

LE MAITRE DE MUSIQUE. — Voyez un peu l'homme d'importance!

LE MAITRE A DANSER. — Voilà un plaisant animal avec son plastron!

LE MAITRE D'ARMES. — Mon petit maître à danser, je vous ferais danser comme il faut. Et vous, mon petit musicien, je vous ferais chanter de la belle manière.

LE MAITRE A DANSER. — Monsieur le batteur de fer, je vous apprendrai votre métier.

M. JOURDAIN, *au maître à danser.* — Êtes-vous fou, d'aller vous quereller, lui qui entend la tierce et la quarte, et qui sait tuer un homme par raison démonstrative?

LE MAITRE A DANSER. — Je me moque de sa raison démonstrative et de sa tierce et de sa quarte.

M. JOURDAIN, *au maître à danser.* — Tout doux, vous dis-je.

LE MAITRE D'ARMES, *au maître à danser.* — Comment, petit impertinent!

M. JOURDAIN. — Hé! mon maître d'armes!

LE MAITRE A DANSER, *au maître d'armes.*—Comment! grand cheval de carrosse!

M. JOURDAIN. — Hé! mon maître à danser!

LE MAITRE D'ARMES. — Si je me jette sur vous...

M. JOURDAIN, *au maître d'armes.* — Doucement!

LE MAITRE A DANSER. — Si je mets sur vous la main...

M. JOURDAIN, *au maître à danser*. — Tout beau!

LE MAITRE D'ARMES. — Je vous étrillerai d'un air.

M. JOURDAIN, *au maître d'armes*. — De grace!

LE MAITRE A DANSER. — Je vous rosserai d'une manière...

M. JOURDAIN, *au maître à danser*. — Je vous prie.

LE MAITRE DE MUSIQUE. — Laissez-nous lui apprendre à parler

M. JOURDAIN, *au maître de musique*. — Mon Dieu! arrêtez-vous!

SCÈNE IV. — UN MAITRE DE PHILOSOPHIE, M. JOURDAIN, LE MAITRE DE MUSIQUE, LE MAITRE A DANSER, LE MAITRE D'ARMES, UN LAQUAIS.

M. JOURDAIN. — Holà! monsieur le philosophe, vous arrivez tout à propos avec votre philosophie. Venez un peu mettre la paix entre ces personnes-ci.

LE MAITRE DE PHILOSOPHIE. — Qu'est-ce donc? Qu'y a-t-il, messieurs?

M. JOURDAIN. — Ils se sont mis en colère, pour la préférence de leurs professions, jusqu'à se dire des injures, et en vouloir venir aux mains.

LE MAITRE DE PHILOSOPHIE. — Hé quoi! messieurs, faut-il s'emporter de la sorte? Et n'avez-vous point lu le docte traité que Sénèque a composé de la colère? Y a-t-il rien de plus bas et de plus honteux que cette passion, qui fait d'un homme une bête féroce? Et la raison ne doit-elle pas être maîtresse de tous nos mouvements?

LE MAITRE A DANSER. — Comment, monsieur! il vient nous dire des injures à tous deux, en méprisant la danse que j'exerce et la musique dont il fait profession!

LE MAITRE DE PHILOSOPHIE. — Un homme sage est au-dessus de toutes les injures qu'on lui peut dire; et la grande réponse qu'on doit faire aux outrages, c'est la modération et la patience.

LE MAITRE D'ARMES. — Ils ont tous deux l'audace de vouloir comparer leurs professions à la mienne!

LE MAITRE DE PHILOSOPHIE. — Faut-il que cela vous émeuve? Ce n'est pas de vaine gloire et de condition que les hommes doivent disputer entre eux ; et ce qui nous distingue parfaitement les uns des autres, c'est la sagesse et la vertu.

LE MAITRE A DANSER. — Je lui soutiens que la danse est une science à laquelle on ne peut faire assez d'honneur.

LE MAITRE DE MUSIQUE. — Et moi, que la musique en est une que tous les siècles ont révérée.

LE MAITRE D'ARMES. — Et moi, je leur soutiens à tous deux que la science de tirer les armes est la plus belle et la plus nécessaire de toutes les sciences.

LE MAITRE DE PHILOSOPHIE. — Et que sera donc la philosophie? Je vous trouve tous trois bien impertinents de parler devant moi avec cette arrogance, et de donner impudemment le nom de science à des choses que l'on ne doit pas même honorer du nom d'art, et qui ne peuvent être comprises que sous le nom de métier misérable de gladiateur, de chanteur et de baladin.

LE MAITRE D'ARMES. — Allez, philosophe de chien !

LE MAITRE DE MUSIQUE. — Allez, bélître de pédant!

LE MAITRE A DANSER. — Allez, cuistre fieffé!

LE MAITRE DE PHILOSOPHIE. — Comment! marauds que vous êtes... (*Le philosophe se jette sur eux, et tous trois le chargent de coups.*)

M. JOURDAIN. — Monsieur le philosophe!

LE MAITRE DE PHILOSOPHIE. — Infames! coquins! insolents!

M. JOURDAIN. — Monsieur le philosophe!

LE MAITRE D'ARMES. — La peste! l'animal!

M. JOURDAIN. — Messieurs!

LE MAITRE DE PHILOSOPHIE. — Impudents!

M. JOURDAIN. — Monsieur le philosophe!

LE MAITRE A DANSER. — Diantre soit de l'âne bâté!

M. JOURDAIN. — Messieurs!

LE MAITRE DE PHILOSOPHIE. — Scélérats!

M. JOURDAIN. — Monsieur le philosophe!

LE MAITRE DE MUSIQUE. — Au diable l'impertinent

M. JOURDAIN — Messieurs!

LE MAITRE DE PHILOSOPHIE. — Fripons, gueux, traîtres, imposteurs!

M. JOURDAIN. — Monsieur le philosophe! Messieurs! Monsieur le philosophe! Messieurs! Monsieur le philosophe! (*Ils sortent en se battant.*)

SCÈNE V. — M. JOURDAIN, UN LAQUAIS.

M. JOURDAIN. — Oh! battez-vous tant qu'il vous plaira, je n'y saurais que faire, et je n'irai pas gâter ma robe pour vous séparer. Je serais bien fou de m'aller fourrer parmi eux, pour recevoir quelque coup qui me ferait mal.

SCÈNE VI. — LE MAITRE DE PHILOSOPHIE, M. JOURDAIN, UN LAQUAIS.

LE MAITRE DE PHILOSOPHIE, *raccommodant son collet.* — Venons à notre leçon.

M. JOURDAIN. — Ah! monsieur, je suis fâché des coups qu'ils vous ont donnés!

LE MAITRE DE PHILOSOPHIE. — Cela n'est rien. Un philosophe sait recevoir comme il faut les choses; et je vais composer contre eux une satyre du style de Juvénal, qui les déchirera de la belle façon. Laissons cela. Que voulez-vous apprendre?

M. JOURDAIN. — Tout ce que je pourrai; car j'ai toutes les envies du monde d'être savant; et j'enrage que mon père et ma mère ne m'aient pas fait bien étudier dans toutes les sciences, quand j'étais jeune.

LE MAITRE DE PHILOSOPHIE. — Ce sentiment est raisonnable; *nam, sine doctrinâ, vita est quasi mortis imago.* Vous entendez cela, et vous savez le latin, sans doute?

M. JOURDAIN. — Oui; mais faites comme si je ne le savais pas: expliquez-moi ce que cela veut dire.

LE MAITRE DE PHILOSOPHIE. — Cela veut dire que, *sans la science, la vie est presque l'image de la mort.*

M. JOURDAIN. — Ce latin-là a raison.

LE MAITRE DE PHILOSOPHIE. — N'avez-vous point quelques principes, quelques commencements des sciences?

M. JOURDAIN. — Oh! oui. Je sais lire et écrire.

LE MAITRE DE PHILOSOPHIE. — Par où vous plaît-il que nous commencions? Voulez-vous que je vous apprenne la logique?

M. JOURDAIN. — Qu'est-ce que c'est que cette logique?

LE MAITRE DE PHILOSOPHIE. — C'est elle qui enseigne les trois opérations de l'esprit.

JOURDAIN. — Qui sont-elles ces trois opérations de l'esprit?

LE MAITRE DE PHILOSOPHIE. — La première, la seconde et la troisième. La première est de concevoir, par le moyen des universaux; la seconde, de bien juger, par le moyen des catégories; et la troisième, de bien tirer une conséquence par le moyen des figures, *Barbara, celarent, Darii, ferio baralipton,* etc.

M. JOURDAIN. — Voilà des mots qui sont trop rébarbatifs. Cette logique-là ne me revient point. Apprenons autre chose qui soit plus joli.

LE MAITRE DE PHILOSOPHIE. — Voulez-vous apprendre la morale?

M. JOURDAIN. — La morale?

LE MAITRE DE PHILOSOPHIE. — Oui.

M. JOURDAIN. — Qu'est-ce qu'elle dit, cette morale?

LE MAITRE DE PHILOSOPHIE. — Elle traite de la félicité, enseigne aux hommes à modérer leurs passions, et...

M. JOURDAIN. — Non, laissons cela. Je suis bilieux comme tous les diables, et il n'y a morale qui tienne; je me veux mettre en colère tout mon soûl, quand il m'en prend envie.

LE MAITRE DE PHILOSOPHIE. — Est-ce la physique que vous voulez apprendre?

M. JOURDAIN. — Qu'est-ce qu'elle chante, cette physique?

LE MAITRE DE PHILOSOPHIE. — La physique est celle qui explique les principes des choses naturelles, et des propriétés du corps; qui discourt de la nature des éléments, des métaux, des minéraux, des pierres, des plantes et des animaux, et nous enseigne les causes de tous les météores, l'arc en ciel, les feux volants, les comètes, les éclairs, le tonnerre, la foudre, la pluie, la neige, la grêle, les vents et les tourbillons.

M. JOURDAIN. — Il y a trop de tintamarre là-dedans, trop de brouillamini.

LE MAITRE DE PHILOSOPHIE. — Que voulez-vous donc que je vous apprenne?

M. JOURDAIN. — Apprenez-moi l'orthographe.

LE MAITRE DE PHILOSOPHIE. — Très volontiers.

M. JOURDAIN. — Après, vous m'apprendrez l'almanach, pour savoir quand il y a de la lune, et quand il n'y en a point.

LE MAITRE DE PHILOSOPHIE. — Soit. Pour bien suivre votre pensée, et traiter cette matière en philosophe, il faut commencer, selon l'ordre des choses, par une exacte connaissance de la nature des lettres, et de la différente manière de les prononcer toutes. Et, là dessus, j'ai à vous dire que les lettres sont divisées en voyelles, ainsi dites voyelles, parce que qu'elles expriment les voix; et en consonnes, ainsi appelées consonnes, parce qu'elles sonnent avec les voyelles, et ne font que marquer les diverses articulations des voix. Il y a cinq voyelles, ou voix, A, E, I, O, U.

M. JOURDAIN. — J'entends tout cela.

LE MAITRE DE PHILOSOPHIE. — La voix A se forme en ouvrant fort la bouche, A.

M. JOURDAIN. — A, A. Oui.

LE MAITRE DE PHILOSOPHIE. — La voix E se forme en rapprochant la mâchoir d'en bas de celle d'en haut, A, E.

M. JOURDAIN. — A, E, A, E. Ma foi, oui. Ah! que |cela est beau!

LE MAITRE DE PHILOSOPHIE. — Et la voix I, en rapprochant encore davantage les mâchoires l'une de l'autre, et écartant les deux coins de la bouche vers les oreilles; A, E, I.

M. JOURDAIN. — A, E, I, I, I, I. Cela est vrai. Vive la science!

LE MAITRE DE PHILOSOPHIE. — La voix O se forme en rouvrant les mâchoires et rapprochant les lèvres par les deux coins, le haut et le bas; O.

M. JOURDAIN. — O, O. Il n'y a rien de plus juste. A, E, I, O, I, O. Cela est admirable! I, O; I, O.

LE MAITRE DE PHILOSOPHIE. — L'ouverture de la bouche fait justement comme un petit rond qui représente un O.

M. JOURDAIN. — O, O, O. Vous avez raison; O. Ah! la belle chose que de savoir quelque chose?

LE MAITRE DE PHILOSOPHIE. — La voix U se forme en rapprochant les dents sans les joindre entièrement, et alongeant les deux lèvres en dehors, les approchant aussi l'une de l'autre sans les joindre tout-à-fait; U.

M. JOURDAIN. — U, U. Il n'y a rien de plus véritable : U.

LE MAITRE DE PHILOSOPHIE. — Vos deux lèvres s'alongent comme si vous faisiez la moue; d'où vient que, si vous la vouliez faire à quelqu'un et vous moquer de lui, vous ne sauriez lui dire que U.

M. JOURDAIN. — U, U. Cela est vrai. Ah! que n'ai-je étudié plus tôt pour savoir tout cela!

LE MAITRE DE PHILOSOPHIE. — Demain nous verrons les autres lettres, qui sont les consonnes.

M. JOURDAIN. — Est-ce qu'il y a des choses aussi curieuses qu'à celles-ci?

LE MAITRE DE PHILOSOPHIE. — Sans doute. La consonne D, par exemple, se prononce en donnant du bout de la langue au-dessus des dents d'en haut; DA.

M. JOURDAIN. — DA, DA. Oui. Ah! les belles choses! les belles choses!

LE MAITRE DE PHILOSOPHIE. — L'F, en appuyant les dents d'en haut sur la lèvre de dessous; FA.

M. JOURDAIN. — FA, FA. C'est la vérité! Ah! mon père et ma mère que je vous veux de mal!

LE MAITRE DE PHILOSOPHIE. — Et l'R, en portant le bout de la langue jusqu'au haut du palais; de sorte qu'étant frôlée par l'air qui sort avec force, elle lui cède, et revient toujours au même endroit, faisant une manière de tremblement : R, RA.

M. JOURDAIN. — R, R, RA, R, R, R, R, R, RA. Cela est vrai. Ah! l'habile homme que vous êtes, et que j'ai perdu de temps! R, R, R, RA.

LE MAITRE DE PHILOSOPHIE. — Je vous expliquerai à fond toutes ces curiosités.

M. JOURDAIN. — Je vous en prie. Au reste, il faut que je vous fasse une confidence. Je suis amoureux d'une personne de grande qualité, et je souhaiterais que vous m'aidassiez à lui écrire quelque chose dans un petit billet que je veux laisser tomber à ses pieds.

LE MAITRE DE PHILOSOPHIE. — Fort bien !

M. JOURDAIN. — Cela sera galant, oui.

LE MAITRE DE PHILOSOPHIE. — Sans doute. Sont-ce des vers que vous lui voulez écrire.

M. JOURDAIN. — Non, non, point de vers.

LE MAITRE DE PHILOSOPHIE. — Vous ne voulez que de la prose.

M. JOURDAIN. — Non; je ne veux ni prose ni vers.

LE MAITRE DE PHILOSOPHIE. — Il faut bien que ce soit l'un ou l'autre.

M. JOURDAIN. — Pourquoi?

LE MAITRE DE PHILOSOPHIE. — Par la raison, monsieur, qu'il n'y a, pour s'exprimer que la prose ou les vers.

JOURDAIN. — Il n'y a que la prose ou les vers?

LE MAITRE DE PHILOSOPHIE. — Non, monsieur. Tout ce qui n'est point prose est vers, et tout ce qui n'est point vers est prose.

M. JOURDAIN. — Et comme l'on parle, qu'est-ce que c'est donc que cela ?

LE MAITRE DE PHILOSOPHIE. — De la prose.

M. JOURDAIN. — Quoi! quand je dis, Nicole, apportez-moi mes pantoufles et me donnez mon bonnet de nuit, c'est de la prose?

LE MAITRE DE PHILOSOPHIE. — Oui, monsieur.

M. JOURDAIN. — Par ma foi, il y a plus de quarante ans, que je dis de la prose sans que j'en susse rien; et je vous suis le plus obligé du monde de m'avoir appris cela. Je voudrais donc lui mettre dans un billet : *Belle marquise, vos beaux yeux me font mourir d'amour*; mais je voudrais que cela fût mis d'une manière galante, que cela fût tourné gentiment.

LE MAITRE DE PHILOSOPHIE. — Mettre que les feux de ses yeux réduisent votre cœur en cendres; que vous souffrez nuit et jour pour elles les violences d'un...

M. JOURDAIN. — Non, non non'; je ne veux point tout cela. Je ne veux que ce que je vous ai dit : *Belle marquise, vos beaux yeux me font mourir d'amour.*

LE MAITRE DE PHILOSOPHIE. — Il faut bien étendre un peu la chose.

M. JOURDAIN. — Non, vous dis-je. Je ne veux que ces seules paroles-là dans le billet, mais tournées à la mode, bien arrangées comme il faut. Je vous prie de me dire un peu, pour voir, les diverses manières dont on les peut mettre.

LE MAITRE DE PHILOSOPHIE. — On peut les mettre premièrement comme vous avez dit : *Belle marquise, vos beaux yeux me font mourir d'amour.* Ou bien : *D'amour mourir me font, belle marquise, vos beaux yeux.* Ou bien : *Vos yeux beaux d'amour me font, belle marquise, mourir.* Ou bien : *Mourir vos beaux yeux, belle marquise, d'amour me font.* Ou bien : *Me font vos beaux mourir, belle marquise, d'amour.*

M. JOURDAIN. — Mais, de toutes ces façons-là, laquelle est la meilleure?

LE MAITRE DE PHILOSOPHIE. — Celle que vous avez dite : *Belle marquise, vos beaux yeux me font mourir d'amour.*

M. JOURDAIN. — Cependant je n'ai point étudié, et j'ai fait cela tout du premier coup. Je vous remercie de tout mon cœur, et je vous prie de venir demain de bonne heure.

LE MAITRE DE PHILOSOPHIE. — Je n'y manquerai pas.

SCÈNE VII. — M. JOURDAIN, UN LAQUAIS.

M. JOURDAIN, *à son laquais.* — Comment! mon habit n'est point encore arrivé.

LE LAQAIS. — Non, monsieur.

M. JOURDAIN. —Ce maudit tailleur me fait bien attendre pour un jour où j'ai tant d'affaires. Que la fièvre quartaine puisse serrer bien fort le bourreau de tailleur! Au diable le tailleur! La peste étouffe le tailleur! Si je tenais maintenant ce tailleur détestable, ce chien de tailleur-là, ce traître de tailleur, je...

SCÈNE VIII. — M. JOURDAIN, UN MAITRE TAILLEUR, un GARÇON TAILLEUR portant l'habit de M. Jourdain, UN LAQUAIS.

M. JOURDAIN. — Ah! vous voilà! Je m'allais mettre en colère contre vous.

LE MAITRE TAILLEUR. — Je n'ai pas pu venir plus tôt, et j'ai mis vingt garçons après votre habit.

M. JOURDAIN. — Vous m'avez envoyé des bas de soie si étroits, que j'ai eu toutes les peines du monde à les mettre; et il y a déjà deux mailles de rompues.

LE MAITRE TAILLEUR. — Ils ne s'élargiront que trop.

M. JOURDAIN. — Oui, si je romps toujours des mailles. Vous m'avez aussi fait faire des souliers qui me blessent furieusement.

LE MAITRE TAILLEUR. — Point du tout, monsieur.

M. JOURDAIN. —Comment! point du tout.

LE MAITRE TAILLEUR. — Non, ils ne vous blessent point.

M. JOURDAIN. — Je vous dis qu'il me blessent, moi.

LE MAITRE TAILLEUR. — Vous vous imaginez cela.

M. JOURDAIN. —Je me l'imagine, parce que je le sens. Voyez la belle raison!

LE MAITRE TAILLEUR. — Tenez, voilà le plus bel habit de la cour, et le mieux assorti. C'est un chef-d'œuvre que d'avoir inventé un habit sérieux qui ne fût pas noir; et je le donne en six coups aux tailleurs les plus éclairés.

M. JOURDAIN. — Qu'est-ce que c'est que ceci? Vous avez mis les fleurs en en-bas.

LE MAITRE TAILLEUR. — Vous ne m'avez pas dit que vous les vouliez en en-haut.

M. JOURDAIN. — Est-ce qu'il faut dire cela?

LE MAITRE TAILLEUR. — Oui vraiment. Toutes les personnes de qualités les portent de la sorte.

M. JOURDAIN. —Les personnes de qualité portent les fleurs en en-bas?

LE MAITRE TAILLEUR. — Oui, monsieur.

M. JOURDAIN. — Oh! voilà qui est donc bien.

LE MAITRE TAILLEUR. — Si vous voulez, je les mettrai en en-haut.

M. JOURDAIN. — Non, non.

LE MAITRE TAILLEUR. — Vous n'avez qu'à dire.

M. JOURDAIN. — Non, vous dis-je; vous avez bien fait. Croyez-vous que l'habit m'aille bien?

LE MAITRE TAILLEUR. — Belle demande! Je défie un peintre avec son pinceau de vous faire rien de plus juste. J'ai chez moi un garçon qui, pour monter une rhingrave, est le plus grand génie du monde; et un autre qui, pour assembler un pourpoint, est le héros de notre temps.

M. JOURDAIN. — La perruque et les plumes sont-elles comme il faut?

LE MAITRE TAILLEUR. — Tout est bien.

M. JOURDAIN, regardant l'habit du tailleur. — Ah! ah! monsieur le tailleur, voilà de mon étoffe du dernier habit que vous m'avez fait! Je la reconnais bien.

LE MAITRE TAILLEUR. — C'est que l'étoffe me sembla si belle, que j'en ai voulu lever un habit pour moi.

M. JOURDAIN. — Oui: mais il ne fallait pas le lever avec le mien.

LE MAITRE TAILLEUR. — Voulez-vous mettre votre habit?

M. JOURDAIN. — Oui, donnez-le moi.

LE MAITRE TAILLEUR. — Attendez. Cela ne va pas comme cela. J'ai amené des gens pour vous habiller en cadence; et ces sortes d'habits se mettent avec cérémonie. Holà! entrez, vous autres.

SCÈNE IX. — M. JOURDAIN, LE MAITRE TAILLEUR, LE GARÇON TAILLEUR, GARÇONS TAILLEURS dansants; UN LAQUAIS.

LE MAITRE TAILLEUR, à ses garçons. — Mettez cet habit à monsieur, de la manière que vous faites aux personnes de qualité

PREMIÈRE ENTRÉE DE BALLET.

Les quatre garçons tailleurs, dansant, s'approchent de M. Jourdain. Deux lui arrachent le haut-de-chausses de ses exercices, les deux autres lui ôtent la camisole; après quoi, toujours en cadence, ils lui mettent son habit neuf. M. Jourdain se promène au milieu d'eux, et leur montre son habit pour voir s'il est bien fait.

GARÇON TAILLEUR. — Mon gentilhomme, donnez, s'il vous plaît, aux garçons quelque chose pour boire.

M. JOURDAIN. — Comment m'appelez-vous?

GARÇON TAILLEUR. — Mon gentilhomme.

M. JOURDAIN. — Mon gentilhomme! Voilà ce que c'est que de se mettre en personne de qualité! Allez-vous en demeurer toujours habillé en bourgeois, on ne vous dira point mon gentilhomme. (*Donnant de l'argent.*) Tenez voilà pour mon gentilhomme.

GARÇON TAILLEUR. — Monseigneur, nous vous sommes bien obligés.

M. JOURDAIN. — Monseigneur! Oh! oh! monseigneur! Attendez, mon ami; Monseigneur mérite quelque chose; et ce n'est pas une petite parole que Monseigneur! Tenez, voilà ce que monseigneur vous donne.

GARÇON TAILLEUR. — Monseigneur, nous allons boire tous à la santé de votre grandeur.

M. JOURDAIN. — Votre grandeur! Oh! oh! oh! Attendez; ne vous en allez pas. A moi, votre grandeur! (*bas, à part*) Ma foi, s'il va jusqu'à l'altesse, il aura toute la bourse. (*haut*) Tenez, voilà pour ma grandeur.

GARÇON TAILLEUR. — Monseigneur, nous la remercions très humblement de ses libéralités.

M. JOURDAIN. — Il a bien fait, je lui allais tout donner.

SCÈNE X.

DEUXIÈME ENTRÉE DE BALLET.

Les quatre garçons tailleurs se réjouissent en dansant, de la libéralité de M. Jourdain.

FIN DU SECOND ACTE.

ACTE III.

SCÈNE PREMIÈRE.

MONSIEUR JOURDAIN, DEUX LAQUAIS.

JOURDAIN. — Suivez-moi, que j'aille un peu montrer mon habit par la ville; et, surtout, ayez soin tous deux de marcher immédiatement sur mes pas, afin qu'on voie bien que vous êtes à moi.

LAQUAIS. — Oui, monsieur.

M. JOURDAIN. — Appelez-moi Nicole, que je lui donne quelques ordres Ne bougez, la voilà

SCÈNE II.

M. JOURDAIN, NICOLE, DEUX LAQUAIS.

M. JOURDAIN. — Nicole!

NICOLE. — Plaît-il?

M. JOURDAIN. — Écoutez.

NICOLE, *riant.* — Hi, hi, hi, hi, hi.

M. JOURDAIN. — Qu'as-tu à rire?

NICOLE. — Hi, hi, hi, hi, hi.

M. JOURDAIN. — Que veut dire cette coquine-là?

NICOLE. — Hi, hi, hi. Comme vous voilà bâti! Hi, hi, hi.

M. JOURDAIN. — Comment donc?

NICOLE. — Ah! ah! mon Dieu! Hi, hi, hi, hi,

M. JOURDAIN. — Quelle friponne est-cela? Te moques-tu de moi?

NICOLE. — Nenni, monsieur ; j'en serais bien fâchée. Hi, hi.

M. JOURDAIN. — Je te baillerai sur le nez, si tu ris davantage.

NICOLE. — Monsieur, je ne puis pas m'en empêcher. Hi, hi.

M. JOURDAIN. — Tu ne t'arrêteras pas.

NICOLE. — Monsieur, je vous demande pardon ; mais vous êtes si plaisant que je ne me saurais tenir de rire. Hi, hi, hi.

M. JOURDAIN. — Mais voyez quelle insolence !

NICOLE. — Vous êtes tout-à-fait drôle comme cela. Hi, hi.

M. JOURDAIN. — Je te...

NICOLE. — Je vous prie de m'excuser. Hi, hi, hi, hi.

M. JOURDAIN. — Tiens si tu ris encore le moins du monde, je te jure que je t'appliquerai sur la joue le plus grand soufflet qui se soit jamais donné.

NICOLE. — Hé bien, monsieur, voilà qui est fait, je ne rirai plus.

M. JOURDAIN. — Prends-y bien garde. Il faut que pour tantôt, tu nettoies....

NICOLE. — Hi, hi.

M. JOURDAIN. — Que tu nettoies comme il faut...

NICOLE. — Hi, hi.

M. JOURDAIN. — Il faut, dis-je, que tu nettoies la salle, et...

NICOLE. — Hi, hi.

M. JOURDAIN. — Encore ?

NICOLE, *tombant à force de rire.* — Tenez, monsieur, battez-moi plutôt, et me laissez rire tout mon soûl ; cela me fera plus de bien. Hi, hi, hi, hi.

M. JOURDAIN. — J'enrage.

NICOLE. — De grace, monsieur, je vous prie de me laisser rire. Hi, hi, hi.

M. JOURDAIN. — Si je te prends...

NICOLE. — Monsieur, eur, je crèverai, ai, si je ne ris. Hi, hi, hi.

M. JOURDAIN. — Mais a-t-on jamais vu une pendarde comme celle-là qui me vient rire insolemment au nez, au lieu de recevoir mes ordres ?

NICOLE. — Que voulez-vous que je fasse, monsieur ?

M. JOURDAIN. — Que tu songes, coquine, à préparer ma maison pour la compagnie qui doit venir tantôt.

NICOLE, *se relevant.* — Ah ! par ma foi, je n'ai plus envie de rire ; et toutes vos compagnies font tant de désordres céans, que ce mot est assez pour me mettre en mauvaise humeur.

M. JOURDAIN. — Ne dois-je point pour toi fermer ma porte à tout le monde ?

NICOLE. — Vous devriez au moins la fermer à certaines gens.

SCÈNE III.

MADAME ET M. JOURDAIN, NICOLE, DEUX LAQUAIS.

MADAME JOURDAIN. — Ah ! ah ! voici une nouvelle histoire ! Qu'est-ce que c'est donc, mon mari, que cet équipage-là ? Vous moquez-vous du monde, de vous être fait enharnacher de la sorte ? et avez-vous envie qu'on se raille partout de vous ?

M. JOURDAIN. — Il n'y a que des sots et des sottes, ma femme, qui se railleront de moi.

MADAME JOURDAIN. — Vraiment, on n'a pas attendu jusqu'à cette heure et il y a longtemps que vos façons de faire donnent à rire à tout le monde.

M. JOURDAIN. — Qui est donc tout ce monde-là, s'il vous plaît ?

MADAME JOURDAIN. — Tout ce monde-là est un monde qui a raison, et qui est plus sage que vous. Pour moi je suis scandalisée de la vie que vous menez. Je ne sais plus ce que c'est que notre maison : on dirait qu'il est céans carême-prenant tous les jours ; et dès le matin de peur d'y manquer, on y entend des vacarmes de violons et des chanteurs dont tout le voisinage se trouve incommodé.

NICOLE. — Madame parle bien. Je ne saurais plus voir mon ménage propre avec cet attirail de gens que vous faites venir chez vous. Ils ont des pieds qui vont chercher de la boue dans tous les quartiers de la ville pour l'apporter ici ; et la pauvre Françoise est presque sur les dents à frotter les planchers que vos biaux maîtres viennent crotter régulièrement tous les jours.

M. JOURDAIN. — Ouais ! notre servante Nicole, vous avez le caquet bien affilé pour une paysanne !

MADAME JOURDAIN. — Nicole a raison, et son sens est meilleur que le vôtre. Je voudrais bien savoir ce que vous pensez faire d'un maître à danser à l'âge que vous avez.

NICOLE. — Et d'un grand maître tireur d'armes qui vient, avec ses battements de pieds, ébranler toute la maison, et nous déraciner tous les carriaux de notre salle.

M. JOURDAIN. — Taisez-vous, ma servante et ma femme.

MADAME JOURDAIN. — Est-ce que vous voulez apprendre à danser pour quand vous n'aurez plus de jambes?

NICOLE. — Est-ce que vous avez envie de tuer quelqu'un?.

M. JOURDAIN. — Taisez-vous, vous dis-je : vous êtes des ignorantes l'une et l'autre ; et vous ne savez pas les prérogatives de tout cela.

MADAME JOURDAIN. — Vous devriez bien plutôt songer à marier votre fille, qui est en âge d'être pourvue.

M. JOURDAIN. — Je songerai à marier ma fille quand il se présentera un parti pour elle ; mais je veux songer aussi à apprendre les belles choses.

NICOLE. — J'ai encore ouï dire, madame, qu'il a pris aujourd'hui, pour renfort de potage, un maître de philosophie.

M. JOURDAIN. — Fort bien. Je veux avoir de l'esprit, et savoir raisonner des choses parmi les honnêtes gens.

MADAME JOURDAIN. — N'irez-vous pas l'un de ces jours au collége vous faire donner le fouet à votre âge?

M. JOURDAIN. — Pourquoi non? Plût à Dieu l'avoir tout à l'heure le fouet devant tout le monde, et savoir ce qu'on apprend au collége!

NICOLE. — Oui, ma foi, cela vous rendrait la jambe mieux faite.

M. JOURDAIN. — Sans doute.

MADAME JOURDAIN. — Tout cela est fort nécessaire pour conduire votre maison!

M. JOURDAIN. — Assurément. Vous parlez toutes deux comme des bêtes, et j'ai honte de votre ignorance. Par exemple (à madame Jourdain), savez-vous, vous, ce que c'est que vous dites à cette heure?

MADAME JOURDAIN. — Oui ; je sais que ce que je dis est fort bien dit, et que vous devriez songer à vivre d'autre sorte.

M. JOURDAIN. — Je ne parle pas de cela, je vous demande ce que c'est que les paroles que vous dites ici.

MADAME JOURDAIN. — Ce sont des paroles bien sensées, et votre conduite ne l'est guère.

M. JOURDAIN. — Je ne parle pas de cela, vous dis-je ; je vous demande, ce que je parle avec vous, ce que je vous dis à cette heure, qu'est-ce que c'est?

MADAME JOURDAIN. — Des chansons.

M. JOURDAIN. — Hé! non, ce n'est pas cela. Ce que nous disons tous deux? le langage que nous parlons à cette heure?

MADAME JOURDAIN. — Hé bien?

M. JOURDAIN. — Comment est-ce que cela s'appelle?

MADAME JOURDAIN. — Cela s'appelle comme on veut l'appeler.

M. JOURDAIN. — C'est de la prose, ignorante.

MADAME JOURDAIN. — De la prose?

M. JOURDAIN. — Oui de la prose. Tout ce qui est prose n'est point vers, et tout ce qui n'est point vers est prose. Hé! voilà ce que c'est que d'étudier! (à Nicole.) Et toi, sais-tu bien comme il faut faire pour dire un U?

NICOLE. — Comment?

M. JOURDAIN. — Oui, qu'est-ce que tu fais quand tu dis un U?

NICOLE. — Quoi!

M. JOURDAIN. — Dis un peu U, pour voir.

NICOLE. — Hé bien, U.

M. JOURDAIN. — Qu'est-ce que tu fais?

NICOLE. — Je dis U.

M. JOURDAIN. — Oui ; mais quand tu dis U, qu'est-ce que tu fais?

NICOLE. — Je fais ce que vous me dites.

M. JOURDAIN. — Oh! l'étrange chose que d'avoir affaire à des bêtes! Tu allonges les lèvres en dehors, et approche la mâchoire d'en-haut de celle d'en-bas. U, vois-tu ? je fais la moue, U.

NICOLE. — Oui, cela est biau.

MADAME JOURDAIN. — Voilà qui est admirable!

M. JOURDAIN. — C'est bien autre chose, si vous aviez vu O, et DA, DA, et FA, FA.

MADAME JOURDAIN. — Qu'est-ce que c'est donc que tout ce galimatias-là ?

NICOLE. — De quoi est-ce que tout cela guérit ?

M. JOURDAIN. — J'enrage, quand je vois des femmes ignorantes.

MADAME JOURDAIN. — Allez, vous devriez envoyer promener tous ces gens-là avec leurs fariboles.

NICOLE. — Et surtout ce grand escogriffe de maître d'armes, qui remplit de poudre tout mon ménage.

M. JOURDAIN. — Ouais! ce maître d'armes vous tient bien au cœur? Je te veux faire voir ton impertinence tout à l'heure. (*Après avoir fait apporter les fleurets, et en avoir donné un à Nicole.*) Tiens; raison démonstrative, la ligne du corps. Quand on pousse en quarte, on n'a qu'à faire cela; et, quand on pousse en tierce, on n'a qu'à faire cela. Voilà le moyen de n'être jamais tué? et cela n'est-il pas beau, d'être assuré de son fait quand on se bat contre quelqu'un? Là, pousse-moi un peu, pour voir.

NICOLE. — Hé bien! quoi! (*Nicole pousse plusieurs bottes à M. Jourdain.*)

M. JOURDAIN. — Tout beau! Holà! ho! doucement. Diantre soit la coquine!

NICOLE. — Vous me dites de pousser.

M. JOURDAIN. — Oui; mais tu pousses en tierce, avant que de pousser en quarte, et tu n'as pas la patience que je pare.

MADAME JOURDAIN. — Vous êtes fou, mon mari, avec toutes vos fantaisies: et cela vous est venu depuis que vous vous mêlez de hanter la noblesse.

M. JOURDAIN. — Lorsque je hante la noblesse, je fais paraître mon jugement: et cela est plus beau que de hanter votre bourgeoisie.

M. JOURDAIN. — Çamon vraiment! il y a fort à gagner à fréquenter vos nobles, et vous avez bien opéré avec ce beau monsieur le comte, dont vous vous êtes embéguiné!

M. JOURDAIN. — Paix; songez à ce que vous dites. Savez-vous bien, ma femme, que vous ne savez pas de qui vous parlez, quand vous parlez de lui? C'est une personne d'importance plus que vous ne pensez, un seigneur que l'on considère à la cour, et qui parle au roi tout comme je vous parle. N'est-ce pas une chose qui m'est tout-à-fait honorable, que l'on voie venir chez moi si souvent une personne de cette qualité, qui m'appelle son cher ami, et me traite comme si j'étais son égal? Il a pour moi des bontés qu'on ne devinerait jamais, et, devant tout le monde il me fait des caresses dont je suis moi-même confus.

MADAME JOURDAIN. — Oui, il a des bontés pour vous et vous fait des caresses: mais il vous emprunte votre argent.

M. JOURDAIN. — Hé bien! ne m'est-ce pas de l'honneur de prêter de l'argent à un homme de cette condition-là? et puis-je faire moins pour un seigneur qui m'appelle son cher ami?

MADAME JOURDAIN. — Et ce seigneur, que fait-il pour vous?

M. JOURDAIN. — Des choses dont on serait étonné si on les savait.

MADAME JOURDAIN. — Et quoi?

M. JOURDAIN. — Baste, je ne puis pas m'expliquer. Il suffit que si je lui ai prêté de l'argent il me le rendra bien, et avant qu'il soit peu.

MADAME JOURDAIN. — Oui, attendez-vous à cela.

M. JOURDAIN. — Assurément. Ne me l'a-t-il pas dit?

MADAME JOURDAIN. — Oui, oui; il ne manquera pas d'y faillir.

M. JOURDAIN. — Il m'a juré sa foi de gentilhomme.

MADAME JOURDAIN. — Chansons.

M. JOURDAIN. — Ouais! vous êtes bien obstinée, ma femme. Je vous dis qu'il me tiendra sa parole, j'en suis sûr.

MADAME JOURDAIN. — Et moi, je suis sûre que non, et que toutes les caresses qu'il vous fait ne sont que pour vous enjôler.

M. JOURDAIN. — Taisez-vous. Le voici.

MADAME JOURDAIN. — Il ne nous faut plus que cela. Il vient peut-être encore vous faire quelque emprunt, et il me semble que j'ai dîné quand je le vois.

M. JOURDAIN. — Taisez-vous, vous dis-je.

SCÈNE IV. — DORANTE, M. ET MADAME JOURDAIN, NICOLE.

DORANTE. — Mon cher ami monsieur Jourdain, comment vous portez-vous?

M. JOURDAIN. — Fort bien, monsieur, pour vous rendre mes petits services.

DORANTE. — Et madame Jourdain que voilà, comment se porte-elle ?

MADAME JOURDAIN. — Madame Jourdain se porte comme elle peut.

DORANTE. — Comment! monsieur Jourdain, vous voilà le plus propre du monde.

M. JOURDAIN. — Vous voyez.

DORANTE. — Vous avez tout-à-fait bon air avec cet habit; nous n'avons point de jeunes gens à la cour qui soient mieux faits que vous.

M. JOURDAIN. — Hai, hai.

MADAME JOURDAIN, à part. — Il le gratte par où il se démange.

DORANTE. — Tournez-vous. Cela est tout-à-fait galant.

MADAME JOURDAIN, à part. — Oui aussi sot par derrière que par devant.

DORANTE. — Ma foi, monsieur Jourdain, j'avais une impatience étrange de vous voir. Vous êtes l'homme du monde que j'estime le plus, et je parlais encore de vous ce matin dans la chambre du roi.

M. JOURDAIN. — Vous me faites beaucoup d'honneur, monsieur. (à madame Jourdain) Dans la chambre du roi!

DORANTE. — Allons, mettez.

M. JOURDAIN. — Monsieur, je sais le respect que je vous dois.

DORANTE. — Mon dieu! mettez. Point de cérémonies entre nous, je vous prie.

M. JOURDAIN — Monsieur...

DORANTE. — Mettez, vous dis-je, monsieur Jourdain; vous êtes mon ami.

M. JOURDAIN. — Monsieur, je suis votre serviteur.

DORANTE. — Je ne me couvrirai point si vous ne vous couvrez.

M. JOURDAIN, se couvrant. — J'aime mieux être incivil qu'importun.

DORANTE. — Je suis votre débiteur, comme vous le savez.

MADAME JOURDAIN, à part. — Oui, nous le savons que trop.

DORANTE. — Vous m'avez généreusement prêté de l'argent en plusieurs occasions; et vous m'avez obligé de la meilleure grace du monde, assurément.

M. JOURDAIN. — Monsieur, vous vous moquez.

DORANTE. — Mais je sais rendre ce qu'on me prête, et reconnaître les plaisirs qu'on me fait.

M. JOURDAIN — Je n'en doute point, monsieur.

DORANTE. — Je veux sortir d'affaire avec vous; et je viens ici pour faire nos comptes ensemble.

M. JOURDAIN, bas à madame Jourdain. — Hé bien! vous voyez votre impertinence, ma femme.

DORANTE. — Je suis un homme qui aime à m'acquitter le plus tôt que je puis.

M. JOURDAIN, bas à madame Jourdain. — Je vous le disais bien.

DORANTE. — Voyons un peu ce que je vous dois.

M. JOURDAIN, bas, à madame Jourdain. — Vous voilà avec vos soupçons ridicules!

DORANTE. — Vous souvenez-vous bien de tout l'argent que vous m'avez prêté?

M. JOURDAIN. — Je crois que oui. J'en ai fait un petit mémoire. Le voici. Donné à vous une fois deux cents louis.

DORANTE. — Cela est vrai.

M. JOURDAIN. — Une autre fois, six vingts.

DORANTE. — Oui.

M. JOURDAIN. — Une autrefois, cent quarante.

DORANTE. — Vous avez raison.

M. JOURDAIN. — Ces trois articles font quatre cent soixante louis, qui valent cinq mille soixante livres.

DORANTE. — Le compte est fort bon. Cinq mille soixante livres.

M. JOURDAIN. — Mille huit cent trente-deux livres à votre plumassier.

DORANTE. — Justement.

JOURDAIN. — Deux mille sept cent quatre-vingts livres à votre tailleur.

DORANTE. — Il est vrai.

M. JOURDAIN. — Quatre mille trois cent septante-neuf livres douze sous huit deniers à votre marchand.

DORANTE. — Fort bien. Douze sous huit deniers, le compte est juste.

M. JOURDAIN. — Et mille sept cent quarante-huit livres sept sous quatre deniers à votre sellier.

DORANTE. — Tout cela est véritable. Qu'est-ce que cela fait?

M. JOURDAIN. — Somme total, quinze mille huit cents livres.

DORANTE. — Somme totale est juste. Quinze mille huit cents livres. Mettez encore deux cents louis que vous m'allez donner, cela fera justement dix-huit mille francs, que je vous paierai au premier jour.

MADAME JOURDAIN, *bas, à M. Jourdain.* — Hé bien! ne l'avais-je pas bien deviné?

M. JOURDAIN, *bas à madame Jourdain.* — Paix.

DORANTE. — Cela vous incommodera-t-il de me donner ce que je vous dis?

M. JOURDAIN. — Hé! non.

MADAME JOURDAIN, *bas, à M. Jourdain.* — Cet homme-là fait de vous une vache à lait.

M. JOURDAIN, *bas, à madame Jourdain.* — Taisez-vous.

DORANTE. — Si cela vous incommode, j'en irai chercher ailleurs.

M. JOURDAIN. — Non, monsieur.

MADAME JOURDAIN, *bas, à M. Jourdain.* — Il ne sera pas content qu'il ne vous ait ruiné.

M. JOURDAIN, *bas, à madame Jourdain.* — Taisez-vous, vous dis-je.

DORANTE. — Vous n'avez qu'à me dire si cela vous embarrasse.

M. JOURDAIN. — Point, monsieur.

MADAME JOURDAIN, *bas, à M. Jourdain.* — C'est un vrai enjôleur.

M. JOURDAIN, *bas, à madame Jourdain.* — Taisez-vous donc.

MADAME JOURDAIN, *bas à M. Jourdain.* — Il vous sucera jusqu'au dernier sou.

M. JOURDAIN, *bas, à madame Jourdain.* — Vous tairez-vous!

DORANTE. — J'ai force gens qui m'en prêteraient avec joie: mais, comme vous êtes mon meilleur ami, j'ai cru que je vous ferais tort, si j'en demandais à quelque autre.

M. JOURDAIN. — C'est trop d'honneur, monsieur, que vous me faites. Je vais quérir votre affaire.

MADAME JOURDAIN, *bas, à M. Jourdain.* — Quoi! Vous allez encore lui donner cela?

M. JOURDAIN, *bas, à madame Jourdain.* — Que faire? Voulez-vous que je refuse un homme de cette condition-là, qui a parlé de moi ce matin dans la chambre du roi?

MADAME JOURDAIN, *bas, à M. Jourdain.* — Allez, vous êtes une vraie dupe.

SCÈNE V. — DORANTE, MADAME JOURDAIN, NICOLE.

DORANTE. — Vous me semblez toute mélancolique. Qu'avez-vous, madame Jourdain?

MADAME JOURDAIN. — J'ai la tête plus grosse que le poing, et si elle n'est pas enflée.

DORANTE. — Mademoiselle votre fille où est-elle, que je ne la vois point?

MADAME JOURDAIN. — Mademoiselle ma fille est bien où elle est.

DORANTE. — Comment se porte-t-elle?

MADAME JOURDAIN. — Elle se porte sur ses deux jambes.

DORANTE. — Ne voulez-vous point, un de ces jours, venir voir avec elle le ballet et la comédie que l'on fait chez le roi?

MADAME JOURDAIN. — Oui, vraiment nous avons fort envie de rire, fort envie de rire nous avons.

MOLIÈRE.   40

DORANTE. — Je pense, madame Jourdain, que vous avez eu bien des amants dans votre jeune âge, belle et d'agréable humeur comme vous étiez.

MADAME JOURDAIN. — Tredame! monsieur, est-ce que madame Jourdain est décrépite, et la tête lui grouille-t-elle déjà?

DORANTE. — Ah! ma foi, madame Jourdain, je vous demande pardon! je ne songeais pas que vous êtes jeune; et je rêve le plus souvent. Je vous prie d'excuser mon impertinence.

SCÈNE VI. — M. JOURDAIN, MADAME JOURDAIN, DORANTE, NICOLE.

M. JOURDAIN, à Dorante. — Voilà deux cents louis bien comptés.

DORANTE. — Je vous assure, monsieur Jourdain, que je suis tout à vous, et que je brûle de vous rendre un service à la cour.

M. JOURDAIN. — Je vous suis trop obligé.

DORANTE. — Si madame Jourdain veut voir le divertissement royal, je lui ferai donner les meilleures places de la salle.

MADAME JOURDAIN. — Madame Jourdain vous baise les mains.

DORANTE, bas, à M. Jourdain. — Notre belle marquise, comme je vous ai mandé par mon billet, viendra tantôt ici pour le ballet et le repas; et je l'ai fait consentir enfin au cadeau que vous lui voulez donner.

M. JOURDAIN. — Tirons-nous un peu plus loin pour cause.

DORANTE. — Il y a huit jours que je ne vous ai vu, et je ne vous ai point mandé de nouvelles du diamant que vous me mîtes entre les mains pour lui en faire présent de votre part: mais c'est que j'ai eu toutes les peines du monde à vaincre son scrupule: et ce n'est que d'aujourd'hui qu'elle s'est résolue à l'accepter.

M. JOURDAIN. — Comment l'a-t-elle trouvé?

DORANTE. — Merveilleux; et je me trompe fort, ou la beauté de ce diamant fera pour vous sur son esprit un effet admirable.

M. JOURDAIN. — Plût au ciel!

MADAME JOURDAIN, à Nicole. — Quand il est une fois avec lui, il ne peut le quitter.

DORANTE. — Je lui ai fait valoir comme il faut la richesse de ce présent et la grandeur de votre amour.

M. JOURDAIN. — Ce sont, monsieur, des bontés qui m'accablent; et je suis dans une confusion la plus grande du monde de voir une personne de votre qualité s'abaisser pour moi à ce que vous faites.

DORANTE. — Vous moquez-vous? est-ce qu'entre amis on s'arrête à ces sortes de scrupules? et ne feriez-vous pas pour moi la même chose si l'occasion s'en offrait?

M. JOURDAIN. — Oh! assurément, et de très grand cœur!

MADAME JOURDAIN, bas, à Nicole. — Que sa présence me pèse sur les épaules!

DORANTE. — Pour moi, je ne regarde rien quand il faut servir un ami; et lorsque vous me fîtes confidence de l'ardeur que vous aviez prise pour cette marquise agréable, chez qui j'avais commerce, vous vîtes que d'abord je m'offris de moi-même à servir votre amour.

M. JOURDAIN. — Il est vrai. Ce sont des bontés qui me confondent.

MADAME JOURDAIN, à Nicole. — Est-ce qu'il ne s'en ira point?

NICOLE. — Ils se trouvent bien ensemble.

DORANTE. — Vous avez pris le bon biais pour toucher son cœur. Les femmes aiment surtout les dépenses qu'on fait pour elles; et vos fréquentes sérénades, et vos bouquets continuels, ce superbe feu d'artifice qu'elle trouva sur l'eau, le diamant qu'elle a reçu de votre part, et le cadeau que vous lui préparez, tout cela lui parle bien mieux en faveur de votre amour, que toutes les paroles que vous auriez pu lui dire vous-même.

M. JOURDAIN. — Il n'y a pas de dépense que je ne fisse, si par là je pouvais trouver le chemin de son cœur. Une femme de qualité a pour moi des charmes ravissants; et c'est un honneur que j'achèterais aux prix de toutes choses.

MADAME JOURDAIN, bas à Nicole. — Que peuvent-ils tant dire ensemble? Va-t'en un peu tout doucement prêter l'oreille.

DORANTE. — Ce sera tantôt que vous jouirez à votre aise du plaisir de sa vue; et vos yeux auront tout le temps de se satisfaire.

M. JOURDAIN. — Pour être en pleine liberté, j'ai fait en sorte que ma femme ira dîner chez ma sœur, où elle passera toute l'après-dînée.

DORANTE. — Vous avez fait prudemment, et votre femme aurait pu nous embarrasser. J'ai donné pour vous l'ordre qu'il faut au cuisinier, et à toutes les choses qui sont nécessaires pour le ballet. Il est de mon invention; et pourvu que l'exécution puisse répondre à l'idée, je suis sûr qu'il sera trouvé...

M. JOURDAIN, s'apercevant que Nicole écoute, et lui donnant un soufflet. Ouais! vous êtes bien impertinente! (à Dorante.) Sortons, s'il vous plaît.

SCÈNE VII. MADAME JOURDAIN, NICOLE.

NICOLE. — Ma foi, madame, la curiosité m'a coûté quelque chose : mais je crois qu'il y a quelque anguille sous roche; et ils parlent de quelque affaire où ils ne veulent pas que vous soyez.

MADAME JOURDAIN. — Ce n'est pas d'aujourd'hui, Nicole, que j'ai conçu des soupçons de mon mari. Je suis la plus trompée du monde, ou il y a quelque amour en campagne; et je travaille à découvrir ce que ce peut-être. Mais songeons à ma fille. Tu sais l'amour que Cléonte a pour elle : c'est un homme qui me revient, et je veux aider sa recherche, et lui donner Lucile, si je puis.

NICOLE. — En vérité, madame, je suis la plus ravie du monde, de vous voir dans ces sentiments : car, si le maître vous revient, le valet ne me revient pas moins; et je souhaiterais que notre mariage se pût faire à l'ombre du leur.

MADAME JOURDAIN. — Va-t'en lui parler de ma part, et lui dire que tout à l'heure il me vienne trouver, pour faire ensemble à mon mari la demande de ma fille.

NICOLE. — J'y cours, madame, avec joie, et je ne pouvais recevoir une commission plus agréable. (seule) Je vais, je pense, bien réjouir les gens.

SCÈNE VIII. — CLÉONTE, COVIELLE, NICOLE.

NICOLE, à Cléonte. — Ah! vous voilà tout à propos. Je suis une ambassadrice de joie, et je viens...

CLÉONTE. — Retire-toi, perfide, et ne me viens pas amuser avec tes traîtresses paroles.

NICOLE. — Est-ce ainsi que vous recevez...

CLÉONTE. — Retire-toi te dis-je, et va-t'en de ce pas dire à ton infidèle maîtresse qu'elle n'abusera de sa vie le trop simple Cléonte.

NICOLE. — Quel vertigo est-ce donc là? mon pauvre Covielle, dis-moi un peu ce que cela veut dire.

COVIELLE. — Ton pauvre Covielle, petite scélérate! Allons, vite, ôte-toi de mes yeux, vilaine, et me laisse en repos.

NICOLE. — Quoi! tu me viens aussi...

COVIELLE. — Ôte-toi de mes yeux, te dis-je, et ne me parle de ta vie.

NICOLE, à part. — Ouais! Quelle mouche les a piqués tous deux? Allons de cette belle histoire informer ma maîtresse.

SCÈNE IX. — CLÉONTE, COVIELLE.

CLÉONTE — Quoi! traiter un amant de la sorte, et un amant le plus fidèle et le plus passionné de tous les amants!

COVIELLE. — C'est une chose épouvantable, que ce qu'on nous fait à tous deux.

CLÉONTE. — Je fais voir pour une personne toute l'ardeur et toute la tendresse qu'on peut imaginer; je n'aime rien au monde qu'elle, et je n'ai qu'elle dans l'esprit; elle fait tous mes soins, tous mes désirs, toute ma joie; je ne parle que d'elle, je ne pense qu'à elle, je ne fais des songes que d'elle, je ne respire que par elle, mon cœur vit tout en elle : et voilà de tant d'amitié la digne récompense! Je suis deux jours sans la voir, qui sont pour moi deux siècles effroyables; je la rencontre par hasard; mon cœur à cette vue se sent tout transporté, ma joie éclate sur mon visage, je vole avec ravissement vers elle; et l'infidèle détourne de moi ses regards, et passe brusquement, comme si de sa vie elle ne m'avait vu.

COVIELLE. — Je dis les mêmes choses que vous.

CLÉONTE. — Peut-on rien voir d'égal, Covielle, à cette perfidie de l'ingrate Lucile?

COVIELLE. — Et à celle, monsieur, de la pendarde de Nicole?

CLÉONTE. — Après tant de sacrifices ardents, de soupirs et de vœux que j'ai faits à ses charmes!

COVIELLE. — Après tant d'assidus hommages, de soins et de services que je lui ai rendus dans sa cuisine!

CLÉONTE. — Tant de larmes que j'ai versées à ses genoux!

COVIELLE. — Tant de seaux d'eau que j'ai tirés au puits pour elle!

CLÉONTE. — Tant d'ardeur que j'ai fait paraître à la chérir plus que moi-même!

COVIELLE. — Tant de chaleur que j'ai soufferte à tourner la broche à sa place!

CLÉONTE. — Elle me fuit avec mépris!

COVIELLE. — Elle me tourne le dos avec effronterie!

CLÉONTE. — C'est une perfidie digne des plus grands châtiments.

COVIELLE. — C'est une trahison à mériter mille soufflets.

CLÉONTE. — Ne t'avise point, je te prie, de me jamais parler pour elle.

COVIELLE. — Moi, monsieur, Dieu, m'en garde!

CLÉONTE. — Ne viens point m'excuser l'action de cette infidèle.

COVIELLE. — N'ayez pas peur.

CLÉONTE. — Non, vois-tu, tous ces discours pour la défendre ne serviront de rien.

COVIELLE. — Qui songe à cela?

CLÉONTE. — Je veux, contre elle, conserver mon ressentiment, et rompre ensemble tout commerce.

COVIELLE. — J'y consens.

CLÉONTE. — Ce monsieur le comte qui va chez elle lui donne peut-être dans la vue; et son esprit, je le vois bien, se laisse éblouir à la qualité. Mais il me faut, pour mon bonheur, prévenir l'éclat de son inconstance. Je veux faire autant de pas qu'elle au changement où je la vois courir, et ne lui laisser pas toute la gloire de me quitter.

COVIELLE. — C'est fort bien dit, et j'entre pour mon compte dans tous vos sentiments.

CLÉONTE. — Donne la main à mon dépit, et soutiens ma résolution contre tous les restes d'amour qui me pourraient parler pour elle. Dis-m'en, je t'en conjure, tout le mal que tu pourras; fais-moi de sa personne une peinture qui me la rende méprisable; et marque-moi bien, pour m'en dégoûter, tous les défauts que tu peux voir en elle.

COVIELLE. — Elle, monsieur? Voilà une belle mijaurée, une pimpesouée bien bâtie, pour vous donner tant d'amour! Je ne lui vois rien que de très médiocre; et vous trouverez cent personnes qui seront plus dignes de vous. Premièrement, elle a les yeux petits.

CLÉONTE. — Cela est vrai, elle a les yeux petits; mais elle les a pleins de feu, les plus brillants, les plus perçants du monde, les plus touchants qu'on puisse voir.

COVIELLE. — Elle a la bouche grande.

CLÉONTE. — Oui; mais on y voit des grâces qu'on ne voit point aux autres bouches: et cette bouche, en la voyant, inspire des désirs; elle est la plus attrayante, la plus amoureuse du monde.

COVIELLE. — Pour sa taille, elle n'est pas grande.

CLÉONTE. — Non; mais elle est aisée et bien prise.

COVIELLE. — Elle affecte une nonchalance dans son parler et dans ses actions...

CLÉONTE. — Il est vrai; mais elle a grâce à tout cela; et ses manières sont engageantes, ont je ne sais quel charme à s'insinuer dans les cœurs.

COVIELLE. — Pour de l'esprit...

CLÉONTE. — Ah! elle en a, Covielle, du plus fin, du plus délicat.

COVIELLE. — Sa conversation...

CLÉONTE. — Sa conversation est charmante.

COVIELLE. — Elle est toujours sérieuse.

CLÉONTE. — Veux-tu de ces enjouements épanouis, de ces joies toujours ouvertes ? Et vois-tu rien de plus impertinent que des femmes qui rient à tout propos ?

COVIELLE. — Mais enfin, elle est capricieuse autant que personne du monde.

CLÉONTE. — Oui, elle est capricieuse j'en demeure d'accord : mais tout sied bien aux belles ; on souffre tout des belles.

COVIELLE. — Puisque cela va comme cela, je vois bien que vous avez l'envie de l'aimer toujours.

CLÉONTE. — Moi ? j'aimerais mieux mourir ; et je vais la haïr autant que je l'ai aimée.

COVIELLE. — Le moyen, si vous la trouvez si parfaite ?

CLÉONTE. — C'est en quoi ma vengeance sera plus éclatante, en quoi je veux faire mieux voir la force de mon cœur à la haïr, à la quitter, toute belle, toute pleine d'attraits, tout aimable que je la trouve. La voici.

SCÈNE X. — LUCILE, CLÉONTE, COVIELLE, NICOLE.

NICOLE, à Lucile. — Pour moi, j'en ai été toute scandalisée.

LUCILE. — Ce ne peut être, Nicole, que ce que je dis. Mais le voilà.

CLÉONTE, à Covielle. — Je ne veux pas seulement lui parler.

COVIELLE. — Je veux vous imiter.

LUCILE. — Qu'est-ce donc, Cléonte? qu'avez-vous?

NICOLE. — Qu'as-tu donc, Covielle?

LUCILE. — Quel chagrin vous possède?

NICOLE. — Quelle mauvaise humeur te tient?

LUCILE. — Êtes-vous muet, Cléonte?

NIOLE. — As-tu perdu la parole, Covielle?

CLÉONTE. — Que voilà qui est scélérat!

COVIELLE. — Que cela est Judas!

LUCILE. — Je vois bien que la rencontre de tantôt a troublé votre esprit.

CLÉONTE à Covielle. — Ah! ah! on voit ce qu'on a fait.

NICOLE. — Notre accueil de ce matin t'a fait prendre la chèvre.

COVIELLE, à Cléonte. — On a deviné l'enclouure.

LUCILE. — N'est-il pas vrai, Cléonte, que c'est là le sujet de votre dépit?

CLÉONTE. — Oui, perfide, ce l'est, puisqu'il faut parler; et j'ai à vous dire que vous ne triompherez pas, comme vous le pensez, de votre infidélité ; que je veux être le premier à rompre avec vous; et que vous n'aurez pas l'avantage de me chasser. J'aurai de la peine, sans doute, à vaincre l'amour que j'ai pour vous; cela me causera des chagrins; je souffrirai un temps : mais j'en viendrai à bout, et je me percerai plutôt le cœur, que d'avoir la faiblesse de retourner à vous.

COVIELLE, à Nicole. — Queussi, quemi.

LUCILE. — Voilà bien du bruit pour un rien! Je veux vous dire, Cléonte, le sujet qui m'a fait, ce matin, éviter votre abord.

CLÉONTE, voulant s'en aller pour éviter Lucile. — Non. Je ne veux rien écouter.

NICOLE, à Covielle. — Je te veux apprendre la cause qui nous a fait passer si vite.

COVIELLE, voulant aussi s'en aller pour éviter Nicole. — Je ne veux rien entendre.

LUCILE, suivant Cléonte. — Sachez que ce matin...

CLÉONTE, marchant toujours sans regarder Lucile. — Non, vous dis-je.

NICOLE, suivant Covielle. — Apprends que...

COVIELLE, marchant aussi sans regarder Nicole. — Non, traîtresse!

LUCILE. — Écoutez.

CLÉONTE. — Point d'affaire.

NICOLE. — Laisse-moi dire.

COVIELLE. — Je suis sourd.

LUCILE. — Cléonte!

CLÉONTE. — Non.

NICOLE. — Covielle!

COVIELLE. — Point.

LUCILE. — Arrêtez.

CLÉONTE. — Chansons.

NICOLE. — Entends-moi.

COVIELLE. — Bagatelle.

LUCILE. — Un moment.

CLÉONTE. — Point du tout.

NICOLE. — Un peu de patience.

COVIELLE. — Tarare.

LUCILE. — Deux paroles.

CLÉONTE. — Non. C'en est fait.

NICOLE. — Un mot.

COVIELLE. — Plus de commerce.

LUCILE, s'arrêtant. — Hé bien! puisque vous ne voulez point m'écouter, demeurez dans votre pensée, et faites ce qu'il vous plaira.

NICOLE, s'arrêtant aussi. — Puisque tu fais comme cela, prends-le tout comme tu voudras.

CLÉONTE, se tournant vers Lucile. — Sachons donc le sujet d'un si bel accueil.

LUCILE, s'en allant à son tour pour éviter Cléonte. — Il ne me plaît plus de le dire.

COVIELLE, se tournant vers Nicole. — Apprends-nous un peu cette histoire.

NICOLE, s'en allant aussi pour éviter Covielle. — Je ne veux plus, moi, te l'apprendre.

CLÉONTE, suivant Lucile. — Dites-moi...

LUCILE, marchant toujours sans regarder Cléonte. — Non. Je ne veux rien dire.

COVIELLE, suivant Nicole. — Conte-moi...

NICOLE, marchant aussi sans regarder Covielle — Non. Je ne conte rien.

CLÉONTE. — De grace.

LUCILE. — Non, vous dis-je.

COVIELLE. — Par charité.

NICOLE. — Point d'affaire.

CLÉONTE. — Je vous en prie.

LUCILE. — Laissez-moi.

COVIELLE. — Je t'en conjure.

NICOLE. — Ote-toi de là.

CLÉONTE. — Lucile!

LUCILE. — Non.

COVIELLE. — Nicole!

NICOLE. — Point.

CLÉONTE. — Au nom des dieux!

LUCILE. — Je ne veux pas.

COVIELLE. — Parle-moi.

NICOLE. — Point du tout.

CLÉONTE. — Éclaircissez mes doutes.

LUCILE. — Non. Je n'en ferai rien.

COVIELLE. — Guéris-moi l'esprit.

NICOLE. — Non: il ne me plaît pas.

CLÉONTE. — Hé bien! puisque vous vous souciez si peu de me tirer de peine, et de vous justifier du traitement indigne que vous avez fait à ma flamme, vous me voyez, ingrate, pour la dernière fois; et je vais, loin de vous, mourir de douleur et d'amour.

COVIELLE, à Nicole. — Et moi, je vais suivre ses pas.

LUCILE, à Cléonte qui veut sortir. — Cléonte!

NICOLE, à Covielle qui suit son maître. — Covielle!

CLÉONTE, s'arrêtant. — Hé?

COVIELLE, s'arrêtant aussi. — Plaît-il?

LUCILE. — Où allez-vous?

CLÉONTE. — Où je vous ai dit.

COVIELLE. — Nous allons mourir.

LUCILE. — Vous allez mourir, Cléonte?

CLÉONTE. — Oui, cruelle, puisque vous le voulez.

LUCILE. — Moi, je veux que vous mouriez?

CLÉONTE. — Oui, vous le voulez.

LUCILE. — Qui vous le dit?

CLÉONTE, *s'approchant de Lucile.* — N'est-ce pas le vouloir, que de ne vouloir pas éclaircir mes soupçons?

LUCILE. — Est-ce ma faute? Et si vous aviez voulu m'écouter, ne vous aurais-je pas dit que l'aventure dont vous vous plaignez a été causée ce matin par la présence d'une vieille tante qui veut à toute force que la seule approche d'un homme déshonore une fille, qui perpétuellement nous sermonne sur ce chapitre, et nous figure tous les hommes comme des diables qu'il faut fuir.

NICOLE, *à Covielle.* — Voilà le secret de l'affaire.

CLÉONTE. — Ne me trompez-vous point, Lucile?

COVIELLE, *à Nicole.* — Ne m'en donnes-tu point à garder?

LUCILE, *à Cléonte.* — Il n'est rien de plus vrai.

NICOLE, *à Covielle.* — C'est la chose comme elle est.

COVIELLE, *à Cléonte.* — Nous rendrons-nous à cela?

CLÉONTE. — Ah! Lucile, qu'avec un mot de votre bouche vous savez apaiser de choses dans mon cœur! et que facilement on se laisse persuader aux personnes qu'on aime!

COVIELLE. — Qu'on est aisément amadoué par ces diantres d'animaux-là!

SCÈNE XI.

MADAME JOURDAIN, CLÉONTE, LUCILE, COVIELLE, NICOLE.

MADAME JOURDAIN. — Je suis bien aise de vous voir, Cléonte; et vous voilà tout à propos. Mon mari vient, prenez vite votre temps pour lui demander Lucile en mariage.

CLÉONTE. — Ah! madame, que cette parole m'est douce, et qu'elle flatte mes désirs! pouvais-je recevoir un ordre plus charmant, une faveur plus précieuse?

SCÈNE XII.

CLÉONTE, M. JOURDAIN, MADAME JOURDAIN, LUCILE, COVIELLE, NICOLE.

CLÉONTE. — Monsieur, je n'ai voulu prendre personne pour vous faire une demande que je médite il y a longtemps. Elle me touche assez pour m'en charger moi-même; et sans autre détour, je vous dirai que l'honneur d'être votre gendre est une faveur glorieuse que je vous prie de m'accorder.

M. JOURDAIN. — Avant que de vous rendre réponse, monsieur, je vous prie de me dire si vous êtes gentilhomme.

CLÉONTE. — Monsieur, la plupart des gens sur cette question n'hésitent pas beaucoup: on tranche le mot aisément. Ce nom ne fait aucun scrupule à prendre; et l'usage aujourd'hui semble en autoriser le vol. Pour moi, je vous l'avoue, j'ai les sentiments sur cette matière un peu plus délicats. Je trouve que toute imposture est indigne d'un honnête homme, et qu'il y a de la lâcheté à déguiser ce que le ciel nous a fait naître, à se parer aux yeux du monde d'un titre dérobé, à se vouloir donner pour ce qu'on n'est pas. Je suis né de parents, sans doute, qui ont tenu [des charges honorables; je me suis acquis dans les armes l'honneur de six ans de service, et je me trouve assez de bien pour tenir dans le monde un rang assez passable; mais, avant tout cela, je ne veux pas me donner un nom où d'autres en ma place croiraient pouvoir prétendre; et je vous dirai franchement que je ne suis point gentilhomme.

M. JOURDAIN. — Touchez là, monsieur, ma fille n'est pas pour vous.

CLÉONTE. — Comment?

M. JOURDAIN. — Vous n'êtes point gentilhomme, vous n'aurez point ma fille.

MADAME JOURDAIN. — Que voulez-vous donc dire avec votre gentilhomme? Est-ce que nous sommes, nous autres, de la côte de Saint-Louis?

M. JOURDAIN. — Taisez-vous, ma femme; je vous vois venir.

MADAME JOURDAIN. — Descendons-nous tous deux que de bonne bourgeoisie?

M. JOURDAIN. — Voilà pas le coup de langue?

MADAME JOURDAIN. — Et votre père n'était-il pas marchand aussi bien que le mien?

M. JOURDAIN. — Peste soit de la femme! elle n'y a jamais manqué. Si votre père a été marchand, tant pis pour lui; mais, pour le mien, ce sont des mal avisés qui disent cela. Tout ce que j'ai à vous dire, moi, c'est que je veux avoir un gendre gentilhomme.

MADAME JOURDAIN. — Il faut à votre fille un mari qui lui soit propre; et il vaut mieux pour elle un honnête homme riche et bien fait, qu'un gentilhomme gueux et mal bâti.

NICOLE. — Cela est vrai. Nous avons le fils d'un gentilhomme de notre village qui est le plus grand malitorne et le plus dadais que j'aie jamais vu.

M. JOURDAIN, à Nicole. — Taisez-vous, impertinente : vous vous fourrez toujours dans la conversation. J'ai du bien assez pour ma fille, je n'ai besoin que d'honneurs, et je veux la faire marquise.

MADAME JOURDAIN. — Marquise?

M. JOURDAIN. — Oui, marquise.

MADAME JOURDAIN. — Hélas! Dieu m'en garde!

M. JOURDAIN. — C'est une chose que j'ai résolue.

MADAME JOURDAIN. — C'est une chose, moi, où je ne consentirai point. Les alliances avec plus grand que soi sont sujettes toujours à de fâcheux inconvénients. Je ne veux point qu'un gendre puisse à ma fille reprocher ses parents et qu'elle ait des enfants qui aient honte de m'appeler leur grand'maman. S'il fallait qu'elle me vînt visiter en équipage de grand'dame, et qu'elle manquât par mégarde à saluer quelqu'un du quartier, on ne manquerait pas aussitôt de dire cent sottises. « Voyez-vous, dirait-on, cette madame la marquise qui fait « tant la glorieuse? c'est la fille de monsieur Jourdain qui était trop heureuse, « étant petite, de jouer à la madame avec nous. Elle n'a pas toujours été si « relevée que la voilà, et ses deux grand'pères vendaient du drap auprès de la « porte Saint-Innocent. Ils ont amassé du bien à leurs enfants, qu'ils payent « maintenant peut-être bien cher en l'autre monde; et l'on ne devient guère si « riche à être honnêtes gens. » Je ne veux point tous ces caquets, et je veux un homme, en un mot, qui m'ait obligation de ma fille, et à qui je puisse dire : Mettez-vous là, mon gendre, et dînez avec moi.

M. JOURDAIN. — Voilà bien les sentiments d'un petit esprit, de vouloir demeurer toujours dans la bassesse. Ne me répliquez pas davantage : ma fille sera marquise en dépit de tout le monde; et, si vous me mettez en colère, je la ferai duchesse.

SCÈNE XIII. — MADAME JOURDAIN, LUCILLE, CLÉONTE, NICOLE, COVIELLE.

MADAME JOURDAIN. — Cléonte, ne perdez point courage encore. (A Lucile.) Suivez-moi, ma fille; et venez dire résolument à votre père que, si vous ne l'avez, vous ne voulez épouser personne.

SCÈNE XIV. — CLÉONTE, COVIELLE.

COVIELLE. — Vous avez fait de belles affaires avec vos beaux sentiments!

CLÉONTE. — Que veux-tu? J'ai un scrupule là-dessus que l'exemple ne saurait vaincre.

COVIELLE. — Vous moquez-vous de le prendre sérieusement avec un homme comme cela? Ne voyez-vous pas qu'il est fou? Et vous coûtait-il quelque chose de vous accommoder à ses chimères?

CLÉONTE. — Tu as raison; mais je ne croyais pas qu'il fallût faire ses preuves de noblesse pour être gendre de M. Jourdain.

COVIELLE, riant. — Ah! ah! ah!

CLÉONTE. — De quoi ris-tu?

COVIELLE. — D'une pensée qui me vient pour jouer votre homme, et vous faire obtenir ce que vous souhaitez.

CLÉONTE. — Comment?

COVIELLE. — L'idée est tout-à-fait plaisante.

CLÉONTE. — Quoi donc?

COVIELLE. — Il s'est fait depuis peu une certaine mascarade qui vient le mieux du monde ici, et que je prétends faire entrer dans une bourde que je veux faire à notre ridicule. Tout cela sent un peu sa comédie : m s avec lui on peut hasarder toute chose, il n'y faut point chercher tant de façons : et il est homme à y jouer son rôle à merveille, à donner aisément dans toutes les fariboles qu'on s'avisera de lui dire. J'ai les acteurs, j'ai les habits tout prêts ; laissez-moi faire seulement.

CLÉONTE. — Mais apprends-moi...

COVIELLE. — Je vais vous instruire de tout. Retirons-nous ; le voilà qui revient.

SCÈNE XV. — M. JOURDAIN, seul.

Que diable est-ce là? Ils n'ont rien que les grands seigneurs à me reprocher ; et moi, je ne vois rien de si beau que de hanter les grands seigneurs ; il n'y a qu honneur et civilité avec eux, et je voudrais qu'il m'eût coûté deux doigts de la main, et être né comte ou marquis.

SCÈNE XVI. — M. JOURDAIN, UN LAQUAIS.

LE LAQUAIS. — Monsieur, voici monsieur le comte et une dame qu'il mène par la main.

M. JOURDAIN. — Hé! mon Dieu! j'ai quelques ordres à donner. Dis-leur que je vais venir ici tout-à-l'heure.

SCÈNE XVII. — DORIMÈNE, DORANTE, UN LAQUAIS.

LE LAQUAIS. — Monsieur dit comme cela qu'il va venir ici tout-à-l'heure.

DORANTE. — Voilà qui est bien.

SCÈNE XVIII. — DORIMÈNE, DORANTE.

DORIMÈNE. — Je ne sais pas, Dorante ; je fais encore ici une étrange démarche, de me laisser amener par vous dans une maison où je ne connais personne.

DORANTE. — Quel lieu voulez-vous donc, madame, que mon amour choisisse pour vous régaler, puisque, pour fuir l'éclat, vous ne voulez ni votre maison ni la mienne?

DORIMÈNE. — Mais vous ne me dites pas que je m'engage insensiblement chaque jour à recevoir de trop grands témoignages de votre passion. J'ai beau me défendre des choses, vous fatiguez ma résistance, et vous avez une civile opiniâtreté qui me fait venir doucement à tout ce qu'il vous plaît. Les visites fréquentes ont commencé, les déclarations sont venues ensuite, qui, après elles, ont traîné les sérénades et les cadeaux, que les présents ont suivis. Je me suis opposée à tout cela, mais vous ne me rebutez point ; et, pied à pied, vous gagnez mes résolutions. Pour moi, je ne puis plus répondre de rien ; et je crois qu'à la fin vous me ferez venir au mariage, dont je me suis tant éloignée.

DORANTE. — Ma foi, madame, vous y devriez déjà être. Vous êtes veuve, et ne dépendez que de vous. Je suis maître de moi, et vous aime plus que ma vie. A quoi tient-il que, dès aujourd'hui, vous ne fassiez tout mon bonheur?

DORIMÈNE. — Mon Dieu! Dorante, il faut des deux parts bien des qualités pour vivre heureusement ensemble ; et les deux plus raisonnables personnes du monde ont souvent peine à composer une union dont ils soient satisfaits.

DORANTE. — Vous vous moquez, madame, de vous y figurer tant de difficultés, et l'expérience que vous avez faite ne conclut rien pour tous les autres.

DORIMÈNE. — Enfin, j'en reviens toujours là. Les dépenses que je vous vois faire pour moi m'inquiètent par deux raisons : l'une, qu'elles m'engagent plus que je ne voudrais ; et l'autre, que je suis sûre, sans vous déplaire, que vous ne les faites point que vous ne vous incommodiez ; et je n'en veux point cela.

DORANTE. — Ah! madame, ce sont des bagatelles, et ce n'est pas par là.

DORIMÈNE. — Je sais ce que je dis ; et, entre autres, le diamant que vous m'avez forcé à prendre est d'un prix...

DORANTE. — Hé! madame, de grace, ne faites point tant valoir une chose que mon amour trouve indigne de vous, et souffrez... Voici le maître du logis.

SCÈNE XIX. — M. JOURDAIN, DORIMÈNE, DORANTE.

M. JOURDAIN, après avoir fait deux révérences, se trouvant trop près de Dorimène. — Un peu plus loin, madame.

DORIMÈNE. — Comment?

M. JOURDAIN. — Un pas, s'il vous plaît.

DORIMÈNE. — Quoi donc?

M. JOURDAIN. — Reculez un peu pour la troisième.

DORANTE. — Madame, M. Jourdain sait son monde.

M. JOURDAIN. — Madame, ce m'est une gloire bien grande de me voir assez fortuné pour être si heureux, que d'avoir le bonheur, que vous ayez eu la bonté de m'accorder la grace de me faire l'honneur de m'honorer de la faveur de votre présence; et, si j'avais aussi le mérite pour mériter un mérite comme le vôtre, et que le ciel... envieux de mon bien... m'eût accordé... l'avantage de me voir digne... des...

DORANTE. — Monsieur Jourdain, en voilà assez. Madame n'aime pas les grands compliments, et elle sait que vous êtes homme d'esprit. (*Bas, à Dorimène.*) C'est un bon bourgeois assez ridicule, comme vous voyez, dans toutes ses manières.

DORIMÈNE, *bas, à Dorante.* — Il n'est pas mal aisé de s'en apercevoir.

DORANTE. — Madame, voilà le meilleur de mes amis.

M. JOURDAIN. — C'est trop d'honneur que vous me faites.

DORANTE. — Galant homme tout-à-fait.

DORIMÈNE. — J'ai beaucoup d'estime pour lui.

M. JOURDAIN. — Je n'ai rien fait encore, madame, pour mériter cette grace.

DORANTE, *bas, à M. Jourdain.* — Prenez bien garde, au moins, à ne lui point parler du diamant que vous lui avez donné.

M. JOURDAIN, *bas, à Dorante.* — Ne pourrais-je pas seulement lui demander comment elle le trouve.

DORANTE, *bas, à M. Jourdain.* — Comment! gardez-vous-en bien. Cela serait vilain à vous; et, pour agir en galant homme, il faut que vous fassiez comme si ce n'était pas vous qui lui eussiez fait ce présent. (*Haut.*) M. Jourdain, madame, dit qu'il est ravi de vous voir chez lui.

DORIMÈNE. — Il m'honore beaucoup.

M. JOURDAIN, *bas, à Dorante.* — Que je vous suis obligé, monsieur, de lui parler ainsi pour moi!

DORANTE, *bas, à M. Jourdain.* — J'ai eu une peine effroyable à la faire venir ici.

M. JOURDAIN, *bas, à Dorante.* — Je ne sais quelles graces vous en rendre.

DORANTE. — Il dit, madame, qu'il vous trouve la plus belle personne du monde.

DORIMÈNE. — C'est bien de la grace qu'il me fait.

M. JOURDAIN. — Madame, c'est vous qui faites les graces, et...

DORANTE. — Songeons à manger.

SCÈNE XX. — M. JOURDAIN, DORIMÈNE, DORANTE, UN LAQUAIS.

LE LAQUAIS, *à M. Jourdain.* — Tout est prêt, monsieur.

DORANTE. — Allons donc nous mettre à table, et qu'on fasse venir les musiciens.

SCÈNE XXI.

ENTRÉE DE BALLET.

Six cuisiniers, qui ont préparé le festin, dansent ensemble; après quoi ils apportent une table couverte de plusieurs mets.

FIN DU TROISIÈME ACTE.

ACTE IV.

SCÈNE PREMIÈRE.

DORIMÈNE, M. JOURDAIN, DORANTE, TROIS MUSICIENS, UN LAQUAIS.

DORIMÈNE. — Comment! Dorante? voilà un repas tout-à-fait magnifique.

JOURDAIN — Vous vous moquez madame, et je voudrais qu'il fût plus digne de vous être offert. (*Dorimène, M. Jourdain, Dorante et les trois musiciens se mettent à table.*)

DORANTE. — Monsieur Jourdain a raison, madame, de parler de la sorte, et il m'oblige de vous faire si bien les honneurs de chez lui. Je demeure d'accord avec lui que le repas n'est pas digne de vous. Comme c'est moi qui l'ai ordonné, et que je n'ai pas, sur cette matière, les lumières de nos amis, vous n'avez pas ici un repas fort savant, et vous y trouverez des incongruités de bonne chère, et des barbarismes de bon goût. Si Damis s'en était mêlé, tout serait dans les règles; il y aurait partout de l'élégance et de l'érudition, et il ne manquerait pas de vous exagérer lui-même toutes les pièces du repas qu'il vous donnerait, et de vous faire tomber d'accord de sa haute capacité dans la science des bons morceaux; de vous parler d'un pain de rive à biseau doré, relevé de cette croûte partout, croquant tendrement sous la dent : d'un vin à sève veloutée, armé d'un verre qui n'est point trop commandant; d'un carré de mouton gourmandé de persil; d'une longe de veau de rivière, longue comme cela, blanche, délicate, et qui, sous les dents, est une vraie pâte d'amande; de perdrix relevées d'un fumet surprenant; et pour son opéra, d'une soupe à bouillon perlé, soutenue d'un jeune gros dindon cantonné de pigeonneaux, et couronnée d'ognons blancs mariés avec la chicorée. Mais, pour moi, je vous avoue mon ignorance; et, comme M. Jourdain a fort bien dit, je voudrais que le repas fût plus digne de vous être offert.

DORIMÈNE. — Je ne réponds à ce compliment qu'en mangeant comme je fais.

M. JOURDAIN. — Ah! que voilà de belles mains!

DORIMÈNE. — Les mains sont médiocres, monsieur Jourdain; mais vous voulez parler du diamant qui est fort beau.

M. JOURDAIN. — Moi, madame, Dieu me garde d'en vouloir parler; ce ne serait pas agir en galant homme, et le diamant est fort peu de chose.

DORIMÈNE. — Vous êtes bien dégoûté.

M. JOURDAIN. — Vous avez trop de bonté...

DORANTE, *après avoir fait signe à M. Jourdain.* — Allons, qu'on donne du vin à M. Jourdain et à ces messieurs, qui nous feront la grace de nous chanter un air à boire.

DORIMÈNE. — C'est merveilleusement assaisonner la bonne chère, que d'y mêler la musique, et je me vois ici admirablement régalée.

M. JOURDAIN. — Madame, ce n'est pas...

DORANTE. — Monsieur Jourdain, prêtons silence à ces messieurs; ce qu'ils nous diront vaudra mieux que tout ce que nous pourrions dire.

PREMIER ET SECOND MUSICIENS, *ensemble, un verre à la main.*

Un petit doigt, Philis, pour commencer le tour :
Ah! qu'un verre en vos mains a d'agréables charmes!
Vous et le vin, vous vous prêtez des armes :
Et je sens pour tous deux redoubler mon amour.
Entre lui, vous et moi, jurons, jurons, ma belle,
Une ardeur éternelle.
Qu'en mouillant votre bouche il en reçoit d'attraits!
Et que l'on voit par lui votre bouche embellie!
Ah! l'un de l'autre ils me donnent envie;
Et de vous et de lui je m'enivre à longs traits;
Entre lui, vous et moi, jurons, jurons, ma belle,
Une ardeur éternelle.

SECOND ET TROISIÈME MUSICIENS, *ensemble.* — Buvons, chers amis, buvons;
Le temps qui fuit nous y convie.
Profitons de la vie
Autant que nous pouvons.
Quand on a passé l'onde noire,
Adieu le bon vin, nos amours.
Dépêchons-nous de boire;
On ne boit pas toujours.
Laissons raisonner les sots
Sur le vrai bonheur de la vie;
Notre philosophie

Le met parmi les pots.
Les biens, le savoir et la gloire,
N'ôtent point les soucis fâcheux;
Et ce n'est qu'à bien boire
Que l'on peut être heureux.

TOUS TROIS ENSEMBLE. — Sus, sus, du vin partout; versez, garçon, versez,
Versez, versez toujours, tant qu'on vous dise assez.

DORIMÈNE. — Je ne crois pas qu'on puisse mieux chanter, et cela est tout-à-
fait beau.

M. JOURDAIN. — Je vois encore ici, madame, quelque chose de plus beau.

DORIMÈNE. — Ouais! M. Jourdain est galant plus que je ne pensais.

DORANTE. — Comment! madame, pour qui prenez-vous M. Jourdain?

M. JOURDAIN. — Je voudrais bien qu'elle me prît pour ce que je dirais.

DORIMÈNE. — Encore?

DORANTE, à Dorimène. — Vous ne le connaissez pas.

M. JOURDAIN. — Elle me connaîtra quand il lui plaira.

DORIMÈNE. — Oh! je le quitte.

DORANTE. — Il est homme qui a toujours la riposte en main. Mais vous ne
voyez pas que M. Jourdain, madame, mange tous les morceaux que vous avez
touchés.

DORIMÈNE. — M. Jourdain est un homme qui me ravit.

M. JOURDAIN. — Si je pouvais ravir votre cœur, je serais...

SCÈNE II.

MADAME JOURDAIN, M. JOURDAIN, DORIMÈNE, DORANTE, MUSICIENS, LAQUAIS.

MADAME JOURDAIN. — Ah! ah! je trouve ici bonne compagnie, et je vois bien
qu'on ne m'y attendait pas. C'est donc pour cette belle affaire-ci, monsieur
mon mari, que vous avez eu tant d'empressement à m'envoyer dîner chez ma
sœur? Je viens de voir un théâtre là, et je vois ici un banquet à faire noces.
Voilà comme vous dépensez votre bien; c'est ainsi que vous festinez les dames
en mon absence, et que vous leur donnez la musique et la comédie, tandis que
vous m'envoyez promener.

DORANTE. — Que voulez-vous dire, madame Jourdain? et quelles fantaisies
sont les vôtres, de vous aller mettre en tête que votre mari dépense son bien,
et que c'est lui qui donne ce régal à madame? Apprenez que c'est moi, je vous
prie; qu'il ne fait seulement que me prêter sa maison, et que vous devriez un
peu mieux regarder aux choses que vous dites.

M. JOURDAIN. — Oui, impertinente, c'est monsieur le comte qui donne tout
ceci à madame, qui est une personne de qualité. Il me fait l'honneur de prendre
ma maison et de vouloir que je sois avec lui.

MADAME JOURDAIN. — Ce sont des chansons que cela; je sais ce que je sais.

DORANTE. — Prenez, madame Jourdain, prenez de meilleures lunettes.

MADAME JOURDAIN. — Je n'ai que faire de lunettes, monsieur, et je vois assez
clair. Il y a longtemps que je sens les choses, et je ne suis pas une bête. Cela
est fort vilain à vous, pour un grand seigneur, de prêter la main, comme vous
faites, aux sottises de mon mari. Et vous, madame, pour une grand'dame, cela
n'est ni beau, ni honnête à vous de mettre la dissension dans un ménage, et
de souffrir que mon mari soit amoureux de vous.

DORIMÈNE. — Que veut donc dire tout ceci? Allez, Dorante, vous vous moquez de m'exposer aux sottes visions de cette extravagante.

DORANTE, suivant Dorimène qui sort. — Madame, holà! madame, où courez-
vous?

M. JOURDAIN. — Madame... Monsieur le comte, faites-lui mes excuses, et
tâchez de la ramener.

SCÈNE III. — MADAME JOURDAIN, M. JOURDAIN, LAQUAIS.

M. JOURDAIN. — Ah! impertinente que vous êtes. Voilà de vos beaux faits!
vous me venez faire des affronts devant tout le monde, et vous chassez de chez
moi des personnes de qualité!

MADAME JOURDAIN. — Je me moque de leur qualité.

M. JOURDAIN. — Je ne sais qui me tient, maudite, que je ne vous fende la tête avec les pièces du repas que vous êtes venue troubler. (*Les laquais emportent la table.*)

MADAME JOURDAIN, *sortant.* — Je me moque de cela. Ce sont mes droits que je défends, et j'aurai pour moi toutes les femmes.

M. JOURDAIN. — Vous faites bien d'éviter ma colère.

SCÈNE IV. — M. JOURDAIN, *seul.*

Elle est arrivée là bien malheureusement. J'étais en humeur de dire de jolies choses, et jamais je ne m'étais senti tant d'esprit. Qu'est-ce que c'est que cela?

SCÈNE V. — M. JOURDAIN, COVIELLE, *déguisé.*

COVIELLE. — Monsieur, je ne sais pas si j'ai l'honneur d'être connu de vous.

M. JOURDAIN. — Non, monsieur.

COVIELLE, *étendant la main à un pied de terre.* — Je vous ai vu que vous n'étiez pas plus grand que cela.

M. JOURDAIN. — Moi?

COVIELLE. — Oui. Vous étiez le plus bel enfant du monde, et toutes les dames vous prenaient dans leurs bras pour vous baiser.

M. JOURDAIN. — Pour me baiser?

COVIELLE. — Oui. J'étais grand ami de feu monsieur votre père.

M. JOURDAIN. — De feu monsieur mon père?

COVIELLE. — Oui. C'était un fort honnête gentilhomme.

M. JOURDAIN. — Comment dites-vous?

COVIELLE. — Je dis que c'était un fort honnête gentilhomme.

M. JOURDAIN. — Mon père?

COVIELLE. — Oui.

M. JOURDAIN. — Vous l'avez fort connu?

COVIELLE. — Assurément.

M. JOURDAIN. — Et vous l'avez connu pour gentilhomme?

COVIELLE. — Sans doute.

M. JOURDAIN. — Je ne sais donc pas comment le monde est fait.

COVIELLE. — Comment?

M. JOURDAIN. — Il y a de sottes gens qui me veulent dire qu'il a été marchand.

COVIELLE. — Lui, marchand? c'est pure médisance, il ne l'a jamais été. Tout ce qu'il faisait, c'est qu'il était fort obligeant, fort officieux; et, comme il se connaissait fort bien en étoffes, il en allait choisir de tous les côtés, les faisait apporter chez lui, et en donnait à ses amis pour de l'argent.

M. JOURDAIN. — Je suis ravi de vous connaître, afin que vous rendiez ce témoignage-là, que mon père était gentilhomme.

COVIELLE. — Je le soutiendrai devant tout le monde.

M. JOURDAIN. — Vous m'obligerez. Quel sujet vous amène?

COVIELLE. — Depuis avoir connu feu monsieur votre père, honnête gentilhomme, comme je vous ai dit, j'ai voyagé par tout le monde.

M. JOURDAIN. — Par tout le monde?

COVIELLE. — Oui.

M. JOURDAIN. — Je pense qu'il y a bien loin en ce pays-là.

COVIELLE. — Assurément. Je ne suis revenu de tous mes longs voyages que depuis quatre jours; et, par l'intérêt que je prends à tout ce qui vous touche, je viens vous annoncer la meilleure nouvelle du monde.

M. JOURDAIN. — Quelle?

COVIELLE. — Vous savez que le fils du grand Turc est ici?

M. JOURDAIN. — Moi? non.

COVIELLE. — Comment! il a un train tout-à-fait magnifique; tout le monde le va voir, et il a été reçu en ce pays comme un seigneur d'importance.

M. JOURDAIN. — Par ma foi, je ne savais pas cela.

COVIELLE. — Ce qu'il y a d'avantageux pour vous, c'est qu'il est amoureux de votre fille.

M. JOURDAIN. — Le fils du grand Turc?

COVIELLE. — Oui et il veut être votre gendre.

M. JOURDAIN. — Mon gendre, le fils du grand Turc?

COVIELLE. — Le fils du grand Turc, votre gendre. Comme je le fus voir, et que j'entends parfaitement sa langue, il s'entretint avec moi; et, après quelques autres discours, il me dit : *Acciam croc solet onch alla moustaph gidelum ama-nahem varahini oussere carbulath*, c'est-à-dire : n'as-tu point vu une jeune belle personne, qui est la fille de monsieur Jourdain, gentilhomme parisien?

M. JOURDAIN. — Le fils du grand Turc dit cela de moi?

COVIELLE. — Oui. Comme je lui eus répondu que je vous connaissais parti-culièrement, et que j'avais vu votre fille! *Ah!* me dit-il, *marababa sahem!* c'est-à-dire : Ah! que je suis amoureux d'elle!

M. JOURDAIN. — *Marababa sahem* veut dire : Ah! que je suis amoureux d'elle!

COVIELLE. — Oui.

M. JOURDAIN. — Par ma foi, vous faites bien de me le dire, car, pour moi, je n'aurais jamais cru que *marababa sahem* eût voulu dire : Ah! que je suis amou-reux d'elle! Voilà une langue admirable que ce turc!

COVIELLE. — Plus admirable qu'on ne peut croire. Savez-vous bien ce que veut dire *cacaracamouchen?*

M. JOURDAIN. — *Cacaracamouchen?* non.

COVIELLE. — C'est-à-dire, ma chère ame.

M. JOURDAIN. — *Cacaracamouchen* veut dire ma chère ame?

COVIELLE. — Oui.

M. JOURDAIN. — Voilà qui est merveilleux! *Cacaracamouchen,* ma chère ame! Dirait-on jamais cela? Voilà qui me confond.

COVIELLE. — Enfin, pour achever mon ambassade, il vient vous demander votre fille en mariage; et, pour avoir un beau-père qui soit digne de lui, il veut vous faire *mamamouchi,* qui est une certaine grande dignité de son pays.

M. JOURDAIN. — *Mamamouchi?*

COVIELLE. — Oui, *mamamouchi* : c'est-à-dire, en notre langue, paladin. Pa-ladin, ce sont de ces anciens... Paladin enfin. Il n'y a rien de plus noble que cela dans le monde; et vous irez de pair avec les plus grands seigneurs de la terre.

M. JOURDAIN. — Le fils du grand Turc m'honore beaucoup, et je vous prie de me mener chez lui pour lui en faire mes remerciments.

COVIELLE. — Comment! le voilà qui va venir ici.

M. JOURDAIN. — Il va venir ici?

COVIELLE. — Oui, et il amène toutes choses pour la cérémonie de votre dignité.

M. JOURDAIN. — Voilà qui est bien prompt.

COVIELLE. — Son amour ne peut souffrir aucun retardement.

M. JOURDAIN. — Tout ce qui m'embarrasse ici, c'est que ma fille est une opi-niâtre qui s'est allée mettre dans la tête un certain Cléonte, et elle jure de n'épouser personne que celui-là.

COVIELLE. — Elle changera de sentiment, quand elle verra le fils du grand Turc; et puis il se rencontre ici une aventure merveilleuse, c'est que le fils du grand Turc ressemble à ce Cléonte, à peu de chose près. Je viens de le voir, on me l'a montré; et l'amour qu'elle a pour l'un pourra passer aisément à l'autre et... Je l'entends venir; le voilà.

SCÈNE VI. — CLÉONTE, *en turc,* TROIS PAGES, *portant la veste de Cléonte,* M. JOURDAIN, COVIELLE.

CLÉONTE. — *Ambousahim oqui boraf, Giourdina, salamalequis.*

COVIELLE, *à M. Jourdain.* — C'est-à-dire: Monsieur Jourdain, votre cœur soit toute l'année comme un rosier fleuri! Ce sont façons de parler obligeantes de ces pays-là.

M. JOURDAIN. — Je suis très humble serviteur de son altesse turque.

COVIELLE. — *Carigar camboto oustin moraf.*

CLÉONTE. — *Oustin yoc catamalequi basum base alla moran.*

COVIELLE. — Il dit : Que le ciel vous donne la force des lions et la prudence des serpents!

M. JOURDAIN — Son altesse turque m'honore trop; et je lui souhaite toutes sortes de prospérités.

COVIELLE. — *Ossa binanem sadoe baballi oracaf ouram.*

CLÉONTE. — *Bel-men.*

COVIELLE. — Il a dit que vous alliez vite avec lui vous préparer pour la cérémonie, afin de voir ensuite votre fille, et de conclure le mariage.

M. JOURDAIN. — Tant de choses en deux mots.

COVIELLE. — Oui. La langue turque est comme cela, elle dit beaucoup en peu de paroles. Allez vite où il souhaite.

SCÈNE VII. — COVIELLE, *seul.*

Ah! ah! ah! ma foi, cela est tout-à-fait drôle. Quelle dupe! Quand il aurait appris son rôle par cœur, il ne pourrait pas le mieux jouer! Ah! ah!

SCÈNE VIII. — DORANTE, COVIELLE.

COVIELLE. — Je vous prie, monsieur, de nous vouloir aider céans dans une affaire qui s'y passe.

DORANTE. — Ah! ah! Covielle, qui t'aurait reconnu? comme te voilà ajusté!

COVIELLE. — Vous voyez. Ah! ah!

DORANTE. — De quoi ris-tu?

COVIELLE. — D'une chose, monsieur, qui le mérite bien.

DORANTE. — Comment?

COVIELLE. — Je vous le donnerais en bien des fois, monsieur, à deviner le stratagème dont nous nous servons auprès de M. Jourdain, pour porter son esprit à donner sa fille à mon maître.

DORANTE. — Je ne devine point le stratagème; mais je devine qu'il ne manquera pas de faire son effet, puisque tu l'entreprends.

COVIELLE. — Je sais, monsieur, que la bête vous est connue.

DORANTE. — Apprends-moi ce que c'est.

COVIELLE. — Prenez la peine de vous tirer un peu plus loin pour faire place à ce que j'aperçois venir. Vous pourrez voir une partie de l'histoire, tandis que je vous conterai le reste.

SCÈNE IX. — CÉRÉMONIE TURQUE.

LE MUPHTI, DERVIS, TURCS, *assistants du muphti*, *chantants et dansants.*

Six Turcs entrent gravement, deux à deux, au son des instruments. Ils portent trois tapis qu'ils lèvent fort haut, après en avoir fait, en dansant, plusieurs figures. Les Turcs chantants passent par-dessous ces tapis pour s'aller ranger aux deux côtés du théâtre. Le muphti, accompagné des dervis, ferme cette marche.

Alors les Turcs étendent les tapis par terre, et se mettent dessus à genoux. Le muphti et les dervis restent de bout au milieu d'eux; et pendent que le muphti invoque Mahomet en faisant beaucoup de contorsions et de grimaces sans proférer une seule parole, les Turcs assistants se prosternent jusqu'à terre, en chantant *alli*, lèvent les bras au ciel en chantant *alla*, ce qu'ils continuent jusqu'à la fin de l'invocation, après laquelle ils se lèvent tous en chantant *alla ekber*; et deux dervis vont chercher M. Jourdain.

SCÈNE X.

LE MUPHTI, DERVIS, TURCS, *chantants et dansants*; M. JOURDAIN, *vêtu à la turque, la tête rasée, sans turban et sans sabre.*

LE MUPHTI, à *M. Jourdain.*

Se ti sabir,
Ti respondir;
Se non sabir,
Tazir, tazir,
Mi star muphti,
Ti qui star si?
Non intendir;
Tazir, tazir.

(Deux dervis font retirer M. Jourdain.)

SCÈNE XI. — LE MUPHTI, DERVIS, TURCS, *chantants et dansants.*
LE MUPHTI. — Dice, Turque, qui star quista? Anabatista? anabatista?
LES TURCS. — Ioc.
LE MUPHTI. — Zuinglista?
LES TURCS. — Ioc.
LE MUPHTI. — Coffita?
LES TURCS. — Ioc.
LE MUPHTI. — Hussita? Morista? Fronista
LES TURCS. — Ioc, ioc, ioc.
LE MUPHTI. — Ioc, ioc, ioc. Star pagana?
LES TURCS. — Ioc.
LE MUPHTI. — Luterana?
LES TURCS. — Ioc.
LE MUPHTI. — Puriana?
LES TURCS. — Ioc.
LE MUPHTI. — Bramina? Moffina? Zurina?
LES TURCS. — Ioc, ioc, ioc.
LE MUPHTI. — Ioc, ioc. Mahametana? Mahametana?
LES TURCS. — Hi valla. Hi valla.
LE MUPHTI. — Como chamara? Como chamara?
LES TURCS. — Giourdina, Giourdina.
LE MUPHTI, *sautant.* — Giourdina, Giourdina.
LES TURCS. — Giourdina, Giourdina.
LE MUPHTI. — Mahaméta, per Giourdina,
    Mi prégar, séra é matina.
    Voler far un paladina
    De Giourdina, de Giourdina;
    Dar turbanta, é dar scarrina.
    Con galéra é brigantina,
    Per deffender Palestina.
    Mahaméta, per Giourdina,
    Mi prégar, séra é matina.
(*Aux Turcs.*) Star bon Turca Giourdina
LES TURCS. — Hi valla. Hi valla.
LE MUPHTI, *chantant et dansant.* — Ha la ba, ba la chou, ba la ba, ba la da.
LES TURCS. — Ha la ba, ba la chou, ba la ba, ba la da.

SCÈNE XII. — TURCS *chantants et dansants.*

DEUXIÈME ENTRÉE DE BALLET.

SCÈNE XIII.

LE MUPHTI, DERVIS, M. JOURDAIN; TURCS, *chantants et dansants.*

Le muphti revient coiffé avec son turban de cérémonie, qui est d'une grosseur démesurée, et garni de bougies allumées à quatre ou cinq rangs; il est accompagné de deux dervis qui portent l'Alcoran, et qui ont des bonnets pointus, garnis aussi de bougies allumées.
Les deux autres dervis amènent M. Jourdain, et le font mettre à genoux les mains par terre, de façon que son dos, sur lequel est mis l'Alcoran, sert de pupître au muphti, qui fait une seconde invocation burlesque, fronçant le sourcil, frappant de temps en temps sur l'Alcoran, et tournant les feuilles avec précipitation; après quoi, en levant les bras au ciel, le muphti crie à haute voix, *hou.*
Pendant cette seconde invocation, les Turs assistants, s'inclinant et se relevant alternativement, chantent aussi, *hou, hou, hou.*
M. JOURDAIN, *après qu'on lui a ôté l'Alcoran de dessus le dos.* — Ouf.
LE MUPHTI, *à M. Jourdain.* — Ti non star furba?
LES TURCS. — No, no, no.
LE MUPHTI. — Non star forfanta?
LES TURCS. — No, no, no.
LE MUPHTI, *aux Turcs.* — Donar turbanta.

LES TURCS. — Ti non star furba?,
No, no no.
Non star forfanta?
No, no, no.
Donar turbanta.

TROISIÈME ENTRÉE DE BALLET.

dansants mettent le turban sur la tête de M. Jourdain au son des instruments.

LE MUPHTI, *donnant le sabre à M. Jourdain.*
Ti star nobile, non star fabbola.
Pigliar schiabbola.
LES TURCS, *mettant le sabre à la main.*
Ti star nobile, non star fabola.
Pigliar schiabbola.

QUATRIÈME ENTRÉE DE BALLET.

Les turcs dansants donnent en cadence, plusieurs coups de sabre à M. Jourdain.

LE MUPHTI. — Dara, dara
Bastonnara.
LES TURCS — Dara, dara.
Bastonnara.

CINQUIÈME ENTRÉE DE BALLET.

Les Turcs dansants donnent à M. Jourdain des coups de bâton en cadence.

LE MUPHTI. — Non tener honta,
Questa star l'ultima affronta.
LES TURCS. — Non tener honta
Questa star l'ultima affronta.

Le muphti commence une troisième invocation. Les dervis le soutiennent par dessous les bras avec respect; après quoi les Turcs chantants et dansants, sautant autour du muphti, se retirent avec lui et emmènent M. Jourdain

FIN DU QUATRIÈME ACTE.

ACTE V.

SCÈNE PREMIÈRE.

MADAME JOURDAIN, M. JOURDAIN.

MADAME JOURDAIN. — Ah ! mon dieu! miséricorde! Qu'est-ce que c'est donc que cela? Quelle figure! Est-ce un momon que vous allez porter; est-il temps d'aller en masque? Parlez donc, et qu'est-ce que c'est que ceci? Qui vous a fagoté comme cela?

JOURDAIN. — Voyez l'impertinente, de parler de la sorte à un *mamamouchi!*

MADAME JOURDAIN. — Comment donc?

M. JOURDAIN. — Oui, il me faut porter du respect maintenant, et l'on vient de me faire *mamamouchi.*

MADAME JOURDAIN. — Que voulez-vous dire, avec votre *mamamouchi?*

M. JOURDAIN. — *Mamamouchi*, vous dis-je. Je suis *mamamouchi.*

MADAME JOURDAIN. — Quelle bête est-ce cela?

M. JOURDAIN. — *Mamamouchi*, c'est-à-dire, en notre langue, *paladin.*

MADAME JOURDAIN. — Baladin? Êtes-vous en âge de danser des ballets?

M. JOURDAIN — Quelle ignorante! Je dis paladin; c'est une dignité dont on vient de me faire la cérémonie.

MADAME JOURDAIN. — Quelle cérémonie donc.

M. JOURDAIN — *Mahameta per Giourdina*

MADAME JOURDAIN. — Qu'est-ce que cela veut dire?

M. JOURDAIN.— *Giourdina*, c'est-à-dire Jourdain.

MOLIÈRE. 41

MADAME JOURDAIN. — Hé bien ! quoi, Jourdain ?

M. JOURDAIN. — *Voler far un paladina de Giourdina*.

MADAME JOURDAIN. — Comment?

M. JOURDAIN. — *Dar turbanta con galera*.

MADAME JOURDAIN. — Qu'est-ce à dire cela?

M. JOURDAIN. — *Per deffender Palestina*.

MADAME JOURDAIN. — Que voulez-vous donc dire?

M. JOURDAIN. — *Dara, dara, bastonnara*.

MADAME JOURDAIN. — Qu'est-ce donc que ce jargon-là ?

M. JOURDAIN. — *Non tener honta, questa star l'ultima affronta*.

MADAME JOURDAIN. — Qu'est-ce que c'est donc que tout cela ?

JOURDAIN, *chantant et dansant*.

— Hou la ba, ba la chou, ba la ba, ba la da. (*Il tombe par terre.*)

MADAME JOURDAIN. — Hélas! mon dieu! Mon mari est devenu fou !

M. JOUDAIN, *se relevant et s'en allant*. — Paix, insolente. Portez respect à monsieur le *mamamouchi*.

MADAME JOURDAIN, *seule*. — Où est-ce donc qu'il a perdu l'esprit? Courons l'empêcher de sortir. (*apercevant Dorimène et Dorante*) Ah! ah! Voici justement le reste de notre écu. Je ne vois que chagrin de tous côtés.

SCÈNE II. — DORANTE, DORIMÈNE.

DORANTE. — Oui, madame, vous verrez la plus plaisante chose qu'on puisse voir; et je ne crois pas que dans tout le monde, il soit possible de trouver encore un homme aussi fou que celui-là. Et puis, madame, il faut tâcher de servir l'amour de Cléonte, et d'appuyer toute sa mascarade. C'est un fort galant homme, et qui mérite que l'on s'intéresse pour lui.

DORIMÈNE. — J'en fais beaucoup de cas, et il est digne d'une bonne fortune.

DORANTE. — Outre cela, nous avons ici, madame, un ballet qui nous revient, que nous ne devons pas laisser perdre; et il faut bien voir si mon idée pourra réussir.

DORIMÈNE. — J'ai vu là des apprêts magnifiques; et ce sont des choses, Dorante, que je ne puis plus souffrir. Oui, je veux enfin vous empêcher vos profusions; et, pour rompre le cours à toutes les dépenses que je vous vois faire pour moi, j'ai résolu de me marier promptement avec vous. C'en est le vrai secret; et toutes ces choses finissent avec le mariage.

DORANTE. — Ah! madame, est-il possible que vous ayez pu prendre, pour moi, une si douce résolution!

DORIMÈNE. — Ce n'est que pour vous empêcher de vous ruiner; et, sans cela, je vois bien qu'avant qu'il fût peu vous n'auriez pas un sou.

DORANTE. — Que j'ai d'obligation, madame, aux soins que vous avez de conserver mon bien. Il est entièrement à vous aussi bien que mon cœur ; et vous en userez de la façon qu'il vous plaira.

DORIMÈNE. — J'userai bien de tous les deux. Mais voici votre homme; la figure en est admirable.

SCÈNE III. — M. JOURDAIN, DORIMÈNE, DORANTE.

DORANTE. — Monsieur, nous venons rendre hommage, madame et moi, à votre nouvelle dignité, et nous réjouir avec vous du mariage que vous faites, de votre fille, avec le fils du grand Turc.

M. JOURDAIN, *après avoir fait la révérence à la turque*. — Monsieur, je vous souhaite la force des serpents et la prudence des lions.

DORIMÈNE. — J'ai été bien aise d'être des premières, monsieur, à venir vous féliciter du haut degré de gloire où vous êtes monté.

M. JOURDAIN, je vous souhaite, toute l'année votre rosier fleuri. Je vous suis infiniment obligé de prendre part aux honneurs qui m'arrivent; et j'ai beaucoup de joie de vous voir revenue ici, pour vous faire les très humbles excuses de l'extravagance de ma femme.

DORIMÈNE. — Cela n'est rien, j'excuse en elle un pareil mouvement : votre cœur lui doit être précieux; et il n'est pas étrange que la possession d'un homme vous puisse inspirer quelques alarmes.

M. JOURDAIN. — La possession de mon cœur est une chose qui vous est toute acquise.

DORANTE. — Vous voyez, madame, que monsieur Jourdain n'est pas de ces gens que les prospérités aveuglent; et qu'il sait, dans sa grandeur, connaître encore ses amis.

DORIMÈNE. — C'est la marque d'une ame tout-à-fait généreuse.

DORANTE. — Où est donc son altesse turque? Nous voudrions bien, comme vos amis, lui rendre nos devoirs.

M. JOURDAIN. — Le voilà qui vient; et j'ai envoyé quérir ma fille pour lui donner la main.

SCÈNE IV.

M JOURDAIN, DORIMÈNE, DORANTE; CLÉONTE; *habillé en Turc.*

DORANTE, *à Cléonte.* — Monsieur, nous venons faire la révérence à votre altesse, comme amis de monsieur votre beau-père, et l'assurer, avec respect, de nos très humbles services.

M. JOURDAIN. — Où est le truchement, pour lui dire qui vous êtes, et lui faire entendre ce que vous dites? Vous verrez qu'il vous répondra, et il parle turc à merveille. (*A Cléonte.*) Holà! où diantre est-il allé? *Strorf, strif, strof, straf:* monsieur est un *grande segnore, grande segnore, grande segnore,* et madame une *granda dama, granda dama* (*voyant qu'il ne se fait point entendre.* Ah! (*à Cléonte montrant Dorante.*) Monsieur, lui *mamamouchi* français; et madame, *mamamouchi* française. Je ne puis pas parler plus clairement. Bon, voici l'interprète.

SCÈNE V. — M. JOURDAIN, DORIMÈNE, DORANTE; CLÉONTE, *habillé en Turc;* COVIELLE *déguisé.*

M. JOURDAIN. — Où allez-vous donc? nous ne saurions rien dire sans vous. (*montrant Cléonte.*) Dites-lui un peu que monsieur et madame sont des personnes de grande qualité, qui lui viennent faire la révérence, comme mes amis, et l'assurer de leurs services. (*à Dorimène et à Dorante*) Vous allez voir comme il va répondre

COVIELLE. — *Adabala crociam acci boram alabomen.*

CLÉONTE — *Catalequi tubal ourin soter a ma louchan!*

M. JOURDAIN, *à Dorimène et à Dorante.* — Voyez-vous?

COVIELLE. — Il dit que la pluie des prospérités arrose en tout temps le jardin de votre famille.

M. JOURDAIN — Je vous l'avais bien dit qu'il parle turc.

DORIMÈNE. — Cela est admirable.

SCÈNE VI.

LUCILE, CLÉONTE, M. JOURDAIN, DORIMÈNE, DORANTE, COVIELLE.

M. JOURDAIN. — Venez, ma fille, approchez-vous, et venez donner la main à monsieur, qui vous fait l'honneur de vous demander en mariage.

LUCILE. — Comment! mon père! comme vous voilà fait! Est-ce une comédie que vous jouez?

M. JOURDAIN. — Non, non, ce n'est pas une comédie; c'est une affaire fort sérieuse, et la plus pleine d'honneur pour vous qui se peut souhaiter. (*Montrant Cléonte.*) Voilà le mari que je vous donne.

LUCILE. — A moi, mon père?

M. JOURDAIN. — Oui, à vous. Allons, touchez-lui dans la main, et rendez grace au ciel de votre bonheur.

LUCILE. — Je ne veux point me marier.

M. JOURDAIN. — Je le veux, moi, qui suis votre père.

LUCILE. — Je n'en ferai rien.

M. JOURDAIN. — Ah! que de bruit! Allons, vous dis-je: çà, votre main.

LUCILE. — Non, mon père, je vous l'ai dit, il n'est point de pouvoir qui me puisse obliger à prendre un autre mari que Cléonte; et je me résoudrai plutôt à toutes les extrémités, que de... (*reconnaissant Cléonte.*) Il est vrai que vous êtes mon père, je vous dois entière obéissance; et c'est à vous à disposer de moi selon vos volontés.

M. JOURDAIN. — Ah! je suis ravi de vous voir si promptement revenue dans votre devoir; et voilà qui me plaît d'avoir une fille obéissante.

SCÈNE VII. — MADAME JOURDAIN, CLÉONTE, M. JOURDAIN, LUCILE, DORANTE, DORIMÈNE, COVIELLE.

MADAME JOURDAIN. — Comment donc? Qu'est-ce que c'est que ceci? On dit que vous voulez donner votre fille en mariage à un carême-prenant.

M. JOURDAIN. — Voulez-vous vous taire, impertinente? Vous venez toujours mêler vos extravagances à toutes choses, et il n'y a pas moyen de vous apprendre à être raisonnable.

MADAME JOURDAIN. — C'est vous qu'il n'y a pas moyen de rendre sage, et vous allez de folie en folie. Quel est votre dessein? et que voulez-vous faire avec cet assemblage?

M. JOURDAIN. — Je veux marier notre fille avec le fils du grand Turc.

MADAME JOURDAIN. — Avec le fils du grand Turc.

JOURDAIN. — Oui. (Montrant Covielle.) faites lui-faire vos compliments par le truchement que voilà.

MADAME JOURDAIN. — Je n'ai que faire du truchement; et je lui dirai bien moi-même, à son nez, qu'il n'aura point ma fille.

M. JOURDAIN. — Voulez-vous vous taire, encore une fois?

DORANTE. — Comment! madame Jourdain, vous vous opposez à un honneur comme celui-là? Vous refusez son altesse turque pour gendre?

MADAME JOURDAIN. — Mon dieu! monsieur, mêlez-vous de vos affaires.

DORIMÈNE. — C'est une grande gloire qui n'est pas à rejeter.

MADAME JOURDAIN. — Madame, je vous prie aussi de ne vous point embarrasser de ce qui ne vous touche pas.

DORANTE. — C'est l'amitié que nous avons pour vous qui nous fait intéresser dans vos avantages.

MADAME JOURDAIN. — Je me passerai bien de votre amitié.

DORANTE. — Voilà votre fille qui consent aux volontés de son père.

MADAME JOURDAIN. — Ma fille consent à épouser un Turc?

DORANTE. — Sans doute.

MADAME JOURDAIN. — Elle peut oublier Cléonte?

DORANTE. — Que ne fait-on pas pour être grande dame?

MADAME JOURDAIN. — Je l'étranglerais de mes mains, si elle avait fait un coup comme celui-là.

M. JOURDAIN. — Voilà bien du caquet! Je vous dis que ce mariage-là se fera.

MADAME JOURDAIN. — Je vous dis, moi, qu'il ne se fera point.

M. JOURDAIN. — Ah! que de bruit!

LUCILE. — Ma mère!

MADAME JOURDAIN. — Allez. Vous êtes une coquine.

M. JOURDAIN, à madame Jourdain. — Quoi! vous la querellez de ce qu'elle m'obéit?

MADAME JOURDAIN. — Oui. Elle est à moi aussi bien qu'à vous.

COVIELLE, à madame Jourdain. — Madame!

MADAME JOURDAIN. — Que me voulez-vous conter, vous?

COVIELLE. — Un mot.

MADAME JOURDAIN. — Je n'ai que faire de votre mot.

COVIELLE, à madame Jourdain. — Monsieur, si elle veut écouter une parole en particulier, je vous promets de la faire consentir à ce que vous voulez.

MADAME JOURDAIN. — Je n'y consentirai point.

COVIELLE. — Écoutez-moi, seulement.

MADAME JOURDAIN. — Non.

M. JOURDAIN, à madame Jourdain. — Écoutez-le.

MADAME JOURDAIN. — Non: je ne veux pas l'écouter.

M. JOURDAIN. — Il vous dira...

MADAME JOURDAIN. — Je ne veux point qu'il me dise rien.

M. JOURDAIN. — Voilà une grande obstination de femme! Cela vous fera-il mal de l'entendre?

COVIELLE. — Ne faites que m'écouter; vous ferez après ce qu'il vous plaira.

MADAME JOURDAIN. — Hé bien, quoi?

COVIELLE, bas, à madame Jourdain. — Il y a une heure, madame, que nous vous faisons signe. Ne voyez-vous pas bien que tout ceci n'est fait que pour nous ajuster aux visions de votre mari? que nous l'abusons sous ce déguisement, et que c'est Cléonte lui-même qui est le fils du grand turc?

MADAME JOURDAIN, bas à Covielle. — Ah! ah!

COVIELLE, bas, à madame Jourdain. — Et moi, Covielle, qui suis le truchement.

MADAME JOURDAIN, bas à Covielle. — Ah! comme cela, je me rends.

COVIELLE, bas, à madame Jourdain. — Ne faites pas semblant de rien.

MADAME JOURDAIN, haut. — Oui, voilà qui est fait; je consens au mariage.

M. JOURDAIN. — Ah! voilà tout le monde raisonnable. (A madame Jourdain.) Vous ne vouliez pas l'écouter. Je savais bien qu'il vous expliquerait ce que c'est que le fils du grand turc.

MADAME JOURDAIN. — Il me l'a expliqué comme il faut, et j'en suis satisfaite. Envoyons quérir un notaire.

DORANTE. — C'est fort bien dit. Et afin, madame Jourdain, que vous puissiez avoir l'esprit tout-à-fait content, et que vous perdiez aujourd'hui toute la jalousie que vous pourriez avoir conçue de monsieur votre mari, c'est que nous nous servirons du même notaire pour nous marier, madame et moi.

MADAME JOURDAIN. — Je consens aussi à cela.

M. JOURDAIN, bas, à Dorante. — C'est pour lui faire accroire.

DORANTE, bas, à monsieur Jourdain. — Il faut bien l'amuser avec cette feinte.

M. JOURDAIN, bas. — Bon, bon! (haut) Qu'on aille quérir le notaire.

DORANTE. — Tandis qu'il viendra, et qu'il dressera les contrats, voyons notre ballet, et donnons-en le divertissement à son altesse turque.

M. JOURDAIN. — C'est fort bien avisé. Allons prendre nos places.

MADAME JOURDAIN. — Et Nicole?

M. JOURDAIN. — Je la donne au truchement; et ma femme à qui la voudra.

COVIELLE. — Monsieur, je vous remercie. (A part) Si l'on en peut voir un plus fou, j'irai le dire à Rome.

La comédie finit par un petit ballet qui avait été préparé.

PREMIÈRE ENTRÉE.

Un homme vient donner les livres du ballet, qui d'abord est fatigué par une multitude de gens de provinces différentes, qui crient en musique pour en avoir, et par trois importuns qu'il trouve toujours sur ses pas.

DIALOGUES DES GENS QUI, EN MUSIQUE, DEMANDENT DES LIVRES.

CHŒUR DE SPECTATEURS au donneur de livres.

A moi, monsieur, à moi, de grace, à moi, monsieur;
Un livre, s'il vous plaît, à votre serviteur.

PREMIER HOMME du bel air.

Monsieur, distinguez-nous parmi les gens qui crient:
Quelques livres ici: les dames vous en prient.

SECOND HOMME du bel air.

Holà! monsieur! monsieur ayez la charité
D'en jeter de notre côté.

PREMIÈRE FEMME du bel air.

Mon dieu! qu'aux personnes bien faites
On sait peu rendre honneur céans!

SECONDE FEMME du bel air.

Ils n'ont des livres et des bancs
Que pour mesdames les grisettes.

PREMIER GASCON.

Ah! l'homme aux libres qu'on m'en vaille,
J'ai déjà lé poumon usé.
Bous boyez qué chacun mé raille.
Et jé suis escandalisé

Dé boir és mains dé la canaille
Cé qui m'est par bous réfusé.

SECOND GASCON.

Hé! cadédis, monseu, boyez qui l'on pût être.
Un libret, jé bous prie, au varon d'Asbara.
Jé pensé, mordi, qué lé fat
N'a pas l'honnur de mé connaître.

UN SUISSE.

Montsir le donner de papieir,
Que vuel nir sti façon de fifre?
Moi, l'écorchair tout tout mon gosieir
     A crieir,
Sans que je pouvre áfoir ein lifre :
Pardi, mon foi, monsir, je pense fous l'être ifre :
(Le donneur de livres, fatigué par les importuns qu'il trouve toujours sur ses
     pas, se retire en colère.)

UN VIEUX BOURGEOIS, *babillard*

De tout ceci, franc et net,
     Je suis mal satisfait.
Et cela sans doute est laid,
     Que notre fille,
Si bien faite et si gentille,
De tant d'amoureux l'objet,
     N'ait pas à son souhait
     Un livre de ballet,
     Pour lire le sujet
Du divertissemént qu'on fait
Et que toute notre famille
     Si proprement s'habille
Pour être placée au sommet
De la salle où l'on met
     Les gens de l'entriguet
De tout ceci, franc et net.
     Je suis mal satisfait ;
Et cela sans doute est laid.

UNE VIEILLE BOURGEOISE, *babillarde.*

Il est vrai que c'est une honte :
Le sang au visage me monte ;
Et ce jeteur de vers, qui manque au capital
     L'entend fort mal :
     C'est un brutal,
     Un vrai cheval,
     Franc animal,
De faire si peu de compte
D'une fille qui fait l'ornement principa.
     Du quartier du Palais-Royal,
Et que, ces jours passés, un comte
Fut prendre la première au bal.
     Il l'entend mal :
     C'est un brutal,
     Un vrai cheval,
     Franc ainmal.

HOMMES ET FEMMES *du bel air.*

Ab! quel bruit!
     Quel fracas!
         Quel chaos!
            Quel mélange.
Quelle confusion!
     Quelle cohue étrange!
Quel désordre!

Quel embarras!

On y sèche.

L'on n'y tient pas

PREMIER GASCON.

Bentré! jé suis à vout.

SECOND GASCON.

J'enrage, diou me damne.

LE SUISSE.

Ah! quo l'y faire saif dans sti sal de cians !

PREMIER GASCON.

Jé murs.

SECOND GASCON.

Je perds la tramontane !

LE SUISSE.

Mon foi, moi, le foudrais être hors de dedans.

LE VIEUX BOURGEOIS *babillard.*

Allons, ma mie,
Suivez mes pas,
Je vous en prie,
Et ne me quittez pas ,
On fait de nous trop peu de cas ,
Et je suis las
De ce tracas.
Tout ce fracas,
Cet embarras,
Me pèse par trop sur les bras.
S'il me prend jamais envie
De retourner de ma vie
A ballet ni comédie,
Je veux bien qu'on m'estropie.
Allons, ma mie,
Suivez mes pas ,
Je vous en prie,
Et ne me quittez pas :
On fait de nous trop peu de cas.

LA VIEILLE BOURGEOISE *babillarde.*

Allons, mon mignon, mon fils,
Regagnons notre logis ,
Et sortons de ce taudis,
Où l'on ne peut être assis.
Ils seront bien ébaubis
Quand ils nous verront partis.
Trop de confusion règne dans cette salle,
Et j'aimerais mieux être au milieu de la halle.
Si jamais je reviens à semblable régale,
Je veux bien recevoir des soufflets plus de six.
Allons, mon mignon, mon fils,
Regagnons notre logis,
Et sortons de ce taudis ,
Où l'on ne peut être assis.

(Le donneur de livres revient avec les importuns qui l'ont suivi.)

CHOEUR DE SPECTATEURS.

A moi, monsieur, à moi, de grace, à moi, monsieur ;
Un livre, s'il vous plaît, à votre serviteur.

(Les importuns, ayant pris des livres des mains de celui qui les donne, les
distribuent aux spectateurs, pendant que le donneur de livres danse, après
quoi ils se joignent à lui, et forme la première entrée.)

DEUXIÈME ENTRÉE. — ESPAGNOLS.

TROIS ESPAGNOLS *chantants*, ESPAGNOLS *dansants*.

PREMIER ESPAGNOL.

Sé que me muero de amor
Y solicito el dolor.
Aun muriendo de querer,
De tan buen ayre adolezco
Que es mas de lo que padezco,
Lo que quiero padecer ;
Y no pudiendo exceder
A mi desco el rigor.
Sé que me muero de amo,
Y sollicito el dolor.
Lisonjeame la suerte
Con piedad tan avertida.
Que me asegura la vida
En el riesgo de la muerte.
Vivir de la golpe fuerte
Es de mi salud primor
Sé que me muero de amor
Y solicito el dolor.

(Danse de six Espagnols, après laquelle deux autres Espagnols dansent
ensemble.)

PREMIER ESPAGNOL.

Ay ! que locura, con tanto rigor
Quexarse de amor,
Del nino bonito
Que todo es dulzura.
Ay ! que locura !
Ay ! que locura !

SECOND ESPAGNOL.

El dolor sollicita,
El que al dolor se da :
Y nadie de amor muere,
Sino quien no sabe amar.

PREMIER ET SECOND ESPAGNOLS.

Dulce muerte es el amor
Con correspondencia ignal ;
Y si esta gozamos hoy ,
Porque la quieres turbar?

TROISIÈME ESPAGNOL.

Alegrese enamorado
Y tome mi parecer,
Que en sto de querer,
Todo es hallar el vado.

TOUS TROIS ENSEMBLE

Vaya, vaya de fiestas,
Vaya de bayle !
Alegria, alegria, alegria !
Que esto de dolor es fantasia !

TROISIÈME ENTRÉE. — ITALIENS.

UNE ITALIENNE *chantante*, UN ITALIEN *chantant*; ARLEQUIN, TRIVELINS ET
SCARAMOUCHES *dansants*.

L'ITALIENNE.

Di rigori armanta il seno,
Contra amor mi rebellai,
Ma fui vinta in un baleno,
In mirar due vaghi rai.
Ahi ! che resiste puoco

Cor di gelo a stral di fuoco!
Ma si caro è l mio tormeno,
Dolce è si la piaga mia,
Ch'il penare è mio contento,
E'l sanarmi è tirannia;
Ahi! che più giova e piace,
Quanto amor è più vivace!

Deux scaramouches et deux trivelins représentent avec Arlequin une nuit à la manière des comédiens italiens.

L'ITALIEN.

Bel tempo che vola
Rapisoe il contento:
D'amor ne la scuola
Si coglie il momento.

L'ITALIENNE.

Insi che florida
Ride l'età,
Che pur tropp'horrida,
Da noi sen va :

TOUS TROIS ENSEMBLE.

Sù cantiamo,
Sù godiamo,
Né bei dì di gioventù :
Perduto ben non si racquista più.

L'ITALIEN.

Pupilla ch'é vaga
Mill'alme incatena,
Fà dolce la piaga.
Felice la pena.

L'ITALIENNE.

Ma pioche frigida
Langue l'età,
Più l'alma rigida
Fiamme non ha.

TOUS DEUX ENSEMBLE.

Sù cantiamo,
Sù godiamo,
Ne bei dì di gioventù;
Perduto ben non si racquista più.

Les scaramouches et les trivelins finissent l'entrée par une danse.

QUATRIÈME ENTRÉE. — FRANÇAIS.

DEUX POITEVINS chantants et dansants, POITEVINS ET POITEVINES dansants.

PREMIER POITEVIN.

Ah! qu'il fait beau dans ces bocages!
Ah! que le ciel donne un beau jour!

SECOND POITEVIN.

Le rossignol, sous ces tendres feuillages,
Chante aux échos son doux retour!
Ce beau séjour,
Ces doux ramages,
Ce beau séjour
Nous invite à l'amour

TOUS DEUX ENSEMBLE.

Vois, ma Climène,
Vois, sous ce chêne,
S'e   -baiser ces oiseaux amoureux,
n'ont rien dans leurs vœux
Qui les gêne ;

LE BOURGEOIS GENTILHOMME.

De leurs doux feux
Leur ame est pleine.
Qu'ils sont heureux!
Nous pouvons tous deux,
Si tu le veux,
Être comme eux.

Trois Poitevins et trois Poitevines dansent ensemble.

CINQUIÈME ENTRÉE.

Les Espagnols, les Italiens et les Français se mêlent ensemble, et forment la dernière entrée.

CHŒUR DES SPECTATEURS.

Quels spectacles charmants! quels plaisirs goûtons-nous]
Les dieux mêmes, les dieux, n'en ont point de plus doux.

FIN DU BOURGEOIS GENTILHOMME.

Les Fourberies de Scapin, p. 634.

LES FOURBERIES DE SCAPIN,

COMÉDIE EN TROIS ACTES.

PERSONNAGES.

ARGANTE, père d'Octave et de Zerbinette.
GÉRONTE, père de Léandre et d'Hyacinthe.
OCTAVE, fils d'Argante et amant d'Hyacinthe.
LÉANDRE, fils de Géronte et amant de Zerbinette.
ZERBINETTE, crue Égyptienne, et reconnue fille d'Argante, amante de Léandre.

HYACINTE, fille de Géronte et amante d'Octave.
SCAPIN, valet de Léandre, fourbe.
NÉRINE, nourrice d'Hyacinthe.
SYLVESTRE, valet d'Octave.
CARLE, ami de Scapin, fourbe.
DEUX PORTEURS.

LA SCÈNE EST A NAPLES.

ACTE Ier.

SCÈNE PREMIÈRE. — OCTAVE, SILVESTRE.

OCTAVE. — Ah! fâcheuses nouvelles pour un cœur amoureux! dures extrémités où je me vois réduit! Tu viens, Silvestre, d'apprendre au port que mon père revient?

SILVESTRE. — Oui.

OCTAVE. — Qu'il arrive ce matin même?

SILVESTRE. — Ce matin même.

OCTAVE. — Et qu'il revient dans la résolution de me marier?

SILVESTRE. — Oui.

OCTAVE. — Avec une fille du seigneur Géronte?

SILVESTRE. — Du seigneur Géronte.

OCTAVE. — Et que cette fille est mandée de Tarente ici pour cela?

SILVESTRE. — Oui.

OCTAVE. — Et tu tiens ces nouvelles de mon oncle?

SILVESTRE. — De votre oncle.

OCTAVE. — A qui mon père les a mandés par une lettre?

SILVESTRE. — Par une lettre.

OCTAVE. — Et cet oncle, dis-tu, sait toutes nos affaires?

SILVESTRE. — Toutes nos affaires.

OCTAVE. — Ah! parle si tu veux, et ne te fais point de la sorte arracher les mots de la bouche.

SILVESTRE. — Qu'ai-je à parler davantage? Vous n'oubliez aucune circonstance, et vous dites les choses tout justement comme elles sont.

OCTAVE. — Conseille-moi du moins, et me dis ce que je dois faire dans ces cruelles conjonctures.

SILVESTRE. — Ma foi, je m'y trouve autant embarrassé que vous, et j'aurais bon besoin que l'on me conseillât moi-même.

OCTAVE. — Je suis assassiné par ce maudit retour.

SILVESTRE. — Je ne le suis pas moins.

OCTAVE. — Lorsque mon père apprendra les choses, je vais voir fondre sur moi un orage soudain d'impétueuses réprimandes.

SILVESTRE. — Les réprimandes ne sont rien; et plût au ciel que j'en fusse quitte à ce prix! Mais j'ai bien la mine, pour moi, de payer plus cher vos folies; et je vois se former de loin un nuage de coups de bâton qui crèvera sur mes épaules.

OCTAVE. — O ciel! par où sortir de l'embarras où je me trouve?

SILVESTRE. — C'est à quoi vous deviez songer avant que de vous y jeter.

OCTAVE. — Ah! tu me fais mourir par tes leçons hors de saison.

SILVESTRE. — Vous me faites bien plus mourir par vos actions étourdies.

OCTAVE. — Que dois-je faire? Quelle résolution prendre? A quel remède recourir?

SCÈNE II. — OCTAVE, SCAPIN, SILVESTRE.

SCAPIN. — Qu'est-ce, seigneur Oronte? Qu'avez-vous? Qu'y a-t-il? Quel désordre est-ce là? Je vous vois tout troublé.

OCTAVE. — Ah! mon pauvre Scapin, je suis perdu, je suis désespéré, je suis le plus infortuné de tous les hommes.

SCAPIN. — Comment?

OCTAVE. — N'as-tu rien appris de ce qui me regarde?

SCAPIN. — Non.

OCTAVE. — Mon père arrive avec le seigneur Géronte, et ils me veulent marier.

SCAPIN. — Hé bien! qu'y a-t-il là de si funeste?

OCTAVE. — Hélas! tu ne sais pas la cause de mon inquiétude?

SCAPIN. — Non : mais il ne tiendra qu'à vous que je la sache bientôt; et je suis homme consolatif, homme à m'intéresser aux affaires des jeunes gens.

OCTAVE. — Ah! Scapin, si tu pouvais trouver quelque invention, forger quelque machine, pour me tirer de la peine où je suis, je croirais t'être redevable de plus que la vie.

SCAPIN. — A vous dire la vérité, il y a peu de choses qui me soient impossibles, quand je veux m'en mêler. J'ai sans doute reçu du ciel un génie assez beau pour toutes les fabriques de ces gentillesses d'esprit, de ces galanteries ingénieuses, à qui le vulgaire ignorant donne le nom de fourberies : et je puis dire sans vanité qu'on n'a guère vu d'homme qui fût plus habile ouvrier de ressorts et d'intrigues, qui ait acquis plus de gloire que moi dans ce noble métier. Mais, ma foi, le mérite est trop maltraité aujourd'hui, et j'ai renoncé à toutes choses depuis certain chagrin d'une affaire qui m'arriva.

OCTAVE. — Comment? quelle affaire, Scapin?

SCAPIN. — Une aventure où je me brouillai avec la justice.

OCTAVE. — La justice?

SCAPIN. — Oui : nous eûmes un petit démêlé ensemble.

SILVESTRE. — Toi et la justice?

SCAPIN. — Oui. Elle en usa fort mal avec moi; et je me dépitai de telle sorte contre l'ingratitude du siècle, que je résolus de ne plus rien faire. Baste : ne laissez pas de me conter votre aventure.

OCTAVE. — Tu sais, Scapin, qu'il y a deux mois que le seigneur Géronte et mon père s'embarquèrent ensemble pour un voyage qui regarde certain commerce où leurs intérêts sont mêlés.

SCAPIN. — Je sais cela.

OCTAVE. — Et que Léandre et moi, nous fûmes laissés par nos pères, moi sous la conduite de Silvestre, et Léandre sous ta direction.

SCAPIN. — Oui. Je me suis fort bien acquitté de ma charge.

OCTAVE. — Quelque temps après, Léandre fit rencontre d'une jeune Égyptienne dont il devint amoureux.

SCAPIN. — Je sais cela encore.

OCTAVE. — Comme nous sommes grands amis, il me fit aussitôt confidence de son amour, et me mena voir cette fille que je trouvai belle, à la vérité, mais non pas tant qu'il voulait que je la trouvasse. Il ne m'entretenait que d'elle chaque jour, m'exagérait à tous moments sa beauté et sa grace, me louait son esprit et me parlait avec transport des charmes de son entretien, dont il me rapportait jusqu'aux moindres paroles, qu'il s'efforçait toujours de me faire trouver les plus spirituelles du monde. Il me querellait quelquefois de n'être pas assez sensible aux choses qu'il me venait dire, et me blâmait sans cesse de l'indifférence où j'étais pour les feux de l'amour.

SCAPIN. — Je ne vois pas encore où ceci veut aller.

OCTAVE. — Un jour que je l'accompagnais pour aller chez les gens qui gardent l'objet de ses vœux, nous entendîmes, dans une petite maison d'une rue écartée, quelques plaintes mêlées de beaucoup de sanglots. Nous demandons ce que c'est : une femme nous dit en soupirant que nous pouvions voir là quelque chose de pitoyable en des personnes étrangères, et qu'à moins que d'être insensibles, nous en serions touchés.

SCAPIN. — Où est-ce que cela nous mène?

OCTAVE. — La curiosité me fit presser Léandre de voir ce que c'était. Nous entrons dans une salle où nous voyons une vieille femme mourante, assistée d'une servante qui faisait des regrets et d'une jeune fille toute fondante en larmes, la plus belle et la plus touchante qu'on puisse jamais voir.

SCAPIN. — Ah! ah!

OCTAVE. — Une autre aurait paru effroyable en l'état où elle était; car elle n'avait pour habillement qu'une méchante petite jupe, avec des brassières de nuit qui étaient de simple futaine; et sa coiffure était une cornette jaune, retroussée en haut de sa tête, qui laissait tomber en désordre ses cheveux sur ses épaules : et cependant, faite comme cela, elle brillait de mille attraits, et ce n'était qu'agréments et que charmes que toute sa personne.

SCAPIN. — Je sens venir les choses.

OCTAVE. — Si tu l'avais vue, Scapin, en l'état que je dis, tu l'aurais trouvée admirable.

SCAPIN. — Oh! je n'en doute point; et, sans l'avoir vue, je vois bien qu'elle est tout-à-fait charmante.

OCTAVE. — Ses larmes n'étaient point de ces larmes désagréables qui défigurent un visage; elle avait, à pleurer, une grace touchante, et sa douleur était la plus belle du monde.

SCAPIN. — Je vois tout cela.

OCTAVE. — Elle faisait fondre chacun en larmes, en se jetant amoureusement sur le corps de cette mourante, qu'elle appelait sa chère mère; et il n'y avait personne qui n'eût l'ame percée de voir un si bon naturel.

SCAPIN. — En effet, cela est touchant; et je vois bien que ce bon naturel-là vous la fit aimer.

OCTAVE. — Ah! Scapin, un barbare l'aurait aimée.

SCAPIN. — Assurément. Le moyen de s'en empêcher!

OCTAVE. — Après quelques paroles dont je tâchai d'adoucir la douleur de cette charmante affligée, nous sortîmes de là; et demandant à Léandre ce qui lui semblait de cette personne, il me répondit froidement qu'il la trouvait assez jolie. Je fus piqué de la froideur avec laquelle il m'en parlait, et je ne voulus point lui découvrir l'effet que ses beautés avaient fait sur mon ame.

SILVESTRE, à Octave. — Si vous n'abrégez ce récit, nous en voilà pour jusqu'à demain. Laissez-le moi finir en deux mots. (A Scapin.) Son cœur prend feu dès ce moment; il ne saurait plus vivre qu'il n'aille consoler son aimable affligée. Ses fréquentes visites sont rejetées de la servante, devenue la gouvernante par le trépas de la mère. Voilà mon homme au désespoir; il presse, supplie, conjure; point d'affaire. On lui dit que la fille, quoique sans bien et sans appui, est de famille honnête, et qu'à moins que de l'épouser, on ne peut souffrir ses poursuites. Voilà son amour augmenté par les difficultés. Il consulte dans sa tête, agite, raisonne, balance, prend sa résolution; le voilà marié avec elle depuis trois jours.

SCAPIN. — J'entends.

SILVESTRE. — Maintenant, mets avec cela le retour imprévu du père qu'on n'attendait que dans deux mois; la découverte que l'oncle a faite du secret de notre mariage, et l'autre mariage qu'on veut faire de lui avec la fille que le seigneur Géronte a eue d'une seconde femme, qu'on dit qu'il a épousée à Tarente.

OCTAVE. — Et, par-dessus tout cela, mets encore l'indigence où se trouve cette aimable personne, et l'impuissance où je me vois d'avoir de quoi la secourir.

SCAPIN. — Est-ce là tout? Vous voilà bien embarrassés tous deux pour une bagatelle! C'est bien là de quoi se tant alarmer! N'as-tu point de honte, toi, de demeurer court à si peu de chose? Que diable! te voilà grand et gros comme père et mère, et tu ne saurais trouver dans ta tête, forger dans ton esprit, quelque ruse galante, quelque honnête petit stratagème, pour ajuster vos affaires! Fi! peste soit du butor! Je voudrais bien que l'on m'eût donné autrefois nos vieillards à duper; je les aurais joués tous deux par-dessus la jambe; et je n'étais pas plus grand que cela, que je me signalais déjà par cent tours d'adresse jolis.

SILVESTRE. — J'avoue que le ciel ne m'a pas donné tes talents, et que je n'ai pas l'esprit, comme toi, de me brouiller avec la justice.

OCTAVE. — Voici mon aimable Hyacinte.

SCÈNE III. — HYACINTE, OCTAVE, SCAPIN, SILVESTRE.

HYACINTE. — Ah! Octave, est-il vrai que Silvestre vient de dire à Nérine que votre père est de retour, et qu'il veut vous marier?

OCTAVE. — Oui, belle Hyacinte; et ces nouvelles m'ont donné une atteinte cruelle. Mais que vois-je? vous pleurez! pourquoi ces larmes? me soupçonnez-vous, dites-moi, de quelque infidélité? et n'êtes-vous pas assurée de l'amour que j'ai pour vous?

HYACINTE. — Oui, Octave, je suis sûre que vous m'aimez; mais je ne le suis pas que vous m'aimiez toujours.

OCTAVE. — Hé! peut-on vous aimer, qu'on ne vous aime toute sa vie?

HYACINTE. — J'ai ouï dire, Octave, que votre sexe aime moins longtemps que le nôtre, et que les ardeurs que les hommes font voir sont des feux qui s'éteignent aussi facilement qu'ils naissent.

OCTAVE. — Ah! ma chère Hyacinte, mon cœur n'est donc pas fait comme celui des autres hommes; et je sens bien, pour moi, que je vous aimerai jusqu'au tombeau.

HYACINTE. — Je veux croire que vous sentez ce que vous dites, et je ne doute point que vos paroles ne soient sincères; mais je crains un pouvoir qui combattra dans votre cœur les tendres sentiments que vous pouvez avoir pour moi. Vous dépendez d'un père qui veut vous marier à une autre personne; et je suis sûre que je mourrai, si ce malheur m'arrive.

OCTAVE. — Non, belle Hyacinte, il n'y a point de père qui puisse me contraindre à vous manquer de foi; et je me résoudrai à quitter mon pays, et le jour même, s'il est besoin, plutôt qu'à vous quitter. J'ai déjà pris, sans l'avoir vue, une aversion effroyable pour celle que l'on me destine; et, sans être cruel, je souhaiterais que la mer l'écartât d'ici pour jamais. Ne pleurez donc pas, je vous prie, mon aimable Hyacinte; car vos larmes me tuent, et je ne les puis voir sans me sentir percer le cœur.

HYACINTE. — Puisque vous le voulez, je veux bien essuyer mes pleurs, et j'attendrai, d'un œil constant, ce qu'il plaira au ciel de résoudre de moi.

OCTAVE. — Le ciel nous sera favorable.

HYACINTE. — Il ne saurait m'être contraire, si vous m'êtes fidèle.

OCTAVE. — Je le serai assurément.

HYACINTE. — Je serai donc heureuse.

SCAPIN, à part. — Elle n'est pas tant sotte, ma foi; et je la trouve assez passable.

OCTAVE, montrant Scapin. — Voici un homme qui pourrait bien, s'il le voulait, nous être, dans tous nos besoins, d'un secours merveilleux.

SCAPIN. — J'ai fait de grands serments de ne me mêler plus du monde; mais si vous m'en priez bien fort tous deux, peut-être...

OCTAVE. — Ah! s'il ne tient qu'à te prier bien fort pour obtenir ton aide, je te conjure, de tout mon cœur, de prendre la conduite de notre barque.

SCAPIN, à Hyacinte. — Et vous, ne dites-vous rien?

HYACINTE. — Je vous conjure, à son exemple, par tout ce qui vous est le plus cher au monde, de vouloir servir notre amour.

SCAPIN. — Il faut se laisser vaincre, et avoir de l'humanité. Allez, je veux m'employer pour vous.

OCTAVE. — Crois que...

SCAPIN, à Octave. — Chut (A Hyacinte.) Allez-vous-en, vous; et soyez en repos.

SCÈNE IV. — OCTAVE, SCAPIN, SILVESTRE.

SCAPIN, à Octave. — Et vous, préparez-vous à soutenir avec fermeté l'abord de votre père.

OCTAVE. — Je t'avoue que cet abord me fait trembler par avance; et j'ai une timidité naturelle que je ne saurais vaincre.

SCAPIN. — Il faut pourtant paraître ferme au premier choc, de peur que, sur votre faiblesse, il ne prenne le pied de vous mener comme un enfant. Là, tâchez de vous composer par étude. Un peu de hardiesse; et songez à répondre résolument sur tout ce qu'il pourra vous dire.

OCTAVE. — Je ferai du mieux que je pourrai.

SCAPIN. — Çà, essayons un peu, pour vous accoutumer. Répétons un peu votre rôle, et voyons si vous ferez bien. Allons, la mine résolue, la tête haute, les regards assurés.

OCTAVE. — Comment cela?

SCAPIN. — Encore un peu davantage.

OCTAVE. — Ainsi?

SCAPIN. — Bon. Imaginez-vous que je suis votre père qui arrive, et répondez-moi fermement, comme si c'était à lui-même. Comment! pendard, vaurien, infame, fils indigne d'un père comme moi, oses-tu bien paraître devant mes yeux après tes bons déportements, après le lâche tour que tu m'as joué pendant mon absence? Est-ce là le fruit de mes soins, maraud? est-ce là le fruit de mes soins? le respect qui m'est dû? le respect que tu me conserves? (Allons donc.) Tu as l'insolence, fripon, de t'engager sans le consentement de ton père, de contracter un mariage clandestin? Réponds-moi, coquin, réponds-moi. Voyons un peu tes belles raisons... Oh! que diable! vous demeurez interdit.

OCTAVE. — C'est que je m'imagine que c'est mon père que j'entends.

SCAPIN. — Hé! oui; c'est par cette raison qu'il ne faut pas être comme un innocent.

OCTAVE. — Je m'en vais prendre plus de résolution, et je répondrai fermement.

SCAPIN. — Assurément?

OCTAVE. — Assurément.

SILVESTRE. — Voilà votre père qui vient.

OCTAVE. — O ciel! je suis perdu.

SCÈNE V. — SCAPIN, SILVESTRE.

SCAPIN. — Holà! Octave. Demeurez, Octave. Le voilà enfui! Quelle pauvre espèce d'homme! Ne laissons pas d'attendre le vieillard.

SILVESTRE. — Que lui dirai-je?

SCAPIN. — Laisse-moi dire, moi, et ne fais que me suivre.

SCÈNE VI. — ARGANTE, SCAPIN. et SILVESTRE, *dans le fond du théâtre.*

ARGANTE, *se croyant seul.* — A-t-on jamais ouï parler d'une action pareille à celle-là?

SCAPIN, *à Silvestre.* — Il a déjà appris l'affaire, et elle lui tient si fort en tête, que tout seul il en parle haut.

ARGANTE, *se croyant seul.* — Voilà une témérité bien grande.

SCAPIN, *à Silvestre.* — Ecoutons-le un peu.

ARGANTE, *se croyant seul.* — Je voudrais bien savoir ce qu'ils me pourront dire sur ce beau mariage.

SCAPIN, *à part.* — Nous y avons songé.

ARGANTE, *se croyant seul.* — Tâcheront-ils de me nier la chose?

SCAPIN, *à part.* — Non, nous n'y pensons pas.

ARGANTE, *se croyant seul.* — Ou s'ils entreprendront de l'excuser.

SCAPIN, *à part.* — Celui-là se pourra faire.

ARGANTE, *se croyant seul.* — Prétendront-ils m'abuser par des contes en l'air?

SCAPIN, *à part.* — Peut-être.

ARGANTE, *se croyant seul.* — Tous leurs discours seront inutiles.

SCAPIN, *à part.* — Nous allons voir.

ARGANTE, *se croyant seul.* — Ils ne m'en donneront point à garder.

SCAPIN, *à part.* — Ne jurons de rien.

ARGANTE, *se croyant seul.* — Je saurai mettre mon pendard de fils en lieu de sûreté.

SCAPIN, *à part.* — Nous y pourvoirons.

ARGANTE, *se croyant seul.* — Et pour le coquin de Silvestre, je le rouerai de coups.

SILVESTRE, *à Scapin.* — J'étais bien étonné, s'il m'oubliait.

ARGANTE, *apercevant Silvestre.* — Ah! ah! vous voilà donc, sage gouverneur de famille, beau directeur de jeunes gens!

SCAPIN. — Monsieur, je suis ravi de vous voir de retour.

ARGANTE. — Bon jour, Scapin. (*A Silvestre.*) Vous avez suivi mes ordres vraiment d'une belle manière, et mon fils s'est comporté fort sagement pendant mon absence!

SCAPIN. — Vous vous portez bien à ce que je vois.

ARGANTE. — Assez bien. (*A Silvestre.*) Tu ne dis mot, coquin, tu ne dis mot.

SCAPIN. — Votre voyage a-t-il été bon?

ARGANTE. — Mon Dieu! fort bon. Laisse-moi un peu quereller en repos.

SCAPIN. — Vous voulez quereller?

ARGANTE. — Oui, je veux quereller.

SCAPIN. — Hé! qui, monsieur?

ARGANTE, *montrant Silvestre.* — Ce maraud-là.

SCAPIN. — Pourquoi?

ARGANTE. — Tu n'as pas ouï parler de ce qui s'est passé dans mon absence?

SCAPIN. — J'ai bien ouï parler de quelque petite chose.

ARGANTE. — Comment! quelque petite chose! une action de cette nature!

SCAPIN. — Vous avez quelque raison.

ARGANTE. — Une hardiesse pareille à celle-là!

SCAPIN. — Cela est vrai.

ARGANTE. — Un fils qui se marie sans le consentement de son père!

SCAPIN. — Oui, il y a quelque chose à dire à cela. Mais je serais d'avis que vous ne fissiez point de bruit.

ARGANTE. — Je ne suis point de cet avis, moi; et je veux faire du bruit tout mon saoul. Quoi? tu ne trouves pas que j'aie tous les sujets du monde d'être en colère?

SCAPIN. — Si fait. J'y ai d'abord été, moi, lorsque j'ai su la chose: et je me suis intéressé pour vous, jusqu'à quereller votre fils. Demandez-lui un peu quelles belles réprimandes je lui ai faites, et comme je l'ai chapitré sur le peu de respect qu'il gardait à un père dont il devait baiser les pas. On ne peut pas lui mieux parler, quand ce serait vous-même. Mais quoi? je me suis rendu à la raison, et j'ai considéré que, dans le fond, il n'a pas tant de tort qu'on pourrait croire.

ARGANTE. — Que me viens-tu conter? Il n'a pas tant de tort de s'aller marier de but en blanc avec une inconnue?

SCAPIN. — Que voulez-vous? Il y a été poussé par sa destinée.

ARGANTE. — Ah! ah! voilà une raison la plus belle du monde. On n'a plus qu'à commettre tous les crimes imaginables, tromper, voler, assassiner, et dire pour excuse qu'on y a été poussé par sa destinée.

SCAPIN. — Mon Dieu! vous prenez mes paroles trop en philosophe. Je veux dire qu'il s'est trouvé fatalement engagé dans cette affaire.

ARGANTE. — Et pourquoi s'y engageait-il?

SCAPIN. — Voulez-vous qu'il soit aussi sage que vous? Les jeunes gens sont jeunes, et n'ont pas toute la prudence qu'il leur faudrait pour ne rien faire que de raisonnable: témoin notre Léandre, qui, malgré toutes mes leçons, malgré toutes mes remontrances, est allé faire de son côté pis encore que votre fils. Je voudrais bien savoir si vous-même n'avez pas été jeune, et n'avez pas dans votre temps fait des fredaines comme les autres. J'ai ouï dire, moi, que vous avez été autrefois un compagnon parmi les femmes, que vous faisiez de votre drôle avec les plus galantes de ce temps-là, et que vous n'en approchiez point que vous ne poussassiez à bout.

ARGANTE. — Cela est vrai, j'en demeure d'accord; mais je m'en suis toujours tenu à la galanterie, et je n'ai point été jusqu'à faire ce qu'il a fait.

SCAPIN. — Que vouliez-vous qu'il fît? Il voit une jeune personne qui lui veut du bien (car il tient cela de vous, d'être aimé de toutes les femmes); il la trouve charmante, il lui rend des visites, lui conte des douceurs, soupire galamment, fait le passionné. Elle se rend à sa poursuite, il pousse sa fortune. Le voilà surpris avec elle par ses parents, qui, la force à la main, le contraignent de l'épouser.

SILVESTRE, *à part.* — L'habile fourbe que voilà!

SCAPIN. — Eussiez-vous voulu qu'il se fût laissé tuer? Il vaut mieux encore être marié que d'être mort.

ARGANTE. — On ne m'a pas dit que l'affaire se soit ainsi passée.

SCAPIN, *montrant Silvestre.* — Demandez-lui plutôt; il ne vous dira pas le contraire.

ARGANTE, *à Silvestre.* — C'est par force qu'il a été marié?

SILVESTRE. — Oui, monsieur.

SCAPIN. — Voudrais-je vous mentir?

ARGANTE. — Il devait donc aller tout aussitôt protester de violence chez un notaire.

SCAPIN. — C'est ce qu'il n'a pas voulu faire.

ARGANTE. — Cela m'aurait donné plus de facilité à rompre ce mariage.

SCAPIN. — Rompre ce mariage?

ARGANTE. — Oui.

SCAPIN. — Vous ne le romprez point.

ARGANTE. — Je ne le romprai point?

SCAPIN. — Non.

ARGANTE. — Quoi! je n'aurai pas pour moi les droits de père et la raison de la violence qu'on a faite à mon fils?

SCAPIN. — C'est une chose dont il ne demeurera pas d'accord.

ARGANTE. — Il n'en demeurera pas d'accord?

SCAPIN. — Non.

ARGANTE. — Mon fils?

SCAPIN. — Votre fils. Voulez-vous qu'il confesse qu'il a été capable de crainte et que ce soit par force qu'on lui ait fait faire les choses? Il n'a garde d'aller avouer cela: ce serait se faire tort, et se montrer indigne d'un père comme vous.

ARGANTE. — Je me moque de cela.

SCAPIN. — Il faut, pour son honneur et pour le vôtre, qu'il dise dans le monde que c'est de bon gré qu'il l'a épousée?

ARGANTE. — Et je veux, moi, pour mon honneur et pour le sien, qu'il dise le contraire.

SCAPIN. — Non, je suis sûr qu'il ne le fera pas.

ARGANTE. — Je l'y forcerai bien.

SCAPIN. — Il ne le fera pas, vous dis-je.

ARGANTE. — Il le fera, ou je le déshériterai.

SCAPIN. — Vous?

ARGANTE. — Moi.

SCAPIN. — Bon!

ARGANTE. — Comment, bon?

SCAPIN. — Vous ne le déshériterez point.

ARGANTE. — Je ne le déshériterai point?

SCAPIN. — Non.

ARGANTE. — Non?

SCAPIN. — Non.

ARGANTE. — Ouais! voici qui est plaisant. Je ne déshériterai pas mon fils?

SCAPIN. — Non, vous dis-je.

ARGANTE. — Qui m'en empêchera?

SCAPIN. — Vous-même.

ARGANTE. — Moi?

SCAPIN. — Oui; vous n'aurez pas ce cœur-là.

ARGANTE. — Je l'aurai.

SCAPIN. — Vous vous moquez.

ARGANTE. — Je ne me moque point.

SCAPIN. — La tendresse paternelle fera son office.

ARGANTE. — Elle ne fera rien.

SCAPIN. — Oui, oui.

ARGANTE. — Je vous dis que cela sera.

SCAPIN. — Bagatelles.

ARGANTE. — Il ne faut point dire bagatelles.

SCAPIN. — Mon Dieu! je vous connais, vous êtes bon naturellement.

ARGANTE. — Je ne suis point bon, et je suis méchant quand je veux. Finissons ce discours qui m'échauffe la bile. (*A Silvestre.*) Va-t'en, péndard, va-t'en me chercher mon fripon, tandis que j'irai rejoindre le seigneur Géronte pour lui conter ma disgrace.

SCAPIN. — Monsieur, si je vous puis être utile à quelque chose, vous n'avez qu'à me commander.

ARGANTE. — Je vous remercie. (*A part.*) Ah! pourquoi faut-il qu'il soit fils unique! et que n'ai-je à cette heure la fille que le ciel m'a ôtée, pour la faire mon héritière!

SCÈNE VII. — SCAPIN, SILVESTRE.

SILVESTRE. — J'avoue que tu es un grand homme, et voilà l'affaire en bon train : mais l'argent d'autre part nous presse pour notre subsistance, et nous avons de tous côtés des gens qui aboient après nous.

SCAPIN. — Laisse-moi faire, la machine est trouvée. Je cherche seulement dans ma tête un homme qui nous soit affidé pour jouer un personnage dont j'ai besoin... Attends. Tiens-toi un peu, enfonce ton bonnet en méchant garçon, campe-toi sur un pied, mets la main au côté, fais les yeux furibonds, marche un peu en roi de théâtre... Voilà qui est bien. Suis-moi. J'ai des secrets pour déguiser ton visage et ta voix.

SILVESTRE. — Je te conjure au moins de ne m'aller point brouiller avec la justice.

SCAPIN. — Va, va, nous partagerons les périls en frères, et trois ans de galères de plus ou de moins ne sont pas pour arrêter un noble cœur.

FIN DU PREMIER ACTE.

ACTE II.

SCÈNE PREMIÈRE. — GÉRONTE, ARGANTE.

GÉRONTE. — Oui, sans doute, par le temps qu'il fait, nous aurons ici nos gens aujourd'hui; et un matelot qui vient de Tarente m'a assuré qu'il avait vu mon homme qui était près de s'embarquer. Mais l'arrivée de ma fille trouvera les choses mal disposées à ce que nous nous proposions; et ce que vous venez de m'apprendre de votre fils rompt étrangement les mesures que nous avons prises ensemble.

ARGANTE. — Ne vous mettez pas en peine; je vous réponds de renverser tout cet obstacle, et j'y vais travailler de ce pas.

GÉRONTE. — Ma foi, seigneur Argante, voulez-vous que je vous dise? l'éducation des enfants est une chose à quoi il faut s'attacher fortement.

ARGANTE. — Sans doute. A quel propos cela?

GÉRONTE. — A propos de ce que les mauvais déportements des jeunes gens viennent le plus souvent de la mauvaise éducation que leurs pères leur donnent.

ARGANTE. — Cela arrive parfois. Mais que voulez-vous dire par là?

GÉRONTE. — Ce que je veux dire par là?

ARGANTE. — Oui.

GÉRONTE. — Que si vous aviez, en brave père, bien morigéné votre fils, il ne vous aurait pas joué le tour qu'il vous a fait.

ARGANTE. — Fort bien. De sorte que vous avez bien mieux morigéné le vôtre?

GÉRONTE. — Sans doute; et je serais bien fâché qu'il m'eût rien fait approchant de cela.

ARGANTE. — Et si ce fils, que vous avez en brave père si bien morigéné, avait fait pis encore que le mien ? Hé?

GÉRONTE. — Comment?

ARGANTE. — Comment?

GÉRONTE. — Qu'est-ce que cela veut dire?

ARGANTE. — Cela veut dire, seigneur Géronte, qu'il ne faut pas être si prompt à condamner la conduite des autres, et que ceux qui veulent gloser doivent bien regarder chez eux s'il n'y a rien qui cloche.

GÉRONTE. — Je n'entends point cette énigme.

ARGANTE. — On vous l'expliquera.

GÉRONTE. — Est-ce que vous auriez ouï dire quelque chose de mon fils?

ARGANTE. — Cela se peut faire.

GÉRONTE. — Et quoi encore?

ARGANTE. — Votre Scapin, dans mon dépit, ne m'a dit la chose qu'en gros, et vous pourrez de lui ou de quelque autre être instruit du détail. Pour moi, je vais vite consulter un avocat, et aviser des biais que j'ai à prendre. Jusqu'au revoir.

SCÈNE II.

CLÉONTE, seul. — Que pourrait-ce être que cette affaire-ci? Pis encore que le sien? Pour moi, je ne vois pas ce que l'on peut faire de pis; et je trouve que se marier sans le consentement de son père est une action qui passe tout ce qu'on peut s'imaginer.

SCÈNE III. — GÉRONTE, LÉANDRE.

GÉRONTE. — Ah! vous voilà!

LÉANDRE, courant à Géronte pour l'embrasser. — Ah! mon père que j'ai de joie de vous voir de retour!

GÉRONTE, refusant d'embrasser Léandre. — Doucement; parlons un peu d'affaire.

LÉANDRE. — Souffrez que je vous embrasse, et que...

GÉRONTE, le repoussant encore. — Doucement, vous dis-je.

LÉANDRE. — Quoi! vous me refusez, mon père, de vous exprimer mon transport par mes embrassements!

GÉRONTE. — Oui, Nous avons quelque chose à démêler ensemble.

LÉANDRE. — Et quoi?

GÉRONTE. — Tenez-vous, que je vous voie en face.

LÉANDRE. — Comment?

GÉRONTE. — Regardez-moi entre deux yeux.

LÉANDRE. — Hé bien!

GÉRONTE. — Qu'est-ce donc qui s'est passé ici?

LÉANDRE. — Ce qui s'est passé?

GÉRONTE. — Oui. Qu'avez-vous fait pendant mon absence?

LÉANDRE. — Que voulez-vous, mon père, que j'aie fait?

GÉRONTE. — Ce n'est pas moi qui veux que vous ayez fait, mais qui demande ce que c'est que vous avez fait.

LÉANDRE. — Moi! Je n'ai fait aucune chose dont vous ayez lieu de vous plaindre.

GÉRONTE. — Aucune chose?

LÉANDRE. — Non.

GÉRONTE. — Vous êtes bien résolu.

LÉANDRE. — C'est que je suis sûr de mon innocence.

GÉRONTE. — Scapin pourtant a dit de vos nouvelles.

LÉANDRE. — Scapin?

GÉRONTE. — Ah! ah! ce mot vous fait rougir.

LÉANDRE. — Il vous a dit quelque chose de moi?

GÉRONTE. — Ce lieu n'est pas tout-à-fait propre à vider cette affaire, et nous allons l'examiner ailleurs. Qu'on se rende au logis; j'y vais revenir tout à l'heure. Ah! traître, s'il faut que tu me déshonores, je te renonce pour mon fils, et tu peux bien, pour jamais, te résoudre à fuir ma présence.

SCÈNE IV.

LÉANDRE, seul. — Me trahir de cette manière! Un coquin qui doit, par cent raisons, être le premier à cacher les choses que je lui confie, est le premier à les aller découvrir à mon père. Ah! je jure le ciel que cette trahison ne demeurera pas impunie.

SCÈNE V. — OCTAVE, LÉANDRE, SCAPIN.

OCTAVE. — Mon cher Scapin, que ne dois-je point à tes soins! Que tu es un homme admirable! et que le ciel m'est favorable de t'envoyer à mon secours!

LÉANDRE. ⚌ Ah! ah! vous voilà, je suis ravi de vous trouver, monsieur le coquin.

SCAPIN. — Monsieur, votre serviteur. C'est trop d'honneur que vous me faites.

LÉANDRE, *mettant l'épée à la main.* — Vous faites le méchant plaisant! Ah! je vous apprendrai...

SCAPIN, *se mettant à genoux.* — Monsieur.

OCTAVE, *se mettant entre eux deux, pour empêcher Léandre de frapper Scapin.* — Ah! Léandre.

LÉANDRE. — Non, Octave, ne me retenez point, je vous prie.

SCAPIN, *à Léandre.* — Hé! monsieur!

OCTAVE, *retenant Léandre.* — De grace!

LÉANDRE, *voulant frapper Scapin.* — Laissez-moi contenter mon ressentiment.

OCTAVE. — Au nom de l'amitié, Léandre, ne le maltraitez point.

SCAPIN. — Monsieur, que vous ai-je fait?

LÉANDRE, *voulant frapper Scapin.* — Ce que tu m'as fait, traître!

OCTATE, *retenant encore Léandre.* — Hé! doucement.

LÉANDRE. — Non, Octave, je veux qu'il me confesse lui-même, tout à l'heure, la perfidie qu'il m'a faite. Oui, coquin, je sais le trait que tu m'as joué; on vient de me l'apprendre, et tu ne croyais pas peut-être que l'on me dût révéler ce secret: mais je veux en avoir la confession de ta propre bouche, ou je vais te passer cette épée au travers du corps.

SCAPIN. — Ah! monsieur, auriez-vous bien ce cœur-là?

LÉANDRE. — Parle donc!

SCAPIN. — Je vous ai fait quelque chose, monsieur?

LÉANDRE. — Oui, coquin, et ta conscience ne te dit que trop ce que c'est.

SCAPIN. — Je vous assure que je l'ignore.

LÉANDRE, *s'avançant pour frapper Scapin.* — Tu l'ignores.

OCTAVE, *retenant Léandre.* — Léandre!

SCAPIN. — Hé bien, monsieur, puisque vous le voulez, je vous confesse que j'ai bu avec mes amis ce petit quartaut de vin d'Espagne dont on vous fit présent il y a quelque jours, et que c'est moi qui fis une fente au tonneau, et répandis de l'eau autour, pour faire croire que le vin s'était échappé.

LÉANDRE. — C'est toi, pendard, qui m'as bu mon bon vin d'Espagne, et qui as été cause que j'ai tant querellé la servante, croyant que c'était elle qui m'avait fait le tour.

SCAPIN. — Oui, monsieur, je vous en demande pardon.

LÉANDRE. — Je suis bien aise d'apprendre cela: mais ce n'est pas l'affaire dont il est question maintenant.

SCAPIN. — Ce n'est pas cela, monsieur.

LÉANDRE. — Non; c'est une autre affaire qui me touche bien plus, et je veux que tu me la dises.

SCAPIN. — Monsieur, je ne me souviens pas d'avoir fait autre chose.

LÉANDRE, *voulant frapper Scapin.* — Tu ne veux pas parler?

SCAPIN. — Hé!

OCTAVE, *retenant Léandre.* — Tout doux.

SCAPIN. — Oui, monsieur; il est vrai qu'il y a trois semaines que vous m'envoyâtes porter le soir une petite montre à la jeune Égyptienne que vous aimez; je revins au logis, mes habits tous couverts de boue, et le visage plein de sang, et vous dis que j'avais trouvé des voleurs qui m'avaient bien battu et m'avaient dérobé la montre. C'était moi, monsieur, qui l'avais retenue.

LÉANDRE. — C'est toi qui as retenu ma montre?

SCAPIN. — Oui, monsieur afin de voir quelle heure il est.

LÉANDRE. — Ah! ah! j'apprends ici de jolies choses, et j'ai un serviteur fort fidèle, vraiment! Mais ce n'est pas encore cela que je demande.

SCAPIN. — Ce n'est pas cela?

LÉANDRE. — Non, infâme; c'est une autre chose encore que je veux que tu me confesses.

SCAPIN, *à part.* — Peste!

LÉANDRE. — Parle vite, j'ai hâte.

SCAPIN. — Monsieur, voilà tout ce que j'ai fait.

LÉANDRE, *voulant frapper Scapin.* — Voilà tout?

OCTAVE, *se mettant au devant de Léandre.* — Hé!

SCAPIN. — Hé bien, oui, monsieur. Vous vous souvenez de ce loup-garou, il y a six mois, qui vous donna tant de coups de bâton la nuit, et vous pensa faire rompre le cou dans une cave où vous tombâtes en fuyant.

LÉANDRE. — Hé bien?

SCAPIN. — C'était moi, monsieur, qui faisais le loup-garou.

LÉANDRE. — C'était toi, traître, qui faisais le loup-garou.

SCAPIN. — Oui, monsieur, seulement pour vous faire peur, et vous ôter l'envie de nous faire courir toutes les nuits comme vous aviez de coutume.

LÉANDRE. — Je saurai me souvenir en temps et lieu, de tout ce que je viens d'apprendre. Mais je veux venir au fait, et que tu me confesses ce que tu as dit à mon père.

SCAPIN. — A votre père?

LÉANDRE. — Oui, fripon, à mon père.

SCAPIN. — Je ne l'ai pas seulement vu depuis son retour.

LÉANDRE. — Tu ne l'as pas vu?

SCAPIN. — Non, monsieur.

LÉANDRE. — Assurément.

SCAPIN. — Assurément. C'est une chose que je vais vous faire dire par lui-même.

LÉANDRE. — C'est de sa bouche que je le tiens pourtant.

SCAPIN. — Avec votre permission, il n'a pas dit la vérité.

SCÈNE VI. — LÉANDRE, OCTAVE, CARLE, SCAPIN.

CARLE. — Monsieur , je vous apporte une nouvelle qui est fâcheuse pour votre amour.

LÉANDRE. — Comment?

CARLE. — Vos Égyptiens sont sur le point de vous enlever Zerbinette ; et elle-même, les larmes aux yeux, m'a chargé de venir promptement vous dire que, si dans deux heures vous ne songez à leur porter l'argent qu'ils vous ont demandé pour l'elle , vous allez perdre pour jamais.

LÉANDRE. — Dans deux heures?

CARLE. — Dans deux heures.

SCÈNE VII. — LÉANDRE , OCTAVE , SCAPIN.

LÉANDRE. — Ah! mon pauvre Scapin, j'implore ton secours.

SCAPIN, *se levant et passant fièrement devant Léandre :* — Ah ! mon pauvre Scapin ! Je suis mon pauvre Scapin à cette heure qu'on a besoin de moi.

LÉANDRE. — Va, je te pardonne tout ce que tu viens de me dire, et pis encore, si tu me l'as fait.

SCAPIN. — Non , non ; ne me pardonnez rien; passez-moi votre épée au travers du corps. Je serai ravi que vous me tuiez.

LÉANDRE. — Non, je te conjure plutôt de me donner la vie en servant mon amour.

SCAPIN. — Point, point; vous ferez mieux de me tuer.

LÉANDRE. — Tu m'es trop précieux; et je te prie de vouloir employer pour moi ce génie admirable qui vient à bout de toutes choses.

SCAPIN. — Non. Tuez-moi, vous dis-je.

LÉANDRE. — Ah! de grace, ne songe plus à tout cela, et pense à me donner le secours que je te demande.

OCTAVE. — Scapin, il faut faire quelque chose pour lui.

SCAPIN. — Le moyen, après une avanie de la sorte?

LÉANDRE. — Je te conjure d'oublier mon emportement, et de me prêter ton adresse.

OCTAVE. — Je joins mes prières au siennes.

SCAPIN. — J'ai cette insulte-là sur le cœur.

OCTAVE. — Il faut quitter ton ressentiment.

LÉANDRE. — Voudrais-tu m'abandonner , Scapin, dans la cruelle extrémité où se voit mon amour?

SCAPIN. — Me venir faire, à l'improviste, un affront comme celui-là !

LÉANDRE. — J'ai tort, je le confesse.

SCAPIN. — Me traiter de coquin, de fripon, de pendart, d'infame!

LÉANDRE. — J'en ai tous les regrets du monde.

SCAPIN. — Me vouloir passer son épée au travers du corps!

LÉANDRE. — Je t'en demande pardon de tout mon cœur; et s'il ne tient qu'à me jeter à tes genoux, tu m'y vois, Scapin, pour te conjurer encore une fois de ne me point abandonner.

OCTAVE. — Ah! ma foi, Scapin, il faut se rendre à cela.

SCAPIN. — Levez-vous. Une autre fois, ne soyez point si prompt.

LÉANDRE. — Me promets-tu de travailler pour moi?

SCAPIN. — On y songera.

LÉANDRE. — Mais tu sais que le temps presse.

SCAPIN. — Ne vous mettez pas en peine. Combien est-ce qu'il vous faut?

LÉANDRE. — Cinq cents écus.

SCAPIN. — Et à vous?

OCTAVE — Deux cents pistoles.

SCAPIN. — Je veux tirer cet argent de vos pères. (*A Octave*) Pour ce qui est du vôtre, la machine est déjà toute trouvée. (*à Léandre*) Et, quant au vôtre, bien qu'avare au dernier degré, il y faudra moins de façons encore : car vous savez que pour l'esprit, il n'en a pas, grace à dieu, grande provision ; et je le livre pour une espèce d'homme à qui l'on fera toujours croire tout ce que l'on voudra. Cela ne vous offense point ; il ne tombe entre lui et vous aucun soupçon de ressemblance ; et vous savez assez l'opinion de tout le monde, qui veut qu'il ne soit votre père que pour la forme.

LÉANDRE. — Tout beau, Scapin.

SCAPIN. — Bon, bon, on fait bien scrupule de cela. Vous moquez-vous? Mais j'aperçois venir le père d'Octave. Commençons par lui, puisqu'il se présente. Allez-vous en tous deux. (*A Octave*) Et vous, avertissez votre Silvestre de venir vite jouer son rôle.

SCÈNE VIII. — ARGANTE, SCAPIN.

SCAPIN, *à part,* — Le voilà qui rumine.

ARGANTE, *se croyant seul.* — Avoir si peu de conduite et de considération! S'aller jeter dans un engagement comme celui-là? Ah! ha! jeunesse impertinente!

SCAPIN. — Monsieur, votre serviteur.

ARGANTE — Bonjour, Scapin.

SCAPIN. — Vous rêvez à l'affaire de votre fils.

ARGANTE. — Je t'avoue que cela me donne un furieux chagrin.

SCAPIN. — Monsieur, la vie est mêlée de traverse; il est bon de s'y tenir sans cesse préparé ; et j'ai ouï dire, il y a longtemps une parole d'un ancien, que j'ai toujours retenue.

ARGANTE. — Quoi?

SCAPIN. — Que, pour peu qu'un père de famille ait été absent de chez lui, il doit promener son esprit sur tous les fâcheux accidents que son retour peut rencontrer, se figurer sa maison brûlée, son argent dérobé, sa femme morte, son fils estropié, sa fille subornée, et ce qu'il trouve qui ne lui est point arrivé, l'imputer à bonne fortune. Pour moi, j'ai pratiqué toujours cette leçon dans ma petite philosophie ; et je ne suis jamais revenu au logis, que je ne me sois tenu prêt à la colère de mes maîtres, aux réprimandes, aux injures, aux coups de pied au cul, aux bastonnades, aux étrivières ; et ce qui a manqué à m'arriver, j'en ai rendu graces à mon bon destin.

ARGANTE. — Voilà qui est bien : mais ce mariage impertinent, qui trouble celui que nous voulons faire, est une chose que je ne puis souffrir, et je viens de consulter des avocats pour le faire casser.

SCAPIN. — Ma foi, monsieur, si vous m'en croyez, vous tâcherez, par quelque autre voie, d'accommoder l'affaire. Vous savez ce que c'est que les procès en ce pays-ci, et vous allez vous enfoncer dans d'étranges épines.

ARGANTE. — Tu as raison, je le vois bien. Mais quelle autre voie?

SCAPIN. — Je pense que j'en ai trouvé une. La compassion que m'a donnée tantôt votre chagrin m'a obligé à chercher dans ma tête quelque moyen pour vous tirer d'inquiétude : car je ne saurais voir d'honnêtes pères chagrinés par leurs enfants, que cela ne m'émeuve; et, de tout temps, je me suis senti pour votre personne une inclination particulière.

ARGANTE. — Je te suis obligé.

SCAPIN. — J'ai donc été trouver le frère de cette fille qui a été épousée. C'est un de ces braves de profession, de ces gens qui sont tout coups d'épée, qui ne parlent que d'échiner, et ne font non plus de conscience de tuer un homme que d'avaler un verre de vin. Je l'ai mis sur ce mariage, lui ai fait voir quelle facilité offrait la raison de la violence pour le faire casser, vos prérogatives du nom de père, et l'appui que vous donneraient auprès de la justice, et votre droit, et votre argent, et vos amis; enfin, je l'ai tant tourné de tous les côtés, qu'il a prêté l'oreille aux propositions que je lui ai faites d'ajuster l'affaire pour quelque somme; et il donnera son consentement à rompre le mariage, pourvu que vous lui donniez de l'argent.

ARGANTE. — Et qu'a-t-il demandé?

SCAPIN. — Oh! d'abord des choses par-dessus les maisons.

ARGANTE. — Et quoi?

SCAPIN. — Des choses extravagantes.

ARGANTE. — Mais encore?

SCAPIN. — Il ne parlait pas moins que de cinq ou six cents pistoles.

ARGANTE. — Cinq ou six cents fièvres quartaines qui le puissent serrer! Se moque-t-il des gens?

SCAPIN. — C'est ce que je lui ai dit. J'ai rejeté bien loin de pareilles propositions, et je lui ai bien fait entendre que vous n'étiez point une dupe, pour vous demander cinq ou six cents pistoles. Enfin, après plusieurs discours, voici où s'est réduit le résultat de notre conférence. Nous voilà au temps, m'a-t-il dit, que je dois partir pour l'armée; je suis après à m'équiper, et le besoin que j'ai de quelque argent me fait consentir, malgré moi, à ce qu'on me propose. Il me faut un cheval de service, et je n'en saurais avoir un qui soit tant soit peu raisonnable, à moins de soixante pistoles.

ARGANTE. — Hé bien! pour soixante pistoles, je les donne.

SCAPIN. — Il faudra le harnais et les pistolets; et cela ira bien à vingt pistoles encore.

ARGANTE. — Vingt pistoles, et soixante, ce serait quatre-vingts.

SCAPIN. — Justement.

ARGANTE. — C'est beaucoup; mais soit, je consens à cela.

SCAPIN. — Il me faut aussi un cheval pour monter mon valet, qui coûtera bien trente pistoles.

ARGANTE. — Comment, diantre! qu'il se promène, il n'aura rien du tout.

SCAPIN. — Monsieur!

ARGANTE. — Non: c'est un impertinent.

SCAPIN. — Voulez-vous que son valet aille à pied?

ARGANTE. — Qu'il aille comme il lui plaira, et le maître aussi.

SCAPIN. — Mon Dieu! monsieur, ne vous arrêtez point à peu de chose: n'allez point plaider, je vous prie, et donnez tout pour vous sauver des mains de la justice.

ARGANTE. — Hé bien! soit: je me résous à donner encore ces trente pistoles.

SCAPIN. — Il me faut encore, a-t-il dit, un mulet pour porter...

ARGANTE. — Oh! qu'il aille au diable, avec son mulet! C'en est trop, et nous irons devant les juges.

SCAPIN. — De grâce, monsieur...

ARGANTE. — Non, je n'en ferai rien.

SCAPIN. — Monsieur, un petit mulet.

ARGANTE. — Je ne lui donnerais pas seulement un âne.

SCAPIN. — Considérez...

ARGANTE. — Non, j'aime mieux plaider.

SCAPIN. — Eh! monsieur, de quoi parlez-vous là, et à quoi vous résolvez-vous? Jetez les yeux sur les détours de la justice. Voyez combien d'appels et de degrés de juridiction, combien de procédures embarrassantes, combien d'animaux ravissants, par les griffes desquels il vous faudra passer; sergents, procureurs, avocats, greffiers, substituts, rapporteurs, juges et leurs clercs. Il n'y a pas un de tous ces gens-là qui, pour la moindre chose, ne soit capable de donner un soufflet au meilleur droit du monde. Un sergent baillera de faux exploits, sur quoi vous serez condamné sans que vous le sachiez. Votre procureur s'entendra avec votre partie, et vous vendra à beaux deniers comptants. Votre avocat, gagné de même, ne se trouvera point lorsqu'on plaidera votre cause, ou dira des raisons qui ne feront que battre la campagne et n'iront point au fait. Le greffier délivrera par contumace des sentences et arrêts contre vous. Le clerc du rapporteur soustraira des pièces, ou le rapporteur même ne dira pas ce qu'il a vu; et quand, par les plus grandes précautions du monde, vous aurez paré tout cela, vous serez ébahi que vos juges auront été sollicités contre vous, ou par des gens dévots, ou par des femmes qu'ils aimeront. Eh! monsieur, si vous le pouvez, sauvez-vous de cet enfer-là. C'est être damné dès ce monde, que d'avoir à plaider; et la seule pensée d'un procès serait capable de me faire fuir jusqu'aux Indes.

ARGANTE. — A combien est-ce qu'il fait monter le mulet?

SCAPIN. — Monsieur, pour le mulet, pour son cheval et celui de son homme, pour le harnais et les pistolets, et pour payer quelque petite chose qu'il doit à son hôtesse, il demande, en tout, deux cents pistoles.

ARGANTE. — Deux cents pistoles!

SCAPIN. — Oui.

ARGANTE, *se promenant en colère*. — Allons, allons; nous plaiderons.

SCAPIN. — Faites réflexion...

ARGANTE. — Je plaiderai.

SCAPIN. — Ne vous allez point jeter...

ARGANTE. — Je veux plaider.

SCAPIN. — Mais, pour plaider, il vous faudra de l'argent: il vous en faudra pour l'exploit; il vous en faudra pour le contrôle; il vous en faudra pour la procuration, pour la présentation, conseils, productions et journées de procureur. Il vous en faudra pour les consultations et plaidoiries des avocats, pour le droit de retirer le sac et pour les grosses d'écritures. Il vous en faudra pour le rapport des substituts, pour les épices de conclusion, pour l'enregistrement du greffier, façon d'appointement, sentences et arrêts, contrôles, signatures et expéditions de leurs clercs, sans parler de tous les présents qu'il vous faudra faire. Donnez cet argent-là à cet homme-ci, vous voilà hors d'affaire.

ARGANTE. — Comment! deux cents pistoles!

SCAPIN. — Oui. Vous y gagnerez. J'ai fait un petit calcul, en moi-même, de tous les frais de la justice, et j'ai trouvé qu'en donnant deux cents pistoles à votre homme, vous en aurez de reste, pour le moins, cent cinquante, sans compter les soins, les pas et les chagrins que vous vous épargnerez. Quand il n'y aurait à essuyer que les sottises que disent, devant tout le monde, de méchants plaisants d'avocats, j'aimerais mieux donner trois cents pistoles que de plaider.

ARGANTE. — Je me moque de cela, et je défie les avocats de rien dire de moi.

SCAPIN. — Vous ferez ce qu'il vous plaira; mais, si j'étais que de vous, je fuirais les procès.

ARGANTE. — Je ne donnerai point deux cents pistoles.

SCAPIN. — Voici l'homme dont il s'agit.

SCÈNE IX. — ARGANTE, SCAPIN, SILVESTRE, *déguisé en spadassin*.

SILVESTRE. — Scapin, fais-moi connaître un peu cet Argante qui est père d'Octave.

SCAPIN. — Pourquoi, monsieur?

SILVESTRE. — Je viens d'apprendre qu'il veut me mettre en procès, et faire rompre, par justice, le mariage de ma sœur.

SCAPIN. — Je ne sais pas s'il a cette pensée; mais il ne veut point consentir aux deux cents pistoles que vous voulez, et il dit que c'est trop.

SILVESTRE. — Par la mort! par la tête! par le ventre! si je le trouve, je le veux échiner, dussé-je être roué tout vif. (*Argante, pour n'être point vu, se tient en tremblant derrière Scapin.*)

SCAPIN. — Monsieur, ce père d'Octave a du cœur, et peut-être ne vous craindra-t-il point.

SILVESTRE. — Lui, lui? par le sang, par la tête! s'il était là, je lui donnerais de l'épée dans le ventre. (*Apercevant Argante.*) Qui est cet homme-là?

SCAPIN. — Ce n'est pas lui, monsieur, ce n'est pas lui.

SILVESTRE. — N'est-ce point quelqu'un de ses amis?

SCAPIN. — Non, monsieur; au contraire, c'est son ennemi capital.

SILVESTRE. — Son ennemi capital?

SCAPIN. — Oui.

SILVESTRE. — Ah! parbleu, j'en suis ravi. (*A Argante.*) Vous êtes ennemi, monsieur, de ce faquin d'Argante? Hé?

SCAPIN. — Oui, oui, je vous en réponds.

SILVESTRE, *secouant rudement la main d'Argante.* — Touchez là, touchez. Je vous donne ma parole, et vous jure sur mon honneur, par l'épée que je porte, par tous les serments que je saurais faire, qu'avant la fin jour, je vous déferai de ce maraud fieffé, de ce faquin d'Argante. Reposez-vous sur moi.

SCAPIN. — Monsieur, les violences en ce pays-ci ne sont guère souffertes.

SILVESTRE. — Je me moque de tout, et je n'ai rien à perdre.

SCAPIN. — Il se tiendra sur ses gardes, assurément; et il a des parents, des amis et des domestiques, dont il se fera un secours contre votre ressentiment.

SILVESTRE. — C'est ce que je demande, morbleu! c'est ce que je demande. (*Mettant l'épée à la main.*) Ah! tête! ah! ventre! Que ne le trouvé-je à cette heure, avec tout son secours! Que ne paraît-il à mes yeux au milieu de trente personnes! Que ne les vois-je fondre sur moi, les armes à la main! (*Se mettant en garde.*) Comment! marauds, vous avez la hardiesse de vous attaquer à moi! Allons, morbleu, tue. (*Poussant de tous les côtés, comme s'il avait plusieurs personnes à combattre.*) Point de quartier. Donnons. Ferme. Poussons. Bon pied, bon œil. Ah! coquins! Ah! canaille! vous en voulez par là! je vous en ferai tâter votre soûl. Soutenez, marauds, soutenez. Allons. A cette botte. A cette autre. (*Se tournant du côté d'Argante et de Scapin.*) A celle-ci. A celle-là. Comment, vous reculez! Pied ferme, morbleu, pied ferme!

SCAPIN. — Hé, hé, hé! monsieur, nous n'en sommes pas.

SILVESTRE. — Voilà qui vous apprendra à vous oser jouer à moi.

SCÈNE X. — ARGANTE, SCAPIN.

SCAPIN. — Hé bien! vous voyez combien de personnes tuées, pour deux cents pistoles. Or sus, je vous souhaite une bonne fortune.

ARGANTE, *tout tremblant.* — Scapin.

SCAPIN. — Plaît-il?

ARGANTE. — Je me résous à donner les deux cents pistoles.

SCAPIN. — J'en suis ravi pour l'amour de vous.

ARGANTE. — Allons le trouver; je les ai sur moi.

SCAPIN. — Vous n'avez qu'à me les donner. Il ne faut pas, pour votre honneur, que vous paraissiez là, après avoir passé ici pour autre que ce que vous êtes; et de plus, je craindrais qu'en vous faisant connaître, il n'allât s'aviser de vous demander davantage.

ARGANTE. — Oui: mais j'aurais été bien aise de voir comme je donne mon argent.

SCAPIN. — Est-ce que vous vous défiez de moi?

ARGANTE. — Non pas; mais...

SCAPIN. — Parbleu! monsieur, je suis un fourbe, ou je suis honnête homme: c'est l'un des deux. Est-ce que je voudrais vous tromper, et que, dans tout ceci, j'ai d'autre intérêt que le vôtre et celui de mon maître, à qui vous voulez vous allier? Si je vous suis suspect, je ne me mêle plus de rien, et vous n'avez qu'à chercher dès cette heure qui accommodera vos affaires.

ARGANTE. — Tiens donc.

SCAPIN. — Non, monsieur, ne me confiez point votre argent. Je serai bien aise que vous vous serviez de quelque autre.

ARGANTE. — Mon Dieu! tiens.

SCAPIN. — Non, vous dis-je; ne vous fiez point à moi. Que sait-on si je ne veux point vous attraper votre argent?

ARGANTE. — Tiens, te dis-je; ne me fais point contester davantage. Mais songe à bien prendre tes sûretés avec lui.

SCAPIN. — Laissez-moi faire: il n'a pas affaire à un sot.

ARGANTE. — Je vais t'attendre chez moi.

SCAPIN. — Je ne manquerai pas d'y aller. (*Seul.*) Et un. Je n'ai qu'à chercher l'autre. Ah! ma foi, le voici. Il semble que le ciel, l'un après l'autre, les amène dans mes filets.

SCÈNE XI. — SCAPIN, GÉRONTE.

SCAPIN, *faisant semblant de ne pas voir Géronte.* — O ciel! ô disgrace imprévue! ô misérable père! pauvre Géronte, que feras-tu?

GÉRONTE, *à part.* — Que dit-il là de moi, avec ce visage affligé?

SCAPIN. — N'y a-t-il personne qui puisse me dire où est le seigneur Géronte?

GÉRONTE. — Qu'y a-t-il, Scapin?

SCAPIN, *courant sur le théâtre, sans vouloir entendre ni voir Géronte.* — Où pourrai-je le rencontrer pour lui dire cette infortune?

GÉRONTE, *courant après Scapin.* — Qu'est-ce que c'est donc?

SCAPIN. — En vain je cours de tous côtés pour le pouvoir trouver.

GÉRONTE. — Me voici.

SCAPIN. — Il faut qu'il soit caché dans quelque endroit qu'on ne puisse point deviner.

GÉRONTE, *arrêtant Scapin.* — Holà! es-tu aveugle, que tu ne me vois pas?

SCAPIN. — Ah! monsieur, il n'y a pas moyen de vous rencontrer.

GÉRONTE. — Il y a une heure que je suis devant toi. Qu'est-ce que c'est donc qu'il y a?

SCAPIN. — Monsieur...

GÉRONTE. — Quoi?

SCAPIN. — Monsieur votre fils...

GÉRONTE. — Hé bien? mon fils...

SCAPIN. — Est tombé dans une disgrace la plus étrange du monde.

GÉRONTE. — Et quelle?

SCAPIN. — Je l'ai trouvé tantôt tout triste de je ne sais quoi que vous lui avez dit, où vous m'avez mêlé assez mal à propos; et cherchant à dissiper cette tristesse, nous nous sommes allés promener sur le port. Là, entre autres plusieurs choses, nous avons arrêté nos yeux sur une galère turque assez bien équipée. Un jeune Turc de bonne mine nous a invités d'y entrer, et nous a présenté la main. Nous y avons passé, il nous a fait mille civilités, nous a donné la collation, où nous avons mangé des fruits les plus excellents qui se puissent voir, et bu du bon vin que nous avons trouvé le meilleur du monde.

GÉRONTE. — Qu'y a-t-il de si affligeant à tout cela?

SCAPIN. — Attendez, monsieur, nous y voici. Pendant que nous mangions, il a fait mettre la galère en mer; et se voyant éloigné du port, il m'a fait mettre dans un esquif, et m'envoie vous dire que, si vous ne lui envoyez par moi tout à l'heure cinq cents écus, il va vous emmener votre fils en Alger.

GÉRONTE. — Comment diantre! cinq cents écus!

SCAPIN. — Oui, monsieur, et, de plus, il ne m'a donné pour cela que deux heures.

GÉRONTE. — Ah! le pendard de Turc! m'assassiner de la façon!

SCAPIN. — C'est à vous, monsieur, d'aviser promptement aux moyens de sauver des fers un fils que vous aimez avec tant de tendresse.

GÉRONTE. — Que diable allait-il faire dans cette galère?

SCAPIN. — Il ne songeait pas à ce qui est arrivé.

GÉRONTE. — Va-t'en, Scapin, va-t'en vite dire à ce Turc que je vais envoyer la justice après lui.

SCAPIN. — La justice en pleine mer! vous vous moquez des gens.

GÉRONTE. — Que diable allait-il faire dans cette galère?

SCAPIN. — Une méchante destinée conduit quelquefois les personnes.

GÉRONTE. — Il faut, Scapin, il faut que tu fasses ici l'action d'un serviteur fidèle.

SCAPIN. — Quoi, monsieur?

GÉRONTE. — Que tu ailles dire à ce Turc qu'il me renvoie mon fils, et que tu te mettes à sa place, jusqu'à ce que j'aie amassé la somme qu'il me demande.

SCAPIN. — Hé! monsieur, songez-vous à ce que vous dites? et vous figurez-vous que ce Turc ait si peu de sens, que d'aller recevoir un misérable comme moi à la place de votre fils?

GÉRONTE. — Que diable allait-il faire dans cette galère?

SCAPIN. — Il ne devinait pas ce malheur. Songez, monsieur, qu'il ne m'a donnez que deux heures.

GÉRONTE. — Tu dis qu'il demande...

SCAPIN. — Cinq cents écus.

GÉRONTE. — Cinq cents écus! N'a-t-il point de conscience?

SCAPIN. — Vraiment oui! de la conscience à un Turc!

GÉRONTE. — Sait-il bien ce que c'est que cinq cents écus?

SCAPIN. — Oui, monsieur, il sait que c'est mille cinq cents livres.

GÉRONTE. — Croit-il, le traître, que mille cinq cents livres se trouvent dans le pas d'un cheval?

SCAPIN. — Ce sont des gens qui n'entendent point raison.

GÉRONTE. — Mais que diable allait-il faire dans cette galère?

SCAPIN. — Il est vrai; mais quoi! on ne prévoyait pas les choses. De grace, monsieur, dépêchez.

GÉRONTE. — Tiens, voilà la clef de mon armoire.

SCAPIN. — Bon.

GÉRONTE. — Tu l'ouvriras.

SCAPIN. — Fort bien.

GÉRONTE. — Tu trouveras une grosse clef du côté gauche, qui est celle de mon grenier.

SCAPIN. — Oui.

GÉRONTE. — Tu iras prendre toutes les hardes qui sont dans cette grande manne, et tu les vendras aux fripiers, pour aller racheter mon fils.

SCAPIN, *en lui rendant la clef.* — Eh! monsieur, rêvez-vous? Je n'aurais pas cent francs de tout ce que vous dites; et, de plus vous savez le peu de temps qu'on m'a donné.

GÉRONTE. — Mais que diable allait-il faire dans cette galère?

SCAPIN. — Oh! que de paroles perdues! Laissez là cette galère, et songez que le temps presse, et que vous courez risque de perdre votre fils. Hélas! mon pauvre maître, peut-être que je ne te verrai de ma vie, et qu'à l'heure que je parle on t'emmène esclave en Alger! Mais le ciel me sera témoin que j'ai fait pour toi tout ce que j'ai pu, et que, si tu manques à être racheté, il ne faut accuser que le peu d'amitié d'un père.

GÉRONTE. — Attends, Scapin, je m'en vais quérir cette somme.

SCAPIN. — Dépêchez donc vite, monsieur; je tremble que l'heure ne sonne.

GÉRONTE. — N'est-ce pas quatre cents écus que tu dis?

SCAPIN. — Non, cinq cents écus!

GÉRONTE. — Cinq cents écus!

SCAPIN. — Oui.

GÉRONTE. — Que diable allait-il faire dans cette galère?

SCAPIN. — Vous avez raison : mais hâtez-vous.

GÉRONTE. — N'y avait-il point d'autre promenade?

SCAPIN. — Cela est vrai : mais faites promptement.

GÉRONTE. — Ah! maudite galère!

SCAPIN, *à part.* — Cette galère lui tient au cœur.

GÉRONTE. — Tiens, Scapin, je ne me souvenais pas que je viens justement de recevoir cette somme en or; et je ne croyais pas qu'elle dût m'être sitôt ravie (*tirant sa bourse de sa poche, et la présentant à Scapin.*) Tiens, va-t'en racheter mon fils.

SCAPIN, *tendant la main.* — Oui, monsieur.

GÉRONTE, *retenant sa bourse qu'il fait semblant de vouloir donner à Scapin.* — Mais dis à ce Turc que c'est un scélérat.

SCAPIN, *tendant encore la main.* — Oui.

GÉRONTE, *recommençant la même action.* — Un infâme.

SCAPIN, *tendant toujours la main.* — Oui.

GÉRONTE, *de même.* — Un homme sans foi, un voleur.

SCAPIN. — Laissez-moi faire.

GÉRONTE, *de même.* — Qu'il me tire cinq cents écus contre toute sorte de droit.

SCAPIN. — Oui.

GÉRONTE, *de même.* — Que je ne les lui donne ni à la mort, ni à la vie.

SCAPIN. — Fort bien.

GÉRONTE, *de même.* — Et que, si jamais je l'attrape, je saurai me venger de lui.

SCAPIN. — Oui.

GÉRONTE, *remettant sa bourse dans sa poche et s'en allant.* — Va, va vite requérir mon fils.

SCAPIN, *courant après Géronte.* — Holà! monsieur.

GÉRONTE. — Quoi?

SCAPIN. — Où est donc cet argent?

GÉRONTE. — Ne te l'ai-je pas donné?

SCAPIN. — Non, vraiment, vous l'avez remis dans votre poche.

GÉRONTE. — Ah! c'est la douleur qui me trouble l'esprit.

SCAPIN. — Je le vois bien.

GÉRONTE. — Que diable allait-il faire dans cette galère? Ah! maudite galère! traître de Turc! à tous les diables.

SCAPIN, *seul.* — Il ne peut digérer les cinq cents écus que je lui arrache; mais il n'est pas quitte envers moi; et je veux qu'il me paie en une autre monnaie l'imposture qu'il m'a faite auprès de son fils.

SCÈNE XII. — OCTAVE, LÉANDRE, SCAPIN.

OCTAVE. — Hé bien! Scapin, as-tu réussi pour moi dans ton entreprise?

LÉANDRE. — As-tu fait quelque chose pour tirer mon amour de la peine où il est?

SCAPIN, *à Octave.* — Voilà deux cents pistoles que j'ai tirées de votre père.

OCTAVE. — Ah! que tu me donnes de joie!

SCAPIN, *à Léandre.* — Pour vous, je n'ai pu faire rien.

LÉANDRE, *voulant s'en aller.* — Il faut donc que j'aille mourir; et je n'ai que faire de vivre, si Zerbinette m'est ôtée.

SCAPIN. — Holà! holà! tout doucement. Comme diantre vous allez vite.

LÉANDRE, *se retournant.* — Que veux-tu que je devienne?

SCAPIN. — Allez, j'ai votre affaire ici.

LÉANDRE. — Ah! tu me redonnes la vie.

SCAPIN. — Mais à condition que vous me permettez, à moi, une petite vengeance contre votre père, pour le tour qu'il m'a fait.

LÉANDRE. — Tout ce que tu voudras.

SCAPIN. — Vous me le promettez devant témoin?

LÉANDRE. — Oui.

SCAPIN. — Tenez, voilà cinq cents écus.

LÉANDRE. — Allons en promptement acheter celle que j'adore.

FIN DU SECOND ACTE.

ACTE III.

SCÈNE PREMIÈRE.

ZERBINETTE, HYACINTE, SCAPIN, SILVESTRE.

SILVESTRE. — Oui, vos amants ont arrêté entre eux que vous fussiez ensemble; et nous nous acquittons de l'ordre qu'ils nous ont donné.

HYACINTE, *à Zerbinette.* — Un tel ordre n'a rien qui me soit fort agréable. Je reçois avec joie une compagne de la sorte; et il ne tiendra pas à moi que l'amitié qui est entre les personnes que nous aimons ne se répande entre nous deux.

ZERBINETTE. — J'accepte la proposition, et ne suis point personne à reculer lorsqu'on m'attaque d'amitié.

SCAPIN. — Et lorsque c'est d'amour qu'on vous attaque?

ZERBINETTE. — Pour l'amour, c'est une autre chose: on y court un peu plus de risque, et je n'y suis pas si hardie.

SCAPIN. — Vous l'êtes, que je crois, contre mon maître maintenant; et ce qu'il vient de faire pour vous doit vous donner du cœur pour répondre comme il faut à sa passion.

ZERBINETTE. — Je ne m'y fie encore que de la bonne sorte; et ce n'est pas assez pour m'assurer entièrement, que ce qu'il vient de faire. J'ai l'humeur enjouée, et sans cesse je ris : mais, tout en riant, je suis sérieuse sur de certains chapitres; et ton maître s'abusera, s'il croit qu'il lui suffise de m'avoir achetée pour me voir tout à lui. Il doit lui en coûter autre chose que de l'argent. et, pour répondre à son amour de la manière qu'il souhaite, il me faut un don de sa foi, qui soit assaisonné de certaines cérémonies qu'on trouve nécessaires.

SCAPIN. — C'est là aussi comme il l'entend. Il ne prétend à vous qu'en tout bien et en tout honneur; et je n'aurais pas été homme à me mêler de cette affaire, s'il avait une autre pensée.

ZERBINETTE. — C'est ce que je veux croire, puisque vous me le dites; mais, du côté du père, j'y prévois des empêchements.

SCAPIN. — Nous trouverons moyen d'accommoder les choses.

HYACINTE, à Zerbinette. — La ressemblance de nos destins doit contribuer encore à faire naître notre amitié; et nous nous voyons toutes deux dans les mêmes alarmes, toutes deux exposées à la même infortune.

ZERBINETTE. — Vous avez cet avantage au moins, que vous savez de qui vous êtes née, et que l'appui de vos parents, que vous pouvez faire connaître, est capable d'ajuster tout, peut assurer votre bonheur, et faire donner un consentement au mariage qu'on trouve fait. Mais, pour moi, je ne rencontre aucun secours dans ce que je puis être; et l'on me voit dans un état qui n'adoucira pas les volontés d'un père qui ne regarde que le bien.

HYACINTE. — Mais aussi avez-vous cet avantage, que l'on ne tente point par un autre parti celui que vous aimez.

ZERBINETTE. — Le changement du cœur d'un amant n'est pas ce qu'on peut le plus craindre. On se peut naturellement croire assez de mérite pour garder sa conquête: et ce que je vois de plus redoutable dans ces sortes d'affaires, c'est la puissance paternelle, auprès de qui tout le mérite ne sert de rien.

HYACINTE. — Hélas! pourquoi faut-il que de justes inclinations se trouvent traversées? La douce chose que d'aimer, lorsque l'on ne voit point d'obstacle à ces aimables chaînes dont deux cœurs se lient ensemble!

SCAPIN. — Vous vous moquez; la tranquillité en amour est un calme désagréable. Un bonheur tout uni nous devient ennuyeux; il faut du haut et du bas dans la vie: et les difficultés qui se mêlent aux choses, réveillent les ardeurs, augmentent les plaisirs.

ZERBINETTE. — Mon dieu, Scapin, fais-nous un peu le récit, qu'on m'a dit qui est si plaisant, du stratagème dont tu t'es avisé pour tirer de l'argent de ton vieillard avare. Tu sais qu'on ne perd point sa peine lorsqu'on me fait un conte, et que je paie assez bien par la joie qu'on m'y voit prendre.

SCAPIN. — Voilà Silvestre qui s'en acquittera aussi bien que moi. J'ai dans la tête certaine petite vengeance, dont je vais goûter le plaisir.

SILVESTRE. — Pourquoi, de gaîté de cœur, veux-tu chercher à t'attirer de méchantes affaires?

SCAPIN, — Je me plais à tenter des entreprises hasardeuses.

SILVESTE. — Je te l'ai déjà dit, tu quitterais le dessein que tu as, si tu m'en voulais croire.

SCAPIN. — Oui, mais c'est moi que j'en croirai

SILVESTRE. — A quoi diable te vas-tu amuser?

SCAPIN. — De quoi diable te mets-tu en peine?

SILVESTRE. — C'est que je vois que, sans nécessité, tu vas courir risque de t'attirer une venue de coups de bâton.

SCAPIN. — Hé bien! c'est aux dépens de mon dos, et non pas du tien.

SILVESTRE. — Il est vrai que tu es maître de tes épaules, et tu en disposeras comme il te plaira.

SCAPIN. — Ces sortes de périls ne m'ont jamais arrêté, et je hais ces cœurs pusillanimes qui, pour trop prévoir les suites des choses, n'osent rien entreprendre.

ZERBINETTE, à Scapin. — Nous aurons besoin de tes soins.

SCAPIN. — Allez. Je vous irai bientôt rejoindre. Il ne sera pas dit qu'impunément on m'ait mis en état de me trahir moi-même, et de découvrir des secrets qu'il était bon qu'on ne sût pas.

SCÈNE II. — GÉRONTE, SCAPIN.

GÉRONTE. — Hé bien ! Scapin, comment va l'affaire de mon fils?

SCAPIN. — Votre fils, monsieur, est en lieu de sûreté : mais vous courez maintenant, vous, le péril le plus grand du monde, et je voudrais, pour beaucoup, que vous fussiez dans votre logis.

GÉRONTE. — Comment donc?

SCAPIN. — A l'heure que je parle, on vous cherche de toutes parts pour vous tuer.

GÉRONTE. — Moi?

SCAPIN. — Oui.

GÉRONTE. — Et qui?

SCAPIN. — Le frère de cette personne qu'Octave a épousée. Il croit que le dessein que vous avez de mettre votre fille à la place que tient sa sœur, est ce qui pousse le plus fort à rompre leur mariage ; et, dans cette pensée , il a résolu hautement de décharger son désespoir sur vous , et de vous ôter la vie pour venger son honneur. Tous ses amis, gens d'épée comme lui, vous cherchent de tous les côtés, et demandent de vos nouvelles. J'ai vu même de çà et de là des soldats de sa compagnie qui interrogent ceux qu'ils trouvent, et occupent par pelotons toutes les avenues de votre maison ; de sorte que vous ne sauriez aller chez vous, vous ne sauriez faire un pas ni à droite ni à gauche, que vous ne tombiez dans leurs mains.

GÉRONTE. — Que ferais-je, mon pauvre Scapin?

SCAPIN. — Je ne sais pas, monsieur, et voici une étrange affaire. Je tremble pour vous depuis les pieds jusqu'à la tête, et... Attendez. (*Scapin faisant semblant d'aller voir au fond du théâtre s'il n'y a personne.*)

GÉRONTE, *en tremblant.* — Hé!

SCAPIN. — Non, non, non, ce n'est rien.

GÉRONTE. — Ne saurais-tu me trouver quelque moyen pour me tirer de peine?

SCAPIN. — J'en imagine bien un ; mais je courrais risque, moi , de me faire assommer.

GÉRONTE. — Hé! Scapin, montre-toi serviteur zélé. Ne m'abandonne pas, je te prie.

SCAPIN. — Je le veux bien. J'ai une tendresse pour vous qui ne saurait souffrir que je vous laisse sans secours.

GÉRONTE. — Tu en seras récompensé, je t'assure ; et je te promets cet habit-ci, quand je l'aurai un peu usé.

SCAPIN. — Attendez. Voici une affaire que j'ai trouvée fort à propos pour vous sauver. Il faut que vous vous mettiez dans ce sac, et que...

GÉRONTE, *croyant voir quelqu'un.* — Ah!

SCAPIN. — Non, non, non, non, ce n'est personne. Il faut, dis-je, que vous vous mettiez là-dedans, et que vous vous gardiez de remuer en aucune façon. Je vous chargerai sur mon dos, comme un paquet de quelque chose, et je vous porterai ainsi, au travers de vos ennemis jusque dans votre maison , où , quand nous serons une fois, nous pourrons nous barricader, et envoyer quérir main-forte contre la violence.

GÉRONTE. — L'invention est bonne.

SCAPIN. — La meilleure du monde. Vous allez voir. (*A part*) Tu me paieras l'imposture.

GÉRONTE. — Hé?

SCAPIN. — Je dis que vos ennemis seront bien attrapés. Mettez-vous bien jusqu'au fond ; et surtout prenez garde de ne vous point montrer, et de ne branler pas, quelque chose qui puisse arriver.

GÉRONTE. — Laissez-moi faire, je saurai me tenir.

SCAPIN. — Cachez-vous ; voici un spadassin qui vous cherche. (*En contrefaisant sa voix.*) « Quoi ! je n'aurai pas l'abantage dé tuer ce Géronte, et quelqu'un, par charité, né m'enseignera pas où il est! » (*à Géronte avec sa voix ordinaire.*) Ne branlez pas. « Cadédis, jé lé troubérai, sé cachât-il au centre dé la terre. » (*à Géronte avec son ton naturel*) Ne vous montrez pas. (*Tout le langage gascon est supposé de celui qu'il contrefait, et le reste de lui.*) » Oh!

l'homme au sac? « Monsieur.» — Jé té vaille un louis, et m'enseigne où pût être Géronte? » Vous cherchez le seigneur Géronte? » Oui, mordi, jé lé cherche. » Et pour quelle affaire, monsieur? « Pour quelle affaire » Oui. « Jé beux, cadédis, lé faire mourir sous les coups dé vaton. » Oh! monsieur, les coups de bâton ne se donnent point à des gens comme lui, et ce n'est pas un homme à être traité de la sorte? « Qui! ce fat dé Géronte, cé maraud, cé vélitre? » Le seigneur Géronte n'est ni fat, ni maraud, ni belître; et vous devriez, s'il vous plaît, parler d'autre façon. — Comment! tu me traites, à moi, avec cette hauteur! « Je défends, comme je dois, un homme d'honneur qu'on offense. « Est-ce que tu es des amis dé cé Géronte? » Oui, monsieur, j'en suis. « Ah! cadédis, tu es dé ses amis: à la vonnehure. (donnant plusieurs coups de bâton sur le sac.) Tiens, boïla cé qué je té baille pour lui. » (criant comme s'il recevait des coups de bâton) Ah, ah, ah, ah! monsieur, ah, ah, monsieur, tout beau. Ah! doucement! Ah, ah, ah! « va, porte-lui cela dé ma part, Adiusias. » Ah! diâble soit le Gascon! Ah!

GÉRONTE, mettant la tête hors du|sac. — Ah! Scapin, je n'en puis plus.

SCAPIN. — Ah! monsieur, je suis tout moulu, et les épaules me font un mal épouvantable.

GÉRONTE. — Comment! c'est sur les miennes qu'il a frappé.

SCAPIN. — Nenni, monsieur, c'était sur mon dos qu'il frappait.

GÉRONTE.—Que veux-tu dire? J'ai bien senti les coups, et les sens bien encore.

SCAPIN. — Non, vous dis-je; ce n'est que le bout du bâton qui a été jusque sur vos épaules.

GÉRONTE. — Tu devais donc te retirer un peu plus loin pour m'épargner...

SCAPIN, lui remettant la tête dans le sac. — Prenez garde; en voici un autre qui a la mine d'un étranger. (Cet endroit est de même que celui du Gascon pour le changement de langage et le jeu de théâtre) « Parti, moi courir comme une Basque, et moi ne pouvre point troufair de tout le jour sti diâble de Gironte. » Cachez-vous bien. « Dites moi un peu, fous monsir l'homme, s'il ve plaît, fous savoir point où l'est sti Gironte que moi cherchair? » Non monsieur; je ne sais point où est Géronte. « Dites-moi-le, fous, franchement, moi li fouloir pas grande chose, à lui. L'est seulement pour li donnair une petite régale sur le dos d'une douzaine de coups de bâtonne, et de trois ou quatre petites coups d'épée au trafers de son poitrine. » Je vous assure, monsieur, que je ne sais pas où il est. « Il me semble que ji foi remuair quelque chose dans sti sac. » Pardonnez-moi, monsieur. « Li est assurément quelque histoire là tétans. » Point du tout, monsieur. « Moi l'afoir enfie de tonner ain coup d'épée dans sti sac. » Ah! monsieur, gardez-vous-en bien. « Montre-le-moi un peu, fous, ce que c'être là. » Tout beau, monsieur. « Quement, tout beau. » Vous n'avez que faire de vouloir voir ce que je porte. « Et moi, je le fouloir foir, moi. » Vous ne le verrez point. « Ah! que de badinemente! » Ce sont hardes qui m'appartiennent. » Montre-moi, fous, te dis-je. » Je n'en ferai rien « Toi ne faire rien ! » Non. « Moi pailler da ste bâtonne dessus les épaules de toi. » Je me moque de cela. « Ah! toi faire le trôle! (donnant des coups de bâton sur le sac, et criant comme s'il les recevait) Ahi, ahi, ahi, monsieur. Ah, ah, ah! « Jusqu'au refoir; l'être là un petit leçon pour li apprendre toi à parler insolentement. » Ah! peste soit du baragouineux! Ah!

GÉRONTE, sortant sa tête hors du sac — Ah! je suis roué.

SCAPIN. — Ah! je suis mort.

GÉRONTE. — Pourquoi, diantre, faut-il qu'ils frappent sur mon dos?

SCAPIN, lui remettant encore la tête dans le sac. — Prenez garde, voici une demi-douzaine de soldats tous ensemble. (contrefaisant la voix de plusieurs personnes) Allons, tâchons à trouver ce Géronte, cherchons partout. N'épargnons point nos pas. Courons toute la ville. N'oublions aucun lieu. Visitons tout. Furetons de tous les côtés Par où irons-nous? Tournons par-là. Non, par ici. A gauche. A droite. Nenni. Si fait. (à Géronte avec sa voix ordinaire.) Cachez-vous bien. « Ah! camarade voici son valet. Allons, coquin, il faut que tu nous enseignes où est ton maître. « Eh, messieurs, ne me maltraitez point. « Allons dis-nous où il est; parle Hâte-toi, expédions. Dépêche vite. Tôt. » Hé! messieurs, doucement. (Géronte met doucement la tête hors du sac, et aperçoit la fourberie de Scapin.) « Si tu ne nous fais trouver ton maître tout à l'heure nous allons faire pleuvoir sur toi une ondée de coups de bâton. » J'aime mieux souffrir toute chose que de vous découvrir mon maître. « Nous allons t'assommer. » Faites tout ce qu'il vous plaira. « Tu as envie d'être battu. » Je ne trahirai point mon maître. « Ah ! tu en veux tâter ! Voilà... » Oh ! (*Comme il est près de frapper, Géronte sort du sac, et Scapin s'enfuit.*)

GÉRONTE, *seul.* — Ah ! infâme ! Ah ! traître ! Ah ! scélérat ! C'est ainsi que tu m'assassines !

SCÈNE III. — ZERBINETTE, GÉRONTE.

ZERBINETTE, *riant sans voir Géronte.* — Ah ! ah ! je veux prendre un peu l'air.

GÉRONTE, *à part, sans voir Zerbinette.* — Tu me le paieras, je te le jure.

ZERBINETTE, *sans voir Géronte.* — Ah, ah, ah, ah ! la plaisante histoire ! et la bonne dupe que ce vieillard !

GÉRONTE. — Il n'y a rien de plaisant à cela, et vous n'avez que faire d'en rire.

ZERBINETTE. — Quoi ! Que voulez-vous dire, monsieur ?

GÉRONTE. — Je veux dire que vous ne devez pas vous moquer de moi.

ZERBINETTE. — De vous ?

GÉRONTE. — Oui.

ZERBINETTE. — Comment ! qui songe à se moquer de vous ?

GÉRONTE. — Pourquoi venez-vous ici me rire au nez ?

ZERBINETTE. — Cela ne vous regarde point, et je ris toute seule d'un conte qu'on vient de me faire, le plus plaisant qu'on puisse entendre. Je ne sais pas si c'est parce que je suis intéressée dans la chose ; mais je n'ai jamais trouvé rien de si drôle, qu'un tour qui vient d'être joué par un fils à son père, pour en attraper de l'argent.

GÉRONTE. — Par un fils à son père, pour en attraper de l'argent ?

ZERBINETTE. — Oui. Pour peu que vous me pressiez, vous me trouverez assez disposée à vous dire l'affaire ; et j'ai une démangeaison naturelle à faire part des contes que je sais.

GÉRONTE. — Je vous prie de me dire cette histoire.

ZERBINETTE. — Je le veux bien. Je ne risquerai pas grand'chose à vous le dire, et c'est une aventure qui n'est pas pour être longtemps secrète. La destinée a voulu que je me trouvasse parmi une bande de ces personne qu'on appelle Égyptiens, et qui, rôdant de province en province, se mêlent de dire la bonne fortune, et quelquefois de beaucoup d'autres choses. En arrivant dans cette ville, un jeune homme me vit et conçut pour moi de l'amour. Dès ce moment, il s'attacha à mes pas ; et le voilà d'abord comme tous les jeunes gens, qui croient qu'il n'y a qu'à parler, et qu'au moindre mot qu'ils nous disent, leurs affaires sont faites : mais il trouva une fierté qui lui fit un peu corriger ses premières pensées. Il fit connaître sa passion aux gens qui me tenaient, et il les trouva disposés à me laisser à lui, moyennant quelque somme. Mais le mal de l'affaire était que mon amant se trouvait dans l'état où l'on voit très souvent la plupart des fils de famille, c'est-à-dire qu'il était un peu dénué d'argent. Il a un père qui, quoique riche, est un avaricieux fieffé, le plus vilain homme du monde. Attendez. Ne me saurais-je souvenir de son nom ? Haie ! Aidez-moi un peu. Ne pouvez-vous me nommer quelqu'un de cette ville qui soit connu pour être avare au dernier point ?

GÉRONTE. — Non.

ZERBINETTE. — Il y a à son nom du ron... ronte... Or... Oronte. Non. Gé.. Géronte. Oui, Géronte, justement ; voilà mon vilain, je l'ai trouvé ; c'est ce ladre-là que je dis. Pour venir à notre conte, nos gens ont voulu aujourd'hui partir de cette ville ; et mon amant m'allait perdre, faute d'argent, si, pour en tirer de son père, il n'avait trouvé du secours dans l'industrie d'un serviteur qu'il a. Pour le nom du serviteur, je le sais à merveille : il s'appelle Scapin, c'est un homme incomparable, et il mérite toutes les louanges que l'on peut donner.

GÉRONTE, *à part.* — Ah ! coquin que tu es !

ZERBINETTE. — Voici le stratagème dont il s'est servi pour attraper sa dupe. Ah, ah, ah, ah, je ne saurais m'en souvenir, que je ne rie de tout mon cœur

Ah! ah! ah! Il est allé trouver ce chien d'avare, ah! ah! ah! et lui a dit qu'en se promenant sur le port avec son fils, hi! hi! ils avaient vu une galère turque, où on les avait invités d'entrer; qu'un jeune Turc leur y avait donné la collation, ah! que, tandis qu'ils mangeaient, on avait mis la galère en mer, et que le Turc l'avait renvoyé lui seul à terre dans un esquif avec ordre de dire au père de son maître qu'il emmenait son fils en Alger, s'il ne lui envoyait tout à l'heure cinq cents écus. Ah! ah! ah! voilà mon ladre, mon vilain, dans de furieuses angoisses; et la tendresse qu'il a pour son fils fait un combat étrange avec son avarice. Cinq cents écus qu'on lui demande sont justement cinq cents coups de poignard qu'on lui donne. Ah! ah! ah! Il ne peut se résoudre à tirer cette somme de ses entrailles, et la peine qu'il souffre lui fait trouver cent moyens ridicules pour ravoir son fils. Ah! ah! ah! Il veut envoyer la justice en mer après la galère du Turc; ah! ah! ah! il sollicite son valet de s'aller offrir à tenir la place de son fils, jusqu'à ce qu'il ait amassé l'argent qu'il n'a pas envie de donner; ah! ah! ah! il abandonne, pour les cinq cents écus, quatre ou cinq vieux habits qui n'en valent pas trente. Ah! ah! ah! Le valet lui fait |comprendre à tous coups l'impertinence de ses propositions, et chaque réflexion est douloureusement accompagnée d'un: Mais que diable allait-il faire dans cette galère? Ah! Maudite galère! Traître de Turc! Enfin, après plusieurs détours, après avoir longtemps gémi et soupiré... Mais il me semble que vous ne riez point de mon conte, qu'en dites-vous?

GÉRONTE. — Je dis que le jeune homme est un pendard, un insolent, qui sera puni par son père du tour qu'il lui a fait; que l'Égyptienne est une malavisée, une impertinente, de dire des injures à un homme d'honneur, qui saura lui apprendre à venir ici débaucher les enfants de famille; et que le valet est un scélérat qui sera par Géronte envoyé au gibet avant qu'il soit demain.

SCÈNE IV. — ZERBINETTE, SILVESTRE.

SILVESTRE. — Où est-ce donc que vous vous échappez? Savez-vous bien que vous venez de parler là au père de votre amant?

ZERBINETTE. — Je viens de m'en douter, et je me suis adressée à lui-même, sans y penser, pour lui conter son histoire.

SILVESTRE. — Comment son histoire?

ZERBINETTE. — Oui; j'étais toute remplie du conte, et je brûlais de le redire. Mais qu'importe? Tant pis pour lui. Je ne vois pas que les choses, pour nous, en puissent être ni pis ni mieux.

SILVESTRE. — Vous aviez grande envie de babiller; et c'est avoir bien de la langue, que de ne pouvoir se taire de ses propres affaires.

ZERBINETTE. — N'aurait-il pas appris cela de quelque autre?

SCÈNE V. — ARGANTE, ZERBINETTE, SILVESTRE.

ARGANTE, *derrière le théâtre.* — Holà! Silvestre.

SILVESTRE, *à Zerbinette.* — Rentrez dans la maison. Voilà mon maître qui m'appelle.

SCÈNE VI. — ARGANTE, SILVESTRE.

ARGANTE. — Vous vous êtes donc accordés, coquins, vous vous êtes accordés, Scapin, vous et mon fils, pour me fourber; et vous croyez que je l'endure?

SILVESTRE. — Ma foi, monsieur, si Scapin vous fourbe, je m'en lave les mains, et vous assure que je n'y trempe en aucune façon.

ARGANTE. — Nous verrons cette affaire, pendard, nous verrons cette affaire, et je ne prétends pas qu'on me fasse passer la plume par le bec.

SCÈNE VII. — GÉRONTE, ARGANTE, SILVESTRE.

GÉRONTE. — Ah! seigneur Argante, vous me voyez accablé de disgrace.

ARGANTE. — Vous me voyez aussi dans un accablement horrible.

GÉRONTE. — Le pendard de Scapin, par une fourberie, m'a attrapé cinq cents écus.

ARGANTE. — Le même pendard de Scapin, par une fourberie aussi, m'a attrapé deux cents pistoles.

GÉRONTE. — Il ne s'est pas contenté de m'attraper cinq cents écus, il m'a traité d'une manière que j'ai honte de dire. Mais il me la payera.

ARGANTE. — Je veux qu'il me fasse raison de la pièce qu'il m'a jouée.

GÉRONTE. — Et je prétends faire de lui une vengeance exemplaire.

SILVESTRE, à part. — Plaise au ciel que, dans tout ceci, je n'aie point ma part!

GÉRONTE. — Mais ce n'est pas encore tout, seigneur Argante, et un malheur nous est toujours l'avant-coureur d'un autre. Je me réjouissais aujourd'hui de l'espérance d'avoir ma fille, dont je faisais toute ma consolation; et je viens d'apprendre de mon homme qu'elle est partie il y a longtemps de Tarente, et qu'on y croit qu'elle a péri dans le vaisseau où elle s'embarqua.

ARGANTE. — Mais pourquoi, s'il vous plaît, la tenir à Tarente, et ne vous être pas donné la joie de l'avoir avec vous?

GÉRONTE. — J'ai eu mes raisons pour cela; et des intérêts de famille m'ont obligé, jusqu'ici, à tenir fort secret ce second mariage. Mais que vois-je?

SCÈNE VIII. — ARGANTE, GÉRONTE, NÉRINE, SILVESTRE.

GÉRONTE. — Ah! te voilà, nourrice?

NÉRINE, se jetant aux genoux de Géronte. — Ah! seigneur Pandolphe, que...

GÉRONTE. — Appelle-moi Géronte, et ne te sers plus de ce nom. Les raisons ont cessé qui m'avaient obligé à le prendre parmi vous à Tarente.

NÉRINE. — Las! que ce changement de nom nous a causé de troubles et d'inquiétudes dans les soins que nous avons pris de vous venir chercher ici!

GÉRONTE. — Où est ma fille et sa mère?

NÉRINE. — Votre fille, monsieur, n'est pas loin d'ici; mais, avant que de vous la faire voir, il faut que je vous demande pardon de l'avoir mariée, dans l'abandonnement où, faute de vous rencontrer, je me suis trouvée avec elle.

GÉRONTE. — Ma fille mariée?

NÉRINE. — Oui, monsieur.

GÉRONTE. — Et avec qui?

NÉRINE. — Avec un jeune homme nommé Octave, fils d'un certain seigneur Argante.

GÉRONTE. — O ciel!

ARGANTE. — Quelle rencontre!

GÉRONTE. — Mène-nous, mène-nous promptement où elle est.

NÉRINE. — Vous n'avez qu'à entrer dans ce logis.

GÉRONTE. — Passe devant. Suivez-moi, suivez-moi, seigneur Argante.

SILVESTRE, seul. — Voilà une aventure qui est tout-à-fait surprenante.

SCÈNE IX. — SCAPIN, SILVESTRE.

SCAPIN. — Hé bien! Silvestre, que font nos gens?

SILVESTRE. — J'ai deux avis à te donner. L'un, que l'affaire d'Octave est accommodée: notre Hyacinte s'est trouvée la fille du seigneur Géronte; et le hasard a fait ce que la prudence des pères avait délibéré. L'autre avis, c'est que les deux vieillards font contre toi des menaces épouvantables, et surtout le seigneur Géronte.

SCAPIN. — Cela n'est rien. Les menaces ne m'ont jamais fait mal, et ce sont des nuées qui passent bien loin sur nos têtes.

SILVESTRE. — Prends garde à toi. Les fils se pourraient bien raccommoder avec les pères, et toi demeurer dans la nasse.

SCAPIN. — Laisse-moi faire, je trouverai moyen d'apaiser leur courroux, et...

SILVESTRE. — Retire-toi, les voilà qui sortent.

SCÈNE X. — GÉRONTE, ARGANTE, HYACINTE, ZERBINETTE, NÉRINE, SILVESTRE.

GÉRONTE. — Allons, ma fille, venez chez moi. Ma joie aurait été parfaite si j'avais pu voir votre mère avec vous.

ARGANTE. — Voici Octave tout à propos.

SCÈNE XI.

ARGANTE, GÉRONTE, OCTAVE, HYACINTE, ZERBINETTE, NÉRINE, SILVESTRE.

ARGANTE. — Venez, mon fils, venez vous réjouir avec nous de l'heureuse aventure de votre mariage. Le ciel...

OCTAVE. — Non, mon père, toutes vos propositions de mariage ne serviront de rien. Je dois lever le masque avec vous, et l'on vous a dit mon engagement.

ARGANTE. — Oui. Mais tu ne sais pas...

OCTAVE. — Je sais tout ce qu'il faut savoir.

ARGANTE. — Je te veux dire que la fille du seigneur Géronte...

OCTAVE. — La fille du seigneur Géronte ne me sera jamais de rien.

ÉRONTE. — C'est elle...

OCTAVE, à Géronte. — Non, monsieur ; je vous demande pardon : mes résolutions sont prises.

SILVESTRE, à Octave. — Ecoutez...

OCTAVE. — Non, tais-toi, je n'écoute rien.

ARGANTE, à Octave. — Ta femme...

OCTAVE. — Non, vous dis-je, mon père ; je mourrai plutôt que de quitter mon aimable Hyacinte. Oui, vous avez beau faire, la voilà celle à qui ma foi (traversant le théâtre pour se mettre à côté d'Hyacinte) est engagée ; je l'aimerai toute ma vie, et je ne veux point d'autre femme.

ARGANTE. — Hé bien ! c'est elle qu'on te donne. Quel diable d'étourdi qui suit toujours sa pointe !

HYACINTE, montrant Géronte. — Oui, Octave, voilà mon père que j'ai trouvé, et nous nous voyons hors de peine.

GÉRONTE. — Allons chez moi, nous serons mieux qu'ici pour nous entretenir.

HYACINTE, montrant Zerbinette. — Ah ! mon père, je vous demande par grace que je ne sois point séparée de l'aimable personne que vous voyez. Elle a un mérite qui vous fera concevoir de l'estime pour elle, quand il sera connu de vous.

GÉRONTE. — Tu veux que je tienne chez moi une personne qui est aimée de ton frère et qui m'a dit tantôt au nez mille sottises de moi-même ?

ZERBINETTE. — Monsieur, je vous prie de m'excuser. Je n'aurais pas parlé de la sorte, si j'avais su que c'était vous, et je ne vous connaissais que de réputation.

GÉRONTE. — Comment ! que de réputation ?

HYACINTE. — Mon père, la passion que mon frère a pour elle n'a rien de criminel, et je réponds de sa vertu.

GÉRONTE. — Voilà qui est fort bien. Ne voudrait-on point que je mariasse mon fils avec elle ? une fille inconnue, qui fait le métier de coureuse ?

SCÈNE XII. — ARGANTE, GÉRONTE, LÉANDRE, OCTAVE, HYACINTE, ZERBINETTE, NÉRINE, SILVESTRE.

LÉANDRE. — Mon père, ne vous plaignez point que j'aime une inconnue sans naissance et sans bien. Ceux de qui je l'ai rachetée viennent de me découvrir qu'elle est de cette ville et d'honnête famille ; que ce sont eux qui l'y ont dérobée à l'âge de quatre ans : et voici un bracelet qu'ils m'ont donné, qui pourra nous aider à trouver ses parents.

ARGANTE. — Hélas ! à voir ce bracelet, c'est ma fille, que je perdis à l'âge que vous dites.

GÉRONTE. — Votre fille ?

ARGANTE. — Oui, ce l'est ; et j'y vois tous les traits qui m'en peuvent rendre assuré.

HYACINTE. — O ciel ! que d'aventures extraordinaires !

SCÈNE XIII. — ARGANTE, GÉRONTE, LÉANDRE, OCTAVE, HYACINTE, ZERBINETTE, NÉRINE, SILVESTRE, CARLE.

CARLE. — Ah ! messieurs, il vient d'arriver un accident étrange.

GÉRONTE. — Quoi ?

CARLE. — Le pauvre Scapin...

GÉRONTE. — C'est un coquin que je veux faire pendre.

CARLE. — Hélas ! monsieur, vous ne serez pas en peine de cela. En passant contre un bâtiment, il lui est tombé sur la tête un marteau de tailleur de pierre, qui lui a brisé l'os et découvert toute la cervelle. Il se meurt, et il a prié qu'on l'apportât ici pour vous pouvoir parler avant que de mourir.

ARGANTE. — Où est-il?

CARLE. — Le voilà.

SCÈNE XIV. — ARGANTE, GÉRONTE, LÉANDRE, OCTAVE, HYACINTE, ZERBINETTE, NÉRINE, SCAPIN, SILVESTRE, CARLE.

SCAPIN, *apporté par deux hommes, et la tête entourée de linge, comme s'il avait été blessé.* — Ahi! ahi! messieurs, vous me voyez... ahi! vous me voyez dans un étrange état... Ah! je n'ai pas voulu mourir, sans venir demander pardon à toutes les personnes que je puis avoir offensées. Ahi! Oui, messieurs, avant que de rendre le dernier soupir, je vous conjure de tout mon cœur de vouloir me pardonner tout ce que je puis vous avoir fait; et principalement le seigneur Argante et le seigneur Géronte. Ahi!

ARGANTE. — Pour moi, je te pardonne; va, meurs en repos.

SCAPIN, *à Géronte.* — C'est vous, monsieur, que j'ai le plus offensé par les coups de bâton que...

GÉRONTE. — Ne parle point davantage, je te pardonne aussi.

SCAPIN. — Ç'a été une témérité bien grande à moi, que les coups de bâton que je...

GÉRONTE. — Laissons cela.

SCAPIN. — J'ai, en mourant, une douleur inconcevable des coups de bâton que...

GÉRONTE. — Mon Dieu! tais-toi.

SCAPIN. — Les malheureux coups de bâton que je vous...

GÉRONTE. — Tais-toi, te dis-je; j'oublie tout.

SCAPIN. — Hélas! quelle bonté! mais est-ce de bon cœur, monsieur, que vous me pardonnez ces coups de bâton que...

GÉRONTE. — Hé! oui. Ne parlons plus de rien, je te pardonne tout, voilà qui est fait.

SCAPIN. — Ah! monsieur, je me sens tout soulagé depuis cette parole.

GÉRONTE. — Oui; mais je te pardonne à la charge que tu mourras.

SCAPIN. — Comment, monsieur?

GÉRONTE. — Je me dédis de ma parole, si tu réchappes.

SCAPIN. — Ah! ah! voilà mes faiblesses qui me reprennent.

ARGANTE. — Seigneur Géronte, en faveur de notre joie, il faut lui pardonner sans condition.

GÉRONTE. — Soit.

ARGANTE. — Allons souper ensemble, pour mieux goûter notre plaisir.

SCAPIN. — Et moi, qu'on me porte au bout de la table, en attendant que je meure.

FIN DES FOURBERIES DE SCAPIN.

PSYCHÉ,

TRAGI-COMÉDIE ET BALLET EN CINQ ACTES.

PERSONNAGES.

PERSONNAGES DU PROLOGUE.

Flore.
Vertumne, dieu des jardins.
Palémon, dieu des eaux.
Vénus.
L'Amour.
Egiale, grace.
Phaène, grace.
Nymphes de la suite de Flore, chantantes
Dryades et Sylvains de la suite de Vertumne, dansants.
Sylvains, dansants.
Dieux des Fleuves de la suite de Palémon, dansants.
Dieux des Fleuves, chantants.
Naïades.
Amours de la suite de Vénus, dansants.

PERSONNAGES DE LA TRAGI-COMÉDIE.

JUPITER.
VÉNUS.
L'AMOUR.
ZÉPHYRE.
EGIALE, grace.
PHAÈNE, grace.
LE ROI, père de Psyché.
PSYCHÉ.
AGLAURE, sœur de Psyché.
CYDIPPE, sœur de Psyché.
CLÉOMÈNE, prince, amant de Psyché.
AGÉNOR, prince, amant de Psyché.
LYCAS, capitaine des gardes.
DEUX AMOURS.
LE DIEU D'UN FLEUVE.
SUITE DU ROI.

PERSONNAGES DES INTERMÈDES.

Premier intermède.

Femme désolée, chantante.
Deux hommes affligés, chantants.
Hommes affligés, dansants.
Femmes désolées, dansantes.

Deuxième intermède.

Vulcain.
Cyclopes, dansants.
Fées, dansants.

Troisième intermède.

Un Zéphyre, chantant.
Deux Amours, chantants.
Zéphyres, dansants.
Amours, dansants.

Quatrième intermède.

Furies, dansantes.
Lutins, faisant des sauts périlleux.

Cinquième intermède.

NOCES DE L'AMOUR ET DE PSYCHÉ.

Apollon.
Les Muses, chantantes.
Arts, travestis en bergers galants, dansants.
Bacchus.
Egipans, dansants.
Ménades, dansantes.
Mome.
Polichinelles, dansants.
Matassins, dansants.
Mars.
Guerriers, portant des enseignes.
Guerriers, portant des piques.
Guerriers, portant des masses de boucliers.
Chœurs des divinités célestes.

PROLOGUE.

SCÈNE PREMIÈRE.

Le théâtre représente, sur le devant, un lieu champêtre, et la mer dans le fond.

FLORE, VERTUMNE, PALÉMON, NYMPHES DE FLORE, DRYADES, SYLVAINS, FLEUVES, NAIADES. — *On voit des nuages suspendus en l'air, qui, en descendant, roulent, s'ouvrent, s'étendent, et, répandus dans toute la longueur du théâtre, laissent voir Vénus et l'Amour accompagnés de six Amours, et à leurs côtés Egiale et Phaène.*

FLORE. — Ce n'est plus le temps de la guerre :
  Le plus puissant des rois
  Interrompt ses exploits,
Pour donner la paix à la terre.
Descendez, mère des amours,
Venez nous donner de beaux jours.
  CHŒUR *des divinités de la terre et des eaux.*
Nous goûtons une paix profonde,
Les plus doux jeux sont ici-bas.
On doit ce repos plein d'appas
  Au plus grand roi du monde.

Descendez, mère des amours,
Venez nous donner de beaux jours.

PREMIÈRE ENTRÉE DE BALLET.

Les dryades, les sylvains, les dieux des fleuves et les naïades se réunissent et dansent en l'honneur de Vénus.

VERTUMNE. — Rendez-vous, beautés cruelles,
Soupirez à votre tour.
PALÉMON. — Voici la reine des belles,
Qui vient inspirer l'amour.
VERTUMNE. — Un bel objet toujours sévère
Ne se fait jamais bien aimer.
PALÉMON. — C'est la beauté qui commence de plaire;
Mais la douceur achève de charmer.
TOUS DEUX ENSEMBLE. — C'est la beauté qui commence de plaire;
Mais la douceur achève de charmer.
VERTUMNE. — Souffrons tous qu'Amour nous blesse
Languissons, puisqu'il le faut.
PALÉMON. — Que sert un cœur sans tendresse?
Est-il un plus grand défaut?
VERTUMNE. — Un bel objet, toujours sévère,
Ne se fait jamais bien aimer.
PALÉMON. — C'est la beauté qui commence de plaire;
Mais la douceur achève de charmer.
TOUS DEUX ENSEMBLE. — C'est la beauté qui commence de plaire;
Mais la douceur achève de charmer.

FLORE. — Est-on sage
Dans le bel âge,
Est-on sage
De n'aimer pas?
Que sans cesse
L'on se presse
De goûter les plaisirs ici-bas.
La sagesse
De la jeunesse,
C'est de savoir jouir de ses appas.

DEUXIÈME ENTRÉE DE BALLET.

Des divinités de la terre et des eaux mêlent leurs danses aux chants de Flore.

FLORE. — L'amour charme
Ceux qu'il désarme;
L'amour charme,
Cédons-lui tous.
Notre peine
Serait vaine
De vouloir résister à ses coups.
Quelque chaîne
Qu'un amant prenne,
La liberté n'a rien qui soit si doux.
CHŒUR *des divinités de la terre et des eaux.*
Nous goûtons une paix profonde,
Les plus doux jeux sont ici-bas.
On doit ce repos pleins d'appas
Au plus grand roi du monde.
Descendez, mère des amours;
Venez nous donner de beaux jours.

TROISIÈME ENTRÉE DE BALLET.

Les dryades, les sylvains, les dieux des fleuves et les naïades, voyant rapprocher Vénus, continuent d'exprimer par leurs danses la joie que leur inspire sa présence.

VÉNUS, *dans sa machine.*
Cessez, cessez, pour moi tous vos chants d'allégresse,

De si rares honneurs ne m'appartiennent pas ;
Et l'hommage qu'ici votre bonté m'adresse,
Doit être réservé pour de plus doux appas.
    C'est une trop vieille méthode
    De me venir faire sa cour ;
    Toutes les choses ont leur tour,
    Et Vénus n'est plus à la mode.
    Il est d'autres attraits naissants
    Où l'on va porter ses encens.
Psyché, Psyché la belle, aujourd'hui tient ma place ;
Déjà tout l'univers s'empresse à l'adorer,
    Et c'est trop que, dans ma disgrace,
Je trouve encor quelqu'un qui me daigne honorer.
On ne balance point entre nos deux mérites ;
A quitter mon parti tout s'est licencié ;
Et du nombreux amas des Graces favorites,
Dont je traînais partout les soins et l'amitié,
Il ne m'en est resté que deux des plus petites,
    Qui m'accompagnent par pitié.
    Souffrez que ces demeures sombres
Prêtent leur solitude aux troubles de mon cœur,
    Et me laissez parmi leurs ombres
    Cacher ma honte et ma douleur.
(*Flore et les autres déités se retirent, et Vénus, avec sa suite, sort de sa machine.*)

SCÈNE II.

VÉNUS, *descendue sur la terre,* L'AMOUR, ÉGIALE, PHAÈNE, AMOURS.

ÉGIALE. — Nous ne savons, déesse, comment faire.
Dans ce chagrin qu'on voit nous accabler :
    Notre respect veut se taire,
    Notre zèle veut parler.
VÉNUS. — Parlez : mais si vos soins aspirent à me plaire,
Laissez tous vos conseils pour une autre saison,
    Et ne parlez de ma colère
    Que pour dire que j'ai raison.
C'était là, c'était là la plus sensible offense
Que ma divinité pût jamais recevoir ;
    Mais j'en aurai la vengeance,
    Si les dieux ont du pouvoir.
PHAÈNE. — Vous avez plus que nous de clartés, de sagesse,
Pour juger ce qui peut être digne de vous ;
Mais, pour moi, j'aurais cru qu'une grande déesse
    Devrait moins se mettre en courroux.
VÉNUS. — Et c'est là la raison de ce courroux extrême.
Plus mon rang a d'éclat, plus l'affront est sanglant ;
Et, si je n'étais pas dans ce degré suprême,
Le dépit de mon cœur serait moins violent.
Moi, la fille du dieu qui lance le tonnerre ;
    Mère du dieu qui fait aimer ;
Moi, les plus doux souhaits du ciel et de la terre,
Et qui ne suis venue au jour que pour charmer
    Moi, qui partout ce qui respire,
Ai vu tant de vœux encenser mes autels,
Et qui de la beauté, par des droits immortels,
Ai tenu de tout temps le souverain empire ;
Moi, dont les yeux ont mis deux grandes déités
Au point de me céder le prix de la plus belle,
Je me vois ma victoire et mes droits disputés
    Par une chétive mortelle !
Le ridicule excès d'un fol entêtement

Va jusqu'à m'opposer une petite fille!
Sur ses traits et les miens j'essuierai constamment
  Un téméraire jugement;
  Et, du haut des cieux où je brille,
J'entendrai prononcer aux mortels prévenus:
  Elle est plus belle que Vénus!

ÉGIALE. — Voilà comme l'on fait; c'est le style des hommes,
Ils sont impertinents dans leurs comparaisons.

PHAÈNE. — Ils ne sauraient louer, dans le siècle où nous sommes,
  Qu'ils n'outragent les plus grands noms.

VÉNUS. — Ah! que de ces trois mots la rigueur insolente
  Venge bien Junon et Pallas,
Et console leurs cœurs de la gloire éclatante
Que la fameuse pomme acquit à mes appas!
Je les vois s'applaudir de mon inquiétude,
Affecter à toute heure un ris malicieux,
Et, d'un fixe regard, chercher avec étude
  Ma confusion dans mes yeux.
Leur triomphante joie, au fort d'un tel outrage,
Semble me venir dire, insultant mon courroux:
Vante, vante, Vénus, les traits de ton visage!
Au jugement d'un seul tu l'emportas sur nous;
  Mais, par le jugement de tous,
Une simple mortelle a sur toi l'avantage.
Ah! ce coup-là m'achève, il me perce le cœur,
Je n'en puis plus souffrir les rigueurs sans-égales;
  Et c'est trop de surcroît à ma vive douleur,
    Que le plaisir de mes rivales.
  Mon, fils si j'eus jamais sur toi quelque crédit,
    Et si jamais je te fus chère,
  Si tu portes un cœur à sentir le dépit
    Qui trouble le cœur d'une mère
    Qui si tendrement te chérit,
  Emploie, emploie ici l'effort de ta puissance
    A soutenir mes intérêts;
    Et fais à Psyché, par tes traits,
    Sentir les traits de ma vengeance.
    Pour rendre son cœur malheureux,
  Prends celui de tes traits le plus propre à me plaire,
    Le plus empoisonné de ceux
    Que tu lances dans ta colère.
  Du plus bas, du plus vil, du plus affreux mortel,
  Fais que, jusqu'à la rage, elle soit enflammée,
  Et qu'elle ait à souffrir le supplice cruel
    D'aimer, et n'être point aimée.

L'AMOUR. — Dans le monde on n'entend que plaintes de l'amour;
On m'impute partout mille fautes commises;
Et vous ne croiriez point le mal et les sottises
    Que l'on dit de moi chaque jour.
    Si pour servir votre colère...

VÉNUS. — Va, ne résiste point aux souhaits de ta mère;
    N'applique tes raisonnements
    Qu'à chercher les plus prompts moments
De faire un sacrifice à ma gloire outragée.
Pars, pour toute réponse à mes empressements,
Et ne me revois point que je ne sois vengée.

                    (*L'amour s'envole.*)

                FIN DU PROLOGUE.

ACTE Ier.

Le théâtre représente le palais du roi.

SCÈNE PREMIÈRE. — AGLAURE, CYDIPPE.

AGLAURE. — Il est des maux, ma sœur, que le silence aigrit ;
Laissons, laissons parler mon chagrin et le vôtre,
　　Et de nos cœurs l'un à l'autre
　　Exhalons le cuisant dépit.
　　　Nous nous voyons sœurs d'infortune ;
Et la vôtre et la mienne ont un si grand rapport,
Que nous pouvons mêler toutes les deux en une,
　　Et de notre juste transport,
　　Murmurer à plainte commune
　　Des cruautés de notre sort.
　　Quelle fatalité secrète,
　　Ma sœur, soumet tout l'univers
　　Aux attraits de notre cadette.
　　Et de tant de princes divers
　　Qu'en ces lieux la fortune jette,
　　N'en présente aucun à nos fers?
Quoi! voir de toutes parts, pour lui rendre les armes,
　　Les cœurs se précipiter,
　　Et passer devant nos charmes,
　　Sans s'y vouloir arrêter!
　　Quel sort ont nos yeux en partage,
　　Et qu'est-ce qu'ils ont fait aux dieux,
　　De ne jouir d'aucun hommage
Parmi tous ces tributs de soupirs glorieux,
　　Dont le superbe avantage
　　Fait triompher d'autres yeux ?
Est-il pour nous, ma sœur, de plus rudes disgraces,
Que de voir tous les cœurs mépriser nos appas,
Et l'heureuse Psyché jouir avec audace
D'une foule d'amants attachés à ses pas?

CYDIPPE. — Ah! ma sœur, c'est une aventure
　　A faire perdre la raison ;
　　Et tous les maux de la nature
　　Ne sont rien en comparaison.

AGLAURE. — Pour moi, j'en suis souvent jusqu'à verser des larmes.
Tout plaisir, tout repos, par là m'est arraché ;
Contre un pareil malheur ma constance est sans armes.
Toujours à ce chagrin mon esprit attaché,
Me tient devant les yeux la honte de nos charmes,
　　Et le triomphe de Psyché.
La nuit, il m'en repasse une idée éternelle,
　　Qui, sur toute chose, prévaut.
Rien ne me peut chasser cette image cruelle ;
Et, dès qu'un doux sommeil me vient délivrer d'elle,
　　Dans mon esprit, aussitôt,
　　Quelque songe la rappelle,
　　Qui me réveille en sursaut.

CYDIPPE. — Ma sœur, voilà mon martyre
　　Dans vos discours je me voi] ;
　　Et vous venez là de dire
　　Tout ce qui se passe en moi.

AGLAURE. — Mais encor, raisonnons un peu sur cette affaire.
Quels charmes si puissants en elle sont épars?
Et par où, dites-moi, du grand secret de plaire,
L'honneur est-il acquis à ses moindres regards?

Que voit-on dans sa personne,
Pour inspirer tant d'ardeurs ?
Quel droit de beauté lui donne
L'empire de tous les cœurs ?
Elle a quelques traits, quelque éclat de jeunesse ;
On en tombe d'accord, je n'en disconviens pas :
Mais lui cède-t-on fort, pour quelque peu d'aînesse
Et se voit-on sans appas ?
Est-on d'une figure à faire qu'on se raille ?
N'a-t-on point quelques traits et quelques agréments,
Quelque teint, quelques yeux, quelque air et quelque taille
À pouvoir, dans nos fers jeter quelques amants ?
Ma sœur, faites-moi la grace
De me parler franchement :
Suis-je faite d'un air, à votre jugement,
Que mon mérite au sien doive céder la place ?
Et dans quelque ajustement
Trouvez-vous qu'elle m'efface ?
CYDIPPE. — Qui ? vous ma sœur ? Nullement.
Hier, à la chasse, près d'elle,
Je vous regardai longtemps :
Et, sans vous donner d'encens,
Vous me parûtes plus belle.
Mais, moi, dites, ma sœur, sans me vouloir flatter.
Sont-ce des visions que je me mets en tête,
Quand je me crois taillée à pouvoir mériter
La gloire de quelque conquête ?
AGLAURE. — Vous, ma sœur ? Vous avez, sans nul déguisement,
Tout ce qui peut causer une amoureuse flamme.
Vos moindres actions brillent d'un agrément
Dont je me sens toucher l'ame ;
Et je serais votre amant,
Si j'étais autre que femme.
CYDIPPE. — D'où vient donc qu'on la voit l'emporter sur nous deux ;
Qu'à ses premiers regards les cœurs rendent les armes,
Et que d'aucun tribut de soupirs et de vœux
On ne fait honneur à nos charmes ?
AGLAURE. — Toutes les dames, d'une voix,
Trouvent ses attraits peu de chose ;
Et du nombre d'amants qu'elle tient sous ses lois,
Ma sœur, j'ai découvert la cause.
CYDIPPE. — Pour moi, je la devine ; et l'on doit présumer
Qu'il faut que là dessous soit caché du mystère.
Ce secret de tout enflammer
N'est point de la nature un effet ordinaire :
L'art de la Thessalie entre dans cette affaire ;
Et quelque main a su, sans doute, lui former
Un charme pour se faire aimer.
AGLAURE. — Sur un plus fort appui ma croyance se fonde ;
Et le charme qu'elle a pour attirer les cœurs,
C'est un air, en tout temps, désarmé de rigueurs,
Des regards caressants que la bouche seconde,
Un souris chargé de douceurs,
Qui tend les bras à tout le monde,
Et ne vous promet que faveurs.
Notre gloire n'est plus aujourd'hui conservée ;
Et l'on n'est plus au temps de ces nobles fiertés
Qui, par un digne essai d'illustres cruautés,
Voulaient voir d'un amant la constance éprouvée.
De tout ce noble orgueil, qui nous seyait si bien,
On est bien descendu, dans le siècle où nous sommes.

Et l'on en est réduite à n'espérer plus rien,
    A moins que l'on se jette à la tête des hommes.
CYDIPDE. — Oui, voilà le secret de l'affaire ; et je voi
      Que vous le prenez mieux que moi.
C'est pour nous attacher à trop de bienséance
Qu'aucun amant, ma sœur, à nous ne veut venir ;
    Et nous voulons trop soutenir
L'honneur de notre sexe et de notre naissance.
Les hommes, maintenant, aiment ce qui leur rit ;
    L'espoir, plus que l'amour, est ce qui les attire,
    Et c'est par là que Psyché nous ravit
    Tous les amants qu'on voit sous son empire.
Suivons, suivons l'exemple, ajustons-nous au temps :
Abaissons-nous, ma sœur, à faire des avances,
Et ne ménageons plus de tristes bienséances,
Qui nous ôtent les fruits du plus beau de nos ans.
AGLAURE. — J'approuve la pensée, et nous avons matière
     D'en faire l'épreuve première
Aux deux princes qui sont les derniers arrivés.
Ils sont charmants, ma sœur, et leur personne entière
    Me... Les avez-vous observés ?
CYDIPPE. — Ah ! ma sœur, ils sont faits tous deux d'une manière
Que mon ame... Ce sont deux princes achevés.
AGLAURE. — Je trouve qu'on pourrait rechercher leur tendresse
     Sans se faire déshonneur.
CYDIPPE. — Je trouve que, sans honte, une belle princesse
     Leur pourrait donner son cœur.
AGLAURE. — Les voici tous deux, et j'admire
     Leur air et leur ajustement.
CYDIPPE. — Ils ne démentent nullement
    Tout ce ce que nous venons de dire.

SCÈNE II. — CLÉOMÈNE, AGÉNOR, AGLAURE, CYDIPPE.

AGLAURE. — D'où vient, princes, d'où vient que vous fuyez ainsi ?
    Prenez-vous l'épouvante en nous voyant paraître ?
CLÉOMÈNE. — On nous faisait croire qu'ici
    La princesse Psyché, madame, pourrait être.
AGLAURE. — Tous ces lieux n'ont-ils rien d'agréable pour vous,
    Si vous ne les voyez ornés de sa présence ?
AGENOR. — Ces lieux peuvent avoir des charmes assez doux ;
    Mais nous cherchons Psyché, dans notre impatience.
CYDIPPE. — Quelque chose de bien pressant
    Vous doit, à la chercher, pousser tous deux, sans doute.
CLÉOMÈNE. — Le motif est assez puissant,
    Puisque notre fortune enfin en dépend toute.
AGLAURE. — Ce serait trop, à nous, que de nous informer
    Du secret que ces mots nous peuvent enfermer.
CLÉOMÈNE. — Nous ne prétendons point en faire de mystère :
    Aussi bien, malgré nous, paraîtrait-il au jour ;
     Et le secret ne dure guère,
     Madame, quand c'est de l'amour.
CYDIPPE. — Sans aller plus avant, princes, cela veut dire
     Que vous aimez Psyché tous deux.
AGENOR. — Tous deux, soumis à son empire,
Nous allons de concert lui découvrir nos feux.
AGLAURE. — C'est une nouveauté, sans doute, assez bizarre,
    Que deux rivaux si bien unis.
CLÉOMÈNE. — Il est vrai que la chose est rare,
    Mais non pas impossible à deux parfaits amis.
CYDIPPE. — Est-ce que dans ces lieux, il n'est qu'elle de belle ?
    Et n'y trouvez-vous point à séparer vos vœux ?

AGLAURE. — Parmi l'éclat du sang, vos yeux n'ont-ils vu qu'elle
                A pouvoir mériter vos feux !
CLÉOMÈNE. — Est-ce que l'on consulte au moment qu'on s'enflamme?
                Choisit-on qui l'on veut aimer?
                Et pour donner toute son ame,
                Regarde-t-on quel droit on a de nous charmer ?
AGENOR. — Sans qu'on ait le pouvoir d'élire,
                On suit dans une telle ardeur
                Quelque chose qui nous attire ;
                Et, lorsque l'amour touche un cœur,
                On n'a point de raison à dire.
AGLAURE. — En vérité, je plains les fâcheux embarras
                Où je vois que vos cœurs se mettent.
        Vous aimez un objet dont les riants appas
        Mêleront des chagrins à l'espoir qu'ils vous jettent ;
                Et son cœur ne vous tiendra pas
                Tout ce que ses yeux vous promettent.
CYDIPPE. — L'espoir qui vous appelle au rang de ses amants,
                Trouvera du mécompte aux douceurs qu'elle étale ;
                Et, c'est pour essuyer de très fâcheux moments,
                Que les soudains retours de son âme inégale.
AGLAURE. — Un clair discernement de ce que vous valez,
                Nous fait plaindre le sort où cet amour vous guide ;
                Et vous pouvez trouver tous deux, si vous voulez,
                Avec autant d'attraits, une âme plus solide.
CYDIPPE. — Par un choix plus doux de moitié,
                Vous pouvez de l'amour sauver votre amitié ;
                Et l'on voit en vous deux un mérite si rare,
                Qu'un tendre avis veut bien prévenir par pitié
                Ce que votre cœur se prépare.
CLÉOMÈNE. — Cet avis généreux fait, pour nous, éclater
                Des bontés qui nous touchent l'ame ;
        Mais le ciel nous réduit à ce malheur, madame,
                De ne pouvoir en profiter.
AGENOR. — Votre illustre pitié veut en vain nous distraire
                D'un amour dont tous deux nous redoutons l'effet ;
                Ce que notre amitié, madame, n'a pas fait,
                Il n'est rien qui le puisse faire.
CYDIPPE. — Il faut que le pouvoir de Psyché... La voici.

SCÈNE III. — PSYCHÉ, CYDIPPE, AGLAURE, CLÉOMÈNE, AGENOR

CYDIPPE. — Venez jouir, ma sœur, de ce qu'on vous apprête.
AGLAURE. — Préparez vos attraits à recevoir ici
        Le triomphe nouveau d'une illustre conquête.
CYDIPPE. — Ces princes ont tous deux si bien senti vos coups,
        Qu'à vous le découvrir leur bouche se dispose.
PSYCHÉ. — Du sujet qui les tient si rêveurs parmi nous
                Je ne me croyais pas la cause ;
                Et j'aurais cru toute autre chose,
                En les voyant parler à vous.
AGLAURE. — N'ayant ni beauté, ni naissance
        A pouvoir mériter leur amour et leurs soins,
                Ils nous favorisent au moins
                De l'honneur de la confidence.
                CLÉOMÈNE, à Psyché.
        L'aveu qu'il nous faut faire à vos divins appas
        Est sans doute, madame, un aveu téméraire ;
                Mais tant de cœurs, près du trépas,
        Sont, par de tels aveux, forcés à vous déplaire,
                Que vous êtes réduite à ne les punir pas
                Des foudres de votre colère.

Vous voyez en nous deux amis
Qu'un doux rapport d'humeurs sut joindre dès l'enfance;
Et ces tendres liens se sont vus affermis
Par cent combats d'estime et de reconnaissance.
Du destin ennemi les assauts rigoureux,
Les mépris de la mort, et l'aspect des supplices
Par d'illustres éclats de mutuels offices,
Ont de notre amitié signalé les beaux nœuds;
Mais, à quelques essais qu'elle se soit trouvée,
          Son grand triomphe est en ce jour;
Et rien ne fait tant voir sa constance éprouvée,
Que de se conserver au milieu de l'amour.
Oui, malgré tant d'appas, son illustre constance,
Aux lois qu'elle nous fait, a soumis tous nos vœux;
Elle vient, d'une douce et pleine déférence,
Remettre à votre choix le succès de nos feux;
Et, pour donner un poids à notre concurrence,
Qui des raisons d'état d'état entraîne la balance
          Sur le choix de l'un de nous deux,
Cette même amitié s'offre, sans répugnance,
D'unir nos deux états au sort du plus heureux.

AGÉNOR. — Oui, de ces deux états, madame,
Que sous votre heureux choix nous nous offrons d'unir,
          Nous voulons faire à notre flamme
          Un secours pour vous obtenir.
Ce que, pour ce bonheur, près du roi votre père,
          Nous nous sacrifions tous deux,
N'a rien de difficile à nos cœurs amoureux;
Et c'est au plus heureux faire un don nécessaire
          D'un pouvoir dont le malheureux,
          Madame, n'aura plus affaire.

PSYCHÉ. — Le choix que vous m'offrez, princes, montre à mes yeux
De quoi remplir les vœux de l'âme la plus fière;
Et vous me le parez tous deux d'une manière
Qu'on ne peut rien offrir qui soit plus précieux.
Vos feux, votre amitié, votre vertu suprême,
Tout me révèle en vous l'offre de votre foi,
Et j'y vois un mérite à s'opposer lui-même
          A ce que vous voulez de moi.
Ce n'est pas à mon cœur qu'il faut que je défère,
          Pour entrer sous de tels liens;
Ma main, pour se donner, attend l'ordre d'un père,
Et mes sœurs ont des droits qui vont devant les miens.
Mais, si l'on me rendait sur mes vœux absolue,
Vous y pourriez avoir trop de part à la fois;
Et toute mon estime, entre vous suspendue,
Ne pourrait sur aucun laisser tomber mon choix.
          A l'ardeur de votre poursuite
Je répondrais assez de mes vœux les plus doux;
          Mais c'est, parmi tant de mérite,
Trop que deux cœurs pour moi, trop peu qu'un cœur pour vous.
De mes plus doux souhaits j'aurais l'âme gênée
          A l'effort de votre amitié;
Et j'y vois l'un de vous prendre une destinée
          A me faire trop de pitié.
Oui princes, à tous ceux dont l'amour suit le vôtre,
Je vous préférerais tous deux avec ardeur;
          Mais je n'aurais jamais le cœur
De pouvoir préférer l'un de vous deux à l'autre.
          A celui que je choisirais,
Ma tendresse ferait un trop grand sacrifice;

Et je m'imputerais à barbare injustice
  Le tort qu'à l'autre je ferais.
Oui, tous deux vous brillez de trop de grandeur d'âme
  Pour en faire aucun malheureux ;
Et vous devez chercher dans l'amoureuse flamme,
  Le moyen d'être heureux tous deux.
  Si votre cœur me considère
Assez pour me souffrir de disposer de vous,
  J'ai deux sœurs capables de plaire,
Qui peuvent bien vous faire un destin assez doux ;
Et l'amitié me rend leur personne assez chère
  Pour vous souhaiter leur époux.

CLÉOMÈNE. — Un cœur dont l'amour est extrême
  Peut-il bien consentir, hélas !
  D'être donné par ce qu'il aime ?
Sur nos deux cœurs, madame, à vos divins appas
  Nous donnons un pouvoir suprême :
  Disposez-en pour le trépas ;
  Mais, pour une autre que vous-même,
Ayez cette bonté de n'en disposer pas.

AGENOR. — Aux princesses, madame, on ferait trop d'outrage ;
Et c'est pour leurs attraits un indigne partage,
  Que les restes d'une autre ardeur.
Il faut d'un premier feu la pureté fidèle,
  Pour aspirer à cet honneur
  Où votre bonté nous appelle ;
  Et chacune mérite un cœur
  Qui n'ait soupiré que pour elle.

AGLAURE. — Il me semble, sans nul courroux,
  Qu'avant que de vous en défendre,
  Princes, vous deviez bien attendre
  Qu'on se fût expliqué sur vous.
Nous croyez-vous un cœur si facile et si tendre ?
Et, lorsqu'on parle ici de vous donner à nous,
  Savez-vous si l'on veut vous prendre ?

CYDIPPE. — Je pense que l'on a d'assez hauts sentiments
Pour refuser un cœur qu'il faut qu'on sollicite,
Et qu'on ne veut devoir qu'à son propre mérite
  La conquête de ses amants.

PSYCHÉ. — J'ai cru pour vous, mes sœurs, une gloire assez grande,
Si la possession d'un mérite si haut...

SCÈNE IV.

PSYCHÉ, AGLAURE, CYDIPPE, CLÉOMÈNE, AGENOR, LYCAS.

LYCAS, à *Psyché.*

 Ah ! madame !
  PSYCHÉ. — Qu'as-tu ?
   LYCAS. —Le roi...
    PSYCHÉ. — Quoi ?
     LYCAS —Vous demande.
PSYCHÉ. — De ce trouble si grand que faut-il que j'attende ?
  LYCAS. — Vous ne le saurez que trop tôt.
PSYCHÉ. — Hélas ! que pour le roi tu me donnes à craindre !
LYCAS. — Ne craignez que pour vous, c'est vous que l'on doit plaindre.
PSYCHÉ. — C'est pour louer le ciel, et me voir hors d'effroi,
  De savoir que je n'aie à craindre que pour moi.
  Mais apprends-moi, Lycas, le sujet qui te touche.
LYCAS. — Souffrez que j'obéisse à qui m'envoie ici,
  Madame, et qu'on vous laisse apprendre de sa bouche
   Ce qui peut m'affliger ainsi.
PSYCHÉ. — Allons savoir sur quoi l'on craint tant ma faiblesse.

SCÈNE V. — AGLAURE, CYDIPPE, LYCAS.

AGLAURE. — Si ton ordre n'est pas jusqu'à nous étendu,
Dis-nous quel grand malheur nous couvre de tristesse.
LYCAS. — Hélas! ce grand malheur dans la cour répandu,
Voyez-le vous-même, princesse,
Dans l'oracle qu'au roi les destins ont rendu.
Voici ses propres mots, que la douleur, madame,
A gravés au fond de mon ame :
« Que l'on ne pense nullement
« A vouloir de Psyché conclure l'hyménée :
« Mais qu'au sommet d'un mont elle soit promptement
« En pompe funèbre menée,
« Et, que de tous abandonnée,
« Pour époux elle attende en ces lieux constamment
« Un monstre dont on a la vue empoisonnée,
« Un serpent qui répand son venin en tous lieux,
« Et trouble dans sa rage et la terre et les cieux. »
Après un arrêt si sévère,
Je vous quitte, et vous laisse à juger entre vous
Si, par de plus cruels et plus sensibles coups,
Tous les dieux nous pouvaient expliquer leur colère.

SCÈNE VI. — AGLAURE, CYDIPPE.

CYDIPPE. — Ma sœur, que sentez-vous à ce soudain malheur
Où nous voyons Psyché par les destins plongée ?
AGLAURE. — Mais vous que sentez-vous, ma sœur ?
CYDIPPE. — A ne vous point mentir, je sens que, dans mon cœur,
Je n'en suis pas trop affligée.
AGLAURE. — Moi, je sens quelque chose au mien
Qui ressemble assez à la joie.
Allons, le destin nous envoie
Un mal que nous pouvons regarder comme un bien.

FIN DU PREMIER ACTE.

PREMIER INTERMÈDE.

La scène est changée en des rochers affreux, et fait voir dans l'éloignement une effroyable grotte. — C'est dans ce désert que Psyché doit être exposée pour obéir à l'oracle. Une troupe de personnes affligées viennent déplorer sa disgrace.

FEMMES *désolées*, HOMMES *affligés, chantants et dansants.*

UNE FEMME *désolée.*
Deh! piangete al pianto mio,
Sassi duri, antiche selve;
Lagrimate, fonti, e belve,
D'un bel volto il fato rio.
PREMIER HOMME *affligé.*
Ahi dolore!
SECOND HOMME *affligé.*
Ahi martire!
PREMIER HOMME *affligé.*
Cruda morte!
FEMME *désolée*, ET SECOND HOMME *affligé.*
Empia sorte!
Les deux HOMMES *affligés.*
Che condanni a morir tanta beltà!
TOUS TROIS ENSEMBLE.
Cieli! stelle! Ahi crudelta!
UNE FEMME *désolée.*
Rispondete a miei lamenti,

Antri cavi, ascose rupi :
Deh! ridite, fondi cupi,
Del mio duolo i mesti accenti

PREMIER HOMME *affligé*.

Ahi dolore !

SECOND HOMME *affligé*.

Ahi martire!

PREMIER HOMME *affligé*.

Cruda morte!

FEMME *désolée* ET SECOND HOMME *affligé*.

Empia sorte!

Les deux HOMMES *affligés*.

Che condanni a morir tanta beltà !

TOUS TROIS ENSEMBLE.

Cieli! stelle! Ahi crudeltà?

SECOND HOMME *affligé*.

Com'esser puo fro voi, o numi eterni
Chi voglia estinta una beltà innocente?
Ahi! che tanto rigor, cielo inclemente,
Vince di crudeltà gli stessi inferni.

PREMIER HOMME *affligé*.

Nume fiero!

SECOND HOMME *affligé*.

Dio severo!

Les deux HOMMES *affligés*.

Perche tanto rigor
Contro innocente cor?
Ahi! sentenza inudita!
Dar morte à la beltà, ch'altrui da vita !

ENTRÉE DE BALLET.

UNE FEMME *désolée*.

Ahi! chi'ndarno si tarda!
Non resiste agli dei mortale affetto;
Alto impero ne sforza,
Ove comanda il ciel, l'uom cede a forza.

PREMIER HOMME *affligé*.

Ahi dolore!

SECOND HOMME *affligé*.

Ahi martire !

PREMIER HOMME *affligé*.

Cruda morte !

FEMME *désolée*, ET SECOND HOMME *affligé*.

Empia sorte!

Les deux HOMMES *affligés*.

Che condanni a morir tanta beltà !

TOUS TROIS ENSEMBLE.

Cieli! stelle ! Ahi crudeltà!

FIN DU PREMIER INTERMÈDE.

ACTE II.

SCÈNE PREMIÈRE.

LE ROI, PSYCHÉ, AGLAURE, CYDIPPE, LYCAS, SUITE.

PSYCHÉ. — De vos larmes, seigneur, la source m'est bien chère ;
Mais c'est trop aux bontés que vous avez pour moi
Que de laisser régner les tendresses de père
    Jusque dans les yeux d'un grand roi.
Ce qu'on vous voit ici donner à la nature

Au rang que vous tenez, seigneur, fait trop d'injure ;
Et j'en dois refuser les touchantes faveurs.
    Laissez moins sur votre sagesse
    Prendre d'empire à vos douleurs,
Et cessez d'honorer mon destin par des pleurs
Qui, dans le cœur d'un roi, montrent de la faiblesse.

LE ROI. — Ah! ma fille, à ces pleurs laisse mes yeux ouverts,
Mon deuil est raisonnable, encor qu'il soit extrême,
Et, lorsque pour toujours on perd ce que je perds,
La sagesse, crois-moi, peut pleurer elle-même.
    En vain l'orgueil du diadème
Veut qu'on soit insensible à ces cruels revers,
En vain de la raison les secours sont offerts
Pour vouloir d'un œil sec voir mourir ce qu'on aime :
L'effort en est barbare aux yeux de l'univers,
Et c'est brutalité, plus que vertu suprême.
    Je ne veux point, dans cette adversité
    Parer mon cœur d'insensibilité,
      Et cacher l'ennui qui me touche.
    Je renonce à la vanité
    De cette dureté farouche
    Que l'on appelle fermeté;
    Et de quelque façon qu'on nomme
Cette vive douleur dont je ressens les coups,
Je veux bien l'étaler, ma fille, aux yeux de tous,
Et dans le cœur d'un roi montrer le cœur d'un homme.

PSYCHÉ. — Je ne mérite pas cette grande douleur :
Opposez, opposez un peu de résistance
    Aux droits qu'elle prend sur un cœur
Dont mille évènements ont marqué la puissance.
Quoi! faut-il que pour moi vous renonciez, seigneur,
    A cette royale constance
Dont vous avez fait voir, dans les coups du malheur,
    Une fameuse expérience?
— La constance est facile en mille occasions.
    Toutes les révolutions
Où nous peut exposer la fortune inhumaine,
La perte des grandeurs, les persécutions,
Le poison de l'envie et les traits de la haine,
    N'ont rien que ne puissent sans peine
    Braver les résolutions
D'une ame où la raison est un peu souveraine.
    Mais ce qui porte des rigueurs
    A faire succomber les cœurs
    Sous le poids des douleurs amères,
    Ce sont, ce sont les rudes traits
    De ces fatalités sévères
    Qui nous enlèvent pour jamais
    Les personnes qui nous sont chères.
    La raison contre de tels coups
    N'offre point d'armes secourables ;
    Et voilà des dieux en courroux
    Les foudres les plus redoutables
    Qui se puissent lancer sur nous.

PSYCHÉ. — Seigneur, une douceur ici vous est offerte :
Votre hymen a reçu plus d'un présent des dieux :
    Et, par une faveur ouverte,
Ils ne vous ôtent rien, en m'ôtant à vos yeux
Dont ils n'aient pris le soin de réparer la perte.
Il vous reste de quoi consoler vos douleurs ;
Et cette loi du ciel, que vous nommez cruelle,

Dans les deux princesses mes sœurs,
Laisse à l'amitié paternelle
Où placer toutes ses douceurs.

LE ROI. — Ah! de mes maux soulagement frivole!
Rien, rien ne s'offre à moi qui de toi me console,
C'est sur mes déplaisirs que j'ai les yeux ouverts;
Et dans un destin si funeste,
Je regarde ce que je perds,
Et ne vois point ce qui me reste.

PSYCHÉ. — Vous savez mieux que moi qu'aux volontés des dieux,
Seigneur, il faut régler les nôtres,
Et je ne puis vous dire en ces tristes adieux,
Que ce que beaucoup mieux vous pouvez dire aux autres.
Ces dieux sont maîtres souverains
Des présents qu'ils nous daignent faire;
Ils ne les laissent dans nos mains
Qu'autant de temps qu'ils peut leur plaire;
Lorsqu'ils viennent les retirer,
On n'a nul droit de murmurer
Des graces que leur main ne veut plus nous étendre.
Seigneur, je suis un don qu'ils ont fait à vos vœux :
Et quand, par cet arrêt, ils veulent me reprendre,
Ils ne vous ôtent rien que vous ne teniez d'eux,
Et c'est sans murmurer que vous devez me rendre.

LE ROI. — Ah! cherche un meilleur fondement
Aux consolations que ton cœur me présente,
Et de la fausseté de ce raisonnement
Ne fais point un accablement
A cette douleur si cuisante
Dont je souffre ici le tourment.
Crois-tu là me donner une raison puissante
Pour ne me plaindre point de cet arrêt des cieux?
Et, dans le procédé des dieux
Dont tu veux que je me contente,
Une rigueur assassinante
Ne paraît-elle pas aux yeux?
Vois l'état où ces dieux me forcent à te rendre,
Et l'autre où te reçut mon cœur infortuné;
Tu connaîtras par là qu'ils me viennent reprendre
Bien plus que ce qu'ils m'ont donné.
Je reçus d'eux en toi, ma fille,
Un présent que mon cœur ne leur demandait pas.
J'y trouvais alors peu d'appas,
Et leur en vis, sans joie, accroître ma famille.
Mais mon cœur, ainsi que mes yeux,
S'est fait de ce présent une douce habitude;
J'ai mis quinze ans de soins, de veilles et d'étude
A me le rendre précieux;
Je l'ai paré de l'aimable richesse
De mille brillantes vertus;
En lui j'ai renfermé, par des soins assidus,
Tous les plus beaux trésors que fournit la sagesse;
A lui j'ai de mon ame attaché la tendresse;
J'en ai fait de ce cœur le charme et l'allégresse.
La consolation de mes sens abattus,
Le doux espoir de ma vieillesse.
Ils m'ôtent tout cela, ces dieux!
Et tu veux que je n'aie aucun sujet de plainte
Sur cet affreux arrêt dont je souffre l'atteinte!
Ah! leur pouvoir se joue avec trop de rigueur

Des tendresses de notre cœur.
Pour m'ôter leur présent, leur fallait-il attendre
    Que j'en eusse fait tout mon bien?
Ou plutôt, s'ils avaient dessein de le reprendre,
N'eût-il pas été mieux de ne me donner rien?

PSYCHÉ. — Seigneur, redoutez la colère
De ces dieux contre qui vous osez éclater.

LE ROI. — Après ce coup, que peuvent-ils me faire?
Ils m'ont mis en état de ne rien redouter.

PSYCHÉ. — Ah! seigneur, je tremble des crimes
Que je vous fais commettre; et je dois me haïr...

LE ROI. — Ah! qu'ils souffrent du moins mes plaintes légitimes;
Ce m'est assez d'effort que de leur obéir;
Ce doit leur être assez que mon cœur t'abandonne
Au barbare respect qu'il faut qu'on ait pour eux,
Sans prétendre gêner la douleur que me donne
L'épouvantable arrêt d'un sort si rigoureux.
Mon juste désespoir ne saurait se contraindre;
Je veux, je veux garder ma douleur à jamais;
Je veux sentir toujours la perte que je fais,
De la rigueur du ciel je veux toujours me plaindre;
Je veux jusqu'au trépas, incessamment pleurer
Ce que tout l'univers ne peut me réparer.

PSYCHÉ. — Ah! de grace, seigneur, épargnez ma faiblesse;
J'ai besoin de constance en l'état où je suis.
Ne fortifiez point l'excès de mes ennuis
    Des larmes de votre tendresse.
Seuls il sont assez forts, et c'est trop pour mon cœur,
    De mon destin et de votre douleur.

LE ROI. — Oui, je dois t'épargner mon deuil inconsolable.
Voici l'instant fatal de m'arracher de toi:
Mais comment prononcer ce mot épouvantable?
Il le faut toutefois: le ciel m'en fait la loi.
    Une rigueur inévitable
M'oblige à te laisser en ce funeste lieu.
    Adieu, je vais... Adieu,

    SCÈNE II. * — PSYCHÉ, AGLAURE, CYDIPPE.

PSYCHÉ. — Suivez le roi, mes sœurs, vous essuierez ses larmes,
    Vous adoucirez ses douleurs;
    Et vous l'accableriez d'alarmes,
Si vous vous exposiez encore à mes malheurs.
    Conservez-lui ce qui lui reste:
Le serpent que j'attends peut vous être funeste,
    Vous envelopper dans mon sort,
Et me porter en vous une seconde mort.
    Le ciel m'a seule condamnée
    A son haleine empoisonnée:
    Rien ne saurait me secourir;
Et je n'ai pas besoin d'exemple pour mourir.

AGLAURE. — Ne nous enviez pas ce cruel avantage,
De confondre nos pleurs avec vos déplaisirs,
De mêler nos soupirs à vos derniers soupirs:
D'une tendre amitié souffrez ce dernier gage.

PSYCHÉ — C'est vous perdre inutilement.

CYDIPPE. — C'est en votre faveur espérer un miracle,
Ou vous accompagner jusques au monument.

PSYCHÉ. — Que peut-on se promettre après un tel oracle?

AGLAURE. — Un oracle jamais n'est sans obscurité:
On l'entend d'autant moins, que mieux on croit l'entendre,
Et peut-être, après tout, n'en devez-vous attendre

---

* Ce qui suit est de Corneille, sauf la première scène du troisième acte.

Que gloire et que félicité.
Laissez-nous voir, ma sœur, par une digne issue,
Cette frayeur mortelle heureusement déçue,
Où mourir du moins avec vous,
Si le ciel à nos vœux ne se montre plus doux.

PSYCHÉ. — Ma sœur, écoutez mieux la voix de la nature,
Qui vous appelle auprès du roi.
Vous m'aimez trop ; le devoir en murmure,
Vous en savez l'indispensable loi.
Un père vous doit être encor plus cher que moi.
Rendez-vous toutes deux l'appui de sa vieillesse ;
Vous lui devez chacune un gendre et des neveux ;
Mille rois, à l'envi, vous gardent leur tendresse ;
Mille rois, à l'envi, vous offriront leurs vœux.
L'oracle me veut seule, et seule aussi je veux
Mourir, si je puis, sans faiblesse,
Ou ne vous avoir pas pour témoins toutes deux,
De ce que, malgré moi, la nature m'en laisse.

AGLURE. — Partager vos malheurs, c'est vous importuner.
J'ose dire un peu plus, ma sœur, c'est vous déplaire

PSYCHÉ. — Non ; mais enfin c'est me gêner,
Et peut-être du ciel redoubler la colère.

AGLAURE. — Vous le voulez, et nous partons.
Daigne ce même ciel, plus juste et moins sévère
Vous envoyer le sort que nous vous souhaitons,
Et que notre amitié sincère,
En dépit de l'oracle, et malgré vous, espère.

PSYCHÉ. — Adieu. C'est un espoir, ma sœur, et des souhaits
Qu'aucun des dieux ne remplira jamais

SCÈNE III.

PSYCHÉ, *seule*. — Enfin, seule et tout à moi-même,
Je puis envisager cet affreux changement,
Qui, du haut d'une gloire extrême,
Me précipite au monument.
Cette gloire était sans seconde ;
L'éclat s'en répandait jusqu'aux deux bouts du monde ;
Tout ce qu'il a de rois semblaient faits pour m'aimer ;
Tous leurs sujets, me prenant pour déesse,
Commençaient à m'accoutumer
Aux encens qu'ils m'offraient sans cesse.
Leurs soupirs me suivaient, sans qu'il m'en coûtât rien ;
Mon âme restait libre en captivant tant d'âmes ;
Et j'étais, parmi tant de flamme,
Reine de tous les cœurs et maîtresse du mien
O ciel, m'auriez-vous fait un crime
De cette insensibilité ?
Déployez-vous sur moi tant de sévérité,
Pour n'avoir à leurs vœux rendu que de l'estime ;
Si vous m'imposiez cette loi,
Qu'il fallût faire un choix pour ne pas vous déplaire,
Puisque je ne pouvais le faire,
Que ne le faisiez-vous pour moi ?
Que ne m'inspiriez-vous ce qu'inspire à tant d'autres
Le mérite, l'amour, et... Mais que vois-je ici ?

SCÈNE IV. — CLÉOMÈNE, AGENOR, PSYCHÉ.

CLÉOMÈNE. — Deux amis, deux rivaux, dont l'unique souci
Est d'exposer leurs jours pour conserver les vôtres.

PSYCHÉ. — Puis-je vous écouter, quand j'ai chassé deux sœ
Princes, contre le ciel pensez-vous me défendre ?
Vous livrer au serpent qu'ici je dois attendre,

Ce n'est qu'un désespoir qui sied mal aux grands cœurs
 Et mourir alors que je meurs,
  C'est accabler une ame tendre
 Qui n'a que trop de ses douleurs.

AGENOR. — Un serpent n'est pas invincible;
Cadmus, qui n'aimait rien, défit celui de Mars.
Nous aimons, et l'Amour sait rendre tout possible
  Au cœur qui suit ses étendards,
A la main dont lui-même il conduit tous les dards.

PSYCHÉ. — Voulez-vous qu'il vous serve en faveur d'une ingrate
  Que tous ses traits n'ont pu toucher;
Qu'il dompte sa vengeance au moment qu'elle éclate,
  Et vous aide à m'en arracher?
  Quand même vous m'auriez servie,
  Quand vous m'auriez rendu la vie,
Quel fruit espérez-vous de qui ne peut aimer?

CLÉOMÈNE. — Ce n'est point par l'espoir d'un si charmant salaire
  Que nous nous sentons animer;
  Nous ne cherchons qu'à satisfaire
Aux devoirs d'un amour qui n'ose présumer
  Que jamais, quoi qu'il puisse faire,
  Il soit capable de vous plaire,
  Et digne de vous enflammer.
Vivez, belle princesse, et vivez pour un autre;
  Nous le verrons d'un œil jaloux;
 Nous en mourons; mais d'un trépas plus doux
  Que s'il nous fallait voir le vôtre:
Et, si nous ne mourons en vous sauvant le jour,
Quelque amour qu'à nos yeux vous préfériez au nôtre,
Nous voulons bien mourir de douleur et d'amour.

PSYCHÉ. — Vivez, princes, vivez, et de ma destinée
Ne songez plus à rompre ou partager la loi;
Je crois vous l'avoir dit, le ciel ne veut que moi;
  Le ciel m'a seule condamnée.
Je pense ouïr déjà les mortels sifflements
  De son ministre qui s'approche:
Ma frayeur me le peint, me l'offre à tous moments,
Et maîtresse qu'elle est de tous mes sentiments,
Elle me le figure au haut de cette roche.
J'en tombe de faiblesse; et mon cœur abattu
Ne soutient plus qu'à peine un reste de vertu.
Adieu, princes; fuyez, qu'il ne vous empoisonne.

AGENOR. — Rien ne s'offre à nos yeux encor qui les étonne;
Et quand vous vous peignez un si proche trépas,
  Si la force vous abandonne,
  Nous avons des cœurs et des bras
  Que l'espoir n'abandonne pas.
Peut-être qu'un rival a dicté cet oracle;
Que l'or a fait parler celui qui l'a rendu.
  Ce ne serait pas un miracle
Que, pour un dieu muet, un homme eût répondu;
Et, dans tous les climats on n'a que trop d'exemples
Qu'il est, ainsi qu'ailleurs, des méchants dans les temples.

CLÉOMÈNE. — Laissez-nous opposer au lâche ravisseur
A qui le sacrilège indignement vous livre,
Un amour qu'a le ciel choisi pour défenseur
De la seule beauté pour qui nous voulons vivre.
Si nous n'osons prétendre à sa possession,
Du moins en son péril, permettez-nous de suivre
L'ardeur et les devoirs de notre passion.

PSYCHÉ. — Portez-les à d'autres moi-mêmes;

PSYCHÉ.

Princes, portez-les à mes sœurs,
Ces devoirs, ces ardeurs extrêmes,
Dont pour moi sont remplis vos cœurs ;
Vivez pour elles, quand je meurs ;
Plaignez de mon destin les funestes rigueurs,
Sans leur donner en vous de nouvelle matière.
Ce sont mes volontés dernières :
Et l'on a reçu de tout temps
Pour souveraines lois les ordres des mourants.

CLÉOMÈNE. — Princesse...

PSYCHÉ. — Encore un coup, princes, vivez pour elles,
Tant que vous m'aimerez vous devez m'obéir ;
Ne me réduisez pas à vouloir vous haïr,
Et vous regarder en rebelles,
A force de m'être fidèles.
Allez, laissez-moi seule expirer en ce lieu,
Où je n'ai plus de voix que pour vous dire adieu.
Mais je sens qu'on m'enlève, et l'air m'ouvre une route
D'où vous n'entendrez plus cette mourante voix.
Adieu, princes, adieu pour la dernière fois ;
Voyez si de mon sort vous pouvez être en doute.

(Psyché est enlevée en l'air par deux Zéphyres.)

AGENOR. — Nous la perdons de vue. Allons tous deux chercher,
Sur le faîte de ce rocher,
Prince, les moyens de la suivre.

CLÉOMÈNE. — Allons-y chercher ceux de ne lui point survivre.

SCÈNE V. — L'AMOUR, en l'air.

Allez mourir, rivaux d'un dieu jaloux,
Dont vous méritez le courroux,
Pour avoir eu le cœur sensible aux mêmes charmes.
Et toi, forge, Vulcain, mille brillants attraits
Pour orner un palais
Où l'Amour de Psyché veut essuyer les larmes,
Et lui rendre les armes.

FIN DU DEUXIÈME ACTE.

SECOND INTERMÈDE.

La scène se change en une cour magnifique, ornée de colonnes de lapis, en-
richies de figures d'or, qui forment un palais pompeux et brillant, que
l'Amour destine pour Psyché

VULCAIN, CYCLOPES, FÉES.

VULCAIN. — Dépêchez, préparez ces lieux
Pour le plus aimable des dieux,
Que chacun pour lui s'intéresse ;
N'oubliez rien des soins qu'il faut.
Quand l'Amour presse,
On n'a jamais fait assez tôt.
L'Amour ne veut point qu'on diffère ;
Travaillez, hâtez-vous ;
Frappez, redoublez vos coups ;
Que l'ardeur de lui plaire
Fasse vos soins les plus doux.

PREMIÈRE ENTRÉE DE BALLET.

Les cyclopes achèvent en cadence de grands vases d'or que les fées leur
apportent.

VULCAIN. — Servez bien un dieu si charmant ;
Il se plaît dans l'empressement ;
Que chacun pour lui s'intéresse ;

N'oubliez rien des soins qu'il faut
    Quand l'Amour presse
On n'a jamais fait assez tôt.
L'Amour ne veut point qu'on diffère :
    Travaillez, hâtez-vous ;
Frappez, redoublez vos coups :
    Que l'ardeur de lui plaire
Fasse vos soins les plus doux.

DEUXIÈME ENTRÉE DE BALLET

Les cyclopes et les fées placent en cadence les vases d'or qui doivent être de nouveaux ornements du palais de l'Amour.

FIN DU SECOND INTERMÈDE.

ACTE III.

SCÈNE PREMIÈRE. — L'AMOUR, ZÉPHIRE.

ZÉPHIRE. —Oui, je me suis galamment acquitté
De la commission que vous m'avez donnée ;
Et, du haut du rocher, je l'ai, cette beauté,
Par le milieu des airs, doucement amenée
    Dans ce beau palais enchanté,
    Où vous pouvez en liberté
    Disposer de sa destinée.
Mais vous me surprenez par ce grand changement
    Qu'en votre personne vous faites ;
Cette taille, ces traits et cet ajustement,
    Cachent tout-à-fait qui vous êtes ;
Et je donne aux plus fins à pouvoir en ce jour
    Vous reconnaître pour l'Amour.
L'AMOUR. — Aussi ne veux-je pas qu'on puisse me connaître :
Je ne veux à Psyché que découvrir mon cœur,
Rien que les beaux transports de cette vive ardeur
    Que ses doux charmes y font naître ;
Et, pour en exprimer l'amoureuse langueur,
    Et cacher ce que je puis être
    Aux yeux qui m'imposent des lois,
    J'ai pris la forme que tu vois.
ZÉPHIRE. —En tout vous êtes un grand maître
    C'est ici que je le connois.
Sous des déguisements de diverse nature,
    On a vu les dieux amoureux
Chercher à soulager cette douce blessure
Que reçoivent les cœurs de vos traits pleins de feux ;
Mais en bon sens vous l'emportez sur eux :
    Et voilà la bonne figure
    Pour avoir un succès heureux
Près de l'aimable sexe où l'on porte ses vœux.
Oui, de ces formes-là l'assistance est bien forte ;
    Et, sans parler ni de rang ni d'esprit,
Qui peut trouver moyen d'être fait de la sorte
    Ne soupire guère à crédit.
L'AMOUR. — J'ai résolu, mon cher Zéphyre,
    De demeurer ainsi toujours ;
Et l'on ne peut le trouver à redire
    A l'aîné de tous les Amours.
Il est temps de sortir de cette longue enfance
    Que fatigue ma patience ;
Il est temps désormais que je devienne grand.
ZÉPHIRE. — Fort bien. Vous ne pouvez mieux faire :
    Et vous entrez dans un mystère

Qui ne demande rien d'enfant.

L'AMOUR. — Ce changement, sans doute, irritera ma mère.

ZÉPHYRE. — Je prévois là-dessus quelque peu de colère.

Bien que les disputes des ans
Ne doivent point régner parmi des immortelles,
Votre mère Vénus est de l'humeur des belles,
Qui n'aime point de grands enfants.
Mais où je la trouve outragée,
C'est dans le procédé que l'on vous voit tenir ;
Et c'est l'avoir étrangement vengée,
Que d'aimer la beauté qu'elle voulait punir !
Cette haine, où ses vœux prétendent que réponde
La puissance d'un fils que redoutent les dieux...

L'AMOUR. — Laissons cela, Zéphyre, et me dis si tes yeux
Ne trouvent pas Psyché la plus belle du monde?
Est-il rien sur la terre, est-il rien dans les cieux
Qui puisse lui ravir le titre glorieux
　　　　De beauté sans seconde?
　　Mais je la vois, mon cher Zéphyre,
Qui demeure surprise à l'éclat de ces lieux.

ZÉPHYRE. — Vous pouvez vous montrer pour finir son martyre,
　　Lui découvrir son destin glorieux,
Et vous dire, entre vous, tout ce que peuvent dire
　　Les soupirs, la bouche et les yeux.
En confident discret, je sais ce qu'il faut faire
Pour ne pas interrompre un amoureux mystère.

SCÈNE II. PSYCHÉ, *seule.*

Où suis-je? et, dans un lieu que je croyais barbare,
Quelle savante main a bâti ce palais,
　　Que l'art, que la nature pare
　　De l'assemblage le plus rare
　　Que l'œil puisse admirer jamais?
　　Tout rit, tout brille, tout éclate
Dans ces jardins, dans ces appartements,
　　Dont les pompeux ameublements
N'ont rien qui n'enchante et ne flatte ;
Et, de quelque côté que tournent mes frayeurs,
Je ne vois sous mes pas que de l'or ou des fleurs.
Le ciel aurait-il fait cet amas de merveilles
　　Pour la demeure d'un serpent?
Et, lorsque, par leur vue, il amuse et suspend
De mon destin jaloux les rigueurs sans pareilles,
　　Veut-il montrer qu'il s'en repent?
Non, non ; c'est de sa haine, en cruautés féconde,
　　Le plus noir, le plus rude trait,
Qui, par une rigueur nouvelle et sans seconde,
　　N'étale ce choix qu'elle a fait
　　De ce qu'a de plus beau le monde,
Qu'afin que le je quitte avec plus de regret.
　　Que mon espoir est ridicule,
　　S'il croit par là soulager mes douleurs!
Tout autant de moments que ma mort se recule,
　　Sont autant de nouveaux malheurs ;
　　Plus elle tarde, et plus de fois je meurs.
Ne me fais plus languir, viens prendre ta victime,
　　Monstre qui doit me déchirer.
Veux-tu que je te cherche, et faut-il que j'anime
　　Tes fureurs à me dévorer?
Si le ciel veut ma mort, si ma vie est un crime,
De ce peu qui m'en reste ose enfin t'emparer.

Je suis lasse de murmurer
Contre un châtiment légitime.
Je suis lasse de soupirer :
Viens, que j'achève d'expirer.

SCÈNE III. — L'AMOUR, PSYCHÉ, ZÉPHYRE.

L'AMOUR. — Le voilà ce serpent, ce monstre impitoyable
Qu'un oracle étonnant pour vous a préparé,
Et qui n'est pas, peut-être, a tel point effroyable,
Que vous vous l'êtes figuré.

PSYCHÉ. — Vous, seigneur, vous seriez ce monstre dont l'oracle
A menacé mes tristes jours,
Vous qui semblez plutôt un dieu qui, par miracle,
Daigne venir lui-même à mon secours !

L'AMOUR. — Quel besoin de secours au milieu d'un empire
Où tout ce qui respire
N'attend que vos regards pour en prendre la loi,
Où vous n'avez à craindre autre monstre que moi ?

PSYCHÉ. — Qu'un monstre tel que vous inspire peu de crainte!
Et que, s'il a quelque poison,
Une ame aurait peu de raison
De hasarder la moindre plainte
Contre une favorable atteinte,
Dont tout le cœur craindrait la guérison!
A peine je vous vois, que mes frayeurs cessées
Laissent évanouir l'image du trépas,
Et que je sens couler dans mes veines glacées
Un je ne sais quel feu que je ne connais pas.
J'ai senti de l'estime et de la complaisance,
De l'amitié, de la reconnaissance;
De la compassion les chagrins innocents
M'en ont fait sentir la puissance:
Mais je n'ai point encor senti ce que je sens.
Je ne sais ce que c'est ; mais je sais qu'il me charme,
Que je n'en conçois point d'alarme.
Plus j'ai les yeux sur vous, plus je m'en sens charmer.
Tout ce que j'ai senti n'agissait point de même,
Et je dirais que je vous aime,
Seigneur, si je savais ce que c'est que d'aimer.
Ne les détournez point, ces yeux qui m'empoisonnent,
Ces yeux tendres, ces yeux perçants, mais amoureux,
Qui semblent partager le trouble qu'ils me donnent.
Hélas! plus ils sont dangereux,
Plus je me plais à m'attacher sur eux.
Par quel ordre du ciel, que je ne puis comprendre ,
Vous dis-je plus que je ne dois,
Moi, de qui la pudeur devrait du moins attendre
Que vous m'expliquássiez le trouble où je vous vois?
Vous soupirez, seigneur, ainsi que je soupire;
Vos sens, comme les miens, paraissent interdits.
C'est à moi de m'en taire, à vous de me le dire,
Et cependant c'est moi qui vous le dis.

L'AMOUR. — Vous avez eu, Psyché, l'ame toujours si dure,
Qu'il ne faut pas vous étonner
Si, pour en reparer l'injure,
L'Amour, en ce moment, se paie avec usure
De ceux qu'elle a dû lui donner.
Ce moment est venu, qu'il faut que votre bouche
Exhale des soupirs si longtemps retenus;
Et qu'en vous arrachant à cette humeur farouche,
Un amas de transports aussi doux qu'inconnus

Aussi sensiblement tout à la fois vous touche,
Qu'ils ont dû vous toucher durant tant de beaux jours,
Dont cette ame insensible a profané le cours.
PSYCHÉ. — N'aimer point, c'est donc un grand crime ?
L'AMOUR. — En souffrez-vous un rude châtiment ?
PSYCHÉ. — C'est punir assez doucement.
L'AMOUR. — C'est lui choisir sa peine légitime,
Et se faire justice, en ce glorieux jour,
D'un manquement d'amour par un excès d'amour
PSYCHÉ. — Que n'ai-je été plus tôt punie !
J'y mets le bonheur de ma vie.
Je devrais en rougir, ou le dire plus bas :
Mais le supplice a trop d'appas,
Permettez que tout haut je le die et redie :
Je le dirais cent fois, et n'en rougirais pas.
Ce n'est point moi qui parle, et de votre présence
L'empire surprenant, l'aimable violence,
Dès que je veux parler, s'empare de ma voix.
C'est en vain qu'en secret ma pudeur s'en offense,
Que le sexe et la bienséance
Osent me faire d'autres lois ;
Vos yeux, de ma réponse, eux-mêmes font le choix,
Et ma bouche asservie à leur toute-puissance,
Ne me consulte plus sur ce que je me dois.
L'AMOUR. — Croyez, belle Psyché, croyez ce qu'ils vous disent,
Ces yeux qui ne sont point jaloux :
Qu'à l'envi les vôtres m'instruisent
De tout ce qui se passe en vous.
Croyez-en ce cœur qui soupire,
Et qui, tant que le vôtre y voudra repartir,
Vous dira bien plus d'un soupir,
Que cent regards ne peuvent dire.
C'est le langage le plus doux ;
C'est le plus fort, c'est le plus sûr de tous.
PSYCHÉ. — L'intelligence en était due
A nos cœurs, pour les rendre également contents.
J'ai soupiré, vous m'avez entendue ;
Vous soupirez, je vous entends.
Mais ne me laissez plus en doute,
Seigneur, et dites-moi si, par la même route,
Après moi, le Zéphyre ici vous a rendu
Pour me dire ce que j'écoute.
Quand j'y suis arrivée, étiez-vous attendu ?
Et, quand vous lui parlez, êtes-vous entendu ?
L'AMOUR. — J'ai dans ce doux climat un souverain empire,
Comme vous l'avez sur mon cœur ;
L'Amour m'est favorable, et c'est en sa faveur
Qu'à mes ordres Éole a soumis le Zéphyre.
C'est l'Amour qui, pour voir mes feux récompensés
Lui-même a dicté cet oracle
Par qui vos beaux jours menacés
D'une foule d'amants se sont débarrassés,
Et qui m'a délivré de l'éternel obstacle
De tant de soupirs empressés
Qui ne méritaient pas de vous être adressés.
Ne me demandez point quelle est cette province,
Ni le nom de son prince ;
Vous le saurez quand il en sera temps.
Je veux vous acquérir, mais c'est par mes services,
Par des soins assidus, et par des vœux constants,
Par les amoureux sacrifices

                De tout ce que je suis,
                De tout ce que je puis,
Sans que l'éclat du rang, pour moi, vous sollicite,
Sans que de mon pouvoir je me fasse un mérite ;
Et, bien que souverain, dans cet heureux séjour,
Je ne vous veux, Psyché, devoir qu'à mon amour,
Venez en admirer avec moi les merveilles,
Princesse, et préparez vos yeux et vos oreilles
                À ce qu'il a d'enchantements ;
        Vous y verrez des bois et des prairies
                Contester sur leurs agréments
                Avec l'or et les pierreries ;
        Vous n'entendrez que des concerts charmants ;
De cent beautés, vous y serez servie
Qui vous adoreront sans vous porter envie,
                Et brigueront, à tous moments,
                D'une ame soumise et ravie,
                L'honneur de vos commandements.

PSYCHÉ. — Mes volontés suivent les vôtres ;
                Je n'en saurais plus avoir d'autres.
Mais votre oracle, enfin, vient de me séparer
                De deux sœurs et du roi, mon père,
                Que mon trépas imaginaire
                Réduit tout trois à me pleurer :
Pour dissiper l'erreur, dont leur ame accablée
De mortels déplaisirs se voit pour moi comblée,
                Souffrez que mes sœurs soient témoins
                Et de ma gloire et de vos soins.
Prêtez-leur, comme à moi, les ailes du Zéphyre,
                Qui leur puissent, de votre empire,
                Ainsi qu'à moi, faciliter l'accès ;
                Faites-leur voir en quel lieu je respire ;
Faites-leur de ma perte admirer le succès.

L'AMOUR. — Vous ne me donnez pas, Psyché, toute votre ame.
Ce tendre souvenir d'un père et de deux sœurs
                Me vole une part des douceurs
                Que je veux toutes pour ma flamme.
N'ayez d'yeux que pour moi, qui n'en ai que pour vous
Ne songez qu'à m'aimer, ne songez qu'à me plaire ;
Et quand de tels soucis osent vous en distraire...

PSYCHÉ. — Des tendresses du sang peut-on être jaloux ?

L'AMOUR. — Je le suis, ma Psyché, de toute la nature.
Les rayons du soleil vous baisent trop souvent :
Vos cheveux souffrent trop les caresses du vent ;
                Dès qu'il les flatte, j'en murmure :
                L'air même que vous respirez
Avec trop de plaisir passe par votre bouche :
                Votre habit de trop près vous touche ;
                Et, sitôt que vous soupirez,
                Je ne sais quoi, qui m'effarouche,
Craint, parmi vos soupirs, des soupirs égarés.
Mais vous voulez vos sœurs ; allez, partez, Zéphyre ;
                Psyché le veut, je ne l'en puis dédire.
                        (*Zéphyre s'envole.*)

                SCÈNE IV. — L'AMOUR, PSYCHÉ.

L'AMOUR. — Quand vous leur ferez voir ce bienheureux séjour,
                De ces trésors faites-leur cent largesses,
                Prodiguez-leur caresses sur caresses ;
Et du sang, s'il se peut, épuisez les tendresses
                Pour vous rendre tout à l'Amour.

Je n'y mêlerai point d'importune présence ;
Mais ne leur faites pas de si longs entretiens ;
Vous ne sauriez pour eux avoir de complaisance,
    Que vous ne dérobiez aux miens.
PSYCHÉ. — Votre amour me fait une grâce
    Dont je n'abuserai jamais.
L'AMOUR. — Allons voir cependant ces jardins, ce palais,
  Où vous ne verrez rien que votre éclat n'efface.
Et vous, petits Amours, et vous, jeunes Zéphyres,
Qui, pour armes, n'avez que de tendres soupirs,
Montrez tous à l'envi ce qu'à voir ma princesse
    Vous avez senti d'allégresse.

FIN DU TROISIÈME ACTE.

TROISIÈME INTERMÈDE.

L'AMOUR, PSYCHÉ, UN ZÉPHYRE, *chantant*, DEUX AMOURS, *chantants*. TROUPE
D'AMOURS ET DE ZÉPHYRES, *dansants*.

ENTRÉE DE BALLET.

Les Amours et les Zéphyres, pour obéir à l'Amour, marquent par leurs danses
la joie qu'ils ont de voir Psyché.

UN ZÉPHYRE. — Aimable jeunesse,
    Suivez la tendresse ;
    Joignez aux beaux jours
    La douceur des amours.
      C'est pour vous surprendre
      Qu'on vous fait entendre
Qu'il faut éviter leurs soupirs,
    Et craindre leurs désirs ;
    Laissez-vous apprendre
    Quels sont leurs plaisirs.
  DEUX AMOURS ENSEMBLE.
Chacun est obligé d'aimer
    A son tour ;
Et plus on a de quoi charmer,
    Plus on doit à l'Amour.
PREMIER AMOUR. — Un cœur jeune et tendre
    Est fait pour se rendre ;
    Il n'a point à prendre
    De fâcheux détour.
  LES DEUX AMOUR ENSEMBLE.
Chacun est obligé d'aimer
    A son tour ;
Et plus on a de quoi charmer,
    Plus on doit à l'Amour.
SECOND AMOUR. — Pourquoi se défendre ?
    Que sert-il d'attendre ?
    Quand on perd un jour,
    On le perd sans retour.
LES DEUX AMOURS ENSEMBLE.
Chacun est obligé d'aimer
    A son tour ;
Et plus on a de quoi charmer.
    Plus on doit à l'Amour.

DEUXIÈME ENTRÉE DE BALLET.

Les deux troupes d'Amours et de Zéphyres recommencent leurs danses.

ZÉPHYRE. — L'Amour a des charmes
    Rendons-lui les armes ;
    Ses soins et ses pleurs

Ne sont pas sans douceurs.
Un cœur, pour le suivre,
A cent maux se livre.
Il faut, pour goûter ses appas,
Languir jusqu'au trépas ;
Mais ce n'est pas vivre
Que de n'aimer pas.

LES DEUX AMOURS ENSEMBLE.

S'il faut, des soins et des travaux
En aimant,
On est payé de mille maux
Par un heureux moment.

PREMIER AMOUR — On craint, on espère,
Il faut du mystère ;
Mais on obtient guère
Du bien sans tourment.

LES DEUX AMOURS ENSEMBLE.

S'il faut des soins et des travaux,
En aimant,
On est payé de mille maux
Par un heureux moment.

SECOND AMOUR. — Que peut-on mieux faire,
Qu'aimer et que plaire ?
C'est un soin charmant
Que l'emploi d'un amant.

LES DEUX AMOURS ENSEMBLE.

S'il faut des soins et des travaux,
En aimant,
On est payé de mille maux,
Par un heureux moment.

FIN DU TROISIÈME INTERMÈDE.

ACTE IV.

Le théâtre représente un jardin superbe et charmant. On y voit des berceaux de verdure soutenus par des termes d'or, décorés par des vases d'orangers et par des arbres chargés de toutes sortes de fruits. Le milieu du théâtre est rempli des fleurs les plus belles et les plus rares. On découvre dans l'enfoncement plusieurs dômes de rocailles, ornés de coquillages, de fontaines et de statues ; et toute cette vue se termine par un magnifique palais.

SCÈNE PREMIÈRE. — AGLAURE, CYDIPPE.

AGLAURE. — Je n'en puis plus ma sœur, j'ai vu trop de merveilles ;
L'avenir aura peine à les bien concevoir ;
Le soleil qui voit tout, et qui nous fait tout voir,
N'en a jamais vu de pareilles.
Elles me chagrinent l'esprit ;
Et ce brillant palais, ce pompeux équipage
Font un odieux étalage
Qui m'accable de honte autant que de dépit.
Que la fortune indignement nous traite,
Et que sa largesse indiscrète
Prodigue aveuglément, épuise, unit d'efforts,
Pour faire de tant de trésors
Le partage d'une cadette !

CYDIPPE. — J'entre dans tous vos sentiments,
J'ai les mêmes chagrins ; et dans ces lieux charmants
Tout ce qui vous déplaît me blesse ;
Tout ce que vous prenez pour un mortel affront,
Comme vous m'accable, et me laisse
L'amertume dans l'ame et la rougeur au front.

AGLAURE. — Non, ma sœur, il n'est point de reines

Qui, dans leur propre état, parlent en souveraines
       Comme Psyché parle en ces lieux.
On l'y voit obéir avec exactitude ;
Et de ses volontés une amoureuse étude
       Les cherche jusque dans ses yeux.
     Mille beautés s'empressent autour d'elle,
     Et semblent dire à nos regards jaloux,
Quels que soient nos attraits, elle est encor plus belle ;
Et nous, qui la servons, le sommes plus que vous.
       Elle prononce, on exécute ;
Aucun ne s'en défend, aucun ne s'en rebute.
       Flore, qui s'attache à ses pas,
Répand à pleines mains autour de sa personne
       Ce qu'elle a de plus doux appas ;
     Zéphyre vole aux ordres qu'elle donne ;
Et son amante et lui, s'en laissant trop charmer,
Quittent pour la servir les soins de s'entr'aimer.

CYDIPPE. — Elle a des dieux à son service ;
       Elle aura bientôt des autels ;
Et nous ne commandons qu'à de chétifs mortels
       De qui l'audace et le caprice,
Contre nous à toute heure en secret révoltés,
       Opposent à nos volontés
       Ou le murmure ou l'artifice.

AGLAURE. — C'était peu que dans notre cour
Tant de cœurs à l'envi nous l'eussent préférée ;
Ce n'était pas assez que de nuit et de jour
D'une foule d'amants elle y fût adorée :
Quand nous nous consolons de la voir au tombeau
       Par l'ordre imprévu d'un oracle,
     Elle a voulu de son destin nouveau
Faire en notre présence éclater le miracle ,
       Et choisir nos yeux pour témoins
De ce qu'au fond du cœur nous souhaitions le moins.

CYDIPPE. — Ce qui le plus me désespère,
     C'est cet amant parfait et si digne de plaire,
       Qui se captive sous ses lois.
Quand nous pourrions choisir entre nous les monarques,
       En est-il un de tant de rois,
       Qui porte de si noble marques ?
     Se voir du bien par-delà ses souhaits
N'est souvent qu'un bonheur qui fait des misérables ;
Il n'est ni trains pompeux , ni superbes palais
Qui n'ouvrent quelque porte à des maux incurables ;
Mais avoir un amant d'un mérite achevé,
       Et s'en voir chèrement aimée,
     C'est un bonheur si haut, si relevé,
     Que sa grandeur ne peut être exprimée.

AGLAURE. — N'en parlons plus, ma sœur, nous en mourrions d'ennui :
       Songeons plutôt à la vengeance ;
Et trouvons le moyen de rompre entre elle et lui
       Cette adorable intelligence.
La voici. J'ai des coups tout prêts à lui porter
       Qu'elle aura peine d'éviter.

     SCÈNE II. — PSYCHÉ, AGLAURE, CYDIPPE.

PSYCHÉ. — Je viens vous dire adieu ; mon amant vous renvoie,
       Et ne saurait plus endurer
Que vous lui retranchiez un moment de la joie
Qu'il prend de se voir seul à me considérer.
Dans un simple regard, dans la moindre parole,

    Son amour trouve des douceurs
    Qu'en faveur du sang je lui vole
    Quand je le partage à des sœurs.
AGLAURE. — La jalousie est assez fine ;
    Et ces délicats sentiments
    Méritent bien qu'on s'imagine
Que celui qui pour vous a ces empressements
    Passe le commun des amants.
Je vous en parle ainsi, faute de le connaître.
Vous ignorez son nom et ceux dont il tient l'être ;
    Nos esprits en sont alarmés.
Je le tiens un grand prince, et d'un pouvoir suprème,
    Bien au-delà du diadème ;
Ses trésors, sous vos pas confusément semés,
Ont de quoi faire honte à l'abondance même ;
    Vous l'aimez autant qu'il vous aime ;
    Il vous charme, et vous le charmez :
Votre félicité, ma sœur, serait extrême,
    Si vous saviez qui vous aime.
PSYCHÉ. — Que m'importe ? j'en suis aimée ;
    Plus il me voit, plus je lui plais.
Il n'est point de plaisirs dont l'ame soit charmée
    Qui ne préviennent mes souhaits ;
Et je vois mal de quoi la vôtre est alarmée
    Quand tout me sert dans ce palais.
AGLAURE. — Qu'importe qu'ici tout vous serve,
    Si toujours cet amant vous cache ce qu'il est ?
Nous ne nous alarmons que pour votre intérêt.
En vain tout vous y rit, en vain tout vous y plaît,
Le véritable amour ne fait point de réserve ;
    Et qui s'obstine à se cacher
Sent quelque chose en soi qu'on lui peut reprocher.
    Si cet amant devient volage,
Car souvent en amour le change est assez doux ;
    Et j'ose le dire entre nous,
Pour grand que soit l'éclat dont brille ce visage,
Il en peut être ailleurs d'aussi belles que vous ;
Si, dis-je, un autre objet sous d'autres lois l'engage,
    Si, dans l'état où je vous voi,
    Seule en ses mains et sans défense,
    Il va jusqu'à la violence,
    Sur qui vous vengera le roi,
Ou de ce changement, ou de cette insolence ?
  PSYCHÉ. — Ma sœur, vous me faites trembler.
Juste ciel ! pourrais-je être assez infortunée...
CYDIPPE. — Que sait-on si déjà les nœuds de l'hyménée...
PSYCHÉ. — N'achevez pas, ce serait m'accabler.
 AGLAURE. — Je n'ai plus qu'un mot à vous dire.
Ce prince qui vous aime, et qui commande aux vents,
Qui nous donne pour char les ailes du Zéphire,
Et de nouveaux plaisirs vous comble à tous moments,
Quand il rompt à vos yeux l'ordre de la nature,
Peut-être à tant d'amour mêle un peut d'imposture ;
Peut-être ce palais n'est qu'un enchantement ;
Et ces lambris dorés, ces amas de richesses,
    Dont il achète vos tendresses,
Dès qu'il sera lassé de souffrir vos caresses
    Disparaîtront en un moment.
Vous savez comme nous ce que peuvent les charmes.
PSYCHÉ. — Que je sens à mon tour de cruelles alarmes !
AGLAURE. — Notre amitié ne veut que votre bien.

PSYCHÉ. — Adieu, mes sœurs, finisons l'entretien :
  J'aime et je crains qu'on ne s'impatiente.
        Partez ; et demain, si puis,
          Vous me verrez, ou plus contente,
  Ou dans l'accablement des plus mortels ennuis.
AGLAURE. — Nous allons dire au roi quelle nouvelle gloire,
  Quel excès de bonheur le ciel répand sur vous.
CYDIPPE. — Nous allons lui conter d'un changement si doux
  La surprenante et merveilleuse histoire.
PSYCHÉ. — Ne l'inquiétez point, ma sœur, de vos soupçons ;
  Et quand vous lui peindrez un si charmant empire...
AGLAURE. — Nous savons toutes deux ce qu'il faut taire ou dire,
  Et n'avons pas besoin sur ce point de leçons.

(*Un nuage descend, qui enveloppe les deux sœurs de Psyché ; Zéphy
  lève dans les airs.*)

SCÈNE III. — L'AMOUR, PSYCHÉ.

L'AMOUR. — Enfin, vous êtes seule, et je puis vous redire,
  Sans avoir pour témoins vos importunes sœurs,
  Ce que des yeux si beaux ont pris sur moi d'empire,
      Et quel excès ont les douceurs
        Qu'une sincère ardeur inspire
      Sitôt qu'elle assemble deux cœurs.
Je puis vous expliquer de mon âme ravie
      Les amoureux empressements,
      Et vous jurer qu'à vous seule asservie
  Elle n'a pour objet de ses ravissements
  Que de voir cette ardeur de même ardeur suivie ;
      Ne concevoir plus d'autre envie
        Que de régler mes vœux sur vos désirs,
  Et de ce qui vous plaît faire tous mes plaisirs.
        Mais d'où vient qu'un triste nuage
      Semble offusquer l'éclat de ces beaux yeux ?
      Vous manque-t-il quelque chose en ces lieux ?
  Des vœux qu'on vous y rend dédaignez-vous l'hommage ?
PSYCHÉ. — Non, seigneur.
          L'AMOUR. — Qu'est-ce donc ? et d'où vient mon malheur ?
  J'entends moins de soupirs d'amour que de douleur ;
  Je vois de votre teint les roses amorties
        Marquer un déplaisir secret ;
        Vos sœurs à peine sont parties,
        Que vous soupirez de regret.
Ah ! Psyché, de deux cœurs quand l'ardeur est la même,
      Ont-ils des soupirs différents ?
  Et, quand on aime bien, et qu'on voit ce qu'on aime,
        Peut-on songer à des parents !
PSYCHÉ. — Ce n'est point là ce qui m'afflige.
L'AMOUR. — Est-ce l'absence d'un rival,
  Et d'un rival aimé, qui fait qu'on me néglige ?
PSYCHÉ. — Dans un cœur tout à vous que vous pénétrez mal !
  Je vous aime, seigneur, et mon amour s'irrite
  De l'indigne soupçon que vous avez formé.
  Vous ne connaissez pas quel est votre mérite,
      Si vous craignez de n'être pas aimé.
  Je vous aime ; et depuis que j'ai vu la lumière,
        Je me suis montrée assez fière
        Pour dédaigner les vœux de plus d'un roi ;
  Et s'il faut vous ouvrir mon âme tout entière,
  Je n'ai trouvé que vous qui fût digne de moi.
        Cependant j'ai quelque tristesse
        Qu'en vain je voudrais vous cacher ;

Un noir chagrin se mêle à toute ma tendresse,
            Dont je ne la puis détacher.
        Ne m'en demandez point la cause :
Peut-être, la sachant, voudrez-vous m'en punir ;
Et si j'ose aspirer encore à quelque chose,
        Je suis sûre du moins de ne point l'obtenir.

L'AMOUR. — Eh! ne craignez-vous point qu'à mon tour je m'irrite ·
        Que vous connaissez mal quel est votre mérite,
            Ou feignez de ne pas savoir
        Quel est sur moi votre absolu pouvoir?
        Ah! si vous en doutez, soyez désabusée.
        Parlez.

PSYCHÉ. — J'aurai l'affront de me voir refusée.

L'AMOUR. — Prenez en ma faveur de meilleurs sentiments,
            L'expérience en est aisée ;
        Parlez, tout se tient prêt à vos commandements.
        Si pour m'en croire il vous faut des serments,
J'en jure vos beaux yeux, ces maîtres de mon ame,
            Ces divins auteurs de ma flamme ;
Et, si ce n'est assez d'en jurer vos beaux yeux,
J'en jure par le Styx, comme jurent les dieux.

PSYCHÉ. — J'ose craindre un peu moins, après cette assurance.
Seigneur, je vois ici la pompe et l'abondance,
        Je vous adore, et vous m'aimez,
Mon cœur en est ravi, mes sens en sont charmés.
        Mais, parmi ce bonheur suprême,
        J'ai le malheur de ne savoir qui j'aime.
            Dissipez cet aveuglement,
    Et faites-moi connaître un si parfait amant.

L'AMOUR. — Psyché! que venez-vous de dire?

PSYCHÉ. — Que c'est le bonheur où j'aspire ;
        Et si vous ne me l'accordez...

L'AMOUR. — Je l'ai juré, je n'en suis plus le maître :
Mais vous ne savez pas ce que vous demandez.
Laissez-moi mon secret. Si je me fais connaître,
        Je vous perds, et vous me perdez.
        Le seul remède est de vous en dédire.

PSYCHÉ — C'est là sur vous mon souverain empire?

L'AMOUR. — Vous pouvez tout, et je suis tout à vous.
        Mais si nos feux vous semblent doux
Ne mettez point d'obstacle à leur charmante suite ;
        Ne me forcez point à la fuite :
C'est le moindre malheur qui nous puisse arriver
        D'un souhait qui vous a séduite.

PSYCHÉ. — Seigneur, vous voulez m'éprouver ;
        Mais je sais ce que j'en dois croire.
De grace apprenez-moi tout l'excès de ma gloire,
Et ne me cachez plus pour quel illustre choix
        J'ai rejeté les vœux de tant de rois.

L'AMOUR. — Le voulez-vous?

PSYCHÉ. — Souffrez que je vous en conjure.

L'AMOUR. — Si vous saviez, Psyché, la cruelle aventure
        Que par-là vous vous attirez...

PSYCHÉ. — Seigneur, vous me désespérez.

L'AMOUR. — Pensez-y bien, je puis encor me taire.

PSYCHÉ. — Faites-vous des serments pour n'y point satisfaire?

L'AMOUR. Hé bien! je suis le dieu le plus puissant des dieux.
Absolu sur la terre, absolu dans les cieux ;
Dans les eaux, dans les airs, mon pouvoir est suprême ;
        En un mot, je suis l'Amour même
Qui de mes propres traits m'était blessé pour vous ;

Et sans la violence, hélas, que vous me faites,
Et qui vient de changer mon amour en courroux,
          Vous m'alliez avoir pour époux.
          Vos volontés sont satisfaites,
          Vous avez su qui vous aimiez ;
     Vous connaissez l'amant que vous charmiez
          Psyché, voyez où vous en êtes:
     Vous me forcez vous-même à vous quitter ;
     Vous me forcez vous-même à vous ôter
          Tout l'effet de votre victoire.
Peut-être vos beaux yeux ne me reverront plus.
Ce palais, ces jardins, avec moi disparus,
  Vont faire évanouir votre naissante gloire.
          Vous n'avez pas voulu m'en croire ;
     Et, pour tout fruit de ce doute éclairci,
          Le Destin, sous qui le ciel tremble,
Plus fort que mon amour, que tous les dieux ensemble
Vous va montrer sa haine, et me chasse d'ici.
          (*L'Amour s'envole, et le jardin s'évanouit.*)

SCÈNE IV.

Le théâtre représente un désert et les bords sauvages d'un fleuve.
PSYCHÉ, LE DIEU DU FLEUVE, *assis sur un amas de roseaux et appuyé sur une urne.*

PSYCHÉ. — Cruelle destin ! funeste inquiétude!
          Fatale curiosité!
     Qu'avez-vous fait, affreuse solitude,
          De toute ma félicité?
     J'aimais un dieu, j'en étais adorée,
Mon bonheur redoublait de moment en moment ;
          Et je me vois, seule, éplorée,
Au milieu d'un désert, où, pour accablement,
          Et confuse et désespérée,
Je sens croître l'amour quand j'ai perdu l'amant.
     Le souvenir m'en charme et m'empoisonne ;
Sa douceur tyrannise un cœur infortuné
Qu'aux plus cuisants chagrins ma flamme a condamné.
          O ciel ! quand l'Amour m'abandonne,
Pourquoi me laisse-t-il l'amour qu'il m'a donné?
Source de tous les biens, inépuisable et pure,
          Maître des hommes et des dieux,
          Cher auteur des maux que j'endure,
Etes-vous pour jamais disparu de mes yeux?
Je vous en ai banni moi-même :
Dans un excès d'amour, dans un bonheur extrême,
D'un indigne soupçon mon cœur s'est alarmé :
Cœur ingrat! tu n'avais qu'un feu mal allumé ;
Et l'on ne peut vouloir, du moment que l'on aime
          Que ce que veut l'objet aimé.
Mourons, c'est le parti qui seul me reste à suivre
          Après la perte que je fais.
          Pour qui, grands dieux ! voudrais-je vivre?
          Et pour qui former des souhaits?
Fleuve, de qui les eaux baignent ces tristes sables,
     Ensevelis mon crime dans tes flots?
     Et, pour finir des maux si déplorables,
Laisse-moi dans ton lit assurer mon repos.
          LE DIEU DU FLEUVE.
     Ton trépas souillerait mes ondes,
          Psyché, le ciel te le défend,
Et peut-être qu'après des douleurs si profondes,

Un autre sort t'attend.
Fuis plutôt de Vénus l'implacable colère ;
Je la vois qui te cherche et qui te veut punir ;
L'amour du fils a fait la haine de la mère.
Fuis, je saurai la retenir.
PSYCHÉ. — J'attends ses fureurs vengeresses ;
Qu'auront-elles pour moi qui ne me soit trop doux ?
Qui cherche le trépas ne craint dieux ni déesses,
Et peut braver tout leur courroux.

SCÈNE V. — VÉNUS, PSYCHÉ, LE DIEU DU FLEUVE.

VÉNUS. — Orgueilleuse Psyché, vous m'osez donc attendre,
Après m'avoir sur terre enlevé mes honneurs ,
Après que vos traits suborneurs
Ont reçu les encens qu'aux miens seuls on doit rendre ?
J'ai vu mes temples désertés ;
J'ai vu tous les mortels, séduits par vos beautés,
Idolâtrer en vous la beauté souveraine,
Vous offrir des respects jusqu'alors inconnus,
Et ne se mettre pas en peine
S'il était une autre Vénus :
Et je vous vois encor l'audace
De n'en pas redouter les justes sentiments,
Et de me regarder en face,
Comme si c'était peu que mes ressentiments.
PSYCHÉ. — Si de quelques mortels on m'a vue adorée,
Est-ce un crime pour moi d'avoir eu des appas,
Dont leur ame inconsidérée
Laissait charmer des yeux qui ne vous voyaient pas ?
Je suis ce que le ciel m'a faite,
Je n'ai que les beautés qu'il m'a voulu prêter ;
Si les vœux qu'on m'offrait vous ont mal satisfaite,
Pour forcer tous les cœurs à vous les reporter
Vous n'aviez qu'à vous présenter,
Qu'à ne leur cacher plus cette beauté parfaite
Qui, pour les rendre à leur devoir,
Pour se faire adorer, n'a qu'à se faire voir.
VÉNUS. — Il fallait vous en mieux défendre.
Ces respects, ces encens, se doivent refuser ;
Et, pour les mieux désabuser,
Il fallait à leurs yeux vous-même me les rendre.
Vous avez aimé cette erreur
Pour qui vous ne deviez avoir que de l'horreur.
Vous avez bien fait plus ; votre humeur arrogante
Sur le mépris de mille rois
Jusques aux cieux a porté de son choix
L'ambition extravagante.
YCHÉ. — J'aurais porté mon choix, déesse, jusqu'aux cieux ?
VÉNUS. — Votre insolence est sans seconde.
Dédaigner tous les rois du monde,
N'est-ce pas aspirer aux dieux ?
SYCHÉ. — Si l'amour pour eux tous m'avait endurci l'ame,
Et me réservait tout à lui,
En puis-je être coupable ? et faut-il qu'aujourd'hui,
Pour prix d'une si belle flamme,
Vous vouliez m'accabler d'un éternel ennui ?
VÉNUS. — Psyché, vous deviez mieux connaître
Qui vous étiez, et quel était ce dieu.
PSYCHÉ. — Et m'en a-t-il donné ni le temps ni le lieu ,
Lui qui de tout mon cœur d'abord s'est rendu maître,
VÉNUS. — Tout votre cœur s'en est laissé charmer,

Et vous l'avez aimé dès qu'il vous a dit : J'aime.

PSYCHÉ. — Pouvais-je n'aimer pas le dieu qui fait aimer,
Et qui me parlait pour lui-même ?
C'est votre fils ; vous savez son pouvoir ;
Vous en connaissez le mérite.

VÉNUS. — Oui, c'est mon fils, mais un fils qui m'irrite,
Un fils qui me rend mal ce qu'il sait me devoir,
Un fils qui fait qu'on m'abandonne,
Et qui, pour mieux flatter ses indignes amours,
Depuis que vous l'aimez ne blesse plus personne
Qui vienne à mes autels implorer mon secours.
Vous m'en avez fait un rebelle :
On m'en verra vengée, et hautement, sur vous ;
Et je vous apprendrai s'il faut qu'une mortelle
Souffre qu'un dieu soupire à ses genoux.
Suivez-moi, vous verrez, par votre expérience,
A quelle folle confiance
Vous portait cette ambition.
Venez, et préparez autant de patience
Qu'on vous voit de présomption.

FIN DU QUATRIÈME ACTE.

QUATRIÈME INTERMÈDE.

La scène représente les enfers. On y voit une mer toute de feu, dont les flots
sont dans une perpétuelle agitation. Cette mer effroyable est bornée par des
ruines enflammées ; et au milieu de ses flots agités, au travers d'une gueule
affreuse, paraît le palais infernal de Pluton.

PREMIÈRE ENTRÉE DE BALLET.

Des furies se réjouissent d'avoir allumé la rage dans l'ame de la plus douce
des divinités.

SECONDE ENTRÉE DE BALLET.

Des lutins faisant des sauts périlleux, se mêlent avec les furies, et essaient d'
pouvanter Psyché ; mais les charmes de sa beauté obligent les furies et
lutins à se retirer.

FIN DU QUATRIÈME INTERMÈDE.

ACTE V.

SCÈNE PREMIÈRE.

PSYCHÉ. — Effroyables replis des ondes infernales,
Noirs palais où Mégère et ses sœurs font leur cour,
Eternels ennemis du jour,
Parmi vos Ixions et parmi vos Tantales,
Parmi tant de tourments qui n'ont point d'intervalles,
Est-il dans votre affreux séjour
Quelques peines qui soient égales
Aux travaux où Vénus condamne mon amour ?
Elle n'en peut être assouvie ;
Et depuis qu'à ses lois je me trouve asservie,
Depuis qu'elle me livre à ses ressentiments,
Il m'a fallu dans ces cruels moments
Plus d'une ame et plus d'une vie
Pour remplir ses commandements.
Je souffrirais tout avec joie,
Si, parmi les rigueurs que sa haine déploie,
Mes yeux pouvaient revoir, ne fût-ce qu'un moment,

Ce cher, cet adorable amant.
Je n'ose le nommer : ma bouche, criminelle
D'avoir trop exigé de lui,
S'en est rendue indigne ; et, dans ce dur ennui,
La souffrance la plus mortelle,
Dont m'accable à toute heure un renaissant trépas
Est celle de ne le voir pas.
Si son courroux durait encore,
Jamais aucun malheur n'approcherait du mien ;
Mais s'il avait pitié d'une ame qui l'adore,
Quoi qu'il fallût souffrir, je ne souffrirais rien.
Oui, destins, s'il calmait cette juste colère,
Tous mes malheurs seraient finis :
Pour me rendre insensible aux fureurs de la mère,
Il ne faut qu'un regard du fils.
Je n'en veux plus douter, il partage ma peine ;
Il voit ce que je souffre, et souffre comme moi ;
Tout ce que j'endure le gêne,
Lui-même il s'impose une amoureuse loi.
En dépit de Vénus, en dépit de mon crime,
C'est lui qui me soutient, c'est lui qui me ranime
Au milieu des périls où l'on me fait courir ;
Il garde la tendresse où son feu le convie,
Et prend soin de me rendre une nouvelle vie
Chaque fois qu'il me faut mourir.
Mais que me veulent ces deux ombres
Qu'à travers le faux jour de ces demeures sombres
J'entrevois s'avancer vers moi?

SCÈNE II. — PSYCHÉ, CLÉOMÈNE, AGÉNOR.

PSYCHÉ. — Cléomène, Agénor, est-ce vous que je voi?
Qui vous a ravi la lumière?
CLÉOMÈNE. — La plus juste douleur qui d'un beau désespoir
Nous eût pu fournir la matière;
Cette pompe funèbre, où du sort le plus noir
Vous attendiez la rigueur la plus fière,
L'injustice la plus entière.
AGÉNOR. — Sur ce même rocher où le ciel en courroux
Vous promettait, au lieu d'époux,
Un serpent dont soudain vous seriez dévorée,
Nous tenions la main préparée
A repousser sa rage, ou mourir avec vous.
Vous le savez, princesse ; et, lorsqu'à notre vue,
Par le milieu des airs vous êtes disparue,
Du haut de ce rocher, pour suivre vos beautés,
Ou plutôt pour goûter cette amoureuse joie
D'offrir pour vous au monstre une première proie,
D'amour et de douleur l'un et l'autre emportés,
Nous nous sommes précipités.
CLÉOMÈNE. — Heureusement déçus au sens de votre oracle,
Nous en avons ici reconnu le miracle,
Et su que le serpent prêt à vous dévorer
Était le dieu qui fait qu'on aime,
Et qui, tout dieu qu'il est, vous adorant lui-même,
Ne pouvait endurer
Qu'un mortel comme nous osât vous adorer.
AGÉNOR. — Pour prix de vous avoir suivie,
Nous jouissons ici d'un trépas assez doux.
Qu'avions-nous affaire de vie,
Si nous ne pouvions être à vous?
Nous revoyons ici vos charmes,

Qu'aucun des dieux là-haut n'aurait revus jamais.
Heureux si nous voyons la moindre de vos larmes
Honorer des malheurs que vous nous avez faits!
PSYCHÉ. — Puis-je avoir des larmes de reste,
Après qu'on a porté les miens au dernier point?
Unissons nos soupirs dans un sort si funeste:
　　　　Les soupirs ne s'épuisent point;
Mais vous soupireriez, prince, pour une ingrate.
Vous n'avez point voulu survivre à mes malheurs;
　　　　Et, quelque douleur qui m'abatte,
　　　　Ce n'est point pour vous que je meurs.
CLÉOMÈNE. — L'avons-nous mérité, nous dont toute la flamme,
N'a fait que vous lasser du récit de nos maux?
PSYCHÉ. — Vous pouviez mériter, princes, toute mon ame,
　　　　Si vous n'eussiez été rivaux.
　　　　Ces qualités incomparables,
Qui de l'un et de l'autre accompagnaient les vœux,
　　　　Vous rendaient tous deux trop aimables
　　　　Pour mépriser aucun des deux.
AGÉNOR. — Vous avez pu, sans être injuste ni cruelle,
Nous refuser un cœur réservé pour un dieu.
Mais revoyez Vénus. Le Destin nous rappelle,
　　　　Et nous force à vous dire adieu.
PSYCHÉ. — Ne vous donne-t-il point le loisir de me dire
　　　　Quel est ici votre séjour?
CLÉOMÈNE. — Dans des bois toujours verts, où d'amour on respire,
　　　　Aussitôt qu'on est mort d'amour.
D'amour on y revit, d'amour on y soupire,
Sous les plus douces lois de son heureux empire;
Et l'éternelle nuit n'ose en chasser le jour
　　　　Que lui-même il attire
　　　　Sur nos fantômes qu'il inspire,
Et dont aux enfers même il se fait une cour.
AGÉNOR. — Vos envieuses sœurs, après nous descendues,
　　　　Pour vous perdre se sont perdues;
　　　　Et l'une et l'autre, tour à tour,
Pour le prix d'un conseil qui leur coûte la vie,
A côté d'Ixion, à côté de Titye,
Souffrent tantôt la roue et tantôt le vautour.
L'Amour, par les zéphirs, s'est fait prompte justice
De leur envenimée et jalouse malice:
Ces ministres ailés de son juste courroux,
Sous couleur de les rendre encore auprès de vous,
Ont plongé l'une et l'autre au fond d'un précipice,
Où le spectacle affreux de leurs corps déchirés
N'étale que le moindre et le premier supplice
　　　　De ces conseils dont l'artifice
　　　　Fait les maux dont vous soupirez.
PSYCHÉ. — Que je les plains!
　　　　　　　CLÉOMÈNE. — Vous êtes seule à plaindre:
Mais nous demeurons trop à vous entretenir;
Adieu. Puissions-nous vivre en votre souvenir!
Puissiez-vous, et bientôt, n'avoir plus rien à craindre!
Puisse, et bientôt, l'Amour vous enlever aux cieux,
　　　　Vous y mettre à côté des dieux;
Et, rallumant un feu qui ne se puisse éteindre,
Affranchir à jamais l'éclat de vos beaux yeux
　　　　D'augmenter le jour en ces lieux!

SCÈNE III.

PSYCHÉ seule. — Pauvres amants! Leur amour dure encore!

Tout morts qu'ils sont, l'un et l'autre m'adore
Moi, dont la dureté reçut si mal leurs vœux !
Tu n'en fais pas ainsi, toi qui seul m'as ravie,
Amant que j'aime encor cent fois plus que ma vie,
　　Et qui brises de si beaux nœuds !
　Ne me fuis plus, et souffre que j'espère
Que tu pourras un jour rabaisser l'œil sur moi,
Qu'à force de souffrir j'aurai de quoi te plaire,
　　De quoi me rengager ta foi.
Mais ce que j'ai souffert m'a trop défigurée,
　　Pour rappeler un tel espoir.
　L'œil abattu, triste, désespérée,
　　Languissante et décolorée,
　　De quoi puis-je me prévaloir,
Si, par quelque miracle, impossible à prévoir,
Ma beauté, qui t'a plu, ne se voit réparée?
　Je porte ici de quoi la réparer.
　　Ce trésor de beauté divine,
Qu'en mes mains, pour Vénus, a remis Proserpine,
Enferme des appas dont je puis m'emparer;
　　Et l'éclat en doit être extrême,
　　Puisque Vénus, la beauté même,
　　Les demande pour se parer.
En dérober un peu, serait-ce un si grand crime?
Pour plaire aux yeux d'un dieu qui s'est fait mon amant,
Pour regagner son cœur et finir mon tourment,
　　Tout n'est-il pas trop légitime?
Ouvrons. Quelles vapeurs m'offusquent le cerveau?
Et que vois-je sortir de cette boîte ouverte?
Amour, si ta pitié ne s'oppose à ma perte,
Pour ne revivre plus, je descends au tombeau.
　　　　　　　(*Psyché s'évanouit.*)

SCÈNE IV. — L'AMOUR, PSYCHÉ, *évanouie.*

L'AMOUR. — Votre péril, Psyché, dissipe ma colère,
Ou plutôt de mes feux l'ardeur n'a point cessé ;
Et, bien qu'au dernier point vous m'ayez su déplaire,
　　Je ne me suis intéressé
　　Que contre celle de ma mère.
J'ai vu tous vos travaux, j'ai suivi vos malheurs.
Mes soupirs ont partout accompagné vos pleurs ;
Tournez les yeux vers moi, je suis encor le même.
Quoi! je dis et redis tout haut que je vous aime,
Et vous ne dites point, Psyché, que vous m'aimez!
Est-ce que pour jamais vos beaux yeux sont fermés
Qu'à jamais la clarté leur vient d'être ravie?
O Mort! devais-tu prendre un dard si criminel,
Et, sans aucun respect pour mon être éternel,
　　Attenter à ma propre vie?
　　Combien de fois, ingrate déité,
　　Ai-je grossi ton noir empire
　　Par les mépris et par la cruauté
　　D'une orgueilleuse et farouche beauté!
　　Combien même, s'il le faut dire,
　　T'ai-je immolé de fidèles amants,
　　A force de ravissements !
　　Va, je ne blesserai plus d'ames,
　　Je ne percerai plus de cœurs
Qu'avec des dards trempés aux divines liqueurs,
Qui nourrissent du ciel les immortelles flammes,
Et n'en lancerai plus que pour faire à tes yeux

Autant d'amants, autant de dieux.
Et vous, impitoyable mère,
Qui la forcez à m'arracher
Tout ce que j'avais de plus cher,
Craignez, à votre tour, l'effet de ma colère.
Vous me voulez faire la loi,
Vous, qu'on voit si souvent la recevoir de moi;
Vous, qui portez un cœur sensible comme un autre,
Vous enviez au mien les délices du vôtre!
Mais dans ce même cœur j'enfoncerai des coups
Qui ne seront suivis que de chagrins jaloux ;
Je vous accablerai de honteuse surprises,
Et choisirai partout, à vos vœux les plus doux,
Des Adonis et des Anchises
Qui n'auront que haine pour vous.

SCÈNE V. — VÉNUS, L'AMOUR, PSYCHÉ, *évanouie.*

VÉNUS. — La menace est respectueuse ;
Et d'un enfant qui fait le révolté,
La colère présomptueuse...
L'AMOUR. — Je ne suis plus enfant, et je l'ai trop été ;
Et ma colère est juste autant qu'impétueuse.
VÉNUS.—L'impétuosité s'en devrait retenir ;
Et vous pourriez vous souvenir
Que vous me devez la naissance.
L'AMOUR. — Et vous pourriez n'oublier pas
Que vous avez un cœur et des appas
Qui relèvent de ma puissance ;
Que mon arc de la vôtre est l'unique soutien ;
Que, sans mes traits, elle n'est rien,
Et que, si les cœurs les plus braves
En triomphe, par vous, se sont laissé traîner,
Vous n'avez jamais fait d'esclaves,
Que ceux qu'il m'a plu d'enchaîner.
Ne me vantez donc plus ces droits de la naissance
Qui tyrannisent mes désirs;
Et, si vous ne voulez perdre mille soupirs,
Songez en me voyant à la reconnaissance,
Vous qui tenez de ma puissance
Et votre gloire et vos plaisirs.
VÉNUS. — Comment l'avez-vous défendue,
Cette gloire dont vous parlez ?
Comment me l'avez-vous rendue ?
Et, quand vous avez vu mes autels désolés,
Mes temples violés,
Mes honneurs ravalés,
Si vous avez pris part à tant d'ignominie.
Comment en a-t-on vu punie
Psyché qui me les a volés?
Je vous ai commandé de la rendre charmée
Du plus vil des mortels,
Qui ne daignât répondre à son ame enflammée
Que par des rebuts éternels,
Par les mépris les plus cruels :
Et vous même l'avez aimée ?
Vous avez contre moi séduit des immortels:
C'est pour vous qu'à mes yeux les Zéphyrs l'ont cachée
Qu'Apollon même, suborné,
Par un oracle adroitement tourné,
Me l'avait si bien arrachée,

Que, si sa curiosité,
Par une aveugle défiance,
Ne l'eût rendue à ma vengeance,
Elle échappait à mon cœur irrité.
Voyez l'état où votre amour l'a mise,
Votre Psyché ; son ame va partir :
Voyez ; et, si la vôtre en est encore éprise,
Recevez son dernier soupir.
Menacez, bravez-moi , cependant qu'elle expire :
Tant d'insolence vous sied bien !
Et je dois endurer quoi qu'il vous plaise dire,
Moi qui, sans vos traits, ne puis rien.
L'AMOUR. — Vous ne pouvez que trop, déesse impitoyable ;
Le Destin l'abandonne à tout votre courroux :
Mais soyez moins inexorable
Aux prières, aux pleurs d'un fils à vos genoux.
Ce doit vous être un spectacle assez doux
De voir d'un œil Psyché mourante ,
Et de l'autre ce fils d'une voix suppliante,
Ne vouloir plus tenir son bonheur que de vous.
Rendez-moi ma Psyché, rendez-lui tous ses charmes :
Rendez-la, déesse, à mes larmes ;
Rendez à mon amour, rendez à ma douleur,
Le charme de mes yeux et le choix de mon cœur.
VÉNUS. — Quelque amour que Psyché vous donne,
De ses malheurs par moi n'attendez pas la fin.
Si le Destin me l'abandonne,
Je l'abandonne à son destin.
Ne m'importunez plus, et dans cette infortune,
Laissez-la, sans Vénus, triompher ou périr.
L'AMOUR. — Hélas ! si je vous importune,
Je ne le ferais pas, si je pouvais mourir.
VÉNUS. — Cette douleur n'est pas commune,
Qui force un immortel à souhaiter la mort.
L'AMOUR. — Voyez, par son excès, si mon amour est fort.
Ne lui ferez-vous grace aucune ?
VÉNUS. — Je vous l'avoue, il me touche le cœur,
Votre amour ; il désarme, il fléchit ma rigueur :
Votre Psyché reverra la lumière.
L'AMOUR. — Que je vous vais partout faire donner d'encens !
VÉNUS. — Oui, vous la reverrez dans sa beauté première :
Mais, de vos vœux reconnaissants
Je veux la déférence entière ;
Je veux qu'un vrai respect laisse à mon amitié
Vous choisir une autre moitié.
L'AMOUR. — Et moi, je ne veux plus de grace ;
Je reprends toute mon audace ;
Je veux Psyché, je veux sa foi ;
Je veux qu'elle revive, et revive pour moi ;
Et tiens indifférent que votre haine lasse
En faveur d'une autre se passe,
Jupiter, qui paraît, va juger entre nous
De mes emportements et de votre courroux.

(*Après quelques éclairs et des roulements de tonnerre, Jupiter paraît en l'air*
sur son aigle, et descend sur terre.)

SCÈNE VI. — JUPITER, VÉNUS, L'AMOUR, PSYCHÉ, *évanouie.*

L'AMOUR. — Vous, à qui seul tout est possible,
Père des dieux, souverain des mortels,
Fléchissez la rigueur d'une mère inflexible

PSYCHÉ.

Qui, sans moi, n'aurait point d'autels.
J'ai pleuré, j'ai prié, je soupire, menace,
Et perds menaces et soupirs.
Elle ne veut pas voir que de mes déplaisirs
Dépend du monde entier l'heureuse ou triste face;
Et que, si Psyché perd le jour,
Si Psyché n'est à moi, je ne suis plus l'Amour.
Oui, je romprai mon arc, je briserai mes flèches,
J'éteindrai jusqu'à mon flambeau,
Je laisserai languir la Nature au tombeau ;
Ou, si je daigne aux cœurs faire encor quelques brèches
Avec ses pointes d'or qui me font obéir,
Je vous blesserai tous là-haut pour des mortelles,
Et ne décocherai sur elle
Que des traits émoussés qui forcent à haïr,
Et qui ne font que des rebelles,
Des ingrates et des cruelles.
Par quelle tyrannique loi,
Tiendrai-je à vous servir mes armes tonjours prêtes
Et vous ferai-je à tous conquêtes sur conquêtes,
Si vous me défendez d'en faire une pour moi?

JUPITER, *à Vénus.* — Ma fille, sois-lui moins sévère ;
Tu tiens de sa Psyché le destin en tes mains.
La Parque, au moindre mot, va suivre ta colère ;
Parle, et laisse-toi vaincre aux tendresse de mère,
Ou redoute un courroux que moi-même je crains.
Veux-tu donner le monde en proie
A la haine, au désordre, à la confusion ;
Et d'un dieu d'union,
D'un dieu de douceur et de joie,
Faire un dieu d'amertune et de division?
Considère ce que nous sommes;
Et si les passions doivent nous dominer.
Plus la vengeance a de quoi plaire aux hommes,
Plus il sied bien aux dieux de pardonner.

VÉNUS. — Je pardonne à ce fils rebelle ;
Mais voulez-vous qu'il me soit reproché
Qu'une misérable mortelle,
L'objet de mon courroux, l'orgueilleuse Psyché,
Sous ombre qu'elle est un peu belle,
Par un hymen dont je rougis,
Souille mon alliance, et le lit de mon fils ?

JUPITER. — Hé bien ! je la fais immortelle,
Afin d'y rendre tout égal.

VÉNUS. — Je n'ai plus de mépris ni de haine pour elle,
Et l'admets à l'honneur de ce nœud conjugal.
Psyché, reprenez la lumière
Pour ne la reperdre jamais.
Jupiter a fait votre paix ;
Et je quitte cette humeur fière
Qui s'opposait à vos souhaits.

PSYCHÉ, *sortant de son évanouissement.*
C'est donc vous, ô grande déesse,
Qui redonnez la vie à ce cœur innocent!

VÉNUS. — Jupiter vous fait grace, et ma colère cesse.
Vivez, Vénus l'ordonne : aimez, elle y consent.

PSYCHÉ, *à l'Amour.*
Je vous revois, enfin, cher objet de ma flamme !

L'AMOUR *à Psyché.*
Je vous possède, enfin, délices de mon ame!

JUPITER. — Venez, amants, venez au cieux,

Achever un si grand et si digne hyménée.
Viens-y, belle Psyché, changer de destinée ;
    Viens prendre place au rang des dieux.

FIN DU CINQUIÈME ACTE.

CINQUIÈME INTERMÈDE.

Le théâtre représente le ciel. Le palais de Jupiter descend, et laisse voir dans l'éloignement, par trois suites de perspectives, les autres palais des dieux du ciel les plus puissants. Un nuage sort du théâtre, sur lequel l'Amour et Psyché se placent, et sont enlevés par un second nuage, qui vient en descendant se joindre au premier. Jupiter et Vénus se croisent en l'air dans leurs machines, et se rangent près de l'Amour et de Psyché. Les divinités qui avaient été partagées entre Vénus et son fils se réunissent en les voyant d'accord, et toutes ensembles, par des concerts, des chants et des danses, célèbrent la fête des noces de l'Amour et de Psyché. Apollon paraît le premier, et comme le dieu de l'harmonie, commence à chanter pour inviter les autres dieux à se réjouir.

APOLLON. — Unissons-nous, troupe immortelle ;
    Le dieu d'amour devient heureux amant,
Et Vénus a repris sa douceur naturelle
    En faveur d'un fils si charmant ;
Il va goûter en paix, après un long tourment,
Une félicité qui doit être éternelle.

CHOEUR DE DIVINITÉS CÉLESTES.
    Célébrons ce grand jour,
    Célébrons tous une fête si belle ;
Que nos chants, en tous lieux, en portent la nouvelle
Qu'ils fassent retentir le céleste séjour.
    Chantons, répétons tour à tour,
    Qu'il n'est point d'âme si cruelle
Qui, tôt ou tard ne se rendre à l'Amour,

APOLLON *continue.*
    Le dieu qui nous engage
    A lui faire la cour,
    Défend qu'on soit trop sage.
    Les plaisirs ont leur tour :
    C'est leur plus doux usage
Que de finir les soins du jour.
    La nuit est le partage
    Des jeux et de l'amour.
    Ce serait grand dommage
    Qu'en ce charmant séjour
    On eût un cœur sauvage.
    Les plaisirs ont leur tour :
    C'est leur plus doux usage
Que de finir les soins du jour ;
    La nuit est le partage
    Des jeux et de l'amour.

DEUX MUSES. — Gardez-vous, beautés sévères,
    Les amours font trop d'affaires ;
Craignez toujours de vous laisser charmer.
    Quand il faut que l'on soupire
Tout le mal n'est pas de s'enflammer ;
    Le martyre
    De le dire
Coûte cent fois plus que d'aimer.
    On ne peut aimer sans peines,
    Il est peu de douces chaînes ;
A tout moment on se sent alarmer.

Quand il faut que l'on soupire,
Tout le mal n'est pas de s'enflammer;
　　　Le martyre
　　　De le dire
Coûte cent fois plus que d'aimer.
BACCHUS. — Si quelquefois,
　　　Suivant nos douces lois,
　　La raison se perd et s'oublie,
　Ce que le vin nous cause de folie
　Commence et finit en un jour;
　Mais quand un cœur est enivré d'amour
　　Souvent c'est pour toute la vie.

Mome déclare qu'il n'a pas de plus doux emploi que de médire, et que ce n'est qu'à l'Amour seul qu'il n'ose se jouer.

MOME. — Je cherche à médire
　　Sur la terre et dans les cieux,
　　Je soumets à ma satyre
　　　Les plus grands des dieux.
Il n'est dans l'univers que l'Amour qui m'étonne,
　Il est le seul que j'épargne aujourd'hui;
　　Il n'appartient qu'à lui
　　De n'épargner personne.

PREMIÈRE ENTRÉE DE BALLET,

Composée de deux Ménades et de deux Égypans qui suivent Bacchus.

DEUXIÈME ENTRÉE DE BALLET.

BACCHUS.
Admirons le jus de la treille :
　Qu'il est puissant, qu'il a d'attraits !
Il sert aux douceurs de la paix,
Et dans la guerre il fait merveille;
　Mais surtout pour les amours,
　Le vin est d'un grand secours.

TROISIÈME ENTRÉE DE BALLET.

SUITE DE MOME.
Danse de Polichinelles et de Matassins.

MOME.
Folâtrons, divertissons-nous,
Raillons, nous ne saurions mieux faire.
La raillerie est nécessaire
Dans les jeux les plus doux.
Sans la douceur que l'on goûte à médire,
On trouve peu de plaisir sans ennui;
　Rien n'est si plaisant que de rire,
　Quand on rit aux dépens d'autrui.
Plaisantons, ne pardonnons rien,
　Rien, rien n'est plus à la mode;
　On court péril d'être incommode,
　　En disant trop de bien.
Sans la douceur que l'on goûte à médire,
On trouve peu de plaisirs sans ennui;
　Rien n'est si plaisant que de rire,
　Quand on rit aux dépens d'autrui.

QUATRIÈME ENTRÉE DE BALLET.

Mars arrive au milieu du théâtre, suivi de sa troupe guerrière, qu'il excite à profiter de leur loisir, en prenant part aux divertissements.

MARS.

Laissons en paix toute la terre.
Cherchons de doux amusements,
Parmi les jeux les plus charmants,
Mêlons l'image de la guerre.

Quatre guerriers portant des masses et des boucliers, quatre autres armés de piques et quatre autres avec des drapeaux, font, en dansant, une manière d'exercice.

CINQUIÈME ET DERNIÈRE ENTRÉE DE BALLET.

Les quatre troupes différentes de la suite d'Apollon, de Bacchus, de Mome et de Mars s'unissent et se mêlent ensemble.

CHŒUR DE DIVINITÉS CÉLESTES.

Chantons les plaisirs charmants
Des heureux amants ;
Que tout le ciel s'empresse
A leur faire sa cour.
Célébrons ce beau jour.
Par mille doux chants d'allégresse,
Célébrons ce beau jour.
Par mille doux chants pleins d'amour.
Chantons les plaisirs charmants
Des heureux amnats.
Répondez-nous, trompettes,
Timbales et tambours,
Accordez-vous toujours
Avec le doux son des musettes ;
Accordez-vous toujours
Avec le doux chant des amours.

FIN DE PSYCHÉ.

LES FEMMES SAVANTES,

COMÉDIE EN CINQ ACTES.

PERSONNAGES.

CHRYSALE, bourgeois.
PHILAMINTE, femme de Chrysale.
ARMANDE, fille de Chrysale et Philaminte.
HENRIETTE, fille de Chrysale et de Philaminte.
ARISTE, frère de Chrysale.
BELISE, sœur de Chrysale.

CLITANDRE, amant d'Henriette.
TRISSOTIN, bel esprit.
VADIUS, savant.
MARTINE, servante de cuisine.
LEPINE, valet de Chrysale.
JULIEN, valet de Vadius.
UN NOTAIRE.

La scène est à Paris, dans la maison de Chrysale.

ACTE Ier.

SCÈNE PREMIÈRE. — ARMANDE HENRIETTE.

ARMANDE. — Quoi! le beau nom de fille est un titre, ma sœur,
Dont vous voulez quitter la charmante douceur?
Et de vous marier vous osez faire fête?
Ce vulgaire dessein vous peut monter en tête?
HENRIETTE. — Oui, ma sœur.
ARMANDE. — Ah! ce oui se peut-il supporter?
Et sans un mal de cœur saurait-on l'écouter?
HENRIETTE. — Qu'a donc le mariage en soi qui vous oblige,
Ma sœur?...
ARMANDE. — Ah! mon Dieu! fi!
HENRIETTE. — Comment?
ARMANDE. — Ah! fi! vous dis-je,
Ne concevez-vous point ce que, dès qu'on l'entend,
Un tel mot à l'esprit offre de dégoûtant,
De quelle étrange image on est par lui blessée,
Sur quelle sale vue il traîne la pensée?
N'en frissonnez-vous point? et pouvez-vous, ma sœur,
Aux suites de ce mot résoudre votre cœur?
HENRIETTE. — Les suites de ce mot, quand je les envisage,
Me font voir un mari, des enfants, un ménage;
Et je ne vois rien là, si j'en puis raisonner,
Qui blesse la pensée et fasse frissonner.
ARMANDE. — De tels attachements, ô ciel! sont pour vous plaire?
HENRIETTE. — Et qu'est-ce qu'à mon âge on a de mieux à faire
Que d'attacher à soi, par le titre d'époux,
Un homme qui vous aime, et soit aimé de vous;
Et, de cette union de tendresse suivie,
Se faire les douceurs d'une innocente vie?
Ce nœud bien assorti n'a-t-il pas des appas?
ARMANDE. — Mon Dieu! que votre esprit est d'un étage bas!
Que vous jouez au monde un petit personnage,
De vous claquemurer aux choses du ménage,
Et de n'entrevoir point des plaisirs plus touchants
Qu'une idole d'époux et des marmots d'enfants!
Laissez aux gens grossiers, aux personnes vulgaires.
Les bas amusements de ces sortes d'affaires.
A de plus hauts objets élevez vos désirs,
Songez à prendre un goût des plus nobles plaisirs;
Et, traitant de mépris les sens et la matière,
A l'esprit, comme nous, donnez-vous tout entière.
Vous avez notre mère en exemple à vos yeux,

Que du nom de savante on honore en tous lieux ;
Tâchez, ainsi que moi, de vous montrer sa fille ;
Aspirez aux clartés qui sont dans la famille,
Et vous rendez sensible aux charmantes douceurs
Que l'amour de l'étude épanche dans les cœurs.
Loin d'être aux lois d'un homme en esclave asservie,
Mariez-vous, ma sœur, à la philosophie,
Qui nous monte au-dessus de tout le genre humain,
Et donne à la raison l'empire souverain,
Soumettant à ses lois la partie animale,
Dont l'appétit grossier aux bêtes nous ravale.
Ce sont là les beaux feux, les doux attachements
Qui doivent de la vie occuper les moments ;
Et les soins où je vois tant de femmes sensibles
Me paraissent aux yeux des pauvretés horribles.

HENRIETTE. — Le ciel dont nous voyons que l'ordre est tout-puissant
Pour différents emplois nous fabrique en naissant ;
Et tout esprit n'est pas composé d'une étoffe
Qui se trouve taillée à faire un philosophe.
Si le vôtre est né propre aux élévations
Où montent des savants les spéculations,
Le mien est fait, ma sœur, pour aller terre à terre ;
Et dans les petits soins son faible se resserre.
Ne troublons point du ciel les justes règlements ;
Et de nos deux instincts suivons les mouvements.
Habitez, par l'essor d'un grand et beau génie,
Les hautes régions de la philosophie ;
Tandis que mon esprit, se tenant ici-bas,
Goûtera de l'hymen les terrestres appas.
Ainsi, dans nos desseins l'une à l'autre contraire,
Nous saurons toutes deux imiter notre mère :
Vous du côté de l'ame et des nobles désirs ;
Moi, du côté des sens et des grossiers plaisirs ;
Vous, aux productions d'esprit et de lumière,
Moi, dans celles, ma sœur, qui sont dans la matière.

ARMANDE. — Quand sur une personne on prétend se régler,
C'est par les beaux côtés qu'il lui faut ressembler ;
Et ce n'est point du tout la prendre pour modèle,
Ma sœur, que de tousser et de cracher comme elle.

HENRIETTE. — Mais vous ne seriez pas ce dont vous vous vantez,
Si ma mère n'eût eu que de ces beaux côtés ;
Et bien vous prend, ma sœur, que son noble génie
N'ait pas vaqué toujours à la philosophie.
De grace, souffrez-moi, par un peu de bonté,
Des bassesses à qui vous devez la clarté ;
Et ne supprimez point, voulant qu'on vous seconde,
Quelque petit savant qui veut venir au monde.

ARMANDE. — Je vois que votre esprit ne peut être guéri
Du fol entêtement de vous faire un mari :
Mais sachons, s'il vous plaît, qui vous songez à prendre :
Votre visée au moins n'est pas mise à Clitandre ?

HENRIETTE. — Et par quelle raison n'y serait-elle pas ?
Manque-t-il de mérite ? Est-ce un choix qui soit bas ?

ARMANDE. — Non ; mais c'est un dessein qui serait malhonnête
Que de vouloir d'une autre enlever la conquête ;
Et ce n'est pas un fait dans le monde ignoré
Que Clitandre ait pour moi hautement soupiré.

HENRIETTE. — Oui : mais tous ces soupirs chez vous sont choses vaines,
Et vous ne tombez point aux bassesses humaines ;
Votre esprit à l'hymen renonce pour toujours,
Et la philosophie a toutes vos amours.

Ainsi, n'ayant au cœur nul dessein pour Clitandre,
Que vous importe-t-il qu'on y puisse prétendre?

ARMANDE. — Cet empire que tient la raison sur les sens
Ne fait pas renoncer aux douceurs des encens;
Et l'on peut pour époux refuser un mérite
Que pour adorateur on veut bien à sa suite.

HENRIETTE. — Je n'ai pas empêché qu'à vos perfections
Il n'ait continué ses adorations;
Et je n'ai fait que prendre, au refus de votre ame,
Ce qu'est venu m'offrir l'image de sa flamme.

ARMANDE. — Mais à l'offre des vœux d'un amant dépité
Trouvez-vous, je vous prie, entière sûreté?
Croyez-vous pour vos yeux sa passion bien forte,
Et qu'en son cœur pour moi toute flamme soit morte?

HENRIETTE. — Il me le dit, ma sœur; et, pour moi, je le croi.

ARMANDE. — Ne soyez pas, ma sœur, d'une si bonne foi;
Et croyez, quand il dit qu'il me quitte et vous aime,
Qu'il ne songe pas bien, et se trompe lui-même.

HENRIETTE. — Je ne sais; mais enfin, si c'est votre plaisir,
Il nous est bien aisé de nous en éclaircir.
Je l'aperçois qui vient; et, sur cette matière,
Il pourra nous donner une pleine lumière.

SCÈNE II. — CLITANDRE, ARMANDE, HENRIETTE.

HENRIETTE. — Pour me tirer d'un doute où me jette ma sœur,
Entre elle et moi, Clitandre, expliquez votre cœur;
Découvrez-en le fond, et nous daignez apprendre
Qui de nous à vos vœux est en droit de prétendre.

ARMANDE. — Non, non, je ne veux point à votre passion
Imposer la rigueur d'une explication:
Je ménage les gens, et sais comme embarrasse
Le contraignant effort de ces aveux en face.

CLITANDRE. — Non, madame, mon cœur qui dissimule peu,
Ne sent nulle contrainte à faire un libre aveu.
Dans aucun embarras un tel pas ne me jette;
Et j'avouerai tout haut, d'une ame franche et nette,
Que les tendres liens où je suis arrêté.
(Montrant Henriette.) Mon amour et mes vœux sont tous de ce côté.
Qu'à nulle émotion cet aveu ne vous porte;
Vous avez bien voulu les choses de la sorte.
Vos attraits m'avaient pris, et mes tendres soupirs
Vous ont assez prouvé l'ardeur de mes désirs;
Mon cœur vous consacrait une flamme immortelle:
Mais vos yeux n'ont pas cru leur conquête assez belle;
J'ai souffert sous leur joug cent mépris différents;
Ils régnaient sur mon ame en superbes tyrans;
Et je me suis cherché, lassé de tant de peines,
Des vainqueurs plus humains et de moins rudes chaînes.
(Montrant Henriette.) Je les ai rencontrés, madame, dans ces yeux,
Et leurs traits à jamais me seront précieux;
D'un regard pitoyable ils ont séché mes larmes,
Et n'ont pas dédaigné le rebut de vos charmes.
De si rares bontés m'ont si bien su toucher,
Qu'il n'est rien qu'il ne puisse à mes fers arracher:
Et j'ose maintenant vous conjurer, madame,
De ne vouloir tenter nul effort sur ma flamme,
De ne point essayer à rappeler un cœur
Résolu de mourir dans cette douce ardeur.

ANDE. — Hé! qui vous dit, monsieur, que l'on ait cette envie,
Et que de vous enfin si fort on se soucie?

Je vous trouve plaisant de vous le figurer,
Et bien impertinent de me le déclarer.
HENRIETTE. — Hé! doucement, ma sœur. Où donc est la morale,
Qui sait si bien régir la partie animale,
Et retenir la bride aux efforts du courroux?
ARMANDE. — Mais vous, qui m'en parlez, où la pratiquez-vous,
De répondre à l'amour que l'on vous fait paraître,
Sans le congé de ceux qui vous ont donné l'être?
Sachez que le devoir vous soumet à leurs lois,
Qu'il ne vous est permis d'aimer que par leur choix,
Qu'ils ont sur votre cœur l'autorité suprême,
Et qu'il est criminel d'en disposer vous-même.
HENRIETTE. — Je rends grace aux bontés que vous me faites voir
De m'enseigner si bien les choses du devoir.
Mon cœur sur vos leçons veut régler sa conduite;
Et, pour vous faire voir, ma sœur, que j'en profite,
Clitandre, prenez soin d'appuyer votre amour
De l'agrément de ceux dont j'ai reçu le jour.
Faites-vous sur mes vœux un pouvoir légitime,
Et me donnez moyen de vous aimer sans crime.
CLITANDRE. — J'y vais de tous mes soins travailler hautement;
Et j'attendais de vous ce doux consentement.
ARMANDE. — Vous triomphez, ma sœur, et faites une mine
A vous imaginer que cela me chagrine.
HENRIETTE. — Moi, ma sœur? point du tout. Je sais que sur vos sens
Les droits de la raison sont toujours tout-puissants,
Et que, par les leçons qu'on prend dans la sagesse,
Vous êtes au-dessus d'une telle faiblesse.
Loin de vous soupçonner d'aucun chagrin, je croi
Qu'ici vous daignerez vous employer pour moi,
Appuyer sa demande, et, de votre suffrage,
Presser l'heureux moment de notre mariage.
Je vous en sollicite; et, pour y travailler...
ARMANDE. — Votre petit esprit se mêle de railler,
Et d'un cœur qu'on vous jette on vous voit toute fière.
HENRIETTE. — Tout jeté qu'est ce cœur, il ne vous déplaît guère;
Et, si vos yeux sur moi le pouvaient ramasser,
Ils prendraient aisément le soin de se baisser.
ARMANDE. — A répondre à cela je ne daigne descendre,
Et ce sont sots discours qu'il ne faut pas entendre.
HENRIETTE. — C'est fort bien fait à vous, et vous nous faites voir
Des modérations qu'on ne peut concevoir.

SCÈNE III. — CLITANDRE, HENRIETTE.

HENRIETTE. — Votre sincère aveu ne l'a pas peu surprise.
CLITANDRE. — Elle mérite assez une telle franchise;
Et toutes les hauteurs de sa folle fierté
Sont dignes, tout au moins, de ma sincérité.
Mais, puisqu'il m'est permis, je vais à votre père,
Madame..
HENRIETTE. — Le plus sûr est de gagner ma mère.
Mon père est d'une humeur à consentir à tout;
Mais il met peu de poids aux choses qu'il résout;
Il a reçu du ciel certaine bonté d'ame
Qui le soumet d'abord à ce que veut sa femme;
C'est elle qui gouverne, et, d'un ton absolu,
Elle dicte pour loi ce qu'elle a résolu.
Je voudrais bien vous voir pour elle et pour ma tante
Une ame, je l'avoue, un peu plus complaisante,
Un esprit qui, flattant les visions du leur,
Vous pût de leur estime attirer la chaleur.

MOLIÈRE.   46

CLITANDRE. — Mon cœur n'a jamais pu, tant il est né sincère,
Même dans votre sœur, flatter leur caractère ;
Et les femmes docteurs ne sont point de mon goût,
Je consens qu'une femme ait des clartés de tout;
Mais je ne lui veux point la passion choquante
De se rendre savante, afin d'être savante,
Et j'aime que souvent, aux questions qu'on fait,
Elle sache ignorer les choses qu'elle sait :
De son étude, enfin, je veux qu'elle se cache,
Et qu'elle ait du savoir sans vouloir qu'on le sache,
Sans citer les auteurs, sans dire de grands mots,
Et clouer de l'esprit à ses moindres propos.
Je respecte beaucoup madame votre mère ;
Mais je ne puis du tout approuver sa chimère,
Et me rendre l'écho des choses qu'elle dit,
Aux encens qu'elle donne à son héros d'esprit.
Son monsieur Trissotin me chagrine, m'assomme ;
Et j'enrage de voir qu'elle estime un tel homme,
Qu'elle nous mette au rang des grands et beaux esprits
Un benêt dont partout on siffle les écrits,
Un pédant dont on voit la plume libérale
D'officieux papiers fournir toute la halle.

HENRIETTE. — Ses écrits, ses discours, tout m'en semble ennuyeux
Et je me trouve assez votre goût et vos yeux ;
Mais, comme sur ma mère il a grande puissance,
Vous devez vous forcer à quelque complaisance.
Un amour fait sa cour où s'attache son cœur ;
Il veut de tout le monde y gagner la faveur ;
Et, pour n'avoir personne à sa flamme contraire,
Jusqu'au chien du logis il s'efforce de plaire.

CLITANDRE. — Oui, vous avez raison ; mais monsieur Trissotin
M'inspire au fond de l'âme un dominant chagrin.
Je ne puis consentir, pour gagner ses suffrages,
A me déshonorer en prisant ses ouvrages ;
C'est par eux qu'à mes yeux il a d'abord paru,
Et je le connaissais avant que l'avoir vu,
Je vis dans le fatras des écrits qu'il nous donne,
Ce qu'étale en tous lieux sa pédante personne,
La constante hauteur de sa présomption,
Cette intrépidité de bonne opinion,
Cet indolent état de confiance extrême,
Qui le rend en tout temps si content de soi-même,
Qui fait qu'à son mérite incessamment il rit,
Qu'il se sait si bon gré de tout ce qu'il écrit,
Et qu'il ne voudrait pas changer sa renommée
Contre tous les honneurs d'un général d'armée.

HENRIETTE. — C'est avoir de bons yeux que de voir tout cela.

CLITANDRE. — Jusques à sa figure encor la chose alla,
Et je vis, par les vers qu'à la tête il nous jette,
De quel air il fallait que fût fait le poète ;
Et j'en avais si bien deviné tous les traits,
Que, rencontrant un homme un jour dans le palais,
Je gageai que c'était Trissotin en personne.
Et je vis qu'en effet la gageure était bonne.

HENRIETTE. — Quel conte !

CLITANDRE. — Non ; je dis la chose comme elle est ;
Mais je vois votre tante. Agréez, s'il vous plaît,
Que mon cœur lui déclare ici notre mystère
Et gagne sa faveur auprès de votre mère.

SCÈNE IV. — BÉLISE, CLITANDRE.

CLITANDRE. — Souffrez, pour vous parler, madame, qu'un amant
Prenne l'occasion de cet heureux moment,
Et se découvre à vous de la sincère flamme...
BÉLISE. — Ah! tout beau : gardez-vous de m'ouvrir trop votre ame.
Si je vous ai su mettre au rang de mes amants,
Contentez-vous des yeux pour vos seuls truchements,
Et ne m'expliquez point par un autre langage
Des désirs qui, chez moi, passent pour un outrage.
Aimez-moi, soupirez, brûlez pour mes appas,
Mais qu'il me soit permis de ne le savoir pas.
Je puis fermer les yeux sur vos flammes secrètes,
Tant que vous vous tiendrez aux muets interprètes,
Mais si la bouche vient à s'en vouloir mêler,
Pour jamais de ma vue il vous faut exiler.
CLITANDRE. — Des projets de mon cœur ne prenez point d'alarme
Henriette, madame, est l'objet qui me charme;
Et je viens ardemment conjurer vos bontés
De seconder l'amour que j'ai pour ses beautés.
BÉLISE. — Ah! certes, le détour est d'esprit, je l'avoue :
Ce subtil faux-fuyant mérite qu'on le loue :
Et dans tous les romans où j'ai jeté les yeux,
Je n'ai rien rencontre de plus ingénieux.
CLITANDRE. — Ceci n'est point du tout un trait d'esprit, madame;
Et c'est un pur aveu de ce que j'ai dans l'ame.
Les cieux, par les liens d'une immuable ardeur,
Aux beautés d'Henriette ont attaché mon cœur;
Henriette me tient sous son aimable empire,
Et l'hymen d'Henriette est le bien où j'aspire.
Vous y pouvez beaucoup; et tout ce que je veux,
C'est que vous y daigniez favoriser mes vœux.
BÉLISE. — Je vois où doucement veut aller la demande,
Et je sais sous ce nom ce qu'il faut que j'entende.
La figure est adroite; et, pour n'en point sortir,
Aux choses que mon cœur m'offre à vous repartir,
Je dirai qu'Henriette à l'hymen est rebelle,
Et que, sans rien prétendre, il faut brûler pour elle.
CLITANDRE. — Eh! madame, à quoi bon un pareil embarras?
Et pourquoi voulez-vous penser ce qui n'est pas?
BÉLISE. — Mon Dieu! point de façons. Cessez de vous défendre
De ce que vos regards m'ont souvent fait entendre.
Il suffit que l'on est contente du détour
Dont s'est adroitement avisé votre amour,
Et que, sous la figure où le respect l'engage,
On veut bien se résoudre à souffrir son hommage,
Pourvu que ses transports, par l'honneur éclairés,
N'offrent à mes autels que des vœux épurés.
CLITANDRE. — Mais...
BÉLISE. — Adieu. Pour ce coup, ceci doit vous suffire,
Et je vous ai plus dit que je ne voulais dire.
CLITANDRE. — Mais votre erreur...
BÉLISE. — Laissez. Je rougis maintenant,
Et ma pudeur s'est fait un effort surprenant.
CLITANDRE — Je veux être pendu, si je vous aime; et sage...
BÉLISE. — Non, non, je ne veux rien entendre davantage.

SCÈNE V. — CLITANDRE, seul.

Diantre soit de la folle avec ses visions!
A-t-on rien vu d'égal à ses préventions?
Allons commettre un autre au soin que l'on me donne
Et prenons le secours d'une sage personne.

FIN DU PREMIER ACTE.

ACTE II.

SCÈNE PREMIÈRE.

ARISTE, *quittant Clitandre, et lui parlant encore.*

Oui. je vous porterai la réponse au plus tôt;
J'appuierai, presserai, ferai tout ce qu'il faut.
Qu'un amant pour un mot a de choses à dire!
Et qu'impatiemment il ve   ce qu'il désire !
Jamais...

SCÈNE II. — CHRYSALE, ARISTE.

ARISTE. — Ah! Dieu vous gard', mon frère !
CHRYSALE. — Et vous aussi,
Mon frère.
ARISTE. — Savez-vous ce qui m'amène ici?
CHRYSALE. — Non; mais si vous voulez, je suis prêt à l'entendre.
ARISTE. — Depuis assez longtemps vous connaissez Clitandre?
CHRYSALE. — Sans doute, et je le vois qui fréquente chez nous.
ARISTE. — En quel estime est-il, mon frère, auprès de vous?
CHRYSALE. — D'homme d'honneur, d'esprit, de cœur et de conduite;
Et je vois peu de gens qui soient de son mérite.
ARISTE. — Certain désir qu'il a conduit ici mes pas;
Et je me réjouis que vous en fassiez cas.
CHRYSALE. — Je connus feu son père en mon voyage à Rome.
ARISTE. — Fort bien.
CHRYSALE. — C'était, mon frère, un fort bon gentilhomme.
ARISTE. — On le dit.
CHRYSALDE. — Nous n'avions alors que vingt-huit ans,
Et nous étions, ma foi, tous deux de vers galants.
ARISTE. — Je le crois.
CHRYSALDE. — Nous donnions chez les dames romaines,
Et tout le monde, là, parlait de nos fredaines ;
Nous faisions des jaloux.
ARISTE. — Voilà qui va des mieux.
Mais venons au sujet qui m'amène en ces lieux.

SCÈNE III.

BÉLISE *entrant doucement, et écoutant;* CHRYSALE, ARISTE.

ARISTE. — Clitandre auprès de vous me fait son interprète,
Et son cœur est épris des graces d'Henriette.
CHRYSALDE. — Quoi ! de ma fille ?
ARISTE. — Oui ; Clitandre en est charmé,
Et je ne vis jamais amant plus enflammé.
BÉLISE, *à Ariste.* — Non, non; je vous entends. Vous ignorez l'histoire,
Et l'affaire n'est pas ce que vous pouvez croire.
ARISTE. — Comment, ma sœur?
BÉLISE. — Clitandre abuse vos esprits
Et c'est d'un autre objet que son cœur est épris.
ARISTE. — Vous raillez. Ce n'est pas Henriette qu'il aime?
BÉLISE. — Non; j'en suis assurée.
ARISTE. — Il me l'a dit lui-même.
BÉLISE. — Hé ! oui.
ARISTE — Vous me voyez, ma sœur, chargé par lui
D'en faire la demande à son père aujourd'hui.
BÉLISE. — Fort bien.
ARISTE. — Et son amour même m'a fait instance
De presser les moments d'une telle alliance.
BÉLISE — Encor mieux. On ne peut tromper plus galamment.
Henriette, entre nous, est un amusement,

Uu voile ingénieux, un prétexte, mon frère,
A couvrir d'autres feux dont je sais le mystère ;
Et je veux bien tous deux vous mettre hors d'erreur.
ARISTE — Mais, puisque vous savez tant de choses, ma sœur,
Dites-nous, s'il vous plaît, cet autre objet qu'il aime.
BÉLISE. — Vous le voulez savoir ?

ARISTE. — Oui, quoi ?

BÉLISE. — Moi.

ARISTE. — Vous.

BÉLISE — Moi-même.

ARISTE. — Hai, ma sœur !

BÉLISE. — Qu'est-ce donc que veut dire ce hai ?
Et qu'a de surprenant le discours que je fai ?
On est faite d'un air, je pense, à pouvoir dire
Qu'on n'a pas pour un cœur soumis à son empire ;
Et Dorante, Damis, Cléonte et Lycidas,
Peuvent bien faire voir qu'on a quelques appas.
ARISTE. — Ces gens vous aiment ?

BÉLISE. — Oui, de toute leur puissance.
ARISTE. — Ils vous l'ont dit ?

BÉLISE. — Aucun n'a pris cette licence,
Ils m'ont su révérer si fort jusqu'à ce jour,
Qu'ils ne m'ont jamais dit un mot de leur amour.
Mais, pour m'offrir leur cœur et vouer leur service,
Les muets truchements ont tous fait leur office.
ARISTE. — On ne voit presque point céans venir Damis.
BÉLISE. — C'est pour me faire voir un respect plus soumis.
ARISTE. — De mots piquants partout Dorante vous outrage.
BÉLISE. — Ce sont emportements d'une jalouse rage.
ARISTE. — Cléonte et Lycidas ont pris femme tous deux.
BÉLISE. — C'est par un désespoir où j'ai réduit leurs feux.
ARISTE. — Ma foi, ma chère sœur, vision toute claire.
CHRYSALE, *à Bélise*. — De ces chimères-là vous devez vous défaire.
BÉLISE. — Ah ! chimères ! Ce sont des chimères, dit-on.
Chimères, moi ! Vraiment, chimères est fort bon ?
Je me réjouis fort de chimères, mes frères ;
Et je ne savais pas que j'eusse des chimères.

SCÈNE IV. — CHRYSALE, ARISTE.

CHRYSALE. — Notre sœur est folle, oui.

ARISTE. — Cela croît tous les jours.
Mais, encore une fois, reprenons le discours.
Clitandre vous demande Henriette pour femme ;
Voyez quelle réponse on doit faire à sa flamme.
CHRYSALE. — Faut-il le demander ? J'y consens de bon cœur,
Et tiens son alliance à singulier honneur.
ARISTE. — Vous savez que de biens il n'a pas l'abondance.
Que...
CHRYSALE. — C'est un intérêt qui n'est pas d'importance ;
Il est riche en vertus, cela vaut des trésors :
Et puis son père et moi n'étions qu'un en deux corps.
ARISTE. — Parlons à votre femme, et voyons à la rendre
Favorable...
CHRYSALE. — Il suffit, je l'accepte pour gendre.
ARISTE. — Oui ; mais pour appuyer votre consentement
Mon frère, il n'est pas mal d'avoir son agrément.
Allons...
CHRYSALE. — Vous moquez-vous ? il n'est pas nécessaire.
Je réponds de ma femme, et prends sur moi l'affaire.
ARISTE. — Mais...
CHRYSALE. — Laissez faire, dis-je, et n'appréhendez pas.

Je la vais disposer aux choses de ce pas.

ARISTE. — Soit. Je vais là dessus sonder votre Henriette,
Et reviendrai savoir...

    CHRYSALE. — C'est une affaire faite;
Et je vais à ma femme en parler sans délai.

SCÈNE V. — CHRYSALE, MARTINE.

MARTINE. — Me voilà bien chanceuse! Hélas! l'on dit bien vrai,
Qui veut noyer son chien l'accuse de la rage;
Et service d'autrui n'est pas un héritage.

CHRYSALE. — Qu'est-ce donc? Qu'avez-vous, Martine?

    MARTINE. — Ce que j'ai?

CHRYSALE. — Oui.

    MARTINE. — J'ai que l'on me donne aujourd'hui mon congé.
Monsieur.

    CHRYSALE. — Votre congé?

    MARTINE. — Oui. Madame me chasse.

CHRYSALE. — Je n'entends pas cela. Comment?

    MARTINE. — On me menace,
Si je ne sors d'ici de me bailler cent coups.

CHRYSALE. — Non, vous demeurerez; je suis content de vous.
Ma femme bien souvent a la tête un peu chaude;
Et je ne veux pas, moi...

SCÈNE VI. — PHILAMINTE, BÉLISE, CHRYSALE, MARTINE.

PHILAMINTE, apercevant Martine. — Quoi! je vous vois, maraude!
Vite, sortez, friponne; allons, quittez ces lieux;
Et ne vous présentez jamais devant mes yeux.

CHRYSALE. — Tout doux.

    PHILAMINTE. — Non, c'en est fait.

    CHRYSALE. — Hé!

    PHILAMINTE. — Je veux qu'elle sorte.

CHRYSALE. — Mais qu'a-t-elle commis, pour vouloir de la sorte?...

PHILAMINTE. — Quoi! vous la soutenez?

    CHRYSALE. — En aucune façon.

PHILAMINTE. — Prenez-vous son parti contre moi?

    CHRYSALE. — Mon Dieu! non;
Je ne fais seulement que demander son crime.

PHILAMINTE. — Suis-je pour la chasser sans cause légitime?

CHRYSALE. — Je ne dis pas cela; mais il faut de nos gens...

PHILAMINTE. — Non, elle sortira, vous dis-je de céans.

CHRYSALE. — Hé bien! oui. Vous dit-on quelque chose là contre?

PHILAMINTE. — Je ne veux point d'obstacle aux désirs que je montre.

CHRYSALE. — D'accord.

    PHILAMINTE. — Et vous devez, en raisonnable époux,
Être pour moi contre elle, et prendre mon courroux.

    CHRYSALE.   (se tournant vers Martine.)
Aussi fais-je. Oui, ma femme avec raison vous chasse
Coquine, et votre crime est indigne de grace.

MARTINE. — Qu'est-ce donc que j'ai fait?

    CHRYSALE, bas. — Ma foi je ne sais pas.

PHILAMINTE. — Elle est d'humeur encore à n'en faire aucun cas.

CHRYSALE. — A-t-elle, pour donner matière à votre haine,
Cassé quelque miroir ou quelque porcelaine?

PHILAMINTE. — Voudrais-je la chasser? Et vous figurez-vous
Que pour si peu de chose on se mette en courroux?

    CHRYSALE, à Martine.
Qu'est-ce à dire? (à Philaminte). L'affaire est donc considérable?

PHILAMINTE. — Sans doute. Me voit-on femme déraisonnable?

CHRYSALE. — Est-ce qu'elle a laissé, d'un esprit négligent,
Dérober quelque aiguière ou quelque plat d'argent?

PHILAMINTE. — Cela ne serait rien.

CHRYSALE, à Martine. — Oh! oh! peste, la belle!
(à Philaminte). Quoi! vous l'avez surprise à n'être pas fidèle?

PHILAMINTE. — C'est pis que tout cela.

CHRYSALE. — Pis que tout cela?

PHILAMINTE. — Pis.

CHRYSALE, à Martine.
Comment! diantre friponne! (à Philaminte). Euh! a-t-elle commis?..

PHILAMINTE. — Elle a, d'une insolence à nulle autre pareille,
Après trente leçons, insulté mon oreille,
Par l'impropriété d'un mot sauvage et bas,
Qu'en termes décisifs condamne Vaugelas.

CHRYSALE. — Est-ce là?..

PHILAMINTE. — Quoi! toujours malgré nos remontrances,
Heurter le fondement de toutes les sciences,
La grammaire qui sait régenter jusqu'aux rois,
Et les fait, la main haute, obéir à ses lois!

CHRYSALE. — Du plus grand des forfaits je la croyais coupable.

PHILAMINTE. — Quoi! vous ne trouvez pas ce crime impardonnable?

CHRYSALE. — Si fait.

PHILAMINTE. — Je voudrais bien que vous l'excusassiez!

CHRYSALE. — Je n'ai garde.

BÉLISE. — Il est vrai que ce sont des pitiés.
Toute construction est par elle détruite:
Et des lois du langage on l'a cent fois instruite.

MARIANE. — Tout ce que vous prêchez est, je crois, bel et bon;
Mais je ne saurais moi, parler votre jargon.

PHILAMINTE. — L'impudente! appeler un jargon le langage
Fondé sur la raison et sur le bel usage!

MARTINE. — Quand on se fait entendre, on parle toujours bien,
Et tous vos biaux dictons ne servent pas de rien.

PHILAMINTE. — Hé bien! ne voilà pas encore de son style?
Ne servent pas de rien!

BÉLISE. — O cervelle indocile!
Faut-il qu'avec les soins qu'on prend incessamment
On ne te puisse apprendre à parler congrument?
De pas mis avec rien tu fais la récidive;
Et c'est, comme on t'a dit, trop d'une négative.

MARTINE. — Mon Dieu! je n'avons pas étugué comme vous.
Et je parlons tout droit comme on parle cheux-nous.

PHILAMINTE. — Ah! peut-on y tenir?

BÉLISE. — Quel solécisme horrible!

PHILAMINTE. — En voilà pour tuer une oreille sensible.

BÉLISE. — Ton esprit, je l'avoue, est bien matériel:
Je n'est qu'un singulier, avons est un pluriel,
Veux-tu toute ta vie offenser la grammaire?

MARTINE. — Qui parle d'offenser grand-mère ni grand-père?

PHILAMINTE. — O ciel!

BÉLISE. — Grammaire est prise à contre-sens par toi.
Et je t'ai déjà dit d'où vient ce mot.

MARTINE. — Ma foi!
Qu'il vienne de Chaillot, d'Auteuil ou de Pontoise,
Cela ne me fait rien.

BÉLISE. — Quelle ame villageoise!
La grammaire, du verbe et du nominatif,
Comme de l'adjectif avec le substantif,
Nous enseigne les lois.

MARTINE. — J'ai, madame, à vous dire
Que je ne connais point ces gens-là.

PHILAMINTE. — Quel marty

BÉLISE. — Ce sont les noms des mots; et l'on doit regar

En quoi c'est qu'il les faut faire ensemble accorder.

MARTINE. — Qu'ils s'accordent entre eux ou se gourment, qu'importe?

PHILAMINTE. — Hé! mon Dieu, finissez un discours de la sorte,
(à Chrysale), Vous ne voulez pas, vous, me la faire sortir?

CHRYSALE. — Si fait. (à part). A son caprice il me faut consentir.
Va, ne l'irrite point; retire-toi, Martine.

PHILAMINTE. — Comment, vous avez peur d'offenser la coquine!
Vous lui parlez d'un ton tout-à-fait obligeant.

CHRYSALE.
(d'un ton ferme)   (d'un ton plus doux
Moi? point. Allons, sortez. Va-t'en ma pauvre enfant.

SCÈNE VII. PHILAMINTE, CHRYSALE, BÉLISE

CHRYSALE. — Vous êtes satisfaite, et la voilà partie ·
Mais je n'approuve point une telle sortie;
C'est une fille propre aux choses qu'elle fait,
Et vous me la chassez pour un maigre sujet.

PHILAMINTE. — Vous voulez que toujours je l'aie à mon service,
Pour mettre incessamment mon oreille au supplice,
Pour rompre toute loi d'usage et de raison
Par un barbare amas de vices d'oraison,
De mots estropiés, cousus, par intervalles,
De proverbes traînés dans les ruisseaux des halles.

BÉLISE. — Il est vrai que l'on sue à souffrir ses discours,
Elle y met Vaugelas en pièces tous les jours :
Et les moindres défauts de ce grossier génie
Sont ou le pléonasme, ou la cacophonie.

CHRYSALE. — Qu'importe qu'elle manque aux lois de Vaugelas,
Pourvu qu'à la cuisine elle ne manque pas?
J'aime bien mieux, pour moi, qu'en épluchant ses herbes
Elle accommode mal les noms avec les verbes,
Et redise cent fois un bas ou méchant mot,
Que de brûler ma viande ou saler trop mon pot;
Je vis de bonne soupe, et non de beau langage.
Vaugelas n'apprend point à bien faire un potage;
Et Malherbe et Balzac, si savants en beaux mots,
En cuisine peut-être auraient été des sots.

PHILAMINTE. — Que ce discours grossier terriblement assomme?
Et quelle indignité pour ce qui s'appelle homme,
D'être baissé sans cesse aux soins matériels,
Au lieu de se hausser vers les spirituels!
Le corps, cette guenille, est-il d'une importance,
D'un prix à mériter seulement qu'on y pense?
Et ne devons-nous pas laisser cela loin?

CHRYSALE. — Oui, mon corps est moi-même, et j'en veux prendre soin :
Guenille, si l'on veut; ma guenille m'est chère.

BÉLISE. — Le corps avec l'esprit fait figure, mon frère :
Mais, si vous en croyez tout le monde savant,
L'esprit doit sur le corps prendre le pas devant;
Et notre plus grand soin, notre première instance,
Doit être à le nourrir du suc de la science.

CHRYSALE. — Ma foi, si vous songez à nourrir votre esprit,
C'est de viande bien creuse, à ce que chacun dit :
Et vous n'avez nul soin, nulle sollicitude,
Pour...

PHILAMINTE. — Ah! sollicitude à mon oreille est rude;
Il pue étrangement son ancienneté.

BÉLISE. — Il est vrai que le mot est bien collet-monté.

CHRYSALE. — Voulez-vous que je dise? Il faut qu'enfin j'éclate,
Que je lève le masque, et décharge ma rate.
De folles on vous traite, et j'ai fort sur le cœur...

MINTE. — Comment donc!

CHRYSALE, *à Bélise.* — C'est à vous que je parle, ma sœur:
Le moindre solécisme en parlant vous irrite;
Mais vous en faites, vous, d'étranges en conduite.
Vos livres éternels ne me contentent pas;
Et, hors un gros Plutarque à mettre mes rabas,
Vous devriez brûler tout ce meuble inutile,
Et laisser la science aux docteurs de la ville;
M'ôter, pour faire bien, du grenier de céans
Cette longue lunette à faire peur aux gens,
Et cent brinborions dont l'aspect importune;
Ne point aller chercher ce qu'on fait dans la lune,
Et vous mêler un peu de ce qu'on fait chez vous,
Où nous voyons aller tout sans dessus dessous.
Il n'est pas bien honnête, et pour beaucoup de causes
Qu'une femme étudie et sache tant de choses.
Former aux bonnes mœurs l'esprit de ses enfants,
Faire aller son ménage, avoir l'œil sur ses gens,
Et régler la dépense avec économie,
Doit être son étude et sa philosophie.
Nos pères, sur ce point, étaient gens bien sensés,
Qui disaient qu'une femme en sait toujours assez,
Quand la capacité de son esprit se hausse
A connaître un pourpoint d'avec un haut-de-chausse,
Les leurs ne lisaient point; mais elles vivaient bien;
Leurs ménages étaient tous leur docte entretien:
Et leurs livres, un dé, du fil et des aiguilles,
Dont elles travaillaient au trousseau de leurs filles.
Les femmes d'à-présent sont bien loin de ces mœurs:
Elles veulent écrire et devenir auteurs.
Nulle science n'est pour elles trop profonde,
Et céans beaucoup plus qu'en aucun lieu du monde;
Les secrets les plus hauts s'y laissent concevoir,
Et l'on sait tout chez moi hors ce qu'il faut savoir.
On y sait comme vont lune, étoile polaire,
Vénus, Saturne, et Mars, dont je n'ai point affaire;
Et dans ce vain savoir qu'on va chercher si loin,
On ne sait comme va mon pot, dont j'ai besoin.
Mes gens à la science aspirent pour vous plaire,
Et tous ne font rien moins que ce qu'ils ont à faire;
Raisonner est l'emploi de toute ma maison;
Et le raisonnement en bannit la raison.
L'un me brûle mon rôt en lisant quelque histoire,
L'autre rêve à des vers quand je demande à boire;
Enfin, je vois par eux votre exemple suivi;
Et j'ai des serviteurs, et ne suis point servi.
Une pauvre servante, au moins, m'était restée,
Qui de ce mauvais air n'était point infectée;
Et voilà qu'on la chasse avec un grand fracas,
A cause qu'elle manque à parler Vaugelas.
Je vous le dis, ma sœur, tout ce train-là me blesse,
Car c'est, comme j'ai dit, à vous que je m'adresse.
Je n'aime point céans tous vos gens à latin,
Et principalement ce monsieur Trissotin:
C'est lui qui, dans des vers, vous a tympanisées;
Tous les propos qu'il tient sont des billevesées.
On cherche ce qu'il dit après qu'il a parlé;
Et je lui crois, pour moi, le timbre un peu fêlé.

PHILAMINTE. — Quelle bassesse, ô ciel! et d'âme et de langage!

BÉLISE. — Est-il des petits corps un plus lourd assemblage,
Un esprit composé d'atomes plus bourgeois?

Et de ce même sang se peut-il que je sois ?
Je me veux mal de mort d'être de votre race,
Et, de confusion, j'abandonne la place.

SCÈNE VIII. — PHILAMINTE, CHRYSALE.

PHILAMINTE. — Avez-vous à lâcher encore quelque trait ?
CHRYSALE. — Moi ? non. Ne parlons plus de querelle ; c'est fait
Discourons d'autre affaire. A votre fille aînée
On voit quelques dégoûts pour les nœuds d'hyménée ;
C'est une philosophe enfin, je n'en dis rien ;
Elle est bien gouvernée, et vous faites fort bien ;
Mais de tout autre humeur se trouve sa cadette,
Et je crois qu'il est bon de pourvoir Henriette,
De choisir un mari...
            PHILAMINTE. — C'est à quoi j'ai songé,
Et je veux vous ouvrir l'intention que j'ai.
Ce monsieur Trissotin dont on nous fait un crime,
Et qui n'a pas l'honneur d'être dans votre estime,
Est celui que je prends pour l'époux qu'il lui faut :
Et je sais mieux que vous juger de ce qu'il vaut,
La contestation est ici superflue ;
Et de tout point, chez moi, l'affaire est résolue.
Au moins ne dites mot du choix de cet époux ;
Je veux à votre fille en parler avant vous.
J'ai des raisons à faire approuver ma conduite,
Et je connaîtrai bien si vous l'aurez instruite.

SCÈNE IX. — ARISTE, CHRYSALE.

ARISTE. — Hé bien ! la femme sort, mon frère, et je vois bien
Que vous venez d'avoir ensemble un entretien.
CHRYSALE. — Oui.
            ARISTE. — Quel est le succès ? Aurons-nous Henriette ?
A-t-elle consenti ? L'affaire est-elle faite ?
CHRYSALE. — Pas tout-à-fait encor.
                    ARISTE. — Refuse-t-elle ?
                            CHRYSALE. — Non.
ARISTE. — Est-ce qu'elle balance ?
                CHRYSALE. — En aucune façon.
ARISTE. — Quoi donc ?
        CHRYSALE. — C'est que pour gendre elle m'offre un autre homme.
ARISTE. — Un autre homme pour gendre !
            CHRISALE. — Un autre.
                    ARISTE. — Qui se nomme ?
CHRYSALE. — Monsieur Trissotin.
            ARISTE. — Quoi ! ce monsieur Trissotin !..
CHRYSALE. — Oui, qui parle toujours de vers et de latin.
ARISTE. — Vous l'avez accepté ?
            CHRYSALE. — Moi ! point. A Dieu ne plaise !
ARISTE. — Qu'avez-vous répondu ?
            CHRYSALE. — Rien : et je suis bien aise
De n'avoir point parlé, pour ne m'engager pas.
ARISTE — La raison est fort belle : et c'est faire un grand pas.
Avez-vous su du moins lui proposer Clitandre ?
CHRYSALE. — Non ; car comme j'ai vu qu'on parlait d'autre gendre,
J'ai cru qu'il était mieux de ne m'avancer point.
ARISTE. — Certes, votre prudence est rare au dernier point.
N'avez-vous point de honte, avec votre mollesse ?
Et se peut-il qu'un homme ait assez de faiblesse
Pour laisser à sa femme un pouvoir absolu,
Et n'oser attaquer ce qu'elle a résolu ?

CHRYSALE. — Mon Dieu ! vous en parlez, mon frère, bien à l'aise,
Et vous ne savez pas comme le bruit me pèse.
J'aime fort le repos, la paix et la douceur ;
Et ma femme est terrible avecque son humeur.
Du nom de philosophe elle fait grand mystère :
Mais elle n'en est pas pour cela moins colère :
Et sa moral, faite à mépriser le bien,
Sur l'aigreur de sa bile opère comme rien.
Pour peu que l'on s'oppose à ce que veut sa tête,
On en a pour huit jours d'effroyable tempête.
Elle me fait trembler dès qu'elle prend son ton ;
Je ne sais où me mettre, et c'est un vrai dragon ;
Et cependant, avec toute sa diablerie,
Il faut que je l'appelle et mon cœur et ma mie.
ARISTE. — Allez, c'est se moquer. Votre femme, entre nous,
Est par vos lâchetés, souveraine sur vous.
Son pouvoir n'est fondé que sur votre faiblesse ;
C'est de vous qu'elle prend le titre de maîtresse ;
Vous-même à ses hauteurs vous vous abandonnez,
Et vous faites mener, en bête, par le nez.
Quoi ! vous ne pouvez pas, voyant comme on vous nomme,
Vous résoudre une fois à vouloir être un homme,
A faire condescendre une femme à vos vœux,
Et prendre assez de cœur pour dire un Je le veux !
Vous laisserez sans honte immoler votre fille
Aux folles visions qui tiennent la famille,
Et de tout votre bien revêtir un nigaud,
Pour six mots de latin qu'il leur fait sonner haut ;
Un pédant qu'à tout coup votre femme apostrophe,
Du nom de bel esprit et de grand philosophe,
D'homme qu'en vers galants jamais on n'égala,
Et qui n'est, comme on sait, rien moins que tout cela ?
Allez, encore un coup, c'est une moquerie,
Et votre lâcheté mérite qu'on en rie.
CHRYSALE. — Oui, vous avez raison, et je vois que j'ai tort.
Allons, il faut enfin montrer un cœur plus fort.
Mon frère.
ARISTE. — C'est bien dit.
              CHRYSALE. — C'est une chose infame.
Que d'être si soumis au pouvoir d'une femme.
ARISTE. — Fort bien.
        CHRYSALE. — De ma douceur elle a trop profité.
ARISTE. — Il est vrai.
          CHRYSALE. — Trop joui de ma facilité.
ARISTE. — Sans doute.
          CHRYSALE. — Et je lui veux faire aujourd'hui connaître
Que ma fille est ma fille, et que j'en suis le maître,
Pour lui prendre un mari qui soit selon mes vœux.
ARISTE. — Vous voilà raisonnable, et comme je vous veux.
CHRYSALE. — Vous êtes pour Clitandre, et savez sa demeure,
Faites-le moi venir, mon frère, tout-à-l'heure.
ARISTE. — J'y cours tout de ce pas.
              CHRYSALE. — C'est souffrir trop longtemps,
Et je m'en vais être homme à la barbe des gens.
        FIN DU SECOND ACTE.

ACTE III.

SCÈNE PREMIÈRE.

PHILAMINTE, ARMANDE, BÉLISE, TRISSOTIN, LÉPINE.

PHILAMINTE. — Ah ! mettons-nous ici pour écouter à l'aise

Ces vers que mot à mot il est besoin qu'on pèse.

ARMANDE. — Je brûle de les voir.

BÉLISE. — Et l'on s'en meurt chez nous.

PHILAMINTE, *à Trissotin.*

Ce sont charmes pour moi, que ce qui part de vous.

ARMANDE. — Ce m'est une douceur à nulle autre pareille.

BÉLISE. — Ce sont repas friands qu'on donne à mon oreille.

PHILAMINTE. — Ne faites point languir de si pressants désirs.

ARMANDE. — Dépêchez.

BÉLISE. — Faites tôt, et hâtez nos plaisirs.

PHILAMINTE. — A notre impatience offrez votre épigramme.

TRISSOTIN, *à Philaminte.*

Hélas! c'est un enfant tout nouveau-né, madame;
Son sort assurément a lieu de vous toucher;
Et c'est dans votre cœur que j'en viens d'accoucher

PHILAMINTE. — Pour me le rendre cher, il sufit de son père.

TRISSOTIN. — Votre approbation lui peut servir de mere.

BÉLISE. — Qu'il a d'esprit!

SCÈNE II.

HENRIETTE, PHILAMINTE, BÉLISE, ARMANDE, TRISSOTIN, LÉPINE.

PHILAMINTE, *à Henriette qui veut se retirer.*

Holà! Pourquoi donc fuyez-vous?

HENRIETTE. — C'est de peur de troubler un entretien si doux.

PHILAMINTE. — Approchez, et venez, de toutes vos oreilles,
Prendre part au plaisir d'entendre des merveilles.

HENRIETTE. — Je sais peu les beautés de tout ce qu'on écrit,
Et ce n'est pas mon fait que les choses d'esprit.

PHILAMINTE. — Il m'importe: aussi bien ai-je à vous dire ensuite
Un secret dont il faut que [vous soyez instruite.

TRISSOTIN, *à Henriette.*

Les sciences n'ont rien qui vous puisse enflammer,
Et vous ne vous piquez que de savoir charmer.

HENRIETTE. — Aussi peu l'un que l'autre : et je n'ai nulle envie...

BÉLISE. — Ah! songeons à l'enfant nouveau-né, je vous prie.

PHILAMINTE, *à Lépine.* — Allons, petit garçon, vite de quoi s'asseoir.

(*Lépine se laisse tomber.*)

Voyez l'impertinent! Est-ce que l'on doit choir
Après avoir appris l'équilibre des choses?

BÉLISE. — De ta chute, ignorant, ne vois-tu pas les causes,
Et qu'elle vient d'avoir, du point fixe écarté
Ce que nous appelons centre de gravité?

LÉPINE. — Je m'en suis aperçu, madame, étant par terre.

PHILAMINTE, *à Lépine qui sort.*

Le lourdaud!

TRISSOTIN. — Bien lui prend de n'être pas de verre.

ARMANDE. — Ah! de l'esprit partout!

BÉLISE. — Cela ne tarit pas. (*Ils s'asseyent.*)

PHILAMINTE. — Servez-nous promptement votre aimable repas.

TRISSOTIN. — Pour cette grande faim qu'à mes yeux on expose,
Un plat seul de huit vers me semble peu de chose;
Et je pense qu'ici je ne ferai pas mal
De joindre à l'épigramme, ou bien au madrigal,
Le ragoût d'un sonnet qui, chez une princesse,
A passé pour avoir quelque délicatesse.
Il est de sel attique assaisonné partout;
Et vous le trouverez, je crois, d'assez bon goût.

ARMANDE. — Ah! je n'en doute point.

PHILAMINTE. — Donnons vite audience.

BÉLISE, *interrompant Trissotin chaque fois qu'il se dispose à lire.*
Je sens d'aise mon cœur tressaillir par avance.

J'aime la poésie avec entêtement,
Et surtout quand les vers sont tournés galamment

HILAMINTE. — Si nous parlons toujours, il ne pourra rien dire.

TRISSOTIN. — So...

BÉLISE, à Henriette. — Silence, ma nièce.

ARMANDE. — Ah! laissez-le donc lire.

TRISSOTIN.

SONNET, à la princesse URANIE sur sa fièvre.

  « Votre prudence est endormie
  « De traiter magnifiquement
  « Et de loger superbement
  « Votre plus cruelle ennemie.

BÉLISE. — Ah! le joli début!

ARMANDE. — Qu'il a le tour galant!

PHILAMINTE. — Lui seul des vers aisés possède le talent.

ARMANDE. — A prudence endormie il faut rendre les armes.

BÉLISE. — Loger son ennemie est pour moi plein de charmes.

PHILAMINTE. — J'aime superbement et magnifiquement ;
  Ces deux adverbes joints font admirablement.

BÉLISE. — Prêtons l'oreille au reste.

TRISSOTIN. — « Votre prudence est endormie
  « De traiter magnifiquement
  « Et de loger superbement
  « Votre plus cruelle ennemie.

ARMANDE. — Prudence endormie!

BÉLISE. — Loger son ennemie!

PHILAMINTE. — Superbement et magnifiquement!

TRISSOTIN. — « Faites-la sortir, quoi qu'on die,
  « De votre riche appartement;
  « Où cette ingrate insolemment
  « Attaque votre belle vie.

BÉLISE. — Ah! tout doux! laissez-moi de grace, respirer.

ARMANDE. — Donnez-nous, s'il vous plaît, le loisir d'admirer.

PHILAMINTE. — On se sent, à ses vers, jusques au fond de l'ame
  Couler je ne sais quoi qui fait que l'on se pâme.

ARMANDE. — « Faites-la sortir, quoi qu'on die,
  « De votre riche appartement.
  Que riche appartement est là joliment dit,
  Et que la métaphore est mise avec esprit!

PHILAMINTE. — « Faites-la sortir, quoi qu'on die.
  Ah! que ce quoi qu'on die est d'un goût admirable!
  C'est à mon sentiment un endroit impayable.

ARMANDE. — De quoi qu'on die aussi mon cœur est amoureux.

BÉLISE. — Je suis de votre avis, quoi qu'on die est heureux.

ARMANDE. — Je voudrais l'avoir fait.

BÉLISE. — Il vaut toute une pièce.

PHILAMINTE. — Mais en comprend-on bien, comme moi, la finesse?

ARMANDE ET BÉLISE. — Oh! oh!

PHILAMINTE. — « Faites-la sortir, quoi qu'on die.
  Que de la fièvre on prenne ici les intérêts;
  N'ayez aucun égard, moquez-vous des caquets,
  « Faites-la sortir, quoi qu'on die,
  Quoi qu'on die, quoi qu'on die.
  Ce quoi qu'on die en dit beaucoup plus qu'il ne semble.
  Je ne sais pas, pour moi, si chacun me ressemble.
  Mais j'entends là-dessous un million de mots.

BÉLISE. — Il est vrai qu'il dit plus de choses qu'il n'est gros.

PHILAMINTE, à Trissotin.

Mais quand vous avez fait ce charmant quoi qu'on die,
Avez-vous compris, vous, toute son énergie?
Songiez-vous bien vous-même à tout ce qu'il nous dit?

Et pensiez-vous alors y mettre tant d'esprit?

TRISSOTIN. — Hai! hai!

ARMANDE. — J'ai fort aussi l'*ingrate* dans la tête,
Cette ingrate de fièvre, injuste, malhonnête,
Qui traite mal les gens qui la logent chez eux.

PHILAMINTE. — Enfin les quatrains sont admirables tous deux.
Venons-en promptement aux tercets, je vous prie.

ARMANDE. — Ah! s'il vous plaît, encore une fois *quoi qu'on die,*

TRISSOTIN. — Faites la sortir, quoi qu'on die,

PHILAMINTE, ARMANDE ET BÉLISE. — *Quoi qu'on die!*

TRISSOTIN. — De votre riche appartement,

PHILAMINTE, ARMANDE ET BÉLISE. — *Riche appartement!*

TRISSOTIN. — Où cette ingrate insolemment

PHILAMINTE, ARMANDE ET BÉLISE. — Cette *ingrate* de fièvre!

TRISSOTIN. — Attaque votre belle vie.

PHILAMINTE. — *Votre belle vie!*

ARMANDE ET BÉLISE. — Ah!

TRISSOTIN. — Quoi! sans respecter votre rang,
Elle se prend à votre sang,

PHILAMINTE, ARMANDE ET BÉLISE. — Ah!

TRISSOTIN. — Et nuit et jour vous fait outrage!
Si vous la conduisez aux bains,
Sans la marchander davantage,
Noyez-la de vos propres mains.

PHILAMINTE. — On n'en peut plus.

BÉLISE. — On pâme.

ARMANDE. — On se meurt de plaisir.

PHILAMINTE. — De mille doux frissons vous vous sentez saisir.

ARMANDE. — Si vous la conduisez aux bains,

BÉLISE. — Sans la marchander davantage,

PHILAMINTE. — Noyez-la de vos propres mains.
« De vos propres mains, là, noyez-la dans les bains. »

ARMANDE. — Chaque pas dans vos vers rencontre un trait charmant.

BÉLISE. — Partout on s'y promène avec ravissement.

PHILAMINTE. — On n'y saurait marcher que sur de belles choses.

ARMANDE. — Ce sont petits chemins tout parsemés de roses.

TRISSOTIN. — Le sonnet donc vous semble...

PHILAMINTE. — Admirable, nouveau;
Et personne jamais n'a rien fait de si beau.

BÉLISE, *à Henriette.* — Quoi! sans émotion pendant cette lecture!
Vous faites là, ma nièce, une étrange figure.

HENRIETTE. — Chacun fait ici-bas la figure qu'il peut,
Ma tante; et bel esprit, il ne l'est pas qui veut.

TRISSOTIN. — Peut-être que mes vers importunent madame.

HENRIETTE. — Point. Je n'écoute pas.

PHILAMINTE. — Ah! voyons l'épigramme.

TRISSOTIN.

Sur un carrosse de couleur amarante donné à une dame de ses amies.

PHILAMINTE. — Ses titres ont toujours quelque chose de rare.

ARMANDE. — A cent beaux traits d'esprit leur nouveauté prépare.

TRISSOTIN. — « L'Amour si chèrement m'a vendu son lien, »

PHILAMINTE, ARMANDE ET BÉLISE. — Ah!

TRISSOTIN. — « Qu'il m'en coûte déjà la moitié de mon bien;
Et, quand tu vois ce beau carrosse,
Où tant d'or se relève en bosse
Qu'il étonne tout le pays,
Et fait pompeusement triompher ma Laïs..

PHILAMINTE. — Ah! ma *Laïs!* Voilà de l'érudition.

BÉLISE. — L'enveloppe est jolie, et vaut un million.

TRISSOTIN. — « Et, quand tu vois ce beau carrosse,
Où tant d'or se relève en bosse,

Qu'il étonne tout le pays,
Et fait pompeusement triompher ma Laïs,
Ne dis plus qu'il est amarante;
Dis plutôt qu'il est de ma rente. »
ARMANDE. — Oh! oh! oh! celui-là ne s'attend point du tout.
PHILAMINTE. — On n'a que lui qui puisse écrire de ce goût.
BÉLISE. — Ne dis plus qu'il est amarante,
Dis plutôt qu'il est de ma rente.
Voilà qui se décline, *ma rente, de ma rente, à ma rente.*
PHILAMINTE. — Je ne sais, du moment où je vous ai connu,
Si sur votre sujet j'eus l'esprit prévenu;
Mais j'admire partout vos vers et votre prose.
TRISSOTIN, *à Philaminte.*
Si vous vouliez de vous nous montrer quelque chose,
A notre tour aussi nous pourrions admirer.
PHILAMINTE. — Je n'ai rien fait en vers; mais j'ai lieu d'espérer
Que je pourrai bientôt vous montrer en amie
Huit chapitres du plan de notre académie.
Platon s'est au projet simplement arrêté,
Quand de sa République il a fait le traité;
Mais à l'effet entier je veux pousser l'idée
Que j'ai sur le papier en prose accommodée:
Car enfin je me sens un étrange dépit
Du tort que l'on nous fait du côté de l'esprit;
Et je veux nous venger, toutes tant que nous sommes,
De cette indigne classe où nous rangent les hommes,
De borner nos talents à des futilités,
Et nous fermer la porte aux sublimes clartés.
ARMANDE. — C'est faire à notre sexe une trop grande offense,
De n'étendre l'effort de notre intelligence
Qu'à juger d'une jupe ou de l'air d'un manteau,
Ou des beautés d'un point, ou d'un brocard nouveau.
BÉLISE. — Il faut se relever de ce honteux partage,
Et mettre hautement notre esprit hors de page.
TRISSOTIN. — Pour les dames on sait mon respect en tous lieux;
Et si je rends hommage au brillant de leurs yeux,
De leur esprit aussi j'honore les lumières.
PHILAMINTE. — Le sexe aussi vous rend justice en ces matières:
Mais nous voulons montrer à de certains esprits,
Dont l'orgueilleux savoir nous traite avec mépris
Que de science aussi les femmes sont meublées;
Qu'on peut faire comme eux de doctes assemblées,
Conduites en cela par des ordres meilleurs,
Qu'on y veut réunir ce qu'on sépare ailleurs,
Mêler le beau langage et les hautes sciences,
Découvrir la nature par mille expériences;
Et, sur les questions qu'on pourra proposer,
Faire entrer chaque secte, et n'en point épouser.
TRISSOTIN. — Je m'attache pour l'ordre au péripatétisme.
PHILAMINTE. — Pour les abstractions, j'aime le platonisme.
ARMANDE. — Épicure me plaît, et ses dogmes sont forts.
BÉLISE. — Je m'accommode assez, pour moi, des petits corps;
Mais le vide à souffrir me semble difficile,
Et je goûte bien mieux la matière subtile.
TRISSOTIN. — Descartes pour l'aimant donne fort dans mon sens.
ARMANDE. — J'aime ses tourbillons.
PHILAMINTE. — Moi, ses mondes tombants.
ARMANDE. — Il me tarde de voir notre assemblée ouverte,
Et de nous signaler par quelque découverte.
TRISSOTIN. — On en attend beaucoup de vos vives clartés,
Et pour vous la nature a peu d'obscurités.

PHILAMINTE. — Pour moi, sans me flatter, j'en ai déjà fait une,
Et j'ai vu clairement des hommes dans la lune.
BÉLISE. — Je n'ai point encore vu d'hommes, comme je crois ;
Mais j'ai vu des clochers tout comme je vous vois.
ARMANDE. — Nous approfondirons, ainsi que la physique,
Grammaire, histoire, vers, morale et politique.
PHILAMINTE. — La morale a des traits dont mon cœur est épris,
Et c'était autrefois l'amour des grands esprits ;
Mais aux stoïciens je donne l'avantage,
Et je ne trouve rien de si beau que leur sage.
ARMANDE. — Pour la langue on verra dans peu nos règlements,
Et nous y prétendons faire des remûments,
Par une antipathie, ou juste, ou naturelle,
Nous avons pris chacune une haine immortelle.
Pour un nombre de mots, soit où verbes, ou noms,
Que mutuellement nous nous abandonnons :
Contre eux nous préparons de mortelles sentences,
Et nous devons ouvrir nos doctes conférences
Par les proscriptions de tous ces mots divers,
Dont nous voulons purger et la prose et les vers.
PHILAMINTE. — Mais le plus beau projet de notre académie,
Une entreprise noble et dont je suis ravie,
Un dessein plein de gloire, et qui sera vanté
Chez tous les beaux esprits de la postérité,
C'est le retranchement de ces syllabes sales
Qui dans les plus beaux mots produisent des scandales,
Ces jouets éternels des sots de tous les temps,
Ces fades lieux communs de nos méchants plaisants,
Ces sources d'un amas d'équivoques infâmes
Dont on vient faire insulte à la pudeur des femmes.
TRISSOTIN. — Voilà certainement d'admirables projets.
BÉLISE. — Vous verrez nos statuts quand ils seront tous faits.
TRISSOTIN. — Ils ne sauraient manquer d'être tous beaux et sages.
ARMANDE. — Nous serons par nos lois les juges des ouvrages ;
Par nos lois, prose et vers, tout nous sera soumis :
Nul n'aura de l'esprit, hors nous et nos amis.
Nous chercherons partout à trouver à redire,
Et ne verrons que nous qui sachent bien écrire.

SCÈNE III.

PHILAMINTE, BÉLISE, ARMANDE, HENRIETTE, TRISSOTIN, LÉPINE.

LÉPINE, à Trissotin. — Monsieur, un homme est là qui veut parler à vous ;
Il est vêtu de noir et parle d'un ton doux. (Ils se lèvent.)
TRISSOTIN. — C'est cet ami savant qui m'a fait tant d'instance
De lui donner l'honneur de votre connaissance.
PHILAMINTE. — Pour le faire venir, vous avez tout crédit.
(Trissotin va au-devant de Vadius.)

SCÈNE IV. — PHILAMINTE, BÉLISE, ARMANDE, HENRIETTE.

PHILAMINTE, à Armande et à Bélise.
Faisons bien les honneurs au moins de notre esprit.
(A Henriette qui veut sortir.)
Holà ! Je vous ai dit, en paroles bien claires,
Que j'ai besoin de vous.
HENRIETTE. — Mais pour quelles affaires !
PHILAMINTE. — Venez ; on va dans peu vous les faire savoir.

SCÈNE V.

TRISSOTIN, VADIUS, PHILAMINTE, BÉLISE, ARMANDE, HENRIETTE.

TRISSOTIN, présentant Vadius.
Voici l'homme qui meurt du désir de vous voir ;

En vous le produisant, je ne crains point le blâme
D'avoir admis chez vous un profane, madame,
Il peut tenir son coin parmi de beaux esprits,
PHILAMINTE. — La main qui le présente en dit assez le prix.
TRISSOTIN. — Il a des vieux auteurs la pleine intelligence,
    Et sait du grec, madame, autant qu'homme de France.
             PHILAMINTE, *à Bélise.*
Du grec, ô ciel ! du grec ! Il sait du grec, ma sœur !
BÉLISE, *à Armande.* — Ah ! ma nièce, du grec !
               ARMANDE. — Du grec ! quelle douceur !
PHILAMINTE. — Quoi ! monsieur sait du grec ! Ah ! permettez, de grace,
    Que pour l'amour du grec, monsieur, on vous embrasse.
      (*Vadius embrasse aussi Bélise et Armande.*)
    HENRIETTE, *à Vadius qui veut aussi l'embrasser.*)
Excusez-moi, monsieur, je n'entends pas le grec. (*Ils s'asseyent.*)
PHILAMINTE. — J'ai pour les livres grecs un merveilleux respect.
VADIUS. — Je crains d'être fâcheux, par l'ardeur qui m'engage
    A vous rendre aujourd'hui, madame, mon hommage ;
    Et j'aurai pu troubler quelque docte entretien.
PHILAMINTE — Monsieur, avec du grec on ne peut gâter rien.
TRISSOTIN. — Au reste, il fait merveille en vers ainsi qu'en prose,
    Et pourrait, s'il voulait, vous montrer quelque chose.
VADIUS. — Le défaut des auteurs, dans leurs productions,
    C'est d'en tyranniser les conversations,
    D'être au palais, aux cours, aux ruelles, aux tables,
    De leurs vers fatigants lecteurs infatigables.
    Pour moi, je ne vois rien de plus sot à mon sens
    Qu'un auteur qui partout va gueuser des encens,
    Qui, des premiers venus saisissant les oreilles,
    En fait le plus souvent les martyrs de ses veilles.
    On ne m'a jamais vu ce fol entêtement ;
    Et d'un Grec là-dessus je suis le sentiment,
    Qui, par un dogme exprès, défend à tous ses sages
    L'indigne empressement de lire leurs ouvrages.
    Voici de petits vers pour de jeunes amants,
    Sur quoi je voudrais bien avoir vos sentiments.
TRISSOTIN. — Vos vers ont des beautés que n'ont point tous les autres.
VADIUS. — Les Graces et Vénus règnent dans tous les vôtres.
TRISSOTIN. — Vous avez le tour libre et le beaux choix des mots.
VADIUS. — On voit partout chez vous l'*ithos* et le *pathos*.
TRISSOTIN. — Nous avons vu de vous des églogues d'un stylo,
    Qui passe en doux attraits Théocrite et Virgile.
VADIUS. — Vos odes ont un air noble, galant et doux,
    Qui laisse de bien loin votre Horace après vous.
TRISSOTIN. — Est-il rien d'amoureux comme vos chansonnettes
VADIUS. — Peut-on voir rien d'égal aux sonnets que vous faites ?
TRISSOTIN. — Rien qui soit plus charmant que vos petits rondeaux ?
VADIUS. — Rien de si plein d'esprit que tout vos madrigaux ?
TRISSOTIN. — Aux ballades surtout vous êtes admirable.
VADIUS. — Et dans les bouts rimés je vous trouble adorable.
TRISSOTIN. — Si la France pouvait connaître votre prix,
VADIUS. — Si le siècle rendrait justice aux beaux esprits,
TRISSOTIN. — En carrosse doré vous iriez par les rues.
VADIUS. — On verrait le public vous dresser des statues.
(*à Trissotin.*) Hom ! c'est une ballade, et je veux que tout net
    Vous m'en...
TRISSOTIN, *à Vadius.* — Avez-vous vu certain petit sonnet
    Sur la fièvre qui tient la princesse Uranie ?
VADIUS. — Oui. Hier il me fut lu dans une compagnie.
TRISSOTIN. — Vous en savez l'auteur ?
              VADIUS. -- Non ; mais je sais fort bien

Qu'à ne le point flatter, son sonnet ne vaut rien.

TRISSOTIN. — Beaucoup de gens pourtant le trouvent admirable.

VADIUS. — Cela n'empêche pas qu'il ne soit misérable;
Et, si vous l'avez vu, vous serez de mon goût.

TRISSOTIN. — Je sais que là-dessus je n'en suis point du tout,
Et que d'un tel sonnet peu de gens sont capables.

VADIUS. — Me préserve le ciel d'en faire de semblables!

TRISSOTIN. — Je soutiens qu'on ne peut en faire de meilleur;
Et ma grande raison est que j'en suis l'auteur.

VADIUS. — Vous?

TRISSOTIN. — Moi.

VADIUS. — Je ne sais donc comment se fit l'affaire.

TRISSOTIN. — C'est qu'on fut malheureux de ne pouvoir vous plaire.

VADIUS. — Il faut qu'en écoutant j'aie eu l'esprit distrait,
Ou bien que le lecteur m'ait gâté le sonnet.
Mais laissons ce discours, et voyons ma ballade.

TRISSOTIN. — La ballade, à mon goût, est une chose fade;
Ce n'en est plus la mode, elle sent son vieux temps.

VADIUS. — La ballade pourtant charme beaucoup de gens.

TRISSOTIN. — Cela n'empêche pas qu'elle ne me déplaise.

VADIUS. — Elle n'en reste pas pour cela plus mauvaise.

TRISSOTIN. — Elle a pour les pédants de merveilleux appas.

VADIUS. — Cependant nous voyons qu'elle ne vous plaît pas.

TRISSOTIN. — Vous donnez sottement vos qualités aux autres.

                    (Ils se lèvent tous.)

VADIUS. — Fort impertinemment vous me jetez les vôtres.

TRISSOTIN. — Allez, petit grimaud, barbouilleur de papier.

VADIUS. — Allez, rimeur de balle, opprobre du métier.

TRISSOTIN. — Allez, frippier d'écrits, impudent plagiaire.

VADIUS. — Allez, cuistre...

PHILAMINTE. — Eh! messieurs, que prétendez-vous faire?

TRISSOTIN, à Vadius. — Va, va restituer tous les honteux larcins
Que réclament sur toi les Grecs et les Latins.

VADIUS. — Va, va-t'en faire amende honorable au Parnasse
D'avoir fait à tes vers estropier Horace.

TRISSOTIN. — Souviens-toi de ton livre, et de son peu de bruit.

VADIUS. — Et toi, de ton libraire à l'hôpital réduit.

TRISSOTIN. — Ma gloire est établie, en vain tu la déchires.

VADIUS. — Oui, oui, je te renvoie à l'auteur des satyres.

TRISSOTIN. — Je t'y renvoie aussi.

VADIUS. — J'ai le contentement
Qu'on voit qu'il m'a traité plus honorablement.
Il me donne en passant une atteinte légère
Parmi plusieurs auteurs qu'au palais on révère;
Mais jamais dans ses vers il ne te laisse en paix,
Et l'on t'y voit partout être en butte à ses traits.

TRISSOTIN. — C'est par là que j'y tiens un rang plus honorable.
Il te met dans la foule ainsi qu'un misérable;
Il croit que c'est assez d'un coup pour t'accabler,
Et ne t'a jamais fait l'honneur de redoubler.
Mais il m'attaque à part comme un noble adversaire
Sur qui tout son effort lui semble nécessaire;
Et ses coups, contre moi redoublés en tous lieux,
Montrent qu'il ne se croit jamais victorieux.

VADIUS. — Ma plume t'apprendra quel homme je puis être.

TRISSOTIN. — Et la mienne saura te faire voir ton maître.

VADIUS. — Je te défie en vers, prose, grec, et latin.

TRISSOTIN. — Eh bien! nous nous verrons seul à seul chez Barbin.

SCENE VI.

TRISSOTIN, PHILAMINTE, ARMANDE, BÉLISE, HENRIETTE.

TRISSOTIN. — A mon emportement ne donnez aucun blâme:

C'est votre jugement que je défends, madame,
Dans le sonnet qu'il a l'audace d'attaquer.
PHILAMINTE. — A vous remettre bien je me veux appliquer;
Mais parlons d'autre affaire. Approchez, Henriette.
Depuis assez longtemps mon ame s'inquiète
De ce qu'aucun esprit en vous ne se fait voir;
Mais je trouve un moyen de vous en faire avoir.
HENRIETTE. — C'est prendre un soin pour moi qui n'est pas nécessaire;
Les doctes entretiens ne sont point mon affaire :
J'aime à vivre aisément; et dans tout ce qu'on dit,
Il faut se trop peiner pour avoir de l'esprit.
C'est une ambition que je n'ai point en tête.
Je me trouve fort bien, ma mère, d'être bête;
Et j'aime mieux n'avoir que de communs propos,
Que de me tourmenter pour dire de beaux mots.
PHILAMINTE. — Oui; mais j'y suis blessée, et ce n'est pas mon compte
De souffrir dans mon sang une pareille honte.
La beauté du visage est un frêle ornement,
Une fleur passagère, un éclat d'un moment,
Et qui n'est attaché qu'à la simple épiderme;
Mais celle de l'esprit est inhérente et ferme.
J'ai donc cherché longtemps un biais de vous donner
La beauté que les ans ne peuvent moissonner,
De faire entrer chez vous le désir des sciences,
De vous insinuer les belles connaissances;
Et la pensée enfin où mes vœux ont souscrit,
C'est d'attacher à vous un homme plein d'esprit.
(Montrant Trissotin.) Et cet homme est monsieur, que je vous détermine
A voir comme l'époux que mon choix vous destine.
HENRIETTE. — Moi, ma mère?
PHILAMINTE. — Oui, vous. Faites la sotte un peu.
BÉLISE, à Trissotin. — Je vous entends : vos yeux demandent mon aveu
Pour engager ailleurs un cœur que je possède.
Allez, je le veux bien. A ce nœud je vous cède;
C'est un hymen qui fait votre établissement.
TRISSOTIN, à Henriette. — Je ne sais que vous dire en mon ravissement,
Madame; et cet hymen dont je vois qu'on m'honore
Me met...
HENRIETTE. — Tout beau, monsieur, il n'est pas fait encore:
Ne vous pressez pas tant.
PHILAMINTE. — Comme vous répondez!
Savez-vous bien que si?... Suffit. Vous m'entendez.
(A Trissotin.) Elle se rendra sage. Allons, laissons-la faire.

SCÈNE VII. — HENRIETTE, ARMANDE.

ARMANDE. — On voit briller pour vous les soins de notre mère;
Et son choix ne pouvait d'un plus illustre époux.
HENRIETTE. — Si le choix est si beau, que ne le prenez-vous?
ARMANDE. — C'est à vous, non à moi, que sa main est donnée.
HENRIETTE. — Je vous le cède tout, comme à ma sœur aînée.
ARMANDE. — Si l'hymen, comme à vous, me paraissait charmant
J'accepterais votre offre avec ravissement.
HENRIETTE. — Si j'avais, comme vous, les pédants dans la tête,
Je pourrais le trouver un parti fort honnête.
ARMANDE. — Cependant, bien qu'ici nos goûts soient différents,
Nous devons obéir, ma sœur, à nos parents.
Une mère a sur nous une entière puissance;
Et vous croyez en vain par votre résistance...

SCÈNE VIII. — CHRYSALE, ARISTE, CLITANDRE, HENRIETTE, ARMANDE.

CHRYSALE, à Henriette lui présentant Clitandre.
Allons, ma fille, il faut approuver mon dessein.

Otez ce gant. Touchez à monsieur dans la main,
Et le considérez désormais dans votre ame,
En homme dont je veux que vous soyez la femme.
ARMANDE. — De ce côté, ma sœur, vos penchants sont fort grands.
HENRIETTE. — Il nous faut obéir, ma sœur, à nos parents;
Un père a sur nos vœux une entière puissance.
ARMANDE. — Une mère a sa part à notre obéissance.
CHRYSALE. — Qu'est-ce à dire?
             ARMANDE. — Je dis que j'appréhende fort
Qu'ici ma mère et vous ne soyez pas d'accord;
Et c'est un autre époux...
          CHRYSALE. — Taisez-vous, péronnelle.
Allez philosopher tout le soul avec elle,
Et de mes actions ne vous mêlez en rien.
Dites-lui ma pensée, et l'avertissez bien
Qu'elle ne vienne pas m'échauffer les oreilles;
Allons vite.

SCÈNE IX. — CHRYSALE, ARISTE, HENRIETTE, CLITANDRE.

ARISTE. — Fort bien. Vous faites des merveilles.
CLITANDRE. — Quel transport! quelle joie! Ah! que mon sort est doux!
CHRYSALE, à Clitandre. — Allons, prenez sa main, et passez devant nous;
Menez-la dans sa chambre. Ah! les douces caresses!
(A Ariste.) Tenez, mon cœur s'émeut à toutes ces tendresses;
Cela regaillardit tout-à-fait mes vieux jours;
Et je me ressouviens de mes jeunes amours.

                FIN DU TROISIÈME ACTE.

ACTE IV.

SCÈNE PREMIÈRE. — PHILAMINTE, ARMANDE.

ARMANDE. — Oui, rien n'a retenu son esprit en balance;
Elle a fait vanité de son obéissance.
Son cœur, pour se livrer, à peine devant moi
S'est-il donné le temps d'en recevoir la loi,
Et semblait suivre moins les volontés d'un père,
Qu'affecter de braver les ordres d'une mère.
PHILAMINTE. — Je lui montrerai bien aux lois de qui des deux
Les droits de la raison soumettent tous ses vœux,
Et qui doit gouverner ou sa mère ou son père,
Ou l'esprit ou le corps, la forme ou la matière.
ARMANDE. — On vous en devait bien au moins un compliment;
Et ce petit monsieur en use étrangement
De vouloir malgré vous devenir votre gendre.
PHILAMINTE. — Il n'en est pas encor où son cœur peut prétendre.
Je le trouvais bien fait, et j'aimais vos amours;
Mais dans ses procédés il m'a déplu toujours.
Il sait que, Dieu merci, je me mêle d'écrire;
Et jamais il ne m'a prié de ne lui rien lire.

SCÈNE II. — CLITANDRE, entrant doucement et écoutant sans se montrer, ARMANDE, PHILAMINTE.

ARMANDE. — Je ne souffrirais point, si j'étais que de vous,
Que jamais d'Henriette il pût être l'époux.
On me ferait grand tort d'avoir quelque pensée
Que là-dessus je parle en fille intéressée,
Et que le lâche tour que l'on voit qu'il me fait
Jette au fond de mon cœur quelque dépit secret.
Contre de pareils coups l'ame se fortifie,

Du solide secours de la philosophie,
Et par elle on se peut mettre au-dessus de tout ;
Mais vous traiter ainsi, c'est vous pousser à bout.
Il est de votre honneur d'être à ses vœux contraire ;
Et c'est un homme enfin qui ne doit point vous plaire.
Jamais je n'ai connu, discourant entre nous,
Qu'il eût au fond du cœur de l'estime pour vous.

PHILAMINTE. — Petit sot !

ARMANDE. — Quelque bruit que votre gloire fasse,
Toujours à vous louer il a paru de glace.

PHILAMINTE. — Le brutal !

ARMANDE. — Et vingt fois comme ouvrages nouveaux,
J'ai lu des vers de vous qu'il n'a point trouvés beaux.

PHILAMINTE. — L'impertinent !

ARMANDE. — Souvent nous étions aux prises ;
Et vous ne croiriez point de combien de sottises...

CLITANDRE, à Armande. — Hé ! doucement, de grace. Un peu de charité,
Madame, ou tout au moins un peu d'honnêteté.
Quel mal vous ai-je fait ? et quelle est mon offense
Pour armer contre moi toute votre éloquence,
Pour vouloir me détruire et prendre tant de soin
De me rendre odieux aux gens dont j'ai besoin ?
Parlez, dites, d'où vient ce courroux effroyable ?
Je veux bien que madame en soit juge équitable.

ARMANDE. — Si j'avais le courroux dont on veut m'accuser,
Je trouverais assez de quoi l'autoriser.
Vous en seriez trop digne : et les premières flammes
S'établissent des droits si sacrés sur les ames,
Qu'il faut perdre fortune et renoncer au jour,
Plutôt que de brûler des feux d'un autre amour.
Au changement de vœux nulle horreur ne s'égale ;
Et tout cœur infidèle est un monstre en morale.

CLITANDRE. — Appelez-vous, madame, une infidélité
Ce que m'a de votre ame ordonné la fierté ?
Je ne fais qu'obéir aux lois qu'elle m'impose ;
Et si je vous offense, elle seule en est cause.
Vos charmes ont d'abord possédé tout mon cœur.
Il a brûlé deux ans d'une constante ardeur ;
Il n'est soins empressés, devoirs, respects, services,
Dont il ne vous ait fait d'amoureux sacrifices.
Tous mes feux, tous mes soins, ne peuvent rien sur vous,
Je vous trouve contraire à mes vœux les plus doux ;
Ce que vous refusez, je l'offre au choix d'une autre.
Voyez. Est-ce, madame, ou ma faute, ou la vôtre ?
Mon cœur court-il au change, ou si vous l'y poussez ?
Est-ce moi qui vous quitte ? ou vous qui me chassez ?

ARMANDE. — Appelez-vous, monsieur, être à vos vœux contraire,
Que de leur arracher ce qu'ils ont de vulgaire
Et vouloir les réduire à cette pureté
Où du parfait amour consiste la beauté ?
Vous ne sauriez pour moi tenir votre pensée
Du commerce des sens nette et débarrassée ;
Et vous ne goûtez point, dans ses plus doux appas,
Cette union des cœurs où les corps n'entrent pas.
Vous ne pouvez aimer que d'une amour grossière ;
Qu'avec tout l'attirail des nœuds de la matière ;
Et, pour nourrir les feux que chez vous on produit,
Il faut un mariage et tout ce qui s'ensuit.
Ah ! quel étrange amour ! et que les belles ames
Sont bien loin de brûler de ces terrestres flammes !
Les sens n'ont point de part à toutes leurs ardeurs,

Et ce beau feu ne veut marier que les cœurs;
Comme une chose indigne, il laisse là le reste;
C'est un feu pur et net comme le feu céleste;
On ne pousse avec lui que d'honnêtes soupirs,
Et l'on ne penche point vers les sales désirs.
Rien d'impur ne se mêle au but qu'on se propose;
On aime pour aimer, et non pour autre chose :
Ce n'est qu'à l'esprit seul que vont tous les transports,
Et l'on ne s'aperçoit jamais qu'on ait un corps.

CLITANDRE. — Pour moi, par un malheur, je m'aperçois, madame,
Que j'ai, ne vous déplaise, un corps tout comme une âme;
Je sens qu'il y tient trop pour le laisser à part.
De ces détachements je ne connais point l'art;
Le ciel m'a dénié cette philosophie,
Et mon ame et mon corps marchent de compagnie.
Il n'est rien de plus beau, comme vous avez dit,
Que ces vœux épurés qui ne vont qu'à l'esprit,
Ces unions de cœurs, et ces tendres pensées,
Du commerce des sens si bien débarrassées.
Mais ces amours pour moi sont trop subtilisés;
Je suis un peu grossier comme vous m'accusez :
J'aime avec tout moi-même; et l'amour qu'on me donne
En veut, je le confesse, à toute la personne.
Ce n'est pas la matière à de grands châtiments;
Et, sans faire de tort à vos beaux sentiments,
Je vois que dans le monde on suit fort ma méthode,
Et que le mariage est assez à la mode,
Passe pour un lien assez honnête et doux,
Pour avoir désiré de me voir votre époux,
Sans que la liberté d'une telle pensée
Ait dû vous donner lieu d'en paraître offensée.

ARMANDE. — Hé bien! monsieur, hé bien! puisque, sans m'écouter,
Vos sentiments brutaux veulent se contenter;
Puisque, pour vous réduire à des ardeurs fidèles,
Il faut des nœuds de chair, des chaînes corporelles;
Si ma mère le veut, je résous mon esprit
A consentir pour vous à ce dont il s'agit.

CLITANDRE. — Il n'est plus temps, madame, une autre a pris la place;
Et par un tel retour j'aurais mauvaise grace
De maltraiter l'asyle et blesser les bontés
Où je me suis sauvé de toutes vos fiertés.

PHILAMINTE. — Mais enfin comptez-vous, monsieur, sur mon suffrage,
Quand vous vous promettez cet autre mariage?
Et, dans vos visions, savez-vous, s'il vous plaît,
Que j'ai pour Henriette un autre époux tout prêt?

CLITANDRE. — Hé! madame, voyez votre choix, je vous prie;
Exposez-moi, de grace, à moins d'ignominie,
Et ne me rangez pas à l'indigne destin
De me voir le rival de monsieur Trissotin.
L'amour des beaux esprits, qui chez vous m'est contraire,
Ne pouvait m'opposer un moins noble adversaire.
Il en est, et plusieurs, que, pour le bel esprit,
Le mauvais goût du siècle a su mettre en crédit;
Mais monsieur Trissotin n'a pu duper personne,
Et chacun rend justice aux écrits qu'il nous donne.
Hors céans, on le prise en tout lieux ce qu'il vaut;
Et ce qui m'a vingt fois fait tomber de mon haut,
C'est de vous voir au ciel élever des sornettes
Que vous désavoueriez, si vous les aviez faites.

PHILAMINTE. — Si vous jugez de lui tout autrement que nous,
C'est que nous le voyons par d'autres yeux que vous.

SCÈNE III. — TRISSOTIN, PHILAMINTE, ARMANDE. CLITANDRE.

TRISSOTIN, à Philaminte.

Je viens vous annoncer une grande nouvelle.
Nous l'avons en dormant, madame, échappé belle .
Un monde près de nous a passé tout du long,
Est chu tout au travers de notre tourbillon,
Et, s'il eût en chemin rencontré notre terre,
Elle eût été brisée en morceaux comme un verre.

PHILAMINTE. — Remettons ce discours pour une autre saison :
Monsieur n'y trouverait ni rime ni raison ;
Il fait profession de chérir l'ignorance,
Et de haïr surtout l'esprit et la science.

CLITANDRE. — Cette vérité veut quelque adoucissement.
Je m'explique, madame ; et je hais seulement
La science et l'esprit qui gâtent les personnes.
Ce sont choses, de soi, qui sont belles et bonnes ;
Mais j'aimerais mieux être au rang des ignorants,
Que de me voir savant comme certaines gens.

TRISSOTIN. — Pour moi je ne tiens pas, quelque effet qu'on suppose,
Que la science soit pour gâter quelque chose.

CLITANDRE. — Et c'est mon sentiment qu'en faits comme en propos
La science est sujette à faire de grands sots.

TRISSOTIN. — Le paradoxe est fort.

              CLITANDRE. — Sans être fort habile,
La preuve m'en serait, je pense, assez facile.
Si les raisons manquaient, je suis sûr qu'en tous cas
Les exemples fameux ne me manqueraient pas.

TRISSOTIN. — Vous en pourriez citer qui ne concluraient guère.

CLITANDRE. — Je n'irais pas bien loin pour trouver mon affaire.

TRISSOTIN. — Pour moi, je ne vois pas ces exemples fameux.

CLITANDRE. — Moi, je le vois si bien, qu'ils me crèvent les yeux.

TRISSOTIN. — J'ai cru jusques ici que c'était l'ignorance
Qui faisais les grands sots et non pas la science.

CLITANDRE. — Vous avez cru fort mal ; et je vous suis garant
Qu'un sot savant est sot plus qu'un sot ignorant.

TRISSOTIN. — Le sentiment commun est contre vos maximes,
Puisqu'ignorant et sot sont termes synonymes.

CLITANDRE. — Si vous le voulez prendre aux usages du mot,
L'alliance est plus grande entre pédant et sot.

TRISSOTIN. — La sottise, dans l'un, se fait voir toute pure ;

CLITANDRE. — Et l'étude, dans l'autre, ajoute à la nature.

TRISSOTIN. — Le savoir garde en soi son mérite éminent.

CLITANDRE. — Le savoir, dans un fat, devient impertinent.

TRISSOTIN. — Il faut que l'ignorance ait pour vous de grands charmes,
Puisque pour elle ainsi vous prenez tant les armes.

CLITANDRE. — Si pour moi l'ignorance a des charmes bien grands,
C'est depuis qu'à mes yeux s'offrent certains savants.

TRISSOTIN. — Ces certains savants là peuvent à les connaître,
Valoir certaines gens que nous voyons paraître.

CLITANDRE. — Oui, si l'on s'en rapporte à ces certains savants
Mais on n'en convient pas chez ces certaines gens.

              PHILAMINTE, à Clitandre.

Il me semble, monsieur...

              CLITANDRE. — Hé ! madame, de grace ;
Monsieur est assez fort, sans qu'à son aide on passe.
Je n'ai déjà que trop d'un si rude assaillant ;
Et, si je me défends, ce n'est qu'en reculant.

ARMANDE. — Mais l'offensante aigreur de chaque répartie,
Dont vous...

              CLITANDRE. — Autre second ! Je quitte la partie,

PHILAMINTE. — On souffre aux entretiens ces sortes de combats,
 Pourvu qu'à la personne on ne s'attaque pas.
CLITANDRE. — Hé! mon dieu! tout cela n'a rien dont il s'offense,
 Il entend raillerie autant qu'homme de France,
 Et de bien d'autres traits il s'est senti piquer,
 Sans que jamais sa gloire ait fait que s'en moquer.
TRISSOTIN. — Je ne m'étonne pas, au combat que j'essuie,
 De voir prendre à monsieur la thèse qu'il appuie;
 Il est fort enfoncé dans la cour, c'est tout dit.
 La cour, comme l'on sait, ne tient pas pour l'esprit:
 Elle a quelque intérêt d'appuyer l'ignorance,
 Et c'est en courtisan qu'il en prend la défense.
CLITANDRE. — Vous en voulez beaucoup à cette pauvre cour;
 Et son malheur est grand de voir que, chaque jour,
 Vous autres, beaux esprits, vous déclamiez contre elle,
 Que de tous vos chagrins vous lui fassiez querelle,
 Et, sur son méchant goût lui faisant un procès,
 N'accusiez que lui seul de vos méchants succès.
 Permettez-moi, monsieur Trissotin, de vous dire,
 Avec tout le respect que votre nom m'inspire,
 Que vous feriez fort bien, vos confrères et vous,
 De parler de la cour d'un ton un peu plus doux;
 Qu'à le bien prendre au fond, elle n'est pas si bête
 Que, vous autres messieurs, vous vous mettez en tête;
 Qu'elle a du sens commun pour se connaître à tout,
 Que chez elle on se peut former quelque bon goût;
 Et que l'esprit du monde y vaut, sans flatterie,
 Tout le savoir obscur de la pédanterie.
TRISSOTIN. — De son bon goût, monsieur, nous voyons des effets.
CLITANDRE. — Où voyez-vous, monsieur, qu'elle l'ait si mauvais?
TRISSOTIN. — Ce que je vois, monsieur? C'est que pour la science
 Rasius et Baldus font honneur à la France,
 Et que tout leur mérite, exposé fort au jour,
 N'attire point les yeux et les dons de la cour.
CLITANDRE. — Je vois votre chagrin, et que, par modestie,
 Vous ne vous mettez point, monsieur, de la partie.
 Et pour ne vous point mettre aussi dans le propos,
 Que font-ils pour l'état, vos habiles héros?
 Qu'est ce que leurs écrits lui rendent de service,
 Pour accuser la cour d'une horrible injustice,
 Et se plaindre en tous lieux que sur leurs doctes noms
 Elle manque à verser la faveur de ses dons?
 Leur savoir à la France est beaucoup nécessaire!
 Et des livres qu'ils font la cour a bien affaire!
 Il semble à trois gredins, dans leur petit cerveau,
 Que pour être imprimés et reliés en veau,
 Les voilà dans l'état d'importantes personnes;
 Qu'avec leur plume ils font les destins des couronnes;
 Qu'au moindre petit bruit de leurs productions,
 Ils doivent voir chez eux voler les pensions;
 Que sur eux l'univers a la vue attachée;
 Que partout de leur nom la gloire est épanchée;
 Et qu'en science ils sont des prodiges fameux,
 Pour savoir ce qu'ont dit les autres avant eux,
 Pour avoir eu trente ans des yeux et des oreilles,
 Pour avoir employé neuf ou dix mille veilles
 A se bien barbouiller de grec et de latin,
 Et se charger l'esprit d'un ténébreux butin
 De tous les vieux fatras qui traînent dans les livr
 Gens qui de leur savoir paraissent toujours ivres
 Riches, pour tout mérite, en babil importun;

Inhabiles à tout, vides de sens commun,
Et pleins d'un ridicule et d'une impertinence
A décrier partout l'esprit et la science.

PHILAMINTE. — Votre chaleur est grande ; et cet emportement
De la nature en vous marque le mouvement.
C'est le nom de rival, qui dans votre ame excite...

SCÈNE IV. — TRISSOTIN, PHILAMINTE, CLITANDRE, ARMANDE, JULIEN.

JULIEN. — Le savant qui tantôt vous a rendu visite,
Et de qui j'ai l'honneur de me voir le valet,
Madame, vous exhorte à lire ce billet.

PHILAMINTE. — Quelque important que soit ce qu'on veut que je lise,
Apprenez, mon ami, que c'est une sottise
De se venir jeter au travers d'un discours,
Et qu'aux gens d'un logis il faut avoir recours,
Afin de s'introduire en valet qui sait vivre.

JULIEN. — Je noterai cela, madame, dans mon livre.

PHILAMINTE.

« Trissotin s'est vanté, madame, qu'il épouserait votre fille. Je vous donne
« avis que sa philosophie n'en veut qu'à vos richesses, et que vous ferez bien
« de ne pas conclure ce mariage que vous n'ayez vu le poème que je com-
« pose contre lui. En attendant cette peinture, où je prétends vous le dé-
« peindre de toutes ses couleurs, je vous envoie Horace, Virgile, Térence et
« Catulle, où vous verrez notés en marge tous les endroits qu'il a pillés. »

Voilà sur cet hymen que je me suis promis
Un mérite attaqué de beaucoup d'ennemis ;
Et ce déchaînement aujourd'hui me convie
A faire une action qui confonde l'envie,
Qui lui fasse sentir que l'effort qu'elle fait
De ce qu'elle veut rompre aura pressé l'effet.
    (à Julien.)
Reportez tout cela sur l'heure à votre maître :
Et lui dites qu'afin de lui faire connaître
Quel grand état je fais de ses nobles avis,
Et comme je les crois dignes d'être suivis,
            (montrant Trissotin)
Dès ce soir à monsieur je marierai ma fille.

SCÈNE V. — PHILAMINTE, ARMANDE, CLITANDRE.

PHILAMINTE, à Clitandre.

Vous, monsieur, comme ami de toute la famille,
A signer le contrat vous pourrez assister ;
Et je vous y veux bien, de ma part, inviter.
Armande, prenez soin d'envoyer au notaire,
Et d'aller avertir votre sœur de l'affaire.

ARMANDE. — Pour avertir ma sœur il n'en est pas besoin ;
Et monsieur que voilà saura prendre le soin
De courir lui porter bientôt cette nouvelle,
Et disposer son cœur à vous être rebelle.

PHILAMINTE. — Nous verrons qui sur elle aura plus de pouvoir,
Et si je la saurai réduire à son devoir.

SCENE VI. — ARMANDE, CLITANDRE.

ARMANDE. — J'ai grand regret, monsieur, de voir qu'à vos visées
Les choses ne soient pas tout-à-fait disposées.

CLITANDRE. — Je m'en vais travailler, madame, avec ardeur,
A ne vous point laisser ce grand regret au cœur.

ARMANDE. — J'ai peur, que votre effort n'ait pas trop bonne issue.

CLITANDRE. — Peut-être verrez-vous votre crainte déçue.

ARMANDE. — Je le souhaite ainsi.

            CLITANDRE. — J'en suis persuadé,
Et que de votre appui je serai secondé.

ARMANDE. — Oui, je vais vous servir de toute ma puissance.

CLITANDRE. — Et ce service est sûr de ma reconnaissance.

SCÈNE VII. — CHRYSALE, ARISTE, HENRIETTE, CLITANDRE.

CLITANDRE. — Sans votre appui, monsieur, je serai malheureux ;
Madame votre femme a rejeté mes vœux ;
Et son cœur prévenu veut Trissotin pour gendre.

CHRYSALE. — Mais quelle fantaisie a-t-elle donc pu prendre ?
Pourquoi diantre vouloir ce monsieur Trissotin ?

ARISTE. — C'est par l'honneur qu'il a de rimer à latin
Qu'il a sur son rival emporté l'avantage.

CLITANDRE. — Elle veut dès ce soir faire ce mariage.

CHRYSALE. — Dès ce soir ?

CLITANDRE. — Dès ce soir.

CHRYSALE. — Et dès ce soir je veux,
Pour la contrecarrer vous marier tous deux.

CLITANDRE. — Pour dresser le contrat elle envoie au notaire.

CHRYSALE. — Et je vais le quérir pour celui qu'il doit faire.

CLITANDRE, montrant Henriette.
Et madame doit être instruite par sa sœur
De l'hymen où l'on veut qu'elle apprête son cœur.

CHRYSALE. — Et moi, je lui commande avec pleine puissance
De préparer sa main à cette autre alliance.
Ah ! je leur ferai voir si, pour donner la loi,
Il est dans ma maison d'autre maître que moi.
(à Henriette.) Nous allons revenir, songez à nous attendre.
Allons, suivez mes pas, mon frère, et vous, mon gendre.

HENRIETTE, à Ariste.
Hélas ! dans cette humeur conservez-le toujours.

ARISTE. — J'emploierai toutes choses à servir vos amours.

SCÈNE VIII. — HENRIETTE, CLITANDRE.

CLITANDRE. — Quelque secours puissant qu'on promette à ma flamme,
Mon plus solide espoir, c'est votre cœur, madame.

HENRIETTE — Pour mon cœur, vous pouvez vous assurer de lui.

CLITANDRE. — Je ne puis qu'être heureux quand j'aurai son appui.

HENRIETTE. — Vous voyez à quels nœuds on prétend le contraindre.

CLITANDRE. — Tant qu'il sera pour moi, je ne vois rien à craindre.

HENRIETTE. — Je vais tout essayer pour nos vœux les plus doux :
Et si tous mes efforts ne me donnent à vous,
Il est une retraite où notre âme se donne,
Qui m'empêchera d'être à toute autre personne.

CLITANDRE. — Veuille le juste ciel me garder en ce jour
De recevoir de vous cette preuve d'amour !

FIN DU QUATRIÈME ACTE.

ACTE V.

SCÈNE PREMIÈRE. — HENRIETTE, TRISSOTIN.

HENRIETTE. — C'est sur le mariage où ma mère s'apprête
Que j'ai voulu, monsieur, vous parler tête à tête ;
Et j'ai cru, dans le trouble où je vois la maison,
Que je pourrais vous faire écouter la raison.
Je sais qu'avec mes vœux vous me jugez capable
De vous porter en dot un bien considérable.
Mais l'argent dont on voit tant de gens faire cas,
Pour un vrai philosophe a d'indignes appas ;
Et le mépris du bien et des grandeurs frivoles
Ne doit point éclater dans vos seules paroles.

TRISSOTIN. — Aussi n'est-ce point là ce qui me charme en vous ;

Et vos brillants attraits, vos yeux perçants et doux,
Votre grace et votre air, sont les biens, les richesses,
Qui vous ont attiré mes vœux et mes tendresses :
C'est de ces seuls trésors que je suis amoureux.

HENRIETTE. — Je suis fort redevable à vos feux généreux,
Cet obligeant amour a de quoi me confondre ;
Et j'ai regret, monsieur, de n'y pouvoir répondre,
Je vous estime autant qu'on saurait estimer ;
Mais je trouve un obstacle à vous pouvoir aimer.
Un cœur, vous le savez, à deux ne saurait être,
Et je sens que du mien Clitandre s'est fait maître.
Je sais qu'il a bien moins de mérite que vous,
Que j'ai de méchants yeux pour le choix d'un époux,
Que, par cent beaux talents, vous devriez me plaire ;
Je vois bien que j'ai tort, mais je n'y puis que faire ·
Et tout ce que sur moi peut le raisonnement,
C'est de me vouloir mal d'un tel aveuglement.

TRISSOTIN. — Le don de votre main, où l'on me fait prétendre,
Me livrera ce cœur que possède Clitandre ;
Et, par mille doux soins, j'ai lieu de présumer
Que je pourrai trouver l'art de me faire aimer.

HENRIETTE. — Non : à ses premiers vœux mon ame est attachée,
Et ne peut de vos soins, monsieur, être touchée.
Avec vous librement j'ose ici m'expliquer,
Et mon aveu n'a rien qui vous doive choquer.
Cette amoureuse ardeur, qui dans les cœurs s'excite,
N'est point, comme l'on sait, un effet du mérite :
Le caprice y prend part ; et, quand quelqu'un nous plaît,
Souvent nous avons peine à dire pourquoi c'est.
Si l'on aimait, monsieur, par choix et par sagesse,
Vous auriez tout mon cœur et toute ma tendresse ;
Mais on voit que l'amour se gouverne autrement.
Laissez-moi, je vous prie, à mon aveuglement,
Et ne vous servez point de cette violence
Que, pour vous, on veut faire à mon obéissance.
Quand on est honnête homme, on ne veut rien devoir
À ce que des parents ont sur nous de pouvoir ;
On répugne à se faire immoler ce qu'on aime,
Et l'on veut n'obtenir un cœur que de lui-même.
Ne poussez point ma mère à vouloir, par son choix,
Exercer sur mes vœux la rigueur de ses droits.
Otez-moi votre amour, et portez à quelque autre
Les hommages d'un cœur aussi cher que le vôtre.

TRISSOTIN. — Le moyen que ce cœur puisse vous contenter ?
Imposez-lui des lois qu'il puisse exécuter.
De ne vous point aimer peut-il être capable,
A moins que vous cessiez, madame, d'être aimable,
Et d'étaler aux yeux les célestes appas ?...

HENRIETTE. — Eh ! monsieur, laissons là ce galimatias.
Vous avez tant d'Iris, de Philis, d'Amarantes,
Que partout, dans vos vers, vous peignez si charmantes,
Et pour qui vous jurez tant d'amoureuse ardeur...

TRISSOTIN. — C'est mon esprit qui parle, et ce n'est pas mon cœur.
D'elles on ne me voit amoureux qu'en poète ;
Mais j'aime tout de bon l'adorable Henriette.

HENRIETTE. — Eh ! de grace, monsieur...

TRISSOTIN. — Si c'est vous offenser,
Mon offense envers vous n'est pas prête à cesser.
Cette ardeur, jusqu'ici de vos yeux ignorée,
Vous consacre des vœux d'éternelle durée.
Rien n'en peut arrêter les aimables transports ;

Et, bien que vos beautés condamnent mes efforts,
Je ne puis refuser le secours d'une mère
Qui prétend couronner une flamme si chère;
Et, pourvu que j'obtienne un bonheur si charmant,
Pourvu que je vous aie, il n'importe comment.

HENRIETTE. — Mais savez-vous qu'on risque un peu plus qu'on ne pense
A vouloir sur un cœur user de violence;
Qu'il ne fait pas bien sûr, à vous le trancher net,
D'épouser une fille en dépit qu'elle en ait;
Et qu'elle peut aller, en se voyant contraindre,
A des ressentiments que le mari doit craindre.

TRISSOTIN. — Un tel discours n'a rien dont je sois altéré;
A tous évènements le sage est préparé.
Guéri par la raison des faiblesses vulgaires,
Il se met au-dessus de ces sortes d'affaires,
Et n'a garde de prendre aucune ombre d'ennui
De tout ce qui n'est pas pour dépendre de lui.

HENRIETTE. — En vérité, monsieur, je suis de vous ravie;
Et je ne pensais pas que la philosophie
Fût si belle qu'elle est, d'instruire ainsi les gens
A porter constamment de pareils accidents.
Cette fermeté d'âme, à vous si singulière,
Mérite qu'on lui donne une illustre matière,
Est digne de trouver qui prenne avec amour
Les soins continuels de la mettre en son jour;
Et, comme, à dire vrai, je n'oserais me croire
Bien propre à lui donner tout l'éclat de sa gloire,
Je le laisse à quelque autre, et vous jure, entre nous,
Que je renonce au bien de vous voir mon époux.

TRISSOTIN, *en sortant.*
Nous allons voir bientôt comment ira l'affaire;
Et l'on a là-dedans fait venir le notaire.

SCÈNE II. — CHRYSALE, CLITANDRE, HENRIETTE, MARTINE.

CHRYSALE. — Ah! ma fille, je suis bien aise de vous voir;
Allons, venez-vous-en faire votre devoir,
Et soumettre vos vœux aux volontés d'un père.
Je veux, je veux apprendre à vivre à votre mère;
Et, pour la mieux braver, voilà malgré ses dents,
Martine que j'amène et rétablis céans.

HENRIETTE. — Vos résolutions sont dignes de louange.
Gardez que cette humeur, mon père, ne vous change;
Soyez ferme à vouloir ce que vous souhaitez;
Et ne vous laissez point séduire à vos bontés.
Ne vous relâchez pas, et faites bien en sorte
D'empêcher que sur vous ma mère ne l'emporte.

CHRYSALE. — Comment! Me prenez-vous ici pour un benêt?

HENRIETTE. — M'en préserve le ciel!

CHRYSALE. — Suis-je un fat, s'il vous plaît?

HENRIETTE. — Je ne dis pas cela.

CHRYSALE. — Me croit-on incapable
Des fermes sentiments d'un homme raisonnable?

HENRIETTE. — Non, mon père.

CHRYSALE. — Est-ce donc qu'à l'âge où je me voi
Je n'aurai pas l'esprit d'être maître chez moi?

HENRIETTE. — Si fait.

CHRYSALE. — Et que j'aurais cette faiblesse d'ame
De me laisser mener par le nez à ma femme?-

HENRIETTE. — Hé! non, mon père.

CHRYSALE. — Ouais! qu'est-ce donc que ceci?
Je vous trouve plaisante à me parler ainsi.

HENRIETTE. — Si je vous ai choqué, ce n'est pas mon envie.

CHRYSALE. — Ma volonté céans doit être en tout suivie.

HENRIETTE. — Fort bien, mon père.

CHRYSALE. — Aucun, hors moi, dans la maison,
N'a droit de commander.

HENRIETTE. — Oui, vous avez raison.

CHRISALLE. — C'est moi qui tiens le rang de chef de famille.

HENRIETTE. — D'accord.

CHRYSALE. — C'est moi qui dois disposer de ma fille.

HENRIETTE. — Hé ! oui.

CHRYSALE. — Le ciel me donne un plein pouvoir sur vous.

HENRIETTE. — Qui vous dit le contraire ?

CHRYSALE. — Et, pour prendre un époux,
Je vous ferai bien voir que c'est à votre père
Qu'il vous faut obéir, non pas à votre mère.

HENRIETTE. — Hélas ! vous flattez là le plus doux de mes vœux ;
Veuillez être obéi, c'est tout ce que je veux.

CHRYSALLE. — Nous verrons si ma femme à mes désirs rebelle...

CLITANDRE. — La voici qui conduit le notaire avec elle.

CHRYSALE. — Secondez-moi bien tous.

MARTINE. — Laissez-moi : j'aurais soin
De vous encourager, s'il en est de besoin.

SCÈNE III.

PHILAMINTE, BÉLISE, ARMANDE, TRISSOTIN, UN NOTAIRE, CHRYSALE.
CLITANDRE, HENRIETTE, MARTINE.

PHILAMINTE, *au notaire.*

Vous ne sauriez changer votre style sauvage,
Et nous faire un contrat qui soit en beau langage !

LE NOTAIRE. — Notre style est très bon ; et je serais un sot,
Madame, de vouloir y changer un seul mot.

BÉLISE. — Ah ! quelle barbarie au milieu de la France !
Mais au moins, en faveur, monsieur, de la science,
Veuillez, au lieu d'écus, de livres et de francs,
Nous exprimer la dot en mines et talents,
Et dater par les mots d'ides et de calendes.

LE NOTAIRE. — Moi ? Si j'allais, madame, accorder vos demandes,
Je me ferais siffler de tous mes compagnons.

PHILAMINTE. — De cette barbarie en vain nous nous plaignons.
Allons, monsieur, prenez la table pour écrire.
(*apercevant Martine.*)
Ah ! ah ! cette impudente ose encor se produire ?
Pourquoi donc, s'il vous plaît, la ramener chez moi ?

CHRYSALE. — Tantôt avec loisir on vous dira pourquoi.
Nous avons maintenant autre chose à conclure.

LE NOTAIRE. — Procédons au contrat. Où donc est la future ?

PHILAMINTE. — Celle que je marie est la cadette.

LE NOTAIRE. — Bon.

CHRYSALE, *montrant Henriette.*
Oui, la voilà, monsieur : Henriette est son nom.

LE NOTAIRE. — Fort bien. Et le futur ?

PHILAMINTE, *montrant Trissotin.*
L'époux que je lui donne
Est monsieur.

CHRYSALE, *montrant Clitandre.*
Et celui, moi, qu'en propre personne
Je prétends qu'elle épouse, est monsieur.

LE NOTAIRE. — Deux époux !
C'est trop pour la coutume.

PHILAMINTE, *au notaire.*
Où vous arrêtez-vous ?

Mettez, mettez monsieur Trissotin pour mon gendre.

CHRYSALE. — Pour mon gendre mettez, mettez monsieur Clitandre.

LE NOTAIRE. — Mettez-vous donc d'accord ; et, d'un jugement mûr,
    Voyez à convenir entre vous du futur.

PHILAMINTE. — Suivez, suivez, monsieur, le choix où je m'arrête.

CHRYSALE. — Faites, faites, monsieur, les choses à ma tête.

LE NOTAIRE. — Dites-moi donc à qui j'obéirai des deux.

PHILAMINTE, à Chrysale.
    Quoi donc ! Vous combattez les choses que je veux.

CHRYSALE. — Je ne saurais souffrir qu'on ne cherche ma fille
    Que pour l'amour du bien qu'on voit dans ma famille.

PHILAMINTE. — Vraiment à votre bien on songe bien ici!
    Et c'est là, pour un sage, un fort digne souci!

CHRYSALE. — Enfin, pour son époux, j'ai fait choix de Clitandre.

PHILAMINTE, montant Trissotin
    Et moi, pour son époux, voici qui je veux prendre.
    Mon choix sera suivi, c'est un point résolu.

CHRYSALE. — Ouais ! vous le prenez là d'un ton bien absolu.

MARTINE. — Ce n'est point à la femme à prescrire, et je sommes
    Pour céder le dessus en toute chose aux hommes.

CHRYSALE. — C'est bien dit.

MARTINE. — Mon congé cent fois me fût-il hoc,
    La poule ne doit point chanter devant le coq.

CHRYSALE. — Sans doute.

MARTINE. — Et nous voyons que d'un homme on se gausse,
    Quand sa femme chez lui porte le haut-de-chausse.

CHRYSALE. — Il est vrai.

MARTINE. — Si j'avais un mari, je le dis,
    Je voudrais qu'il se fît le maître du logis.
    Je ne l'aimerais point s'il faisait le jocrisse,
    Et, si je contestais contre lui par caprice,
    Si je parlais trop haut, je trouverais fort bon
    Qu'avec quelques soufflets il rabaissât mon ton.

CHRYSALE. — C'est parler comme il faut.

MARTINE. — Monsieur est raisonnable
    De vouloir pour sa fille un mari convenable.

CHRYSALE. — Oui.

MARTINE. — Par quelle raison, jeune et bien fait qu'il est,
    Lui refuser Clitandre ? Et pourquoi, s'il vous plaît,
    Lui bailler un savant qui sans cesse épilogue ?
    Il lui faut un mari, non pas un pédagogue ;
    Et, ne voulant savoir le grais ni le latin,
    Elle n'a pas besoin de monsieur Trissotin.

CHRYSALE. — Fort bien.

PHILAMINTE. — Il faut souffrir qu'elle jase à son aise.

MARTINE. — Les savants ne sont bons que pour prêcher en chaise ;
    Et pour mon mari, moi, mille fois je l'ai dit,
    Je ne voudrais jamais prendre un homme d'esprit.
    L'esprit n'est point du tout ce qu'il faut en ménage,
    Les livres cadrent mal avec le mariage.
    Et je veux, si jamais on engage ma foi,
    Un mari qui n'ait point d'autre livre que moi,
    Qui ne sache A ne B, n'en déplaise à madame,
    Et ne soit, en un mot, docteur que pour sa femme.

PHILAMINTE, à Chrysale.
    Est-ce fait ? Et sans trouble ai-je assez écouté
    Votre digne interprète ?

CHRYSALE. — Elle a dit vérité.

PHILAMINTE. — Et moi, pour trancher court toute cette dispute,
    Il faut qu'absolument mon désir s'exécute.

(montrant Trissotin.)

Henriette et monsieur seront joints de ce pas ;
Je l'ai dit, je le veux ; ne me répliquez pas.
Et si votre parole à Clitandre est donnée,
Offrez-lui le parti d'épouser son aînée.

CHRYSALE. — Voilà dans cette affaire un accommodement,
    (à Henriette et à Clitandre.)
Voyez ; y donnez-vous votre consentement ?

HENRIETTE. — Hé ! mon père !..

                CLITANDRE, *à Chrysale.*
Hé ! monsieur...

               BÉLISE. — On pourrait bien lui faire
Des propositions qui pourraient mieux lui plaire :
Mais nous établissons une espèce d'amour
Qui doit être épuré comme l'astre du jour ;
La substance qui pense y peut être reçue,
Mais nous en bannissons la substance étendue.

SCÈNE IV.

ARISTE, CHRYSALE, PHILAMINTE, BÉLISE, HENRIETTE, ARMANDE. TRIS-
    SOTIN, UN NOTAIRE, CLITANDRE, MARTINE.

ARISTE. — J'ai regret de troubler un mystère joyeux
Par le chagrin qu'il faut que j'apporte en ces lieux.
Ces deux lettres me font porteur de deux nouvelles
Dont j'ai senti pour vous les atteintes cruelles.
    (à Philaminte)
L'une, pour vous, me vient de votre procureur.
    (à Chrysale.)
L'autre, pour vous, me vient de Lyon.

           PHILAMINTE. — Quel malheur
Digne de nous troubler pourrait-on nous écrire ?

ARISTE. — Cette lettre en contient un que vous pouvez lire.

           PHILAMINTE.

« Madame, j'ai prié monsieur votre frère de vous rendre cette lettre, qui
« vous dira ce que je n'ai osé vous aller dire. La grande négligence que vous
« avez pour vos affaires a été cause que le clerc de votre rapporteur ne m'a
« point averti, et vous avez perdu absolument votre procès, que vous deviez
« gagner. »

           CHRYSALE, *à Philaminte.*
Votre procès perdu !

           PHILAMINTE, *à Chrysale.*
      Vous vous troublez beaucoup
Mon cœur n'est point du tout ébranlé de ce coup !
Faites, faites paraître une ame moins commune
A braver, comme moi, les traits de la fortune.

« Le peu de soin que vous avez vous coûte quarante mille écus ; et c'est à
« payer cette somme avec les dépens, que vous êtes condamnée par arrêt de
« la cour. »

           Condamnée ! Ah ! ce mot est choquant, et n'est fait
Que pour les criminels !

           ARISTE. — Il a tort en effet ;
Et vous vous êtes là justement récriée.
Il devait avoir mis que vous étes priée,
Par arrêt de la cour de payer au plus tôt
Quarante mille écus et les dépens qu'il faut.

PHILAMINTE. — Voyons l'autre.

           CHRYSALE.

« Monsieur, l'amitié qui me lie à monsieur votre frère me fait prendre intérêt
« à tout ce qui vous touche. Je sais que vous avez mis votre bien entre les
« mains d'Argante et de Damon, et je vous donne avis qu'en même jour ils
« ont fait tous deux banqueroute. »

O ciel! tout à la fois perdre ainsi tout son bien!

PHILAMINTE, à *Chrysale*.

Ah! quel honteux transport! Fi! tout cela n'est rien.
Il n'est, pour le vrai sage, aucun revers funeste;
Et, perdant toute chose, à soi-même il se reste.
Achevons notre affaire, et quittez votre ennui.

(*montrant Trissotin.*)

Son bien nous peut suffire et pour nous et pour lui.

TRISSOTIN. — Non, madame, cessez de presser cette affaire,
Je vois qu'à cet hymen tout le monde est contraire;
Et mon dessein n'est point de contraindre les gens.

PHILAMINTE. — Cette réflexion vous vient en peu de temps;
Elle suit de bien près, monsieur, notre disgrace.

TRISSOTIN. — De tant de résistance à la fin je me lasse.
J'aime mieux renoncer à tout cet embaras,
Et ne veux point d'un cœur qui ne se donne pas.

PHILAMINTE. — Je vois, je vois de vous non pas pour votre gloire,
Ce que jusques ici j'ai refusé de croire.

TRISSOTIN. — Vous pouvez voir de moi tout ce que vous voudrez,
Et je regarde peu comment vous le prendrez;
Mais je ne suis point homme à souffrir l'infamie
Des refus offensants qu'il faut qu'ici j'essuie.
Je vaux bien que de moi l'on fasse plus de cas;
Et je baise les mains à qui ne me veut pas.

SCÈNE V.

ARISTE, CHRYSALE, PHILAMINTE, BÉLISE, ARMANDE, HENRIETTE, CLITAN-
DRE, UN NOTAIRE, MARTINE.

PHILAMINTE. — Qu'il a bien découvert son ame mercenaire!
Et que peu philosophe est ce qu'il vient de faire!

CLITANDRE. — Je ne me vante point de l'être; mais enfin
Je m'attache, madame, à tout votre destin;
Et j'ose vous offrir, avecque ma personne,
Ce qu'on sait que de bien la fortune me donne.

PHILAMINTE. — Vous me charmez, monsieur, par ce trait généreux,
Et je veux couronner vos désirs amoureux.
Oui, j'accorde Henriette à l'ardeur empressée...

HENRIETTE. — Non, ma mère: je change à présent de pensée.
Souffrez que je résiste à votre volonté.

CLITANDRE. — Quoi! vous vous opposez à ma félicité?
Et lorsqu'à mon amour je vois chacun se rendre...

HENRIETTE. — Je sais le peu de bien que vous avez, Clitandre;
Et je vous ai toujours souhaité pour époux,
Lorsqu'en satisfaisant à mes vœux les plus doux
J'ai vu que mon hymen ajustait vos affaires:
Mais lorsque nous avons des destins si contraires,
Je vous chéris assez dans cette extrémité
Pour ne vous point charger de notre adversité.

CLITANDRE. — Tout destin avec vous me peut être agréable,
Tout destin me serait sans vous insupportable.

HENRIETTE. — L'amour, dans son transport, parle toujours ainsi.
Des retours importuns évitons le souci.
Rien n'use tant l'ardeur de ce nœud qui nous lie,
Que les fâcheux besoins des choses de la vie;
Et l'on en vient souvent à s'accuser tous deux
De tous les noirs chagrins qui suivent de tels feux.

ARISTE, à *Henriette*.

N'est-ce que le motif que nous venons d'entendre
Qui vous fait résister à l'hymen de Clitandre?

HENRIETTE. — Sans cela vous verriez tout mon cœur y courir.

Et je ne fuis sa main que pour le trop chérir.

ARISTE. — Laissez-vous donc lier par des chaînes si belles.
Je ne vous ai porté que de fausses nouvelles ;
Et c'est un stratagème, un surprenant secours,
Que j'ai voulu tenter pour servir vos amours,
Pour détromper ma sœur, et lui faire connaître
Ce que son philosophe à l'essai pouvait être.

CHRYSALE. — Le ciel en soit loué !

PHILAMINTE. — J'en ai la joie au cœur
Par le chagrin qu'aura ce lâche déserteur.
Voilà le châtiment de sa basse avarice,
De voir qu'avec éclat cet hymen s'accomplisse.

CHRYSALE, *à Clitandre*. — Je le savais bien, moi, que vous l'épouseriez.

ARMANDE, *à Philaminte*. — Ainsi donc à leurs vœux vous me sacrifiez ?

PHILAMINTE. — Ce ne sera point vous que je leur sacrifie :
Et vous avez l'appui de la Philosophie
Pour voir d'un œil content couronner leur ardeur.

DÉLISE. — Qu'il prenne garde au moins que je suis dans son cœur ;
Par un prompt désespoir souvent on se marie,
Qu'on s'en repent après tout le temps de sa vie.

CHRYSALE, *au notaire*.
Allons, monsieur, suivez l'ordre que j'ai prescrit,
Et faites le contrat ainsi que je l'ai dit.

FIN DES FEMMES SAVANTES.

LA COMTESSE D'ESCARBAGNAS,

COMÉDIE EN UN ACTE.

PERSONNAGES.

LA COMTESSE D'ESCARBAGNAS.
LE COMTE, fils de la comtesse d'Escarbagnas.
LE VICOMTE, amant de Julie.
JULIE, amante du vicomte.
MONSIEUR TIBAUDIER, conseiller, amant de la comtesse.

MONSIEUR HARPIN, receveur des tailles, autre amant de la comtesse.
MONSIEUR BOBINET, précepteur de M. le comte.
ANDRÉE, suivante de la comtesse.
JEANNOT, valet de M. Tibaudier.
CRIQUET, valet de la comtesse.

La scène est à Angoulême.

SCÈNE PREMIÈRE. — JULIE, LE VICOMTE.

LE VICOMTE. — Hé quoi! madame, vous êtes déjà ici?

JULIE. — Oui. Vous en devriez rougir, Cléante; et il n'est guère honnête à un amant de venir le dernier au rendez-vous.

LE VICOMTE. — Je serais ici il y a une heure, s'il n'y avait point de fâcheux au monde; et j'ai été arrêté en chemin par un vieux importun de qualité, qui m'a demandé tout exprès des nouvelles de la cour, pour trouver moyen de m'en dire des plus extravagantes qu'on puisse débiter; et c'est là, comme vous savez, le fléau des petites villes, que ces grands nouvellistes qui cherchent partout où répandre les contes qu'ils ramassent. Celui-ci m'a montré d'abord deux feuilles de papier pleines jusqu'aux bords d'un grand fatras de balivernes, qui viennent, m'a-t-il dit, de l'endroit le plus sûr du monde. Ensuite, comme d'une chose fort curieuse, il m'a fait avec grand mystère une fatigante lecture de toutes les méchantes plaisanteries de la gazette de Hollande, dont il épouse les intérêts. Il tient que la France est battue en ruine par la plume de cet écrivain, et qu'il ne faut que ce bel esprit pour défaire toutes nos troupes, et de là s'est jeté à corps perdu dans le raisonnement du ministère, dont il remarque tous les défauts, et dont j'ai cru qu'il ne sortirait point. À l'entendre parler, il sait les secrets du cabinet mieux que ceux qui les font. La politique de l'État lui laisse voir tous ses desseins; et elle ne fait pas un pas, dont il ne pénètre les intentions. Il nous apprend les ressorts cachés de tout ce qui se fait, nous découvre les vues de la prudence de nos voisins, et remue à sa fantaisie toutes les affaires de l'Europe. Ses intelligences mêmes s'étendent jusqu'en Afrique et en Asie; et il est informé de tout ce qui s'agite dans le conseil d'en-haut du Prêtre-Jean, et du Grand-Mogol.

JULIE. — Vous parez votre excuse du mieux que vous pouvez, afin de la rendre agréable, et faire qu'elle soit plus aisément reçue.

LE VICOMTE. — C'est là, belle Julie, la véritable cause de mon retardement: et, si je voulais y donner une excuse galante, je n'aurais qu'à vous dire que le rendez-vous que vous voulez prendre peut autoriser la paresse dont vous me querellez; que m'engager à faire l'amant de la maîtresse du logis, c'est me mettre en état de craindre de me trouver ici le premier; que cette feinte où je me force n'étant que pour vous plaire, j'ai lieu de ne vouloir en souffrir la contrainte que devant les yeux qui s'en divertissent: que j'évite le tête à tête avec cette comtesse ridicule dont vous m'embarrassez; et, en un mot, que, ne venant ici que pour vous, j'ai toutes les raisons du monde d'attendre que vous y soyez.

JULIE. — Nous savons bien que vous ne manquerez jamais d'esprit pour donner de belles couleurs aux fautes que vous pourrez faire. Cependant, si vous étiez venu une demi-heure plus tôt, nous aurions profité de tous ces moments; car j'ai trouvé en arrivant que la comtesse était sortie, et je ne doute point qu'elle ne soit allée par la ville se faire honneur de la comédie que vous me donnez sous son nom.

LE VICOMTE. — Mais tout de bon, madame, quand voulez-vous mettre fin à cette contrainte, et me faire moins acheter le bonheur de vous voir?

JULIE. — Quand nos parents pourront être d'accord; ce que je n'ose espérer. Vous savez, comme moi, que les démêlés de nos deux familles ne nous permettent point de nous voir autre part, et que mes frères, non plus que votre père ne sont pas assez raisonnables pour souffrir notre attachement.

LE VICOMTE. — Mais pourquoi ne pas mieux jouir du rendez-vous que leur inimitié nous laisse, et me contraindre à perdre en une sotte feinte les moments que j'ai près de vous?

JULIE. — Pour mieux cacher notre amour; et puis, à vous dire la vérité, cette feinte dont vous parlez m'est une comédie fort agréable; et je ne sais si celle que vous me donnez aujourd'hui nous divertira davantage. Notre comtesse d'Escarbagnas, avec son perpétuel entêtement de qualité, est un aussi bon personnage qu'on en puisse mettre sur le théâtre. Le petit voyage qu'elle a fait à Paris, l'a ramenée dans Angoulême plus achevée qu'elle n'était. L'approche de l'air de la cour a donné à son ridicule de nouveaux agréments; et sa sottise tous les jours ne fait que croître et embellir.

LE VICOMTE. — Oui; mais vous ne considérez pas que le jeu qui vous divertit tient mon cœur au supplice, et qu'on n'est point capable de se jouer longtemps, lorsqu'on a dans l'esprit une passion aussi sérieuse que celle que je sens pour vous. Il est cruel, belle Julie, que cet amusement dérobe à mon amour un temps qu'il voudrait employer à vous expliquer son ardeur; et cette nuit, j'ai fait là-dessus quelques vers, que je ne puis m'empêcher de vous réciter sans que vous me le demandiez, tant la démangeaison de dire ses ouvrages est un vice attaché à la qualité de poète!

C'est trop longtemps, Iris, me mettre à la torture.

Iris, comme vous le voyez, est mis là pour Julie.

C'est trop longtemps, Iris, me mettre à la torture,
Et, si je suis vos lois, je les blâme tout bas
De me forcer à taire un tourment que j'endure,
Pour déclarer un mal que je ne ressens pas.
Faut-il que vos beaux yeux, à qui je rends les armes,
Veuillent se divertir de mes tristes soupirs;
Et n'est-ce pas assez de souffrir pour vos charmes,
Sans me faire souffrir encore pour vos plaisirs?
C'en est trop à la fois que ce double martyre;
Et ce qu'il me faut taire, et ce qu'il me faut dire
Exerce sur mon cœur pareille cruauté.
L'amour le met en feu, la contrainte le tue;
Et si par la pitié vous n'êtes combattue,
Je meurs et de la feinte et de la vérité.

JULIE. — Je vois que vous vous faites là bien plus maltraité que vous n'êtes; mais c'est une licence que prennent messieurs les poètes de mentir de gaieté de cœur, et de donner à leurs maîtresses des cruautés qu'elles n'ont pas, pour s'accommoder aux pensées qui leur peuvent venir. Cependant je serai bien aise que vous me donniez ces vers par écrit.

LE VICOMTE. — C'en est assez de vous les avoir dits, et je dois en demeurer là. Il est permis d'être parfois assez fou pour faire des vers, mais non pour vouloir qu'ils soient vus.

JULIE. — C'est en vain que vous vous retranchez sur une fausse modestie, on sait dans le monde que vous avez de l'esprit, et je ne ne vois pas la raison qui vous oblige à cacher les vôtres.

LE VICOMTE. — Mon Dieu, madame, marchons là-dessus, s'il vous plaît, avec beaucoup de retenue; il est dangereux dans le monde de se mêler d'avoir de l'esprit. Il y a là-dedans un certain ridicule qu'il est facile d'attraper, et nous avons de nos amis qui me font craindre leur exemple.

JULIE. — Mon Dieu, Cléante, vous avez beau dire; je vois avec tout cela que vous mourez d'envie de me les donner; et je vous embarrasserais, si je faisais semblant de ne pas m'en soucier.

LE VICOMTE. — Moi, madame? Vous vous moquez; et je ne suis pas si poète que vous pourriez croire pour... Mais voici votre madame la comtesse d'Escarbagnas. Je sors par l'autre porte pour ne la point trouver, et vais disposer tout le monde au divertissement que je vous ai promis.

SCÈNE II. — LA COMTESSE, JULIE, ANDRÉE et CRIQUET, *dans le fond du théâtre.*

LA COMTESSE. — Ah! mon Dieu! madame, vous voilà toute seule! Quelle pitié est-ce là! toute seule! Il me semble que mes gens m'avaient dit que le vicomte était ici.

JULIE. — Il est vrai qu'il y est venu; mais c'est assez pour lui de savoir que vous n'y étiez pas, pour l'obliger à sortir.

LA COMTESSE. — Comment, il vous a vue?

JULIE. — Oui.

LA COMTESSE. — Et il ne vous a rien dit?

JULIE. — Non, madame; et il a voulu témoigner par là qu'il est tout entier à vos charmes.

LA COMTESSE. — Vraiment, je le veux quereller de cette action. Quelque amour que l'on ait pour moi, j'aime que ceux qui m'aiment rendent ce qu'ils doivent au sexe; et je ne suis point de l'humeur de ces femmes injustes qui s'applaudissent des incivilités que leurs amants font aux autres belles.

JULIE. — Il ne faut point, madame, que vous soyez surprise de son procédé. L'amour que vous lui donnez éclate dans toutes ses actions, et l'empêche d'avoir des yeux que pour vous.

LA COMTESSE. — Je crois être en état de pouvoir faire naître une passion assez forte, et je me trouve pour cela assez de beauté, de jeunesse, et de qualité, dieu merci! mais cela n'empêche pas qu'avec ce que j'inspire on ne puisse garder de l'honnêteté et de la complaisance pour les autres. (*apercevant Criquet*). Que faites-vous donc là, laquais? Est-ce qu'il n'y a pas une antichambre où se tenir, pour venir quand on vous appelle? Cela est étrange, qu'on ne puisse avoir en province un laquais qui sache son monde! A qui est-ce donc que je parle? Voulez-vous donc vous en aller là dehors, petit fripon?

SCÈNE III. — LA COMTESSE, JULIE, ANDRÉE.

LA COMTESSE, *à Andrée.* — Fille, approchez.

ANDRÉE. — Que vous plaît-il, madame?

LA COMTESSE. — Otez-moi mes coiffes. Doucement donc, maladroite! comme vous me saboulez la tête avec vos mains pesantes!

ANDRÉE. — Je fais, madame, le plus doucement que je puis.

LA COMTESSE. — Oui: mais le plus doucement que vous pouvez est fort rudement pour ma tête, et vous me l'avez déboîtée. Tenez encore ce manchon. Ne laissez point traîner tout cela, et emportez-le dans ma garde-robe. Hé bien! où va-t-elle? où va-t-elle? que veut-elle faire, cet oison bridé?

ANDRÉE. — Je veux, madame, comme vous me l'avez dit, porter cela aux garde-robes.

LA COMTESSE. — Ah! mon Dieu! l'impertinente! (*à Julie*). Je vous demande pardon, madame. (*à Andrée.*) Je vous ai dit ma garde-robe, grosse bête, c'est-à-dire où sont mes habits.

ANDRÉE. — Est-ce, madame, qu'à la cour une armoire s'appelle une garde-robe?

LA COMTESSE. — Oui, butorde; on appelle ainsi le lieu où l'on met les habits.

ANDRÉE. — Je m'en ressouviendrai, madame, aussi bien que de votre grenier qu'il faut appeler garde-meuble.

SCÈNE IV. — LA COMTESSE, JULIE.

LA COMTESSE. — Quelle peine il faut prendre pour instruire ces animaux-là!

JULIE. — Je les trouve bien heureux, madame, d'être sous votre discipline.

LA COMTESSE. — C'est une fille de ma mère nourrice que j'ai mise à la chambre, et elle est toute neuve encore.

JULIE. — Cela est d'une belle âme, madame; et il est glorieux de faire ainsi des créatures.

LA COMTESSE. — Allons, des sièges. Holà! laquais! laquais! laquais! En vérité, voilà qui est violent de ne pouvoir pas avoir un laquais pour donner des sièges! Filles, laquais, laquais, filles! quelqu'un! Je pense que tous mes gens sont morts, et que nous serons contraintes de nous donner des sièges nous-mêmes.

SCÈNE V. — LA COMTESSE, JULIE, ANDRÉE.

ANDRÉE. — Que voulez-vous, madame?

LA COMTESSE. — Il se faut bien égosiller avec vous autres!

ANDRÉE. — J'enfermais votre manchon et vos coiffes dans votre armoi..... dis-je, dans votre garde robe.

LA COMTESSE. — Appelez-moi ce petit fripon de laquais.

ANDRÉE. — Holà! Criquet!

LA COMTESSE. — Laissez-là votre Criquet, bouvière; et appelez laquais.

ANDRÉE. — Laquais donc, et non pas Criquet, venez parler à madame. Je pense qu'il est sourd. Criq... laquais, laquais!

SCÈNE VI. — LA COMTESSE, JULIE, ANDRÉE, CRIQUET.

CRIQUET. — Plaît-il?

LA COMTESSE. — Où étiez-vous donc, petit coquin?

CRIQUET — Dans la rue, madame.

LA COMTESSE. — Et pourquoi dans la rue?

CRIQUET. — Vous m'avez dit d'aller là dehors.

LA COMTESSE. — Vous êtes un petit impertinent, mon ami; et vous devez savoir que là dehors, en termes de personnes de qualité, veut dire l'antichambre. Andrée, ayez soin tantôt de faire donner le fouet à ce petit fripon-là, par mon écuyer; c'est un petit incorrigible.

ANDRÉE. — Qu'est-ce que c'est, madame, que votre écuyer? Est-ce maître Charles que vous appelez comme cela?

LA COMTESSE. — Taisez-vous, sotte que vous êtes; vous ne sauriez ouvrir la bouche que vous ne disiez une impertinence (à Criquet). Des sièges. (à Andrée). Et vous, allumez deux bougies dans mes flambeaux d'argent; il se fait déjà tard. Qu'est-ce que c'est donc, que vous me regardez tout effarée?

ANDRÉE. — Madame...

LA COMTESSE. — Eh bien! madame. Qu'y a-t-il?

ANDRÉE. — C'est que...

LA COMTESSE. — Quoi?

ANDRÉE. — C'est que je n'ai point de bougie.

LA COMTESSE. — Comment? Vous n'en avez point?

ANDRÉE. — Non, madame, si ce n'est des bougies de suif.

LA COMTESSE. — La bouvière! Et où donc est la cire que je fis acheter ces jours passés?

ANDRÉE. — Je n'en ai point vu depuis que je suis céans.

LA COMTESSE. — Otez-vous de là, insolente. Je vous renverrai chez vos parents. Apportez-moi un verre d'eau.

SCÈNE VII. — LA COMTESSE et JULIE, *faisant des cérémonies pour s'asseoir.*

LA COMTESSE. — Madame!

JULIE. — Madame!

LA COMTESSE. — Ah! madame!

JULIE. — Ah! madame!

LA COMTESSE. — Mon Dieu, madame.

JULIE. — Mon Dieu! madame!

LA COMTESSE. — Oh! madame!

JULIE. — Oh! madame!

LA COMTESSE. — Hé! madame!

JULIE. — Hé! madame!

LA COMTESSE. — Hé! allons donc, madame!

JULIE. — Hé! allons donc, madame!

LA COMTESSE — Je suis chez moi, madame. Nous sommes cord de cela. Me prenez-vous pour une provinciale, madame?

JULIE. — Dieu m'en garde, madame!

SCÈNE VIII. — LA COMTESSE, JULIE, ANDRÉE, *apportant un verre d'eau*, CRI-
QUET.

LA COMTESSE, *à Andrée*. — Allez, impertinente : je bois avec une soucoupe,
Je vous dis que vous m'alliez quérir une soucoupe pour boire.

ANDRÉE. — Criquet, qu'est-ce que c'est qu'une soucoupe?

CRIQUET. — Une soucoupe?

ANDRÉE. — Oui.

CRIQUET. — Je ne sais.

LA COMTESSE, *à Andrée*. — Vous ne vous grouillez pas?

ANDRÉE. — Nous ne savons tous deux, madame, ce que c'est qu'une soucoupe.

LA COMTESSE. — Apprenez que c'est une assiette sur laquelle on met le verre.

SCÈNE IV. — LA COMTESSE, JULIE.

LA COMTESSE. — Vive Paris pour être bien servie! on vous entend là au
moindre coup-d'œil.

SCÈNE X. — LA COMTESSE, JULIE, ANDRÉE, *apportant un verre d'eau avec une
assiette dessus*; CRIQUET.

LA COMTESSE. — Hé bien! vous ai-je dit comme cela, tête de bœuf? C'est
dessous qu'il faut mettre l'assiette.

ANDRÉE. — Cela est bien aisé. (*Andrée casse le verre en le posant sur l'assiette*).

LA COMTESSE. — Hé bien! ne voilà pas l'étourdie? En vérité, vous me paierez mon verre.

ANDRÉE. — Hé bien! oui, madame, je le paierai.

LA COMTESSE. — Mais voyez cette maladroite, cette bouvière, cette butorde,
cette...

ANDRÉE, *s'en allant*. — Dame! madame, si je le paie, je ne veux point être
querellée.

LA COMTESSE. — Ôtez-vous de devant mes yeux.

SCÈNE XI. — LA COMTESSE JULIE.

LA COMTESSE. — En vérité, madame, c'est une chose étrange que les petites
villes! On n'y sait point du tout son monde; et je viens de faire deux ou trois
visites, où ils ont pensé me désespérer par le peu de respect qu'ils rendent à
ma qualité.

JULIE. — Où auraient-ils appris à vivre? Ils n'ont point fait de voyage à Paris.

LA COMTESSE. — Ils ne laisseraient pas de l'apprendre, s'ils voulaient écouter
les personnes : mais le mal que j'y trouve, c'est qu'ils veulent en savoir autant
que moi, qui ai été deux mois à Paris, et vu toute la cour.

JULIE. — Les sottes gens que voilà!

LA COMTESSE. — Ils sont insupportables avec les impertinentes égalités dont
ils traitent les gens. Car enfin, il faut qu'il y ait de la subordination dans les
choses : et ce qui me met hors de moi, c'est qu'un gentilhomme de ville de
deux jours ou deux cents ans aura l'effronterie de dire qu'il est aussi bien gentilhomme que feu monsieur mon mari, qui demeurait à la campagne, qui avait
meute de chiens courants, et qui prenait la qualité de comte dans tous les contrats qu'il passait.

JULIE. — On sait bien mieux vivre à Paris, dans ces hôtels dont la mémoire
doit être si chère. Cet hôtel de Mouhy, madame, cet hôtel de Lyon, cet hôtel de
Hollande ; les agréables demeures que voilà!

LA COMTESSE. — Il est vrai qu'il y a bien de la différence de ces lieux-là
à tout ceci. On y voit venir du beau monde, qui ne marchande point à vous
rendre tous les respects qu'on saurait souhaiter. On ne se lève pas, si l'on
veut, de dessus son siège ; et lorsque l'on veut voir la revue, ou le grand ballet
de Psyché, on est servi à point nommé.

JULIE. — Je pense, madame, que, durant votre séjour à Paris, vous avez
bien fait des conquêtes de qualité.

LA COMTESSE. — Vous pouvez bien croire, madame, que tout ce qui s'appelle
les galants de la cour n'a pas manqué de venir à ma porte, et de m'en conter ;
et je garde dans ma cassette de leurs billets qui peuvent faire voir quelles

propositions j'ai refusées; il n'est pas nécessaire de vous dire leurs noms: on sait ce qu'on veut dire par les galants de la cour.

JULIE. — Je m'étonne, madame, que, de tous ces grands noms que je devine, vous ayez pu redescendre à un monsieur Tibaudier, le conseiller, et à un monsieur Harpin, le receveur de tailles. La chute est grande, je vous l'avoue; car, pour monsieur votre vicomte, quoique vicomte de province, c'est toujours un vicomte, et il peut faire un voyage à Paris, s'il n'en a point fait; mais un conseiller et un receveur sont des amants un peu bien minces pour une grande comtesse comme vous.

LA COMTESSE. — Ce sont gens qu'on ménage dans les provinces pour le besoin qu'on en peut avoir; ils servent au moins à remplir les vides de la galanterie, à faire nombre de soupirants; et il est bon, madame, de ne pas laisser un amant seul maître du terrain, de peur que, faute de rivaux, son amour ne s'endorme sur trop de confiance.

JULIE. — Je vous avoue, madame, qu'il y a merveilleusement à profiter de tout ce que vous dites : c'est une école que votre conversation, et j'y viens tous les jours attraper quelque chose.

SCÈNE XII. — LA COMTESSE, JULIE, ANDRÉE, CRIQUET.

CRIQUET, à la comtesse. — Voilà Jeannot de monsieur le conseiller qui vous demande, madame.

LA COMTESSE. — Hé bien ! petit coquin, voilà encore de vos âneries. Un laquais qui saurait vivre aurait été parler tout bas à la demoiselle suivante, qui serait venue dire doucement à l'oreille de sa maîtresse : Madame, voilà le laquais de monsieur un tel, qui demande à vous dire un mot : à quoi la maîtresse aurait répondu : Faites-le entrer.

SCÈNE XIII. — LA COMTESSE, JULIE, ANDRÉE, CRIQUET, JEANNOT.

CRIQUET. — Entrez, Jeannot.

LA COMTESSE. — Autre lourderie. (à Jeannot) Qu'y a-t-il, laquais? Que portes-tu là?

JEANNOT. — C'est monsieur le conseiller, madame, qui vous souhaite le bon jour, et, auparavant que de venir, vous envoie des poires de son jardin, avec ce petit mot d'écrit.

LA COMTESSE. — C'est du bon chrétien, qui est fort beau. Andrée, faites porter cela à l'office.

SCÈNE XIV. — LA COMTESSE, JULIE, CRIQUET, JEANNO

LA COMTESSE, donnant de l'argent à Jeannot. — Tiens, mon enfant, voilà pour boire.

JEANNOT. — Oh! non, madame.

LA COMTESSE. — Tiens, te dis-je.

JEANNOT. — Mon maître m'a défendu, madame, de rien prendre de vous.

LA COMTESSE. — Cela ne fait rien.

JEANNOT. — Pardonnez-moi, madame.

CRIQUET. — Hé! prenez, Jeannot. Si vous n'en voulez pas, vous me le baillerez.

LA COMTESSE. — Dis à ton maître que je le remercie.

CRIQUET, à Jeannot qui s'en va. — Donne-moi donc cela.

JEANNOT. — Oui, quelque sot!...

CRIQUET. — C'est moi qui te l'ai fait prendre.

JEANNOT. — Je l'aurais bien pris sans toi.

LA COMTESSE. — Ce qui me plaît de ce monsieur Tibaudier, c'est qu'il sait vivre avec les personnes de ma qualité, et qu'il est fort respectueux.

SCÈNE XV. — LE VICOMTE, LA COMTESSE, JULIE, CRIQUET.

LE VICOMTE. — Madame, je viens vous avertir que la comédie sera bientôt prête, et que, dans un quart d'heure, nous pouvons passer dans la salle.

LA COMTESSE. — Je ne veux point de cohue, au moins. (A Criquet.) Que l'on dise à mon suisse qu'il ne laisse entrer personne.

LE VICOMTE. — En ce cas, madame, je vous déclare que je renonce à la comédie; et je n'y saurais prendre de plaisir, lorsque la compagnie n'est pas nombreuse. Croyez-moi, si vous voulez vous bien divertir, qu'on dise à vos gens de laisser entrer toute la ville.

LA COMTESSE. — Laquais, un siége. (*Au vicomte, après qu'il s'est assis.*) Vous voilà venu à propos pour recevoir un petit sacrifice que je veux bien vous faire. Tenez, c'est un billet de monsieur Tibaudier qui m'envoie des poires. Je vous donne la liberté de le lire tout haut; je ne l'ai point encore vu.

LE VICOMTE, *après avoir lu tout bas le billet.* — Voici un billet du beau style, madame, et qui mérite d'être bien écouté.

« Madame, je n'aurais pas pu vous faire le présent que je vous envoie, si je ne recueillais pas plus de fruit de mon jardin que j'en recueille de mon amour. »

LA COMTESSE. — Cela vous marque clairement qu'il ne se passe rien entre nous.

LE VICOMTE. — « Les poires ne sont pas encore bien mûres; mais elles en cadrent mieux avec la dureté de votre ame, qui, par ses continuels dédains, ne me promet pas poires molles. Trouvez bon, madame, que, sans m'engager dans une énumération de vos perfections et charmes, qui me jetterait dans un progrès à l'infini, je conclue ce mot, en vous faisant considérer que je suis d'un aussi franc chrétien que les poires que je vous envoie, puisque je rends le bien pour le mal, c'est-à-dire, madame, pour m'expliquer plus intelligiblement, puisque je vous présente des poires de bon chrétien pour des poires d'angoisse que vos cruautés me font avaler tous les jours.

TIBAUDIER.
Votre esclave indigne.

Voilà, madame, un billet à garder.

LA COMTESSE. — Il y a peut-être quelque mot qui n'est pas de l'Académie; mais j'y remarque un certain respect qui me plaît beaucoup.

JULIE. — Vous avez raison, madame; et, monsieur le vicomte dût-il s'en offenser, j'aimerais un homme qui m'écrirait comme cela.

SCÈNE XVI. — MONSIEUR TIBAUDIER, LE VICOMTE, LA COMTESSE, JULIE, CRIQUET.

LA COMTESSE. — Approchez, monsieur Tibaudier, ne craignez point d'entrer. Votre billet a été bien reçu, aussi bien que vos poires; et voilà madame qui parle pour vous contre votre rival.

M. TIBAUDIER. — Je lui suis bien obligé, madame; et si elle a jamais quelque procès en notre siége, elle verra que je n'oublierai pas l'honneur qu'elle me fait de se rendre auprès de mes beautés l'avocat de ma flamme.

JULIE. — Vous n'avez pas besoin d'avocat, monsieur, et votre cause est juste.

M. TIBAUDIER. — Ce néanmoins, madame, bon droit a besoin d'aide; et j'ai sujet d'appréhender de me voir supplanté par un tel rival, et que madame ne soit circonvenue par la qualité de vicomte.

LE VICOMTE. — J'espérais quelque chose, monsieur Tibaudier, avant votre billet; mais il me fait craindre pour mon amour.

M. TIBAUDIER. — Voici encore, madame, deux petits versets ou couplets que j'ai composés à votre honneur et gloire.

LE VICOMTE. — Ah! je ne pensais pas que monsieur Tibaudier fût poète; et voilà, pour m'achever, que ces deux petits versets-là.

LA COMTESSE. — Il veut dire deux strophes. (*A Criquet.*) Laquais, donnez un siége à monsieur Tibaudier. (*Bas, à Criquet qui apporte une chaise.*) Un pliant, petit animal. Monsieur Tibaudier, mettez-vous là, et nous lisez vos strophes.

M. TIBAUDIER. — Une personne de qualité
Ravit mon ame :
Elle a de la beauté,
J'ai de la flamme;
Mais je la blâme,
D'avoir de la fierté.

LE VICOMTE. — Je suis perdu après cela.

LA COMTESSE., — Le premier vers est beau Une personne de qualité!

JULIE. — Je crois qu'il est un peu trop long, mais on peut prendre une licence pour dire une belle pensée.

LA COMTESSE, à M. Tibaudier. — Voyons l'autre strophe.

M. TIBAUDIER. — Je ne sais pas si vous doutez de mon parfait amour,
  Mais je sais bien que mon cœur, à toute heure,
  Veut quitter sa chagrine demeure
  Pour aller, par respect, faire au vôtre sa cour.
  Après cela pourtant, sûr de ma tendresse
  Et de ma foi, dont unique est l'espèce,
  Vous devriez à votre tour,
  Vous contentant d'être comtesse,
  Vous dépouiller en ma faveur d'une peau de tigresse,
  Qui couvre vos appas la nuit comme le jour.

LE VICOMTE. — Me voilà supplanté, moi, par monsieur Tibaudier.

LA COMTESSE. — Ne pensez pas vous moquer : pour des vers faits dans la province, ces vers-là sont fort beaux.

LE VICOMTE. — Comment! madame, me moquer? Quoique son rival, je trouve ces vers admirables, et ne les appelle pas seulement deux strophes, comme vous, mais deux épigrammes, aussi bonnes que toutes celles de Martial.

LA COMTESSE. — Quoi! Martial fait-il des vers? Je pensais qu'il ne fît que des gants.

M. TIBAUDIER. — Ce n'est pas ce Martial-là, madame; c'est un autre qui vivait il y a trente ou quarante ans.

LE VICOMTE. — M. Tibaudier a lu les auteurs, comme vous le voyez. Mais allons voir, madame, si ma musique et ma comédie avec mes entrées de ballet pourront combattre dans votre esprit les progrès des deux strophes et du billet que nous venons de voir.

LA COMTESSE. — Il faut que mon fils le comte soit de la partie; car il est arrivé ce matin de mon château avec son précepteur que je vois là-dedans.

SCÈNE XVII.

LA COMTESSE, JULIE, LE VICOMTE, M. TIBAUDIER, M. BOBINET, CRIQUET.

LA COMTESSE. — Holà! monsieur Bobinet! Monsieur Bobinet, approchez-vous du monde.

M. BOBINET. — Je donne le bon vêpre à toute l'honorable compagnie. Que désire madame la comtesse d'Escarbagnas de son très humble serviteur Bobinet?

LA COMTESSE. — A quelle heure, monsieur Bobinet, êtes-vous parti d'Escarbagnas avec mon fils le comte?

M. BOBINET. — A huit heures trois quarts, madame, comme votre commandement me l'avait ordonné.

LA COMTESSE. — Comment se portent mes deux autres fils, le marquis et le commandeur?

M. BOBINET. — Ils sont, Dieu grace, madame, en parfaite santé.

LA COMTESSE. — Où est le comte?

M. BOBINET. — Dans votre belle chambre à alcove, madame.

LA COMTESSE. — Que fait-il, monsieur Bobinet?

M. BOBINET. — Il compose un thème, madame, que je viens de lui dicter sur une épître de Cicéron.

LA COMTESSE. — Faites-le venir, monsieur Bobinet.

M. BOBINET. — Soit fait, madame, ainsi que vous le commandez.

SCÈNE XVIII. — LA COMTESSE, JULIE, LE VICOMTE, M. TIBAUDIER.

LE VICOMTE, à la comtesse — Ce monsieur Bobinet, madame, a la mine fort sage, et je crois qu'il a de l'esprit.

SCÈNE XIX.

LA COMTESSE, JULIE, LE VICOMTE, LE COMTE, M. BOBINET, M. TIBAUDIER.

M. BOBINET. — Allons, monsieur le comte, faites voir que vous profitez des bons documents qu'on vous donne. La révérence à toute l'honnêteté assemblée.

LA COMTESSE, *montrant Julie*. — Comte, saluez madame, faites la révérence à M. le vicomte, saluez monsieur le conseiller.

M. TIBAUDIER. — Je suis ravi, madame, que vous me concédiez la grace d'embrasser monsieur le comte, votre fils. On ne peut pas aimer le tronc, qu'on n'aime aussi les branches.

LA COMTESSE. — Mon Dieu! monsieur Tibaudier, de quelle comparaison vous servez-vous là?

JULIE. — En vérité, madame, monsieur le comte a tout-à-fait bon air.

LE VICOMTE. — Voilà un jeune gentilhomme qui vient bien dans le monde.

JULIE. — Qui dirait que madame eût un si grand enfant?

LA COMTESSE. — Hélas! quand je le fis, j'étais si jeune, que je me jouais encore avec ma poupée.

JULIE. — C'est monsieur votre frère, et non pas monsieur votre fils.

LA COMTESSE. — Monsieur Bobinet, ayez bien soin au moins de son éducation.

M. BOBINET. — Madame, je n'oublierai aucune chose pour cultiver cette jeune plante dont vos bontés m'ont fait l'honneur de me confier la conduite; et je tâcherai de lui inculquer les semences de la vertu.

LA COMTESSE. — Monsieur Bobinet, faites-lui un peu dire quelque petite gallanterie de ce que vous lui apprenez.

M. BOBINET. — Allons, monsieur le comte, récitez votre leçon d'hier au matin.

LE COMTE. — *Omne viro soli quod convenit esto virile,*
                  Omne viri...

LA COMTESSE. — Fi! monsieur Bobinet, quelles sottises est-ce que vous lui apprenez là?

M. BOBINET. — C'est du latin, madame, et la première règle de Jean Despautère.

LA COMTESSE. — Mon Dieu! ce Jean Despautère-là est un insolent, et je vous prie de lui enseigner du latin plus honnête que celui-là.

M. BOBINET. — Si vous voulez, madame, qu'il achève, la glose expliquera ce que cela veut dire.

LA COMTESSE. — Non, non; cela s'explique assez.

SCÈNE XX.

LA COMTESSE, JULIE, LE VICOMTE, M. TIBAUDIER, LE COMTE, M. BOBINET, CRIQUET.

CRIQUET. — Les comédiens envoient dire qu'ils sont tout prêts.

LA COMTESSE. — Allons nous placer. (*Montrant Julie.*) Monsieur Tibaudier, prenez madame.

(*Criquet range tous les siéges sur un des côtés du théâtre; la comtesse, Julie et le vicomte s'asseyent; monsieur Tibaudier s'assied au pied de la comtesse.*)

LE VICOMTE. — Il est nécessaire de dire que cette comédie n'a été faite que pour lier ensemble les différents morceaux de musique et de danse dont on a voulu composer ce divertissement, et que...

LA COMTESSE. — Mon Dieu! voyons l'affaire. On a assez d'esprit pour comprendre les choses.

LE VICOMTE. — Qu'on commence le plus tôt qu'on pourra; et qu'on empêche, s'il se peut, qu'aucun fâcheux ne vienne troubler notre divertissement. (*Les violons commencent une ouverture.*)

SCÈNE XXI. — LA COMTESSE, JULIE, LE VICOMTE, LE COMTE, M. HARPIN, M. TI-
                  BAUDIER, M. BOBINET, CRIQUET.

M. HARPIN. — Parbleu! la chose est belle! et je me réjouis de voir ce que je vois.

LA COMTESSE. — Holà! monsieur le receveur, que voulez-vous donc dire avec l'action que vous faites? Vient-on interrompre comme cela une comédie?

M. HARPIN. — Morbleu! madame, je suis ravi de cette aventure; et ceci me fait voir ce que je dois croire de vous, et l'assurance qu'il y a au don de votre cœur et aux serments que vous m'avez faits de sa fidélité.

LA COMTESSE. — Mais, vraiment, on ne vient point ainsi se jeter au travers comédie, et troubler un acteur qui parle.

M. HARPIN. — Hé! tête-bleu! la véritable comédie qui se fait ici, c'est celle que vous jouez; et si je vous trouble, c'est de quoi je me soucie peu.

LA COMTESSE. — En vérité, vous ne savez ce que vous dites.

M. HARPIN. Si fait, morbleu! je le sais bien; je le sais bien, morbleu! et... (*M. Bobinet, épouvanté, emporte le comte, et s'enfuit; il est suivi par Criquet*).

LA COMTESSE. — Hé, fi, monsieur, que cela est vilain de jurer de la sorte!

M. HARPIN. — Hé! ventrebleu! s'il y a ici quelque chose de vilain, ce ne sont point mes jurements; ce sont vos actions; et il vaudrait bien mieux que vous jurassiez, vous, la tête, la mort et le sang, que de faire ce que vous faites avec monsieur le vicomte.

LE VICOMTE. — Je ne sais pas, monsieur le receveur, de quoi vous vous plaignez; et si...

M. HARPIN, *au vicomte.* — Pour vous, monsieur, je n'ai rien à vous dire; vous faites bien de pousser votre pointe, cela est naturel, je ne le trouve point étrange; et je vous demande pardon si j'interromps votre comédie : mais vous ne devez point trouver étrange aussi que je me plaigne de son procédé; et nous avons raison tous deux de faire ce que nous faisons.

LE VICOMTE. — Je n'ai rien à dire à cela, et ne sais point les sujets de plainte que vous pouvez avoir contre madame la comtesse d'Escarbagnas.

LA COMTESSE. — Quand on a des chagrins jaloux, on n'en use point de la sorte; et l'on vient doucement se plaindre à la personne que l'on aime.

M. HARPIN. — Moi, me plaindre doucement!

LA COMTESSE. — Oui. L'on ne vient point crier de dessus un théâtre ce qui se doit dire en particulier.

M. HARPIN. — J'y viens, moi, morbleu! tout exprès : c'est le lieu qu'il me faut; et je souhaiterais que ce fût un théâtre public, pour vous dire avec plus d'éclat toutes vos vérités.

LA COMTESSE. — Faut-il faire un si grand vacarme pour une comédie que monsieur le vicomte me donne? Vous voyez que monsieur Tibaudier, qui m'aime, en use plus respectueusement que vous.

M. HARPIN. — Monsieur Tibaudier en use comme il lui plaît. Je ne sais pas de quelle façon monsieur Tibaudier a été avec vous; mais monsieur Tibaudier n'est pas un exemple pour moi, et je ne suis point d'humeur à payer les violons pour faire danser les autres.

LA COMTESSE. — Mais, vraiment, monsieur le receveur, vous ne songez pas à ce que vous dites. On ne traite point de la sorte les femmes de qualité; et ceux qui vous entendent croiraient qu'il y a quelque chose d'étrange entre vous et moi.

M. HARPIN. — Hé! ventrebleu! madame, quittons la faribole.

LA COMTESSE. — Que voulez-vous donc dire avec votre quittons la faribole?

M. HARPIN. — Je veux dire que je ne trouve point étrange que vous vous rendiez au mérite de M. le vicomte; vous n'êtes pas la première femme qui joue dans le monde de ces sortes de caractères, et qui ait auprès d'elle un monsieur le receveur, dont on lui voit trahir et la passion et la bourse pour le premier venu qui lui donnera dans la vue. Mais ne trouvez point étrange aussi que je ne sois point la dupe d'une infidélité si ordinaire aux coquettes du temps, et que je vienne vous assurer, devant bonne compagnie, que je romps commerce avec vous, et que monsieur le receveur ne sera plus pour vous monsieur le donneur.

LA COMTESSE. — Cela est merveilleux, comme les amants emportés deviennent à la mode! On ne voit autre chose de tous côtés. Là, là, monsieur le receveur, quittez votre colère, et venez prendre place pour voir la comédie.

M. HARPIN. — Moi, morbleu! prendre place! (*montrant M. Tibaudier*) Cherchez vos benêts à vos pieds. Je vous laisse, madame la comtesse, à monsieur le vicomte; ce sera à lui que j'enverrai tantôt vos lettres. Voilà ma scène faite, voilà mon rôle joué. Serviteur à la compagnie.

M. TIBAUDIER. — Monsieur le receveur, nous nous verrons autre part qu'ici et je vous ferai voir que je suis au poil et à la plume.

M. HARPIN, *en sortant.* — Tu as raison, monsieur Tibaudier.

LA COMTESSE. — Pour moi, je suis confuse de cette insolence.

LE VICOMTE. — Les jaloux, madame, sont comme ceux qui perdent leur procès; ils ont permission de tout dire. Prêtons silence à la comédie.

SCÈNE XXII. — LA COMTESSE, LE VICOMTE, JULIE, M. TIBAUDIER, JEANNOT.

JEANNOT, *au vicomte*. — Voilà un billet monsieur, qu'on nous a dit de vous donner.

LE VICOMTE, *en lisant*. — « En cas que vous ayez quelque mesure à prendre, je vous envoie promptement un avis. La querelle de vos parents et de ceux de Julie vient d'être accommodée; et les conditions de cet accord, c'est le mariage de vous et d'elle. Bonsoir. » (*à Julie*). Ma foi, madame, voilà notre comédie achevée aussi. (*Le vicomte, la comtesse, Julie et M. Tibaudier se lèvent*).

JULIE. — Ah! Cléante, quel bonheur! Notre amour eût-il osé espérer un si heureux succès?

LA COMTESSE. — Comment donc! Qu'est-ce que cela veut dire?

LE VICOMTE. — Cela veut dire, madame, que j'épouse Julie : et, si vous m'en croyez, pour rendre la comédie complète de tout point, vous épouserez monsieur Tibaudier, et donnerez mademoiselle Andrée à son laquais, dont il fera son valet de chambre.

LA COMTESSE. — Quoi! jouer de la sorte une personne de ma qualité?

LE VICOMTE. — C'est sans doute vous offenser, madame; et les comédies veulent de ces sortes de choses.

LA COMTESSE. — Oui, monsieur Tibaudier, je vous épouse pour faire enrager tout le monde.

M. TIBAUDIER. — Ce m'est bien de l'honneur, madame.

LE VICOMRE, *à la comtesse*. — Souffrez, madame, qu'en enrageant, nous puissions voir ici le reste du spectacle.

FIN DE LA COMTESSE D'ESCARBAGNAS.

Le Malade imaginaire, 765.

LE MALADE IMAGINAIRE,

COMÉDIE-BALLET EN TROIS ACTES.

PERSONNAGES.

PERSONNAGES DE LA COMÉDIE.

ARGAN, malade imaginaire.
BÉLINE, seconde femme d'Argan.
ANGÉLIQUE, fille d'Argan.
LOUISON, petite fille, sœur d'Angélique.
BÉRALDE, frère d'Argan.
CLÉANTE, amant d'Angélique.
MONSIEUR DIAFOIRUS, médecin.
THOMAS DIAFOIRUS, fils de M. Diafoirus.
MONSIEUR PURGON, médecin.
MONSIEUR FLEURANT, apothicaire.
MONSIEUR DE BONNEFOI, notaire.
TOINETTE, servante d'Argan.

PERSONNAGES DU PROLOGUE.

Flore.
Deux zéphyrs, dansants.
Climène.
Daphné.
Tircis, amant de Climène, chef d'une troupe
de bergers.
Dorilas, amant de Daphné, chef d'une troupe
de bergers.
Bergers et Bergères de la suite de Tircis,
chantants et dansants.
Bergers et Bergères de la suite de Dorilas,
chantants et dansants.

Pan.
Faunes, dansants.

PERSONNAGES DES INTERMÈDES.

Dans le premier acte.

Polichinelle.
Une vieille.
Violons.
Archers, chantants et dansants.

Dans le second acte.

Une Égyptienne, chantante.
Un Égyptien, chantant.
Égyptiens et Égyptiennes, chantants et
dansants.

Dans le troisième acte.

Tapissiers, dansants.
Le Président de la faculté de médecine.
Docteurs.
Argan, bachelier.
Apothicaires, avec leurs mortiers et leurs
pilons.
Porte-seringues.
Chirurgiens.

La scène est à Paris.

PROLOGUE.

Le théâtre représente un lieu champêtre.

SCÈNE PREMIÈRE. — FLORE, DEUX ZÉPHIRS DANSANTS.

FLORE. — Quittez, quittez vos troupeaux :
Venez, bergers, venez, bergères ;
Accourez, accourez sous ces tendres ormeaux :
Je viens vous annoncer des nouvelles bien chères.
Et réjouir tous ces hameaux :
Quittez, quittez vos troupeaux :
Venez, bergers, venez, bergères ;
Accourez, accourez sous ces tendres ormeaux.

SCÈNE II.

FLORE, DEUX ZÉPHIRS DANSANTS, CLIMÈNE, DAPHNÉ, TIRCIS, DORILAS.

CLIMÈNE, *à Tircis, et* DAPHNÉ, *à Dorilas.*
Berger, laissons là tes feux ;
Voilà Flore qui nous appelle.
TIRCIS, *à Climène, et* DORILAS, *à Daphné.*
Mais au moins, dis-moi, cruelle.
Si d'un peu d'amitié tu payeras mes vœux.
DORILAS. — Si tu seras sensible à mon ardeur fidèle.
CLIMÈNE ET DAPHNÉ. — Voilà Flore qui nous appelle.
TIRCIS ET DORILAS. — Ce n'est qu'un mot, un mot, un seul mot que je veux.
TIRCIS. — Languirai-je toujours dans ma peine mortelle ?
DORILAS. — Puis-je espérer qu'un jour tu me rendras heureux ?
CLIMÈNE ET DAPHNÉ. — Voilà Flore qui nous appelle.

SCÈNE III. — FLORE, DEUX ZÉPHIRS DANSANTS, CLIMÈNE, DAPHNÉ, TIRCIS, DORILAS, BERGERS ET BERGÈRES *de la suite de Tircis et de Dorilas*, CHANTANTS ET DANSANTS.

PREMIÈRE ENTRÉE DE BALLET.

Les bergers et les bergères vont se placer en cadence autour de Flore.

CLIMÈNE. — Quelle nouvelle parmi nous,
   Déesse, doit jeter tant de réjouissance?

DAPHNÉ. — Nous brûlons d'apprendre de vous
     Cette nouvelle d'importance.

DORILAS. — D'ardeur nous en soupirons tous.

CLIMÈNE, DAPHNÉ, TIRCIS, DORILAS. — Nous en mourons d'impatience.

FLORE. — La voici : silence, silence!
  Vos vœux sont exaucés, Louis est de retour;
  Il ramène en ces lieux les plaisirs et l'amour,
  Et vous voyez finir vos mortelles alarmes.
  Par ses vastes exploits son bras voit tout soumis;
      Il quitte les armes,
      Faute d'ennemis.

CHŒUR. — Ah! quelle douce nouvelle!
    Qu'elle est grande! qu'elle est belle!
  Que de plaisirs! que de ris! que de jeux!
     Que de succès heureux!
  Et que le ciel a bien rempli mes vœux!
    Ah! quelle douce nouvelle!
    Qu'elle est grande! qu'elle est belle!

DEUXIÈME ENTRÉE DE BALLET.

Les bergers et les bergères expriment par leurs danses les transports de leur joie.

FLORE. — De vos flûtes bocagères
    Réveillez les plus beaux sons;
    Louis offre à vos chansons
    La plus belle des matières.
      Après cent combats
      Où cueille son bras
      Une ample victoire,
      Formez entre vous
      Cent combats plus doux,
      Pour chanter sa gloire.

CHŒUR. — Formons entre nous
      Cent combats plus doux,
      Pour chanter sa gloire.

FLORE. — Mon jeune amant, dans ce bois,
    Des présents de mon empire,
    Prépare un prix à la voix
    Qui saura le mieux nous dire
    Les vertus et les exploits
    Du plus auguste des rois.

CLIMÈNE. — Si Tircis a l'avantage,

DAPHNÉ. — Si Dorilas est vainqueur,

CLIMÈNE. — A le chérir je m'engage.

DAPHNÉ. — Je me donne à son ardeur.

TIRCIS. — O trop chère espérance!

DORILAS. — O mot plein de douceur!

TIRCIS ET DORILAS. — Plus beau sujet, plus belle récompense,
    Peuvent-ils animer un cœur?

Tandis que les violons jouent un air pour animer les deux bergers au combat, Flore, comme juge, va se placer au pied d'un arbre qui est au milieu du théâtre; les deux troupes de bergers et de bergères se placent chacune du côté de leur chef.

TIRCIS. — Quand la neige fondue enfle un torrent fameux,
    Contre l'effort soudain de ces flots écumeux
        Il n'est rien d'assez solide;
        Digues, châteaux, villes et bois,
        Hommes et troupeaux à la fois,
        Tout cède au courant qui le guide :
        Tel, et plus fier et plus rapide,
        Marche Louis dans ses exploits.

TROISIÈME ENTRÉE DE BALLET.

Les bergers et les bergères de la suite de Tircis dansent autour de lui pour exprimer leurs applaudissements.

DORILAS. — Le foudre menaçant qui perce avec fureur
    L'affreuse obscurité de la nuit enflammée,
        Fait d'épouvante et d'horreur,
        Trembler le plus ferme cœur :
        Mais, à la tête d'une armée,
        Louis jette plus de terreur.

QUATRIÈME ENTRÉE DE BALLET.

Les bergers et les bergères de la suite de Dorilas applaudissent à ses chants en dansant autour de lui.

TIRCIS. — Des fabuleux exploits que la Grèce a chantés,
    Par un brillant amas de belles vérités,
        Nous voyons la gloire effacée;
        Et tous ces fameux demi-dieux
        Que vante l'histoire passée,
        Ne sont point à notre pensée
        Ce que Louis est à nos yeux.

CINQUIÈME ENTRÉE DE BALLET.

Les bergers et les bergères du côté de Tircis recommencent leurs danses.

DORILAS. — Louis fait à nos temps, par ses faits inouïs,
    Croire tous les beaux faits que nous chante l'histoire
        Des siècles évanouis;
        Mais nos neveux, dans leur gloire,
        N'auront rien qui fasse croire
        Tous les beaux faits de Louis.

SIXIÈME ENTRÉE DE BALLET.

Les bergers et les bergères du côté de Dorilas recommencent aussi leurs danses.

SEPTIÈME ENTRÉE DE BALLET.

Les bergers et les bergères de la suite de Tircis et de Dorilas se mêlent et dansent ensemble.

SCÈNE IV. — FLORE, PAN, DEUX ZÉPHIRS DANSANTS, CLIMÈNE, DAPHNÉ, TIRCIS, DORILAS, FAUNES DANSANTS, BERGERS ET BERGÈRES CHANTANTS ET DANSANTS.

PAN. — Laissez, laissez, bergers, ce dessein téméraire;
        Hé! que voulez-vous faire?
        Chanter sur vos chalumeaux
        Ce qu'Apollon sur sa lyre,
        Avec ses chants les plus beaux,
        N'entreprendrait pas de dire :
    C'est donner trop d'essor au feu qui vous inspire
    C'est monter vers les cieux sur des ailes de cire,
        Pour tomber dans le fond des eaux.
    Pour chanter de Louis l'intrépide courage,
        Il n'est point d'assez docte voix,

Point de mots assez grands pour en tracer l'image,
     Le silence est le langage
     Qui doit louer ses exploits.
Consacrez d'autres soins à sa pleine victoire :
Vos louanges n'ont rien qui flatte ses désirs ;
     Laissez, laissez là sa gloire,
     Ne songez qu'à ses plaisirs.
CHŒUR. — Laissons, laissons là sa gloire,
     Ne songeons qu'à ses plaisirs.
FLORE, *à Tircis et à Dorilas.* — Bien que pour étaler vos vertus immortelles,
     La force manque à vos esprits,
Ne laissez pas tous deux de recevoir le prix.
     Dans les choses grandes et belles,
     Il suffit d'avoir entrepris.

HUITIÈME ENTRÉE DE BALLET.

Les deux Zéphirs dansent avec deux couronnes de fleurs à la main qu'ils
     viennent donner ensuite à Tircis et à Dorilas.

CLIMÈNE ET DAPHNÉ, *donnant la main à leurs amants.*
     Dans les choses grandes et belles,
     Il suffit d'avoir entrepris.
TIRCIS ET DORILAS. — Ah ! que d'un doux succès notre audace est suivie !
FLORE ET PAN. — Ce qu'on fait pour Louis, on ne le perd jamais.
CLIMÈNE, DAPHNÉ, TIRCIS, DORILAS.
Au soin de ses plaisirs donnons-nous désormais.
FLORE ET PAN. — Heureux, heureux, qui peut lui consacrer sa vie !
CHŒUR. — Joignons tous dans ces bois
     Nos flûtes et nos voix ;
     Ce jour nous y convie,
Et faisons aux échos redire mille fois :
     Louis est le plus grand des rois ;
Heureux, heureux qui peut lui consacrer sa vie !

NEUVIÈME ENTRÉE DE BALLET.

Les Faunes, les bergers et les bergères se mêlent ensemble : il se fait entre eux
des jeux de danse ; après quoi ils se vont préparer pour la comédie.

AUTRE PROLOGUE.

UNE BERGÈRE CHANTANTE.

Votre plus haut savoir n'est que pure chimère
     Vains et peu sages médecins ;
Vous ne pouvez guérir par vos grands mots latin
     La douleur qui me désespère.
Votre plus haut savoir n'est que pure chimère.
Hélas ! hélas ! je n'ose découvrir
     Mon amoureux martyre
     Au berger pour qui je soupire,
     Et qui seul peut me secourir.
     Ne prétendez pas le finir,
Ignorants médecins : vous ne sauriez le faire,
Votre plus haut savoir n'est que pure chimère.
Ces remèdes peu sûrs, dont le simple vulgaire
Croit que vous connaissez l'admirable vertu,
Pour les maux que je sens n'ont rien de salutair
Et tout votre caquet ne peut être reçu
     Que d'un *malade imaginaire.*
Votre plus haut savoir n'est que pure chimère.

FIN DES PROLOGUES.

ACTE Ier.

Le théâtre représente la chambre d'Argan.

SCÈNE PREMIÈRE. — ARGAN, *assis, ayant une table devant lui, comptant avec des jetons les parties de son apothicaire.*

Trois et deux font cinq, et cinq font dix, et dix font vingt. Trois et deux font cinq. *Plus, du vingt-quatrième, un petit clystère insinuatif, préparatif et rémollient, pour amollir, humecter et rafraîchir les entrailles de monsieur.....* Ce qui me plaît de M. Fleurant, mon apothicaire, c'est que ses parties sont toujours fort civiles. *Les entrailles de monsieur, trente sous.* Oui : mais, monsieur Fleurant, ce n'est pas tout que d'être civil, il faut être aussi raisonnable, et ne pas écorcher les malades. Trente sous un lavement! Je suis votre serviteur, je vous l'ai déjà dit; vous ne les avez mis dans les autres parties qu'à vingt sous, et vingt sous en langage d'apothicaire, c'est-à-dire dix sous. Les voilà, dix sous. *Plus, dudit jour, un bon clystère détersif, composé avec catholicon double, rhubarbe miel rosat et autres, suivant l'ordonnance, pour balayer, laver et nettoyer le bas ventre de monsieur, trente sous.* Avec votre permission, dix sous. *Plus, dudit jour, le soir, un julep hépatique, soporatif et somnifère, composé pour faire dormir monsieur, trente-cinq sous.* Je ne me plains pas de celui-là, car il me fit bien dormir. Dix, quinze, seize et dix-sept sous six deniers. *Plus, du vingt-cinquième, une bonne médecine purgative et corroborative, composée de casse récente avec séné levantin, et autres suivant l'ordonnance de monsieur Purgon pour expulser et évacuer la bile de monsieur, quatre livres.* Ah! monsieur Fleurant, c'est se moquer, il faut vivre avec les malades. Monsieur Purgon ne vous a pas ordonné de mettre quatre francs : mettez, mettez trois livres, s'il vous plaît. Vingt et trente sous. *Plus, dudit jour, une potion anodyne et astringente pour faire reposer monsieur, trente sous.* Bon, dix et quinze sous. *Plus, du vingt-sixième, un clystère carminatif, pour chasser les vents de monsieur, trente sous.* Dix sous, monsieur Fleurant. *Plus, le clystère de monsieur, réitéré le soir, comme dessus, trente sous.* Monsieur Fleurant, dix sous. *Plus, du vingt-septième, une bonne médecine, composée pour hâter d'aller, et chasser dehors les mauvaises humeurs de monsieur, trois livres.* Bon, vingt et trente sous; je suis bien aise que vous soyez raisonnable. *Plus, du vingt-huitième, une prise de petit lait clarifié et dulcoré, pour adoucir, lénifier, tempérer et rafraîchir le sang de monsieur, vingt sous.* Bon, dix sous. *Plus, une potion cordiale et préservative, composée avec douze grains de bézoard, sirop de limon et grenade, et autres, suivant l'ordonnance, cinq livres.* Ah! monsieur Fleurant, tout doux, s'il vous plaît ; si vous en usez comme cela, on ne voudra plus être malade : contentez-vous de quatre francs. Et vingt et quarante sous. Trois et deux font cinq, et cinq font dix, et dix font vingt. Soixante et trois livres quatre sous six deniers. Si bien donc que, de ce mois, j'ai pris une, deux, trois, quatre, cinq, six, sept, huit médecines; et un, deux, trois quatre, cinq, six, sept, huit, neuf, dix, onze et douze lavements; et l'autre mois il y avait douze médecines et vingt lavements. Je ne m'étonne pas, si je me porte pas si bien ce mois-ci que l'autre. Je le dirai à monsieur Purgon, afin qu'il mette ordre à cela. Allons, qu'on m'ôte tout ceci. *(voyant que personne ne vient, et qu'il n'y a aucun de ses gens dans sa chambre).* Il n'y a personne? J'ai beau dire, on me laisse toujours seul; il n'y a pas moyen de les arrêter ici. *(après avoir sonné une sonnette qui est sur sa table).*Ils n'entendent point, et ma sonnette ne fait pas assez de bruit. Drelin, drelin, drelin. Point d'affaire. Drelin, drelin, drelin, ils sont sourds... Toinette! Drelin, drelin, drelin. tout comme si je ne sonnais point. Chienne! coquine! Drelin, drelin, drelin. J'enrage. *(Il ne sonne plus, mais il crie).* Drelin, drelin, drelin. Carogne, à tous les diables, Est-il possible qu'on laisse comme cela un pauvre malade tout seul? Drelin, drelin, drelin. Voilà qui est pitoyable! Drelin, drelin, drelin. Ah! mon Dieu! ils me laisseront mourir. Drelin, drelin, drelin.

SCÈNE II. — ARGAN, TOINETTE.

TOINETTE, *en entrant.* — On y va.

ARGAN. — Ah! chienne! ah, carogne!...

TOINETTE, *faisant semblant de s'être cogné la tête.* — Diantre soit de votre impatience! Vous pressez si fort les personnes, que je me suis donné un grand coup à la tête contre la carne d'un volet.

ARGAN, *en colère.* — Ah! traîtresse!

TOINETTE, *interrompant Argan.* — **Ah!**

ARGAN. — Il y a...

TOINETTE. — Ah!

ARGAN. — Il y a une heure...

TOINETTE. — Ah!

ARGAN. — Tu m'as laissé...

TOINETTE. — Ah!

ARGAN. — Tais-toi donc, coquine, que je te querelle.

TOINETTE. — Ça-mon, ma foi; j'en suis d'avis, après ce que je me suis fait.

ARGAN. — Tu m'as fait égosiller, carogne.

TOINETTE. — Et vous m'avez fait, vous, casser la tête : l'un vaut bien l'autre. Quitte à quitte, si vous voulez.

ARGAN. — Quoi! coquine...

TOINETTE. — Si vous querellez, je pleurerai.

ARGAN. — Me laisser, traîtresse...

TOINETTE, *interrompant Argan.* — **Ah!**

ARGAN. — Chienne, tu veux...

TOINETTE. — Ah!

ARGAN. — Quoi! il faudra encore que je n'aie pas le plaisir de la quereller?

TOINETTE. — Querellez tout votre soûl, je le veux bien.

ARGAN. — Tu m'en empêches, chienne, en m'interrompant à tous coups.

TOINETTE. — Si vous avez le plaisir de quereller, il faut bien que de mon côté, j'aie le plaisir de pleurer : chacun le sien, ce n'est pas de trop. Ah!

ARGAN. — Allons, il faut en passer par là. Ote-moi ceci, coquine, ôte-moi ceci. (*après s'être levé*) Mon lavement d'aujourd'hui a-t-il bien opéré?

TOINETTE. — Votre lavement?

ARGAN. — Oui. Ai-je bien fait de la bile?

TOINETTE. — Ma foi! je ne me mêle point de ces affaires-là; c'est à monsieur Fleuran à y mettre le nez, puisqu'il en a le profit.

ARGAN. — Qu'on ait soin de me tenir un bouillon prêt, pour l'autre que je dois tantôt prendre.

TOINETTE. — Ce monsieur Fleurant-là et ce monsieur Purgon s'égaient bien sur votre corps : ils ont en vous une bonne vache à lait : et je voudrais bien leur demander quel mal vous avez, pour faire tant de remèdes.

ARGAN. — Taisez-vous, ignorante; ce n'est pas à vous à contrôler les ordonnances de la médecine. Qu'on me fasse venir ma fille Angélique, j'ai à lui dire quelque chose.

TOINETTE. — La voici qui vient d'elle-même; elle a deviné votre pensée.

SCÈNE III. — ARGAN, ANGÉLIQUE, TOINETTE.

ARGAN. — Approchez, Angélique; vous venez à propos, je voulais vous parler.

ANGÉLIQUE. — Me voilà prête à vous ouïr.

ARGAN. — Attendez. (*à Antoinette*). Donnez-moi mon bâton. Je vais revenir tout à l'heure.

TOINETTE. — Allez vite, monsieur, allez. Monsieur Fleurant nous donne des fafaires.

SCÈNE IV. — ANGÉLIQUE, TOINETTE.

ANGÉLIQUE. — Toinette!

TOINETTE. — Quoi?

ANGÉLIQUE. — Regarde-moi un peu.

TOINETTE. — Hé bien! je vous regarde

ANGÉLIQUE. — Toinette!

TOINETTE. — Hé bien! quoi? Toinette?

ANGÉLIQUE. — Ne devines-tu point de quoi je veux parler?

TOINETTE. — Je m'en doute assez de notre jeune amant,

depuis six jours, que roulent tous nos entretiens ; et vous n'êtes point bien, si vous n'en parlez à toute heure.

ANGÉLIQUE. — Puisque tu connais cela, que n'es-tu donc la première à m'en entretenir ? Et que ne m'épargnes-tu la peine de te jeter sur ce discours ?

TOINETTE. — Vous ne m'en donnez pas le temps ; et vous avez des soins là-dessus, qu'il est difficile de prévenir.

ANGÉLIQUE. — Je t'avoue que je ne saurais me lasser de te parler de lui, et que mon cœur profite avec chaleur de tous les moments de s'ouvrir à toi. Mais, dis-moi, condamnes-tu, Toinette, les sentiments que j'ai pour lui.

TOINETTE. — Je n'ai garde.

ANGÉLIQUE. — Ai-je tort de m'abandonner à ces douces impressions ?

TOINETTE. — Je ne dis pas cela.

ANGÉLIQUE. — Et voudrais-tu que je fusse insensible aux tendres protestations de cette passion ardente qu'il témoigne pour moi ?

TOINETTE. — A Dieu ne plaise !

ANGÉLIQUE. — Dis-moi un peu ; ne trouves-tu pas, comme moi, quelque chose du ciel, quelque effet du destin, dans l'aventure inopinée de notre connaissance ?

TOINETTE. — Oui.

ANGÉLIQUE. — Ne trouves-tu pas que cette action d'embrasser ma défense sans me connaître est tout-à-fait d'un honnête homme ?

TOINETTE. — Oui.

ANGÉLIQUE. — Que l'on ne peut pas en user plus généreusement ?

TOINETTE. — D'accord.

ANGÉLIQUE. — Et qu'il fit tout cela de la meilleure grace du monde ?

TOINETTE. — Oh ! oui.

ANGÉLIQUE. — Ne trouves-tu pas, Toinette, qu'il est bien fait de sa personne ?

TOINETTE. — Assurément.

ANGÉLIQUE. — Qu'il a l'air le meilleur du monde ?

TOINETTE. — Sans doute.

ANGÉLIQUE. — Que ses discours, comme ses actions, ont quelque chose de noble ?

TOINETTE. — Cela est sûr.

ANGÉLIQUE. — Qu'on ne peut rien entendre de plus passionné que tout ce qu'il me dit ?

TOINETTE. — Il est vrai.

ANGÉLIQUE. — Et qu'il n'est rien de plus fâcheux que la contrainte où l'on me tient, qui bouche tout commerce aux doux empressements de cette mutuelle ardeur que le ciel nous inspire ?

TOINETTE. — Vous avez raison.

ANGÉLIQUE. — Mais, ma pauvre Toinette, crois-tu qu'il m'aime autant qu'il me le dit ?

TOINETTE. — Hé ! hé ! ces choses-là, parfois, sont un peu sujettes à caution. Les grimaces d'amour ressemblent fort à la vérité : et j'ai vu de grands comédiens là-dessus.

ANGÉLIQUE. — Ah ! Toinette, que dis-tu là ? Hélas ! de la façon qu'il parle, serait-il bien possible qu'il ne me dît pas vrai ?

TOINETTE. — En tous cas, vous en serez bientôt éclaircie ; et la résolution où il vous écrivit hier qu'il était de vous faire demander en mariage, est une prompte voie à vous faire connaître s'il vous dit vrai ou non. C'en sera là la bonne preuve.

ANGÉLIQUE. — Ah ! Toinette, si celui-là me trompe, je ne croirai de ma vie aucun homme.

TOINETTE. — Voilà votre père qui revient.

SCÈNE V. — ARGAN, ANGÉLIQUE, TOINETTE.

ARGAN. — Oh çà, ma fille, je vais vous dire une nouvelle, où peut-être ne vous attendez-vous pas. On vous demande en mariage... Qu'est-ce que cela ? Vous riez ? Cela est plaisant, oui, ce mot de mariage ! il n'est rien de plus drôle pour les jeunes filles. Ah! nature! nature! A ce que je puis voir, ma fille, je n'ai que faire de vous demander si vous voulez bien vous marier.

ANGÉLIQUE. — Je dois faire, mon père, tout ce qu'il vous plaira de m'ordonner.

ARGAN. — Je suis bien aise d'avoir une fille si obéissante : la chose est donc conclue, et je vous ai promise.

ANGÉLIQUE. — C'est à moi, mon père, de suivre aveuglément toutes vos volontés.

ARGAN. — Ma femme, votre belle-mère, avait envie que je vous fisse religieuse, et votre petite sœur Louison aussi : et de tout temps, elle a été aheurtée à cela.

TOINETTE à part. — La bonne bête a ses raisons.

ARGAN. — Elle ne voulait point consentir à ce mariage ; mais je l'ai emporté, et ma parole est donnée.

ANGÉLIQUE. — Ah! mon père, que je vous suis obligée de toutes vos bontés !

TOINETTE, à Argan. — En vérité, je vous sais bon gré de cela ; et voilà l'action la plus sage que vous ayez faite de votre vie.

ARGAN. — Je n'ai point encore vu la personne ; mais on m'a dit que j'en serais content, et toi aussi.

ANGÉLIQUE. — Assurément, mon père.

ARGAN. — Comment! l'as-tu vu?

ANGÉLIQUE. — Puisque votre consentement m'autorise à vous pouvoir ouvrir mon cœur, je ne feindrai point de vous dire que le hasard nous a fait connaître il y a six jours, et que la demande qu'on vous a faite est un effet de l'inclination que, dès cette première vue, nous avons prise l'un pour l'autre.

ARGAN. — Ils ne m'ont pas dit cela : mais j'en suis bien aise, et c'est tant mieux que les choses soient de la sorte. Ils disent que c'est un grand jeune garçon bien fait.

ANGÉLIQUE. — Oui, mon père.

ARGAN. — De belle taille.

ANGÉLIQUE. — Sans doute.

ARGAN. — Agréable de sa personne.

ANGÉLIQUE. — Assurément.

ARGAN. — De bonne physionomie.

ANGÉLIQUE. — Très bonne.

ARGAN. — Sage et bien né.

ANGÉLIQUE. — Tout-à-fait.

ARGAN. — Fort honnête.

ANGÉLIQUE. — Le plus honnête du monde.

ARGAN. — Qui parle bien latin et grec.

ANGÉLIQUE. — C'est ce que je ne sais pas.

ARGAN. — Et qui sera reçu médecin dans trois jours.

ANGÉLIQUE. — Lui, mon père?

ARGAN. — Oui. Est-ce qu'il ne te l'a pas dit?

ANGÉLIQUE. — Non vraiment. Qui vous l'a dit, à vous?

ARGAN. — M. Purgon.

ANGÉLIQUE. — Est-ce que M. Purgon le connaît?

ARGAN. — La belle demande! Il faut bien qu'il le connaisse, puisque c'est son neveu.

ANGÉLIQUE. — Cléante, neveu de M. Purgon?

ARGAN. — Quel Cléante? Nous parlons de celui pour qui l'on t'a demandée en mariage.

ANGÉLIQUE. — Hé! oui.

ARGAN. — Hé bien! c'est le neveu de M. Purgon, qui est le fils de son beau-frère le médecin, M. Diafoirus ; et ce fils s'appelle Thomas Diafoirus, et non pas Cléante. Nous avons conclu ce mariage-là ce matin, M. Purgon, M. Fleurant et moi ; et demain ce gendre prétendu me doit être amené par son père... Qu'est-ce? vous voilà tout ébaubie!

ANGÉLIQUE. — C'est, mon père, que je connais que vous avez parlé d'une personne, et que j'ai entendu une autre.

TOINETTE. — Quoi! monsieur, vous auriez fait ce dessein burlesque? Et, avec tout le bien que vous avez, vous voudriez marier votre demoiselle avec un médecin?

ARGAN. — Oui. De quoi te mêles-tu, coquine, impudente que tu es?

TOINETTE. — Mon Dieu! tout doux. Vous allez d'abord aux invectives. Est-ce que nous ne pouvons pas raisonner ensemble sans nous emporter? Là, parlons de sang froid. Quelle est votre raison, s'il vous plaît, pour un tel mariage?

ARGAN. — Ma raison est que, me voyant infirme et malade comme je suis, je veux me faire un gendre et des alliés médecins, afin de m'appuyer de bons secours contre ma maladie, d'avoir dans ma famille les sources des remèdes qui me sont nécessaires, et d'être à même des consultations et des ordonnances.

TOINETTE. — Hé bien! voilà dire une raison; et il y a plaisir à se répondre doucement les uns aux autres. Mais, monsieur, mettez la main à la conscience, est-ce que vous êtes malade:

ARGAN. — Comment, coquine, si je suis malade! Si je suis malade, impudente!

TOINETTE. — Hé bien! oui, monsieur, vous êtes malade, n'ayons point de querelle là-dessus. Oui, vous êtes fort malade, j'en demeure d'accord, et plus malade que vous ne pensez; voilà qui est fait. Mais votre fille doit épouser un mari pour elle; et n'étant point malade, il n'est point nécessaire de lui donner un médecin.

ARGAN. — C'est pour moi que je lui donne ce médecin; et une fille de bon naturel doit être ravie d'épouser ce qui est utile à la santé de son père.

TOINETTE. — Ma foi, monsieur, voulez-vous qu'en amie je vous donne un conseil?

ARGAN. — Quel est-il, ce conseil?

TOINETTE. — De ne point songer à ce mariage-là.

ARGAN. — Et la raison?

TOINETTE. — La raison, c'est que votre fille n'y consentira point.

ARGAN. — Elle n'y consentira point?

TOINETTE. — Non.

ARGAN. — Ma fille?

TOINETTE. — Votre fille. Elle vous dira qu'elle n'a que faire de M. Diafoirus, ni de son fils Thomas Diafoirus, ni de tous les Diafoirus du monde.

ARGAN. — J'en ai affaire, moi, outre que le parti est plus avantageux qu'on ne pense, M. Diafoirus n'a que ce fils-là pour héritier; et de plus, M. Purgon, qui n'a ni femme ni enfants, lui donne tout son bien en faveur de ce mariage; et M. Purgon est un homme qui a huit mille livres de rente.

TOINETTE. — Il faut qu'il ait tué bien des gens pour s'être fait si riche.

ARGAN. — Huit mille livres de rente sont quelque chose, sans compter le bien du père.

TOINETTE. — Monsieur, tout cela est bel et bon; mais j'en reviens toujours là: je vous conseille, entre nous, de lui choisir un autre mari; et elle n'est point faite pour être madame Diafoirus.

ARGAN. — Et je veux moi que cela soit.

TOINETTE. — Hé, fi! ne dites pas cela?

ARGAN. — Comment! que je ne dise pas cela?

TOINETTE. — Hé, non.

ARGAN. — Et pourquoi ne le dirais-je pas?

TOINETTE. — On dira que vous ne songez pas à ce que vous dites.

ARGAN. — On dira ce qu'on voudra; mais je vous dis que je veux qu'elle exécute la parole que j'ai donnée.

TOINETTE. — Non, je suis sûre qu'elle ne le fera pas.

ARGAN. — Je l'y forcerai bien.

TOINETTE. — Elle ne le fera pas, vous dis-je.

ARGAN. — Elle le fera, ou je la mettrai dans un couvent.

TOINETTE. — Vous?

ARGAN. — Moi.

TOINETTE. — Bon!

ARGAN. — Comment, bon?

TOINETTE. — Vous ne la mettrez point dans un couvent.

ARGAN. — Je ne la mettrai point dans un couvent?

TOINETTE. — Non.

ARGAN. — Non?

TOINETTE. — Non.

ARGAN. — Ouais! Voici qui est plaisant! Je ne mettrai pas ma fille dans un couvent, si je veux?

TOINETTE. — Non, vous dis-je.

ARGAN. — Qui m'en empêchera?

TOINETTE. — Vous-même.

ARGAN. — Moi?

TOINETTE. — Oui, vous n'aurez pas ce cœur-là.

ARGAN. — Je l'aurai.

TOINETTE. — Vous vous moquez.

ARGAN. — Je ne me moque point.

TOINETTE. — La tendresse paternelle vous prendra.

ARGAN. — Elle ne me prendra point.

TOINETTE. — Une petite larme ou deux, des bras jetés au cou, un mon petit papa mignon, prononcé tendrement, sera assez pour vous toucher.

ARGAN. — Tout cela ne fera rien.

TOINETTE. — Oui, oui.

ARGAN. — Je vous dis que je n'en démordrai point.

TOINETTE. — Bagatelles.

ARGAN. — Il ne faut point dire bagatelles.

TOINETTE. — Mon dieu! je vous connais, vous êtes bon naturellement.

ARGAN, *avec emportement.* — Je ne suis point bon, et je suis méchant quand je veux.

TOINETTE. — Doucement, monsieur; vous ne songez pas que vous êtes malade.

ARGAN. — Je lui commande absolument de se préparer à prendre le mari que je dis.

TOINETTE. — Et moi je lui défends absolument d'en faire rien.

ARGAN. — Où est-ce donc que nous sommes? Et quelle audace est-ce là, à une coquine de servante, de parler de la sorte devant son maître?

TOINETTE. — Quand un maître ne songe pas à ce qu'il fait, une servante bien sensée est en droit de le redresser.

ARGAN, *courant après Toinette.* — Ah! insolente, il faut que je t'assomme.

TOINETTE, *évitant Argan et mettant une chaise entre elle et lui.* — Il est de mon devoir de m'opposer aux choses qui vous peuvent déshonorer.

ARGAN, *courant après Toinette autour de la chaise avec son bâton.* — Viens, viens, que je t'apprenne à parler.

TOINETTE, *se sauvant du côté où n'est point Argan.* — Je m'intéresse, comme je dois, à ne vous point laisser faire de folie.

ARGAN, *de même.* — Chienne!

TOINETTE, *de même.* — Non, je ne consentirai jamais à ce mariage.

ARGAN, *de même.* — Pendarde!

TOINETTE, *de même.* — Je ne veux point qu'elle épouse votre Thomas Diafoirus.

ARGAN, *de même.* — Carogne!

TOINETTE, *de même.* — Elle m'obéira plutôt qu'à vous.

ARGAN, *s'arrêtant.* — Angélique, tu ne veux pas m'arrêter cette coquine-là?

ANGÉLIQUE. — Hé! mon père, ne vous faites point malade.

ARGAN, *à Angélique.* — Si tu ne me l'arrêtes, je te donnerai ma malédiction.

TOINETTE, *en s'en allant.* — Et moi, je la déshériterai si elle vous obéit.

ARGAN, *se jetant dans sa chaise.* — Ah! ah! je n'en puis plus. Voilà pour me faire mourir.

SCÈNE VI. — BÉLINE, ARGAN.

ARGAN. — Ah! ma femme, approchez.

BÉLINE. — Qu'avez-vous, mon pauvre mari?

ARGAN. — Venez-vous en ici à mon secours.

BÉLINE. — Qu'est-ce que c'est donc qu'il y a, mon petit-fils?

ARGAN. — Mamie!

BÉLINE. — Mon ami!

ARGAN. — On vient de me mettre en colère.

BÉLINE. — Hélas! pauvre petit mari! Comment donc, mon ami?

ARGAN. — Votre coquine de Toinette est devenue plus insolente que jamais.

BÉLINE. — Ne vous passionnez donc point.

ARGAN. — Elle m'a fait enrager, mamie.

BÉLINE. — Doucement, mon fils.

ARGAN. — Elle a contrecarré, une heure durant, les choses que je veux faire.

BÉLINE. — Là, là, tout doux.

ARGAN. — Elle a eu l'effronterie de me dire que je ne suis point malade.

BÉLINE. — C'est une impertinente.

ARGAN. — Vous savez mon cœur, ce qui en est.

BÉLINE. — Oui, mon cœur, elle a tort.

ARGAN. — Mamour, cette coquine-là me fera mourir.

BÉLINE. — Hé, là, hé, là.

ARGAN. — Elle est cause de toute la bile que je fais.

BÉLINE. — Ne vous fâchez point tant.

ARGAN. — Et il y a je ne sais combien que je vous dis de me la chasser.

BÉLINE. — Mon dieu! mon fils, il n'y a point de serviteurs et de servantes qui n'aient leurs défauts. On est contraint parfois de souffrir leurs mauvaises qualités à cause des bonnes. Celle-ci est adroite, soigneuse, diligente, et surtout fidèle; et vous savez qu'il faut maintenant de grandes précautions pour les gens que l'on prend. Holà, Toinette!

SCÈNE VII. — ARGAN, BÉLINE, TOINETTE.

TOINETTE. — Madame.

BÉLINE. — Pourquoi donc est-ce que vous mettez mon mari en colère?

TOINETTE, *d'un ton doucereux.* — Moi, madame? Hélas! je ne sais pas ce que vous me voulez dire, et je ne songe qu'à complaire à monsieur en toutes choses.

ARGAN. — Ah! la traîtresse!

TOINETTE. — Il nous a dit qu'il voulait donner sa fille en mariage au fils de M. Diafoirus. Je lui ai répondu que je trouvais le parti avantageux pour elle, mais que je croyais qu'il ferait mieux de la mettre dans un couvent.

BÉLINE. — Il n'y a pas grand mal à cela, et je trouve qu'elle a raison.

ARGAN. — Ah! mamour, vous la croyez? C'est une scélérate; elle m'a dit cent insolences.

BÉLINE. — Hé bien! je vous crois, mon ami. Là, remettez-vous. Écoutez, Toinette: si vous fâchez jamais mon mari, je vous mettrai dehors. Çà, donnez-moi son manteau fourré et des oreillers, que je l'accommode dans sa chaise. Vous voilà je ne sais comment. Enfoncez bien votre bonnet jusque sur vos oreilles; il n'y a rien qui n'enrhume tant que de prendre l'air par les oreilles.

ARGAN. — Ah! mamie, que je vous suis obligé de tous les soins que vous prenez de moi!

BÉLINE, *accommodant les oreillers qu'elle met autour d'Argan.* — Levez-vous que je mette ceci sous vous. Mettons celui-ci pour vous appuyer, et celui-là de l'autre côté. Mettons celui-ci derrière votre dos, et cet autre-là pour soutenir votre tête.

TOINETTE, *lui mettant rudement un oreiller sur la tête.* — Et celui-ci pour vous garder du serein.

ARGAN, *se levant en colère, et jetant les oreillers à Toinette qui s'enfuit.* — Ah! coquine, tu veux m'étouffer.

SCÈNE VIII. — ARGAN, BÉLINE.

BÉLINE. — Hé, là, hé là! Qu'est-ce que c'est donc?

ARGAN, *se jetant dans sa chaise.* — Ah! ah! ah! je n'en puis plus.

BÉLINE. — Pourquoi vous emporter ainsi? Elle a cru faire bien.

ARGAN. — Vous ne connaissez pas, mamour, la malice de la pendarde ! Ah ! elle m'a mis tout hors de moi ; et il faudra plus de huit médecines et douze lavements pour réparer tout ceci.

BÉLINE. — Là, là, mon petit ami, apaisez-vous un peu.

ARGAN. — Mamie, vous êtes toute ma consolation.

BÉLINE. — Pauvre petit fils !

ARGAN. — Pour tâcher de reconnaître l'amour que vous me portez, je veux, mon cœur, comme je vous ai dit, faire mon testament.

BÉLINE. — Ah ! mon ami, ne parlons point de cela, je vous prie : je ne saurais souffrir cette pensée ; et le seul mot de testament me fait tressaillir de douleur.

ARGAN. — Je vous avais dit de parler pour cela à votre notaire.

BÉLINE. — Le voilà là-dedans, que j'ai amené avec moi.

ARGAN. — Faites-le donc entrer, mamour.

BÉLINE. — Hélas ! mon ami, quand on aime bien un mari, on n'est guère en état de songer à tout cela.

SCÈNE IX. — M. DE BONNEFOI, BÉLINE, ARGAN.

ARGAN. — Approchez, monsieur de Bonnefoi, approchez. Prenez un siège, s'il vous plaît. Ma femme m'a dit, monsieur, que vous étiez fort honnête homme, et tout-à-fait de ses amis ; et je l'ai chargée de vous parler pour un testament que je veux faire.

BÉLINE. — Hélas ! je ne suis point capable de parler de ces choses-là.

M. DE BONNEFOI. — Elle m'a, monsieur, expliqué vos intentions, et le dessein où vous êtes pour elle ; et j'ai à vous dire là-dessus que vous ne sauriez rien donner à votre femme par votre testament.

ARGAN. — Mais pourquoi ?

M. DE BONNEFOI. — La coutume y résiste. Si vous étiez en pays de droit écrit, cela se pourrait faire : mais, à Paris et dans les pays coutumiers, au moins dans la plupart, c'est ce qui ne se peut ; et la disposition serait nulle. Tout l'avantage qu'homme et femme, conjoints par mariage, se peuvent faire l'un à l'autre ; c'est un don mutuel entre vifs, encore faut-il qu'il n'y ait enfants, soit des deux conjoints, ou de l'un d'eux, lors du décès du premier mourant.

ARGAN. — Voilà une coutume bien impertinente, qu'un mari ne puisse rien laisser à une femme dont il est aimé tendrement, et qui prend de lui tant de soin. J'aurais envie de consulter mon avocat, pour voir comment je pourrais faire.

M. DE BONNEFOI. — Ce n'est point à des avocats qu'il faut aller ; car ils sont d'ordinaire sévères là-dessus, et s'imaginent que c'est un grand crime que de disposer en fraude de la loi : ce sont gens de difficultés, et qui sont ignorants des détours de la conscience. Il y a d'autres personnes à consulter, qui sont bien plus accommodantes, qui ont des expédients pour passer doucement par-dessus la loi, et rendre juste ce qui n'est pas permis ; qui savent aplanir les difficultés d'une affaire, et trouver des moyens d'éluder la coutume par quelque avantage indirect. Sans cela, où en serions-nous tous les jours ? Il faut de la facilité dans les choses ; autrement nous ne ferions rien, et je ne donnerais pas un sou de notre métier.

ARGAN. — Ma femme m'avait bien dit, monsieur, que vous étiez fort habile et fort honnête homme. Comment puis-je faire, s'il vous plaît, pour lui donner mon bien et en frustrer mes enfants ?

M. DE BONNEFOI. — Comment vous pouvez faire ? Vous pouvez choisir doucement un ami intime de votre femme, auquel vous donnerez, en bonne forme, par votre testament, tout ce que vous pouvez ; et cet ami ensuite lui rendra tout. Vous pouvez encore contracter un grand nombre d'obligations non suspectes au profit de divers créanciers qui prêteront leur nom à votre femme, et entre les mains de laquelle ils mettront leur déclaration, que ce qu'ils en ont fait n'a été que pour lui faire plaisir. Vous pouvez aussi, pendant que vous êtes en vie, mettre entre ses mains de l'argent comptant ou des billets que vous pourrez avoir payables au porteur.

BÉLINE. — Mon Dieu ! il ne faut point vous tourmenter de tout cela. S'il vient faute de vous, mon fils, je ne veux plus rester au monde.

ARGAN. — Mamie !

BÉLINE. — Oui, mon ami, si je suis assez malheureuse pour vous perdre...

ARGAN. — Ma chère femme!

BÉLINE. — La vie ne me sera plus rien.

ARGAN. — Mamour!

BÉLINE. — Et je suivrai vos pas, pour vous faire connaître la tendresse que j'ai pour vous.

ARGAN. — Mamie, vous me fendez le cœur. Consolez-vous, je vous en prie.

M. DE BONNEFOI, à *Béline*. — Ces larmes sont hors de saison; et les choses n'en sont pas encore là.

BÉLINE. — Ah! monsieur, vous ne savez pas ce que c'est qu'un mari qu'on aime tendrement.

ARGAN. — Tout le regret que j'aurai, si je meurs, mamie, c'est de n'avoir point un enfant de vous. Monsieur Purgon m'avait dit qu'il m'en ferait faire un.

M. DE BONNEFOI. — Cela pourrait venir encore.

ARGAN. — Il faut faire mon testament, mamour, de la façon que monsieur dit; mais, par précaution, je veux vous mettre en les mains vingt mille francs en or, que j'ai dans les lambris de mon alcove, et deux billets payables au porteur qui me sont dus, l'un par M. Damon, et l'autre par M. Gérante.

BÉLINE. — Non, non, je ne veux point de tout cela. Ah!... Combien dites-vous qu'il y a dans votre alcove?

ARGAN. — Vingt mille francs, mamour.

BÉLINE. — Ne me parlez pas de bien, je vous prie. Ah!... De combien sont les deux billets?

ARGAN. — Ils sont, mamie, l'un de quatre mille francs, et l'autre de six.

BÉLINE. — Tous les biens du monde, mon ami, ne me sont rien au prix de vous.

M. DE BONNEFOI, à *Argan*. — Voulez-vous que nous procédions au testament?

ARGAN. — Oui, monsieur; mais nous serons mieux dans mon petit cabinet. Mamour, conduisez-moi, je vous prie.

BÉLINE. — Allons, mon pauvre petit fils.

SCÈNE X. — ANGÉLIQUE, TOINETTE.

TOINETTE. — Les voilà avec un notaire, et j'ai ouï parler de testament. Votre belle-mère ne s'endort point; et c'est sans doute quelque conspiration contre vos intérêts, où elle pousse votre père.

ANGÉLIQUE. — Qu'il dispose de son bien à sa fantaisie, pourvu qu'il ne dispose point de mon cœur. Tu vois, Toinette, les desseins violents que l'on fait sur lui. Ne m'abandonne point, je te prie, dans l'extrémité où je suis.

TOINETTE. — Moi, vous abandonner! J'aimerais mieux mourir. Votre belle-mère a beau me faire sa confidente, et me vouloir jeter dans ses intérêts, je n'ai jamais pu avoir d'inclination pour elle; et j'ai toujours été de votre parti. Laissez-moi faire; j'emploierai toute chose pour vous servir; mais, pour vous servir avec plus d'effet, je veux changer de batterie, couvrir le zèle que j'ai pour vous, et feindre d'entrer dans les sentiments de votre père et de votre belle-mère.

ANGÉLIQUE. — Tâche, je t'en conjure, de faire donner avis à Cléante du mariage qu'on a conclu.

TOINETTE. — Je n'ai personne à employer à cet office que le vieux usurier Polichinelle, mon amant, et il m'en coûtera pour cela quelques paroles de douceur que je veux bien dépenser pour vous. Pour aujourd'hui, il est trop tard; mais demain, du grand matin, je l'enverrai quérir, et il sera ravi de...

SCÈEE XI. — BÉLINE, *dans la maison*, ANGÉLIQUE, TOINETTE.

BÉLINE. — Toinette!

TOINETTE, à *Angélique*. — Voilà qu'on m'appelle. Bon soir. Reposez-vous sur moi.

FIN DU PREMIER ACTE.

PREMIER INTERMÈDE.

Le théâtre représente une place publique.

Polichinelle, dans la nuit, vient pour donner une sérénade à sa maîtresse. Il est interrompu d'abord par des violons contre lesquels il se met en colère, et ensuite par le guet composé de musiciens et de danseurs.

SCÈNE PREMIÈRE. — POLICHINELLE.

O amour, amour, amour, amour! Pauvre Polichinelle! quelle diable de fantaisie t'es-tu allé mettre dans la cervelle? A quoi t'amuses-tu, misérable insensé que tu es? Tu quittes le soin de ton négoce, et tu laisses aller tes affaires à l'abandon; tu ne manges plus, tu ne bois presque plus, tu perds le repos de la nuit, et tout cela, pour qui? pour une dragonne, franche dragonne; une diablesse qui te rembarre et se moque de tout ce que tu peux lui dire. Mais il n'y a point à raisonner là-dessus. Tu le veux, amour; il faut être fou comme beaucoup d'autres. Cela n'est pas le mieux du monde à un homme de mon âge; mais qu'y faire? On n'est pas sage quand on veut; et les vieilles cervelles se démontent comme les jeunes. Je viens voir si je ne pourrai point adoucir ma tigresse par une sérénade. Il n'y a rien parfois qui soit si touchant qu'un amant qui vient chanter ses doléances aux gonds et aux verroux de la porte de sa maîtresse. (*Après avoir pris son luth.*) Voici de quoi accompagner ma voix. O nuit! ô chère nuit! porte mes plaintes amoureuses jusque dans le lit de mon inflexible.

Nott' e dì, v'amo e v'adoro;
Cerco un sì per mio ristoró,
Ma se voi dite dì nò,
Bella ingrata, io morirò.
Frà la speranza
S'afflige il cuore,
In lontananza
Consuma l'hore;
Si dolce inganno
Che mi figura
Breve l'affanno,
Ahi! troppo dura!
Così per troppo amar languisco e muoro.
Nott' e dì, v'amo e v'adoro;
Cerco un sì per mio ristoro,
Ma se voi dite dì nò,
Bella ingrata, io morirò.
Se non dormite,
Almen pensate
Alle ferite
Ch'al cuor mi fate,
Dehl almen fingete,
Per mio conforto,
Se m'uccidete,
D'haver il torto;
Vostra pietà mi scemerà il martoro.
Notte e dì, v'amo e v'adoro,
Cerco un sì per mio ristoro,
Ma se voi dì nò,
Bella ingrata, io morirò.

SCÈNE II. — POLICHINELLE, UNE VIEILLE à *la fenêtre.*

LA VIEILLE *chante.* — Zerbinetti, ch' ogn' hor con finti sguardi,
Mentiti desiri,
Fallaci sospiri;
Accenti buggiardi,
Di fede vi preggiate,

Ah! che non m'ingannate,
Che già so per prova,
Ch'in voi non si trova
Costanza ne fede;
Oh! quanto è pazza colei che vi crede !
Quei siguardi languidi
Non m'innamorano,
Quei sospir fervidi
Più non m'infiammano,
Vel'giuro a fe.
Zerbino misero,
Del vostro piangere
Il mio cuor libero
Vuol sempre ridere;
Credete a me
Che già so per prova
Ch'in voi non si trova
Constanza ne fede.
Oh! quanto è pazza colei che vi crede?

SCÈNE III. — POLICHINELLE, VIOLONS, *derrière le théâtre.*

LES VIOLONS *commencent un air.*

POLICHINELLE. — Quelle impertinente harmonie vient interrompre ici ma voix!

LES VIOLONS, *continuant à jouer.*

POLICHINELLE. — Paix là ; taisez-vous, violons. Laissez-moi me plaindre à mon aise des cruautés de mon inexorable.

LES VIOLONS, *de même.*

POLICHINELLE. — Taisez-vous, vous dis-je ; c'est moi qui veux chanter.

LES VIOLONS.

POLICHINELLE. — Paix donc!

LES VIOLONS.

POLICHINELLE. — Ouais!

LES VIOLONS.

POLICHINELLE. — Ah!

LES VIOLONS.

POLICHINELLE. — Est-ce pour rire?

LES VIOLONS.

POLICHINELLE. — Ah! que de bruit!

LES VIOLONS.

POLICHINELLE. — Le diable vous emporte!

LES VIOLONS.

POLICHINELLE. — J'enrage.

LES VIOLONS.

POLICHINELLE. — Vous ne vous tairez pas? Ah! Dieu soit loué !

LES VIOLONS.

POLICHINELLE. — Encore?

LES VIOLONS.

POLICHINELLE. — Peste des violons!

LES VIOLONS.

POLICHINELLE. — La sotte musique que voilà

LES VIOLONS.

POLICHINELLE, *chantant pour se moquer des violons.* — La, la, la, la la.

LES VIOLONS.

POLICHINELLE, *de même.* — La, la, la, la, la, la.

LES VIOLONS.

POLICHINELLE, *de même.* — La, la, la, la, la, la.

LES VIOLONS.

POLICHINELLE, *de même.* — La, la, la, la, la, la.

LES VIOLONS.

POLICHINELLE, *de même.* — La, la, la, la, la, la.

LES VIOLONS.

POLICHINELLE. — Par ma foi, cela me divertit. Poursuivez, messieurs les violons; vous me ferez plaisir. (*N'entendant plus rien.*) Allons donc, continuez,
je vous en prie.

SCÈNE IV. — POLICHINELLE, *seul.*

Voilà le moyen de les faire taire. La musique est accoutumée à ne point faire
ce qu'on veut. Oh! sus, à nous. Avant que de chanter, il faut que je prélude
un peu, et joue quelque pièce, afin de mieux prendre mon ton. (*Il prend son
luth, dont il fait semblant de jouer en imitant avec les lèvres et la langue le
son de cet instrument.*) Plan, plan, plan. Plin, plin, plin. Voilà un temps fâcheux
pour mettre un luth d'accord. Plin, plin, plin. Plin, tan, plan. Plin, plan. Les
cordes ne tiennent pas par ce temps-là. Plin, plan. J'entends du bruit. Mettons
mon luth contre la porte.

SCÈNE V. — POLICHINELLE, ARCHERS CHANTANTS ET DANSANTS.

UN ARCHER, *chantant.* — Qui va là? qui va là?

POLICHINELLE, *bas.* — Qui diable est-ce là? Est-ce la mode de parler en
musique?

L'ARCHER. — Qui va là? qui va là? qui va là?

POLICHINELLE, *épouvanté.* — Moi, moi, moi.

L'ARCHER. — Qui va là? qui va là? vous dis-je.

POLICHINELLE. — Moi, moi, vous dis-je.

L'ARCHER. — Et qui toi? et qui toi?

POLICHINELLE. — Moi, moi, moi, moi, moi, moi.

L'ARCHER. — Dis ton nom, dis ton nom sans davantage attendre.

POLICHINELLE, *feignant d'être bien hardi.* — Mon nom est Va te faire pendre

L'ARCHER. — Ici, camarades, ici.
Saisissons l'insolent qui nous répond ainsi.

PREMIÈRE ENTRÉE DE BALLET.

Les archers dansants cherchent Polichinelle dans l'obscurité pour le saisir.

POLICHINELLE. — Qui va là? (*Entendant encore du bruit autour de lui.*)
Qui sont les coquins que j'entends?
Hé!... holà! mes laquais, mes gens...
Par la mort!.. par la sang!.. j'en jetterai par terre...
Champagne, Poitevin, Picard, Basque, Breton...
Donnez-moi mon mousqueton...
(Pendant les intervalles qui sont marqués avec les points, les archers dansent
au son de la symphonie, en cherchant Polichinelle.)

POLICHINELLE, *faisant semblant de tirer un coup de pistolet.* — Poue.
(Les archers tombent tous et s'enfuient.)

SCÈNE VI. — POLICHINELLE, *seul.*

Ah! ah! ah! ah! Comme je leur ai donné l'épouvante! Voilà de sottes gens
d'avoir peur de moi, qui ai peur des autres. Ma foi, il n'est que de jouer d'adresse
en ce monde. Si je n'avais tranché du grand seigneur, et n'avais fait le brave,
ils n'auraient pas manqué de me happer. Ah! ah! ah!
(Pendant que Polichinelle croit être seul, les archers reviennent sans faire de
bruit pour entendre ce qu'il dit.)

SCÈNE VII. — POLICHINELLE, DEUX ARCHERS CHANTANTS.

LES DEUX ARCHERS, *saisissant Polichinelle.*
Nous le tenons. A nous, camarades, à nous.
Dépêchez; de la lumière.

SCÈNE VIII. — POLICHINELLE, LES DEUX ARCHERS CHANTANTS, ARCHERS CHANTANTS ET DANSANTS, *venant avec des lanternes.*

QUATRE ARCHERS, *chantant ensemble.*
Ah! traître! ah! fripon! c'est donc vous!
Faquin, maraud, pendard, impudent téméraire,

Insolent, effronté, coquin, filou, voleur,
Vous osez nous faire peur !
POLICHINELLE. — Messieurs, c'est que j'étais ivre.
LES QUATRE ARCHERS. — Non, non, non ; point de raison ;
Il faut vous apprendre à vivre.
En prison, vite, en prison.
POLICHINELLE. — Messieurs, je ne suis point un voleur
LES QUATRE ARCHERS. — En prison.
POLICHINELLE. — Je suis un bourgeois de la ville.
LES QUATRE ARCHERS. — En prison.
POLICHINELLE. — Qu'ai-je fait ?
LES QUATRE ARCHERS. — En prison, vite, en prison.
POLICHINELLE. — Messieurs, laissez-moi aller.
LES QUATRE ARCHERS. — Non.
POLICHINELLE. — Je vous prie !
LES QUATRE ARCHERS. — Non.
POLICHINELLE. — Hé !
LES QUATRE ARCHERS. — Non.
POLICHINELLE. — De grace !
LES QUATRE ARCHERS. — Non, non.
POLICHINELLE. — Messieurs !
LES QUATRE ARCHERS. — Non, non, non.
POLICHINELLE. — S'il vous plaît.
LES QUATRE ARCHERS. — Non, non.
POLICHINELLE. — Par charité !
LES QUATRE ARCHERS. — Non, non.
POLICHINELLE. — Au nom du ciel !
LES QUATRE ARCHERS. — Non, non.
POLICHINELLE. — Miséricorde !

LES QUATRE ARCHERS.
Non, non, non ; point de raison,
Il faut vous apprendre à vivre.
En prison, vite, en prison.

POLICHINELLE. — Hé ! n'est-il rien messieurs, qui soit capable d'attendrir vos ames ?

LES QUATRE ARCHERS.
Il est aisé de nous toucher ;
Et nous sommes humains plus qu'on ne saurait croire.
Donnez-nous seulement six pistoles pour boire,
Nous allons vous lâcher.

POLICHINELLE. — Hélas ! messieurs, je vous assure que je n'ai pas un sou sur moi.

LES QUATRE ARCHERS.
Au défaut de six pistoles,
Choisissez donc sans façon
D'avoir trente croquignoles,
Ou douze coups de bâton.

POLICHINELLE. — Si c'est une nécessité, et qu'il faille en passer par là, je choisis les croquignoles.

DEUXIÈME ENTRÉE DE BALLET.

Les archers dansants donnent en cadence des croquignoles à Polichinelle.
POLICHINELLE, pendant qu'on lui donne des croquignoles.
Une et deux, trois et quatre, cinq et six, sept et huit, neuf et dix, onze et douze, quatorze et quinze.

LES QUATRE ARCHERS.
Ah ! ah ! vous en voulez passer !
Allons, c'est à recommencer.

POLICHINELLE. — Ah ! messieurs, ma pauvre tête n'en peut plus ; et vous venez de me la rendre comme une pomme cuite. J'aime mieux encore les coups de bâton que de recommencer.

LES QUATRE ARCHERS.

Soit. Puisque le bâton est pour vous plus charmant,
Vous aurez contentement.

TROISIÈME ENTRÉE DE BALLET.

Les archers donnent en cadence des coups de bâton à Polichinelle.

POLICHINELLE, *comptant les coups de bâton.*

Un, deux, trois, quatre, cinq, six. Ah! ah! ah! Je n'y saurais plus résister,
Tenez, messieurs, voilà six pistoles que je vous donne.

LES QUATRE ARCHERS.

Ah! l'honnête homme! Ah! l'ame noble et belle!
Adieu, seigneur, adieu, seigneur Polichinelle.

POLICHINELLE. — Messieurs, je vous donne le bonsoir.

LES QUATRE ARCHERS. — Adieu, seigneur; adieu, seigneur Polichinelle.

POLICHINELLE. — Votre serviteur.

LES QUATRE ARCHERS. — Adieu, seigneur; adieu, seigneur Polichinelle.

POLICHINELLE. — Très humble valet.

LES QUATRE ARCHERS. — Adieu, seigneur; adieu, seigneur Polichinelle.

POLICHINELLE. — Jusqu'au revoir.

QUATRIÈME ENTRÉE DE BALLET.

Les archers dansent en réjouissance de l'argent qu'ils ont reçu.

FIN DU PREMIER INTERMÈDE.

ACTE II.

Le théâtre représente la chambre d'Argan.

SCÈNE PREMIÈRE. — CLÉANTE, TOINETTE.

TOINETTE, *ne reconnaissant pas Cléante.*

Que demandez-vous, monsieur?

CLÉANTE. — Ce que je demande?

TOINETTE. — Ah! ah! c'est vous! Quelle surprise! Que venez-vous faire céans?

CLÉANTE. — Savoir ma destinée, parler à l'aimable Angélique, consulter les sentiments de son cœur, et lui demander ses résolutions sur ce mariage fatal dont on m'a averti.

TOINETTE. — Oui; mais on ne parle pas comme cela de but en blanc à Angélique: il y faut des mystères, et l'on vous a dit l'étroite garde où elle est retenue; qu'on ne la laisse ni sortir ni parler à personne; et que ce ne fut que la curiosité d'une vieille tante, qui nous fit accorder la liberté d'aller à cette comédie qui donna lieu à la naissance de votre passion, et nous nous sommes bien gardées de parler de cette aventure.

CLÉANTE. — Aussi ne viens-je pas ici comme Cléante et sous l'apparence de son amant, mais comme ami de son maître de musique, dont j'ai obtenu le pouvoir de dire qu'il m'envoie à sa place.

TOINETTE. — Voici son père. Retirez-vous un peu, et me laissez dire que vous êtes là.

SCÈNE II. — ARGAN, TOINETTE.

ARGAN, *se croyant seul, et sans voir Toinette.* — M. Purgon m'a dit de me promener le matin dans ma chambre douze allées et douze venues; mais j'ai oublié de lui demander si c'est en long ou en large.

TOINETTE. — Monsieur, voilà un...

ARGAN. — Parle bas, pendarde, tu viens m'ébranler tout le cerveau, et tu ne songes pas qu'il ne faut point parler si haut à des malades.

TOINETTE. — Je voulais vous dire, monsieur...

ARGAN. — Parle bas, te dis-je.

TOINETTE. — Monsieur... (*Elle fait semblant de parler.*)

ARGAN. — Hé?

TOINETTE. — Je vous dis que... (*Elle fait encore semblant de parler.*)

ARGAN. — Qu'est-ce que tu dis?

TOINETTE, *haut.* — Je dis que voilà un homme qui veut parler à vous.

ARGAN. — Qu'il vienne.   (*Toinette fait signe à Cléante d'avancer.*)

SCÈNE III. — ARGAN, CLÉANTE, TOINETTE.

CLÉANTE. — Monsieur...

TOINETTE, *à Cléante.* — Ne parlez pas si haut, de peur d'ébranler le cerveau de monsieur.

CLÉANTE. — Monsieur, je suis ravi de vous trouver debout et de voir que vous vous portez mieux.

TOINETTE, *feignant d'être en colère.* — Comment! qu'il se porte mieux! Cela est faux. Monsieur se porte toujours mal.

CLÉANTE. — J'ai ouï dire que monsieur était mieux : et je lui trouve bon visage.

TOINETTE. — Que voulez-vous dire avec votre bon visage? Monsieur l'a fort mauvais; et ce sont des impertinents qui vous ont dit qu'il était mieux; il ne s'est jamais si mal porté.

ARGAN. — Elle a raison.

TOINETTE. — Il marche, dort, mange et boit comme les autres; mais cela n'empêche pas qu'il soit fort malade.

ARGAN. — Cela est vrai.

CLÉANTE. — Monsieur, j'en suis au désespoir. Je viens de la part du maître à chanter de mademoiselle votre fille : il s'est vu obligé d'aller à la campagne pour quelques jours; et, comme son ami intime, il m'envoie à sa place pour lui continuer ses leçons, de peur qu'en les interrompant elle ne vînt à oublier ce qu'elle sait déjà.

ARGAN. — Fort bien. (*A Toinette.*) Appelez Angélique.

TOINETTE. — Je crois, monsieur, qu'il sera mieux de mener monsieur à sa chambre.

ARGAN. — Non; faites-la venir.

TOINETTE. — Il ne pourra lui donner leçon comme il faut, s'ils ne sont en particulier.

ARGAN. — Si fait, si fait.

TOINETTE. — Monsieur, cela ne fera que vous étourdir; et il ne faut rien pour vous émouvoir en l'état où vous êtes, et vous ébranler le cerveau.

ARGAN. — Point, point : j'aime la musique; et je serai bien aise de... Ah! la voici. (*A Toinette.*) Allez-vous en voir, vous, si ma femme est habillée.

SCÈNE IV. — ARGAN, ANGÉLIQUE, CLÉANTE.

ARGAN. — Venez, ma fille; votre maître de musique est allé aux champs, et voilà une personne qu'il envoie à sa place pour vous montrer.

ANGÉLIQUE, *reconnaissant Cléante.* — Ah! ciel!

ARGAN. — Qu'est-ce? D'où vient cette surprise?

ANGÉLIQUE. — C'est...

ARGAN. — Quoi? Qui vous émeut de la sorte?

ANGÉLIQUE. — C'est, mon père, une aventure surprenante qui se rencontre ici.

ARGAN. — Comment?

ANGÉLIQUE. — J'ai songé cette nuit que j'étais dans le plus grand embarras du monde, et qu'une personne faite tout comme monsieur s'est présentée à moi, à qui j'ai demandé secours, et qui m'est venue tirer de la peine où j'étais; et ma surprise a été grande de voir inopinément, en arrivant ici, ce que j'ai eu dans l'idée toute la nuit.

CLÉANTE. — Ce n'est pas être malheureux que d'occuper votre pensée, soit en dormant, soit en veillant : et mon bonheur serait grand, sans doute, si vous étiez dans quelque peine dont vous me jugeassiez digne de vous tirer; et il n'y a rien que je ne fisse pour...

SCÈNE V. — ARGAN, ANGÉLIQUE, CLÉANTE, TOINETTE.

TOINETTE, *à Argan.* — Ma foi, monsieur, je suis pour vous maintenant; et je me dédis de tout ce que je disais hier. Voici M. Diafoirus le père et M. Diafoirus le fils qui viennent vous rendre visite. Que vous serez bien engendré! Vous allez voir le garçon le mieux fait du monde et le plus spirituel. Il n'a dit que deux mots qui m'ont ravie, et votre fille va être charmée de lui.

ARGAN, *à Cléante qui feint de vouloir s'en aller*. — Ne vous en allez point, monsieur. C'est que je marie ma fille; et voilà qu'on lui amène son prétendu mari, qu'elle n'a point encore vu.

CLÉANTE. — C'est m'honorer beaucoup, monsieur, de vouloir que je sois témoin d'une entrevue si agréable.

ARGAN. — C'est le fils d'un habile médecin; et le mariage se fera dans quatre jours.

CLÉANTE. — Fort bien.

ARGAN. — Mandez-le un peu à son maître de musique, afin qu'il se trouve à la noce.

CLÉANTE. — Je n'y manquerai pas.

ARGAN. — Je vous y prie aussi.

CLÉANTE. — Vous me faites beaucoup d'honneur.

TOINETTE. — Allons, qu'on se range, les voici.

SCÈNE VI. — M. DIAFOIRUS, THOMAS DIAFOIRUS, ARGAN, ANGÉLIQUE, CLÉANTE, TOINETTE, LAQUAIS.

ARGAN, *mettant la main à son bonnet sans l'ôter*. — M. Purgon, monsieur, m'a défendu de découvrir ma tête. Vous êtes du métier, vous savez les conséquences.

M. DIAFOIRUS. — Nous sommes dans toutes nos visites pour porter secours aux malades, et non pour leur porter de l'incommodité.

(Argan et Diafoirus parlent en même temps.)

ARGAN. — Je reçois, monsieur,

M. DIAFOIRUS. — Nous venons ici, monsieur,

ARGAN. — Avec beaucoup de joie...

M. DIAFOIRUS. — Mon fils Thomas et moi,

ARGAN. — L'honneur que vous me faites,

M. DIAFOIRUS. — Vous témoigner, monsieur,

ARGAN. — Et j'aurais souhaité...

M. DIAFOIRUS. — Le ravissement où nous sommes...

ARGAN. — De pouvoir aller chez vous...

M. DIAFOIRUS. — De la grace que vous nous faites...

ARGAN. — Pour vous en assurer;

M. DIAFOIRUS. — De vouloir bien nous recevoir...

ARGAN. — Mais vous savez, monsieur,

M. DIAFOIRUS. — Dans l'honneur, monsieur,

ARGAN. — Ce que c'est qu'un pauvre malade,

M. DIAFOIRUS. — De votre alliance;

ARGAN. — On ne peut faire autre chose...

M. DIAFOIRUS. — Et vous assurer...

ARGAN. — Que de vous dire ici...

M. DIAFOIRUS. — Que dans les choses qui dépendront de notre métier...

ARGAN. — Qu'il cherchera toutes les occasions...

M. DIAFOIRUS. — De même qu'en toute autre,

ARGAN. — De vous faire connaître, monsieur,

M. DIAFOIRUS. — Nous serons toujours prêts, monsieur,

ARGAN. — Qu'il est tout à votre service.

M. DIAFOIRUS. — A vous témoigner notre zèle. (*A son fils.*) Allons, Thomas, avancez, faites vos compliments.

THOMAS DIAFOIRUS, *à M. Diafoirus*. — N'est-ce pas par le père qu'il convient commencer.

M. DIAFOIRUS. — Oui.

THOMAS DIAFOIRUS, *à Argan*. — Monsieur, je viens saluer, reconnaître, chérir et révérer en vous un second père, mais un second père auquel j'ose dire que je me trouve plus redevable qu'au premier. Le premier m'a engendré: mais vous m'avez choisi. Il m'a reçu par nécessité; mais vous m'avez accepté par grace. Ce que je tiens de lui, est un ouvrage de son corps, mais ce que je tiens de vous, est un ouvrage de votre volonté : et d'autant plus que les facultés spirituelles sont au-dessus des corporelles, d'autant plus que je vous dois, et d'autant plus que je tiens précieuse cette future filiation, dont je viens aujourd'hui vous rendre par avance les très humbles et très respectueux hommages.

TOINETTE. — Vivent les collèges d'où l'on sort si habile homme !

THOMAS DIAFOIRUS, à M. Diafoirus. — Cela a-t-il bien été, mon père ?

M. DIAFOIRUS. — Optime.

ARGAN, à Angélique. — Allons, saluez monsieur.

THOMAS DIAFOIRUS, à M. Diafoirus. — Baiserai-je.

M. DIAFOIRUS. — Oui, oui.

THOMAS DIAFOIRUS, à Angélique. — Madame, c'est avec justice que le ciel vous a concédé le nom de belle-mère, puisque l'on a...

ARGAN, à Thomas Diafoirus. — Ce n'est pas ma femme, c'est ma fille à qui vous parlez.

THOMAS DIAFOIRUS. — Où donc est-elle ?

ARGAN. — Elle va venir.

THOMAS DIAFOIRUS. — Attendrai-je, mon père, qu'elle soit venue ?

M. DIAFOIRUS. — Faites toujours le compliment à mademoiselle.

THOMAS DIAFOIRUS. — Mademoiselle, ne plus ne moins que la statue de Memnon rendait un son harmonieux, lorsqu'elle venait à être éclairée des rayons du soleil, tout de même me sens-je animé d'un doux transport à l'apparition du soleil de vos beautés ; et, comme les naturalistes remarquent que la fleur nommée héliotrope tourne sans cesse vers cet astre du jour, aussi mon cœur, dores en avant, tournera-t-il toujours vers les astres resplendissants de vos yeux adorables, ainsi que vers son pôle unique. Souffrez donc, mademoiselle, que j'appende aujourd'hui à l'autel de vos charmes l'offrande de ce cœur qui ne respire et n'ambitionne autre gloire que d'être toute sa vie, mademoiselle, votre très humble, très obéissant et très fidèle serviteur et mari.

TOINETTE. — Voilà ce que c'est que d'étudier, on apprend à dire de belles choses.

ARGAN, à Cléante. — Hé ! que dites-vous de cela ?

CLÉANTE. — Que monsieur fait merveilles, et que, s'il est aussi bon médecin qu'il est bon orateur, il y aura plaisir à être de ses malades.

TOINETTE. — Assurément. Ce sera quelque chose d'admirable, s'il fait d'aussi belles cures qu'il a fait de beaux discours.

ARGAN. — Allons, vite, ma chaise, et des siéges à tout le monde. (Les laquais donnent des siéges.) Mettez-vous là, ma fille. (A M. Diafoirus.) Vous voyez, monsieur, que tout le monde admire monsieur votre fils ; et je vous trouve bien heureux de vous voir un garçon comme cela.

M. DIAFOIRUS. — Monsieur, ce n'est pas parce que je suis son père ; mais je puis dire que j'ai sujet d'être content de lui, et que tous ceux qui le voient en parlent comme d'un garçon qui n'a point de méchanceté. Il n'a jamais eu l'imagination bien vive, ni ce feu d'esprit qu'on remarque dans quelques-uns ; mais c'est par là que j'ai toujours bien auguré de sa judiciaire, qualité requise pour l'exercice de notre art. Lorsqu'il était petit, il n'a jamais été ce que l'on appelle mièvre et éveillé : on le voyait toujours doux, paisible et taciturne, ne disant jamais mot, et ne jouant jamais à tous ces petits jeux que l'on nomme enfantins. On eut toutes les peines du monde à lui apprendre à lire ; et il avait neuf ans qu'il ne connaissait pas encore ses lettres. Bon ! disais-je en moi-même, les arbres tardifs sont ceux qui portent les meilleurs fruits. On grave sur le marbre bien plus malaisément que sur le sable ; mais les choses y sont conservées bien plus longtemps ; et cette lenteur à comprendre, cette pesanteur d'imagination est la marque d'un bon jugement à venir. Lorsque je l'envoyai au collège, il trouva de la peine ; mais il se roidissait contre les difficultés ; et ses régents le louaient toujours à moi de son assiduité et de son travail. Enfin, à force de battre le fer, il en est venu à avoir ses licences ; et je puis dire, sans vanité, que depuis deux ans qu'il est sur les bancs, il n'y a point de candidat qui ait fait plus de bruit que lui dans toutes les disputes de notre école. Il s'y est rendu redoutable ; il ne s'y passe point d'acte où il n'aille argumenter à outrance pour la proposition contraire. Il est ferme dans la dispute, fort comme un Turc sur ses principes, ne démord jamais de son opinion, et poursuit un raisonnement jusque dans les derniers recoins de la logique. Mais, sur toute

MOLIÈRE. 50

chose, ce qui me plaît en lui, et en quoi il suit mon exemple, c'est qu'il s'attache aveuglément aux opinions de nos anciens, et que jamais il n'a voulu comprendre ni écouter les raisons et les expériences des prétendues découvertes de notre siècle, touchant la circulation du sang, et autres opinions de même farine.

THOMAS DIAFOIRUS, *tirant de sa poche une grande thèse roulée qu'il présente à Angélique.* — J'ai contre les circulateurs soutenu une thèse qu'avec la permission (*saluant Argan*) de monsieur, j'ose présenter à mademoiselle, comme un hommage que je lui dois des prémices de mon esprit.

ANGÉLIQUE. — Monsieur, c'est pour moi un meuble inutile; et je ne me connais pas à ces choses-là.

TOINETTE, *prenant la thèse.* — Donnez, donnez. Elle est toujours bonne à prendre pour l'image : cela servira à parer notre chambre.

THOMAS DIAFOIRUS, *saluant encore Argan.* — Avec la permission aussi de monsieur, je vous invite à venir voir l'un de ces jours, pour vous divertir, la dissection d'une femme, sur quoi je dois raisonner.

TOINETTE. — Le divertissement sera agréable. Il y en a qui donnent la comédie à leurs maîtresses; mais donner une dissection est quelque chose de plus galant.

M. DIAFOIRUS. — Au reste, pour ce qui est des qualités requises pour le mariage et la propagation, je vous assure que, selon les règles de nos docteurs, il est tel qu'on le peut souhaiter; qu'il possède en un degré louable la vertu prolifique, et qu'il est du tempérament qu'il faut pour engendrer et procréer des enfants bien conditionnés.

ARGAN. — N'est-ce pas votre intention, monsieur, de le pousser à la cour, et d'y ménager pour lui une charge de médecin?

M. DIAFOIRUS. — A vous en parler franchement, notre métier auprès des grands ne m'a jamais paru agréable, et j'ai toujours trouvé qu'il valait mieux pour nous autres demeurer au public. Le public est commode. Vous n'avez à répondre de vos actions à personne; et, pourvu que l'on suive le courant des règles de l'art, on ne se met point en peine de tout ce qui peut arriver. Mais ce qu'il y a de fâcheux auprès des grands, c'est que, quand ils viennent à être malades, ils veulent absolument que leurs médecins les guérissent.

TOINETTE. — Cela est plaisant, et ils sont bien impertinents de vouloir que, vous autres messieurs, vous les guérissiez. Vous n'êtes pas auprès d'eux pour cela : vous n'y êtes que pour recevoir vos pensions et leur ordonner des remèdes; c'est à eux à guérir, s'ils peuvent.

M. DIAFOIRUS. — Cela est vrai. On n'est obligé qu'à traiter les gens dans les formes.

ARGAN, *à Cléante.* — Monsieur, faites un peu chanter ma fille devant la compagnie.

CLÉANTE. — J'attendais vos ordres, monsieur, et il m'est venu en pensée, pour divertir la compagnie, de chanter avec mademoiselle une scène d'un petit opéra qu'on a fait depuis peu. (*A Angélique, lui donnant un papier.*) Tenez, voilà votre partie.

ANGÉLIQUE. — Moi?

CLÉANTE, *bas, à Angélique.* — Ne vous défendez-point, s'il vous plaît, et me laissez vous faire comprendre ce que c'est que la scène que nous devons chanter. (*Haut*) Je n'ai pas une voix à chanter; mais il suffit que je me fasse entendre, et l'on aura la bonté de m'excuser par la nécessité où je me trouve de faire chanter mademoiselle.

ARGAN. — Les vers en sont-ils beaux?

CLÉANTE. — C'est proprement ici un petit opéra impromptu; et vous n'allez entendre chanter que de la prose cadencée, ou des manières de vers libres, tels que la passion et la nécessité peuvent faire trouver à deux personnes qui disent les choses d'elles-mêmes, et parlent sur le champ.

ARGAN. — Fort bien. Écoutons.

CLÉANTE. — Voici le sujet de la scène. Un berger était attentif aux beautés d'un spectacle qui ne faisait que commencer, lorsqu'il fut tiré de son attention par un bruit qu'il entendit à ses côtés. Il se retourne, et voit un brutal qui de paroles insolentes maltraitait une bergère. D'abord il prend les intérêts d'un sexe à qui tous les hommes doivent hommage; et, après avoir donné au brutal le châtiment de son insolence, il vient à la bergère, et voit une jeune per sonne qui, des plus beaux yeux qu'il eût jamais vus, versait des larmes qu'il trouva les plus belles du monde. Hélas ! dit-il en lui-même, est-on capable d'outrager une personne si aimable? et quel inhumain, quel barbare ne serait touché par de telles larmes? Il prend soin de les arrêter, ces larmes qu'il trouve si belles ; et l'aimable bergère prend soin en même temps de le remercier de son léger service, mais d'une manière si charmante, si tendre et si passionnée, que le berger n'y peut résister ; et chaque mot, chaque regard, est un trait plein de flamme dont son cœur se sent pénétré. Est-il, disait-il, quelque chose qui puisse mériter les aimables paroles d'un tel remercîment? Et que ne voudrait-on pas faire, à quels services, à quels dangers ne serait-on pas ravi de courir, pour s'attirer un seul moment des touchantes douceurs d'une ame si reconnaissante? Tout le spectacle passe sans qu'il y donne aucune attention, mais il se plaint qu'il est trop court, parce qu'en finissant il se sépare de son adorable bergère ; et, de cette première vue, de ce premier moment, il emporte chez lui tout ce qu'un amour de plusieurs années peut avoir de plus violent. Le voilà aussitôt à sentir tous les maux de l'absence ; et il est tourmenté de ne plus voir ce qu'il a si peu vu. Il fait tout ce qu'il peut pour se redonner cette vue dont il conserve nuit et jour une si chère idée ; mais la grande contrainte où l'on tient sa bergère lui en ôte tous les moyens. La violence de sa passion le fait résoudre à demander en mariage l'adorable beauté sans laquelle il ne peut plus vivre ; et il en obtient d'elle la permission par un billet qu'il a l'adresse de lui faire tenir. Mais dans le même temps on l'avertit que le père de cette belle a conclu son mariage avec un autre, et que tout se dispose pour en célébrer la cérémonie. Jugez quelle atteinte cruelle au cœur de ce triste berger. Le voilà accablé d'une mortelle douleur ; il ne peut souffrir l'effroyable idée de voir tout ce qu'il aime entre les bras d'un autre ; et son amour au désespoir lui fait trouver moyen de s'introduire dans la maison de sa bergère pour apprendre ses sentiments, et savoir d'elle la destinée à laquelle il doit se résoudre. Il y rencontre les apprêts de tout ce qu'il craint : il y voit venir l'indigne rival que le caprice d'un père oppose aux tendresses de son amour ; il le voit triomphant, ce rival ridicule, auprès de l'aimable bergère, ainsi qu'auprès d'une conquête qui lui est assurée ; et cette vue le remplit d'une colère dont il a peine à se rendre maître. Il jette de douloureux regards sur celle qu'il adore ; son respect, et la présence de son père l'empêchent de lui rien dire que des yeux. Mais enfin il force toute contrainte, et le transport de son amour l'oblige à lui parler ainsi : *(Il chante.)*

Belle Philis, c'est trop, c'est trop souffrir ;
Rompons ce dur silence, et m'ouvrez vos pensées,
Apprenez-moi ma destinée :
Faut-il vivre? faut-il mourir?

ANGÉLIQUE, *en chantant.*
Vous me voyez, Tircis, triste et mélancolique
Aux apprêts de l'hymen dont vous vous alarmez.
Mais si plus clairement il faut que je m'explique,
C'est vous en dire assez.

ARGAN. — Ouais! je ne croyais pas que ma fille fût si habile, que de chant ainsi à livre ouvert sans hésiter.

CLÉANTE. — Hélas! belle Philis,
Se pourrait-il que l'amoureux Tircis
Eût assez de bonheur
Pour avoir quelque place dans votre cœur?

ANGÉLIQUE. — Je ne me défends point; dans cette peine extrême,
Oui, Tircis, je vous aime.

CLÉANTE. — O parole pleine d'appas!
Ai-je bien entendu? Hélas!
Redites-la, Philis, que je n'en doute pas.

ANGÉLIQUE. — Oui, Tircis, je vous aime.

CLÉANTE. — De grâce encor, Philis.

ANGÉLIQUE. — Je vous aime.

CLÉANTE — Recommencez cent fois, ne vous en lassez pas.

ANGÉLIQUE. — Je vous aime, je vous aime.
Oui, Tircis, je vous aime.

CLÉANTE. — Dieux, rois, qui sous vos pieds regardez tout le monde,
Pouvez-vous comparer votre bonheur au mien?
Mais, Philis, une pensée
Vient troubler ce doux transport.
Un rival, un rival...

ANGÉLIQUE. — Ah! je le hais plus que la mort;
Et sa présence, ainsi qu'à vous,
M'est un cruel supplice.

CLÉANTE. — Mais un père à ses vœux vous veut assujettir.

ANGÉLIQUE. — Plutôt, plutôt mourir,
Que de jamais y consentir.
Plutôt, plutôt mourir, plutôt mourir.

ARGAN. — Et que dit le père à tout cela?

CLÉANTE. — Il ne dit rien.

ARGAN. — Voilà un sot père que ce père-là de souffrir toutes ces sottises-là sans rien dire.

CLÉANTE, *voulant continuer à chanter.* — Ah! mon amour...

ARGAN. — Non, non, en voilà assez. Cette comédie-là est de fort mauvais exemple. Le berger Tircis est un impertinent; et la bergère Philis une impudente de parler de la sorte devant son père. (*à Angélique.*) Montrez-moi ce papier. Ah! ah! où sont donc les paroles que vous dites? Il n'y a là que de la musique écrite.

CLÉANTE. — Est-ce que vous ne savez pas, monsieur, qu'on a trouvé depuis peu l'invention d'écrire les paroles avec les notes mêmes?

ARGAN. — Fort bien. Je suis votre serviteur, monsieur; jusqu'au revoir. Nous nous serions bien passés de votre impertinent opéra.

CLÉANTE. — J'ai cru vous divertir.

ARGAN. — Les sottises ne divertissent point. Ah! voici ma femme.

SCÈNE. — VII. — BÉLINE, ARGAN, ANGÉLIQUE, MONSIEUR DIAFOIRUS, THOMAS DIAFOIRUS, TOINETTE.

ARGAN. — Mamour, voilà le fils de monsieur Diafoirus.

THOMAS DIAFOIRUS. — Madame, c'est avec justice que le ciel vous a concédé le nom de belle-mère, puisque l'on voit sur votre visage...

BÉLINE. — Monsieur, je suis ravie d'être venue ici à propos pour avoir l'honneur de vous voir.

THOMAS DIAFOIRUS. — Puisque l'on voit sur votre visage... Puisque l'on voit sur votre visage... Madame, vous m'avez interrompu dans le milieu de ma période, et cela m'a troublé la mémoire.

M. DIAFOIRUS. — Thomas, réservez cela pour une autre fois.

ARGAN. — Je voudrais, mamie, que vous eussiez été ici tantôt.

TOINETTE. — Ah! madame, vous avez bien perdu de n'avoir point été au second père, à la statue de Memnon, et à la fleur nommée héliotrope.

ARGAN. — Allons, ma fille, touchez dans la main de monsieur, et lui donnez votre foi, comme à votre mari.

ANGÉLIQUE. — Mon père!...

ARGAN. — Hé bien! mon père! qu'est-ce que cela veut dire?

ANGÉLIQUE. — De grâce, ne précipitez point les choses. Donnez-nous au moins le temps de nous connaître, et de voir naître en nous, l'un pour l'autre, cette inclination si nécessaire à composer une union parfaite.

THOMAS DIAFOIRUS. — Quant à moi, mademoiselle, elle est déjà toute née en moi; et je n'ai pas besoin d'attendre davantage.

ANGÉLIQUE. — Si vous êtes si prompt, monsieur, il n'en est pas de même de moi; et vous avoue que votre mérite n'a pas encore fait assez d'impression dans mon ame.

ARGAN. — Oh! bien! bien! cela aura tout le loisir de se faire quand vous serez mariés ensemble.

ANGÉLIQUE. — Hé! mon père, donnez-moi du temps, je vous prie. Le mariage est une chaîne où l'on ne doit jamais soumettre un cœur par force; et si monsieur est honnête homme, il ne doit pas vouloir accepter une personne qui serait à lui par contrainte.

THOMAS DIAFOIRUS. — *Nego consequentiam*, mademoiselle; et je puis être honnête homme, et vouloir bien vous accepter des mains de monsieur votre père.

ANGÉLIQUE. — C'est un méchant moyen de se faire aimer de quelqu'un, que de lui faire violence.

THOMAS DIAFOIRUS. — Nous lisons des anciens, mademoiselle, que leur coutume était d'enlever par force, de la maison des pères, les filles qu'on menait marier, afin qu'il ne semblât pas que ce fût de leur consentement qu'elles convolaient dans les bras d'un homme.

ANGÉLIQUE. — Les anciens, monsieur, sont les anciens, et nous sommes les gens de maintenant. Les grimaces ne sont point nécessaires dans notre siècle; et, quand un mariage nous plaît, nous savons fort bien y aller sans qu'on nous y traîne. Donnez-vous patience; si vous m'aimez, monsieur, vous devez vouloir tout ce que je veux.

THOMAS DIAFOIRUS. — Oui, mademoiselle, jusqu'aux intérêts de mon amour exclusivement.

ANGÉLIQUE. — Mais la grande marque d'amour, c'est d'être soumis aux volontés de celle qu'on aime.

THOMAS DIAFOIRUS. — *Distinguo*, mademoiselle. Dans ce qui ne regarde point sa possession, *concedo*; mais dans ce qui la regarde, *nego*.

TOINETTE, à *Angélique*. — Vous avez beau raisonner. Monsieur est frais émoulu du collège; et il vous donnera toujours votre reste. Pourquoi tant résister, et refuser la gloire d'être attachée au corps de la faculté?

BÉLINE. — Elle a peut-être quelque inclination en tête.

ANGÉLIQUE. — Si j'en avais, madame, elle serait telle que la raison et l'honnêteté pourraient me la permettre.

ARGAN. — Ouais! Je joue ici un plaisant personnage!

BÉLINE. — Si j'étais que de vous, mon fils, je ne la forcerais point à se marier; et je sais bien ce que je ferais.

ANGÉLIQUE. — Je sais, madame, ce que vous voulez dire, et les bontés que vous avez pour moi; mais peut-être que vos conseils ne seront pas assez heureux pour être exécutés.

BÉLINE. — C'est que les filles bien sages et bien honnêtes comme vous se moquent d'être obéissantes et soumises aux volontés de leur père. Cela était bon autrefois.

ANGÉLIQUE. — Le devoir d'une fille a des bornes, madame; et la raison et les lois ne l'étendent point à toutes sortes de choses.

BÉLINE. — C'est-à-dire que vos pensées ne sont que pour le mariage; mais vous voulez choisir un époux à votre fantaisie.

ANGÉLIQUE. — Si mon père ne veut pas me donner un mari qui me plaise, je le conjurerai au moins de ne me point forcer à en épouser un que je ne puisse pas aimer.

ARGAN. — Messieurs, je vous demande pardon de tout ceci.

ANGÉLIQUE. — Chacun a son but en se mariant. Pour moi, qui ne veux un mari que pour l'aimer véritablement, et qui prétends en faire tout l'attachement de ma vie, je vous avoue que j'y cherche quelque précaution. Il y en a d'aucunes qui prennent des maris seulement pour se tirer de la contrainte de leurs parents et se mettre en état de faire tout ce qu'elles voudront. Il y en a d'autres, madame, qui font du mariage un commerce de pur intérêt; qui ne se marient que pour gagner des douaires, que pour s'enrichir par la mort de ceux qu'elles épousent, et courent sans scrupule de mari en mari pour s'approprier leurs dépouilles. Ces personnes-là, à la vérité, n'y cherchent pas tant de façons, et regardent peu la personne.

BÉLINE. — Je vous trouve aujourd'hui bien raisonnante, et je voudrais bien savoir ce que vous voulez dire par là.

ANGÉLIQUE. — Moi, madame? Que voudrais-je dire que ce que je dis?

BÉLINE. — Vous êtes si sotte, mamie, qu'on ne saurait plus vous souffrir.

ANGÉLIQUE. — Vous voudrez bien, madame, m'obliger à vous répondre quelque impertinence; mais je vous avertis que vous n'aurez pas cet avantage.

BÉLINE. — Il n'est rien d'égale à votre insolence.

ANGÉLIQUE. — Non, madame, vous avez beau dire.

BÉLINE. — Et vous avez un ridicule orgueil, une impertinente présomption, qui fait hausser les épaules à tout le monde.

ANGÉLIQUE. — Tout cela, madame, ne servira de rien ; je serai sage en dépit de vous ; et, pour vous ôter l'espérance de pouvoir réussir dans ce que vous voulez, je vais m'ôter de votre vue.

SCÈNE VIII.

ARGAN, BÉLINE, M. DIAFOIRUS, THOMAS DIAFOIRUS, TOINETTE.

ARGAN, à Angélique qui sort. — Écoute. Il n'y a point de milieu à cela : choisis d'épouser dans quatre jours ou monsieur, ou un couvent. (à Béline.) Ne vous mettez pas en peine, je la rangerai bien.

BÉLINE. — Je suis fâchée de vous quitter, mon fils ; mais j'ai une affaire en ville dont je ne puis me dispenser. Je reviendrai bientôt.

ARGAN. — Allez, mamour ; et passez chez votre notaire, afin qu'il expédie ce que vous savez.

BÉLINE. — Adieu, mon petit ami.

ARGAN. — Adieu, ma mie.

SCÈNE IX.

ARGAN, M. DIAFOIRUS, THOMAS DIAFOIRUS, TOINETTE.

ARGAN. — Voilà une femme qui m'aime ! Cela n'est pas croyable.

M. DIAFOIRUS. — Nous allons, monsieur, prendre congé de vous.

ARGAN. — Je vous prie, monsieur, de me dire un peu comment je suis.

M. DIAFOIRUS, tâtant le pouls d'Argan. — Allons, Thomas, prenez l'autre bras de monsieur, pour voir si vous allez porter un bon jugement de son pouls. Quid dicis ?

THOMAS DIAFOIRUS. — Dico que le pouls de monsieur est le pouls d'un homme qui ne se porte point bien.

M. DIAFOIRUS. — Bon !

THOMAS DIAFOIRUS. — Qu'il est duriuscule, pour ne pas dire dur.

M. DIAFOIRUS. — Fort bien.

THOMAS DIAFOIRUS. — Repoussant.

M. DIAFOIRUS. — Benè.

THOMAS DIAFOIRUS. — Et même un peu capricant.

M. DIAFOIRUS. — Optimè.

THOMAS DIAFOIRUS. — Ce qui marque une intempérie dans le parenchyme splénique, c'est à dire la rate.

M. DIAFOIRUS. — Fort bien.

ARGAN. — Non ; M. Purgon dit que c'est mon foie qui est malade.

M. DIAFOIRUS. — Et oui : qui dit parenchyme, dit l'un et l'autre, à cause de l'étroite sympathie qu'ils ont ensemble par le moyen du vas breve, du pylore, et souvent des méats cholidoques. Il vous ordonne, sans doute, de manger force rôti ?

ARGAN. — Non, rien que du bouilli.

M. DIAFOIRUS. — Et oui : rôti, bouilli, même chose. Il vous ordonne fort prudemment, et vous ne pouvez être en de meilleures mains.

ARGAN. — Monsieur, combien est-ce qu'il faut mettre de grains de sel dans un œuf ?

M. DIAFOIRUS. — Six, huit, dix, par les nombres pairs, comme dans les médicaments par les nombres impairs.

ARGAN. — Jusqu'au revoir, monsieur.

SCÈNE X. — BÉLINE, ARGAN.

BÉLINE. — Je viens, mon fils, avant que de sortir, vous donner avis d'une chose, à laquelle il faut que vous preniez garde. En passant par devant la chambre d'Angélique, j'ai vu un jeune homme avec elle, qui s'est sauvé d'abord qu'il m'a vue.

ARGAN. — Un jeune homme avec ma fille !

BÉLINE. — Oui. Votre petite fille Louison était avec eux, qui pourra vous en dire des nouvelles.

ARGAN. — Envoyez-la ici, mamour, envoyez-la ici. Ah! l'effrontée! (*seul.*) Je ne m'étonne plus de sa résistance.

SCÈNE XI. — ARGAN, LOUISON.

LOUISON. — Qu'est-ce que vous me voulez, mon papa? Ma belle maman m'a dit que vous me demandez.

ARGAN. — Oui, venez çà ; avancez-là. Tournez-vous. Levez les yeux. Regardez-moi. Hé ?

LOUISON. — Quoi, mon papa?

ARGAN. — Là?

LOUISON. — Quoi ?

ARGAN. — N'avez-vous rien à me dire!

LOUISON. — Je vous dirai, si vous voulez, pour vous désennuyer, le conte de Peau-d'Ane, ou bien la fable du Corbeau et du Renard, qu'on m'a apprise depuis peu.

ARGAN. — Ce n'est pas cela que je demande.

LOUISON. — Quoi donc ?

ARGAN. — Ah! rusée, vous savez bien ce que je veux dire.

LOUISON. — Pardonnez-moi, mon papa.

ARGAN. — Est-ce là comme vous m'obéissez ?

LOUISON. — Quoi?

ARGAN. — Ne vous ai-je pas recommandé de me venir dire d'abord tout ce que vous voyez?

LOUISON. — Oui, mon papa.

ARGAN. — L'avez-vous fait?

LOUISON. — Oui, mon papa. Je vous suis venue dire tout ce que j'ai vu.

ARGAN. — Et n'avez-vous rien vu aujourd'hui?

LOUISON. — Non, mon papa.

ARGAN. — Non?

LOUISON. — Non, mon papa.

ARGAN. — Assurément?

LOUISON. — Assurément.

ARGAN. — Oh çà! je m'en vais vous faire voir quelque chose, moi.

LOUISON, *voyant une poignée de verges qu'Argan a été prendre.* — Ah! mon papa!

ARGAN. — Ah! ah! petite masque, vous ne me dites pas que vous avez vu un homme dans la chambre de votre sœur!

LOUISON, *pleurant.* — Mon papa!

ARGAN, *prenant Louison par le bras.* — Voici qui vous apprendra à mentir.

LOUISON, *se jetant à genoux.* — Ah! mon papa, je vous demande pardon. C'est que ma sœur m'avait dit de ne pas vous le dire: mais je m'en vais vous dire tout.

ARGAN. — Il faut premièrement que vous ayez le fouet pour avoir menti. Puis après nous verrons au reste.

LOUISON. — Pardon, mon papa.

ARGAN. — Non, non.

LOUISON. — Mon pauvre papa, ne me donnez pas le fouet.

ARGAN. — Vous l'aurez.

LOUISON. — Au nom de Dieu, mon papa, que je ne l'aie pas.

ARGAN, *voulant la fouetter.* — Allons, allons.

LOUISON. — Ah! mon papa, vous m'avez blessée. Attendez, je suis morte. (*Elle contrefait la morte.*)

ARGAN. — Holà! qu'est-ce là? Louison, Louison. Ah! mon Dieu! Louison! Ah! ma fille! Ah! malheureux, ma pauvre fille est morte Qu'ai-je fait, misérable? Ah! chiennes de verges! La peste soit des verges! Ah! ma pauvre fille! ma pauvre petite Louison!

LOUISON. — Là, là, mon papa, ne pleurez point tant : je ne suis pas morte tout-à-fait.

ARGAN. — Voyez-vous la petite rusée! Oh çà, je vous pardonne pour cette fois-ci, pourvu que vous me disiez bien tout.

LOUISON. — Oh! oui, mon papa.

ARGAN. — Prenez-y bien garde au moins : car voilà un petit doigt qui sait tout, qui me dira si vous mentez.

LOUISON. — Mais, mon papa, ne dites pas à ma sœur que je vous l'ai dit.

ARGAN. — Non, non.

LOUISON. — C'est mon papa, qu'il est venu un homme dans la chambre de ma sœur comme j'y étais.

ARGAN. — Hé bien?

LOUISON. — Je lui ai demandé ce qu'il demandait, il m'a dit qu'il était son maître à chanter.

ARGAN, *à part*. — Hom! hom! voilà l'affaire. (*à Louison*) Hé bien?

LOUISON. — Ma sœur est venue après.

ARGAN. — Hé bien?

LOUISON. — Elle lui a dit : Sortez, sortez; sortez. Mon Dieu! sortez; vous me mettez au désespoir.

ARGAN. — Hé bien?

LOUISON. — Et lui ne voulait pas sortir.

ARGAN. — Qu'est-ce qu'il lui disait?

LOUISON. — Il lui disait je ne sais combien de choses.

ARGAN. — Et quoi encore?

LOUISON. — Il lui disait tout-ci, tout-çà, qu'il l'aimait bien, qu'elle était la plus belle du monde.

ARGAN. — Et puis après?

LOUISON. — Et puis après, il se mettait à genoux devant elle.

ARGAN. — Et puis après?

LOUISON. — Et puis après, il lui baisait les mains.

ARGAN. — Et puis après?

LOUISON. — Et puis après, ma belle maman est venue à la porte, et il s'est enfui.

ARGAN. — Il n'y a point autre chose?

LOUISON. — Non, mon papa.

ARGAN. — Voilà mon petit doigt pourtant qui gronde quelque chose.. (*Mettant son doigt à son oreille.*) Attendez. Hé! Ah! ah! Oui? Oh! oh! voilà mon petit doigt qui me dit quelque chose que vous avez vu et que vous ne m'avez pas dit.

LOUISON. — Ah! mon papa, votre petit doigt est un menteur.

ARGAN. — Prenez garde.

LOUISON. — Non, mon papa, ne le croyez pas : il ment, je vous assure.

ARGAN. — Oh bien! bien! nous verrons cela. Allez-vous-en, et prenez garde à tout; allez. (*Seul.*) Ah! il n'y a plus d'enfants! Ah! que d'affaires! je n'ai pas seulement le loisir de songer à ma maladie. En vérité, je n'en puis plus. (*Il se laisse tomber dans sa chaise.*)

SCÈNE XII. — BÉRALDE, ARGAN.

BÉRALDE. — Hé bien! mon frère, qu'est-ce? Comment vous portez-vous?

ARGAN. — Ah! mon frère, fort mal.

BÉRALDE. — Comment fort mal?

ARGAN. — Oui. Je suis dans une faiblesse si grande, que cela n'est pas croyable.

BÉRALDE. — Voilà qui est fâcheux.

ARGAN. — Je n'ai pas seulement la force de pouvoir parler.

BÉRALDE — J'étais venu ici, mon frère, vous proposer un parti pour ma nièce Angélique.

ARGAN, *parlant avec emportement et se levant de sa chaise.* — Mon frère, ne me parlez point de cette coquine-là. C'est une friponne, une impertinente, une effrontée, que je mettrai dans un couvent, avant qu'il soit deux jours.

BÉRALDE. — Ah! voilà qui est bien! Je suis bien aise que la force vous revienne un peu, et que ma visite vous fasse du bien. Oh çà, nous parlerons d'affaires tantôt. Je vous amène ici un divertissement que j'ai rencontré, qui dissipera votre chagrin, et vous rendra l'ame mieux disposée aux choses que nous avons à dire. Ce sont des Égyptiens vêtus en Maures, qui font des danses mêlées de chansons, où je suis sûr que vous prendrez plaisir; et cela vaudra bien une ordonnance de M. Purgon. Allons.

FIN DU DEUXIÈME ACTE.

SECOND INTERMÈDE.

UNE ÉGYPTIENNE CHANTANTE, UN ÉGYTIEN CHANTANT, ÉGYPTIENS ET ÉGYPTIENNES CHANTANTS, *vêtus en Maures, et portant des singes.*

UNE ÉGYTIENNE. — Profitez du printemps
De vos beaux ans,
Aimable jeunesse ;
Profitez du printemps
De vos beaux ans ;
Donnez-vous à la tendresse.
Les plaisirs les plus charmants,
Sans l'amoureuse flamme,
Pour contenter une ame,
N'ont point d'attraits assez puissants.
Profitez du printemps
De vos beaux ans,
Aimable jeunesse;
Profitez du printemps
De vos beaux ans ;
Donnez-vous à la tendresse.
Ne perdez point ces précieux moments.
La beauté passe,
Le temps l'efface ;
L'âge de glace
Vient à sa place,
Qui nous ôte le goût de ces doux passe-temps.
Profitez du printemps
De vos beaux ans,
Aimable jeunesse ;
Profitez du printemps
De vos beaux ans :
Donnez-vous à la tendresse.

PREMIÈRE ENTRÉE DE BALLET. — Danse des Égyptiens et des Égyptiennes.

UN ÉGYPTIEN. — Quand d'aimer on vous presse,
A quoi songez-vous?
Nos cœurs, dans la jeunesse,
N'ont vers la tendresse
Qu'un penchant trop doux.
L'amour a, pour nous prendre,
De si doux attraits
Que, de soi, sans attendre,
On voudrait se rendre
A ses premiers traits ;
Mais tout ce qu'on écoute
Des vives douleurs
Et des pleurs qu'il nous coûte
Fait qu'on en redoute
Toutes les douceurs.
(*à l'égyptienne.*) Il est doux, à votre âge
D'aimer tendrement
Un amant
Qui s'engage :
Mais, s'il est volage,
Hélas! Quel tourment !
L'ÉGYPTIENNE. — L'amant qui se dégage

        N'est pas le malheur ;
            La douleur
            Et la rage,
        C'est que le volage
        Garde notre cœur.
L'ÉGYPTIEN. — Quel parti faut-il prendre
            Pour nos jeunes cœurs ?
L'ÉGYPTIENNE. — Faut-il nous en défendre
            Et fuir ses douceurs ?
L'ÉGYPTIEN. — Devons-nous nous y rendre,
            Malgré ses rigueurs ?
        TOUS DEUX ENSEMBLE.
        Oui, suivons ses caprices,
            Ses douces langueurs :
        S'il a quelques supplices,
            Il a cent délices
        Qui charment les cœurs.

DEUXIÈME ENTRÉE DE BALLET.

Tous les Maures dansent ensemble et font sauter des singes qu'ils ont
            amenés avec eux.

FIN DU SECOND INTERMÈDE.

ACTE III.

SCÈNE PREMIÈRE. — BÉRALDE, ARGAN, TOINETTE.

BÉRALDE. — Hé bien ! mon frère, qu'en dites-vous ? Cela ne vaut-il pas bien
une prise de casse ?

TOINETTE. — Hom ! de bonne casse est bonne.

BÉRALDE. — Oh çà ! Voulez-vous que nous parlions un peu ensemble ?

ARGAN. — Un peu de patience, mon frère ; je vais revenir.

TOINETTE. — Tenez, monsieur, vous ne songez pas que vous ne sauriez
marcher sans bâton.

ARGAN. — Tu as raison.

SCÈNE II. — BÉRALDE, TOINETTE.

TOINETTE. — N'abandonnez pas, s'il vous plaît, les intérêts de votre nièce.

BÉRALDE. — J'emploierai toutes choses pour lui obtenir ce qu'elle souhaite.

TOINETTE. — Il faut absolument empêcher ce mariage extravagant qu'il s'est
mis dans la fantaisie ; et j'avais songé en moi-même que c'aurait été une bonne
affaire, de pouvoir introduire ici un médecin à notre poste, pour le dégoûter
de son monsieur Purgon, et lui décrier sa conduite. Mais, comme nous n'a-
vons personne en cela, j'ai résolu de jouer un tour de ma tête.

BÉRALDE. — Comment ?

TOINETTE. — C'est une imagination burlesque. Cela sera peut-être plus heureux que sage. Laissez-moi faire. Agissez de votre côté. Voici notre homme.

SCÈNE III. — ARGAN, BÉRALDE.

BÉRALDE. — Vous voulez bien, mon frère, que je vous demande, avant toute
chose, de ne vous point échauffer l'esprit dans notre conversation.

ARGAN. — Voilà qui est fait.

BÉRALDE. — De répondre, sans nulle aigreur, aux chose que je pourrai vous
dire.

ARGAN. — Oui.

BÉRALDE. — Et de raisonner ensemble, sur les affaires dont nous avons à
parler, avec un esprit détaché de toute passion.

ARGAN. — Mon dieu ! Oui. Voilà bien du préambule !

BÉRALDE. — D'où vient, mon frère, qu'ayant le bien que vous avez, et
d'enfants qu'une fille, car je ne compte pas la petite ; d'où vient, dis-je, que
vous parlez de la mettre dans un couvent ?

ARGAN. — D'où vient , mon frère, que je suis maître dans ma famille, pour faire ce que bon me semble ?

BÉRALDE. — Votre femme ne manque pas de vous conseiller de vous défaire ainsi de vos deux filles; et je ne doute point que, par un esprit de charité, elle ne fût ravie de les voir toutes deux bonnes religieuses.

ARGAN. — Oh çà! nous y voici. Voilà d'abord la pauvre femme en jeu : c'est elle qui fait tout le mal, et tout le monde lui en veut.

BÉRALDE. — Non mon frère; laissons-la là : c'est une femme qui a les meilleures intentions du monde pour votre famille , et qui est détachée de toute sorte d'intérêt; qui a pour vous une tendresse merveilleuse , et qui montre pour vos enfants une affection et une bonté qui n'est pas concevable ; cela est certain. N'en parlons point : revenons à votre fille. Sur quelle pensée mon frère, la voulez-vous donner en mariage au fils d'un médecin?

ARGAN. — Sur la pensée , mon frère, de me donner un gendre tel qu'il me faut.

BÉRALDE. — Ce n'est point là , mon frère , le fait de votre fille; et il se présente un parti plus sortable pour elle.

ARGAN. — Oui; mais celui-ci, mon frère, est plus sortable pour moi.

BÉRALDE. — Mais le mari qu'elle doit prendre doit-il être, mon frère, ou pour elle, ou pour vous?

ARGAN. — Il doit être , mon frère, et pour elle et pour moi; et je veux mettre dans ma famille les gens dont j'ai besoin.

BÉRALDE. — Par cette raison-là, si votre petite était grande, vous lui donneriez en mariage un apothicaire.

ARGAN. — Pourquoi non?

BÉRALDE. — Est-il possible que vous serez toujours embéguiné de vos apothicaires et de vos médecins, et que vous vouliez être malade en dépit des gens et de la nature !

ARGAN. — Comment l'entendez-vous, mon frère ?

BÉRALDE. — J'entends , mon frère , que je ne vois point d'homme qui soit moins malade que vous, et que je ne demanderais point une meilleure constitution que la vôtre. Une grande marque que vous vous portez bien, et que vous avez un corps parfaitement bien composé, c'est qu'avec tous les soins que vous avez pris vous n'avez pu parvenir encore à gâter la bonté de votre tempérament , et que vous n'êtes point crevé de toutes les médecines qu'on vous a fait prendre.

ARGAN. — Mais savez-vous , mon frère, que c'est cela qui me conserve; et que M. Purgon dit que je succomberais , s'il était seulement trois jours sans prendre soin de moi?

BÉRALDE. — Si vous n'y prenez garde, il prendra tant de soin de vous qu'il vous enverra dans l'autre monde.

ARGAN. — Mais raisonnons un peu, mon frère. Vous ne croyez donc point à la médecine?

BÉRALDE. — Non, mon frère; et je ne vois pas que, pour son salut, il soit nécessaire d'y croire.

ARGAN. — Quoi! vous ne tenez pas véritable une chose établie par tout le monde, et que tous les siècles ont révérée?

BÉRALDE. — Bien loin de la tenir véritable, je la trouve entre nous, une des plus grandes folies qui soient parmi les hommes; et , à regarder les choses en philosophe, je ne vois point de plus plaisante momerie, je ne vois rien de plus ridicule, qu'un homme qui se veut mêler d'en guérir un autre.

ARGAN. — Pourquoi ne voulez-vous pas, mon frère, qu'un homme en puisse guérir un autre?

BÉRALDE. — Par la raison, mon frère, que les ressorts de notre machine sont des mystères jusqu'ici , où les hommes ne voient goutte, et que la nature nous a mis au-devant des yeux des voiles trop épais pour y connaître quelque chose.

ARGAN. — Les médecins ne savent donc rien, à votre compte ?

BÉRALDE. — Si fait, mon frère, Ils savent la plupart de fort belles humanités, savent parler un beau latin, savent nommer en grec toutes les maladies, les définir et les diviser ; mais pour ce qui est de les guérir, c'est ce qu'il ne savent point du tout.

ARGAN. — Mais toujours faut-il demeurer d'accord que, sur cette matière, les médecins en savent plus que les autres.

BÉRALDE. — Ils savent, mon frère, ce que je vous ai dit, qui ne guérit pas de grand'chose ; et toute l'excellence de leur art consiste en un pompeux galimatias, en un spécieux babil, qui vous donne des mots pour des raisons, et des promesses pour des effets.

ARGAN. — Mais enfin, mon frère, il y a des gens aussi sages et aussi habiles que vous ; et nous voyons que, dans la maladie, tout le monde a recours aux médecins.

BÉRALDE. — C'est une marque de la faiblesse humaine, et non pas de la vérité de leur art.

ARGAN. — Mais il faut bien que les médecins croient leur art véritable, puisqu'ils s'en servent pour eux-mêmes.

BÉRALDE. — C'est qu'il y en a parmi eux qui sont eux-mêmes dans l'erreur populaire, dont ils profitent, et d'autres qui en profitent sans y être. Votre M. Purgon, par exemple, n'y sait point de finesse : c'est un homme tout-médecin depuis la tête jusqu'aux pieds ; un homme qui croit à ses règles plus qu'à toutes les démonstrations des mathématiques, et qui croirait du crime à les vouloir examiner ; qui ne voit rien d'obscur dans la médecine, rien de douteux, rien de difficile, et qui, avec une impétuosité de prévention, une roideur de confiance, une brutalité de sens commun et de raison, donne au travers des purgations et des saignées, et ne balance aucune chose. Il ne lui faut point vouloir mal de tout ce qu'il pourra vous faire : c'est de la meilleure foi du monde qu'il vous expédiera ; et il ne fera, en vous tuant, que ce qu'il a fait à sa femme et à ses enfants, et ce qu'en un besoin il ferait à lui-même.

ARGAN. — C'est que vous avez, mon frère, une dent de lait contre lui. Mais enfin venons au fait. Que faire donc quand on est malade ?

BÉRALDE. — Rien, mon frère.

ARGAN. — Rien ?

BÉRALDE. — Rien. Il ne faut que demeurer en repos. La nature d'elle-même, quand nous la laissons faire, se tire doucement du désordre où elle est tombée. C'est notre inquiétude, c'est notre impatience qui gâte tout ; et presque tous les hommes meurent de leurs remèdes, et non pas de leurs maladies.

ARGAN. — Mais il faut demeurer d'accord, mon frère, qu'on peut aider cette nature par de certaines choses.

BÉRALDE. — Mon Dieu ! mon frère, ce sont pures idées dont nous aimons à nous repaître ; et de tout temps il s'est glissé parmi les hommes de belles imaginations, que nous venons à croire, parce qu'elles nous flattent, et qu'il serait à souhaiter qu'elles fussent véritables. Lorsqu'un médecin vous parle d'aider, de secourir, de soulager la nature, de lui ôter ce qui lui nuit et lui donner ce qui lui manque, de la rétablir et de la remettre dans une pleine facilité de ses fonctions ; lorsqu'il vous parle de rectifier le sang, de tempérer les entrailles et le cerveau, de dégonfler la rate, de raccommoder la poitrine, de réparer le foie, de fortifier le cœur, de rétablir et conserver la chaleur naturelle, et d'avoir des secrets pour étendre la vie à de longues années, il vous dit justement le roman de la médecine. Mais, quand vous en venez à la vérité et à l'expérience, vous ne trouvez rien de tout cela ; et il en est comme de ces beaux songes qui ne vous laissent au réveil que le déplaisir de les avoir crus.

ARGAN. — C'est-à-dire que toute la science du monde est renfermée dans votre tête, et vous voulez en savoir plus que tous les grands médecins de notre siècle.

BÉRALDE. — Dans les discours et dans les choses, ce sont deux sortes de personnes que vos grands médecins. Entendez-les parler, les plus habiles gens du monde : voyez-les faire, les plus ignorants de tous les hommes.

ARGAN. — Ouais ! vous êtes un grand docteur, à ce que je vois ; et je voudrais bien qu'il y eût ici quelqu'un de ces messieurs, pour rembarrer vos raisonnements et rabaisser votre caquet.

BÉRALDE. — Moi, mon frère, je ne prends point à tâche de combattre la médecine; et chacun, à ses périls et fortune, peut croire tout ce qu'il lui plaît. Ce que je dis n'est qu'entre nous; et j'aurais souhaité de pouvoir un peu vous tirer de l'erreur où vous êtes; et, pour vous divertir, vous mener voir sur ce chapitre quelqu'une des comédies de Molière.

ARGAN. — C'est un bon impertinent que votre Molière avec ses comédies, et je le trouve bien plaisant d'aller jouer d'honnêtes gens comme les médecins.

BÉRALDE. — Ce ne sont point les médecins qu'il joue, mais le ridicule de la médecine.

ARGAN — C'est bien à lui à faire de se mêler de contrôler la médecine! Voilà un bon nigaud, un bon impertinent, de se moquer des consultations et des ordonnances, de s'attaquer au corps des médecins et d'aller mettre sur son théâtre des personnes vénérables comme ces messieurs-là.

BÉRALDE. — Que voulez-vous qu'il y mette que les diverses professions des hommes? On y met bien tous les jours les princes et les rois, qui sont d'aussi bonne maison que les médecins.

ARGAN. — Par la mort non de diable! si j'étais que des médecins, je me vengerais de son impertinence; et quand il sera malade, je le laisserais mourir sans secours. Il aurait beau faire et beau dire, je ne lui ordonnerais pas la moindre petite saignée, le moindre petit lavement; et je lui dirais: Crève, crève; cela t'apprendra une autre fois à te jouer à la faculté.

BÉRALDE. — Vous voilà bien en colère contre lui.

ARGAN. — Oui, c'est un mal avisé: et si les médecins sont sages, ils feront ce que je dis.

BÉRALDE. — Il sera encore plus sage que vos médecins; car il ne leur demandera point de secours.

ARGAN. — Tant pis pour lui, s'il n'a point recours aux remèdes.

BÉRALDE. — Il a ses raisons pour n'en point vouloir, et il soutient que cela n'est permis qu'aux gens vigoureux et robustes, et qui ont des forces de reste pour porter les remèdes avec la maladie; mais que, pour lui, il n'a justement de la force que pour porter son mal.

ARGAN. — Les sottes raisons que voilà! Tenez, mon frère, ne parlons point de cet homme-là davantage; car cela m'échauffe la bile, et vous me donneriez mon mal.

BÉRALDE. — Je le veux bien, mon frère; et, pour changer de discours, je vous dirai que, sur une petite répugnance que vous témoigne votre fille, vous ne devez point prendre les résolutions violentes de la mettre dans un couvent; que, pour le choix d'un gendre, il ne vous faut pas suivre aveuglément la passion qui vous emporte; et qu'on doit sur cette matière s'accommoder un peu à l'inclination d'une fille, puisque c'est pour toute la vie, et que de là dépend tout le bonheur d'un mariage.

SCÈNE IV. — MONSIEUR FLEURANT, *une seringue à la main*, ARGAN, BÉRALDE.

ARGAN. — Ah! mon frère, avec votre permission.

BÉRALDE. — Comment? Que voulez-vous faire?

ARGAN. — Prendre ce petit lavement-là, ce sera bientôt fait.

BÉRALDE. — Vous vous moquez: est-ce que vous ne sauriez être un moment sans lavement ou sans médecine? Remettez cela à une autre fois, et demeurez un peu en repos.

ARGAN. — Monsieur Fleurant, à ce soir, ou à demain au matin.

M. FLEURANT, *à Béralde*. — De quoi vous mêlez-vous de vous opposer aux ordonnances de la médecine, et d'empêcher monsieur de prendre son clystère? Vous êtes bien plaisant d'avoir cette hardiesse-là.

BÉRALDE. — Allez, monsieur; on voit bien que vous n'avez pas accoutumé de parler à des visages.

M. FLEURANT. — On ne doit point aussi se jouer des remèdes, et me faire perdre mon temps. Je ne suis venu ici que sur une bonne ordonnance; et je vais dire à monsieur Purgon comme on m'a empêché d'exécuter ses ordres et de faire ma fonction. Vous verrez, vous verrez...

SCÈNE V. — ARGAN, BÉRALDE.

ARGAN. — Mon frère, vous serez cause ici de quelque malheur.

BÉRALDE. — Le grand malheur de ne pas prendre un lavement que monsieur Purgon a ordonné. Encore un coup, mon frère, est-il possible qu'il n'y ait pas moyen de vous guérir de la maladie de médecins, et que vous vouliez toute votre vie être enseveli dans leurs remèdes?

ARGAN. — Mon Dieu! mon frère, vous en parlez comme un homme qui se porte bien : mais si vous étiez à ma place, vous changeriez bien de langage. Il est aisé de parler contre la médecine quand on est en pleine santé.

BÉRALDE. — Mais quel mal avez-vous?

ARGAN. — Vous me feriez enrager. Je voudrais que vous l'eussiez, mon mal, pour voir si vous jaseriez tant. Ah! voici monsieur Purgon.

SCÈNE VI. — MONSIEUR PURGON, ARGAN, BÉRALDE, TOINETTE.

M. PURGON. — Je viens d'apprendre là-bas à la porte de jolies nouvelles; qu'on se moque ici de mes ordonnances, et qu'on a fait refus de prendre le remède que j'avais prescrit.

ARGAN. — Monsieur, ce n'est pas...

M. PURGON. — Voilà une hardiesse bien grande, une étrange rébellion d'un malade contre son médecin.

TOINETTE. — Cela est épouvantable.

M. PURGON. — Un clystère que j'avais pris plaisir à composer moi-même.

ARGAN. — Ce n'est pas moi...

M. PURGON. — Inventé et formé dans toutes les règles de l'art.

TOINETTE. — Il a tort.

M. PURGON. — Et qui devait faire dans les entrailles un effet merveilleux.

ARGAN. — Mon frère....

M. PURGON. — Le renvoyer avec mépris.

ARGAN, montrant Béralde. — C'est lui...

M. PURGON. — Cela est une action exorbitante.

TOINETTE. — Cela est vrai.

M. PURGON. — Un attentat énorme contre la médecine.

ARGAN, montrant Béralde. — Il est cause...

M. PURGON. — Un crime de lèse-faculté qui ne se peut assez punir.

TOINETTE. — Vous avez raison.

M. PURGON. — Je vous déclare que je romps commerce avec vous.

ARGAN. — C'est mon frère...

M. PURGON. — Que je ne veux plus d'alliance avec vous.

TOINETTE. — Vous ferez bien.

M. PURGON. — Et que, pour finir toute liaison avec vous, voilà la donation que je faisais à mon neveu en faveur du mariage.

(Il déchire la donation, et en jette les morceaux avec fureur.)

ARGAN. — C'est mon frère qui a fait tout le mal.

M. PURGON. — Mépriser mon clystère.

ARGAN. — Faites-le venir, je m'en vais le prendre.

M. PURGON. — Je vous aurais tiré d'affaire avant qu'il fût peu.

TOINETTE. — Il ne le mérite pas.

M. PURGON. — J'allais nettoyer votre corps et en évacuer entièrement les mauvaises humeurs.

ARGAN. — Ah! mon frère.

M. PURGON. — Et je ne voulais plus qu'une douzaine de médecines pour vider le fond du sac.

TOINETTE. — Il est indigne de vos soins.

M. PURGON. — Mais puisque vous n'avez pas voulu guérir par mes mains.

ARGAN. — Ce n'est pas ma faute.

M. PURGON. — Puisque vous vous êtes soustrait de l'obéissance que l'on doit à son médecin.

TOINETTE. — Cela crie vengeance.

M. PURGON. — Puisque vous vous êtes déclaré rebelle aux remèdes que je vous ordonnais.

ARGAN. — Hé! point du tout.

M. PURGON. — J'ai à vous dire que je vous abandonne à votre mauvaise constitution, à l'intempérie de vos entrailles, à la corruption de votre sang, à l'âcreté de votre bile et à la féculence de vos humeurs.

TOINETTE. — C'est fort bien fait.

ARGAN. — Mon Dieu!

M. PURGON. — Et je veux qu'avant qu'il soit quatre jours vous deveniez dans un état incurable.

ARGAN. — Ah! miséricorde!

M. PURGON. — Que vous tombiez dans la bradypepsie.

ARGAN. — Monsieur Purgon!

M. PURGON. — De la bradypepsie dans la dyspepsie.

ARGAN. — Monsieur Purgon!

M. PURGON. — De la dyspepsie dans l'apepsie.

ARGAN. — Monsieur Purgon!

M. PURGON. — De l'apepsie dans la lienterie.

ARGAN. — Monsieur Purgon!

M. PURGON. — De la lienterie dans la dyssenterie.

ARGAN. — Monsieur Purgon!

M. PURGON. — De la dyssenterie dans l'hydropisie.

ARGAN. — Monsieur Purgon!

M. PURGON. — Et de l'hydropisie dans la privation de la vie, où vous aura conduit votre folie.

SCÈNE VII. — ARGAN, BÉRALDE.

ARGAN. — Ah! mon Dieu! je suis mort! mon frère! vous m'avez perdu!

BÉRALDE. — Quoi? qu'y a-t-il?

ARGAN. — Je n'en puis plus. Je sens déjà que la médecine se venge.

BÉRALDE. — Ma foi, mon frère, vous êtes fou; et je ne voudrais pas pour beaucoup de choses qu'on vous vît faire ce que vous faites. Tâtez-vous un peu, je vous prie; revenez à vous-même, et ne donnez point tant à votre imagination.

ARGAN. — Vous voyez, mon frère, les étranges maladies dont il m'a menacé.

BÉRALDE. — Le simple homme que vous êtes!

ARGAN. — Il dit que je deviendrai incurable avant qu'il soit quatre jours.

BÉRALDE. — Et ce qu'il dit, que fait-il à la chose? Est-ce un oracle qui a parlé? Il semble, à vous entendre, que M. Purgon tienne dans ses mains le filet de vos jours, et que, d'autorité suprême, il vous l'allonge et vous le raccourcisse comme il lui plaît. Songez que les principes de votre vie sont en vous-même, et que le courroux de M. Purgon est aussi peu capable de vous faire mourir que ses remèdes de vous faire vivre. Voici une aventure, si vous voulez, à vous défaire des médecins; ou, si vous êtes né à ne pouvoir vous en passer, il est aisé d'en avoir un autre, avec lequel, mon frère, vous puissiez courir un peu moins de risque.

ARGAN. — Ah! mon frère, il sait tout mon tempérament, et la manière dont il faut me gouverner.

BÉRALDE. — Il faut avouer que vous êtes un homme d'une grande prévention, et que vous voyez les choses avec d'étranges yeux.

SCÈNE VIII. — ARGAN, BÉRALDE, TOINETTE.

TOINETTE, à Argan. — Monsieur, voilà un médecin qui demande à vous voir.

ARGAN. — Et quel médecin?

TOINETTE. — Un médecin de la médecine.

ARGAN. — Je te demande qui il est?

TOINETTE. — Je ne le connais pas, mais il me ressemble comme deux gouttes d'eau; et, si je n'étais sûre que ma mère était honnête femme, je dirais que ce serait quelque petit frère qu'elle m'aurait donné depuis le trépas de mon père.

ARGAN. — Fais-le venir.

SCÈNE IX. — ARGAN, BÉRALDE.

BÉRALDE. — Vous êtes servi à souhait. Un médecin vous quitte, un autre se présente.

ARGAN. — J'ai bien peur que vous ne soyez cause de quelque malheur.

BÉRALDE. — Encore! Vous en revenez toujours là.

ARGAN. — Voyez-vous, j'ai sur le cœur toutes ces maladies-là que je ne connais point, ces...

SCÈNE X. — ARGAN, BÉRALDE, TOINETTE, *en médecin.*

TOINETTE. — Monsieur, agréez que je vienne vous rendre visite, et vous offrir mes petits services pour toutes les saignées et purgations dont vous aurez besoin.

ARGAN. — Monsieur, je vous suis fort obligé. (*A Béralde.*) Par ma foi, voilà Toinette elle-même.

TOINETTE. — Monsieur, je vous prie de m'excuser; j'ai oublié de donner une commission à mon valet. Je reviens tout à-l'heure.

SCÈNE XI. — ARGAN, BÉRALDE.

ARGAN. — Hé! ne diriez-vous pas que c'est effectivement Toinette?

BÉRALDE. — Il est vrai que la ressemblance en est tout-à-fait grande; mais ce n'est pas la première fois qu'on a vu de ces sortes de choses; et les histoires ne sont pleines que de ces jeux de la nature.

ARGAN. — Pour moi, j'en suis surpris; et...

SCÈNE XII. — ARGAN, BÉRALDE, TOINETTE.

TOINETTE. — Que voulez-vous, monsieur?

ARGAN. — Comment?

TOINETTE. — Ne m'avez-vous pas appelée?

ARGAN. — Moi? non.

TOINETTE. — Il faut donc que les oreilles m'aient corné.

ARGAN. — Demeure un peu ici pour voir comme ce médecin te ressemble.

TOINETTE. — Oui, vraiment! J'ai affaire là-bas, et je l'ai assez vu.

SCÈNE XIII. — ARGAN, BÉRALDE.

ARGAN. — Si je ne les voyais tous deux, je croirais que ce n'est qu'un.

BÉRALDE. — J'ai lu des choses surprenantes de ces sortes de ressemblance; et nous en avons vu, de notre temps, où tout le monde s'est trompé.

ARGAN. — Pour moi, j'aurais été trompé à celle-là; et j'aurais juré que c'est la même personne.

SCÈNE XIV. — ARGAN, BÉRALDE, TOINETTE, *en médecin.*

TOINETTE. — Monsieur, je vous demande pardon de tout mon cœur.

ARGAN, *bas, à Béralde.* — Cela est admirable.

TOINETTE. — Vous ne trouverez pas mauvais, s'il vous plaît, la curiosité que j'ai eue de voir un illustre malade comme vous êtes; et votre réputation, qui s'étend partout, peut excuser la liberté que j'aie prise.

ARGAN. — Monsieur, je suis votre serviteur.

TOINETTE. — Je vois, monsieur, que vous me regardez fixement. Quel âge croyez-vous bien que j'aie?

ARGAN. — Je crois que, tout au plus, vous pouvez avoir vingt-six ou vingt-sept ans.

TOINETTE. — Ah! ah! ah! ah! ah! J'en ai quatre-vingt-dix.

ARGAN. — Quatre-vingt-dix?

TOINETTE. — Oui. Vous voyez un effet des secrets de mon art, de me conserver ainsi frais et vigoureux.

ARGAN. — Par ma foi, voilà un beau jeune vieillard pour quatre-vingt-dix ans.

TOINETTE. — Je suis médecin passager, qui vais de ville en ville, de province en province, de royaume en royaume, pour chercher d'illustres matières à ma capacité, pour trouver des malades dignes de m'occuper, capables d'exercer les beaux et grands secrets que j'ai trouvés dans la médecine. Je dédaigne de m'amuser à ce menu fatras de maladies ordinaires, à ces bagatelles de rhumatismes et de fluxions, à ces fièvrotes, à ces vapeurs et à ces migraines. Je veux des maladies d'importance, de bonnes fièvres continues, avec des transports au cerveau, de bonnes fièvres pourprées, de bonnes pestes, de bonnes hydropisies formées, de bonnes pleurésies avec des inflammations de poitrine; c'est là que je me plais, c'est là que je triomphe; et je voudrais, monsieur, que vous eussiez toutes les maladies que je viens de dire, que vous fussiez abandonné de tous les médecins, désespéré, à l'agonie, pour vous montrer l'excellence de mes re--mèdes et l'envie que j'aurais de vous rendre service.

ARGAN. — Je vous suis obligé, monsieur, des bontés que vous avez pour moi.

TOINETTE. — Donnez-moi votre pouls. Allons donc, que l'on batte comme il faut. Ah! je vous ferai bien aller comme vous devez. Ouais! ce pouls-là fait l'impertinent; je vois bien que vous ne me connaissez pas encore. Qui est votre médecin?

ARGAN. — Monsieur Purgon.

TOINETTE. — Cet homme-là n'est point écrit sur mes tablettes entre les grands médecins. De quoi dit-il que vous êtes malade?

ARGAN. — Il dit que c'est du foie, et d'autres disent que c'est de la rate.

TOINETTE. — Ce sont tous des ignorants. C'est du poumon que vous êtes malade.

ARGAN. — Du poumon?

TOINETTE. — Oui. Que sentez-vous?

ARGAN. — Je sens de temps en temps des douleurs de tête.

TOINETTE. — Justement, le poumon.

ARGAN. — Il me semble parfois que j'ai un voile devant les yeux.

TOINETTE. — Le poumon.

ARGAN. — J'ai quelquefois des maux de cœur.

TOINETTE. — Le poumon.

ARGAN. — Je sens parfois des lassitudes par tous les membres.

TOINETTE. — Le poumon.

ARGAN. — Et quelquefois il me prend des douleurs dans le ventre, comme si c'étaient des coliques.

TOINETTE. — Le poumon. Vous avez appétit à ce que vous mangez!

ARGAN. — Oui, monsieur.

TOINETTE. — Le poumon. Vous aimez à boire un peu de vin?

ARGAN. — Oui, Monsieur.

TOINETTE. — Le poumon. Il vous prend un petit sommeil après le repas, et vous êtes bien aise de dormir?

ARGAN. — Oui, monsieur.

TOINETTE. — Le poumon, le poumon, vous dis-je. Que vous ordonne votre médecin pour votre nourriture?

ARGAN. — Il m'ordonne du potage.

TOINETTE. — Ignorant!

ARGAN. — De la volaille.

TOINETTE. — Ignorant!

ARGAN. — Du veau.

TOINETTE. — Ignorant!

ARGAN — Des bouillons,

TOINETTE. — Ignorant!

ARGAN. — Des œufs frais

TOINETTE. — Ignorant!

ARGAN. — Et le soir des petits pruneaux pour lâcher le ventre.

TOINETTE. — Ignorant!

ARGAN. — Et surtout de boire mon vin fort trempé.

TOINETTE. — *Ignorantus, ignoranta, ignorantum!* Il faut boire votre vin pur; et, pour épaissir votre sang qui est trop subtil, il faut manger de bon gros bœuf, de bon gros porc, de bon fromage de Hollande, du gruau et du riz, et des marrons et des oublies, pour coller et conglutiner. Votre médecin est une bête. Je veux vous en envoyer un de ma main, et je viendrai vous voir de temps en temps, tandis que je serai en cette ville.

ARGAN. — Vous m'obligerez beaucoup.

TOINETTE. — Que diantre faites-vous de ce bras-là?

ARGAN. — Comment?

TOINETTE. — Voilà un bras que je me ferais couper tout à l'heure si j'étais que de vous.

ARGAN. — Et pourquoi?

TOINETTE. — Ne voyez-vous pas qu'il tire à soi toute la nourriture, et qu'il empêche ce côté-là de profiter.

ARGAN. — Oui; mais j'ai besoin de mon bras.

TOINETTE. — Vous avez là aussi un œil droit que je me ferais crever, si j'étais en votre place.

ARGAN. — Crever un œil?

TOINETTE. — Ne voyez-vous pas qu'il incommode l'autre, et lui dérobe sa nourriture? Croyez-moi, faites-vous le crever au plus tôt, vous en verrez plus clair de l'œil gauche.

ARGAN. — Cela n'est pas pressé.

TOINETTE. — Adieu. Je suis fâché de vous quitter si tôt; mais il faut que je me trouve à une grande consultation qui se doit faire pour un homme qui mourut hier.

ARGAN. — Pour un homme qui mourut hier?

TOINETTE. — Oui, pour aviser et voir ce qu'il aurait fallu lui faire pour le guérir. Jusqu'au revoir.

ARGAN. — Vous savez que les malades ne reconduisent point.

SCÈNE XV. — ARGAN, BÉRALDE.

BÉRALDE. — Voilà un médecin, vraiment, qui paraît fort habile.

ARGAN. — Oui; mais il va un peu bien vite.

BÉRALDE. — Tous les grands médecins sont comme cela.

ARGAN. — Me couper un bras et me crever un œil, afin que l'autre se porte mieux! J'aime bien mieux qu'il ne se porte pas si bien. La belle opération de me rendre borgne et manchot!

SCÈNE XVI. — ARGAN, BÉRALDE, TOINETTE.

TOINETTE, *feignant de parler à quelqu'un.* — Allons, allons, je suis votre servante. Je n'ai pas envie de rire.

ARGAN. — Qu'est-ce que c'est?

TOINETTE. — Votre médecin, ma foi, qui voulait me tâter le pouls.

ARGAN. — Voyez un peu, à l'âge de quatre-vingt-dix ans!

BÉRALDE. — Oh çà? mon frère, puisque voilà votre M. Purgon brouillé avec vous, ne voulez-vous pas bien que je vous parle du parti qui s'offre pour ma nièce?

ARGAN. — Non, mon frère; je veux la mettre dans un couvent, puisqu'elle s'est opposée à mes volontés. Je vois bien qu'il y a quelque amourette là-dessous; et j'ai découvert certaine entrevue secrète, qu'on ne sait pas que j'ai découverte.

BÉRALDE. — Hé bien! mon frère, quand il y aurait quelque petite inclination, cela serait-il si criminel? Et rien peut-il vous offenser, quand tout ne va qu'à des choses honnêtes, comme le mariage?

ARGAN. — Quoi qu'il en soit, mon frère, elle sera religieuse, c'est une chose résolue.

BÉRALDE. — Voulez-vous faire plaisir à quelqu'un?

ARGAN. — Je vous entends. Vous en revenez toujours là, et ma femme vous tient au cœur.

BÉRALDE. — Hé bien! oui, mon frère, puisqu'il faut parler à cœur ouvert, c'est votre femme que je veux dire; et, non plus que l'entêtement de la médecine, je ne puis vous souffrir l'entêtement où vous êtes pour elle, et voir que vous donnez tête baissée dans tous les pièges qu'elle vous tend.

TOINETTE. — Ah! monsieur, ne parlez point de madame; c'est une femme sur laquelle il n'y a rien à dire, une femme sans artifice, et qui aime monsieur, qui l'aime!.. On ne peut pas dire cela.

ARGAN. — Demandez-lui un peu les caresses qu'elle me fait;

TOINETTE. — Cela est vrai.

ARGAN. — L'inquiétude que lui donne ma maladie;

TOINETTE. — Assurément.

ARGAN. — Et les soins et les peines qu'elle prend autour de moi.

TOINETTE. — Il est certain. (*à Béralde*) Voulez-vous que je vous convainque, et vous fasse voir, tout à l'heure, comme madame aime monsieur? (*à Argan*) Monsieur, souffrez que je lui montre son béjaune, et le tire d'erreur.

ARGAN. — Comment?

TOINETTE. — Madame s'en va revenir. Mettez-vous tout étendu dans cette chaise, et contrefaites le mort; vous verrez la douleur où elle sera, quand je lui aurai dit la nouvelle.

ARGAN. — Je le veux bien.

TOINETTE. — Oui; mais ne la laissez pas longtemps dans le désespoir, car elle en pourrait bien mourir.

ARGAN. — Laisse-moi faire.

TOINETTE, *à Béralde.* — Cachez-vous, vous, dans ce coin-là.

SCÈNE XVII. — ARGAN, TOINETTE.

ARGAN. — N'y a-t-il point quelque danger à contrefaire le mort?

TOINETTE. — Non, non. Quel danger y aurait-il? Etendez-vous là seulement. (*bas*) Il y aura plaisir à confondre votre frère. Voici madame. Tenez-vous bien.

SCÈNE XVIII. — BÉLINE, ARGAN *étendu dans sa chaise*, TOINETTE.

TOINETTE, *feignant de ne point voir Béline.* — Ah! mon dieu! Ah! malheur! Quel étrange accident!

BÉLINE. — Qu'est-ce, Toinette?

TOINETTE. — Ah! madame!

BÉLINE. — Qu'y a-t-il?

TOINETTE. — Votre mari est mort.

BÉLINE. — Mon mari est mort?

TOINETTE. — Hélas! oui! le pauvre défunt est trépassé.

BÉLINE. — Assurément?

TOINETTE. — Assurément. Personne ne sait encore cet accident-là; et je me suis trouvée ici toute seule. Il vient de passer entre mes bras. Tenez, le voilà tout de son long dans cette chaise.

BÉLINE. — Le ciel en soit loué! Me voilà délivrée d'un grand fardeau! Que tu es sotte, Toinette, de t'affliger de cette mort!

TOINETTE. — Je pensais, madame, qu'il fallût pleurer.

BÉLINE. — Va, va, cela n'en vaut pas la peine. Quelle perte est-ce que la sienne? et de quoi servait-il sur la terre? Un homme incommode à tout le monde, mal propre, dégoûtant, sans cesse un lavement ou une médecine dans le ventre, mouchant, toussant, crachant toujours; sans esprit, ennuyeux, de mauvaise humeur, fatiguant sans cesse les gens, et grondant jour et nuit servantes et valets.

TOINETTE. — Voilà une belle oraison funèbre!

BÉLINE. — Il faut, Toinette, que tu m'aides à exécuter mon dessein; et tu peux croire, qu'en me servant, ta récompense est sûre. Puisque, par un bonheur, personne n'est encore averti de la chose, portons-le dans son lit, et tenons cette mort cachée jusqu'à ce que j'aie fait mon affaire. Il y a des papiers, il y a de l'argent, dont je me veux saisir; et il n'est pas juste que j'aie passé sans fruit, auprès de lui, mes plus belles années. Viens, Toinette, prenons auparavant toutes ses clés.

ARGAN, *se levant brusquement.* — Doucement!

BÉLINE. — Ahi!

ARGAN. — Oui, madame ma femme, c'est ainsi que vous m'aimez!

TOINETTE. — Ah! ah! le défunt n'est pas mort!

ARGAN, *à Béline qui sort.* — Je suis bien aise de voir votre amitié, et d'avoir entendu le beau panégyrique que vous avez fait de moi. Voilà un avis au lecteur, qui me rendra sage à l'avenir, et qui m'empêchera de faire bien des choses.

SCÈNE XIX. — BÉRALDE, *sortant de l'endroit où il s'était caché*, ARGAN, TOINETTE.

BÉRALDE. — Hé bien! Mon frère, vous le voyez.

TOINETTE. — Par ma foi, je n'aurais jamais cru cela. Mais j'entends votre fille. Remettez-vous comme vous étiez, et voyons de quelle-manière elle recevra votre mort. C'est une chose qu'il n'est pas mauvais d'éprouver ; et, puisque vous êtes en train, vous connaîtrez par là les sentiments que votre famille a pour vous, *(Béralde va encore se cacher.)*

SCÈNE XX. — ARGAN, ANGÉLIQUE, TOINETTE.

TOINETTE, *feignant de ne point voir Angélique.* — O ciel! Ah! ah! fâcheuse aventure! Malheureuse journée!

ANGÉLIQUE. — Qu'as-tu, Toinette? et de quoi pleures-tu?

TOINETTE. — Hélas! j'ai de tristes nouvelles à vous donner.

ANGÉLIQUE. — Hé! quoi?

TOINETTE. — Votre père est mort.

ANGÉLIQUE. — Mon père est mort, Toinette?

TOINETTE. — Oui. Vous le voyez là; il vient de mourir tout à l'heure d'une faiblesse qui lui a pris.

ANGÉLIQUE. — O ciel! quelle infortune! quelle atteinte cruelle! Hélas! faut-il que je perde mon père, la seule chose qui me restait au monde, et qu'encore, pour un surcroît de désespoir, je le perde dans un moment où il était irrité contre moi! Que deviendrai-je, malheureuse? et quelle consolation trouver, après une si grande perte?

SCÈNE XXI. — ARGAN, ANGÉLIQUE, CLÉANTE, TOINETTE.

CLÉANTE. — Qu'avez-vous donc, belle Angélique? et quel malheur pleurez-vous?

ANGÉLIQUE — Hélas! Je pleure tout ce que dans la vie je pouvais perdre de plus cher et de plus précieux : je pleure la mort de mon père.

CLÉANTE. — O ciel! quel accident! quel coup inopiné! Hélas! après la demande que j'avais conjuré votre oncle de lui faire pour moi, je venais me présenter à lui, et tâcher par mes respects et par mes prières, de disposer son cœur à vous accorder à mes vœux.

ANGÉLIQUE. — Ah! Cléante, ne parlons plus de rien. Laissons-là toutes les pensées du mariage. Après la perte de mon père, je ne veux plus être du monde, et j'y renonce pour jamais. Oui, mon père, si j'ai résisté tantôt à vos volontés, je veux suivre du moins une de vos intentions, et réparer par là le chagrin que je m'accuse de vous avoir donné. *(Se jetant à ses genoux.)* Souffrez, mon père, que je vous donne ici ma parole, et que je vous embrasse pour vous témoigner mon ressentiment.

ARGAN, *embrassant Angélique.* — Ah! ma fille!

ANGÉLIQUE. — Ah!

ARGAN. — Viens, n'aie point de peur, je ne suis pas mort. Va, tu es mon vrai sang, ma véritable fille, et je suis ravi d'avoir vu ton bon naturel.

SCÈNE XXII. — ARGAN, BÉRALDE, ANGÉLIQUE, CLÉANTE, TOINETTE.

ANGÉLIQUE. — Ah! quelle surprise agréable! Mon père, puisque, par un bonheur extrême, le ciel vous redonne à mes vœux, souffrez qu'ici je me jette à vos pieds, pour vous supplier d'une chose. Si vous n'êtes pas favorable au penchant de mon cœur, si vous me refusez Cléante pour époux, je vous conjure au moins de ne point me forcer d'en épouser un autre. C'est toute la grâce que je vous demande.

CLÉANTE, *se jetant aux genoux d'Argan.* — Hé! Monsieur, laissez-vous toucher à ses prières et aux miennes; et ne vous montrez point contraire aux mutuels empressements d'une si belle inclination.

BÉRALDE. — Mon frère, pouvez-vous tenir là contre?

TOINETTE. — Monsieur, serez-vous insensible à tant d'amour?

ARGAN. — Qu'il se fasse médecin, je consentirai au mariage. Oui *(à Cléante.)* Faites-vous médecin, je vous donne ma fille.

CLÉANTE. — Très volontiers, monsieur, s'il ne tient qu'à cela pour être votre gendre, je me ferai médecin, apothicaire même, si vous voulez. Ce n'est pas une affaire que cela, et je me ferais bien autres choses, pour obtenir la belle Angélique.

BÉRALDE. — Mais, mon frère, il me vient une pensée. Faites-vous médecin vous-même. La commodité sera encore plus grande d'avoir en vous tout ce qu'il vous faut.

TOINETTE. — Cela est vrai. Voilà le vrai moyen de vous guérir bientôt ; et il n'y a point de maladie si osée que de se jouer à la personne d'un médecin.

ARGAN. — Je pense, mon frère, que vous vous moquez de moi. Est-ce que je suis en âge d'étudier ?

BÉRALDE. — Bon, étudier ! Vous êtes assez savant ; et il y en a beaucoup parmi eux qui ne sont pas plus habiles que vous.

ARGAN. — Mais il faut savoir bien parler latin, connaître les maladies et les remèdes qu'il y faut faire.

BÉRALDE. — En recevant la robe et le bonnet de médecin, vous apprendrez tout cela ; et vous serez après plus habile que vous ne voudrez.

ARGAN. — Quoi ! l'on sait discourir sur les maladies, quand on a cet habit-là ?

BÉRALDE. — Oui. L'on n'a qu'à parler, avec une robe et un bonnet, tout le galimatias devient savant, et toute sottise devient raison.

TOINETTE. — Tenez, monsieur, quand il n'y aurait que votre barbe, c'est déjà beaucoup ; et la barbe fait plus de la moitié d'un médecin.

CLÉANTE. — En tous cas, je suis prêt à tout.

BÉRALDE, à Argan. — Voulez-vous que l'affaire se fasse tout à l'heure ?

ARGAN. — Comment ! tout à l'heure ?

BÉRALDE. — Oui, et dans votre maison.

ARGAN. — Dans ma maison ?

BÉRALDE. — Oui. Je connais une faculté de mes amies, qui viendra tout à l'heure en faire la cérémonie dans votre salle. Cela ne vous coûtera rien.

ARGAN. — Mais, moi, que dire ? que répondre ?

BÉRALDE. — On vous instruira en deux mots, et l'on vous donnera, par écrit, ce que vous devez dire. Allez-vous-en vous mettre en habit décent. Je vais les envoyer quérir.

ARGAN. — Allons, voyons cela.

SCÈNE XXIII. — BÉRALDE, ANGÉLIQUE, CLÉANTE, TOINETTE.

CLÉANTE. — Que voulez-vous dire ? qu'entendez-vous, avec cette faculté de vos amies ?

TOINETTE. — Quel est donc votre dessein ?

BÉRALDE. — De nous divertir un peu ce soir. Les comédiens ont fait un petit intermède de la réception d'un médecin, avec des danses et de la musique ; je veux que nous en prenions ensemble le divertissement, et que mon frère y fasse le premier personnage.

ANGÉLIQUE. — Mais, mon oncle, il me semble que vous vous jouez un peu beaucoup de mon père.

BÉRALDE. — Mais, ma nièce, ce n'est pas tant le jouer, que s'accommoder à ses fantaisies. Tout ceci n'est qu'entre nous. Nous y pouvons aussi prendre chacun un personnage, et nous donner ainsi la comédie les uns aux autres. Le carnaval autorise cela. Allons vite préparer toutes choses.

CLÉANTE à Angélique. — Y consentez-vous ?

ANGÉLIQUE. — Oui, puisque mon oncle nous conduit.

FIN DU TROISIÈME ACTE.

TROISIÈME INTERMÈDE.

PREMIÈRE ENTRÉE DU BALLET.

Des tapissiers viennent, en dansant, préparer la salle et placer les bancs en cadence.

DEUXIÈME ENTRÉE DE BALLET.

Marche de la faculté de médecine au son des instruments.

Les porte-seringues, représentant les massiers, entrent les premiers. Après eux viennent, deux à deux, les apothicaires avec des mortiers, les chirurgiens

et les docteurs, qui vont se placer aux deux côtés du théâtre,
monte dans une chaire qui est au milieu : et Argan, qui doit
docteur, se place dans une chaire plus petite, qui est au devant de
président.

LE PRÉSIDENT. — Savantissimi doctores
         Medicinæ professores
         Qui hic assemblati estis,
         Et vos altri messiores,
         Sententiarum facultatis
         Fideles executores,
     Chirurgiani et apothicari,
     Atque tota compania aussi,
         Salus, honor, et argentum,
         Atque bonum appetitum.
         Non possum, docti confreri
         En moi satis admirari
         Qualis bona inventio
         Est medici professio,
     Quam bella chosa est et bene trovata
     Medicina illa benedicta,
         Quæ, suo nomine solo,
         Surprenanti miraculo,
         Depuis si longo tempore,
         Facit à gogo vivere
         Tant de gens omni genere.
         Per totam terram videmus
         Grandam vogam ubi sumus;
         Et quod grandes et petiti
         Sunt de nobis infatuti.
   Totus mundus, currens ad nostros remedios,
         Nos regardat sicut deos,
         Et nostris ordonnanciis
   Principes et reges soumissos videtis.
         Doncque il est nostræ sapientiæ,
         Boni sensús atqué prudentiæ,
         De fortement travaillare
         A nos bene conservare
   In tali credito, voga et honore;
   Et prendere gardam à non recevere
         In nostro docto corpore
         Quàm personas capabiles,
         Et totas dignàs remplire
         Has plaças honorabiles.
   C'est pour cela que nunc convocati estis;
         Et credo quod trovabitis
         Dignam matieram medici
     In savanti homine que voici;
         Lequel in chosis omnibus
         Dono ad interrogandum,
         Et à fond examinandum
         Vestris capacitatibus.
PRIMUS DOCTOR. — Si mihi licentiam dat dominus præses,
         Et tanti docti doctores,
         Et assistantes illustres,
         Très savanti bacheliero,
         Quem estimo et honoro
     Domandabo causam et rationem quare
         Opium facit dormire.
BACHELIERUS. — Mihi a docto doctore
     Domandatur causam et rationem quare
         Opium facit dormire,

A quoi respondeo,
Quia est in eo
Virtus dormitiva,
Cujus est natura
Sensus assoupire.

CHORUS. — Bene, bene, bene, bene respondere!
Dignus, dignus est intrare
In nostro docto corpore.
Bene, bene respondere!

SECUNDUS DOCTOR.— Cum permissione domini præsidis,
Doctissimæ facultatis,
Et totius his nostris actis
Companiæ assistantis,
Domandabo tibi, docte bacheliere
Quæ sunt remedia
Quæ, in maladia
Dite hydropisia,
Convenit facere.

BACHELIERUS. — Clysterium donare,
Postea seignare,
Ensuita purgare.

CHORUS. — Bene, bene, bene, bene, respondere!
Dignus, dignus est intrare
In nostro docto corpore.

TERTIUS DOCTOR. — Si bonum semblatur domino præsidi,
Doctissimæ facultati,
Et companiæ præsenti,
Domandabo tibi, docte bacheliere,
Quæ remedia eticis,
Pulmonicis atque asmaticis
Trovas a propos facere.

BACHELIERUS. — Clysterium donare,
Postea seignare,
Ensuita purgare.

CHOEUR. — Bene, bene, bene, bene respondere!
Diguus, dignus est intrare
In nostro docto corpore.

QUARTUS DOCTOR. — Super illas maladias
Doctus bachelierus dixit maravillas;
Mais si non ennuyo dominum præsidem,
Doctissimam facultatem,
Et totam honorabilem
Companiam ecoutantem ;
Faciam illi unam quæstionem.
Dès hiero maladus unus
Tombavit in meas manus :
Habet grandam fievram cum redoublamentis,
Grandam dolorem capitis,
Et grandum malum au côté,
Cum granda difficultate
Et pena à respirare.
Veillas mihi dire,
Docte bacheliere;
Quid illi facere?

BACHELIERUS. — Clysterium donare,
Postea seignare,
Ensuita purgare.

QUINTUS DOCTOR. — Mais si maladia
Opiniatria
Non vult se garire,
Quid illi facere?

BACHELIERUS. — Clysterium donare,
    Postea seignare,
    Ensuita purgare.
  Reseignare, repurgare, et reclysterisare.
CHORUS. — Bene, bene, bene, bene respondere,
    Dignus, dignus est intrare
    In nostro docto corpore.
PRÆSES. — Juras gardare statuta
    Per facultatem præscripta,
    Cum sensu et jugeamento?
BACHELIERUS. — Juro.
PRÆSES. — Essere in omnibus
    Consultationibus
    Ancieni aviso,
    Aut bono,
    Aut mauvaiso?
BACHELIERUS. — Juro.
PRÆSES. — De non jamais te servire
    De remediis aucunis
  Quàm de ceux seulement doctæ facultatis.
    Maladus dût-il crevare
    Et mori de suo malo?
BACHELIERUS. — Juro.
PRÆSES. — Ego, cum isto boneto
    Venerabili et docto,
    Dono tibi et concedo
    Virtutem et puissanciam
      Medicandi,
      Purgandi,
      Seignandi,
      Perçandi,
      Taillandi,
      Coupandi,
    Et occidendi,
  Impune per totam terram.

TROISIÈME ENTRÉE DE BALLET.

Les chirugiens et les apothicaires viennent faire la révérence en cadence
à Argan.

BACHELIERUS. — Grandes doctores doctrinæ,
    De la rhubarbe et du séné,
  Ce serait sans doute à moi chosa folla,
    Inepta et ridicula,
    Si j'alloibam m'engageare
    Vobis louangeas donare,
  Et entreprenoibam ajoutare
    Des lumieras au soleilo,
    Et des étoilas au cielo,
    Des ondas à l'oceano,
    Et des rosas au printano.
  Agreate qu'avec uno moto
    Pro toto remercimento
  Rendam gratiam corpori tam docto.
    Vobis, vobis debeo
  Bien plus qu'à naturæ et qu'à patri meo.
    Natura et pater meus
    Hominem me habent factum;
    Mais vos me, ce qui est bien plus,
    Avetis factum medicum:
    Honor, favor et gratia,
    Qui in hoc cordo que voilà

Imprimant ressentimenta
Qui dureront in secula.

CHŒUR. — Vivat, vivat, vivat, vivat, cent fois vivat,
Novus doctor qui tam bene parlat!
Mille, mille annis, et manget, et bibat,
Et seignet, et tuat!

TROISIÈME ENTRÉE DE BALLET.

Tous les chirugiens et les apothicaires dansent au son des instruments et des
voix, et des battements de mains et des mortiers d'apothicaires.

CHIRURGUS. — Puisse-t-il voir doctas
Suas ordonnancias
Omnium chirurgorum
Et apothicarum
Remplire boutiquas!

CHORUS. — Vivat, vivat, vivat, vivat, cent fois vivat,
Novus doctor qui tam bene parlat!
Mille, mille annis, et manget, et bibat,
Et seignet, et tuat!

CHIRURGUS. — Puissent toti anni
Lui essere boni
Et favorabiles,
Et n'abere jamais
Quàm pestas, verolas
Fievras, pleuresias,
Fluxus de sang, et dyssenterias,

CHORUS — Vivat, vivat, vivat vivat, cent fois vivat,
Novus doctor qui tam bene parlat!
Mille, mille annis, et manget, et bibat,
Et seignet, et tuat!

QUATRIÈME ENTRÉE DE BALLET.

Pendant que le dernier chœur se chante, les médecins, les chirurgiens, et les
apothicaires, sortent tous selon leur rang en cérémonie,
comme ils sont entrés.

FIN DU MALADE IMAGINAIRE.

LA GLOIRE DU DOME DU VAL-DE-GRACE.

Digne fruit de vingt ans de travaux somptueux;
Auguste bâtiment, temple majestueux
Dont le dôme superbe, élevé dans la nue,
Pare du grand Paris la magnifique vûe,
Et, parmi tant d'objets semés de toutes parts,
Du voyageur surpris prend les premiers regards,
Fais briller à jamais dans ta noble richesse
La splendeur du saint vœu d'une grande princesse,
Et porte un témoignage à la postérité
De sa magnificence et de sa piété.
Conserve à nos neveux une montre fidèle
Des exquises beautés que tu tiens de son zèle :
Mais défends bien surtout de l'injure des ans
Le chef-d'œuvre fameux de ses riches présents,
Cet éclatant morceau de savante peinture
Dont elle a couronné ta noble architecture;
C'est le plus bel effet des grands soins qu'elle a pris,
Et ton marbre et ton or ne sont point de ce prix.
Toi qui, dans cette coupe, à ton vaste génie
Comme un ample théâtre heureusement fournie,
Est venu déployer les précieux trésors
Que le Tibre t'a vu ramasser sur ses bords,
Dis-nous, fameux Mignard, par qui te sont versées
Les charmantes beautés de tes nobles pensées,
Et dans quel fonds tu prends cette variété
Dont l'esprit est surpris et l'œil est enchanté :
Dis-nous quel feu divin, dans tes fécondes veilles,
De tes expressions enfante les merveilles,
Quels charmes ton pinceau répand dans tous ses traits,
Quelle force il y mêle à ses plus doux attraits,
Et quel est ce pouvoir qu'au bout des doigts tu portes
Qui sait faire à nos yeux vivre des choses mortes,
Et, d'un peu de mélange et de bruns et de clairs,
Rendre esprit la couleur, et les pierres des chairs.
Tu te tais, et prétends que ce sont des matières
Dont tu dois nous cacher les savantes lumières;
Et que ces beaux secrets, à tes travaux vendus,
Te coûtent un peu trop pour être répandus :
Mais ton pinceau s'explique et trahit ton silence;
Malgré toi de ton art il nous fait confidence :
Et dans ses beaux efforts à nos yeux étalés,
Les mystère profonds nous en sont révélés.
Une pleine lumière ici nous est offerte;
Et ce dôme pompeux est une école ouverte,
Où l'ouvrage, faisant l'office de la voix,
Dicte de ton grand art les souveraines lois.
Il nous dit fortement les trois nobles parties (1)
Qui rendent d'un tableau les beautés assorties,
Et dont, en s'unissant, les talents relevés
Donnent à l'univers les peintres achevés.
Mais des trois, comme reine, il nous expose celle (2)
Que ne peut nous donner le travail ni le zèle,
Et qui, comme un présent de la faveur des cieux,
Est du nom de divine appelée en tous lieux;

(1) L'Invention, le dessin, le coloris. (NOTE DE MOLIÈRE.)
(2) L'invention, première partie de la peinture. (ID.)

Elle, dont l'essor monte au dessus du tonnerre,
Et sans qui l'on demeure à ramper contre terre ;
Qui meut tout, règle tout, en ordonne à son choix
Et des deux autres mène et régit les emplois.
Il nous enseigne à prendre une digne matière
Qui donne au feu d'un peintre une vaste carrière,
Et puisse recevoir tous les grands ornements
Qu'enfante un beau génie en ses accouchements
Et dont la poésie, et sa sœur la peinture,
Parant l'instruction de leur docte imposture,
Composant avec art ces attraits , ces douceurs,
Qui font à leurs leçons un passage à nos cœurs,
Et par qui, de tout temps, ces deux sœurs si pareilles
Charment, l'une les yeux, et l'autre les oreilles.
Mais il nous dit de fuir un discord apparent
Du lieu que l'on nous donne et du sujet qu'on prend,
Et de ne point placer dans un tombeau des fêtes ,
Le ciel contre nos pieds, et l'enfer sur nos têtes.
Il nous apprend à faire avec détachement
De groupes contrastés un noble agencement,
Qui du champ du tableau fasse un juste partage
En conservant les bords un peu légers d'ouvrage,
N'ayant nul embarras, nul fracas vicieux
Qui rompe ce repos si fort ami des yeux,
Mais où, sans se presser , le groupe se rassemble,
Et forme un doux concert, fasse un beau tout ensemble
Où rien ne soit à l'œil mendié ni redit,
Tout s'y voyant tiré d'un vaste fonds d'esprit,
Assaisonné du sel de nos graces antiques,
Et nom du fade goût des ornements gothiques,
Ces monstres odieux des siècles ignorants,
Que de la barbarie ont produits les torrents,
Quand leurs cours, inondant presque toute la terre,
Fit à la politesse une mortelle guerre,
Et, de la grande Rome abattant les remparts,
Vint avec son empire étouffer les beaux-arts.
Il nous montre à poser avec noblesse et grace
La première figure à la plus belle place,
Riche d'un agrément, d'un brillant de grandeur
Qui s'empare d'abord des yeux du spectateur,
Prenant un soin exact que, dans tout son ouvrage,
Elle joue aux regards le plus beau personnage,
Et que, par aucun rôle au spectacle placé ,
Le héros du tableau ne se voit effacé.
Il nous enseigne à fuir les ornements débiles
Des épisodes froids et qui sont inutiles,
A donner au sujet toute sa vérité,
A lui garder partout pleine fidélité,
Et ne se point porter à prendre de licence,
A moins qu'à des beautés elle donne naissance
Il nous dicte amplement les leçons du dessin (¹)
Dans la manière grecque et dans le goût romain ;
Le grand choix du beau vrai, de la belle nature,
Sur les restes exquis de l'antique sculpture,
Qui, prenant d'un sujet la brillante beauté,
En savait séparer la faible vérité,
Et formant de plusieurs une beauté parfaite,
Nous corrige par l'art la nature qu'on traite.
Il nous explique à fond, dans ses instructions,

(¹) Le dessin, seconde partie de la peinture. (Note de Molière.)

L'union de la grace et des proportions;
Les figures partout doctement dégradées,
Et leurs extrémités soigneusement gardées;
Les contrastes savants des membres agroupés,
Grands, nobles, étendus, et bien développés,
Balancés sur leur centre en beautés d'attitude,
Tous formés l'un pour l'autre avec exactitude,
Et n'offrant point aux yeux ces galimatias
Où la tête n'est point de la jambe ou du bras;
Leur juste attachement aux lieux qui les font naître,
Et les muscles touchés autant qu'ils doivent l'être;
La beauté des contours observés avec soin,
Point durement traités, amples, tirés de loin,
Inégaux, ondoyants, et tenant de la flamme,
Afin de conserver plus d'action et d'ame,
Les nobles airs de tête amplement variés,
Et tous au caractère avec choix mariés.
Et c'est là qu'un grand peintre, avec pleine largesse,
D'une féconde idée étale la richesse,
Faisant briller partout de la diversité,
Et ne tombant jamais dans un air répété :
Mais un peintre commun trouve une peine extrême
A sortir dans ses airs de l'amour de soi-même;
De redites sans nombre il fatigue les yeux,
Et, plein de son image, il se peint en tous lieux.
Il nous enseigne aussi les belles draperies,
De grands plis bien jetés suffisamment nourries,
Dont l'ornement aux yeux doit conserver le nu,
Mais qui, pour le marquer, soit un peu retenu,
Qui ne s'y colle point, mais en suive la grace,
Et, sans la serrer trop, la caresse et l'embrasse.
Il nous montre à quel air, dans quelles actions,
Se distinguent à l'œil toutes les passions ;
Les mouvements du cœur peints d'une adresse extrême
Par des gestes puisés dans la passion même,
Bien marqués pour parler, appuyés, forts, et nets,
Imitant en vigueur les gestes des muets,
Qui veulent réparer la voix que la nature
Leur a voulu nier ainsi qu'à la peinture.
Il nous étale enfin les mystères exquis (1)
De la belle partie où triompha Zeuxis,
Et qui, le revêtant d'une gloire immortelle,
Le fit aller de pair avec le grand Apelle;
L'union, les concerts, et les tons des couleurs,
Contrastes, amitiés, ruptures et valeurs,
Qui font les grands effets, les fortes impostures,
L'achèvement de l'art, et l'ame des figures.
Il nous dit clairement dans quel choix le plus beau
On peut prendre le jour et le champ du tableau.
Les distributions et d'ombre et de lumière
Sur chacun des objets et sur la masse entière,
Leur dégradation dans l'espace de l'air
Par les tons différents de l'obscur et du clair,
Et quelle force il faut aux objets mis en place
Que l'approche distingue et le lointain efface;
Les gracieux repos que par des soins communs
Les bruns donnent aux clairs, comme les clairs aux bru...
Avec quel agrément d'insensible passage
Doivent ces opposés entrer en assemblage ;
Par quelle douce chute ils doivent y tomber,

_____

(1) Le coloris, troisième partie de la peinture. (Note de Molière.)

Et dans un milieu tendre aux yeux se dérober;
Ces fonds officieux qu'avec art on se donne,
Qui reçoivent si bien ce qu'on leur abandonne ;
Par quels coups de pinceau, formant de la rondeur,
Le peintre donne au plat le relief du sculpteur ;
Quel adoucissement des teintes de lumière
Fait perdre ce qui tourne, et le chasse derrière,
Et comme avec un champ fuyant, vague, et léger,
La fierté de l'obscur, sur la douceur du clair
Triomphant de la toile , en tire avec puissance
Les figures que veut garder sa résistance,
Et, malgré tout l'effort qu'elle oppose à ses coups,
Les détache du fond et les amène à nous.
Il nous dit tout cela, ton admirable ouvrage :
Mais, illustre Mignard, n'en prends aucun ombrage;
Ne crains pas que ton art, par ta main découvert,
A marcher sur tes pas tienne un chemin ouvert,
Et que de ses leçons les grands et beaux oracles
Elèvent d'autres mains à tes doctes miracles;
Il y faut des talents que ton mérite joint,
Et ce sont des secrets qui ne s'apprennent point.
On n'acquiert point, Mignard, par les soins qu'on se donne,
Trois choses, dont les dons brillent dans ta personne :
Les passions, la grace, et les tons de couleur,
Qui des riches tableaux font l'exquise valeur;
Ce sont présents du ciel qu'on voit peu qu'il assemble,
Et les siècles ont peine à les trouver ensemble.
C'est par là qu'à nos yeux nuls travaux enfantés
De ton noble travail n'atteindront les beautés :
Malgré tous les pinceaux que ta gloire réveille,
Il sera de nos jours la fameuse merveille,
Et des bouts de la terre en ces superbes lieux
Attirera les pas des savants curieux.
O vous, dignes objets de la noble tendresse,
Qu'a fait briller pour vous cette auguste princesse
Dont au grand Dieu naissant, au véritable Dieu,
Le zèle magnifique a consacré ce lieu,
Purs esprits, où du ciel sont les graces infuses,
Beaux temples des vertus, admirables recluses,
Qui dans votre retraite, avec tant de ferveur,
Mêlez parfaitement la retraite du cœur,
Et, par un choix pieux hors du monde placées,
Ne détachez vers lui nulle de vos pensées,
Qu'il vous est cher d'avoir sans cesse, devant vous,
Ce tableau de l'objet de vos vœux les plus doux,
D'y nourrir par vos yeux les précieuses flammes
Dont si fidèlement brûlent vos belles ames,
D'y sentir redoubler l'ardeur de vos désirs,
D'y donner à toute heure un encens de soupirs,
Et d'embrasser du cœur une image si belle
Des célestes beautés de la gloire éternelle,
Beautés qui dans leurs fers tiennent vos libertés,
Et vous font mépriser toutes autres beautés.
Et toi, qui fus jadis la maîtresse du monde,
Docte et fameuse école en raretés féconde,
Où les arts déterrés ont, par un digne effort,
Réparé les dégâts des barbares du Nord ;
Sources des beaux débris des siècles mémorables ,
O Rome, qu'à tes soins nous sommes redevables
De nous avoir rendu, façonné de ta main,
Ce grand homme, chez toi devenu tout Romain

Dont le pinceau célèbre, avec magnificence,
De ces riches travaux vient parer notre France,
Et dans un noble lustre y produire à nos yeux
Cette belle peinture inconnue en ces lieux,
La fresque, dont la grace, à l'autre préférée,
Se conserve un éclat d'éternelle durée,
Mais dont la promptitude et les brusques fiertés
Veulent un grand génie à toucher ses beautés!
De l'autre qu'on connaît la traitable méthode
Aux faiblesses d'un peintre aisément s'accommode
La paresse de l'huile, allant avec lenteur;
Du plus tardif génie attend la pesanteur :
Elle sait secourir, par le temps qu'elle donne :
Les faux pas que peut faire un pinceau qui tâtonne :
Et sur cette peinture on peut, pour faire mieux
Revenir, quand on veut, avec de nouveaux yeux.
Cette commodité de retoucher l'ouvrage
Aux peintres chancelants est un grand avantage;
Et ce qu'on ne fait pas en vingt fois qu'on reprend,
On le peut faire en trente, on le peut faire en cent.
   Mais la fresque est pressante, et veut sans complaisance
Qu'un peintre s'accommode à son impatience,
La traite à sa manière, et, d'un travail soudain,
Saisisse le moment qu'elle donne à sa main.
La sévère rigueur de ce moment qui passe
Aux erreurs d'un pinceau ne fait aucune grace;
Avec elle il n'est point de retour à tenter,
Et tout, au premier coup, se doit exécuter.
Elle veut un esprit où se rencontre unie
La pleine connaissance avec le grand génie,
Secouru d'une main propre à le seconder,
Et maîtresse de l'art jusqu'à le gourmander,
Une main prompte à suivre un beau feu qui la guide,
Et dont comme un éclair, la justesse rapide
Répande dans ses fonds, à grands traits non tâtés,
De ses expressions les touchantes beautés.
C'est par là que la fresque, éclatante de gloire,
Sur les honneurs de l'autre emporte la victoire,
Et que tous les savants, en juges délicats,
Donnent la préférence à ses mâles appas.
Cent doctes mains chez elle ont cherché la louange;
Et Jules, Annibal, Raphaël, Michel-Ange,
Les Mignards de leur siècle, en illustres rivaux,
Ont voulu par la fresque ennoblir leurs travaux.
   Nous la voyons ici doctement revêtue
De tous les grands attraits qui surprennent la vue.
Jamais rien de pareil n'a paru dans ces lieux;
Et la belle inconnue a frappé tous les yeux.
Elle a non seulement, par ses graces fertiles,
Charmé du grand Paris les connaisseurs habiles,
Et touché de la cour le beau monde savant;
Ses miracles encore ont passé plus avant;
Et de nos courtisans les plus légers d'étude
Elle a pour quelque temps fixé l'inquiétude,
Arrêté leur esprit, attaché leurs regards,
Et fait descendre en eux quelque goût des beaux-arts.
Mais ce qui plus que tout, élève son mérite,
C'est de l'auguste roi l'éclatante visite ;
Ce monarque, dont l'ame aux grandes qualités
Joint un goût délicat des savantes beautés,
Qui, séparant le bon d'avec son apparence,

Décide sans erreur, et loue avec prudence,
Louis, le grand Louis, dont l'esprit souverain
Ne dit rien au hasard, et voit tout d'un œil sain,
A versé de sa bouche à ses graces brillantes
De deux précieux mots les douceurs chatouillantes;
Et l'on sait qu'en deux mots ce Roi judicieux
Fait des plus beaux travaux l'éloge glorieux.

Colbert, dont le bon goût suit celui de son maître,
A senti même charme, et nous le fait paraître.
Ce vigoureux génie au travail si constant,
Dont la vaste prudence à tous emplois s'étend,
Qui du choix souverain, tient, par son haut mérite,
Du commerce et des arts la suprême conduite,
A d'une noble idée enfanté le dessein
Qu'il confie aux talents de cette docte main,
Et dont il veut par elle attacher la richesse
Aux sacrés murs du temple où son cœur s'intéresse. (1)
La voilà, cette main, qui se met en chaleur;
Elle prend les pinceaux, trace, étend la couleur,
Empâte, adoucit, touche, et ne fait nulle pause:
Voilà qu'elle a fini: l'ouvrage aux yeux s'expose;
Et nous y découvrons, aux yeux des grands experts,
Trois miracles de l'art en trois tableaux divers.
Mais, parmi ces objets d'une beauté touchante,
Le Dieu porte au respect, et n'a rien qui n'enchante;
Rien en grace, en douceur, en vive majesté,
Qui ne présente à l'œil une divinité;
Elle est tout en ces traits si brillants de noblesse;
La grandeur y parait, l'équité, la sagesse,
La bonté, la puissance, enfin ces traits font voir
Ce que l'esprit de l'homme a peine à concevoir.

Poursuis, ô grand Colbert, à vouloir dans la France
Des arts que tu régis établir l'excellence,
Et donne à ce projet, et si grand et si beau,
Tous les riches moments d'un si docte pinceau.
Attache à des travaux dont l'éclat te renomme
Les restes précieux des jours de ce grand homme.
Tels hommes rarement se peuvent présenter,
Et, quand le ciel les donne, il faut en profiter.
De ces mains, dont les temps ne sont guère prodigues,
Tu dois à l'univers les savantes fatigues;
C'est à ton ministère à les aller saisir
Pour les mettre aux emplois que tu leur peux choisir;
Et, pour ta propre gloire, il ne faut point attendre
Qu'elles viennent t'offrir ce que son choix doit prendre.
Les grands hommes, Colbert, sont mauvais courtisans,
Peu faits à s'acquitter des devoirs complaisants;
A leurs réflexions tout entiers ils se donnent;
Et ce n'est que par là qu'ils se perfectionnent.
L'étude et la visite ont leurs talents à part:
Qui se donne à la cour, se dérobe à son art;
Un esprit partagé rarement s'y consomme,
Et les emplois de feu demandent tout un homme.
Ils ne sauraient quitter les soins de leur métier
Pour aller chaque jour fatiguer ton portier;
Ni partout, près de toi, par d'assidus hommages
Mendier des prôneurs les éclatants suffrages.
Cet amour du travail, qui toujours règne en eux,
Rend à tous autres soins leur esprit paresseux,

(1) Saint-Eustache. (Note de Molière.)

Et tu dois consentir à cette négligence
Qui de leurs beaux talents te nourrit l'excellence.
Souffre que, dans les arts s'avançant chaque jour,
Par leurs ouvrages seuls ils te fassent leur cour.
Leur mérite à tes yeux y peut assez paraître.
Consultes-en ton goût, il s'y connaît en maître,
Et te dira toujours, pour l'honneur de ton choix,
Sur qui tu dois verser l'éclat des grands emplois.
C'est ainsi que des arts la renaissante gloire
De tes illustres soins ornera la mémoire;
Et que ton nom, porté dans cent travaux pompeux
Passera triomphant à nos derniers neveux.

FIN.

TABLE

DU DEUXIÈME VOLUME.

LE TARTUFFE OU L'IMPOSTEUR, comédie en cinq actes.	447
AMPHITRYON, comédie en trois actes.	460
GEORGES DANDIN OU LE MARI CONFONDU, comédie en trois actes.	497
L'AVARE, comédie en cinq actes.	522
M. DE POURCEAUGNAC, comédie-ballet en trois actes.	558
LES AMANTS MAGNIFIQUES, comédie-ballet en cinq actes.	583
LE BOURGEOIS GENTILHOMME, comédie-ballet en trois actes.	608
LES FOURBERIES DE SCAPIN, comédie en trois actes.	651
PSYCHÉ, tragi-comédie en cinq actes.	677
LES FEMMES SAVANTES, comédie en cinq actes.	718
LA COMTESSE D'ESCARBAGNAS, comédie en un acte.	754
LE MALADE IMAGINAIRE, comédie-ballet en trois actes.	763
LA GLOIRE DU DÔME DU VAL-DE-GRACE.	810

FIN DES OEUVRES COMPLÈTES DE MOLIÈRE.

LAGNY. — Imprimerie de VIALAT et Cie.